諸子學刊

第二十四輯

選堂題

《諸子學刊》編委會 編
方勇 主編
華東師範大學先秦諸子研究中心 主辦

中國社會科學引文索引（CSSCI）來源集刊

上海古籍出版社

諸子學刊（第二十四輯）

主　編：
方　勇

副　主　編：
陳　致（香港）

學術委員會：

王鍾陵	王葆玹	王俊彥（臺灣）	尹振環
池田知久[日本]	成中英[美國]	江建俊（臺灣）	汪德邁（Vandermeersch）[法國]
李　零	李炳海	周勳初	林其錟
金白鉉[韓國]	陸永品	陳鼓應（臺灣）	陳麗桂（臺灣）
陳錫勇（臺灣）	陳廣忠	孫以昭	涂光社
徐儒宗	畢來德（J.F.Billeter）[瑞士]	莊錦章（香港）	曹礎基
許抗生	張雙棣	張　覺	森秀樹[日本]
勞悅强[新加坡]	裘錫圭	蜂屋邦夫[日本]	熊鐵基
廖名春	鄧國光（澳門）	劉笑敢	劉楚華（香港）
賴賢宗（臺灣）	賴錫三（臺灣）	譚家健	嚴壽澂[新加坡]
羅檢秋			

編輯委員會：

丁一川	尤　鋭（Yuri Pines）[以色列]		白　奚
史嘉柏（David Schaberg）[美國]		朱淵清	何志華（香港）
李美燕（臺灣）	李若暉	尚永亮	胡曉明
姜聲調[韓國]	高華平	徐興無	陳少峰
陳引馳	陳繼東[日本]	陳志平	耿振東
張洪興	强中華	傅　剛	湯漳平
賈學鴻	楊國榮	趙平安	劉思禾
橋本秀美[日本]	簡光明（臺灣）	韓高年	顧史考（Scott Cook）[美國]

編輯部成員：

方　達	金　鑫	揣松森	劉思禾
魏　寧（Williams Nicholas Morrow）[美國]			

（以上皆按姓氏首字筆畫排列）

封面題簽：集蔡元培字

扉頁題字：饒宗頤

目　　錄

"道"之析義 …………………………………………………… 王弘治（1）

論《莊子》解構儒家仁義思想的邏輯展開 …………………… 施陽九（16）

《莊子》"屠龍之技"發覆 ……………………………………… 辜天平（31）

《莊子·應帝王》的以道克巫
　　——壺子四示與遊化主體 ……………………（臺灣）賴錫三（48）

《列子》真偽考論 ……………………………………………… 張洪興（76）

以儒爲本的雜家著作
　　——《晏子春秋》學派歸屬新論（附"晏子名字考"） ………… 孫　廣（96）

再論子游及其"弦歌之治" ……………………………………… 王若詩（106）

德性、群體與人的存在
　　——孟荀人禽之辨比較 ………………………………… 鄭治文（121）

從"性惡論"到養人之情：荀子的性情轉化思想
　　——兼與孟子的"性善論"比較 ………………………… 陳雲龍（132）

"齊俗"與治道
　　——以《淮南子·齊俗》爲中心的"俗"觀念研究 ……… 孫迎智（149）

修辭與數術：《淮南子》的文本構成 …… ［法］魏明德（B. VERMANDER）　林　泠 譯（166）

陰陽五行與思孟淵源再探
　　——從《漢書·藝文志》中的"兵陰陽《孟子》"談起 ………… 李　華（191）

"總百家之緒"與《漢書·藝文志》的立言
　　——圍繞《諸子略》的闡論 …………………………… 劉成敏（207）

有秦焚書不及諸子
　　——論"百家語"的文體性質 …………………………… 吳劍修（225）

子部的整合、分裂與革新
　　——以學術架構的分析爲視角 …………………………………… 曹景年（237）
先秦子書文學認知的衍變 …………………………………………… 張晨霞（257）
合時而用　因時而變
　　——論葛洪對孟子思想的因革 ………………………………… 高正偉（269）
《文心雕龍》對《吕氏春秋》文藝理論的繼承與發展 ……………… 延娟芹（281）
張載的理論建構及其道家觀念叢 …………………………………… 陳鼓應（293）
"各正性命"與人的自由
　　——從陳贇《自由之思：〈莊子·逍遥遊〉的闡釋》出發 ……… 單珂瑶　張昭煒（306）

"子藏學"論壇

開創"子藏學"新局面
　　——在《子藏》第六批成果發布會上講話 ……………………… 方　勇（319）
"子藏學"研究需要强調整體性思維 ………………………………… 李小白（324）
"務爲治"：從文獻整理到家國之思
　　——《子藏》第六批成果發布會暨"子藏學"學術研討會綜述 …… 袁　朗（335）

"新子學"論壇

諸子學史視野中的"新子學"研究
　　——兼論現代韓學史建構的四個維度 ………………………… 馬世年（343）
論"新子學"視野下的諸子觀
　　——以《漢志·諸子略》爲中心進行探討 ……………………… 揣松森（360）
目録學譜系中的"諸子"與"新子學" ………………………… 韓高年　王素潔（373）
"新子學"的意義可能
　　——基於百年來學術與文化思潮發展的認識 ………………… 張　涅（384）
"新子學"與中華文化認同 …………………………………………… 劉　潔（398）
當代子學研究的新進展
　　——"第九届'新子學'國際學術研討會"綜述 ………………… 刁生虎　弓少瀟（414）

Contents

Examining the Meaning of Dao ·················· Wang Hongzhi (1)

On the Logical Argument in *Zhuangzi*'s Deconstruction of the Confucian Theory of Humaneness and Righteousness ·················· Shi Yangjiu (16)

Explicating the "Art of Dragon Butchering" Parable in *Zhuangzi*
·················· Gu Tianping (31)

On Defeating Shamans by Means of the Way in the "Responding to Emperors and Kings" Chapter of *Zhuangzi*: Huzi's Four Revelations and the Subject that Roams in Transformation ·················· Lai Hsi-san (Taiwan) (48)

Considering the Authenticity of *Liezi* ·················· Zhang Hongxing (76)

Syncretic Writings Based in Confucian Thought: A New Examination of the Affiliation of the *Yanzi chunqiu* (With A Textual Research on Yan Zi's Name)
·················· Sun Guang (96)

Another Discussion of Ziyou and His "Government by Music and Song" in the *Analects*
·················· Wang Ruoshi (106)

Moral Nature, Community, and Human Existence: Comparing the Distinction between Man and Animal in Mencius and Xunzi ·················· Zheng Zhiwen (121)

From the "Discourse on Human Nature Being Evil" to Cultivating Human Emotion: Xunzi's Theory of the Transformation of Human Nature and Emotions, With Comparison to Mencius' "Discourse on Human Nature Being Good"
·················· Chen Yunlong (132)

"Homogenizing Customs" and the Art of Rulership: Research on the Concept of *Su* "Customs" in the "Homogenizing Customs" Chapter of *Huainanzi*
·················· Sun Yingzhi (149)

Rhetoric and Numerology: The Textual Structure of the *Huainanzi*
·················· Benoît Vermander (France), tr. Lin Ling (166)

Reconsidering the Origins of Correlative Cosmology in Zisi-Mencius Thought: Based on the Reference to "Military Yin-Yang *Mencius*" in the *Hanshu* "Treatise on Arts and Letters" ·················· Li Hua (191)

"Assembling Traces of the Hundred Schools" and the Declaration of the *Hanshu* "Treatise on Arts and Letters": Regarding the Exposition in the "Digest of the Various Thinkers" ·················· Liu Chengmin (207)

The Qin Regime's Bibliocaust Did Not Affect the Various Thinkers: On the Generic Features of the "Accounts of the Hundred Schools" ·········· Wu Jianxiu (225)

The Consolidation, Division, and Reform of the *Zi* Category: From the Perspective of Scholarly Architecture ·················· Cao Jingnian (237)

On the Evolution of the Conception of Literature in the Pre-Qin Zhuzi
················· Zhang Chenxia (257)

Adapted to the Times, Changing with the Times: On Ge Hong's Continuation and Revision of Mencius' Thought ················ Gao Zhengwei (269)

Wenxin diaolong's Succession and Development of the Artistic Theory of *Lüshi chunqiu* ··········· Yan Juanqin (281)

Zhang Zai's Philosophical Argumentation and Daoist Concept Clusters
················· Chen Guying (293)

"Each Completes His Own Nature" and Human Freedom: Reflecting on Chen Yun's *Free Thoughts: Interpreting the "Free and Easy Roaming"* of *Zhuangzi*
················· Shan Keyao and Zhang Zhaowei (306)

Forum on "Zizang (Compilation of Zhuzi Texts) Scholarship"

Exploring a New Dimension of *Zizangxue*: Remarks on the Publication of the Sixth Batch of the *Zizang* ··················· Fang Yong (319)

Zizang Research Should Emphasize Comprehensive Thinking
················· Li Xiaobai (324)

"Toward to good-governance": From Textual Collation to Thoughts for Home and Country; Overview of the Publication Ceremony for the Sixth Batch of the *Zizang* Compilation Project and the Academic Conference on "*Zizang* Scholarship"
················· Yuan Lang (335)

Forum on "New Zixue" (Scholarship on Zhuzi Texts)

Research on the "New Zixue" in Perspective of the History of Zhuzi Scholarship: With Remarks on Four Dimensions in the Construction of Modern Han Feizi Scholarship ··················· Ma Shinian (343)

Views of the Zhuzi in Light of "New Zixue": Based on the "Digest of Zhuzi" in the *Hanshu* "Treatise on Arts and Letters" ············· Chuai Songsen (360)

The "Zhuzi" and "New Zixue" in Terms of Bibliographical Genealogy
················· Han Gaonian and Wang Sujie (373)

The Semantic Potential of "New Zixue": Based on an Understanding of the Scholarly and Cultural Trends of the Past Hundred Years ············· Zhang Nie (384)

"New Zixue" and Chinese Cultural Identity ··················· Liu Jie (398)

New Developments in Contemporary Zixue Research: Overview of the "Ninth 'New Zixue' International Academic Conference" ······ Diao Shenghu and Gong Shaoxiao (414)

"道"之析義*

王弘治

内容提要 通過考察甲金文至諸子時代前期文獻中"道"的使用實例,本文對"道"的語義内涵進行了剖析。"道"及其相關詞族都有從"道路"到"規律、法則"的平行語義變化,這是基於"道"所具有的"引導、遵循"的本義而發生的,絶非偶然現象。"道"表示"言説"是通過與"曰"詞族的聲音通假關係而得到的新義項。諸子時代前期文獻中所强調的"先王之道"是"道"之本義的進一步發展。

關鍵詞 道 諸子 先秦思想史

中圖分類號 B2

對於"道"這一概念的形成過程,論者多從思想史的角度加以觀照。然而概念寄生於語言,作爲載體,對於"道"這個"詞"是如何被加工成中國思想史的核心概念的,目前的研究仍趨於平面,亦即是缺乏從語言自身發展的角度來觀照。例如,論者多注意到"道"的多義性,"道"可以包含"言説""道路""方法""規則""引導"乃至於哲學意味上的"本體"多重含義,而這些義項之間的關係究竟是如何產生的,孰爲本義,孰爲派生?從什麽時間,什麽關節點上,"道"真正地進入到哲學與思想的論域?爲什麽古代先哲會從日常語言中選擇"道"這個詞來作爲表達其思想的核心和本體?本文嘗試從語文學的方法入手,結合音-義匹配關係,從漢語詞族發展和文獻兩個方面,尋找"道"這一思想概念形成的内在規律。

一、"道"在早期文獻中的流傳情況

(一) 商周考古實物資料上的"道"

嚴一萍最早指出"道"已經出現在甲骨文之中。對於這個結論,早期存在一定的爭議,裘

---

* 本文爲華東師範大學幸福之花先導基金重大研究項目"大數據視野下的老子思想源頭與涵義研究"(44300-19312-542500/005)階段性成果及上海師範大學"數字人文資源建設與研究"重點創新團隊研究成果。

錫圭曾將嚴一萍認定的可隸定爲"衍"的字,釋爲"衍"或"行"。後來此字形出現於郭店竹簡,裘錫圭、李學勤先生結合傳世古文的記載,乃修改前說,認爲簡文中的"衍"字可以直追至甲骨文字形①。對此字形的研究和討論,可以參考郭靜雲的總結②。"衍"在甲骨文中的用例,殆可成定論。

根據嚴一萍的分析,甲骨文當中的"衍"(道)實際爲"導",這也是目前最符合甲骨文中諸多語例的讀法。至西周金文中,已出現從"首"的"道"字形,其詞義也轉化爲後世多見的"道路"義。比如在著名的周厲王(生卒年約前890—前828,在位年爲前872—前842)時期的散氏盤(集成10176)中,"道"在文例中表示土地封邑的邊界,顯然是道路經畫的意思。在更早期的寓鼎(集成02721)中,有"師雍父省道于獣"的語例,"省道"一詞,也可以讀爲"視察道路情況"的意思。這證明至晚在西周中期,"道"已經具有名詞"道路"的意義。同時,作爲動詞的"道"在西周金文中仍然存在,並一直沿襲下來,成爲分化字"導"。

金文材料中也見到接近於諸子文獻中表示"道德""道義"的例子。目前僅見於戰國中晚期的中山王器上。如中山王鼎(集成02840)"論其德,省其行,亡不順道",方壺(集成09734)"逢燕亡道易上,子之大辟不義"。銘文內容與燕國王噲禪位於國相子之有關,與中山王乘燕國內亂伐燕之事相關,所以紀年可知不早於王噲禪位之公元前318年,約同於諸子百家孟子生活的時代,因此中山王器上的"道"字的用例,亦當屬於晚起,是充分接受了諸子學說之後的戰國時熟語。

我們基本可以確認,在目前發現的先於諸子時代的考古實物中出現的"道",詞義分爲動詞"引導"和名詞"道路"兩類。

(二) 早期傳世文獻資料中的"道"

文獻考察首先要考慮傳世文獻本身的時代問題。在經典的六藝文獻當中,《周易》《詩經》和《尚書》是一般認爲早於諸子時代的,但這三種文獻當中"道"的出現和用例有不平衡和不一致的地方。以下我們分別檢視三種文獻中"道"的用例。

1.《周易》

《周易》包括經、傳兩大基本組成。傳的形成在諸子時代,經的時代較早。"道"大量出現在《易傳》中,而《易》古經(即卦爻辭)中所見極少,以下爲所有用例:

(1) 復自道,何其咎,吉。(《小畜》初九)
(2) 履道坦坦,幽人貞吉。(《履》九二)
(3) 隨有獲,貞凶。有孚,在道以明,何咎。(《隨》九四)
(4) 復:亨。出入無疾,朋來無咎。反復其道,七日來復,利有攸往。(《復》卦辭)

---

① 李學勤《說郭店簡的"道"字》,《簡帛研究》第三輯,廣西教育出版社1998年版。
② 郭靜雲《由商周文字論"道"的本義》,《甲骨文與殷商史》第一輯,綫裝書局2007年版,第203~226頁。

這些卦爻辭中出現的"道",根據所在上下文的環境,基本都可以判定其語義與《易傳》中表示抽象意義的"道"無涉。《小畜》九三有"輿説輻",與車馬有關,據此,初九中的"復"或爲車馬器之"輹"之通假,與車馬相涉,此中"道"當偏從"道路"義。《履》中"履道坦坦",文義自白。《隨》初九爻辭有"出門交有功",亦當與"道路"相涉。《復》卦辭中有"出入無疾,朋來無咎",六四爻辭"中行有復","行"亦"道路",此處"道"看來也脱不出"道路"的語義範疇。

《繫辭》以"一陰一陽之謂道"立義,而在古經卦爻辭部分,却基本看不到"道"字有相類似的語義特徵,且六十四卦中也僅僅四例用例。這種對比,頗能説明"道"字抽象意義的興起是一種後起的現象。

2.《詩經》

《詩經》風雅頌中出現"道"的用例共三十二處。其義大多爲"道路"甚明,文繁不及備引,唯有三處需另加説明。

(1)《鄘·牆有茨》:"中冓之言,不可道也,所可道者,言之醜也。"

《牆有茨》中這兩處"道"都是"言説"義,也是《詩經》中唯一一處表示"言説"義的"道"的例子。"道"表"言説"在諸子時代是常見的語義表達,但在《詩經》却僅此一例。

《牆有茨》一詩本事甚明,講的是宣姜與衛昭伯亂倫結合的醜事,此事約發生在公元前700年衛惠公初即位時,時屬春秋早期。這是"道"表"言説"義在文獻中出現的時間下限,之前在甲金文中還未及見這種用法,這也説明"道"之語義的引申和擴展至遲到春秋早期已經進入到一個新的階段。

(2)《大雅·生民》:"誕后稷之穡,有相之道。"

(3)《大雅·韓奕》:"奕奕梁山,維禹甸之,有倬其道。"

這兩處中的"道"根據傳統傳箋的注釋,似乎都可以理解爲抽象的"方法"甚至"功德"。也有學者接受傳統訓釋,認爲這是"道"的語義向抽象轉化的早期例子①。這種認識其實存在偏差。我們可以通過比較客觀的語言分析,證明兩處用例與諸子時代"道"的抽象意義沒有關係。

"道"字在古代有兩個讀音,一爲上聲,表示名詞"道路""道德"等義及動詞"言説"義,另有去聲一讀,表動詞,即分化字"導"的讀音,表示"開導""遵從""治理"等義。《生民》此一章全文押韻如下:"誕後稷之穡,有相之**道**。茀厥豐草,種之黄**茂**。實方實苞,實種實**褎**,實發實秀,實堅實**好**,實穎實栗,即有邰家室。"

全章除最後兩句押職部字,其他隔句押幽部字。"道"與"好"都有上去兩讀,但"茂"和"褎"皆只有去聲一讀。《詩經》中已經存在四聲分押的現象。陳新雄統計,《詩經》押韻中,平上聲可以混押,去入聲可以混押,但平入、上去、上入聲之間的混押極爲少見②。而《生民》此章

---

① 吾淳《前老子時期"道"語詞的發展及哲學準備》,《上海師範大學學報》2006年第3期。
② 陳新雄《古音研究》,五南圖書出版股份有限公司1999年版,第759頁。

中共八句連續四個韻段,屬於極少發生混押的環境,因此根據"茂""襃"可以確認此章中的"道"當從去聲讀①。因此,"有相之道"這句的意思,恐怕應當是與上句"誕後稷之穡"的"穡"相呼應,"穡"義爲收割農作物,也可釋爲農稼勞作,故"有相之道"的"道"也當是與農作相關的動詞,整句大致可以釋爲"相土導水"的意思。

《韓奕》"道"在此章的押韻情况如下:

　　奕奕梁山,維禹甸之,有倬其**道**。
　　韓侯受命,王親命之,纘戎祖**考**。
　　無廢朕命,夙夜匪解。
　　虔共爾位,朕命不易。
　　榦不庭方,以佐戎辟。

全章分兩個韻段,第一韻段三句一韻,第二韻段兩句一韻。"道"與上聲字"考"押韻,根據音義配合關係,此處的"道"當爲名詞。鄭玄箋釋"有倬其道",認爲是接續前兩句的"禹之功業"。但聯繫全詩,提到韓侯的"四牡業業""出祖""出迎""百兩彭彭""八鸞鏘鏘"等語,皆是車馬出行。故此章中"有倬之道",極可能是《詩經》中經常提到的"周道""周行",是"道路"的意思。"有倬其道",説的是"道路寬廣",就如《小雅・甫田》中"倬彼甫田"言田地之寬廣。

綜上所述,《詩經》中當無"道"作抽象義理解的確切例子。

3.《尚書》

"道"在《尚書》中的用例情况相對複雜。《尚書》共出現 36 例"道",一些用例,明顯與諸子時代文獻中的"道"語義基本一致。比如《大禹謨》中著名的"人心惟危,道心惟微,惟精惟一,允執厥中",《五子之歌》"今失厥道,亂其紀綱,乃底滅亡",《仲虺之誥》"欽崇天道,允保天命",等等。

但是如果遵從前人區分古文尚書和今文尚書的做法,情况就出現變化了。我們把《今文尚書》二十八篇中"道"的用例擇取出來。

　　(1) 九河既道……瀍淄既道……沱潛既道……(《禹貢》)
　　(2) 無偏無陂,遵王之義;無有作好,遵王之道;無有作惡,尊王之路。無偏無黨,王道蕩蕩;無黨無偏,王道平平;無反無側,王道正直。(《洪範》)
　　(3) 乃有大罪,非終,乃唯眚災:適爾,既道極厥辜,時乃不可殺。(《康誥》)
　　(4) 天不可信,我道惟寧王德延,天不庸釋于文王受命。(《君奭》)

---

① "草/苞/秀"與"道/茂/好"是交抱韻關係。"苞"在《集韻》有並母宵韻上聲一讀。"秀"從毛傳"不榮而實曰秀",同《大戴禮記・夏小正》"王萯秀"之"莠"。"草/苞/秀"皆可視爲上聲隔句押韻。

(5) 皇后憑玉幾,道揚末命,命汝嗣訓,臨君周邦,率循大卞,燮和天下,用答揚文、武之光訓。(《顧命》)

《禹貢》《康誥》《顧命》三篇中的用例,從句法結構上很容易判斷出是動詞。《洪範》中的"道"與"義"並舉,最接近諸子時代"道"的用法,但是從上下文來判斷,"尊王之路"的"路",孔傳將"道""路"合併解釋,釋爲"先王之道路"。這還是一種比喻手法,"道"仍未徹底抽象化。此外"路"若不從孔傳釋義,還可以釋爲"路車",即君主的座車。如此,則"道"作爲比喻之本體的意義就更重了。

《君奭》"我道惟寧王德延"之"道"與上文"迪惟前人光施于我冲子"的結構可以對照,"道"與"迪"都是出現在判斷詞"惟"前。"迪"在《尚書》中一般均訓爲"道",而其本義多用作動詞,以此類推,可知《君奭》"我道惟寧王德延"之"道",也應視爲動詞。

經過分析,《今文尚書》中出現的"道",僅一例《洪範》作爲比喻的用法,肇示着"道"之語義將來引申的方向,其餘皆非後世抽象義的用法,與《古文尚書》中"道"已用爲抽象義且出現次數又多的現象迥然不同。這也可以視爲《古文尚書》形成年代較《今文尚書》晚的一條證據。

(三) 小 結

六藝經典中除《周易》《詩經》和《尚書》以外的禮類和春秋類文獻時代皆已與諸子時代接軌,一些學者會考察《左傳》中"道"的用例,從《左傳》中多預言戰國情事來看,甚至很難將其看成春秋時的作品,《左傳》中"道"的用例當屬於晚起,無法用來考察早期"道"的語義變遷。

從甲金文和早期傳世文獻的例子來看,"道"直至春秋早期,一直長期保持着甲骨文和金文中的早期語義,即"道路"和"引導"。在東周前才開始零星發展出"言説"的用法,在諸子時代開始以前,幾乎看不到抽象意義的"道"的用例。

論者可能批評以上的文獻考察有使用"默證"的謬誤:不出現於文獻,不等於在實際的語言使用中不存在。在漢語史的研究中,一直有"説有易,説無難"的金律。但是,如果我們考慮到我們所考察的文獻的實質,則"默證"一説在我們的論域也非無懈可擊。

我們必須注意到金文刻辭,《詩》《書》類文獻,即是後世所謂"道"之載體,都是古人強調需要"書之竹帛,鏤之金石,琢之盤盂,傳遺後世子孫"的教訓,而在這些教訓當中,竟然完全看不到後世最爲重視的"道"這一詞語,這難道是古之教訓言不及義麽?較爲合理的解釋應該是:"道"的語義轉化在其時沒有真正地發生並爲人所普遍接受。接下來,我們將要從語義內部進一步考察"道"爲什麽會被抽象化的原因。

二、"道"的語義解析

對"道"之本義的討論,傳統上一般都會先引用古代訓詁著作的説法。比如《爾雅·釋宫》

中説:"一達謂之道路,二達謂之歧旁,三達謂之劇旁,四達謂之衢,五達謂之康,六達謂之莊,七達謂之劇驂,八達謂之崇期,九達謂之逵。"這麼多的詞,意思都跟道路有關,不同僅在於道路的分叉數量。這種傳統的訓釋,其實並不準確,例如《史記·孟子荀卿列傳》中"爲開第康莊之衢",康莊與衢豈有分叉不同? 又如《周南·兔罝》"肅肅兔罝,施于中逵",豈謂遍置網羅?

再者傳統訓釋對真正的分別也沒有解釋清楚。《爾雅》所謂的"一達謂之道路","道"與"路"又究竟有什麼區別呢?

要合理地討論古代語詞的本義,首先需要超越文字形體的差異,從詞彙意義真正的物質外殼——語音入手,依仿乾嘉以來"以聲求義"的破解訓詁的方法,尋找詞義輾轉的關聯性。其次,也更爲重要的是,要通過聲音形式,發現古漢語中的詞族關係,建立詞義演變的規律。

這些原則方法如何在分析中加以運用,我們就以上古漢語早期表示"道路"義的詞彙分例進行説明。實際上"道路"這個意義範圍太過籠統,上古漢語與"道路"意義相關的詞彙,大略能夠分爲"路""徑""巷""道"四大詞族,通過比較分析這四個詞族的内部通轉和語義規律演變,我們就能更加清晰地瞭解,何以"道"會在衆多詞彙中脱穎而出,成爲中國思想史上一個關鍵性概念。

以下我們對四大詞族進行逐一説明

(一)"路"/"行"詞族

"路"與"行"同義,從語源形式來看,兩者應該屬於同一詞根的派生形式。

路:$^{*}Cə.r^{ˤ}ak\text{-}s$ 行:$^{*}Cə.[g]^{ˤ}raŋ$[①]

"路"從"各"得聲,前置成分 Cə 代表在"路"當前讀音中未能直接反映出來的聲母前輔音。王力指出"路"本當與"徦、格"同根。"徦"揚雄《方言》中訓"至"。《堯典》"格于上下",《舜典》"格汝舜","格"皆訓至、來之義。"格"的上古音形式的詞根與"路"基本一致。

格:$^{*}k^{ˤ}rak$

"行"今讀帶鼻音韻尾,屬於上古的陽聲韻一類,與"路"的韻尾有別。這類現象,傳統音韻學稱爲"陰陽對轉",在現代詞彙學中可以視爲附着在詞根之上的形態變化。在表示"往來"一類位移的詞彙中還有類似的平行變化,如"于/往":

[①] 本文古音構擬形式采用 Baxter, W. H., & Sagart, L., *Old Chinese: A new reconstruction* (Oxford University Press, 2014)的方案,下文如無特别説明,皆同此。具體構擬符號的意義,一以 B&S(2014)爲准。

于：*ɢʷ(r)a　　往：*ɢʷaŋʔ

《魯頌·泮水》"從公于邁"，鄭玄箋："于，往；邁，行也。""行"本身有表示動詞位移的意義，它表示道路的意思，與位移來往的動詞義密切相關。"路"的意義也與"往來"義相關，如此才能解釋，何以"路"在上古漢語又可釋爲"車"。

路：*Cə.rˤak-s　　車：*C.q(r)a

其基本特徵是(1)詞根主母音爲 a；(2)詞根帶響音輔音的聲母；(3)詞根前如帶前置輔音，皆爲喉牙部位輔音；(4)如帶詞尾，皆爲軟腭類輔音。

從這一詞根上派生出一批音義相關的詞彙：

塗/途：*lˤa　《爾雅》："路，旅，途也。"
旅：*[r]aʔ　《爾雅》："路，旅，途也。"
衢：*gʷja①　《說文》："四達謂之衢。"（按：行字古文字形即作四達之衢）
魯：*[r]ˤaʔ　《廣雅》："魯，道也。"
唐：*rˤaŋ　《逸周書·作雒》："內階玄階，堤唐山廧。"孔晁注："唐，中庭道。"
康：*[kʰ]ˤaŋ　《爾雅》："五達謂之康。"
場：*[l]raŋ　《爾雅》："場，道也。"

這些詞彙構成了由"往來"位移義爲基礎派生的"道路"義的詞族，雖然文字形式及常用義都發生了比較重大的變化，但是語音所代表的核心意義在古漢語是一致的，是有迹可尋的。利用這種方法，我們就可以比較不同詞族核心意義的差別，在比較中進一步凸顯"道"所具有的特殊意涵。

（二）"徑"/"街"詞族

《論語·雍也》："行不由徑。"《廣雅》："徑，道也。"《說文》云：徑，步道也。"徑"在古漢語中也是表示道路的一個重要詞彙，並且後來也用於表示"方法"的隱喻，比如現在仍在使用的詞彙"門徑"。"街"與"徑"的關係，與"行/路"相仿佛，主要也是鼻音陽聲韻尾有無的差別。

徑：*[k]ˤeŋ-s　　街：*[k]ˤre

---

① 此字 B&S(2014)未提供構擬形式，此處依據 Baxter, W. H., *A Handbook of Old Chinese Phonology* (Berlin: Mouton de Gruyter, 1992)中的形式，詞中的介音*-j-在 Baxter & Sagart 新構擬系統中已取消。

"徑"表示"道路"的意思,有學者認爲是從"經過"來①。經過進一步考察,我們認爲"徑"的"道路"義應該是由其另一義項"直"而來。《周髀算經》卷上"此夏至日道之徑也",趙君卿注:"其徑者,圜中之直也。"今之直徑,猶取其義。《爾雅·釋水》:"直波曰徑"。《莊子·秋水》"涇流之大",陸德明《釋文》云:"崔本作徑,云直度曰徑。"這都是"徑"與"直"相關的訓釋。《論語·雍也》中的"行不由徑",有時也被釋爲"邪路"。相似的例子如《禮記·曲禮上》"送喪不由徑",鄭玄注:"徑,邪路也。"這裏的"邪路"不是歪斜,而是對角綫的意思,與"圜中之直"的意思接近。

與"徑"同根的"經"($*$k-l^{ς}eŋ),動詞義有位移的意義,如《孟子·盡心下》"經德不回",趙歧注:"經,行也。"其名詞義同樣有道路的意思,"道路"與位移的義項之間是緊密相連的。《吕氏春秋·有始》"生之大經也",高誘注:"經,猶道也。"但是"經"最根本的意思,是織機上縱向的直綫。

與"徑"同根的還有"陘"($*$[g]^{ς}eŋ)。《爾雅·釋山》:"山絶,陘。"今有太行八陘,即貫縱太行山的八條山路。《爾雅》中的"絶"在古漢語中就是"直度"的意思。《漢書·高帝紀上》"絶河津",顔師古注:"直渡曰絶。"所謂太行八陘,也就是讓人免於繞山而行的直道。

"街"的意思與"經"所表示的"直"的意義相關。"街"在文獻中相對是個後起的文字形式,較早期的用例出現於《墨子》中,在戰國和秦漢文獻中,"街"主要是指城裏道路。比如《墨子·號令》:"城上道路、里中巷街,皆無得行,行者斬。"古代城市的里巷皆有經畫,"街"就是經度城市所劃的直綫。《大雅·靈臺》"經之度之",毛傳:"經,度之也。"《周禮·地官·司市》"以次叙分地而經市",鄭玄注:"經,界也。"《孟子·滕文公》"故仁政必自經界始",趙歧注:"經,亦界也。""街"就是從"經畫""經界""經度"的意思派生出來的。在《管子》中還能看到"街"與"經"意義相通的例子——《五行》:"六月日至,是故人有六多,六多所以街天地也。天道以九制,地理以八制,人道以六制。"此處的"街"與後文的"制",都可以從"經畫""經界""經度"的角度來理解。

與"街"同根的詞有"蹊/溪"($*$[g]^{ς}e)。《玄應音義》卷七"溪徑"引《通俗文》"邪道曰溪"。此處"邪道"也就是"行不由徑"中"徑"的意思。

"徑"有不守正路,走邪路捷徑的意思,故而又逐漸派生出小路的意思,表示非正常通行之路。這一詞族的基本特徵是:(1)詞根主母音爲 e;(2)前置輔音爲牙音聲母;(3)可以帶牙音鼻音韻尾。

(三)"巷"詞族

"巷"($*$C.[g]^{ς}roŋ-s),字形上又作"衖""𨞰""䠜"等。《鄭風·叔於田》"巷無居人",毛傳:"巷,里塗。"《爾雅·釋宫》"宫中衖謂之壼",郭璞注:"巷,閣間道。"《說文》"𨞰,鄰道也",又

---

① 黄樹先《說"徑"》,《漢語學報》2009 年第 4 期。

"䢩,里中道也"。

"弄堂"的"弄"(*[r]ˤoŋ-s)是"巷"的一個分化形式。"胡同"一詞也作"衚衕",皆由"巷"派生而來,實際上"胡同"的雙音節形式,正反映了"巷"是如何派生出"弄"的,上古漢語詞根前的前置成分脫落,從而產生了新的形式。"衕"(* g-looŋs)①,《說文》:"衕,通街也。"此字又假借爲洞,今韓國稱街道爲"洞",即當爲"衕"之借詞。

從"巷"的分化可以推斷這一詞族的詞根形式當是:(1)詞根主母音爲 o;(2)詞根聲母爲流音 r、l一類;(3)前置輔音爲牙喉音;(4)詞根韻尾爲牙音部位的鼻音。除去第一條特徵以外,"巷"詞族的詞根形式與"行"詞族頗爲接近。正是由於前置輔音和流音聲母的音變作用,"巷"才會與"衕"之類中古的舌齒音聲母字發生聯繫。由此,我們認爲"巷"表示"道路"的意義是由語音相似的"通"的意義生發出來的。

"通"(*lˤoŋ)。《管子·輕重甲》"鵝鶩之舍近,鸇雞鴰鵒之通遠",王念孫《讀書雜志》此條按曰:"通,當爲道。"今天日語仍借漢字"通"表示"街道"的意思。

"通"所從聲符"甬"(loŋʔ)②,《史記·高祖本紀》"築甬道屬之河",張守節正義引韋昭云:"起土築牆,中間爲道。""甬道"即連通兩端之交通綫。《淮南子·本經》"甬道相連",高誘注:"甬道,飛閣復道也。"其實就是在空中聯結兩座建築的天橋通道。此義可聯繫上文郭璞在《爾雅·釋宮》中對"巷"的釋義"巷,閣間道"。"甬"又有字形作"衕",《廣韻》引《蒼頡篇》云:"衕,巷道也。"

從"通"意義而來表道路義的還有"衝"(* tʰoŋ)。《文選》謝靈運《擬魏太子鄴中集詩八首》"河兗當衝要",劉良注:"衝,通。"《左傳》昭元年"及衝,以戈擊之",杜預注:"衝,交道。"交道,取四通八達義,因此產生出交通、交衝這樣的意義。

(四)"道"詞族

前文已提及"道"在甲骨文中的最初用法爲動詞,即後來之"導",表先導,引導。《山海經·大荒西經》"風道北來",郭璞注:"道,從也。"根據這個本義,可以區別"道"表示"道路"的名詞義,與之前幾個詞族的分別即在於"道"是跟從踐循前人之迹而形成的路綫。這好比魯迅的名言:"地上本没有路,走的人多了,也便成了路。"這一假設是否成立,我們同樣從音義相關的詞族出發,考察其詞根的共通義。

與"道"(*[kə.l]ˤuʔ)的同族詞包括:

馗/逵(*[g]ʷru)。《周南·兔罝》"施于中逵",《毛傳》:"逵,九達之道。"毛傳此據"逵"字形又作"馗",依偏旁"九"訓釋。"馗"所從"九"(*[k]uʔ)當是聲符,與"首"(*l̥uʔ)相合,恰與

---

① B&S(2014)未提供此字的構擬,此處參考潘悟雲《漢語歷史音韻學》(上海教育出版社 2000 年版)擬音方案。

② 同上。

"道"之讀音構擬極爲接近。

由/猷/繇①(*l[u])。《爾雅·釋詁下》"迪、繇、訓,道也",郝懿行疏:"繇者行之道也。"《方言》:"裕、猷,道也。齊曰裕,或曰猷。""由、猷、繇"三字同音互通。"由"古訓"從",即跟從舊迹之義。《齊風·南山》"魯道有蕩,齊子由歸",鄭玄箋:"由,從也。"即云齊子從魯道而歸。《論語·雍也》"行不由徑",云澹臺滅明不從邪道進見。這都是踐循舊迹的意思。

軌(*kʷruʔ)。《廣雅·釋宫》:"軌,道也。""軌"一般指車轍或轍迹,古代車轍寬度與道路寬度有關。王念孫《廣雅疏證》解釋此條:"軌,謂車道也。"秦代書同文、車同軌,車轍的寬度與車道的寬度息息相關,因之車轍義與車道義緊密相聯。古人行車多循前車舊轍,洛陽西漢函谷關遺址門道即出土有轍道的遺迹,可做明證。清代朱駿聲在《説文通訓定聲》中説:"塗之有定者曰軌,行之無定者曰軷。"行車不越前軌,與"道"踐前人之迹的語義同出一轍,"軌"與"道"雖字形不同,詞源可以肯定爲一致。

"路""徑""巷"中存在母音結尾的陰聲韻與後鼻音結尾的陽聲韻之間的對應交替,"道"詞族與它們相比有一點特殊性,其對應的陽聲韻,主要是收舌鼻音和舌音塞音的陽聲韻和入聲韻。如,與"道"關係極近的"述"。

述/術(*Cə-lut)。《廣雅·釋宫》"術,道也",王念孫疏證云:"術之言率也,人所率由也。"《玄應音義》卷十"術藝"引《字林》"邑中道曰術"。《繫辭上》"慎斯術也以往",鄭玄注:"術,道。"《儀禮·士喪禮》"不述命",鄭玄注:"古文述皆作術。"《尚書·五子之歌》"述大禹之戒以作歌",孔安國傳云:"述,循也。"朱駿聲《説文通訓定聲》云:"由故道曰述,凡循其舊而申明之亦曰述。"

隧/遂(*sə-lu[t]-s)。"遂"字今《廣韻》爲邪母字,但"遂"/"隧"爲古今分化字,《尚書·費誓》"魯人三郊三遂",《史記·魯世家》作"三隧",故合而論之。金文中"遂""述"常作一形,亦爲古今分化字。《左傳》僖二十六年"公子遂",《世本》作"公子述";《左傳》襄二十三年"毋或如東門遂",《史記·魯世家》司馬貞索隱引《世本》作"東門述"。《史記·蘇秦列傳》"禽夫差於干遂",《索隱》云:"遂者,道也。"朱駿聲《説文通訓定聲》:"遂,道也,與術略同。"《大雅·桑柔》"大風有隧",毛傳云:"隧,道也。""遂"另有因繼之義:《穀梁傳》僖四年"遂,繼事也"。

率/達/衛(*s-rut)。王念孫《廣雅疏證》以"率"訓"術"。《廣雅·釋宫》即言"率,述也"。王念孫《廣雅疏證》引《墨子·明鬼》"道路率徑"云"率與術通"。"率"作動詞,基本與"述"同義一致,也與"導"可互訓。《玄應音義》引《儀禮》鄭玄注"率,導引之也"可證。"達/衛"也多訓爲"導也""循也"。

聿(*[N.]rut)。《大雅·文王》"聿修厥德",毛傳:"聿,述也。"《漢書·東平思王宇傳》《後漢書·宦者列傳》引《文王》此句皆作"述修厥德",一本又作"術修厥德"。

循(*sə.lu[n])。"循"與"率"古書中多同訓。《爾雅·釋詁》:"率、循,自也。"《廣雅·釋

---

① B&S(2014)未提供"猷/繇"的構擬,此據同音字"由"的構擬形式。

言》:"循、率,述也。"

訓:(*lu[n]-s)。《爾雅·釋詁》:"迪、繇、訓,道也。"《大雅·烝民》"古道是訓",《大雅·烈文》"四方其訓之",毛傳皆云:"訓,道也。"此處的"道",當爲動詞,即"導"字。"訓"古書中又多訓爲"順",與"循"音義皆通。

"道"與"述"又分別衍生出兩個小的語義類。"道"的一類當中,以名詞爲主;"述"的一類當中,以謂詞成分爲主。兩類的詞根都是帶流音的 *ru/ *lu,但"道"一類往往前加喉牙音輔音成分,而"述"一類往往多前加齒擦音輔音成分,並後接齒塞音或齒鼻音韻尾。這種分別可能具有某種與詞彙功能差別對應的形態功能。從上古音系角度來看,"道"屬幽部,"述"屬物部。幽部與物部之間的通轉關係,嚴格來説並不常見,所以"道"與"述"的分野,主要還是需要從形態角度來理解。Mei 論證上古漢語中的 *s-首碼具有名謂化功能①,這種詞綴形態觀也可以暫時用來解釋"道"與"述"之間的關係。

三、"道"的語義發展

在釐清有關"道路"義的不同詞族本義的基礎上,我們要繼續討論何以"道"會從原始的道路義中脱穎而出,成爲中國古代思想史上的核心概念。

(一)"道"與"法則"

乾嘉學派的語義訓詁以"因聲求義"爲宗旨。從語言學的一般規律而言,詞由聲音和語義這一對能指和所指形式任意結合而成,聲音即語義的物質外殼。中外古今對於詞義演變發展的認識實屬百慮而一致。上文有關上古詞族的分析,即是通過詞彙語音形式和語義的相似性,把已經分化的文字形式所記錄的詞彙進行關聯。而同族的詞彙,因爲聲音形式的約束,其語義演化的方向也具有一定的方向性。比較與"道路"義相關的四大詞族,我們發現,只有"道/述"詞族内部大量出現了"方法""法則""規律"的語義引申變化。

除却"道"以外,"術"在諸子文獻中常與"道""法"並稱。"猷"多訓"謀",在文獻中也常見爲人當效則的對象,如《小雅·巧言》"秩秩大猷,聖人莫之"。"軌"可訓"法",如《漢書·淮南厲王劉長傳》"行多不軌",顏師古注:"軌,法也。""率"又讀同"律",皆有"法"義。《孟子·盡心上》"變其彀率",焦循正義引陸注云:"率,法也。""訓"有"教誡"義,《大雅·抑》"四方其訓之",毛傳:"訓,教也。"《尚書》六體有"訓",即訓誡也。

---

① Mei, Tsu-Lin, "The causative and denominative functions of the *s- prefix in Old Chinese", *Proceedings of 2nd International Conference on Sinology: Section on Linguistics and Paleography*, Taipei: Academia Sinica, 1989, pp.33~51.

這一類詞的引申含義,都是要求人能够遵從遵循,這與"道/述"在"道路"義上爲踐從先導之迹的本義是緊密相聯的。

(二)"道"與"言説"

"道"與"述"又常用來表示"言説"的意義。《老子》第一章"道可道,非常道",就是"道"之多義性的集中體現。包智明討論"道"的語義構成時認爲,"道"表示"言説",是基於"管道"所附的"溝通"義,即"語言是把説話人和通話人聯結起來的紐帶"①。此説與"説"所從"兑"訓"通"相似。《廣韻》"兑,突也",即烟道之義。但上文已揭示,在"道路"義的四大詞族中,"巷/通"詞族與"道/述"詞族的本義來源不同。"語言是連絡人之紐帶"的説法,特繫於主觀的想像。

我們認爲,"道"與"述"之所以能够表示"言説"義,是由於假借而成。這種假借是基於與"曰""謂""云""説"一類本義爲"言説"的詞之間的聲音相似性。

曰 *[ɢ]ʷat； 潘悟雲(2000)*ɢod
謂 *[ɢ]ʷə[t]-s； 潘悟雲(2000)*ɢuds
云 *[ɢ]ʷə[r]； 潘悟雲(2000)*ɢun
説 *l̥ot； 鄭張尚芳(2008)*hljod
道 *[kə.l]ˤuʔ； 潘悟雲(2000)*luuʔ
述 *Cə-lut； 潘悟雲(2000)*ɢljud
率 *s-rut； 潘悟雲(2000)*srud
聿 *[N.]rut； 潘悟雲(2000)*[b]lud

以上 B&S 的構擬外,還配上鄭張尚芳-潘悟雲構擬系統的擬音②。兩者的音標雖有出入,但在韻部構擬方面屬於大同小異。兩家構擬的上古音系統中都有圓唇母音,B&S 構擬中的 *-ʷa/ *-ʷə 與鄭張-潘系統中的 *-o/ *-u 在一定條件下仍是可以相互折合的。聲母部分的構擬有一定的歧異,這主要是從中古音的音韻地位逆推構擬的結果,在實際的文獻例證中,我們可以見到這兩組間的異文通轉例子:

《鄘風·定之方中》"説於桑田",《經典釋文》引《鄭志》:"説或曰述。"《豳風·七月》"曰爲改歲",《經典釋文》:"曰,《漢書》作聿爲。"《小雅·角弓》"見晛曰消",《釋文》:"曰,《韓詩》作聿。"《大雅·抑》"曰喪厥國",《釋文》:"《韓詩》作聿喪。""曰"正字

---

① 包智明《説"道"》,《語言科學》2008 年第 1 期。
② 鄭張尚芳《上古音系》,上海教育出版社 2008 年版。

作"吷",段玉裁《説文解字注》"吷"下注:"班固《幽通賦》'吹中和爲庶幾兮',《文選》作聿。"《墨子·尚同中》"聿求厥章",孫詒讓《間詁》:"蘇云《詩》作曰。"

"聿、率、曰(吹)"作爲虚字在古籍中的通用,已是注家的常識。《書·多士》"予唯率肆矜爾",孫星衍《尚書今古文注疏》云:"率者,同吹。""聿"與"述"也有異文通假的例子,前引《大雅·文王》"聿修厥德",在《漢書·東平思王宇傳》中作"述修厥德"。這些通假例子可以進一步證實"道/述"詞族與表示言説的"曰"詞族之間的音近關係。

如果采信詞義引申的説法,認爲"道"表示"言説"義是從"道路""通道"引申而來的,這無法解釋,爲什麽"路""徑""通"這些詞却没有發生相似的語義引申變化,而在"道"的詞族當中,不僅有單純的語音通假,而且還有"道/述"這樣新增出"言説"義項的例子。這種不同詞族間語義發展的不一致性,歸根結底是語音形式的差異造成的。

(三) 先王之道、先王之術、先王之訓

在諸子時代的開端,儒家和墨家都積極地提倡"先王之道"。《墨子·貴義》:"古之聖王,欲傳其道於後世,是故書之竹帛,鏤之金石,傳遺後世子孫,欲後世子孫法之也。今聞先王之遺而不爲,是廢先王之傳也。"這一段中,包含了上文所分析的"道"的兩種基本語義的叠加:遵循+言説。"傳遺後世子孫,欲後世子孫法之也",即是强調踐循先王先人之成迹;"書之竹帛、鏤之金石",則是"言説"的體現。在《墨子》中,反復强調先王的言行事蹟"書之竹帛、琢之盤盂、鏤於金石",以先王爲導師,這樣的"先王之道"就很接近於"道"本身的早期語義。

早期的儒家和墨家都强調"述"。孔子强調"述而不作",其所述者,即如《中庸》所言"仲尼祖述堯舜,憲章文武"。而墨子也有相似的表述:"尚欲祖述堯舜禹湯之道,將不可不尚賢。"(《尚賢上》)"吾上祖述堯舜禹湯文武之道者也。"(《節葬下》)

儒墨的精神内核不同,但在學問述古的取向上是一致的。儒墨謹守"先王之道"的形象,在其他學派的言説中亦是如此:

孔子謂老聃曰:"丘治《詩》《書》《禮》《樂》《易》《春秋》六經,自以爲久矣,孰知其故矣,以奸者七十二君,論先王之道而明周、召之迹,一君無所鈎用。甚矣夫! 人之難説也,道之難明邪!"(《莊子·天運》)

魯侯曰:"吾學先王之道,修先君之業,吾敬鬼尊賢,親而行之,無須臾離居,然不免於患,吾是以憂。"(《莊子·山木》)

墨子之説,傳先王之道,論聖人之言以宣告人,若辯其辭,則恐人懷其文忘其直,以文害用也。(《韓非子·外儲説左上》)

是故亂國之俗,其學者則稱先王之道,以籍仁義,盛容服而飾辯説,以疑當世之法而貳人主之心。(《韓非子·五蠹》)

《莊子》和《韓非子》對儒墨基本精神的勾勒都集中到"先王之道"上。從詞族關係出發,"先王之道"還可以换述爲"先王之術""先王之訓":

  孔、墨、寧越,皆布衣之士也,慮於天下,以爲無若先王之術者,故日夜學之。有便於學者,無不爲也;有不便於學者,無肯爲也。蓋聞孔丘、墨翟,晝日諷誦習業,夜親見文王、周公旦而問焉。用志如此其精也,何事而不達?何爲而不成?(《吕氏春秋·博志》)
  君子勞心,小人勞力,先王之訓也。(《國語·魯語下》)

"法先王"是儒墨學術的基本態度,從這一基礎出發,"道"的"踐迹循古"的語義特徵無疑是最爲契合儒墨的精神追求的。而以《詩》《書》爲教的經典傳習,又進一步突出了"言教",從而與"道/述"新增的"言説"義項相互契合。如此,則一種强調既有經驗、既有秩序並帶有實踐性的"道",便抽離了更早的經典文獻中基本名、動詞的範疇,在早期諸子思想世界中作爲一種概念被固化了下來,並且有了新的發展。在《論語》中,即能看到"先王之道""先王之術"在向"今聖"轉化:

  子曰:"予欲無言。"子貢曰:"子如不言,則小子何述焉?"子曰:"天何言哉?四時行焉,百物生焉,天何言哉?"(《論語·陽貨》)

這裏孔子所説的"言",不僅僅是基本的言説,通過與"天何言哉"的類比,孔子此處的"言"更應理解爲《左傳》襄二十四年穆叔所謂"三不朽"之"立言"。"予欲無言"與"述而不作"乃是一體之兩面。然而子貢的回答則是反映了儒家弟子欲將先師與先王並列的偶像化企圖。而這正是儒家後來發展的歷史結果。《鹽鐵論·論儒》中説:"文學祖述仲尼,稱誦其德,以爲自古及今,未之有也。"如此,"先王之道"便完成了向"先師之道""學派之道"的轉移。這種轉移在墨家也同樣發生,子墨子與後世墨家的鉅子,在門徒心目中也有並列於先王的地位。

  儒墨對於"道"的繼承發展,基本没有脱出"道"自身語義的範疇,然而道家的"道",則是一種語義和哲學層面的雙重超越。但是我們還是能追蹤到道家之"道"與"道"之本義之間的發展脉絡。《莊子·漁父》中説:"道者,萬物之所由。"王弼注《道德經》五十一章"是以萬物莫不尊道而貴德"時也説:"道者,物之所由也。"這種説法與《道德經》四十二章"道生一,一生二,二生三,三生萬物"可相比較,"萬物之所由",即是萬物之所從來、萬物之所生。"由"是"道"的同族詞,因此這仍然没有脱出"道"的基本語義範疇。而這種"萬物所由"的思想,也非道家的首創。在《墨子·耕柱》中有云:"天下之所以生者,以先王之道教也。"

  近代以來,學者多認爲《道德經》實晚出於孔墨後,近來從文本數據計算的角度,也得出

《道德經》和《墨子》之間的相似度高於同期文獻①，而現在從"道"的語義演化來看，也可以得到符合這種時代先後與思想繼承性的判斷。

結　　語

通過遍檢"道"在甲金文至諸子文獻中的用例，我們可以看到"道"在甲金文和一般認爲較爲可靠的前諸子文獻中，都還没有脱離"道路"以及"言説"的基本名、動詞的用法範疇。而在諸子時代勃興的初期，"道"之概念的成立，乃是基於其"遵循、沿襲"的本義，以及通過語音通假獲得的"言説"義項，然後漸次由孔墨的"先王之道""先師之道"發展到道家的"萬物之道""自然之道"。

利用上古詞族的音義關係，使我們能够更爲細緻深入地探索"道"從自然語言進入到思辨領域的條件和過程，能够打破拘泥於字形的一些成見，發現一些新的闡釋可能性。

[作者簡介] 王弘治（1977—　），男，上海人。上海師範大學漢語言文字學博士，美國華盛頓大學東亞語文系博士在讀。現爲上海師範大學語言研究所副教授，兼任《東方語言學》副主編、《上古漢語研究叢書》副主編。主要從事漢語史兼及古典學研究，已在國内外發表中英文論文數十篇。

---

① 高瑞卿、董啓文、方達、王弘治、方勇《數字技術下〈老子〉文本與先秦兩漢典籍的關係挖掘》，《情報雜志》2021年第10期。

論《莊子》解構儒家仁義思想的邏輯展開*

施陽九

內容提要 解構仁義是《莊子》思想展開的重要一環。依循儒家的致思理路，《莊子》通過"由己"視角的特殊有限性，以及"推及"方式之於萬物的外在他律性，指出仁義的實現方式"由己及人"的局限性。通過仁義與人性之間始終存在的距離來表明仁義並非是人性的內容。通過仁義與禮之間不具有必然關係的揭示，認爲把禮視爲仁義外化的"援仁入禮"其實只是儒家的臆想。

關鍵詞 《莊子》 仁義 人性 禮

中圖分類號 B2

依據劉笑敢先生的考證，《莊子》各篇的主體是由莊子及其後學歷經了戰國中期至後期大約一百多年的時間完成的①。雖然各篇寫作的風格有異，思想闡述的重心有殊，但各篇對於儒家仁義思想的批判却是一以貫之的。

目前，學者對於相關方面的研究大多集中在三個方面：

第一，針對仁義落實在政治倫理實踐中的虛僞化之表現進行探討。比如，這方面研究較豐富的郭美華先生認爲："在人類自身的歷史與現實中，仁義（作爲非本真道德的流俗道德）與權力二者的勾結，造成了一種根深蒂固的謬見，即二者僞造了人的本質，將仁義政治視爲每一個人乃至於整個世界的本質内容。"②

---

* 本文爲教育部人文社會科學研究青年基金項目"先秦名論三次轉向的哲學研究"（18YJC720017）階段性研究成果。

① 劉笑敢《莊子哲學及其演變》，中國人民大學出版社2010年版，第24頁。

② 郭美華、余敏《仁義—政治之域對物之自在性與自然性的湮没——〈莊子·馬蹄〉對仁義和政治的批判》，《杭州師範大學學報》2018年第4期。亦可參閱華雲剛《莊子論"仁"》，《商丘師範學院學報》2020年第8期。

第二，基於道家理論批判仁義對自然本性的違背。例如，鄭開先生有言："道家正以攘棄仁義於道德之外的方式提示'道''德'的本質，'絕仁棄義'因此成爲道德形而上學最突出的表面特徵。"①劉笑敢先生曾總結爲："仁義並非道德之正……無益於人的自然本性的發展。"②

　　第三，把原始儒家的仁義與戰國時期異化了的仁義進行區分，並認爲《莊子》認同前者而反對後者。譬如，林光華以爲："莊子反對的是僞仁義，倡導以'真'保證'義'的本質，對'仁義'被利用而變'僞'的現象進行糾偏。這一思路與原始儒家重'真'貴'情'的精神實際上並不違背。"③

　　雖然相關研究都非常有見地，但一個深入有效的批判，應當就所要質疑的思想本有之理路予以批駁。就此而言，專題化地討論《莊子》是如何直接批判儒家仁義思想理路將非常必要。本文將以此思路進行研究，希望可以深入而全面地展示《莊子》對儒家仁義思想的看法，並爲先秦儒道關係的研究提供邏輯論證上的補充。

一、"由己"視角的局限性

　　《莊子》最初批判儒家仁義思想大多集中在"由己"視角上。"由己"是儒家仁義實現方式"由己及人"的起點。無論是"己所不欲，勿施於人"的忠恕之道，還是"己欲立而立人，己欲達而達人"的"仁之方"④，都是先基於每一個"我"的視角來思考自己的所欲與所不欲，再把自己的價值取向推及於他人。然而，基於"己(我)"而產生的價值取向具有普遍有效性嗎？

　　在《齊物論》裏，莊子藉助論辯明確表達了自己的質疑：

　　　　既使我與若辯矣，若勝我，我不若勝，若果是也，我果非也邪？我勝若，若不吾勝，我果是也，而果非也邪？其或是也，其或非也邪？其俱是也，其俱非也邪？我與若不能相知也，則人固受其黮暗，吾誰使正之？使同乎若者正之？既與若同矣，惡能正之？使同乎我者正之，既同乎我矣，惡能正之？使異乎我與若者正之，既異乎我與若矣，惡能正之？使同乎我與若者正之，既同乎我與若矣，惡能正之？⑤

---

① 鄭開《道家形而上學研究》，中國人民大學出版社2018年版，第222頁。
② 劉笑敢《莊子哲學及其演變》，第260、263頁。
③ 林光華《莊子真的反對儒家仁義嗎？——兼駁李磾〈廣廢莊論〉》，《人文雜志》2012年第5期。亦可參閱黃聖平《〈莊子〉仁義觀的多重闡釋》，《武陵學刊》2014年第5期。
④ 朱熹《四書章句集注》，中華書局1983年版，第132、92頁。
⑤ 郭象注，成玄英疏《南華真經注疏》，中華書局1998年版，第54頁。

在論辯中會產生兩種情況：第一，基於"我"的視角而產生的觀點或价值若不被他人所認同，那麼"我"到底是對還是錯呢？如果讓第三方來評判，第三方要是站在我的立場，那評判不就沒有意義了嗎？第三方要是不立於我的立場，那他的評判還有客觀性嗎？第二，基於"我"的視角而產生的觀點或价值若被他人所認同，那麼"我"的觀點與價值取向就完全是對的嗎？《莊子》指出，這兩種情況其實都無法產生普遍有效的結論。原因就在於論辯都是立於每一個"我"的視角來進行的，可每個"我"皆是特殊的，是無法提供具有普遍有效性的觀點或價值的。

《莊子》中有一則對話，即堯告訴舜自己想要征伐宗、膾、胥敖這三個小國，但覺得自己即使征伐成功而南面天下了，也總是"不釋然"①。舜告訴堯，爲何不像太陽一樣普照小國，使其自存於世，而非要征伐他們呢？在這則對話中，堯其實就是在"自我觀之"。他對小國的存在與否完全是依據他自己的所欲所不欲而來的。但如此視角，之於宗、膾、胥敖是好事嗎？對於他自己而言真的是在做正確的事情嗎？《莊子》認爲，"自我觀之"的價值取向都將會陷入這種無定無正的困境。

由於儒家的"由己"視角不僅僅針對人，亦可涉及其他事物，比如《孟子》的"恩足以及禽獸"②，所以《莊子》特地還以"孰正處""孰正味""孰正色"這三"正"之問來予以反駁：人不喜歡睡在潮濕的地方，難道泥鰍也不喜歡嗎？人恐懼於高處，難道猿猴也是嗎？人所認爲的美色與美味，難道其他動物亦是喜歡的嗎③？同理，難道其他事物一定會如同人那樣愛人、敬人嗎？顯然不是。

《莊子》要表明"由己"這種單方面的意圖是不具有普遍有效性的。而之所以"自我觀之"會有如此的困境，究其原因則在於每一個"我"都不可避免地擁有着一顆"成心"：

> 夫隨其成心而師之，誰獨且無師乎？奚必知代而心自取者有之？愚者與有焉。未成乎心而有是非，是今日適越而昔至也。……其分也，成也；其成也，毀也。……果且有成與虧乎哉？果且無成與虧乎哉？有成與虧，故昭氏之鼓琴也；無成與虧，故昭氏之不鼓琴也。昭文之鼓琴也，師曠之枝策也，惠子之據梧也，三子之知幾乎，皆其盛者也，故載之末年。唯其好之也，以異於彼，其好之也，欲以明之。彼非所明而明之，故以堅白之昧終。……自我觀之，仁義之端，是非之塗，樊然殽亂，吾惡能知其辯。④

《人世間》有曰："成而上比者，與古爲徒。"《周禮·秋官·士師》："掌士之八成。"鄭玄注："鄭司

---

① 郭象注，成玄英疏《南華真經注疏》，第47頁。
② 朱熹《四書章句集注》，第209頁。
③ 郭象注，成玄英疏《南華真經注疏》，第49頁。
④ 同上，第32～40頁。

農云：八成者，行事有八篇，若今時決事比。"①"成"即是用於校驗的舊有的事類案例。引文的"成心"就是可用於校驗判斷的已有的看法或觀點。莊子指出，無論是知曉萬物變化更替往來的人，還是愚者，都是有"成心"的。"成心"是人們判斷的前提。但"成"與"虧"却是必然地同時存在的。即使是琴藝精湛的昭氏、師曠，也是無法把所有的聲音彈奏出來的。他們的音樂"成"於自己部分所擁有的音符却同時"虧"於那表完全的大音。即使是知識頗豐的惠子，也是無法把所有的知識窮盡知曉的。他的知識"成"於自己部分之所知而同時"虧"於那完整的大知。同理，即使有人的"成心"具備像惠子那樣的知識面，昭氏、師曠那般的技藝，但終是有限的。換言之，"成心"總是有局限的，依據"成心"做出的判斷也必將是局限而片面的。當人們立於自己那有局限的觀點，還總是一味地希望他人能夠認同自己，便產生了種種無定無正的是非論辯。此之謂"唯其好之也，以異於彼，其好之也，欲以明之"。

除了"成心"外，《莊子》還指出，每個"我"本身是一個擁有豐富情感、並具有一定自然情感傾向的主體。隨着所處境遇的改變，"我"的情感喜好及其價值傾向都會發生變化：

> 麗之姬，艾封人之子也，晉國之始得之也，涕泣沾襟；及其至於王所，與王同筐床，食芻豢，而後悔其泣也。②

麗姬最初被獻給晉獻公時是痛哭流涕的。可當她在晉國享受了榮華富貴之後，便後悔當初不該涕泣沾襟地難過。這雖是一則由史事編撰的故事，但莊子希望以此表明每個"我"的情感及其價值判斷總在變化着。莊子曾在《齊物論》中生動地描述過一段有關人們在論辯是非中所產生的起伏不定的種種情感："縵者，窖者，密者。小恐惴惴，大恐縵縵。其發若機栝，其司是非之謂也；其留若詛盟，其守勝之謂也。其殺如秋冬，以言其日消也；其溺之所爲之，不可使復之也；其厭也如緘，以言其老洫也；近死之心，莫使之復陽也。喜怒哀樂，慮歎變慹，姚佚啓態。"③在莊子眼裏，因爲情感及其所處境遇的不穩定，所以每一個"我"其實總是處於無常的狀態中。

既然每個"我"都有局限而片面的"成心"，又都擁有着極易變化的情感，那麼基於"我"而確立的價值取向如何可能擁有普遍有效性呢？而這正是儒家"由己"視角的局限之所在。通過自己對仁義的認同就可以想當然地把仁義推廣至萬物，這不僅在邏輯上存在着極大的漏洞，在現實上也將產生種種繁亂無定的是非。此之謂"自我觀之，仁義之端，是非之塗，樊然殽亂，吾惡能知其辯"。

---

① 鄭玄注，賈公彥疏《周禮注疏》，北京大學出版社 2000 年版，第 1082 頁。
② 郭象注，成玄英疏《南華真經注疏》，第 53 頁。
③ 同上，第 25 頁。

二、仁義與性之間的距離

對"由己"視角的批判不得不讓儒家去完善仁義思想。若仁義僅僅是源起於"我"的成心或情感的話，那麼每個人所體認的仁義自然是没有普遍有效性的，進而由己及人的實現方式也就無法有效地成立。因此，儒家做出調整並愈發强調"性"這個概念。

與莊子同時代的孟子是繞不過的人性論思想家。在孟子看來，當時那些把天生内在所具者曰性的主張是不確切的。雖然人之食色自然傾向是天生的，但由於食色自然傾向將必然地使人向外求索，並受外在束縛，故而該維度只可歸屬於無法避免解脱的"命"："求則得之，舍則失之，是求有益於得也，求在我者也。求之有道，得之有命，是求無益於得也，求在外者也。"① 而願與他人和睦相處的自然傾向則不同。這種傾向無需外在任何力量，也不會受到外在的束縛，只需要反求於自己内在的本心，便可使這種傾向擴大而充實自身。如此維度的自然傾向才可真正稱爲"性"。通過與他人同然之"心"的反求，每個人便能够明曉到根據於"性"的、本就是性之内容的仁義價值。由此，仁義就得以有效地從特殊邁向普遍，由己及人也將具有普遍有效性。

對於儒家所完善的仁義思想，莊子有兩點質疑：第一，仁義是人性本有的内容嗎？第二，基於人性的善就可以"推及"於人或物嗎？

（一）仁義與人性之間的距離

《莊子》對"性"的理解非常明確，即事物天生的本然之質："性者，生之質也。"② 與孟子不同，莊子認爲向外尋求吃住穿行的食色自然傾向亦屬於人性。比如，民冷了就會去織衣，餓了會去耕而食。之所以食色自然傾向會像"命"那般受到外在因素的桎梏，是因爲那些有着權力的君王人爲設置了各種制度與價值要求。例如，民爲自己的織衣與耕食是人性所自然產生的選擇，而爲貴族織衣與耕食則是禮的要求了③。正是在社會規範的要求下，人的食色自然傾向要麼淫度，要麼被壓抑扭曲。因此，莊子没有像孟子那樣把食色之性歸屬於無法改變的消極的"命"範疇中，而是在剥離層層人爲外在設置的束縛之後，讓食色傾向重新展現其作爲人性

---

① 朱熹《四書章句集注》，第350頁。
② 郭象注，成玄英疏《南華真經注疏》，第459頁。
③ 《周禮·地官·大司徒》有曰："頒職事十有二於邦國、都鄙。使以登萬民：一曰稼穡，二曰樹藝，三曰作材，四曰阜藩，五曰飭材，六曰通財，七曰化材，八曰斂材，九曰生材，十曰學藝，十有一曰世事，十有二曰服事。"鄭玄注引鄭司農云："稼穡，謂三農生九穀也。……化材，謂嬪婦化治絲枲。……服事，謂公家服事者。"參見鄭玄注、賈公彦疏《周禮注疏》，第313頁。

本真的意義。

不過,與儒家一致的是,莊子認同人性中擁有着願與他人和睦相處的自然傾向。但他認爲,人性該維度所自然展現的價值與儒家所謂的仁義是兩回事:

> 至德之世,不尚賢,不使能;上如標枝,民如野鹿;端正而不知以爲義,相愛而不知以爲仁,實而不知以爲忠,當而不知以爲信,蠢動而相使,不以爲賜。是故行而無迹,事而無傳。①
>
> 南越有邑焉,名爲建德之國。其民愚而樸,少私而寡欲;知作而不知藏,與而不求其報;不知義之所適,不知禮之所將。②

"至德之世"與"建德之國"是《莊子》的理想社會。在這裏,人們依循着人性中願與他人和睦相處的傾向自然地就會做出端正、相愛、互助等行爲。此時,人們做出的行爲事實與他爲何會做出該行爲的價值原由是同一的。也就是説,在人們幫助他人這個行爲事實發生的同時,這個行爲的價值原由也已在其中了。比如,我們看到別人摔倒了,我們下意識地就做出了把人扶起的行爲。這個行爲事實的發生與爲何我們要去扶起這個人的價值原由其實並不分離。莊子認爲,事實與價值的同一才是人性中願與他人和睦相處的自然傾向之本真展現。真正出於人性的賢能價值,不是通過"尚賢""使能"而擁有的,只是人們在幹練地做事中同時自然展現的;真正出於人性的相愛價值,不是那個反求而獲得的仁義忠信,而是人們在相愛、互讓等行爲發生之中同時藴含着的相愛價值。正因爲如此,《莊子》總是强調"不知",即不知事實與價值的分離。

在《漁父》中,莊子分別用"真"與"强"來描述人性自然本真展現的善良價值與作爲行爲價值要求的仁義:

> 孔子愀然曰:"請問何謂真?"客曰:"真者,精誠之至也。不精不誠,不能動人。故强哭者雖悲不哀,强怒者雖嚴不威,强親者雖笑不和。真悲無聲而哀,真怒未發而威,真親未笑而和。真在内者,神動於外,是所以貴真也。其用於人理也,事親則慈孝,事君則忠貞,飲酒則歡樂,處喪則悲哀。……功成之美,無一其迹矣。事親以適,不論所以矣;飲酒以樂,不選其具矣;處喪以哀,無問其禮矣。……真者,所以受於天也,自然不可易也。"③

---

① 郭象注,成玄英疏《南華真經注疏》,第252頁。
② 同上,第389頁。
③ 同上,第586頁。

引文有兩種"真":第一,單獨使用的概念。即指萬物天生固有且不可易的本真情質,是"性"的別稱。第二,用於表述發自於本真之"性"的自然行爲及其價值,比如"真悲""真親"等。《莊子》認爲,依循着人性中願與他人和睦的自然傾向可以產生善良價值,這些價值蘊含於行爲過程之中。例如,在遇事時,基於人内在的真性就會自然地產生愛父母、疼子女、全心事君、與人歡樂相處、悲哀於離世等行爲,而與人爲善的價值便已在其中了。正因爲如此,真正產生於人性的價值其實是無迹可尋的,它們不像討論的問題那樣明白地寫着,也不像禮器那樣放着,也不像禮儀那樣有典章可循,它們只蘊含於善的行爲的發生過程之中。此之謂"功成之美,無一其迹矣"。與之不同的則是那些已獨立於行爲、並確立爲人們應該與之符合的仁義價值。因爲這些價值是實施某種行爲的外在原因,是手段,而不是像出於人性的善良價值那樣不與行爲分離,只是目的本身而已。換言之,被確立爲價值標準的仁義與人性之間並非必然的相生關係。因而,仁義忠信之於人而言是外在的"强"而非"真"。

或許儒家會提出疑問,即仁義是人們通過盡心知性而產生的價值,難道把它們確立爲自己今後的行事標準就與人性本真展現的價值不一樣了?爲此,《莊子》提到了"忘適之適":

  忘足,履之適也;忘要,帶之適也;知忘是非,心之適也;不内變,不外從,事會之適也。始乎適而未嘗不適者,忘適之適也。①

《莊子》認爲,在一個真正合適正當的行爲發生時,人們根本就不會意識這樣做是對還是不對,但人們就是這麽做了,就像完全忘記了有没有所謂應該與否的價值存在一樣。比如,只有在完全没有意識到有鞋在脚,那麽這雙鞋才是真正合適的;只有在完全没有意識到腰帶在身,這條腰帶才是真正合適的;只有完全没有意識到需要提出意見,此事才是最合心的。也就是说,真正合適的、好的、正當的價值,是與行爲融於一體的。此之謂"忘適之適"。

對於萬物而言,初始於"性"的"適"就是一種"忘適之適"。當儒家開始進行所謂的價值判斷時,他們其實已經無法再擁有"忘適之適"的價值了。他們總是處在是否符合内在本心、或外在所確立的標準等判斷中。此之謂"内變""外從"。正如《駢拇》所言:

  彼至正者,不失其性命之情。故合者不爲駢,而枝者不爲跂,長者不爲有餘,短者不爲不足。是故鳧脛雖短,續之則憂;鶴脛雖長,斷之則悲。故性長非所斷,性短非所續,無所去憂也。意仁義其非人情乎!彼仁人何其多憂也?②

只要是基於"性"而有的,都將是最適合於物自身的。比如,基於鳧之性,其小腿自然就是短

---

① 郭象注,成玄英疏《南華真經注疏》,第380頁。

② 同上,第184頁。

的,但對於鳧而言,短脛是最適合於它的。鶴的長脛亦是如此。也正是由於出於自然之"性",所以根本不會想要改變,更不會憂愁其合不合適或會不會丟失。同理,如果仁義真的是基於人性而展現的價值,那爲何那些仁人還總是擔心着自己有沒有做到仁義呢?《莊子》希望儒家明白,通過一整套價值判斷的程序所明曉的價值以及在明曉後把其確立爲行爲標準的價值,其實都與人性自然展現的純粹善良價值不同,它們已不再是"忘適之適"的價值了。

綜上,在《莊子》看來,即使儒家原本想要讓世人明曉的是作爲目的本身的善良價值,可當他們建立起一套價值判斷程序時,只要他們向世人標榜這些善良價值的意義與作用,這些價值就已經不再是由人性純粹產生的價值了。仁義與人性之間始終存在着距離,它們並非是人性本有的內容。

(二) 仁義與萬物之性間的距離

儒家仁義思想有着強烈的向外推及的傾向。不僅人應該明曉仁義之善,還需要幫助萬物也能够擁有。其理路大致如下:人與物的"性"都承受於無妄至善的"天":"天命之謂性。"①朱熹有曰:"人物之性,亦我之性。"②因此,只要"能盡人之性,則能盡物之性"③。人之善性由心顯現,盡心而有仁義。把自己體認到的仁義推及於物,便使"物"亦成於善:"誠者非自成己而已也,所以成物也。成己,仁也;成物,知也。"④

基於這一理路,《莊子》指出:萬物之性是不是善的與萬物之善性將以怎樣的方式展現其實是兩回事。換言之,就性是向善的而言,人與物是相同的,但這不等於也不可推出人之善性所展現的價值就是物之善性會展現的價值。把仁義推及於萬物合適嗎?故《駢拇》有曰:

> 且夫屬其性乎仁義者,雖通如曾史,非吾所謂臧也;屬其性於五味,雖通如俞兒,非吾所謂臧也;屬其性乎五聲,雖通如師曠,非吾所謂聰也;屬其性乎五色,雖通如離朱,非吾所謂明也。吾所謂臧者,非仁義之謂也,臧於其德而已矣。吾所謂臧者,非所謂仁義之謂也,任其性命之情而已矣。吾所謂聰者,非謂其聞彼也,自聞而已矣;吾所謂明者,非謂其見彼也,自見而已矣。夫不自見而見彼,不自得而得彼者,是得人之得而不自得其得者也,適人之適而不自適其適者也。⑤

---

① 朱熹《四書章句集注》,第17頁。
② 同上,第33頁。
③ 同上。
④ 同上,第34頁。
⑤ 郭象注,成玄英疏《南華真經注疏》,第190頁。

萬物各有其性:"各有儀則謂之性。"①"儀則"就是事物之所以如此的規定。《莊子》舉過諸多事物之"性"的例子,比如:它常提到的民性、土性、馬性、木性等等。雖然萬物之"性"各有其"儀則",但皆是向善的②。那麽,萬物如何展現善性呢? 儒家的方案是以人性所顯的仁義作爲一切的尺度,通過"推及"的方式使事物皆能够符合仁義,從而展現出如同人一樣的善。此之謂"屬其性乎仁義"。屬者,連也,凡言屬而別在其中③。"屬其性"就是把自己的性命之情係置於他人所設定的價值尺度中。可無論是儒家所認爲的本於善性的人之仁義,還是衆人效仿的技藝價值,即使這些價值尺度都是善的,但它們也都不是事物之性自然展現的善,而是外在於事物的、由他者所規定的善。對如此之善的追求,就是"得人之得""適人之適"。萬物的善性不應該由他者來規定如何展現,而應該"任其性命之情而已矣"。

《莊子》沿承了《老子》對"自"的區分,並提出了自與彼的不同。它的"彼"與《老子》中"自見者不明,自是者不彰,自伐者無功,自矜者不長"之"自"相當,是索求於自身之外的他者。其"自"與《老子》中"自知者明""自勝者强"的"自"一致,是面向自身本然的内在之質④。只有通過"自聞""自見""自得"而展現的價值意義才是"吾所謂臧者"。相反,"聞彼""見彼""得彼"而擁有的其實都是由他者外在規定的他律性價值。試問一個外在他律性的價值能有多大的有效性呢?

進一步,《莊子》指出,如果在强權的加持下,這種把仁義推及於萬物的方案還將成爲殘害萬物之性的統治方式。《莊子》常提到上古時代的君王。不過,與儒家大相徑庭的是,這些君王成爲了損性的始作俑者:

> (蒲衣子曰:)"有虞氏,其猶藏仁以要人,亦得人矣,而未始出於非人。"……肩吾曰:"告我:君人者以己出經式義度,人孰敢不聽而化諸?"⑤
>
> 昔者黄帝始以仁義攖人之心,堯舜於是乎股無胈,脛無毛,以養天下之形,愁其五藏以爲仁義,矜其血氣以規法度。……於是乎釿鋸制焉,繩墨殺焉,椎鑿決焉。天下脊脊大亂,罪在攖人心。⑥

---

① 郭象注,成玄英疏《南華真經注疏》,第243頁。
② 按,《莊子》從未否定過萬物之"性"不是先驗而善的。相反,《莊子》與其他道家思想一樣,都是性善論的支持者。劉笑敢先生把道家的人性論稱爲"絕對的性善論"。鄭開先生亦認同,並認爲:"究其原因,道家的立論基點是:(1) 本來就是'好的',也就是説,本然性質和本然狀態是最完善不過的;(2) 保持本來面目不假人爲,就是'好的'。這兩個'好的'價值判斷表明了自然主義人性論的鮮明立場,同時也提示了'性'與'善'之間的内在關聯。"參見劉笑敢《莊子哲學及其演變》,第275頁;鄭開《道家形而上學研究》,第222頁。
③ 段玉裁《説文解字注》,上海古籍出版社1981年版,第402頁。
④ 王弼《老子道德經注校釋》,中華書局2008年版,第60、84頁。
⑤ 郭象注,成玄英疏《南華真經注疏》,第170頁。
⑥ 同上,第216頁。

在權力的維護下,黃帝與堯把原本個體性的"推及"行爲轉變爲一種統治方式。其實質是把自己所體認到的仁義價值確立爲世人的價值標準。此之謂"藏仁以要人,亦得人矣"。當仁義價值尺度得以確立時,善惡的具體指向也將被明確,即符合仁義的就是善,反之則爲惡。與之相伴建立的就是賞善罰惡機制。天下有着堅守仁義的曾、史,同時也將存在像讙兜、三苗、共工、桀、跖這樣的惡人,後者將背負不仁不義之名被刑罰流放①。在儒家看來,如此的善惡分明便是天下安定的基礎。

然而,《莊子》認爲儒家想得太簡單了。除了賞罰會負向地使人心變得虛僞狡詐外,仁義價值非常有可能而且事實上已經被世俗的權力所利用,成爲統治者滿足私利的掩護旗幟。比如,魏武侯告訴徐无鬼自己是因愛民之義而息兵的。但徐无鬼毫不客氣地揭露道:"夫殺人之士民,兼人之土地,以養吾私與吾神者。"②如果說魏武侯是真心爲義的話,那麼他就根本不會考慮到戰爭,因爲戰爭不僅會喪失自己的民,更需要殺害他國的人,兼併他人的土地,使人流離失所③。而正因爲武侯只是把仁義看作統治工具,所以一旦形勢發生改變,他依然可以藉助仁義之名來發起戰爭。

《莊子》預測,在確立仁義爲價值尺度、建立賞罰機制的統治方式之下,終將產生"人與人相食"的後果:

> 齧缺遇許由,曰:"子將奚之?"曰:"將逃堯"。曰:"奚謂邪"? 曰:"夫堯畜畜然仁,吾恐其爲天下笑。後世其人與人相食與! 夫民不難聚也,愛之則親,利之則至,譽之則勸,致其所惡則散。愛利出乎仁義。捐仁義者寡,利仁義者衆。夫仁義之行,唯且無誠,且假夫禽貪者器,是以一人之斷制利天下,譬之一覕也。夫堯,知賢人之利天下也,而不知其賊天下也。"④

最高權力擁有者把自己所體認到的仁義以制度建立的方式"推及"於天下。此之謂"以一人之斷制利天下"。而這種不把萬物自身的本真展現却要萬物符合他律價值的統治方式,豈不在"賊"萬物? 對於萬物而言,基於他律的仁義價值而建立的賞罰制度其實是一種利益選擇與規避的機制。每個人都需要學會考慮,即是否這個行爲能夠被稱爲"善"而受到賞賜,或屬於"惡"而設法避免懲罰。此之謂"愛利出乎仁義"。這恰恰背離了原本儒家希望人們在賞罰機制中認識善惡價值的初意。《莊子》認爲,儒家只想着仁義與人性的關係,却未考慮到當仁義樹立爲價值尺度並建立相應賞罰機制後,對仁義的秉持將可能摻雜着利益的考量。當世人披

---

① 郭象注,成玄英疏《南華真經注疏》,第217頁。
② 同上,第473頁。
③ 同上,第472頁。
④ 同上,第485頁。

着仁義之衣而實爲利益時,便再無"誠",而是"假夫禽貪者器"之人。如此的統治方式將導致"舉賢則民相軋,任知則民相盜……民之於利甚勤"①的局面。而當世人爲私利而奔波甚至不擇手段的時候,便是"人與人相食"之時了。

綜上,姑且不論仁義與人性的距離問題,就以儒家本有的致思理路來看,把人之善性所展現的仁義價值推及於萬物的觀點是有問題的。因爲萬物之性各不相同,其自身之善性的展現方式不僅無法一概而論,更不該由人來"推及"。若以權力之名把仁義確立爲價值尺度並通過建立賞罰機制推及於天下萬物,則必將產生負面的社會問題。

三、援仁入禮的疑難

儒家仁義思想的歸旨是復周禮。在儒家心目中,周禮是最理想的社會秩序體系,其本身並沒有本質性的缺陷。如果人人都能夠意識到禮並不是外在強加的行爲規範,而是每個人內在愛人之仁的外在展現與現實踐履,那麽人們就會自願地去遵循禮。這樣,周禮之於社會的價值意義將得以恢復。

然而,《莊子》指出,"禮"被解釋爲仁義的外化其實是很勉強的。最大的邏輯疑難就是內在無功利的愛人之"仁"如何可能展現出一套外在規範性的"禮"呢?換言之,儒家的仁義與禮之間如何能夠具有必然關聯呢?在《田子方》中,《莊子》寫過這樣一個"實驗":

> 莊子見魯哀公。哀公曰:"魯多儒士,少爲先生方者。"莊子曰:"魯少儒。"哀公曰:"舉魯國而儒服,何謂少乎?"莊子曰:"周聞之,儒者冠圜冠者,知天時;履句屨者,知地形;緩佩玦者,事至而斷。君子有其道者,未必爲其服也;爲其服者,未必知其道也。公固以爲不然,何不號於國中曰:'無此道而爲此服者,其罪死!'"。於是哀公號之五日,而魯國無敢儒服者,獨有一丈夫儒服而立乎公門。②

魯哀公認爲身穿儒服的人就是知行儒家思想的人。爲了反駁這個觀點,莊子提出了一個"實驗",即頒布一則法令,不知儒之道却身着儒服者將以罪處死。結果五日內,只有一人經受住了考驗。這個故事所探討的問題是:外在的禮儀與儒家所謂的禮義之間有必然的關係嗎?在儒家看來,禮儀及其各個環節都有着相應的意義。禮義必然地蘊含於禮儀之中,禮儀是禮義的外化表現。其中,禮義包括倫理價值——"祀帝於郊,敬之至也。宗廟之祭,仁之至也。喪禮,忠之至也。備服器,仁之至也。賓客之用幣,義之至也。故君子欲觀仁義之道,

---

① 郭象注,成玄英疏《南華真經注疏》,第445頁。
② 同上,第410頁。

禮其本也"①,也涉及人情——"禮者,因人之情而爲之節文"②。可通過這個"實驗",《莊子》指出,禮儀及其各個環節其實都與禮義之間並沒有必然的關係。那些原本是外在賦予給禮儀的意義却被儒家認爲是禮儀本身就藴含的意義。比如,儒服的冠帽、鞋子、佩玦等,這些事物原本是没有那些"知天時""知地形""事至而斷"等意思的,是儒家自己把這些意義加於服飾的。禮儀與禮義的必然關係其實是儒家的臆想罷了。

在諸多禮儀中,儒家非常重視喪禮。他們認爲,悲哀情感的外化即是喪禮:"夫悲哀在中,故形變於外也。"③人情與禮儀之間有着必然的關聯,禮儀是順人情的産物。可《莊子》却指出,儒家的解釋只是一厢情願。其《養生主》有曰:

　　老聃死,秦失吊之,三號而出。弟子曰:"非夫子之友邪?"曰:"然。""然則吊焉若此,可乎?"曰:"然。始也吾以爲其人也,而今非也。向吾入而吊焉,有老者哭之,如哭其子;少者哭之,如哭其母。彼其所以會之,必有不蘄言而言,不蘄哭而哭者。是遁天倍情。"④

老子去世了,秦失帶着弟子去憑吊。結果秦失僅僅哭了幾聲就離開了。其弟子非常詫異。秦失解釋,老子與其他人不同,他不會被世俗的價值規範所束縛,是一位可以超脱世俗回歸本真的人。就以喪禮的"哭"爲例。"哭"原本是自然流露悲傷情感的行爲,但在喪禮中,"哭"却成爲了喪禮中的一個環節。甚而,每個人自己的情感流露還可以讓人替代:"主人迎於寢門外,見賓不哭……吊者致命。主人哭拜稽顙……委衣如初,退。哭,不踊……賓出,主人拜送於門外。乃代哭。"⑤現在老子去世了,衆人都來吊唁,依照喪禮的要求,每個人都必須要哭出聲,可以邊哭邊稱贊去世的人。但如此的稱贊與哭的行爲是真心的嗎?是老子所期望的嗎?此之謂"不蘄言而言,不蘄哭而哭者"。在《莊子》看來,"禮"既不是順應人本有的自然之情,也非中節人情,而是以功利的方式外在地規制人情,使人情成爲工具化的對象。人情一旦依"禮"而爲將會發生遠離真摯情感的情况,要麽"倍情",要麽變質爲"强哭者雖悲不哀"⑥。

除了指出禮與仁義之間不具有必然關係外,《莊子》沿承了《老子》的探究思路,還討論了爲何兩者不具有必然關係的原因。在他們看來,禮與仁義的依據並不相同。《老子》十八章有

---

① 鄭玄注,孔穎達正義《禮記正義》,北京大學出版社 2000 年版,第 889 頁。

② 同上,第 1635 頁。

③ 同上,第 1790 頁。

④ 郭象注,成玄英疏《南華真經注疏》,第 71 頁。

⑤ 鄭玄注,賈公彦疏《儀禮注疏》,北京大學出版社 2000 年版,第 800~803 頁。

⑥ 郭象注,成玄英疏《南華真經注疏》,第 586 頁。

曰:"慧智出,有大僞。"①楊倞曰:"僞,爲也。凡非天性而人作爲之者,皆爲之僞。"②結合十八章前段講仁義與孝慈,其"大僞"指"禮"的可能性較大。《老子》以爲,"禮"是由"智"來制定的。"智"是區分選擇利害的能力:"不貴其師,不愛其資,雖智大迷。"是向外探求與規定的能力:"知人者智,自知者明。"③正因爲"智"有這些特徵,所以由它而制定的"禮",也表現出與之一致的特徵,比如規範性、功利性、外在性等。而"仁"與"智"是不同的。在儒家的表述裏,"仁"是向内地自求,其中不應該摻雜私利的考量。既然如此,"禮"如何可能是仁義的外化呢?

在《老子》的基礎上,《莊子》先用内外範疇把仁義、"智"及"禮"予以明確區分。從《莊子》對内外範疇的使用來看。除了經驗空間上的内外,"内"範疇一般是指萬物的内在方面。比如,萬物天生而有的本真、情感、心智、精神等。而屬於"外"範疇的一般是通過官能向外求索的結果或狀態,以及後天人爲發現、製作、改變的事物等。比如,禮儀、刑罰律令、世俗價值、設計的機巧、財富等。《莊子》認爲,仁義與智應該屬於内範疇,而"禮"則屬於外範疇。那麽,"禮"之建立的内在依據到底是"仁"還是"智"呢?

爲此,《莊子》又引入了天人範疇來進一步解釋:

(顔回曰:)然則我内直而外曲,成而上比。内直者,與天爲徒。與天爲徒者,知天子之與己皆天之所子,而獨以己言蘄乎而人善之,蘄乎而人不善之邪?若然者,人謂之童子,是之謂與天爲徒。外曲者,與人之爲徒也。擎跽曲拳,人臣之禮也,人皆爲之,吾敢不爲邪?爲人之所爲者,人亦無疵焉,是之謂與人爲徒。成而上比者,與古爲徒。其言雖教,讁之實也。古之有也,非吾有也。若然者,雖直不爲病,是之謂與古爲徒。若是則可乎?④

這裏藉顔回之口講了當時三類世人會認同的價值標準:第一,"内直"。《詩·碩鼠》:"樂國樂國,爰得我直。"毛傳曰"得其直道",鄭玄箋"直猶正也"⑤。直,宜也,當也。⑥ 引文顔回所言的"内直"應該是内向尋求正當適宜。第二,"外曲"。從引文"擎跽曲拳"來看,應是指"禮"。第三,用來"成於今而比於古"的前人箴言。姑且不論仁義與人性的距離問題,就依照儒家的内向理路,其仁義應該屬於"内直"。那麽,内直之仁義與外曲之禮之間有必然的關聯嗎?《莊子》指出,這三類價值標準之間的有效性依據各不相同。就"内直"而言,其有效性依據在於人

---

① 王弼《老子道德經注校釋》,第43頁。
② 王先謙《荀子集解》,中華書局1988年版,第434頁。
③ 王弼《老子道德經注校釋》,第70、84頁。
④ 郭象注,成玄英疏《南華真經注疏》,第80頁。
⑤ 鄭玄注,孔穎達正義《毛詩正義》,北京大學出版社1999年版,第374頁。
⑥ 中華書局編輯部《康熙字典》,中華書局2010年版,第800頁。

人天生自然而有的"天"。"天"的普遍性保證了"内直"不是"我"的一家之言,不用向外徵求認同與否。而外曲之禮的有效性依賴於人們世代所積累起來的習慣認同。習慣的建立與養成都是一個後天人爲的過程。前人箴言是古人實踐的反思總結,其有效性有賴於過去長時間的經驗驗證。

這裏,《莊子》把内直之仁義與外曲之禮的有效性依據分别歸屬於"天"與"人"兩個範疇,而"天人不相勝也":

> 何謂真人?……古之真人,不知説生,不知惡死;其出不訢,其入不距;翛然而往,翛然而來而已矣。不忘其所始,不求其所終;受而喜之,忘而復之,是之謂不以心捐道,不以人助天,是之謂真人。……故其好之也一,其弗好之也一。其一也一,其不一也一。其一,與天爲徒,其不一,與人爲徒。天與人不相勝也,是之謂真人。①

天人範疇的區分關鍵在於"真"。《漁夫》有曰:"真者,所以受於天也,自然不可易也。"作爲"性"的别稱,"真"即是萬物天生固有且不可易的本真。"真人"就是展現其"真"的人,是超脱於世俗的價值束縛回歸本真的人。他們無論是生死、終始、利害、得失、美惡等,都可以"翛然"面對。"真人"更是不會以世俗標準而遠棄於道,不用智謀來佐助自己本有的"天",原因是"天人不相勝也"。

在《莊子》裏,"人"範疇包括了人爲的種種内容,比如,用於謀劃計算的"智"、各種約束行爲的規範、利害得失的標準、製作各種產品用於買賣的百工、名利爵禄等等。"人"範疇的要點在於所爲的能力與結果都不是以自性爲目的,而是爲了外在而非"性"的目的,譬如欲望、財富、榮譽、社會秩序等。與"人"相對的則是"天"範疇。《莊子》把"性"及其所產生於"性"的行爲或狀態都歸於"天"範疇。不管是天地的運行變化還是人性之種種外在表現。例如,如果一個人因爲冷而織衣、餓而耕種,那麼織衣耕種就是依據於食色之性而做的事,應該屬於"天"範疇;如果是爲了買賣、爲了禮制要求而織衣耕種則屬於"人"範疇了。

《莊子》認爲,"天"與"人"是兩個互不相稱,互不關聯的範疇。萬物自身的本真是其本質之所在,是不會受後天人爲的干預而改變的。無論人如何"好之"或"弗好",物的本真之質都始終如一。此之謂"其一也一,其不一也一"。所以,像"以心捐道""以人助天"這樣以其人爲的視角或方式去添加或消減"天"的期望只是自欺欺人。與此同時,"人"範疇中的内容之產生不是依靠"性"的自然展現,更不是以"性"爲目的,它們所依賴的是"知"的創造、建立與改變。因此,如果仁義真的是由人之本真而發的價值,那麼仁義與禮之間將是完全不同範疇的内容,互相之間不會因對方而發生本質性的改變。無論有没有禮,仁義都將如此這般地展現,都將一如既往地内在於人心之中;同樣,無論有没有仁義,禮都只是人們後天養成的行爲規範。無

---

① 郭象注,成玄英疏《南華真經注疏》,第136頁。

論是爲了社會秩序,還是道德意識養成,禮的建立與改變都是以"智"爲必然條件的,有着明顯的規範性與功利性。此之謂"天與人不相勝"。若一定要講關係,那麼,"天"之仁義與"人"之禮之間最多存在着或然的象徵關係罷了。换言之,把禮作爲仁義之外化的觀點充斥着美好想象的成分。

結　　語

儒家的仁義不僅是其自家學派的核心,亦是當時諸子繞不過的顯要思想。就《莊子》而言,解構仁義是其思想展開的重要一環。

儒家的仁義思想有三層要點,分别是仁義的實現方式"由己及人"、仁義的普遍有效性根據"性"、仁義之歸旨"援仁入禮"。依循着儒家自有的致思理路,《莊子》逐一展開了批判。在它看來,如果没有一個本身具有普遍性的東西作爲依據,仁義實現方式的"由己"視角將因爲"己(我)"所擁有的"成心"與無常的情感而成爲一個特殊而局限的實現起點。但即使儒家把"性"作爲仁義之根據,當儒家建立起一套價值判斷程序後,只要他們向世人標榜仁義的意義與作用時,仁義就已經不再是由人性純粹產生的價值了。仁義與人性之間始終存在着距離。而想當然地把仁義推及於萬物致使萬物也能够擁有仁義之善的想法,則是把人的價值强加給萬物,這反而壓抑了萬物之性自身展現價值的可能。在揭示了内在無功利的仁義與外在規範性的禮之間不具有必然關係之後,《莊子》認爲,既然儒家的仁義思想本身有着諸多的理論問題與不足,那基於仁義思想而建構的社會如何可能"化天下"呢? 正是在儒家仁義思想的批判與解構中,《莊子》更加堅定地走上了《老子》的道德之路。

[作者簡介] 施陽九(1988—　),上海人。復旦大學中國哲學博士,現爲上海科技大學助理教授。主要從事先秦道家思想研究,發表有《〈老子〉一章義證——"名"之兩面意義的展現》《先秦"德"概念的變與不變——以〈尚書·周書〉爲詮釋中心》等學術論文。

《莊子》"屠龍之技"發覆*

辜天平

内容提要 《莊子·列禦寇》"屠龍之技"的寓言,在寓旨、修辭、物象隱喻上,至今仍不得正解。該寓言中,朱泙漫、支離益皆爲莊子巧設寓名,不可强以姓氏解之,蓋此"朱"乃"朱愚"之謂,泙漫讀作平漫,朱泙漫寓指愚鈍不明,淫於禮樂而性情分離之人;支離益之"益",或爲"溢"之省字,或爲"䌈"之假借,意指"墮肢體,黜聰明,離形去知,同於大通"之人。學"屠龍",爲學其所不能學、不急於用之事,猶心齋、坐忘之減損功夫,要在遺形外物,去知養神而内合於天。"單千金之家",爲"空諸所有""致虚"之象。"技成而無所用其巧"之"而",當爲順承,非爲轉折。代詞"其",以意藴豐富性與詮釋强度論,應代指朱泙漫爲上。"無所用其巧",即"爲是不用而寓諸庸",義在息功無爲以成聖。此寓言之核心論旨在於無爲,乃莊子爲"浮明外侈者發藥",矛頭直指儒、墨、楊、秉等辯者,蔽於知見,失其性命之情。而凡此細密隱晦之喻,"正言若反"之説,特與《老子》微言相發明,是"至人無己,神人無功,聖人無名"的具象表達,同時又貫通《莊子》齊物之旨。

關鍵詞 《莊子》 屠龍之技 學而不用 無爲

中圖分類號 B2

引言:莊學史中的"屠龍"之旨與問題析論

《莊子》"屠龍之技"的寓言,出於《列禦寇》篇:

朱泙漫學屠龍於支離益,單千金之家,三年技成而無所用其巧。①

---

* 本文係中國人民大學科學研究基金——中央高校基本科研業務費專項資金資助項目(21XNH207)階段性成果。
① 郭慶藩《莊子集釋》,中華書局2016年版,第1049頁。

關於此則寓言的思想主旨，在莊學詮釋史上，大致存在以下幾種詮釋：

一者，對所學屠龍之技作事功價值判斷，可大致分爲三脈：一脈重在論其當與不當，體現出會通儒道的"中庸"色彩，以郭象、成玄英、宣穎等①爲代表；一脈重在論其技巧之"無用"（包括無用之用），以釋性通、林仲懿、吳伯與等②爲代表；而另一脈則在承認無用其技的基礎上，論其息功、全功而不務外名，以歸震川、王夫之、陶崇道等③爲代表。

二者，從道的立場，以學屠龍之技比附爲學道，亦可分爲三脈：一脈重在言道之不可用，以胡樸安、胡文蔚、鍾泰等④爲代表；一脈重在言道之不可學，以陸西星、褚伯秀等⑤爲代表；而另一脈則要在揭示道言關係，從"屠龍之技"寓言前後文段來說明"知而不言"大義，以林雲銘、吳世尚、胡文英等⑥爲代表。

三者，以此寓言喻莊子之學，以林自、林希逸等爲代表⑦。此外，呂惠卿以"無所事於絕棄"⑧故能全其天解之，劉鳳苞釋以"巧勞拙逸"⑨，等等。

值得注意的還有，今之學者龔維英發表《〈莊子〉"屠龍"寓言發微》一文，其以龍爲老子之喻切入，考察此則寓言的來歷和涵義，認爲"朱泙漫指孟軻，支離益指子思"⑩，屠龍則是以思孟學派代表人物孟軻對黃老學派的攻擊。此文的啓發在於把"屠龍之技"的寓言置於諸子爭鳴的背景中討論，但其最大問題在於思想派別上的任意比附。

以上諸說，皆立足於將"屠龍之技"與"無所用其巧"關聯起來，爭論的焦點在於"所學爲

---

① 郭象注、成玄英疏，參見郭慶藩《莊子集釋》，第 1049～1050 頁；宣穎《南華經解》，廣東人民出版社 2008 年版，第 193 頁。

② 釋性通《南華發覆》，嚴靈峰編《無求備齋莊子集成續編》（第 5 册），藝文印書館 1974 年版，第 657 頁；林仲懿《南華本義》，清乾隆十六年存悔堂刻本；吳伯與《南華經因然》，嚴靈峰編《無求備齋莊子集成續編》（第 21 册），第 714 頁。

③ 歸震川注，參見劉鳳苞《南華雪心編》，中華書局 2013 年版，第 753 頁；王夫之《莊子解》，中華書局 2009 年版，第 346 頁；陶崇道注，參見方勇《莊子纂要》，學苑出版社 2012 年版，第 670 頁。

④ 胡樸安《莊子章義》，安吳胡氏樸學齋鉛印本 1943 年版；胡文蔚《南華經合注吹影》，人民出版社 2020 年版，第 343 頁；鍾泰《莊子發微》，上海古籍出版社 2002 年版，第 739 頁。

⑤ 陸西星《南華真經副墨》，中華書局 2010 年版，第 465 頁；褚伯秀《南華真經義海纂微》，中華書局 2018 年版，第 1318 頁。

⑥ 林雲銘《莊子因》，華東師範大學出版社 2011 年版，第 347 頁；吳世尚《莊子解》，嚴靈峰編《無求備齋莊子集成初編》（第 22 册），藝文印書館 1972 年版，第 427 頁；胡文英《莊子獨見》，華東師範大學出版社 2011 年版，第 260 頁。

⑦ 林自注，參見褚伯秀《南華真經義海纂微》，第 1315 頁；林希逸著，周啓成校注《莊子鬳齋口義校注》，中華書局 1997 年版，第 481 頁。

⑧ 呂惠卿《莊子全解》，商務印書館 2019 年版，第 259 頁。

⑨ 劉鳳苞《南華雪心編》，第 752 頁。

⑩ 龔維英《〈莊子〉"屠龍"寓言發微》，《蘇州大學學報（哲學社會科學版）》1983 年第 1 期。

何"與"學而不用"。從中可以看出，諸家皆各執所見，對朱泙漫所學之事，呈現褒貶不一的態度，而之所以產生這樣的原因在於：

一爲不明寓言隱喻。以往諸多詮釋，要麼落入《莊子》所譏"以用爲知，以不用爲愚"（《庚桑楚》）的今世之人境界，而不辨道家所謂"用""知""明""愚"；要麼以學技比附於學道，混同莊文道、技關係，沒能回答所學"屠龍"何以稱"技"的問題。並且，最爲重要的是，忽略了寓言人物朱泙漫與支離益構設之用意，沒能揭示出學"屠龍"與支離益、朱泙漫寓名之關係，因而也不能恰當回答朱泙漫"爲學日益"却不用其學的問題。再有，論者往往頌文失義，以今世"無龍"解《莊子》寓言，對於"單千金之家""三年技成"等隱喻，更是缺少深入《莊子》文本而作合理的關聯性闡發。故而諸家之說，直似隔霧迷花，難得其真。

二爲不明寓言修辭。論者由於受"無用其學"結果的影響，徑直地將連詞"而"理解爲轉折，認爲屠龍之"技"或者"無龍"，是造成朱泙漫無所用其巧的原因，從而忽略了"學"的重要性，不能將"屠龍"作功夫論的反省，故存在無視寓言内在邏輯理路的問題。而部分論者又將代詞"其"，僅僅理解爲屠龍之技，忽略了代指朱泙漫、支離益的可能。再者，道家之言常以"正言若反"的方式表達出來，巧亦拙，無用亦用，成亦毀，益亦損，愚亦明，故在語辭上呈現出正反理解的可能，而"屠龍之技"的寓言又將這些核心話題聚合在一起，以白描之筆出之，故在表層結構上具有多重解釋空間，而論者往往以意去取，是無異於盲人摸象。

三爲不明寓言旨趣。論者多將此則寓言孤立於《列禦寇》篇與整個《莊子》而作表層結構的片面闡發，不識《列禦寇》篇主旨與内在結構，不能從《莊子》整體思想來深究，更缺乏從老莊道家的親緣性關係來反觀"爲學""爲道""利用""技巧""知愚""功名"等問題，也鮮少能從諸子爭鳴的大背景反思莊子作此寓言的初衷。故或得片鱗隻爪，而莫竟全功。

基於以上論析，本文即將"屠龍之技"的寓言放回《列禦寇》篇，置於整個《莊子》文本中考察，嘗試分析寓言意象的深層隱喻、文本修辭、邏輯理路，進而揭示"屠龍之技"寓言的核心論旨。

一、寓名的隱喻："朱泙漫""支離益"考識

（一）"朱泙漫"考識

司馬彪云："朱泙漫、支離益，皆人姓名。"①然莊學詮釋史中，對"朱泙漫"姓氏存有分歧：

一者，以"朱"爲姓。茆泮林云："《文選》張景陽《七命注》引司馬云：朱，姓也。泙漫，名也。益，人名也。泙，普彭切。"②成玄英等亦主此說。

---

① 郭慶藩《莊子集釋》，第1050頁。
② 王叔岷《莊子校詮》，中華書局2007年版，第1262頁。

一者,以"朱泙"爲複姓。郭慶藩《莊子集釋》引俞樾曰:"支離,複姓,説在《人間世》篇。朱泙,亦複姓。《廣韻》十虞'朱'字注:'《莊子》有朱泙漫,郭注:朱泙,姓也。'今象注無此文。"①

　　謹按:朱泙漫、支離益皆爲莊子巧設寓名,不必以姓氏强解之,蓋此"朱"乃"朱愚"之謂,是以品性指稱愚鈍之人,爲一混名。《庚桑楚》篇"不知乎? 人謂我朱愚",蓋朱泙漫之"朱"同此,即鈍也,無知之貌②。

　　《莊子》以"朱"爲人名者,有"離朱"之謂。《駢拇》篇"駢於明者,亂五色,淫文章,青黃黼黻之煌煌非乎? 而離朱是已","屬其性乎五色,雖通如離朱,非吾所謂明也"③。《胠篋》篇:"滅文章,散五采,膠離朱之目,而天下始人含其明矣。"④世皆以離朱爲通明之人("離""朱"之義俱明也),而《莊子》不然,以"離朱"爲不明,不明亦愚而不通也。他如"楊朱"者,雖《莊子》省稱之爲"楊",不以"朱"稱之,亦哂其爲"失性"辯者,非之爲"外立其德而以爚亂天下者"(《胠篋》)。故大抵莊文所稱"朱"者,多爲貶也。

　　若是,以朱泙漫爲朱愚者,其義云何? 蓋莊子一語雙關也。即以俗觀之,愚鈍無知謂之朱愚,故殫盡千金之産而"無所用其巧",是笑其"以用爲知,以不用爲愚"(《庚桑楚》);然學"屠龍之技"三年,雖愚者亦有所通,故"無所用其巧",乃莊子所稱"爲是不用而寓諸庸,此之謂以明"(《齊物論》)⑤,如"聖人愚芚"(《齊物論》),復歸"若愚若昏"狀態。可以説,此"朱"者,正契合本篇末句莊子所悲"愚者恃其所見入於人,其功外也"。

　　若以朱愚稱之,則"泙漫"何解? 陳碧虛、陸西星、胡文蔚、鍾泰等皆釋爲"汗漫",而不知何據。按"泙漫",當讀爲平漫,猶"澶漫""爛漫"。

　　《馬蹄》篇"澶漫爲樂,摘僻爲禮,而天下始分矣"⑥。"澶漫",《釋文》:"澶,向、崔本作但。漫,向、崔本作曼。李云:'澶漫,猶縱逸也。'崔云:'但曼',淫衍也。"⑦王叔岷謂:"'但曼'與'澶漫'同,'縱逸'與'淫衍'義相通。《後漢書·仲長統傳》:'澶漫彌流,無所底極。'注:'澶漫,猶縱逸也。'《抱朴子·詰鮑》:'澶漫於淫荒之域。'亦淫衍也。"⑧此同於《馬蹄》篇"性情不離,安用

---

① 郭慶藩《莊子集釋》,第1050頁。
② 王念孫云:"《廣雅》:'銖,鈍也。'《淮南子·齊俗訓》:'其兵戈銖而無刃。'高誘注曰:'楚人謂刃頓爲銖。'《莊子》:'人謂我朱愚。'朱與銖通。"朱駿聲云:"朱,叚借爲錭。《淮南子·齊俗》'其兵戈銖而無刃',銖,亦假借爲錭。"章太炎亦云:"銖、朱並假借字,《説文》本作錭,云:'鈍也。'音變爲銖、爲朱,猶'侏儒'爲'周饒'矣。"王叔岷引俞樾《諸子平議》謂"誅愚"與"朱愚""株愚"並同,誅亦錭之借字。詳見王叔岷《莊子校詮》,第873頁。
③ 郭慶藩《莊子集釋》,第322、336頁。
④ 同上,第365頁。
⑤ 同上,第81頁。
⑥ 同上,第347頁。
⑦ 王叔岷《莊子校詮》,第336頁。
⑧ 同上。

禮樂"①;《在宥》篇"説禮邪? 是相於技也。説樂耶? 是相於淫也";《吕氏春秋·古樂》"有正有淫矣",高注:"淫,亂也。"②澶漫即用以形容禮樂淫衍、散亂也。又《在宥》篇"大德不同,而性命爛漫矣"③。成玄英疏:"爛漫,散亂也。"按"澶漫"即"爛漫"(或作"瀾漫")。爛、澶皆元部,澶漫、爛漫俱有"淫佚(逸)"義,爲疊韻連詞。《列女傳·夏桀末喜》:"桀既棄禮義,淫於婦人,求美女,積之於後宫,收倡優、侏儒、狎徒、能爲奇偉戲者,聚之於旁,造爛漫之樂,日夜與末喜及宫女飲酒,無有休時。"④《魏書·樂志》:"三代之衰,邪音間起,則有爛漫靡靡之樂興焉。"⑤《朱子語類》卷一三三:"秦檜自虜中歸,見虜人溺於聲色宴安,得之中國者日夜爛熳。"⑥故澶漫猶爛漫,形容禮樂淫衍而性情相離,天人相分也。又鍾泰謂:"澶漫猶漫衍,《樂記》所謂'樂勝則流'者也。"⑦則"澶漫""爛漫""漫衍"義亦通。

泙漫之"泙",王叔岷謂:"《藝文類聚》九六引泙作伻,《合璧事類别集》六三引亦作伻,唯'伻漫'二字誤倒。《事文類聚後集》三三引作平,與《釋文》'李音平'合。《後漢書·張衡傳注》引漫作曼……漫諧曼聲,與曼古或通用。"⑧故泙漫,有作平漫。《至樂》篇:"夫以鳥養養鳥者,宜棲之深林,遊之壇陸,浮之江湖,食之鰌鰷,隨行列而止,委蛇而處。"⑨《釋文》:"壇,司馬本作澶,音但,云: 水沙澶也。"⑩是司馬本"壇陸"作"澶陸",而《達生》篇引相似文句曰:"若夫以鳥養養鳥者,宜棲之深林,浮之江湖,食之以委蛇,則平陸而已矣。"⑪則"澶陸"猶"平陸"。又《釋文》:"泙,李音平。"⑫而泙、平俱爲耕部字,澶、爛俱元部,耕、元通轉,上古音亦近。⑬ 故"泙漫",當讀作平漫,猶"澶漫""爛漫",爲疊韻連詞。蓋古無漫字,平曼之平,受後起"漫"字影響,增旁而作"泙"。

如上所論,則朱泙漫,蓋寓指愚鈍不明而性情分離之人。"泙漫"淫於禮樂,正莊子所謂

---

① 郭慶藩《莊子集釋》,第347~348頁。
② 許維遹《吕氏春秋集釋》,中華書局2017年版,第118頁。
③ 郭慶藩《莊子集釋》,第386頁。
④ 王照圓《烈女傳補注》,華東師範大學出版社2012年版,第281頁。
⑤ 魏收《魏書》,中華書局1974年版,第2826頁。
⑥ 黎靖德編《朱子語類》,中華書局1986年版,第3201頁。
⑦ 鍾泰《莊子發微》,第200頁。
⑧ 王叔岷《莊子校詮》,第1262頁。
⑨ 郭慶藩《莊子集釋》,第623頁。
⑩ 王叔岷《莊子校詮》,第653頁。
⑪ 郭慶藩《莊子集釋》,第668頁。
⑫ 王叔岷《莊子校詮》,第1262頁。
⑬ 漢語方言(如齊、楚等地)的部分耕部字 *-eŋ 可讀作 *-an 的論證,可參看黄樹先《漢語耕元部語音關係初探》,《民族語文》2006年第5期;邊田鋼《上古方音聲韻比較研究》,浙江大學博士學位論文,2015年,第166~187頁。

"説禮邪？是相於技也；説樂邪？是相於淫也"①，又其嗜欲之深，故人性難平，《淮南子·齊俗訓》曰"人性欲平，嗜欲害之"②，猶"波水不可以平"③是也。以此推之，朱泙漫正爲本篇末莊子所悲之"愚者"，其人物設置，具有濃厚的學派批判色彩，蓋影射儒、墨、楊、秉之流性命爛漫也。

（二）"支離益"考識

對"屠龍之技"寓言的理解，關鍵還在於對"支離益"寓名的解讀。支離者，注家皆以爲複姓，按此亦爲混名，不可强以姓氏解之。《莊子》有支離疏、支離叔者，事見《人間世》《至樂》諸篇，皆"形體不全"而"全養天性"之人。支離，《釋文》引司馬云"形體支離不全貌"，成玄英疏曰："四支離拆，百體寬疏，遂使頤頰隱在臍間，肩膊高於頂上。形容如此，故以支離名之。"④又云："支離，謂支體離析，以明忘形也。"⑤故《莊子》以支離所稱之人，其大旨在：忘形無己，無重形骸之外而合於天也。

支離益之"益"，王叔岷謂《後漢書·張衡傳注》引"益"作"蓋"，"蓋疑益之形誤，《在宥篇》：'日月之光，益以荒矣。'《釋文》引崔本益作蓋，亦二字相亂之例。"⑥王叔岷所證，但可見古書"益""蓋"二字相混，不可遽然以"支離蓋"爲非。且"日月之光，蓋以荒矣"，於義爲長，猶蔽也，覆蓋之義。同於《則陽》篇"陰陽相照相蓋相治"⑦，《達生》篇"工倕旋而蓋規矩"⑧，《天地》篇"子非夫博學以擬聖，於于以蓋衆"⑨，《淮南子·齊俗訓》"日月欲明而浮雲蓋之"⑩。

考《莊子》所謂之"益"，多爲增益、損益之義。增益者，《齊物論》："如求得其情與不得，無益損乎其真。"⑪《繕性》篇："古之所謂得志者，非軒冕之謂也，謂其無以益其樂而已矣。"⑫《盜跖》篇："求益而不止，可謂憂矣。"⑬損益者，如《大宗師》篇顏回三道"回益矣"，郭象注"以損之爲益也"⑭。故支離益，或即支離其益，殘損其多也。但其損益，當是《知北遊》篇聖人之所保的

---

① 郭慶藩《莊子集釋》，第380頁。
② 劉文典《淮南鴻烈集解》，中華書局1989年版，第423頁。
③ 同上，第424頁。
④ 郭慶藩《莊子集釋》，第187頁。
⑤ 同上，第190頁。
⑥ 王叔岷《莊子校詮》，第1262頁。
⑦ 郭慶藩《莊子集釋》，第914頁。
⑧ 同上，第664頁。
⑨ 同上，第443頁。
⑩ 劉文典《淮南鴻烈集解》，第423頁。
⑪ 郭慶藩《莊子集釋》，第62頁。
⑫ 同上，第560頁。
⑬ 同上，第1015頁。
⑭ 同上，第290頁。

"益之而不加益,損之而不加損"①,與顏回損益功夫相應,即達到"墮肢體,黜聰明,離形去知,同於大通"②之坐忘,爲忘仁義禮樂(巧)、無非譽而全德之人。

又疑"益"爲"溢"之省字,支離益讀作"支離溢"。《人間世》篇"過度,益也"③,俞樾云:"益,當讀爲溢。言過其度則溢矣。上文曰'夫兩喜必多溢美之言,兩怒必多溢惡之言',是其義。"④劉師培亦云"益乃溢省"。準此,則"支離溢"之名乃在支離其"溢"言,寓能持節而無盈溢之言也,此正與"泙漫"寓名相應,漫亦溢也,文義一律。且與"屠龍之技"寓言上段"知而不言"之旨相接:

  莊子曰:"知道易,勿言難。知而不言,所以之天也。知而言之,所以之人也。古之人,天而不人。"⑤

胡文英謂其"暗頂'知而不言'。無所用,則非強閉而不出也"⑥,確爲獨見。朱泙漫由愚知而求學,技成而去其俗知,無言則不亂,蓋得屠龍之技多也。而此則寓言的精巧之處,正在於抹去朱泙漫與支離益言論,二者都處於知言而失言的預設中。支離益教朱泙漫學"屠龍之技",但此寓言並未述及支離益對朱泙漫的教導,以此呼應兀者(支離者)王駘行"不言之教,無形而心成"(《德充符》)⑦,暗合《老子》"聖人處無爲之事,行不言之教"⑧也。

此外,又疑"益",或爲"翳"之假借,"翳"亦蓋也。翳、益聲相近,《漢書·地理志下》"秦之先曰柏益"⑨,此伯益一號伯翳。《經籍籑詁·陌韻》"《書·堯典》'益',《史記·秦本紀》作'翳'"⑩。皆爲其例。而翳亦可訓作蓋。《説文·羽部》:"翳,華蓋也"⑪,段玉裁注"翳之言蔽也,引伸爲凡蔽之偁"⑫。故翳、蓋皆蔽義,而莊子以之爲名,或謂翳爲目障之病,重在寓其"視之不見其形"(《天運》)⑬,無用其明而去其所見、所知也,以此形容支離氏"同乎無知,其德不

---

① 郭慶藩《莊子集釋》,第 744 頁。
② 同上,第 292 頁。
③ 同上,第 168 頁。
④ 俞樾《諸子平議》,鳳凰出版社 2020 年版,第 419 頁。
⑤ 郭慶藩《莊子集釋》,第 1049 頁。
⑥ 胡文英《莊子獨見》,第 260 頁。
⑦ 郭慶藩《莊子集釋》,第 195 頁。
⑧ 王弼注,樓宇烈校釋《老子道德經注校釋》,中華書局 2008 年版,第 6 頁。
⑨ 班固《漢書》,中華書局 1962 年版,第 1641 頁。
⑩ 阮元《經籍籑詁》,中華書局 1982 年版,第 2134 頁。
⑪ 許慎撰,段玉裁注《説文解字注》,上海古籍出版社 1981 年版,第 140 頁。
⑫ 同上,第 140 頁。
⑬ 郭慶藩《莊子集釋》,第 513 頁。

離"(《馬蹄》)①,外其形骸,與"支離"之喻相屬。《人間世》篇"支離疏",以"疏"爲名,蓋寓"其爲形也亦疏"(《至樂》)②,是支離氏與名相關之證。《逍遥遊》篇"瞽者無以與乎文章之觀"③,《大宗師》篇"瞽者無以與乎青黄黼黻之觀"④,支離氏"耳目内通",無動於聲色,故無觀乎燦爛文章,更無淫衍於禮樂文章,是爲"黜聰明"之象。故與其説"支離翳"之爲師,不如説"支離翳"之爲醫,"翳""醫"古通,與本篇"秦王有病召醫"之理同,乃爲"浮明外侈者發藥"⑤也。

要之,無論支離益之"益",訓作本字,還是讀若"溢"或"翳",其寓名都無出《莊子》支離者之隱喻,即支離益爲"離形去知"之人,因無重形骸之外,故能内合於天,與《大宗師》篇顏回損益功夫相應,同"朱泙漫"寓名之義相對:支離與泙漫皆爲分離之喻,支離益四肢離拆,"修行無有而外其形骸"⑥,在忘禮樂仁義,離形去知,做内通之修養;朱泙漫本朱愚之人,淫衍於禮樂而性情相離,在索"形骸之外功"也。故以此論之,支離益擬爲道家之全德聖人可也。

二、所學何爲:"屠龍"之目的、代價

"屠龍"之義究竟何解?何以殫盡千金之産、費時三年去學?"屠龍"與支離益、朱泙漫又有何關聯?這些都可歸爲"所學何爲"的問題。《庚桑楚》篇"學者,學其所不能學也"⑦,《釋文》解曰:"言人皆欲學其所不能知,凡所能者,故是能於所能。夫能於所能者,則雖習非習也。"⑧朱泙漫本愚鈍無知之人,其所欲"學",乃在求真知、去浮蔽。而支離益寓名,即暗示了損其所欲、所知、所見、所聞,以至無己、無功、無名之境,此正玄契《老子》"爲學日益,爲道日損。損之又損,以至於無爲,無爲而無不爲"⑨,吴世尚《莊子解》云"通節皆喻言老子"⑩,是謂得之。

(一) 學其所不能學:"屠龍"之喻

莊學詮釋史上,對"屠龍"的解説,大致呈現出以下幾種詮釋路徑:
一者,以"屠龍"喻學道,用以説明朱泙漫所學,爲高超而無實用之術,以褚伯秀、林雲銘、

---

① 郭慶藩《莊子集釋》,第347頁。
② 同上,第611頁。
③ 同上,第34頁。
④ 同上,第287頁。
⑤ 王夫之《莊子解》,第344頁。
⑥ 郭慶藩《莊子集釋》,第274頁。
⑦ 同上,第793頁。
⑧ 同上,第794頁。
⑨ 王弼注,樓宇烈校釋《老子道德經注校釋》,第127~128頁。
⑩ 吴世尚《莊子解》,嚴靈峰編《無求備齋莊子集成初編》(第22册),第427頁。

胡樸安、鍾泰等爲代表,具有較強詮釋力度,從者衆多。但此詮釋,並未解析"屠龍"本義,且將《莊子》"道""技"混通(此則寓言明謂所學爲技),實不可取。

二者,以龍爲變化之物,"屠龍"則喻其勘破變化之域,以胡文蔚、胡文英等爲代表。因其變化,吕惠卿又特解爲"絕聖棄知"。故此脉對"屠龍之技"褒多於貶,但仍未揭示"屠龍"與支離益、朱泙漫寓名之間的關係,對"屠龍"之義的解析仍不够。此外,還有羅勉道以"屠龍之技亦人"①注之,等等。"屠龍"之注解,可謂歧義紛出,莫衷一是。

那麽,朱泙漫向支離益所學之"屠龍"究竟應該如何理解呢?我們認爲,朱泙漫向支離益所學,正是其所不能學、不急於用之事。"屠龍"之義,即"支離益"之喻,貫通坐忘、心齋之减損功夫。

屠,剮也。屠者之事,散見於《養生主》之"解牛",《讓王》之"屠羊",《徐无鬼》之"焦豕、蝨",及本篇之屠龍。屠即肢解、分割牲肉,與"支離"義近,乃無爲物形所累,重在去物之蔽。而"龍"是《莊子》寓言經常出現的物象,不可以今世無龍而臆度之。

首先,在《莊子》中,龍不僅代表"變化"之大物,而且還是"支離"之體。《天運》篇孔子問禮於老子,而比之曰:

龍,合而成體,散而成章,乘乎雲氣而養乎陰陽。②

龍作爲靈知之蟲,外形踡曲,不可諦視,行於無迹,有所遇之者,片鱗隻爪,皆支離之體,故與"支離、屠"義近。值得注意的是,司馬遷《老莊申韓列傳》載孔子之語:

至於龍吾不能知,其乘風雲而上天。吾今日見老子,其猶龍耶!③

是則知龍之"不可知"也。且因其"乘乎雲氣而養乎陰陽",故待時而養神,免刑於"陰陽之患"④;能"一龍一蛇,與時俱化,而無肯專爲"(《山木》)⑤,其動静皆合於天,隨性自然,如君子"無解其五藏,無擢其聰明;尸居而龍見,淵默而雷聲,神動而天隨,從容無爲而萬物炊累焉"(《在宥》)⑥。故學屠龍,亦重在"離形去知",葆神體化,隨時遷移,爲知合散變化之象。

其次,"學屠龍"乃衆人之所欲,但非急用於世,故爲衆人所譏也。《淮南子·説林訓》:"人

---

① 羅勉道《南華真經循本》,中華書局 2016 年版,第 315 頁。
② 郭慶藩《莊子集釋》,第 529 頁。
③ 司馬遷撰,裴駰集解,司馬貞索隱,張守節正義《史記》(第 7 册),中華書局 2014 年版,第 2605 頁。
④ 《人間世》篇"以身役物,則陰陽食之",本篇"離内刑者,陰陽食之"。
⑤ 郭慶藩《莊子集釋》,第 529 頁。
⑥ 同上,第 382 頁。

莫欲學御龍,而皆欲學御馬,莫欲學治鬼,而皆欲學治人,急所用也。"①而學屠龍,勝於學御龍,是朱泙漫學衆人之所不學,無拘囿於用也。可與《老子》"學不學,復衆人之所過"②相契。

又張世南《遊宦紀聞》引焦贛《易林》曰:"牛、龍耳聵。"③蓋龍亦聾矣。《說文·耳部》"聾,無聞也"④,無聞則"無聽之以耳",屠龍則去其"知"之聾盲,如《逍遙遊》篇曰:"瞽者無以與乎文章之觀,聾者無以與乎鐘鼓之聲。豈唯形骸有聾盲哉? 夫知亦有之。"⑤故以此喻絕棄文章,無"擅飾禮樂"。如是,則朱泙漫向支離益所學屠龍,正爲"無聽之以耳而聽之以心,無聽之以心而聽之以氣"⑥之"心齋"的抽象表達。龍本"乘乎雲氣而養乎陰陽",若能屠之,則知陰陽氣息變化,是能以氣聽之也。《文子·道德》:"上學以神聽,中學以心聽,下學以耳聽。以耳聽者,學在皮膚;以心聽者,學在肌肉;以神聽者,學在骨髓。"⑦王叔岷言"彼言神,《莊子》言氣,以神聽者通達無礙,合乎以氣聽者也"⑧,故朱泙漫聽之以氣,是去知養神,得其上學,復返真性之喻也。《呂氏春秋·尊師》:"故凡學,非能益也,達天性也。能全天之所生而勿敗之,是謂善學。"⑨即同此理。

再有,"能屠龍者,非神之又神者乎"⑩,其旨落在《逍遙遊》篇"至人無己,神人無功,聖人無名"⑪,即教其寓用於無用之間,無用即無功,無是非毀譽,而至達者之域(《齊物論》"唯達者知通爲一"⑫)。此亦回應本篇"爲外刑者,金與木也;爲内刑者,動與過也。宵人之離外刑者,金木訊之;離内刑者,陰陽食之。夫免乎外内之刑者,唯真人能之"⑬。無爲外刑,物我俱忘,故朱泙漫絕棄金木,無龍可屠;無爲内刑,則動過俱息,陰陽不能食。内外無傷,免於天刑,無功而全其功,故能成其天。

如上所論,朱泙漫所學之"屠龍",爲"學其所不能學",屠龍雖非急用於世之學,然要旨在學以復性,具體功夫便落在心齋、坐忘上,與支離益寓名相應。又《廣韻·鍾韻》:"龍,通也。"⑭

---

① 劉文典《淮南鴻烈集解》,第 675 頁。
② 王弼注,樓宇烈校釋《老子道德經注校釋》,第 166 頁。
③ 張世南《遊宦紀聞》,中華書局 1981 年版,第 28 頁。
④ 許慎撰,段玉裁注《說文解字注》,第 206 頁。
⑤ 郭慶藩《莊子集釋》,第 34 頁。
⑥ 同上,第 154 頁。
⑦ 王利器《文子疏義》,中華書局 2000 年版,第 218 頁。
⑧ 王叔岷《莊子校詮》,第 132 頁。
⑨ 許維遹《呂氏春秋集釋》,第 93 頁。
⑩ 方以智《藥地炮莊》,黃山書社 2019 年版,第 618 頁。
⑪ 郭慶藩《莊子集釋》,第 20 頁。
⑫ 同上,第 76 頁。
⑬ 同上,第 1056~1057 頁。
⑭ 《宋本廣韻》,中國書店 1982 年版,第 14 頁。

學心齋、坐忘之術三年,故能行至"同於大通"之境。蓋朱愚如泙漫者,無執己見,無爲物役,不勞其形而神凝於內,亦能性命不離。

(二) 空諸所有:"單千金之家"之喻

"單千金之家"句,有另一句讀。《釋文》本從崔本"單千金之家三"絶句,下無年字。(吳氏點勘本、馬氏故本、錢纂箋本皆從之。)①但其核心隱喻仍在"單千金之家"。

"單"音丹,盡也。義與分散、支離近也。"家",一本作"產",《釋文》云"本亦作賈,又作價"②。朱駿聲云:"家,叚借爲賈。"③賈、價爲正、俗字。此殫盡千金之喻,最直接的解釋便在"忘利而不爲形累"。蓋因"財積而無用,服膺而不舍,滿心戚醮,求益而不止,可謂憂矣"(《盜跖》)④,且"富者,苦身疾作,多積財而不得盡用,其爲形也亦外矣"(《至樂》)⑤,皆在外物忘形,無爲物役也。同於本篇"得千金之珠"而"取石來鍛之"。與之相通者,《山木》篇有更具體的闡述:

> 林回棄千金之璧,負赤子而趨。或曰:"爲其布與? 赤子之布寡矣;爲其累與? 赤子之累多矣。棄千金之璧,負赤子而趨,何也?"林回曰:彼以利合,此以天屬也。夫以利合者,迫窮禍患害,相棄也。以天屬者,迫窮禍患害,相收也。⑥

林回棄千金之患不以利合,因"天性相連"而負赤子,正與朱泙漫復歸"性命之情"相應。《駢拇》篇"不仁之人,決性命之情而饕貴富"⑦,泙漫棄絶千金之產,又無所用其巧,則功利機巧俱忘(《天地》篇"功利機巧必忘夫人之心"),此乃去利而得利之喻也,同於《文子》所說"以神爲主者,形從而利"⑧。可以說,莊子此喻,劍鋒直指楊、墨之爲利。

此外,以吳世尚、鍾泰等爲代表,以殫盡千金之產,而喻"竭其才"。此說亦可通,竭盡才力以學屠龍,在損其所見、所聞、所知,包括禮樂文章。莊子在《齊物》篇表達了"夫隨其成心而師之,誰獨且無師乎? 奚必知代而心自取者有之? 愚者與有焉"⑨,說明即使愚者,也有其成見和判斷標準,故爲學要在破除成心,無有是非,這也與本篇末句莊子悲"愚者恃其所見入於人,其

---

① 王叔岷《莊子校詮》,第1263頁。
② 同上。
③ 同上。
④ 郭慶藩《莊子集釋》,第1015頁。
⑤ 同上,第611頁。
⑥ 同上,第20頁。
⑦ 同上,第686頁。
⑧ 王利器《文子疏義》,第168頁。
⑨ 郭慶藩《莊子集釋》,第62頁。

功外也"相合。如是,則莊子意在批駁辯者之是是非非。

其實"單千金之家"隱喻的重點,並非在於"千金之家"具體寓指什麼,而在"殫盡"二字,即"空諸所有"①,忘其功利機巧、是非毁譽以至"無己"之域,才能虚己待物(龍),消解與物之對立狀態,"不知龍爲何物,屠者何人也"②,此"致虚"之象,仍在做減損之坐忘、心齋功夫,與屠龍、支離益之寓意關聯甚切。

(三) 小成之數:三年而通

古人言數之多,自三始。"單千金之家三",則所竭盡多也。但以今本作"三年"斷之,於《莊子》文本風格來說似更合理。

"三年",在《莊子》中爲約數,非特限三年。綜觀《莊子》寓言,如《養生主》篇庖丁"三年之後,未嘗見全牛"③;《應帝王》篇"列子自以爲未始學,而歸,三年不出"④;《在宥》篇雲將"又三年,東遊,過有宋之野,而適遭鴻濛"⑤得聞真道;《田子方》篇"三年,文王觀於國,則列士壞植散羣,長官者不成德,斔斛不敢入於四竟"⑥;《庚桑楚》篇"居三年,畏壘大壤……全汝形,抱汝生,無使汝思慮營營。若此三年,則可以及此言也"⑦;《徐无鬼》篇"顔不疑歸而師董梧,以鋤其色,去樂辭顯,三年而國人稱之"⑧;本篇"鄭人緩也呻吟裘氏之地。祇三年而緩爲儒,河潤九里,澤及三族"⑨;等等。凡所言三年(多年)之寓言,其結果均與寓言之構設邏輯相一致,即藉三年表示時間之久,從而揭示事件的變好或變壞,没有表現出寓言前後邏輯的轉折。

"屠龍"之寓言,猶如《外物》篇任公子釣魚,皆耗巨産,"期年"後而有成也。《寓言》篇"顔成子遊謂東郭子綦曰'自吾聞子之言,一年而野,二年而從,三年而通,四年而物,五年而來,六年而鬼入,七年而天成,八年而不知死、不知生,九年而大妙'。"⑩是則可知"三年"爲小成之數,仍未臻至"大妙"之道也。

---

① 褚伯秀《南華真經義海纂微》、吕惠卿《莊子全解》、胡文蔚《南華經合注吹影》、林雲銘《莊子因》等亦主此說。
② 褚伯秀《南華真經義海纂微》,第1319頁。
③ 郭慶藩《莊子集釋》,第127頁。
④ 同上,第314頁。
⑤ 同上,第399頁。
⑥ 同上,第723~724頁。
⑦ 同上,第771~779頁。
⑧ 同上,第848頁。
⑨ 同上,第1045頁。
⑩ 同上,第956頁。

三、學而不用:"屠龍之技"的困惑

陳碧虛謂:"至於技成而無所用其巧,則深有旨。"① 然諸家解釋此句皆不得旨趣,蓋不解朱泙漫、支離益、屠龍之技隱喻,亦不得《莊子》齊物之旨也。

(一) 所學"屠龍"何以稱"技"

要回答莊子爲何以"技"指稱朱泙漫所學,首先需要回答此"技"是否代指屠龍。《御覽》八二八及九二九、《事類賦注》、《記纂淵海》九九引技皆作伎。陸西星《南華真經副墨》曰:"寓言道不可學,學之至於有伎倆,則終無所用矣。"② 是以學屠龍比附爲道,不以"技"爲屠龍也。若以"伎倆"解之,"伎成"不詞,此爲陸氏順着"而無所用其巧"所作的曲折解釋,技、伎當爲正假字。又《白帖》《合璧事類別集》六三引技並作藝,蓋藝猶技也。《天地》篇"能有所藝者,技也"③ 是其例。

那麼,如若以"技"爲朱泙漫所學"屠龍"之代稱,其中的原因是什麼呢?《説文·手部》:"技,巧也。"④ 朱泙漫學屠龍(心齋、坐忘)之術三年,"技成"則耳目始含其聰明,禮樂得其正,性命復其安,達至《胠篋》篇所謂之巧:

> 擢亂六律,鑠絶竽瑟,塞瞽曠之耳,而天下始人含其聰矣。滅文章,散五采,膠離朱之目,而天下始人含其明矣。毀絶鈎繩而棄規矩,攦工倕之指,而天下始人有其巧矣。⑤

亦即由技而合於天,故《天地》篇言"技兼於事,事兼於義,義兼於德,德兼於道,道兼於天"⑥。然其爲學,"三年而通",終未至"大妙"之道,故以"技"稱之。朱泙漫三年"技成",則不可再謂之"學",是進於"習"也,郭象謂:"積習之功爲報,報其性,不報其爲也。然則學習之功,成性而已,豈爲之哉!"⑦ 故朱泙漫學以致復性,是無爲人功也。蓋屠龍之技成,而愚者

---

① 褚伯秀《南華真經義海纂微》,第 1316 頁。
② 陸西星《南華真經副墨》,第 465 頁。
③ 郭慶藩《莊子集釋》,第 414 頁。
④ 許慎撰,段玉裁注《説文解字注》,第 607 頁。
⑤ 郭慶藩《莊子集釋》,第 365 頁。
⑥ 同上,第 414 頁。
⑦ 同上,第 1047 頁。

之見、禮樂之亂、性命之離,冰解凍釋,故能通道之"成也,毀也"之理,恰如"有成與虧,故昭氏之鼓琴也;無成與虧,故昭氏之不鼓琴也"(《齊物論》)①,朱泙漫"無所用其巧",即無成與虧而全其功也。

此外,論者多鑿屠龍爲"無用之技",然而《莊子》對於"技"並未表達過"無用",相反他認爲"百家衆技也,皆有所長、時有所用"(《天下》),他如庖丁解牛、津人操舟、佝僂承蜩等皆有所技,故以"屠龍之技"爲高超而無實用之術的觀點,當不合《莊子》本真。

(二) 何爲"而無所用其巧"

要理解此句的關鍵,首先在於對"而"的解讀。論者由於受"無用其學"與"無龍可屠"思維的影響,徑直地將連詞"而"理解爲轉折,殊不知正落入《莊子》所譏"以用爲知,以不用爲愚"(《庚桑楚》)的今世之人狀態。我們認爲,此"而"字當表順承。"三年技成"的結果,即"無所用其巧",不僅應充分考慮到支離益與屠龍之隱喻及寓言之邏輯理路,而且還應從整個《莊子》文本風格,特別是與"三年"相關的寓言加以對照。可以説,"無所用其巧"正是朱泙漫學屠龍之技所達至的無爲、無功、無已境界。

其次,對於代詞"其"的理解。論者一般都將"其"理解爲"屠龍之技",或者"朱泙漫",但"其"還可代指"支離益"。若"其"代指"屠龍",則言朱泙漫"無所用屠龍之巧",此"巧"亦訓作"技",即無用所學;若以"其"指代"支離益",則"無所用支離益之巧",既爲不用支離益之學(屠龍之技),亦爲"絶聖棄知"之喻;若以"其"指稱"朱泙漫",則謂"無所用朱泙漫之巧",此"巧技"之"巧",或可理解爲朱泙漫三年以前之"巧"(巧知、巧言、巧技),爲《莊子》所譏之"巧",以及朱泙漫所學三年以後之"巧",爲《莊子》所贊賞之"巧"。即通過學屠龍之技,做心齋坐忘功夫,忘其"巧知""巧言""巧技",從而實現自反、自正、自明,達至"無所用其巧乃成其巧""大巧若拙"的生命狀態,最後將所學"屠龍之技"一同遣去,是損之又損以至於無爲,爲得兔忘蹄、得魚忘筌、得意忘言之象也。故以藴意豐富性與詮釋強度論,似以"其"代指"朱泙漫"爲上。

再次,理解此句的難點還在於分清《莊子》所譏之"用"與所贊賞之"用"。"無所用",乃是順承"技成"二字,爲達至"心齋""坐忘"之域的描述,"是用之者假不用者也,以長得其用,而況乎無不用者乎"(《知北遊》)②,發"爲是不用而寓諸庸,此之謂以明"(《齊物論》)③之旨,又與"巧者勞而知者憂"(《列禦寇》)④,"無爲也而笑巧"(《天下》)⑤相契,同於《文子》"以明大巧之

---

① 郭慶藩《莊子集釋》,第81頁。
② 同上,第761頁。
③ 同上,第81頁。
④ 同上,第1043頁。
⑤ 同上,第1098頁。

不可爲也"①。且"無所用"之句式,在《莊子》中亦爲一定式用法,如《逍遥遊》篇"予無所用天下爲","越人斷髮文身,無所用之"②,《馬蹄》篇"雖有義臺路寢,無所用之"③,《繕性》篇"當是時也,陰陽和静,鬼神不擾,四時得節,萬物不傷,羣生不夭,人雖有知,無所用之"④等,諸例皆然。

朱泙漫"無所用其巧",即無能用其學,然《讓王》篇謂"學而不能行謂之病"⑤,《莊子》佚篇又云"學而弗行,謂之撮囊"⑥,此正朱泙漫"寓用於不用"之中,是"至爲去爲"(《知北遊》)⑦,空諸所有,外物俱忘,損之以至於無爲。唯其無爲,方得養神之道,安性命之情,故《刻意》篇曰:"純粹而不雜,静一而不變,淡而無爲,動而以天行,此養神之道也。"⑧《在宥》篇曰:"無爲也而後安其性命之情。"⑨朱泙漫因蔽於所見、所知,淫衍於禮樂而性命相分,但其學屠龍於支離益,去智任性,知而不用,正是達至莊子所謂"知謀不用,必歸其天"(《天道》)⑩的神明境界,而後乃成其爲賢聖⑪。《吕氏春秋·論人》"釋智謀,去巧故,而遊意乎無窮之次,事心乎自然之塗,若此則無害其天矣"⑫,其《下賢》篇又曰"空空乎其不爲巧故"⑬是同此理。

總之,朱泙漫所學"屠龍之技"與《天地》篇"無爲復朴,體性抱神"⑭之渾沌氏之術相同,又通於《在宥》篇"汝徒處無爲,而物自化。墮爾形體,吐爾聰明,倫與物忘,大同乎涬溟。解心釋神,莫然無魂。萬物云云,各復其根,各復其根而不知,渾渾沌沌,終身不離"⑮。蓋泙漫學成,故可神動天隨,靈同飛龍,玄冥於"達者知通爲一"(《齊物論》)⑯之地,即成毁相通爲一,愚知相通爲一,巧拙相通爲一,用與不用相通爲一,有功無功相通爲一,天人相通爲一。

---

① 王利器《文子疏義》,第100頁。
② 郭慶藩《莊子集釋》,第35頁。
③ 同上,第341頁。
④ 同上,第553~554頁。
⑤ 同上,第977頁。
⑥ 見王叔岷所輯《莊子》佚文第三〇條,詳見氏著《莊學管闚》,中華書局2007年版,第231頁。
⑦ 郭慶藩《莊子集釋》,第766頁。
⑧ 同上,第547頁。
⑨ 同上,第382頁。
⑩ 同上,第478頁。
⑪ 《莊子》佚文曰:"夫去智任性,然後神明洞照,所以爲賢聖也。"詳見王叔岷《莊學管闚》,第240頁。
⑫ 許維遹《吕氏春秋集釋》,第74頁。
⑬ 同上,第369頁。
⑭ 郭慶藩《莊子集釋》,第446頁。
⑮ 同上,第401頁。
⑯ 同上,第76頁。

餘論：篇旨、章法互參下的"屠龍之技"

《列禦寇》篇述莊子將死之事，諸家或以爲"莊子著述將畢之語"①，或以爲"莊子之緒言"②，而對於本篇主旨，諸家亦是各執一理：

以王雱、胡方等爲代表，重在説"齊物"之旨③；以張位、陸樹芝等爲代表，則在揭發"無爲"之義④。相較而言，王夫之的觀點似更全面："此篇之旨，大率以内解爲主，以葆光不外炫爲實，以去明而養神爲要，蓋莊子之緒言也。……抑莊子之言，博大玄遠，與天同道，以齊天化，非區區以去知養神，守其玄默。而此篇但爲浮明外侈者發藥，未盡天均之大用，故曰莊子之緒言也。"⑤

然而，無論諸家所説何其不一，但有一點是可以確定的，即注家多認爲《列禦寇》篇大義落在了末段：

以不平平，其平也不平。以不徵徵，其徵也不徵。明者唯爲之使？神者徵之。夫明之不勝神也久矣，而愚者恃其所見入於人，其功外也，不亦悲乎！⑥

其言"不平平、不徵徵"，是復陳齊物、應物之理；謂"明之不勝神"，是能去明而養神；不以"所見入於人"，是無爲而知天也。得此三義，方見《列禦寇》篇玄旨。而以此反觀"屠龍之技"寓言，可知屠龍之事非爲莊子譏笑之作。

此外，在章法結構上，屠龍之技的寓言，接着鄭人儒墨之辯展開，劍鋒直指儒、墨、楊、秉等辯者之不明，及其失於性命之情，此乃莊子作本則寓言之初衷也。

再有，此則寓言與前段"莊子曰"句，文氣不暢，如若不爲郭象删之而雜湊其間，則疑"莊子曰"句爲莊子後學所記。《莊子》一書，凡言"莊子曰"，多以對話方式出現，若此段以重言出之，以下定義方式出現者，另見於《天道》篇：

---

① 陸西星《南華真經副墨》，第 461 頁。
② 王夫之《莊子解》，第 344 頁。
③ 王雱《南華真經新傳》，王水照主編《王安石全集》（第 9 册），復旦大學出版社 2016 年版，第 468 頁；胡方《莊子辯正》，嚴靈峰編《無求備齋莊子集成續編》（第 33 册），第 583 頁。
④ 張位《南華標略》，嚴靈峰編《無求備齋莊子集成初編》（第 11 册），第 122 頁；陸樹芝《莊子雪》，華東師範大學出版社 2011 年版，第 373～374 頁。
⑤ 王夫之《莊子解》，第 344 頁。
⑥ 郭慶藩《莊子集釋》，第 1067 頁。

與人和者,謂之人樂;與天和者,謂之天樂。莊子曰:"吾師乎,吾師乎!韰萬物而不爲戾,澤及萬世而不爲仁,長於上古而不爲壽,覆載天地、彫刻衆形而不爲巧。"此之謂天樂。①

"吾師乎"以下,又見《大宗師》篇,而劉咸炘曰:"《大宗師》作許由語,而此直引作莊子,顯是後人語。"②是爲卓見。而朱泙漫篇"莊子曰"句,甚爲突兀,極似注釋之文,疑爲莊子後學批語,旁注而竄入。若拿掉此兩段文字,則本篇"聖人安其所安"句與朱泙漫以下"聖人以必不必"句渾然相合,筋骨相連。范耕研亦云:"第三段聖人安其所安,至而不知大寧,每數句爲一節,各明一義,殆莊子緒言,其徒雜集之者。"③而本篇"凡人心險如山川"段,王夫之謂非莊子之旨④,深以爲然。蓋此篇爲莊子未及潤色之文,小大精粗,大珠小珠,雜陳其間,而後又經莊子後學增删之,故有不類莊子之語。

總體而言,屠龍之技的寓言,"文絶奇而語甚簡"⑤,真可"一句作一篇讀"!可以説朱泙漫正是做"墮肢體,黜聰明,離形去知,同於大通"之坐忘功夫,做"無聽之以耳而聽之以心,無聽之以心而聽之以氣"之心齋,是"至人無己,神人無功,聖人無名"的具象表達,又達至"知通爲一,爲是不用而寓諸庸"的齊物之理。此寓言又玄契《老子》"爲學日益,爲道日損。損之又損,以至於無爲,無爲而無不爲",暗合"聖人處無爲之事,行不言之教",呼應兀者(支離者)王駘行"不言之教,無形而心成"(《德充符》)也。其本旨在於無爲,劍鋒直指儒、墨、楊、秉之流,蔽於知見,失於性命之情。其苦心所在,乃爲"浮明外侈者發藥"也。

[作者簡介] 辜天平(1993—),男,四川樂山人。中國人民大學哲學院博士生。研究方向爲道家道教文獻與思想,已發表《莊子又名"南華"考》《道教"白石"考論》等學術論文數篇。

---

① 郭慶藩《莊子集釋》,第466~470頁。
② 劉咸炘《莊子釋滯》,詳見《道教徵略》,浙江古籍出版社2012年版,第245頁。
③ 范耕研《莊子章旨》,文史哲出版社1992年版,第134頁。
④ 王夫之《莊子解》,第344頁。
⑤ 褚伯秀《南華真經義海纂微》,第1319頁。

《莊子·應帝王》的以道克巫*

——壺子四示與遊化主體

（臺灣）賴錫三

內容提要 本文解讀《莊子·應帝王》，尤其集中對"壺子四示"所展現的"遊化主體"，進行細部詮解。然本文所延伸討論的相關課題還包括：一、《莊子》"以道克巫"的思想源流之説明。二、真人"遊化"主體與神巫"恍惚"主體的分判。三、《莊子》面對"命"與"化"的核心態度。四、命"得而被相"與"不可得相"的關鍵。五、遊化主體的變化莫測。六、以"波隨委蛇"和"不住渾沌"重解"渾沌鑿竅"。

關鍵詞 《莊子·應帝王》 以道克巫 壺子四示 遊化主體

中圖分類號 B2

一、《莊子》以道克巫的思想背景：商巫、周文、孔子、老子、惠施的天籟交響

壺子四示故事是這樣開始的，"鄭有神巫曰季咸"，他能夠知曉人的死生存亡、禍福夭壽，甚至神準地"期以歲月旬日"，結果引發鄭國人又愛又怕的矛盾心理，"鄭人見之，皆奔而走"。但是列子却"見之而心醉"，被神巫的靈通妙算給迷住。回去後竟興起告别壺子真人的念頭，轉而要向神巫季咸學習魔法般神通之道："始吾以夫子之道爲至矣，則又有至焉者矣。"《莊子》藉由列子誤以爲"神巫之術"勝過"真人之道"的妄想，從此展開一條壺子道術跟季咸巫術的鬥法叙事。藉此故事，展開了一場"莊子之道"對"神巫之術"的超克。

神巫可透過薩滿(shaman)來理解，張光直就曾透過伊利亞德(Mircea Eliade)的薩滿教研究

---

* 本文爲臺灣科技事務主管部門課題"莊子的吊詭主體、觀心法門與圓教思維"(MOST 109-2410-H-064-MY3)之部分成果，特爲致謝。

來解讀商巫傳統,具體談及商巫出神入神儀式的神人交通之原始宗教神話內涵①。而余英時在《論天人之際:中國古代思想起源試探》中,也將巫術的"神人交通"視爲中國"舊天人合一"的原始形態,而先秦諸子的"新天人關係"則嘗試對商巫神人關係進行超越與轉化,其中對後世影響最深遠者,尤以儒家和道家的新形態天人思維最重要。由此角度,《應帝王》中的壺子故事,余英時也注意到可從"道克服巫"來理解②。換言之,《莊子》的思想源流和古巫傳統的克服,頗有相關性。

但擴大來看,從思想細節的源流來觀察,我認爲《莊子》和底下幾種觀點的對話,都值得注意:一是《莊子》與孔子的對話。二是《莊子》跟老子的對話。三是《莊子》跟惠施的對話。四是《莊子》跟歷史文化傳統的對話,其中包括和"商代巫術"與"周代禮文"這兩種異質文化的對話。可以説,《莊子》思想就是在和這些多音複調的思想對話中,產生出自身的"吊詭共生""兩行轉化"的思想景觀。

由於周文傳統體現在孔子對周文禮教的繼承上,因此《莊子》和周文傳統的對話,大體可收納在莊、孔對話這一核心環節來思考。可以説《莊子》主要透過孔子來跟周代禮樂文化與六經傳統進行對話。然不可忽略的是,周代禮樂文化又關涉與商代巫術文化的對話。例如徐復觀在《中國先秦人性論史》,開篇便探討周初人文精神躍動如何克服商巫的原始宗教性格,此即周初透過德("敬德""明德")等敬畏、憂患意識,轉化了商巫的鬼神祭祀,以突顯敬德、天命、民命的新關係。而在孔子身上繼承了文王、武王、周公以德行(道德禮樂)來克服巫術(原始宗教)的路綫。除了肯定周文傳統的禮樂文化,孔子還賦予禮樂更爲根本的活水源頭,以"仁"的道德情感來作爲禮文規範的主體性基礎。《莊子》曾判教式地評點了先秦諸子,從《天下》篇可看出它對周文傳統經典(如《詩》《書》《禮》《樂》《易》《春秋》),有着相當精準甚至同情的理解。而六經畢竟是百家學術思想的歷史源頭:"以仁爲恩,以義爲理,以禮爲行,以樂爲和,薰然慈仁,謂之君子;以法爲分,以名爲表,以參爲驗,以稽爲決,其數一二三四是也,百官以此相齒;以事爲常,以衣食爲主,蕃息畜藏,老弱孤寡爲意,皆有以養,民之理也。古之人其備乎! 配神明,醇天地,育萬物,和天下,澤及百姓,明於本數,係於末度,六通四辟,小大精粗,其運無乎不在。其明而在數度者,舊法、世傳之史尚多有之;其在於《詩》《書》《禮》《樂》者,鄒魯之士、搢紳

---

① 張光直《連續與斷裂:一個文明起源新説的草稿》,《中國青銅時代》第二集,聯經出版公司 1990 年版。另外,任博克(Brook Ziporyn)的英譯本,也使用"shaman"來翻譯"神巫"。參見"Zhuangzi: The Essential Writings with selections from traditional commentaries", Hackett Publishing Company, Inc. Indianapolis/Cambridge, 2009, p.51.

② "軸心突破以後,巫的中介功能則在新興的系統性思維中被徹頭徹尾地否定了。《莊子·應帝王》虛構了一個故事,生動地描寫列子之師——壺子——怎樣運用他從'治氣養心'得來的精神力量將'神巫'季咸與鬼神交通中煉成的神通徹底擊潰,以致後者最後不得不'自失而走'。這個故事在後世變成了'小巫見大巫'的典據,但其實是莊子要借它來傳達'道'克服了'巫'的信息。"《論天人之際:中國古代思想起源試探》,臺北聯經出版公司 2014 年版,第 46~47 頁。

先生多能明之。《詩》以道志,《書》以道事,《禮》以道行,《樂》以道和,《易》以道陰陽,《春秋》以道名分。其數散於天下而設於中國者,百家之學時或稱而道之。"①

《天下》篇所評析的諸子學術優缺,有其獨到眼光。它列舉不同類型的思想立場、生命實踐模型,就其特質、優長、偏蔽,一一給予分判,並嘗試安立其學術分際。其中也評點了墨家,雖然《齊物論》曾同時評斥"儒墨是非",各自"是其所非而非其所是"地掉入了一偏之知。但在核心意義下,《莊子》顯然認爲更需慎重回應、更值得批判轉化的是儒家,這可能正是因爲儒家君子後出轉精地體現出周文禮樂與六經學術的文化價值。尤其在"鄒魯之士、搢紳先生"的孔子身上,具體而微地體現出"禮儀三百,威儀三千","郁郁乎文哉"的人格形象。所以莊、孔之間的對話,可反映出《莊子》慎重思考過它跟周文傳統的關係,畢道周文克服商巫宗教而努力走向人文精神與啓蒙意義,累積數百年的學術歷史與文化傳統,不能不慎重以對。這可能正是《莊子》一書不斷透過脈絡重設、觀點轉化,透過與孔子、顏回進行"既虛又實,既實又虛"的模擬對話,企圖和儒家進行思想交流、價值重估的創造性轉化之用心②。

另外則是《莊子》和《老子》思想的對話。一樣面對"周文疲弊"的《老子》,曾深刻反省儒家對於周文的繼承方式之限制,看出儒家相對缺少價值重估的批判性環節。於是《老子》重新思考了"上德不德是以有德"跟"下德不失德是以無德"的吊詭關係,甚至激進地把"禮者"視爲"忠信之薄,而亂之首。"《老子》以其吊詭思維及權力批判的徑路,洞察"禮不下庶人,刑不上大夫"的禮文建制,在看似美好的"始制有名"之秩序規範體系下,其實和宗法制度的權力支配、人性的造作壓抑,呈現一體兩面的詭譎相依。因此《老子》強調返樸歸真的"爲腹不爲目"③,面對周文"始制有名"的符號系統進行權力反省,同時對名言結構的善惡二元進行批判反思。《老子》顯然跟孔子透過"必也正名"的名實相符來維持規範,穩立"君君臣臣、父父子子"的禮文秩序,採取了相當不同的思考進路。《老子》洞察"禮儀三百,威儀三千"的周文禮教,因過度繁華而走向支離破碎,因名言濫用而成爲爭名奪利的不祥利器,又因人心趨於虛僞機詐反而賊行日出,從而主張回歸人性的素樸恬淡與人際的小國寡民。儒家強調"文質彬彬"而重視文

---

① 郭慶藩《莊子集釋·天下》,臺北華正書局 1985 年版,第 1066~1067 頁。
② 對於《莊子》和孔子以及周文傳統的對話與轉化,尤其可透過《莊子》對禮的批判轉化與價值重估,作爲一個具體而微的觀察角度,並從中思考《莊子》所嘗試的另類人文化成。對此,可參見拙文《〈莊子〉對禮之真意的批判反思——質文辯證與倫理重估》,《杭州師範大學學報(社會科學版)》2019 年第 3 期。
③ 對於《老子》"爲腹不爲目"的"去彼"(不爲目)、"取此"(爲腹)的内涵,任博克的理解可以參考:"(1) The desires of the 'eye,' which are attached to a particular coherent intelligible socially determined way of 'cutting out' valued objects, and have no intrinsic point of satiation; (2) The desires of the 'stomach,' which arise spontaneously, are not sparked by a particular intelligible object, and follow an autonomous course of arising and decay, with a built-in limit of satiation." Brook Ziporyn, *Ironies of Oneness and Difference: Coherence in Early Chinese Thought*; *Prolegomena to the Study of Li* (New York: SUNY Press, 2013), p.148.

化傳統遺留的周文建制,《老子》則復歸質樸而批判周文傳統的"樸散成器"。問題是,《老子》是否在批判文明異化的同時,又走得太復古而有偏向原始主義的一端傾向?《老子》是否"扶得東來又西倒"而偏於復古情調之一極? 深受《老子》啓發的《莊子》雖然相當程度吸收了它對儒家的批判,但根據《天下》篇來觀察,莊周那種"獨與天地精神往來而不傲倪於萬物,不譴是非以與世俗處"的天人兩行圓轉,和博大真人老聃"以本爲精,以物爲粗,以有積爲不足,澹然獨與神明居",似乎又有不得不辨的細微差異。筆者曾有專文嘗試進行所謂"道家式的判教",並將《老子》與《莊子》暫時方便地分判爲"住渾沌"與"不住渾沌"兩形態①。相較而言,老聃較偏向"與天爲徒"這一極,莊周則走向"天人不相勝"的兩行。換言之,《莊子》面對周文的態度,可能在於如何"兩行"於孔丘(較偏於人)和老聃(較偏於天)"之間"。何謂"之間"? 如何"兩行"? 這並不意味簡單的調合論,而是如何讓差異的立場不偏滯,進而能保持無窮轉化的"兩行"不住之運動。《大宗師》所謂:"庸詎知吾所謂天之非人乎? 所謂人之非天乎?"《莊子》雖深度吸收了老聃却不必然反對孔子,《莊子》雖批判轉化了孔子却也不全然跟隨老聃。類似於"天人不相勝"的吊詭兩行思維②,莊周也能悠遊兩行在孔/老之間,並在這"之間"留下思想持續轉化的遊刃餘地,體現出納受差異、圓通無礙的思想。

我們知道《莊子》也保有着濃厚的神話式想像力,它總能和自然天地萬物處於"與物爲春""並生爲一"的親密關係,然而巫術神話與《莊子》哲思之間,却是"必有分矣"。其中根本性的斷裂與突破,當涉及《莊子》對原始宗教、巫術神話的批判與祛魅。相較來說,儒家傾向全然克服神話式思維,因此不重視神話而着重人文歷史,但《莊子》認爲神話依舊可以是資產,一樣有待價值重估而不宜全盤否定。這就好像周文禮樂、六經傳統的負債與資產,一樣有待全面地批判轉化與價值重估。古巫和神話傳統仍有它值得吸收轉化的養分,然《莊子》善於改寫神話而轉出哲學新義,但也經常批判巫術儀式的愚昧與暴力。巫師對《莊子》來說,缺少哲學修養與反思功夫,時常掉入恍兮惚兮、若鬼若神的迷離主體,以至被狂迷力量給反控而不能自知自覺自在自明③。

---

① 但這個"住渾沌"與"不住渾沌"是老、莊比較下的相對性描述,並不意味《老子》完全住於渾沌而遺忘物化世界。參見《神話、〈老子〉、〈莊子〉之"同""異"研究——朝向"當代新道家"的可能性》,《臺大文史哲學報》第 61 期,第 11~50 頁。已收入拙著《莊子靈光的當代詮釋》,臺灣清華大學出版社 2008 年版。
② 筆者對《大宗師》有關"真人而後有真知"的"庸詎吾所謂天之非人乎? 吾所謂人之非天乎"曾經進行比較完整的探討,因爲它是描述《莊子》天人吊詭關係的最關鍵修辭。參見拙文《〈莊子〉"天人不相勝"的自然觀——神話與啓蒙之間的跨文化對話》,臺灣《清華學報》46 卷 3 期,第 405~456 頁。
③ 關於巫師通神狀態的意識迷離或解離狀態,秦家懿曾推斷:"天人合一的想像最初始於遠古降神的經驗,即人在一種神秘和發狂的精神狀態中,感受到和神合而爲一(mystic and ecstatic union)。"轉引自余英時《論天人之際》,第 192 頁。而周策縱則指出早期的"巫"與"舞"在《詩經》中的共有現象。這些古巫現象也可呼應張光直對商"巫"兩袖揮舞以通神的形象考察,以及證諸於民間道教占童的身體狂舞現象。而巫師這種身心抽動的迷離狂肆之通神狀態,當然與《莊子》的神人真人形象,有着極關鍵的質性差異,這一差異顯示出《莊子》對古巫的批判與超克。

另外,《莊子》也和惠施有着深刻的對話成分,惠施那種邏輯分析性、技術有用性的名家思維,其實也是另一種對原始巫術的啓蒙與克服方式。類比來説,惠施以分析性、邏輯性、效用性的思維利器,將神話情感式的古真理轉向了認知啓蒙的新真理。所以莊周與惠施的對話也是極爲重要的一環,甚至《齊物論》的寫作就是對惠施"分解思維"的一種吸收、轉化、回應,因爲莊周既想要有分析性的邏輯思維能力,同要也想要保有神話思維的想像創造力,却又要與分析思維保持"不一不二"的吊詭兩行①。

倘若我們將莊周與孔子(周文傳統)、莊周與老子(批判周文)、莊周與神話(原始宗教)、莊周與惠施(理性分析)等等思想互文的交織都考慮進來,這些差異化、非同一性的思想資源,正是構成了《莊子》環中虛空的遊化主體,遊化於衆多差異思想而"化而不固"地不斷脉絡化、不斷渾然重組,終而演化出《莊子》"虛而納,納而轉,轉而化"的思想增生的"卮言"現象②。可以説,《莊子》思想的圓通周轉與吊詭豐富性格,就表現在能讓這些異質思想的多音複調、衆聲喧嘩,進入天籟交響的互相調頻與共振遊戲。《莊子》讓這些思想異流進入遊化主體的虛空中,但又不願任何單邊思想停留在固定思想位址而成爲單一中心,它要讓衆多思想"既是中心又是邊緣"地保持不斷脉絡化、不斷轉動的"虛待"狀態,此乃《莊子》不斷"卮言日出"而開出無窮方便法門的自我實踐。《莊子》以其"化而不化,不化而化"的吊詭兩行運動,成爲各種思想可以持續對話、轉化、演化的橋梁通道。對於上述我所描述的這種"化而不化,不化而化"的"遊化主體"現象,我們將在壺子與神巫的鬥法過程中,看到真人壺子正是具體地體現出這種"我化故我在"的運動,展示出道家型圓教的遊化主體與思維模式。

二、神巫的"恍惚主體"與真人的"遊化主體"

神巫與壺子的鬥法,涉及巫術傳統與哲學智慧的"差異"與"突破",也是《莊子》對巫術的超越之絶佳例子。神巫季咸的"神"是一個原始宗教層次的"恍惚之神",不是能觀照自我、理解主體的"清明之神"。恍惚之神如"出神""降神"時的薩滿通靈狀態,身心情狀處於非自主、無意識的狂迷、解離的非常處境。這種恍兮惚兮的主體狀態,是掉入主體狂躁一端的强烈經驗,却未能對主體的各種狀態,包括主體的時間性歷程,主體與世界的共構性關係,進行全面性的覺照、體會、洞察與理解,因此無法升起清明之神的哲慧悟解。列子着迷於神巫季咸而懷疑壺子之道,既暗示一般人的宗教迷惑,也顯示列子對於"智慧解脱"尚未入門。神巫季咸,爲

---

① 有關莊周和惠施的對話細節,可參見賴錫三《莊子藝術思維與惠施技術思維的兩種差異自然觀:與海德格的跨文化對話》,收入《莊子的跨文化編織:自然、氣化、身體》,臺大出版中心2019年版,第181~230頁。
② 參見賴錫三《氣化流行與人文化成——莊子的道體、主體、身體、語言文化之體的解構閱讀》,《文與哲》2013年第22期,第39~96頁。

何號稱可以"相人"？因爲一般人停留"性成命定"層次，依憑着單一的習性重複、形塑單向度人格特質，因而自限"固而不化"的單綫道人生圖像。其主體狀態和生活規軌，幾乎形成數十年如一日的規格繩墨之"同一性重複"，其人生，其性格，其反應，逐漸模式化而可被多少預期，因此落入可被算計的命格。

《莊子》真人的非本質、非單一的變化主體觀，正可以用壺子四示來體現入微。透過壺子與神巫季咸的鬥法，《莊子》精采而有趣地顯示對神巫的超克。衆所周知，巫是早期溝通天地神人的聖者，更是佔據"絶地天通"的關鍵神人："古者民神不雜。民之精爽不攜貳者，而又能齊肅衷正，其智能上下比義，其聖能光遠宣朗，其明能光照之，其聰能聽徹之，如是則明神降之，在男曰覡，在女曰巫。"（《國語·楚語》）儘管從商巫到周巫，巫的地位有重要的轉折，但未曾消失，甚至到春秋戰國時代，一直都是儒家和道家想要超克轉化的古老傳統。例如余英時在强調，巫文化的神人關係到先秦諸子天人關係的連續與斷裂的轉換之際，他也注意到《應帝王》這段文獻的思想史意義：

> 軸心突破以後，巫的中介功能則在新興的系統性思維中被徹頭徹尾地否定了。《莊子·應帝王》虛構了一個故事，生動地描寫列子之師——壺子——怎樣運用他從"治氣養心"得來的精神力量將"神巫"季咸與鬼神交通中煉成的神通徹底擊潰，以致後者最後不得不"自失而走"。這個故事在後世變成了"小巫見大巫"的典據，但其實是莊子要借它來傳達"道"克服了"巫"的信息。①

余英時雖意識到《莊子》虛構此一故事，和它想要超克神巫古傳統密切相關。但壺子四示，如何能超越神巫季咸？余英時則語焉不詳，甚至余英時將《莊子》的超越性幾乎定位在純粹的方外追求："道家的突破之所以獨特，乃是由於它不僅近乎徹底地與禮樂傳統決裂，還因爲它在中國的語境下，在現實世界和超越世界之間做出了鮮明的分判。特別是莊子，更一直是中國原有的精神傳統中關於彼世思想的主要資源。"②余英時解莊觀點，傾斜於神秘主義式的純粹精神超越來理解《莊子》，讓《莊子》的天人關係偏向"以天統人""以一御多"的模式傾斜，如此一來，《莊子》的主體便將被理解成，傾向絶對真心（絶對精神）的形上同一性主體。這種理解化約了《莊子》對主體的内在豐富流變性之洞察。

正如《齊物論》言："夫道未始有封，言未始有常。"不僅變化之道（道行）是"行之而成"的未封狀態，變化之言（卮言）也是"因以曼衍"的未常狀態。其實，《莊子》"惡乎往而不存"的道行，"惡乎存而不可"的卮言，其氣化流行、變化常新，也將顯示在踐履道行、創設卮言的真人主體情狀上，亦即"虛而待物、應而不藏、與世俱變、化則無常"的遊化主體。這便具體而微地彰顯

---

① 余英時《論天人之際：中國古代思想起源試探》，第 46～47 頁。
② 同上，第 119 頁。

在壺子四示，那樣應物隨形、動靜合宜、隨波逐流、變化莫測的遊化主體之"非同一"狀態①。這種主體情狀，早已不是神巫出神遠遊的恍惚主體，也不是余英時理解的出離世間的神秘主體，而是"上與造物者遊"（與天地萬物共在）、"下與世俗處"（與人間倫理共在）的遊化主體。它遊於天也遊於人，它遊化於"天人不相勝"的兩行之間。

"巫"早期帶有神聖意味，被視爲溝通神人兩界的中介聖者。據張光直研究，商巫有兩種通神方式：一是"降神"，神降臨到巫者身上，巫成爲神的代言而訴説神聖訊息；一是"陟神（出神）"，巫藉由神聖動物（如鳥圖騰）的飛翔能力而神遊他界，獲得他界知識再傳遞回來。不管何種方式，"巫"就是早期的神聖代言者，因爲早期政治與神聖授權相關，而擁有神秘知識的巫者因而可以影響政權②。張光直認爲"巫"佔據商代統治階層的核心，甚至若干商王（如商湯）就具有巫者身份。《莊子》用"神"來描述"巫"，主要因爲巫在古代是神秘知識的壟斷者。但隨着時代演進，"神巫季咸"和"神人壺子"，顯然是非常不同的"神（聖）"狀態。因此季咸和壺子兩人的鬥法，可以看做兩種不同類型的神聖較量③。

---

① 參閱底下對"壺子四示"之故事的具體討論，壺子在神巫季咸面前，虛而委蛇地展示出千變萬化的主體之道（示之地文、示之天壤、示之太冲莫勝……），最終嚇跑了這個爲技所繫、不識變化的相命家。

② 任博克在其《莊子》英譯本中，討論《應帝王》篇名翻譯時曾下了一個可參考的注脚，提及"帝"與政治、宗教的兩面相干性，使得《應帝王》的内容同時涉及回應帝王（政治）和回應神巫（宗教）："It consists of kingly responses to questions about ruling, responses which are suitable for rulers both in the sense of suitable for rulers to use and suitable to use in dealing with rulers and ruling. It is perhaps significant that *di* 帝 is a term for supreme power in both the political and religious realms, which may explain why the story of the Zhuangzian response to Jixian the shaman is also included here." *Zhuangzi: The Essential Writings with selections from traditional commentaries* (Indianapolis/Cambridge: Hackett Publishing Company, Inc., 2009), p.50. 正因爲"巫者"與政權與實際的統治關係密切，抓住這條綫索，我們便可以理解，爲什麼《莊子》要在《應帝王》一篇反省"巫"的問題。值得一提的是，除了"神巫季咸"外，在著述傳統裏，亦有將"日中始"解作"日者，中始"，"日者"即占候卜筮之人，而"肩、易技係"一語，"肩"有作"樂舞之官"解者，"易"有作"占卜之官"解者，兩者都具有巫的身份。相關注疏的討論，參見王叔岷《莊子校詮》（北京中華書局 2007 年版，第 276 頁）、陳鼓應《莊子今注今譯》（臺灣商務印書館 2000 年版，第 229 頁）。

③ 余英時認爲巫術是舊形態的天人合一，而儒家與道家已然走向哲學突破的新形態天人合一。從舊轉新後的天人關係，其神聖意義，顯然大不相同："在突破後的'天人合一'論中，'天'和'人'的涵義都同時發生了根本的變化。現在'天'已不再是先王先公'在帝左右'的天廷（換句話説，即不再是鬼神的世界），而指一個超越的精神領域，當時各學派都稱之爲'道'……第二階段'天人合一'之'天'既是'道'—'氣'構成的宇宙全體……我斷定'氣'基本上指的是生命之源，'道'則是價值之源，兩者合起來即表達了軸心突破後所謂'天人合一'之'天'的主要涵義。"（《論天人之際》，第 182～183 頁。）余先生所謂的"價值之源"約類於西方的"應然"範疇，而"生命之源"則類於西方的"實然"範疇。然而在東方天人合一的思維脉絡中，應然/實然不被主/客的二元思維强分爲此疆彼界，而是在天人合一、主客交織的思維方式下，强調"價值之源即生命之源""生命之源即價值之源"。對於實然與應然的非二分思維，可參見安樂哲（Roger T. Ames）（轉下頁注）

從"神巫"的鬼神交通,到《莊子》"天地與我並生,萬物與我爲一"的天人關係,不僅是兩種對"天"的不同超越交往模式,也是對"人"的主體性的兩種不同理解模式。以《應帝王》的脉絡來説,壺子"遊心於淡,合氣於漠"的虛心、神氣狀態,大不同於恍兮迷離的神巫出神狀態。可以説,巫術、鬼神、"神秘互滲"的瑪納(Mana)世界觀①,已被轉化爲《莊子》"即道即氣"的氣化世界觀。而巫師恍兮惚兮的出神狂迷,則被《莊子》轉化爲"精神四達並流,無所不極,上際於天,下蟠於地"的神清氣爽。兩者相去甚遠而不得不辨,因而有了真人壺子與神巫季咸的鬥法。上述《莊子》對巫術"天人關係"的批判轉化,是寫作《應帝王》的一個重要思想原由②。

三、命與化的未可了知:不可奈何,安之若命

壺子四示故事是這樣開始的,"鄭有神巫曰季咸",能夠知曉人的死生存亡、禍福夭壽,甚至神準地"期以歲月旬日",結果引發鄭國人又愛又怕的矛盾心理,"鄭人見之,皆奔而走"。但是列子却"見之而心醉",被神巫的靈通妙算給迷住。回去後竟興起告別壺子真人的念頭,轉而要向神巫季咸學習魔法般神通之道:"始吾以夫子之道爲至矣,則又有至焉者矣。"《莊子》藉由列子誤以爲"神巫之術"勝過"真人之道"的妄想,從此展開一條壺子道術跟季咸巫術的鬥法叙事。借此故事,展開了一場莊子之"道"對神巫之"術"的批判。

《莊子》用"神"描述"巫",還涉及"命"這一主題。因爲神巫季咸宣稱他能"知人死生存亡,禍福夭壽"。由於人之壽命長短、命運福禍,本帶有不可知特性,神巫居然宣稱他有"了知不可知"的神秘能力,這便讓神巫挾持了神秘魅惑力,穿上神聖外衣。其實人在面對"命"的有限性時,可能形成多種不同回應方式,如宿命、安命、立命、盡命等等差異態度。而神巫把玩一般人在面對命運的茫然無助時,無法靠自身德慧來盡心立命(如孟子)或任化安命(如莊子),因此才給了神巫佔據靈臺、操控心性的"測命"空間。而"命"在《莊子》也涉及人的有限性、無知性,但如能從"以我觀之"轉化爲"以道觀之"來任化安命,那麽"人命"便能安時處順於"天命",由此"知其

(接上頁注)承續葛瑞漢(A. C. Graham)"情/實"討論的進一步澄清與反駁,參見安樂哲對《孟子》和《老子》的討論,彭國翔編譯《自我的圓成:中西互鏡下的古典儒家與道家》,河北人民出版社 2006 年版,第 253~431 頁。

① "(原邏輯的)神秘的互滲"可參見列維·布留爾(Lucien Lévy-Bruhl)著,丁由譯《原始思維》(臺灣商務印書館 1994 年版)。瑪納的世界觀可參見卡西勒(Ernst Cassirer)著,甘陽譯《人論》(桂冠出版社 1994 年版)。而《莊子》將瑪納(Mana)世界觀轉化爲氣化世界觀,可參見張亨的討論《莊子哲學與神話思想——道家思想溯源》,《思文之際論集——儒道思想的現代詮釋》,臺北允晨 1997 年版,第 101~149 頁。

② 楊國榮從《莊子》主張自然無爲的政治哲學角度分析,認爲道術與巫術之辯,體現的是"技"(有意爲之)與"道"(自然無爲)的分野,其中包含以道的智慧引導治國秩序,超越經驗層面治術的内在意向。參考楊國榮《自然·道·渾沌之境——〈莊子·應帝王〉札記》,《中國哲學史》2020 年第 1 期。

不可奈何而安之若命"。對於《莊子》而言,"命"的本源其實就是"變化"。《莊子》在談論死生變化時,通常連帶談及"命",因爲死生必須放在自然變化的天命流行來如實觀之,才能"通乎命"①。

　　爲何我被抛擲在這樣那樣的歷史境遇中？爲何出生在這個而不是那個家庭？爲何好人與壞人沒有相應的善惡果報？……太多太多"爲何"而"孰能知之",如《老子》所謂"禍兮福之所倚,福兮禍之所伏。孰知其極"。有時連眼前正在發生的事件,也難以鐵口直斷它的福禍定論。因人而異、因時空而異,孰能絶對確定事件禍福的唯一本質？任何大小事件,都可能涉及環環相扣、相依相待的變化情境,心情與情境也將隨脈絡不同而可能千轉萬變,誰擁有將事件的變化與意義給予"一定永定"的絶對權柄與知識呢？而人們總誤以爲主體自我意志可以主宰並自由決定一切,對《莊子》來説,這恐怕是妄想與托大。其實人能決定、主宰的事物必然相對有限,"天地並生,萬物爲一"的環環相扣之物化世界中,任何事件與活動都依附在千變萬化的大化流行中,彼此相依待又彼此相互轉化。任何風吹草動,都可能牽引着世界也被世界所牽引。如《逍遥遊》所謂:"野馬也,塵埃也,生物之以息相吹也。"面對"以息相吹"這既細微又浩瀚的天命變化之無窮偉力,要如何確定關連性宇宙中的事件之終極意義呢？

　　如果事件皆屬"化則無常"的過程化事件,而每一事件又與過程中的無數事件,環環交織、相互映射成"物之物化""世界之世界化"②。那麽人又要如何斷定眼前事件的終極命數？正如《則陽》所言:"雞鳴狗吠,是人之所知;雖有大知,不能以言讀其所自化,又不能以意測其所將爲。斯而析之,精至於無倫,大至於不可圍……吾觀之本,其往無窮;吾求之末,其來無止。"③

---

① 關於《莊子》的"命"與"化"的關係,以及面對死生的安命與任化的關係,可參見賴錫三《莊子的死生隱喻與自然變化》,《漢學研究》2011年第4期;後收入拙著《莊子的跨文化編織:自然、氣化、身體》,第231~274頁。

② "物之物化""世界之世界化",乃晚期海德格的概念,筆者曾用之以詮解道家的物化存有論。海德格"世界世界化"觀念的提出,乃是在他的存有學整個脈絡和精神下順理而談出的。因爲"世界"正是存有的一切開顯可能性之聚集,没有在這個世界之外,還有另外的根據或開顯,它就是一切天、地、人、神會聚遊戲的物化世界之場所。其中的物化之物,絶不是一個分别獨立的對象物,而是相互關聯,交融互滲的一體共振,如此而構成世界之世界化的歷程。可見,說世界是物化的場所,這個場所絶不是一個靜態的空間概念,而是一個動態的過程,他謂之世界之世界化。再則世界之世界化即是存有的全然開顯之本身,絶不是在世界之世界化之外,另有一個超越的它者來作爲世界化的開顯之根據。人類那種想要爲世界之世界化尋找一種根據的因果説明的衝動,反而使得人們錯過了當下世界的緣構發生之相互關聯性。筆者亦曾將之和安樂哲(Roger Ames)所詮釋《老子》的關連宇宙論相對話。完整的討論,參見拙文《後牟宗三時代對〈老子〉形上學詮釋的評論與重塑——朝向存有論、美學、神話學、冥契主義的四重道路》《老莊的肉身之道與隱喻之道——神話·變形·冥契·隱喻》,收入《當代新道家:多音複調與視域融合》,臺北五南圖書出版2021年版,第1~90、247~286頁。另外,有關晚期海德格四方域與《老子》的物論連結與對話,可參見王慶節《道之爲物:海德格的"四方域"物論與老子的自然物論》,劉國英、張燦輝編《現象學與人文科學:現象學與道家哲學》,臺北邊城出版2005年版,第261~313頁。

③ 郭慶藩《莊子集釋·則陽》,第916~917頁。

就連眼前平凡無奇而看似人盡皆知的"雞鳴狗吠",若真想推敲這些事件的"化"之真意,對《莊子》來說,那終將會把我們帶入"精至於無倫,大至不可圍"的無窮複雜之境,也就是"永未完成""永難定論"的不可思議之境。這個不可思議之境,在宏觀上,具有"天地並生,萬物爲一"的"一切即一"之"至大"特性。在微觀上,則具有"天地一指,萬物一馬"的"一即一切"之"至精"特性。而"至大"和"至精"所交織而成的萬事萬物,則將具有"其往無窮,其來無止"的本體性模糊與不可確定性。人們原先自以爲對事件可以確定其"本",推斷其"末"的認知,當我們看得更深微、更徹底時,其實乃是"本無本""末無末"的圓環相生狀態。每個事件找不到單一綫頭與終極綫尾,而是"始卒若環"地從任一點,皆可輻射出無窮可能性的依待關聯。而當一事件聯結於無量事件,而無本無末、無始無終時,任何想要斷定眼前事件的終極意義或禍福定命,皆不免掉入以管窺天的不自量力。

對於《莊子》,任何大小事件都有它繫聯着天地大化的無窮特性,人的主體就在變化偉力、氣化運行、洪爐造物的"天命流行"之宏大脉絡中飄浮遊動,任何以爲自我意志可以全權認識、主宰命數者,不免虛妄誇大。因此當生命走到某狀態、某界限時,自然要面臨"知其不可奈何而安之若命"的領悟點。而這也是徹底認識有限性的同時,柔軟歸依於"藏天下於天下"的"以不藏爲藏""以無知知之"的弔詭性時刻。這種歸依無限性實乃建立在徹底承認人的有限性,因此放下自是、自爲、自伐、自有功的心態,把不可知完全交付給不可知,並安於"不可知而不強求知""不可奈何而不去奈何"的安時處順、任化安命①。

---

① 對於《莊子》這種"知其不可奈何而安之若命",任博克認爲這才是真人所達至的最高最究極狀態,他創設了一個概念"無神論否定式冥契主義"(Atheist Apophatic Mystic),來描述這種狀態:"Strange to say, there have been certain people in human history who seem to think that it is good to cease to try to be good. They may even have thought that is good not to *know* what is good, or that it is good not to know what is *so*, including whether it is good to be good or not. Stated that way, this is not just 'strange to say' but plainly self-contradictory and paradoxical. Nevertheless, imagine someone who thinks the best thing a human being can do is stop trying to know what is so and what is good—to cease being guided by his own knowing and willing. Imagine that he abandons any attempt to come to any definite knowledge about what the ultimate nature of reality is, about what is ultimately true, and also (paradoxically) about what is ultimately best, about where beings (including himself) come from and about where they are going, about what is ultimate and about what is foundational. This would be someone who embraces *non-knowing*—both of what is so and what is right, and of what the *purpose* of his own experiences and actions are—as opening the way to the 'highest' (scare quotes to acknowledge the paradox) attainable state of human beings."要特別注意的是,這種安命於無知狀態,既不同於"懷疑論者",也不同於"有神論否定式冥契主義"(Theistic Apophatic Mystic)。因爲真人這種無知狀態既不會像懷疑論者會走向經驗交流的貧乏,反而會走向經驗交流的豐饒(Unlike the skeptic, he experiences more, not less, as a result of his non-knowing.),也不像"有神論否定式冥契主義"那樣去肯認一個終極全知全能者而歸依之(He abandons his willing and purpose and knowing to a higher willing and purpose and knowing.),真人乃徹底安(轉下頁注)

但是神巫"季咸",竟膽敢宣稱他擁有通神能力般的絕對知識,他能測命知命,能够以神秘直覺去確知命數。這裏的"知"到底是何意義?取决於我們對神巫季咸的"神"的理解。一般民間還相信有神巫這樣特殊異稟之人,他能"預知"死生存亡、禍福夭壽,能够"神準"説出人們未來的命數與壽夭,鐵口直斷事件的吉凶禍福。號稱擁有這樣神準測知命運之能力的神巫季咸,在列子眼中看來,却要比"知其不可奈何而安之若命"的壺子老師,更加高明而迷人。《莊子》構築此一故事,正要重新透過神人壺子,破除神巫季咸假藉通神的惑人把戲。如果神巫的神準測知是真實可信,那麼也就代表"命"是可被計算、可被確定的,也就是説"命"成了有確定性、同一性、本質性之物,因而才可以被對象化地掌握。它就像一個預先存放在貯藏櫃裏的東西,或者像是被預先寫在命運薄上的既定故事,人生從頭到尾就只能按照劇本走。而神巫宣稱他擁有一把開啓貯藏櫃的鑰匙,有辦法偷看這本預先寫定的命運劇本。由於許多人掉入"宿命"或"定命"的素樸預設,因此才會給大巫小巫,魅惑人心的巧門間隙。而真人壺子就是要來破除神巫的裝神弄鬼,要將"可知"的定命,解放還原回"不可知"的天命。

故事虛構得很傳神,神巫不但能够"知死生存亡,禍福夭壽",他還能具體指明"期以歲月旬日"。什麼狀態、什麼時間,都照着神巫預測而準確發生。這何止只是"若神",簡直是神。這種被命盤與命簿掌握的迷糊帳,在民間恐怕都還存在着。很多神巫就這樣介入他人人生,進而限制了他人的命運。這種現象不只存在遠古時代的原始信仰中,即便號稱科學昌盛的現代,也仍然有許多人未能走出號稱"大師"們的惑人心術①。

四、爲何列子心醉?爲何"得而被相"?

鄭人見之,皆棄而走。列子見之而心醉。歸,以告壺子,曰:"始,吾以夫子之道爲至矣,則又有至焉者矣。"壺子曰:"吾與汝,既其文,未既其實,而固得道與?衆雌而无雄,而又奚卵焉?而以道與世亢,必信,夫故使人得而相汝。嘗試與來,以予示之。"

(接上頁注)息於"知其不可奈何而安之若命"的"真無知"狀態。但吊詭的是,這種如實安命於"真無知",却因而走向了"以無知知之"的"真知"豐饒現象。筆者暫且稱之爲吊詭智慧,而任博克則創設了"ironic"這一修辭,來描述這種"大智若愚""正言若反"的智慧。

① 這種現象就是余英時指出的,巫文化並没有被完全取代而是流入了民間(《論天人之際》,第186頁)。余氏之説大約承續了聞一多所謂民間道教的源頭(他稱之爲"古道教")正來自遠古的巫術傳統。就連西方看似科學昌盛的現代性時代,伊利亞德(Mircea Eliade)仍然要指出歐洲許多地方性文明,依舊保留着許多巫風的民俗現象。而榮格(Carl Gustav Jung)則從心理學的結構指出,這種巫術思維方式其實並未完全消失,而是潛伏在人類心理的地下室底層,隨時就有可能再度滋長出來。

"鄭人見之,皆棄而走。"鄭人為何見到神巫反要落荒而跑?因為人對於未知既感好奇却又恐懼,尤其被明確指出死亡的具體日期,那會碰到人性難以承受的脆弱與恐慌。神巫就是善於操控人性"既驚奇又恐懼"的心理弱點,行走江湖,大行其道。可是有個人沒被嚇跑,反而着迷於這種魅人神通,那就是列子。列子似乎對神秘性巫術的修練傳統特別有興趣,所以《莊子》在列子求道的過程中,刻意安排他面對神巫的誘惑與試煉。為什麼是列子? 在《逍遥遊》時曾出現"御風而行"的列子形象,這類修養形象到底傳達什麼意涵?

《莊子》在講述"小大之辯"時,曾舉出四種人格形態:第一種是"知效一官,行比一鄉,德合一君,而徵一國"。我將其界定為社會成功人士,那是社會超我的外在追求、滿足、實現、擴大。再來有一種人格形態叫做宋榮子,他能"定乎内外之分,辯乎榮辱之境",不汲汲追求外在名聞利養的自我擴張,反而想要找回内在本真性自我,他的修養方式在於將主體逆轉收回,因為他大概相信有一絕對本真就内在於自性當中,所以他能"定乎内外之分,辯乎榮辱之境,舉世譽之而不加勸,舉世非之而不加沮"。他認為人生道路不應走向人云亦云的外在社會性競求,應走一條人烟罕至的内在本真之逆返道路。可是《莊子》並未完全肯定他,說他仍然"猶有未樹"。筆者曾經在講述《逍遥遊》的脉絡時,分析過宋榮子可能在尋求類似一種孤高、超越、真常的本真式主體,結果導致了内外的二元對抗,造成主體孤零的貧乏空懸①。所以《莊子》把他當成一種人格實踐類型來反省,提醒人們莫要停在這種偏執追求上。

接着《逍遥遊》提到了"列子御風而行"這種怪異的修養形貌,難道《莊子》相信有人真能御風而行? 如果只是個寓言,那麼御風而行又傳達了什麼? 筆者推測"御風而行"可能意指巫術傳統裏的精神遠遊或離體遠遊,也就是巫師出神時的精神恍惚現象,"御風而行"大概是在描述遠遊他界的巫風傳統。巫師或薩滿的乘御飛翔描述,可以找到原始神話宗教文獻和田野調查資料來支持這種觀點。例如前面曾提及伊利亞德(Mircea Eliade)對於薩滿教的分析,就指出巫師藉由各種神秘動物靈力而遠遊他界的現象,而張光直也談到商巫時期,巫師藉動物吐氣之風而乘風遠遊的考古現象②。如果從這角度來解讀,列子御風現象也就有了合理的解讀切入點,就是列子的人格形象在《莊子》可能代表迷戀在原始宗教的道路上,但也可說是正在蘊釀要克服原始巫術的徘徊道路上。甚至我們可以想像,莊周或許也曾認真思考過原始宗教這條遠古巫者的實踐道路③,但是後來克服了原始巫術的魔魅誘惑,走向了更具哲學工夫的實踐

---

① 參見拙文《〈莊子〉的關係性自由與吊詭性修養——疏解〈逍遥遊〉的"小大之辯"與"三無智慧"》,《商丘師範學院學報》2018 年第 2 期;收入拙著《道家的倫理關懷與養生哲學》,臺北五南圖書出版 2021 年版,第 337~370 頁。

② 參見張光直《商代的巫與巫術》《連續與斷裂:一個文明起源新說的草稿》,《中國青銅時代(第二集)》,第 41~65 頁、131~143 頁。

③ 承繼巫術作為修養之途,此說並不突兀。《楚辭》中的屈原便具有這種濃厚的色彩,相關討論參見楊儒賓《巫風籠罩下的性命之學:屈原作品的思想史意義》(《道家與古之道術》,新竹清華大學出版社 2019 年版,第 399~445 頁)。

修養。所以列子也可能象徵着莊周一段自我通過的生命實踐旅程。"列子見之心醉",代表巫的神秘知識、神通現象,對當時的列子來説,具有強大吸引力,比起神巫季咸號稱的神通異能,他跟隨壺子所學習的"道",平淡無味毫無神奇。於是他想要告別壺子:"始吾以夫子之道爲至矣,則又有至焉者矣。"(原本我以爲壺子老師的道是最徹底究竟,現在我才知道一山還有一山高啊。)列子心裏大概這樣想着。

值得一提的是,"壺子"這個名字可能有所暗喻。壺和大瓠、葫蘆在古神話意象中具有家族相似性,經常跟洪水神話連在一塊。而《逍遥遊》乘瓠浮遊於江湖的意象,可能就殘遺着洪水神話葫蘆漂流的影子。而葫蘆在神話哲學象徵着陰陽相涵未分狀態(葫蘆剖開則藏有人類起源的原型男女——伏羲與女媧),它還没有被剖開之前,陰陽互體猶如渾沌整體,故《老子》有所謂:"萬物負陰而抱陽,冲氣以爲和。"①就字源來看,"壺"跟"壹"的寫法屬同一字源,在神話學上代表着宇宙生化之初的母源狀態。可以説,"壺子"的取名代表着"道通爲一"的渾沌境界。"道裏乾坤大,壺中歲月長",壺子之名象徵着生命底藴難以窮究,主體内涵奥藏着渾沌玄冥,神巫看不清楚而無法測度壺子内心葫蘆到底賣着什麽藥。因爲壺子的主體就像天道無常般氣化無窮,他乃"即人即天""化而無常"地活在"至精無倫,至大不可圍"的"未可知"之境。

面對列子求去而想另尋高明,壺子真人平静地説:"吾與汝既其文,未既其實,而固得道與?"暗示列子還只是學到皮毛(文),根本就還没碰到骨髓(實),更遑論體會道之神韻了。接着壺子開了個玩笑:"衆雌而無雄,而又奚卵焉。"他反諷列子,神巫的伎倆之所以可行,是因爲有了無知的傻瓜(雄),愚昧地信服了神巫(雌)。就像"雄雌片合",傻子加上騙子的結合,才生下了眼前的蠢蛋結果(卵)。宗教上師的詐騙伎倆之所以行得通,經常是因爲盲從的信徒吃了上師的毒藥,所以才會需要上師的解藥。没有毒藥,就不需要解藥。没有神巫的裝神和列子的信神,也就不會生下蠢蛋之果。接下來壺子進一步苦口婆心地告誡列子:"而以道與世亢,必信,夫故使人得而相汝。"意思大概是説,列子個性喜歡誇耀,爭鋒搶勝,擴張自我,希望他人都能信服自己,這種"亢陽"的外顯狀態,才容易讓自我露出"使人得而相汝"的破綻②。"使人得而相汝",就是主體没有太多底藴而被看穿,容易被揣度測知。就像清淺之水的魚兒容易被看見、捕獲。换言之,列子的心性狀態給了神巫季咸操弄人心的空隙。

爲什麽"使人得而相汝"?或者説,哪些人有可能被"得而相"?哪些人"不可得而相"?而更根本問題乃在於"命"可不可測?如前面所述,就《莊子》的核心立場,"命"是不可預測也測不準的。所謂天命"化則無常",世界乃"即氣化即物化"的無窮變化,而人依隨世界流變而轉化其命,敞開於"其來不可圉,其去不可止"的天命脈絡,同屬"化則無常"的千變萬化

---

① 關於道家哲學對於神話意象的承續、轉譯與改寫,參見賴錫三《道家的神話哲學之系統詮釋》《神話、〈老子〉、〈莊子〉之"同""異"研究》,《莊子靈光的當代詮釋》,臺北五南圖書出版 2021 年版,第 173~280 頁。

② 王先謙《莊子集解》之注語可參:"信,讀曰伸。言汝之道尚淺而乃與世亢,以求必伸。"轉引自陳鼓應《莊子今注今譯》,第 233 頁。

之妙運遊戲①。如果命是可準測的,那就代表着世界有一固定法則預先存在而可被掌握。可是《莊子》的變化哲學立場在於宇宙乃無窮無盡之非同一性宇宙,眼前生命現象都在"化則無常"的因緣力量作用下,具有永未完成的變化莫測性格。生命的每一當下都十字打開於依待而化的無窮可能性,而非任何既定邏輯或本質命定可以窮究。

在《莊子》氣化流行的世界觀裹,世界是個不斷脉絡化的演變過程,任何焦點化的暫時設定與意義組織,都只是一時虛設的方便權法,絕非一定永定的先驗存在。暫時設定的理則是經由人的認知、語言、內心意識等交織活動,因應需要而將世界給予圖像化的組構與設定。包括科學所理解的自然律,也是在進行海德格(Martin Heidegger)所謂表象化、對象化、計算性思維,才把世界圖像化成模型圖式,從此建構定律並進行對象物的資源掌控②。可是對《莊子》而言,這樣就把"未始有封"的"非同一性"之無窮變化,淺化爲"同一性"的定則定量之有限世界。世界如此,主體亦然。《莊子》的"遊化主體"是"我化,故,我在",其存在並非理性思考就可以窮究,人的存在乃在於不斷地參與變化、回應變化,促使人"命"在大化流行的力量迴蕩中,在影響與被影響之間,進行"千轉萬變而不窮"的力量遊戲。所以命無定命,命的本身就是差異化的運動。所謂:"偉哉造化,又將奚以汝爲?將奚以汝適?以汝爲鼠肝乎?以汝爲蟲臂乎⋯⋯父母於子,東西南北,唯命之從。陰陽於人,不翅於父母。"③人隨順造化之命的偉力,十字打開於東西南北,十方來去,並不能被我之單一意志所定位。如果可定於一的話,那麼宇宙就會有其"始""終",中間還有個既定律法來支配,讓整個過程配合律則,照本宣科地演出。而《莊子》"化"的世界觀,帶來的必然是無常的主體,一個化而不固的主體,"行年六十而六十化"地參與"氣化流行"與"物化交換"的變化歷程。這樣來看,《莊子》所認爲的"命",當然不可能

---

① 現在漢語學界習慣於使用"無常"來翻譯梵語中的 anitya 或是巴利文的 anicca,然而學界似乎不太注意到"無常"這一詞語,正好是出自《莊子》的重要用語,如《大宗師》:"同則無好也,化則无常也。"《在宥》:"使人喜怒失位,居處無常。"《秋水》:"夫物,量無窮,時無止,分無常,終始無故。"《天下》:"芴漠无形,變化无常。"而且經由郭象的注與成玄英的疏,更進一步讓"變化=無常"這一關鍵修辭,顯示出莊、佛思想的創造性交織與轉譯,值得關注。

② 海德格《世界圖象的時代》:"如果說現在物理學明確地構成爲一種數學的物理學,那麼這意味着:通過物理學並且爲了物理學,以一種強調的方式,預先就構成了某種已經知道的東西。這種構成並非無足輕重,而是對某種東西的籌劃,這種東西後來必定成爲對所尋求的自然知識而言的自然,即:具有時空關係的質點的自成一體的運動聯繫⋯⋯在這一關於自然的基本輪廓中,任何事件都必然被看透了。唯有在這種基本輪廓的視界內、自然事件才作爲自然事件而變得顯明可見。這種自然之籌劃包含着它的可靠性,而這是由於,物理學的研究就它的每一個追問步驟而言,事先維繫於這種籌劃了。這種維繫,即研究的嚴格性,總是合乎籌劃而具有它自己的特性。數學的自然科學的嚴格性乃是精確性。一切事件必須在這裏預先被規定爲時間—空間上的運動量。這種規定是在藉助於數字和計算的度量中進行的。"孫周興選編《海德格爾選集》(下),上海三聯書店 1996 年版,第 888~889 頁。

③ 郭慶藩《莊子集釋·大宗師》,第 261 頁。

"得而相之",因爲眼前"可見性"的相,其實擁有各種"不可見性"的力量在互滲推移。"真人"正是讓自我生命,進入廣大而精微的大化流行過程,此一過程具有永未完成性與不可測知性。

但很多人因爲自師成心,將一偏之知、名,以定形的固定化模式,植入腦中,逐漸讓思維方式意識形態化,習慣性重複而養成單向度的制式反應,這樣就會使原本"化則無常"的"非同一性"主體,墮化爲相對穩定的"有封有常"之"同一性"性格。於是"我化,故,我在"的變化可能性,逐漸從原本"未始有封,未始有常"的遊化人生,變成被固定地圖所支配的慣性人生,形成所謂"性成命定"現象,如此才給了神巫揣測命數的空間。對於《莊子》,真正的"性"是以"化"爲"性"而日生日成。沒有不變的本源,也沒有終極的答案,性命、主體、存在,都自然與世界"即氣化即物化"地運動共在。所以主體在與無窮他者的不斷交織過程中變化常新。這種真人之"命",乃是"以化爲體"的"體無體",因此沒有定常之固命①。可是一般人經常焦慮變化,恐懼變化。因爲不安,便習慣以穩定的重複(以爲有常),形成自我固定的盾牌(以爲有封),形成了"固而不化"的"藏"。即我們不斷重複地積養習癖,久而久之,讓業習支配了人生道路。結果人生的每一步伐,背後都有個莫明(習氣)力量在主宰着我們的決定。這樣的人生將導致原本"化則無常"的天命,墮化爲"可得而相"的"定命"。

神巫準不準? 相可不可測? 命可不可算? 對《莊子》來説,答案或許是"可也不可"。"可"的原因在於,一般人沒有安於自身天命,沒有安於日新變化,使得我命落入了同一性的意識形態和行動模式。這樣固定化、模式化的人,也就讓自己的心性,一定程度可被觀察出一個制式化模型,如此便給予神巫玩弄人心的機會。不可否認,神巫善於觀察一般人的心理機制,而事實上,只要心思細敏而有較多閱歷的人也都能察覺一般人有迹可循的性格、脾氣等傾向。正如《人間世》的譬喻——"聞以有翼飛者矣,未聞以无翼飛者也",大部分的人生實踐方式都是"以有翼飛",因而留下既定陳迹而可被追蹤。真人則是"以無翼飛",虛空中不留迹相,因此不會留給神巫撥弄人心的空隙。底下"壺子四示"所展現的圓轉不住的遊化主體,就是這種"不可得而相之"的最佳案例。

五、壺子四示的遊化主體之變化莫測

(一) 壺子四示之"杜德"——地文境界

明日,列子與之見壺子。出而謂列子曰:"嘻! 子之先生死矣! 弗活矣! 不以旬

---

① 《田子方》描繪孔夫子"行年六十而六十化"的形象,其云:"日夜無隙,而不知其所終,薰然其成形,知命不能規乎其前,丘以是日徂。"郭慶藩《莊子集釋》,第707頁。對《莊子》而言,永未完成的"變化常新"正好是"剛健"一詞的注語。對《田子方》以"日徂"來描繪孔子的寓言故事之闡釋,參見拙作《〈莊子〉"即物而道"的身體現象學解讀》中"生生不息的氣化世界與不可完成的繪畫運動"一節,《中正漢學研究》總22期(2013年12月),收入《莊子的跨文化編織: 自然‧氣化‧身體》,第390~398頁。

數矣！吾見怪焉,吾見濕灰焉。"列子入,泣涕沾襟以告壺子。壺子曰:"鄉吾示之以地文,萌乎不震不止①。是殆見吾杜德機也。嘗又與來。"

壺子對列子説:"嘗試與來,以予示之。"你明天把神巫找來吧！我將以身試法,讓他幫我看看。果然,"明日,列子與之見壺子"。而在第一回合的相會後,神巫走出壺子的大門,窺見天機似地一臉嚴肅對列子説:"子之先生死矣,弗活矣！不以旬數矣！吾見怪焉,見濕灰焉。"這是神巫擅長慣用的伎倆,先恐嚇迷茫的脆弱者,先鐵口直斷你或者你的親友就要災害臨頭了。例如神巫斷言壺子大劫難逃,短時間内就要離開人世。因爲他宣稱看見了壺子身上有不祥機兆、腐敗現象,就像"濕灰"那樣枯槁冰冷而毫無生機。列子送走神巫離開之後,入門一看到壺子老師就像面臨生離死别那樣,"泣涕沾襟以告壺子",告訴老師他即將不久人世的惡耗。不料,壺子平淡冷静地對列子説:"鄉(剛剛),吾示之(代表壺子主動呈現)以地文(以大地的意象爲喻)。萌乎不震不止(守藏歸寂,不動不静),是殆見吾杜(斂收)德機也(生命力之端倪也)。"

壺子説,他是主動示現出"濕灰之象"。我們大體可以揣摩這種狀態,類似《齊物論》的南郭子綦所體現出的"槁木死灰"。而當時在旁的顔成子游也曾感到不安而疑問:"今之隱机者,非昔之隱机者也。"爲何呈現出"形若槁木,心若死灰"那樣了無生機相呢？當時南郭子綦回答"今者吾喪我"。原來這是一種將主體"與接爲構,日以心鬭"的外馳競逐,如身體官能(形)的外求,意識心知(心)的攀援,暫時給予逆轉收回而使自己凝斂含藏的身心情狀。而外行人因爲不知道南郭子綦(也是壺子)的壺中底藴,因而只看到"形若槁木,心若死灰"的外相。"槁木死灰"的"隱机",相通於"離形去知"的"坐忘",同樣都在描述將原先過於發散的自我"逆轉收回"的"喪我"工夫。於是生命如同深積厚藏的大地般,復歸於徹底寂静。由於其中内斂含藏而"超越動静",所以才説"不震不止"(不振亦不止)②。對於這種回歸無爲、無用的安詳寧静狀態,《老子》也曾使用復歸大地來譬喻:"歸根曰静,是謂復命。"這種主體不外馳、不擴張的歸寂守藏,外表看似槁木死灰(濕灰),内裏却藴含着一切萬有生機在其中(德機)。所以當壺子把原本屬於生生不息的"德機",給予逆轉收回而看似呈現濕灰之象時,神巫却只是看到外在皮象,就誤以爲壺子和一般人的哀莫心死、枯槁厭世一樣。壺子解釋説,我只是首先示現一種歸寂於地文的修養狀態給神巫瞧瞧,可是當我讓主體那原本清新暢旺的德機萌發,給暫時含藏而示現"地文"境界時,他却鐵口直斷我來日不多了。這既是淺薄短見,更是妄加揣度。

---

① 《莊子集釋》原文作"萌乎不震不正"。王叔岷:"案'不震不正',崔本作'不譺不止',《列子》同。陳碧虚《闕誤》引《江南古藏本》'不正'亦作'不止'。譺即震之異文,正乃止之形誤。"《莊子校詮》,第290頁。此處依王叔岷,將文句調整爲"萌乎不震不止"。

② 如成玄英疏:"萌然寂泊,曾不震動,無心自正,又類傾頽,此是大聖無感之時,小巫謂之弗活也……此則第一妙本虚凝,寂而不動也。"郭慶藩《莊子集釋·應帝王》,第300頁。

(二) 壺子四示之"杜權"——天壤境界

> 明日,又與之見壺子。出而謂列子曰:"幸矣!子之先生遇我也!有瘳矣!全然有生矣!吾見其杜權矣!"列子入,以告壺子。壺子曰:"鄉吾示之以天壤,名實不入,而機發於踵。是殆見吾善者機也。嘗又與來。"

壺子對列子説:"你明天再帶神巫來。"隔日神巫又來看壺子的相,這次反而改口説:"幸矣!子之先生遇我也!有瘳矣(有救了),全然有生矣(有生機矣)!吾見其杜權矣(權變,在閉塞無生機中有些變化端倪産生,看到生機萌發)。"這次神巫以解救者姿態,宣説了救渡的福音。等神巫離開之後,壺子再度跟列子説:"鄉吾示之以天壤,名實不入,而機發於踵。是殆見吾善者機也。"不同於上一次的"地文",我這次示現了"天壤"的主體狀態。爲什麼不用天文與地壤却要使用地文與天壤? 這些用語值得推敲。這些修辭可能是在暗示:天不只是純天,地也不只是純地,而是地中有天(故曰地文),天中有地(故曰天壤)。我們從壺子使用"名實不入"對"天壤"進行描述,可見這是一種"修養"狀態,並非只是實然描述。《莊子》經常出現對於名實的反省,"名"與"實"涉及了自我的認同感、實在感、成就感等等名聞利養對人的牽引干擾。而對於名/實的勾牽,如果能够"不入",也就代表着主體能保有更多自在的内藴生機,而相反的情况則是"其耆欲深者,其天機淺"。而"天壤"大概象徵着生命力像天機降臨而使大地回春,從此大地生機能够"機發於踵",有本有源地萌發噴涌。所以《莊子》用"天壤"這種"天植入於地,地敞開於天"的"二而一"之交織意象,來描述從原先的"地文"到現在"天壤"的主體轉化之靈光乍現。而當壺子示現這種生機湧動的主體狀態時,神巫才能恍然看見"杜中有權"的生命變化之萌生契機。有趣的是,神巫想要將這個轉機,佔據爲自己的功勞,他竟向列子宣稱"幸矣,子之先生遇我也,有瘳矣"。稱是我神巫拯救了你的先生,我讓你的壺子老師重新"回天"有術了。

所謂"機發於踵",意指生命力從絶對歸寂中,萌發清新活力的湧動,表示這樣的天壤狀態並非虛浮無根的盲動,而是汩汩不息的生命力[①]。《大宗師》曾經描述:"真人之息以踵,衆人之息以喉。"從身體經驗來説,一般人的呼吸大多只用喉嚨到肺部來呼吸,無法用丹田甚至胎息循環來呼吸。"息之以踵",則是有本有源、周流循環的"全身是息"狀態。就像《老子》"專氣致柔"的嬰兒氣息狀態,或類似後來道教的"胎息"狀態。"息以踵"大抵是在描述真人身體的氣機,是全身性循環湧動的深層呼吸,而不只停留在上半身(認知意念式)的淺式呼吸。中醫也談到脚跟處有個穴道叫"湧泉穴",象徵着"機發於踵"的生命力活水源泉,所以並非只是外在表相的一點綠意,而是天降甘霖般而致使大地回春時,那種"沛然莫之能御"的"善者機"。

[①] 如成玄英疏所謂:"此即第二,垂迹應感,動而不寂,示以應容,神氣微動,既殊槁木,全似生平。"郭慶藩《莊子集釋·應帝王》,第301頁。

此時的"天壤"主體,對照着前時的"地文"主體。相對來説,"地文"傾向於主體的內斂含藏之歸寂面。而"天壤"則是:由至靜而至動、由至寂而暢通。於是生命蘇醒而對世界再度敞開,猶如大地敞開於天空,於是能有本有源地生意暢旺,氣機"發於踵"而不可抑遏。所以神巫才能再度見到壺子的"善者機"。此處的"善",並不意指道德規範脈絡的行爲之善,而是指生命力清新洋溢、天真活力的純然生機。從某個意義來説它還不落入善惡對立,它純是不可遏抑的純粹生機之可愛可親之生命清新①。此或許約略近於《孟子》所謂"存養夜氣"後的"平旦之氣"。意指夜晚經過安詳休息、寧靜睡眠之後,身心如同復歸於大地寂靜,歷經一夜雜質沉澱與淡泊思慮後,晨光初醒、靈光湧現出"平旦之氣",此時生命將如同朝陽始升,生機清新而善於柔軟感通②。此種"平旦之氣"大抵可用來類比於"天壤"的"善者機"。因爲這個時候,生命尚未落入善念惡念,生命力只是洋溢飽滿,清新在其自己,這便是"天壤"的"善者機"。此時生命由靜而動,能感能應,具備回應世界的最佳柔軟能力。於是壺子跟列子説,我剛剛示現給神巫看的是我主體狀態的另一番"名實未入"的修養狀態,但神巫却信口開河説,這是他的救治神迹。

(三) 壺子四示之"衡氣"——太冲莫勝境界

> 明日,又與之見壺子。出而謂列子曰:"子之先生不齊,吾无得而相焉。試齊,且復相之。"列子入,以告壺子。壺子曰:"吾鄉示之以太冲莫勝,是殆見吾衡氣機也。鯢桓之審爲淵,止水之審爲淵,流水之審爲淵。淵有九名,此處三焉。嘗又與來。"

到這裏,或許列子心裏已逐漸對神巫感到懷疑,也對壺子老師的深不可測漸漸開了眼界。但故事還没完,壺子的主體世界顯然還有底藴未窮,因此有了第三次、甚至第四次的鬥法。而第三次神巫見過了壺子之後,又驚又疑地對列子説:"子之先生不齊,無得而相焉。試齊,且復相之。"神巫這次好像自己也感到怪異而迷糊了起來,看不出個所以然,只好對列子説:"你老師的身心氣象不太穩定,所以無法判别,等他穩定些,我再來看吧!"這裏暗示着,一般人的主體

---

① "善者機"的"善",主要在於強調生命力氣機的復蘇滋生,而非意指道德意志的善。任博克對"善者機"的英譯也避開道德規範的善,而是從生命力内發的湧暢來譯解:"He must have seen in me the incipient impulse of all that flourishes." *Zhuangzi: The Essential Writings with selections from traditional commentaries*, p.52.

② 《孟子·告子上》:"旦旦而伐之,可以爲美乎? 其日夜之所息,平旦之氣,其好惡與人相近也者幾希,則其旦晝之所爲,有梏亡之矣。梏之反覆,則其夜氣不足以存;夜氣不足以存,則其違禽獸不遠矣。人見其禽獸也,而以爲未嘗有才焉者,是豈人之情也哉? 故苟得其養,無物不長;苟失其養,無物不消。"參見朱熹《四書章句集注》,臺北大安出版社1999年版,第463頁。問題在於,《孟子》這種夜氣與平旦之氣的"超越善惡"或"絕對善"的内涵,似乎並未受到一般儒者太多注意,儒者更愛強調"善惡對列"下的行爲規範之一端之善。

大都"固而不化"地停留在相對呆滯、同一狀態,所以神巫或可從相對單一固化的外相,揣度出你的幾分習氣狀態與主體情性,亦即前文曾提及的"可得而相之"層次。然而壺子的"不齊",反而顯示出他的主體處於"非同一性"的不可測度狀態,因爲壺子的遊化主體屬於"我化,故,我在"的流行變化,所以才"無得而相焉"。等神巫離開後,壺子果然再度告訴列子説,他剛剛體現出的"不齊"境界,其實有着更深層的氣象內涵:"吾鄉示之以太冲莫勝,是殆見吾衡氣機也。""太冲"就是所謂的"太虛",如《老子》所謂"道冲而用之或不盈",也再三强調"冲虛玄德"。冲、虛、無,在道家的思想脉絡,基本上可以相互詮釋。太冲或太虛,意指一切生命源頭、變化本源,所有的變化都源自於"太冲""太虛",而且能夠"冲氣以爲和"地成就爲"太和"。對《老子》而言,"萬物負陰而抱陽,冲氣以爲和",所以"太冲"本身就是在描述陰與陽之間、動與静之間,"二而一、一而二"地不斷相互轉化的兩行吊詭運動,從而能夠不斷產生"差異的差異化"之千轉萬變①。而在千變萬化的動態歷程中,某些時機或狀態也就呈現出"冲氣爲和"的動態平衡性。所以壺子才會説,我剛剛體現出"太冲莫勝"的主體狀態。也就是"動不勝静、静不勝動","陰不勝陽、陽不勝陰"的"不相勝""不相克"之吊詭兩行與動態平衡,此才是"太冲莫勝"的"衡氣機"之真正底蘊②。正是這種不停住一端的"不齊""莫勝"之"衡氣"狀態,讓神巫摸不着底蘊而狐疑困惑。

就在這裏,《莊子》做了一個暫時性的歸納:"鯢桓之審爲淵(太冲),止水之審爲淵(地文),流水之審爲淵(天壤),淵有九名。"③"淵",大概是爲了描述主體內在通向變化世界的不可測度之深玄底蘊。壺子式的主體並非只是擱淺在封閉的理性主體之中,而是敞開於氣化世界的遊化主體。而前面三次示相的壺子,正是把三種主體變化的遊化樣貌,示現給了神巫。"九"大概是個譬喻,是指變化多端而莫測的比喻,因爲遊化主體總是具有"隨機應物"的妙應可能。

---

① 任博克的英譯注脚,也似乎注意到了此處的"太冲"和《老子》水德的冲虛與柔和之隱喻頗有相契:"'The vast gushing surge' is *chong* 冲. The word means 'to flush something out with a surge of water' but is also used to denote the apparently derivative meanings of both 'emptiness' (open space) and 'harmony.' One may combine these ideas into the image of a cleansing flush of water that empties and that restores harmony by washing away all one-sided cloggings, that blends all the elements by allowing fluid interconnections between them. The 'water' imagery is surely relevant in the present context." *Zhuangzi: The Essential Writings with selections from traditional commentaries*, p.52.
② 成玄英之疏,亦可参之:"此是第三,示本迹相即,動寂一時。夫至人德滿智圓,虛心凝照,本迹無別,動静不殊。"郭慶藩《莊子集釋·應帝王》,第 302 頁。
③ 錢穆引用陳壽昌的意見而認爲:"鯢桓之水非静非動,喻衡氣機。止水静,喻杜德機。流水動,喻善者機。三者不同,其淵深莫測一也。"參見錢穆《莊子纂箋》,臺北東大 1993 年版,第 65 頁。此外,讀者可以留意,"太冲莫勝""淵有九名"這樣的取意造語和《老子》四章的文意("道冲而用之,或不盈;淵兮似萬物之宗……湛兮似或存")有着呼應關係。冲、淵、湛皆欲以描繪吾人與世界處於"有無玄同""化而無常"的過程性關係裏頭。

而剛剛只是呈現了生命能出能入的三種修養狀態罷了,這三種模態都具有淵深不測的"能移"(能再變化)底蘊。但相較來説,第一次示現的"地文",屬於"止水之審爲淵",稍爲偏向靜勝動、陰勝陽。第二次示現的"天壤",屬於"流水之審爲淵",稍爲偏向動勝靜、陽勝陰。第三次示現的"太冲莫勝",則屬於動靜不相勝、陰陽莫相勝的動態平衡狀態①。其實上述的三種主體狀態,也可説是分别象徵着三種傾向的主體特徵。例如有人的生命偏於内向寧靜(地文)的追求,而有人的生命則偏於外向躍動(天壤)的表現,另外則有人更傾向尋找動靜平衡(太冲莫勝)的智慧。而壺子的"遊化主體",目前則應物妙用地隨機示現出這三種狀態的"能移""隨化",而非停住在同一主體的任何邊見之一端。

(四) 壺子四示之"波隨"——未出吾宗而波隨委蛇

明日,又與之見壺子。立未定,自失而走。壺子曰:"追之。"列子追之不及。反,以報壺子曰:"已滅矣,已失矣,吾弗及已。"壺子曰:"鄉吾示之以未始出吾宗。吾與之虛而委蛇,不知其誰何,因以爲弟靡,因以爲波流,故逃也。"

故事到前面的"太冲莫勝",讀者或許會以爲已到結局了。没想到《莊子》並没有讓故事結束在這裏,而是再進一層地示現了第四種境界。可以説,這第四種境界含納了前三種境界的可能性於一身,因爲它正是對於爲何能够千轉萬變的"遊化主體"之自我描述。壺子對列子説,明天你再把神巫帶過來吧。或許壺子也有心想要度化神巫季咸,希望可以化導他回歸正途,像神巫這麽聰明而且有點偏才之人,終日耽溺玩弄人心又誤導他人的迷途中,實在既悲哀又可惜。隔日列子請神巫再來,但他一見到壺子,"立未定"(驚慌失措),就已經"自失而走"(落荒而逃)。壺子叫列子去"追之"。要列子去把神巫叫回來,可惜列子已經"追之不及"了②。

如果重寫這一故事,也許可考慮讓列子把神巫帶回來,接着讓神巫乖乖聽完壺子的勸誡後,跟列子一樣來重新向壺子拜師,好好學習千轉萬變而不窮的妙道之行。不過故事的結局是,列子並没有追到神巫,也許神巫逃到人間世的另一個愚蠢角落,繼續他招摇撞騙的日子。這也許暗示着巫術的迷惑與現象,其實是不容易被克服的。

列子曰:"已滅矣,已失矣,我弗及矣。"壺子曰:"鄉吾示之以未始出乎吾宗,吾與之虛而委蛇,不知其誰何,因以爲弟靡,因以爲波流,故逃也。""未始出乎吾宗"是什麽?爲什麽"未始出

---

① 牟宗三曾根據成玄英的四層疏解,將其總結爲:"成疏謂'第一,妙本虚凝,寂而不動'。此爲無門。……成疏謂'第二,垂迹應感,動而不寂'。此爲有門。……成疏謂'第三,本迹相即,動寂一時'。此爲亦有亦無門。……成疏謂'第四,本迹兩忘,動寂雙遣'。此爲非有非無門。"《圓善論》,臺北學生書局 1985 年版,第 282 頁。

② 成玄英疏亦可參考:"今者第四,其道極深,本迹兩忘,動寂雙遣。聖心行虛,非凡所測,遂使立未安定,奔逸而走也。"郭慶藩《莊子集釋·應帝王》,第 304 頁。

乎吾宗"却又同時能"與之虛而委蛇"？"虛"是指徹底"心齋"後的"唯道集虛"，但這並非回到空洞没有内容的貧乏主體。這裏的"虛"，是指"虛室生白，吉祥止止"的虛而能納，它能讓"鬼神來舍，何況人乎"。虛化能遊的主體對天地人神、對十方世界敞開，因此才能讓天地人神共同棲居靈臺，與萬物萬化共同遊乎無窮。换言之，這是一種與無窮無盡的未知，共在於世的"虛而待物"狀態。而且也因爲虛而能化的主體狀態，才能够"化而無常"地"委蛇"變化。"委蛇"，就是指應物無方地任隨運化。這絶非趨利避害、趨炎附勢的順勢主義者，"虛而委蛇"必須要以"未始出乎吾宗"作爲"體無體"的依據。建立在"衡氣機"的不偏不倚，陰陽不相勝而無住端倪，然後可以升起全體大用地遊化爲"虛而委蛇"，徹底安於不可測知的天命大化，讓自己變成即感即應的遊變通化。正如《山木》篇所説的："若夫乘道德而浮遊則不然，无譽无訾，一龍一蛇，與時俱化，而无肯專爲。一上一下，以和爲量，浮遊乎萬物之祖。"①

它彷彿千處祈求千處現地安化無常、應物萬千，所以神巫根本不知道壺子的真貌，"不知其誰何"。因爲他一會兒看到壺子像地文，一會兒又看到壺子像天壤，一會兒又因爲壺子的"太冲莫勝"而"無得相焉"，這些都是千轉萬變而不窮的壺子真身之隨機示現。壺子的"不齊"，乃是因爲它能"未始出乎吾宗"又能"虛而委蛇"的原故。神巫因爲見識到這種"即一即多"生命境界，太驚訝又完全不能理解，着實嚇壞而不得不逃。所謂"因以爲弟靡，因以爲波流，故逃也"，從這裏便可看到遊化主體能依乎天理、因循天理②，這裏所謂的"天理"，就表現在千萬差異的"物化"處，來時隨風披靡，去時隨波逐流。（就如同禪宗所説，修行從"涵蓋乾坤"，走向"截斷衆流"，最後"隨波逐流"③。）"未始出乎吾宗"又能"虛而委蛇"，此乃呼應於"相與於無相與，相爲於無相爲"之吊詭境界。"相與"與"相爲"乃屬"虛而委蛇"之任隨脉絡變化而變化。而"無相與"與"無相爲"則屬"未始出乎吾宗"之"以無爲本""無體之體"。"相與於無相與，相爲於無相爲"，兩者相互交織，才呈現出《莊子》"化而不化，不化而化"的吊詭景觀④。

呼應於《天下》篇中莊周對自我的定位與描述，更可進一步看出"未始出乎吾宗"的全幅意

---

① 郭慶藩《莊子集釋·山木》，第668頁。
② "因以爲弟靡，因以爲波流"的"雙因"用法，自然可連結到《齊物論》的"因是因非，因非因是"的"雙因"。此乃表示，並非主體自我意志決定了弟靡與波流，而是主體"無肯專爲"而因循情境而"一上一下"地浮遊隨化。
③ 巴壺天《禪宗三關與莊子》，《藝海微瀾》，臺北廣文書局1971年版，第42～103頁。
④ 讀者可以留意，此處將"未始出乎吾宗"和"虛而委蛇"連讀，突顯一種徹底的相偶性的變化哲學，所謂"體無體"或者"即用言體"。其所預設的對話對象，正好是楊儒賓所暢言之"以體用論消化相偶論"。"當代莊子學"（筆者的思想位址）與"儒門莊子説"（楊先生主張），正於此處交鋒。參見楊儒賓、何乏筆、賴錫三《何謂遊之主體？》對話紀録，《中國文哲研究通訊》27卷1期（2017年3月），第91～107頁。下文釋解《天下》篇，以"應於化而解於物""未之盡者"等語句將"本""宗"解作"以無住爲本""以無住爲宗"，其用意相同。

蘊。當《天下》篇在對先秦重要學派與實踐類型加以評判,尤其在説明莊周自身的學術人格風範時,前面先評述了老聃,隨後則以評點惠施作結尾。在中間描述莊周自身的學術譜系的位置時,也一樣涉及了宗本與遊化的弔詭共在:"芴漠无形,變化无常,死與生與,天地並與,神明往與!芒乎何之,忽乎何適,萬物畢羅,莫足以歸,古之道術有在於是者。莊周聞其風而悦之,以謬悠之説,荒唐之言,无端崖之辭,時恣縱而不儻,不以觭見之也。以天下爲沉濁,不可與莊語,以卮言爲曼衍,以重言爲真,以寓言爲廣。獨與天地精神往來而不敖倪於萬物,不譴是非,以與世俗處。"①這一大段有太多東西可以解讀,一方面談到自己體道方式的取徑(尤其和前面老聃博大真人"澹然獨與神明居……主之以太一"的差異),體現變化之道的卮言之語言方式(尤其將"謬悠之説,荒唐之言,無端崖之辭"的"不莊"用語,來呈現莊嚴的體道風範,非常耐人尋味)②,而本文暫時先將重點放在"獨與天地精神往來而不敖倪於萬物,不譴是非,以與世俗處"上。

我們知道《莊子》不只"上與天地精神往來",也還要"不譴是非"地"以與世俗處"。就是也要遊於人間世,遊化一切關係中而逍遥。什麽叫"不譴是非"?可以透過《齊物論》先不落"儒墨是非",進而以"和之以是非,而休乎天鈞,是之謂兩行"來理解,從而明其不但能與世俗處,更能轉化世間、豐富關係,讓人世間的人我關係、天地間的物我關係,皆能"宏大而辟,深閎而肆"。而這正是宗本與妙化的關係:"彼其充實不可以已,上與造物者遊,而下與外死生、無終始者爲友。其於本也,宏大而辟,深閎而肆;其於宗也,可謂稠適而上遂矣。""宗"或"本"很容易被理解爲一個形而上的本源,或被理解爲一個超越變化的絕對起點或終點。但是《莊子》的"宗"必須能"應於化而解於物","其理不竭,其來不蜕,芒乎昧乎,未之盡者"。這才是"調適上遂"的"全體大用"的宗本。可見《應帝王》的"未始出乎吾宗",既是本之於"宗",但却不停留於"宗",所以壺子乃能"未始出乎吾宗",又能"因以爲弟靡,因以爲波流"地"虛與委蛇"。可以説,這種"宗"乃"以無住爲宗",這種"本"乃"以無住爲本"。所以神巫才會因爲"不知其誰何"落荒而逃。

故事終於結尾在:"列子自以爲未始學而歸,三年不出。爲其妻爨,食豕如食人,於事无與親,彫琢復朴,塊然獨以其形立。紛而封戎,一以是終。""食豕如食人",從此列子在對待萬物時與對待人一樣恭敬,沒有分別心。"塊然獨以其形立。紛而封戎,一以是終",謂列子從此不疑不惑、專心致志地學習壺子的素樸之道。壺子與神巫的鬥法,終於在這裏開啓了列子的真正求道新旅程。也可以説,從此眼前打開了兩條路:一條是神巫的路(恍神主體,原始宗教),

---

① 郭慶藩《莊子集釋·天下》,第 1098～1099 頁。
② 《天下》篇莊周在描述自身思想定位時,至少涉及兩個重要主題:一是莊周之道和老聃之道的細微差別,二是莊周之道和三言的用言方式。可參見拙文的分析《氣化流行與人文化成——莊子的道體、主體、身體、語言文化之體的解構閱讀》,《文與哲》2013 年第 22 期;另收入《道家型知識分子論:莊子的權力批判與文化更新》,臺北五南圖書出版 2021 年版,第 369～451 頁。

一條是壺子的路(遊化主體,哲學工夫)。有的人終究停留在神巫的路,終生走不出來。列子幸運地因爲壺子師生因緣,終能從神巫的魔魅誘惑中走了出來。神巫對人心的迷惑、操弄,終於被壺子眞人給完全克服了。

結論：從"虛而委蛇"解"渾沌鑿竅"

> 南海之帝爲儵,北海之帝爲忽,中央之帝爲渾沌。儵與忽時相與遇於渾沌之地,渾沌待之甚善。儵與忽謀報渾沌之德,曰:"人皆有七竅,以視聽食息,此獨无有,嘗試鑿之。"日鑿一竅,七日而渾沌死。

上述寓言,是《應帝王》一文的總結。而"渾沌鑿七竅而死"這則寓言,可由很多角度觀之,我底下將試做新解,但不代表"渾沌鑿七竅"只能從這個角度解讀,事實上,我自己過去曾以不同方式解讀它的多元意義①。

古神話有"盤古開天闢地"之前,"天地渾沌如雞子"之說,"渾沌"是一個渾圓整全、內蘊原水的意象。後來中國哲學所謂"無極而太極,太極生二儀"等等涉及連續性的生化發展——例如天地分裂、萬物起源、人類產生、文明起源,都可和創世神話的渾沌意象,找到或遠或近的相關連結。《莊子》《老子》都不斷使用渾沌概念,所說的"道"轉化了渾沌的創世神話,變成了

---

① 以神話發展到哲學反思的歷程,來釋解渾沌意象與道家哲學的內在關係,可以參考前文引述的兩篇文章《道家的神話哲學之系統詮釋》《神話、〈老子〉、〈莊子〉之"同""異"研究》,以及楊儒賓的新著《道家與古之道術》(新竹清華大學出版社 2019 年版)。底下,我嘗試從自我與世界處在"有無玄同""可見性與不可見性交織""對象性認知與全身性感受同在"這條綫索出發,重新闡釋"渾沌"與"視聽食息"的辯證並存關係。另外,我想提醒讀者留意,陳贇將"渾沌之死"朝向政治哲學解讀的相關寫作與思考。"渾沌"裂解的死亡形象也出現在《天下》篇:"天下大亂,賢聖不明,道德不一,天下多得一察焉以自好。譬如耳目鼻口,皆有所明,不能相通。猶百家衆技也,皆有所長,時有所用……道術將爲天下裂。"而"天下"一語指的是天下觀:"以華夏爲中心,以夷狄爲四方"的文化體系,它的底蘊是由道統觀念與禮樂制度所架構起來的聖王政治,此如《左傳》所云"民受天地之中以生,所謂命也。是以有動作禮義威儀之則,以定命也"。然則,從《天下》篇與《應帝王》結在"渾沌之死"的寓言來看,《莊子》恐怕會認爲,這種總體性的秩序只是規範性的倫理,其在建立之初,即便暫時有效,也早已埋下日後崩解的種子。然則,《莊子》將如何思考新的政治秩序?陳贇指出,《應帝王》首章"未始出於非人""未始入於非人"是關鍵語,在身份認同的界定之間、在際與不際之間,是《莊子》得以幫助我們思考當代政治哲學的潛力所在。相關討論,參見陳贇《"非人之人"與莊子的政治批判——以〈應帝王〉首章爲中心》,《江西社會科學》2013 年第 9 期;陳贇《"混沌之死"與中國中心主義天下觀之解構》,《社會科學》2010 年第 6 期;陳贇《"渾沌之死"與"軸心時代"中國思想的基本問題》,《中山大學學報》2010 年第 6 期。

"道""物"關係的表達①。也就是怎麽從渾沌之道流出萬物。一切從此渾沌流,一切返歸此渾沌。

"道"跟"萬物"的關係,如何理解? 如果不是(西方)形上學式的二元論思考,而是從"即物而道"出發,又該如何重新理解渾沌之道?"渾沌"在《老子》的譬喻裏和"水"有着極密切關係,所以渾沌均爲水字旁,延伸而有"上善若水""恍兮惚兮"的意象。如果從意識的起源來說,"渾沌"就代表相對於意識分別、一偏之知的"非分別"狀態。《齊物論》"夫道未始有封,言未始有常",就是在描述語言二元結構在進入有封、有常、有是非的分化過程之前,主體處於渾沌的非分別狀態,而當進入"爲是而有畛也"的"有左有右,有倫有義"的是非區辨狀態時,就意味着渾沌鑿破了。但我想從"吊詭"思維的角度,再度詮解這個鑿破渾沌是生還是死的陳年公案,看看能否再開新義。

"南海之帝爲儵,北海之帝爲忽,中央之帝爲渾沌。"這裏便出現一個圖像,"南"跟"北"是空間的對立兩端,且"儵"與"忽"有快速、急忙、機靈的意涵,這大概是在表達南儵跟北忽落入了對立兩端。南海之帝"儵",據南海而自立爲王,"以我觀之"而將自身絕對化,以此來涵蓋與打開他的世界圖像。同樣的,有個和儵完全不同的立場,即北海之帝"忽",一樣以他自身的"是"爲是,以他自身的"非"爲非。而南海(儵)跟北海(忽)處在"彼是對偶"(却不相遇)的位置,而這也象徵着它們各自將自身的一偏之見給絕對化、真理化。這樣來看,就可將其類比爲《齊物論》的儒墨是非之爭,也可以和《天下》篇諸子百家所造成的"道術將爲天下裂"相連貫②。正如百家均想以自身言論來一統天下的言論,反而使百家思想以"真理"相爭,自居正統與互斥異端而跌入無窮止的思想惡鬥。可以發現《天下》篇與《應帝王》都以某種方式響應了《齊物論》的"道樞"問題,《莊子》一方面分析儒墨之是非,以"不解解之"回應儒墨是非,讓儒墨是非進入"和之以是非,而休乎天鈞,是之謂兩行"的和解共生③。也就是要讓差異性的觀點不絕對化,各自對彼此敞開,而敞開之處不在南或北,而是在"中央"。

在中國哲學裏,中央的"中",嚴格講不是一個中間的地點,所謂的中國、中庸、中央,還有

---

① 劉康德以"渾沌"隱喻分析其具有"去主體性""包容性""不確定性"的性格氣質及揭示出人的真實存在情境與存在方式。參考劉康德《"渾沌"三性——莊子"渾沌"說》,《清華大學學報》2014 年第 2 期。另可參鄧聯合、徐强《英美漢學界中〈莊子〉之"渾沌"涵義四解》,《福建論壇(人文社會科學版)》2014 年第 8 期。

② "天下大亂,賢聖不明,道德不一,天下多得一察焉以自好。譬如耳目鼻口,皆有所明,不能相通。猶百家衆技也,皆有所長,時有所用。雖然,不該不徧,一曲之士也。判天地之美,析萬物之理,察古人之全,寡能備於天地之美,稱神明之容。是故内聖外王之道,闇而不明,鬱而不發,天下之人各爲其所欲焉以自爲方。悲夫,百家往而不反,必不合矣! 後世之學者,不幸不見天地之純,古人之大體,道術將爲天下裂。"郭慶藩《莊子集釋·天下》,第 1069 頁。

③ "名實未虧而喜怒爲用,亦因是也。是故聖人和之以是非,而休乎天鈞,是之謂兩行。"郭慶藩《莊子集釋·齊物論》,第 70 頁。

神話一直用到"地中"概念,都具有轉化爲神聖,或被神聖轉化的意味①。而"中"對《莊子》而言,不能被任何實際地理、民族給實體化地佔有。只有主體能够"虚、空",進行兩行的對話後,如此能够有包容差異性的胸襟的人,才能够讓"是非和"。"是非和"並非相對主義,《莊子》用"天鈞"作譬喻,"天鈞"就是陰陽不斷來回進行差異化、相轉化的運動過程。所以他説"是之謂兩行",就是要讓"儒墨是非"變成"儒墨兩行",要讓諸子百家變成諸子百行。而這如何可能? 就需回到中央之地,"得其環中,以應無窮"。《莊子》這樣的主體修養也叫作"唯道集虚"。如果暫時把偏於一端之見、"勞神明以爲一",這些以私心爲用的僵化主體狀態給予虚化,"中"便會從裏頭打開。

"中"的開展,成爲涵容天地萬物的敞開之地,《莊子》稱之爲"渾沌"。所以,渾沌並不是一無所有,不只意味着混亂(chaos),而是讓所有可能性能够相互轉化,多元並陳,成爲一虚化的主體與空間。此"虚室生白"之虚無與中空,乃能够應而不藏、化而不固。而這正是"吊詭主體"的狀態,是一種"虚、化、應"而能够不藏的狀態,因此"渾沌"也可以從吊詭的方式理解②。儵跟忽、南跟北,原本看不到對方、否定對方,現在能够相遇於渾沌之地,來到"環中"而共生共樂。《莊子》説,渾沌"待之甚善",即意味着儵與忽彼此放下了原來的斯殺對立,能够遇合於渾沌之地,重新和解共生,得到彼此更新轉化的可能。這是渾沌所能够敞開"吊詭溝通"的潛力。

這裏的"待之甚善"並非一端之善,不是以善評判惡的善,而是讓不同的立場能够重新產生對話、轉化自身的善。從倫理的角度來説,我們可以把它詮釋爲一種原初倫理關係的打開,

---

① "中"的概念在《莊子》不斷出現,例如《養生主》談到庖丁解牛,"爲善无近名,爲惡无近刑,緣督以爲經","緣督"即緣中、緣虚。《中庸》"喜怒哀樂未發謂之中","中"也象徵主體的修養狀態。早期的神話提及崑崙山即宇宙之中(地中),所以去到崑崙山就是去到地中,崑崙山之所以能通神就是因爲它處在地中,所有諸神也都從崑崙山下到人間,因爲它是連通天地的通道。因此神巫若要讓自己具有溝通神人的能力,就要讓自己回到"中"的狀態,能够找到通天地的軸心。在先秦的中國哲學裏,運用"中"的概念,意味着不落善惡、不偏動静,不割陰陽,讓對立能够進行相互轉化,生命能够轉動,那樣的主體修養就叫做"養中"。
② 讀者或許可以再參考我與霍耐特(Axel Honneth)的對話,霍耐特區分兩種認識世界的態度:認知(cognition)與承認(acknowledgement)。前者是對象性的認知,後者涉及全身性的氣氛感受。此處,我所説的浸身在形而未形的氣氛(渾沌)之中,同時進行着刻畫世界之動作(認知)的"吊詭主體",就是霍耐特所云:我們同世界共在的感受性優先於認知性,但概念化的語言認知也是不可偏廢的。正是在這個基礎上,前引任博克指出,鏡喻中鏡子不是虚無,它也有自身的視角和位置,只是在感受性的維度上(在能虚的維度上),它領會到這些視角與位置不是先驗的,於是它能够嘗試避開這些視角與脈絡所可能帶來的傷害與傷人,並容許自身的知識與他人重新交織,從而形成對於眼前世界的新的認知,此之謂"兩行"。參見賴錫三《〈莊子〉與霍耐特的跨文化對話——承認自然與承認人文的平等辯證》,《國文學報》61期(2017年6月)。另外,身體感受與世界相互牽纏的共在性,可以透過身體現象學來揭示,參見賴錫三《〈莊子〉"即物而道"的身體現象學解讀》。

是一種重新去調解並轉化規範倫理的過程①。如《老子》說："善者吾善之，不善者吾亦善之，德善。"這裏的"善"，即上善、玄善，即不輕易用自身的善否定對方的善，能夠看到自己的善，也能夠看到對方的善，因此能夠打破"善者""不善者"的對立思維，一併善待之。如果故事結在這個地方，會比較樂觀，可是《莊子》對人間世似乎也有淡淡哀傷，所以安排儵與忽回到南北之後（或是要離開中央地時），因爲一念無明、一端之善的習性，覺得應該回報渾沌的恩德，它們却只能夠用其長期以來的一偏之善、一端之善來回報，從而造成了渾沌之死。

根據《山海經》的描述，渾沌没有眼睛、嘴巴等五官，在神話的世界裏，渾沌一直被認爲是怪物，穿着一個圓形的皮囊，圓滚滚的，像個球一樣，没有面目的形象，而是個圓的意象。《莊子》改寫了《山海經》的渾沌意象，"儵"與"忽"具有機巧的特質，有眼、耳、鼻、舌、身，代表每一個官能都有其一偏之能、一端之用："天下諸子百家，每個人都以耳目各取所需，不能相互理解，用眼睛看就不用耳朵聽，用耳朵聽就不用眼睛看，所以各自只能理解各自看的世界、聽的世界或味覺的世界。"②《莊子》就用這樣的譬喻，說官能各自爲政，不能體知天下之大體。因爲我們都共在這個生命體中相互爲用，儵與忽決定幫渾沌鑿七竅，讓渾沌擁有五官，打開其視聽言行，故日鑿一竅。結果，"環中"被遺忘，"空""虛"的不可見性之淵藏被埋葬，只剩擱淺在可見性的對象物上，人們因此過分偏執於表象化、對象化、計算性的思維，只看見了存有者、存有物，失掉了環中、宗本的活水源頭。也意味着遺忘了本然存有，遺忘了渾沌。總而言之，並不是視聽食息的竅用一定不行、一定不能用，而是視聽食息的竅用一旦遺忘了渾沌的共通感，那麽七竅的限定分用就會走向了自我異化的單向道去。

"渾沌"可有兩種哲學模型，一種叫"安住渾沌"，一種叫"不住渾沌"，我曾以此區别：《老子》稍傾向"安住渾沌"，《莊子》更傾向"無住渾沌"（這只是相對而言，並非意指《老子》完全住於渾沌）③。"渾沌"代表質樸、復歸於樸，《老子》有歸根復静的質樸傾向，對於所有人文走向始制有名的雕鑿，《老子》擔心"五色令人目盲，五音令人耳聾，五味令人口爽，馳騁田獵令人心發狂"，嚮往"樸""拙""愚"的内斂、整全，《老子》對渾沌多少有點原始鄉愁的味道。可是《莊子》顯然認爲不要住在渾沌裏，"渾沌"其實是千差萬别的物化，不僅是不停留在一物之中，更是物

---

① 相關討論，可以參考賴錫三《〈老子〉的渾沌思維與倫理關懷》，《臺大中文學報》49 期（2015 年 6 月）。林明照《〈莊子〉"兩行"的思維模式及倫理意涵》，《文與哲》28 期（2016 年 6 月）。據鄭開的說法，自然與無爲、混沌與秩序等核心問題涉及了道家倫理學、政治哲學的思考和精神，在混沌與秩序之間的張力，可部分轉化爲自由與秩序之間、政治與心性之間的張力，"混沌"實則包藴着最純粹的理想型和豐富的可能性。相關談論，可參考鄭開《道家政治哲學發微》，《現代哲學》2019 年第 2 期。
② 參閲"天下大亂，賢聖不明，道德不一，天下多得一察焉以自好。譬如耳目鼻口，皆有所明，不能相通。"郭慶藩《莊子集釋·天下》，第 1069 頁。
③ 參見賴錫三《神話、〈老子〉、〈莊子〉之"同""異"研究》中"住渾沌與不住渾沌：道家的基本教義與道家的圓教"一節，《莊子靈光的當代詮釋》，第 268～276 頁。

物能不斷相化,看似混亂,但事實上是氣化流行、物化不已的過程。所以主體不必停在"中",渾沌可以流出一切變化。例如《天地》篇,有一個淮陰老丈人,因修渾沌之術,而拒絕技術,故隱居在偏僻的鄉下。一天,有人傳播一種機械——槔,使用它,就不用那麼累。然而,淮陰老丈人堅持不用這種新機械,因爲有機械者必有機心,主體便會墮落,就會無法保持純白;機械者有機心之後,便會掉入世俗、複雜的世界。《莊子》用寓言的方式説,這淮陰老丈人修渾沌術,可是他"識其一,不知其二",這個故事也值得做文章。①

如果我們只對技術説不,對知説不,對有用説不,卻只能對渾沌(無知)説"是"②,那便是只能知其一,偏於一端,因住在渾沌之一而排拒二。"知其一又知其二",則指渾沌可以不必離視聽食息,或者分別之"知"仍可擁有渾沌流淌。可是其中要先有渾沌再有視聽食息,而渾沌與視聽食息之間是有張力的,舉例來説,惠施與莊子是有張力的,通常支持惠施就會覺得莊子無用。有的人以爲回到莊子,就只是純粹回到無用,只能拒絕任何計算性、技術性的思維,拒絕分別。換句話説,"渾沌"相對而言是指非分別,"視聽食息"相對而言是指分別,所以"知其一又知其二",是同時要保有分別與無分別。值得我們思考的是,"分別"與"無分別"得用否定辯證來表達? 還是把"分別"與"無分別"辯證統合之後,簡單歸納爲"分別的無分別","無分別的分別"即可? 我認爲吊詭的溝通應該表達爲"一不離二""二不離一"。且一、二之間的張力,相反又相成的吊詭要被表達出來,不能簡單地以文質彬彬綜合。

以此我們對渾沌的討論就會更豐富而複雜,也許就可以回應一個問題,渾沌難道沒有抵抗能力嗎? 渾沌有,而且渾沌的抵抗是不必拒絕視聽食息,而是同時有能力對視聽食息"説是又説不"的兩行能力。《莊子》在《應帝王》的結尾是在批判儵、忽以視聽食息的一端之見遺忘了渾沌,遺忘了存有,擱淺在表層的世界,但這不表示《莊子》只是要簡單地回到"只知其一"的

---

① 請參閱"子貢南遊於楚,反於晉,過漢陰,見一丈人方將爲圃畦,鑿隧而入井,抱甕而出灌,搰搰然用力甚多而見功寡。子貢曰:'有械於此,一日浸百畦,用力甚寡而見功多,夫子不欲乎?'爲圃者卬而視之曰:'奈何?'曰:'鑿木爲機,後重前輕,挈水若抽,數如泆湯,其名爲槔。'爲圃者忿然作色而笑曰:'吾聞之吾師,有機械者必有機事,有機事者必有機心。機心存於胸中,則純白不備;純白不備,則神生不定;神生不定者,道之所不載也。吾非不知,羞而不爲也。'……執道者德全,德全者形全,形全者神全。神全者,聖人之道也。託生與民並行而不知其所之,汒乎淳備哉! 功利機巧,必忘夫人之心,若夫人者,非其志不之,非其心不爲。……孔子曰:'彼假修渾沌氏之術者也。識其一,不知其二;治其内,而不治其外。夫明白入素,無爲復朴,體性抱神,以遊世俗之間者,汝將固驚邪? 且渾沌氏之術,予與汝何足以識之哉!'"郭慶藩《莊子集釋·天地》,第433~438頁。

② 海德格爾《泰然任之》:"我想用一個古老的詞語來命名這種對技術世界'既説是,也説不'的態度:對於物的泰然任之。"孫周興選編《海德格爾選集》(下),第1239頁。有關運用《莊子》和海德格、芬克的跨文化對話,以回應現代科技帶來的異化、壓力等危機,可參見鍾振宇《莊子與當代批判——工作、技術、壓力、遊戲》,《道家的氣化現象學》,臺北"中央研究院"中國文哲研究所2016年版,第265~306頁。

渾沌,而是同時要"知其一又要知其二"的渾沌,這樣才是"不住渾沌"或"無住渾沌"①。而這樣來解讀渾沌鑿竅的寓言,或許更能呼應於《應帝王》中的壺子"不偏靜不偏動""既能靜又能動"的"虛而委蛇""因以波流"。也呼應《天下》篇和《大宗師》的莊周"不偏天不偏人""既能天又能人"的"調適上遂"與"變化無常"。

[作者簡介] 賴錫三(1969—),男,臺灣宜蘭人。臺灣清華大學中文博士,曾任嘉義中正大學中文系教授、系主任及所長,現任高雄中山大學中文系特聘教授,中山大學文學院院長。著有《莊子靈光的當代詮釋》《當代新道家:多音複調與視域融合》《丹道與易道:內丹的先天易學與性命修煉》《道家型知識分子論:莊子的權力批判與文化更新》《莊子的跨文化編織:自然、氣化、身體》《道家的倫理關懷與養生哲學》。

---

① 關於漢陰丈人之故事的正面解讀(寓文明於渾沌),可以參考楊儒賓《渾沌與創造》,《五行原論》,臺北聯經2018年版,第73~82頁。認爲道與技相通而蘊含着良善的價值品性與超越的精神向度,以此展現出莊子獨特的技術哲學思考,亦可參鄧聯合《莊子:藝術、巫術、道術與技術》,《福建論壇(人文社會科學版)》2016年第1期,第75~80頁。另外關於對"技術同時說是說不是"的渾沌圓通之道,參見拙文的闡述,賴錫三《〈莊子〉藝術思維與惠施技術思維的兩種差異自然觀》,收入《莊子的跨文化編織:自然·氣化·身體》,第217~226頁。

《列子》真僞考論

張洪興

內容提要 説起《列子》的真僞,自柳宗元《辨列子》以來,證僞者與辯誣者糾纏在一起,莫衷一是。從雙方辯論情況看,主要集中在張湛(魏晉學者)造僞説、劉向《列子叙録》之真僞、《列子》與佛教之關係等幾個方面。對於先秦古籍的辨僞,我們應認真遵循歷史真實性與公共資源性原則,把握戰國文字字形差異、竹簡書寫與體例、學術授受方式、古籍成書等方面的基本特徵,不能以今釋古,更不能以所謂科學的名義"抹殺"歷史上客觀存在的古籍。從基本情況看,《列子》當是先秦文獻,經過劉向、張湛等學者兩次編纂後,在魏晉最終形成了道家傳世經典文本;《列子叙録》乃劉向所作;因道家虛無思想與佛家空寂思想相契合,列、佛"相參"本是在佛教傳播過程中自然生發的事情,不應作爲《列子》晚出、抄襲佛經的證據。張湛在《列子》道家經典化的過程中厥功甚偉。

關鍵詞 張湛 《列子》 真僞 考論

中圖分類號 B2

説起《列子》的真僞問題,可謂人言人殊,莫衷一是。自中唐柳宗元《辨列子》之後,經明、清、民國等學者辨僞,《列子》僞書論幾成定讞。近些年來,證僞者與辯誣者仍是此起彼伏,二者糾纏在一起,各成勢力,實爲列子學史乃至於中國學術史之大觀。筆者不揣淺陋,意欲申明己説,以求正方家。

在討論《列子》真僞之前,我們首先應該明確先秦文獻學方面的基本常識。余嘉錫先生在《古書通例》中指出了古書所題撰者、命名、成書等基本特點,如"周秦古書,皆不題撰人","古人著書,多單篇別行","古之諸子,即後世之文集也。出於門弟子所編,其中不皆手著,即題爲某子。出於後人所編,非其門弟子,則書其姓名"①,所言甚是②。除上述情況外,結合先秦文

---

① 余嘉錫《古書通例》,上海古籍出版社1985年版,第18、30、33頁。
② 洪湛侯《文獻學》(臺灣藝文印書館2004年版)、孫欽善《中國古文獻學史》(中華書局1994年版)等著作中都有相類的觀點。這當是文獻學家的共識,應該被充分重視。

字的特點,我們還應有以下幾個方面的基本認識:其一,東周各諸侯國文字形體不同、風貌各異,王國維把戰國文字分爲東土(六國)、西土(秦)兩大系統,秦用籀文,六國是古文①;唐蘭在《古文字學導論》中把古文字分爲殷商系文字、西周系文字(止於春秋末)、六國系文字、秦系文字②;李學勤將戰國文字分爲秦、三晉、齊、燕、楚五系③。文字形體與風貌的不同,勢必會影響人們的辨識與判斷,在書寫過程中可能會改變字形、字體甚至用詞、用語,如齊人記秦語,當會改爲齊文字書寫。其二,先秦典籍通常寫在竹木簡上,而製作竹木簡是一個繁雜的過程,因竹簡或木簡體積、重量大,不方便攜帶,以單篇形式流傳亦是不得已而爲之;且在竹木簡上書寫字形複雜的古文字是一個複雜的過程,書寫者不是"機器人",錯簡、漏簡、訛誤在所難免——在人工書寫的時代,誰都可能"犯錯誤",不能求全責備。其三,由於時代、地域乃至於個人喜好、水準不同,書寫時未必會完全忠實於文本,文字可能會有改動,若僅以文字的演變規律,如借鑒西方理論以單純詞與合成詞的演變規律作爲依據,來判定學說出現的早晚、著述的真僞是不客觀的,我們不能以所謂"科學"的名義抹殺曾經存在的事實。其四,春秋戰國"百家爭鳴",學術的傳播往往通過師生授受的方式,在以竹木簡爲主要書寫載體的時代,師生之間"說出來"與"寫下來"之間存在很大的差異。"說出來"或可有所準備,或可即興發揮;"寫下來"則需要竹木簡,需要筆墨,需要撰寫者取捨與斟酌。我們以儒家爲例。由於對西周以來禮樂文化的熱愛,孔子宣稱自己"述而不作,信而好古"(《論語·述而》),提到"述"與"作"的區別:"述"是講述,重在傳承;"作"是著述,重在創新。可以說,孔子重在"說出來",而孔子的弟子及再傳弟子們如何"寫下來"傳下去,則自會有所差異,所以《韓非子·顯學》有孔子死後,有"儒分爲八"的說法④。其五,先秦諸子文獻具有"公共資源性"特徵⑤。一方面,諸子學說是對西周末年"禮崩樂壞"局勢的因應,或順承,或反動,道德仁義等範疇是其共同話題,某個學派或有側重,但決不是其所專有;另一方面,在學派內部,各學者觀點雖或不同,但他們應有共同的傳承,亦會呈現"公共資源性"特徵。故而,在考證古籍時,我們應有歷史的想像力,在盡可能還原歷史真實的基礎上,判斷古籍尤其是先秦古籍的真僞。

從列子學史上看,由於學者大都囿於列子其人其書的考證,故《列子》研究成果大都集中於此。在辨僞方面,《列子》僞書說根深蒂固,如任繼愈提到《列子》時即說"確系贗托,大約完成於西晉中期"⑥,張岱年在《關於列子》一文中開篇便說"今本《列子》八篇,出於贗作,在現在

---

① 王國維《觀堂集林》,河北教育出版社 2003 年版,第 124 頁。
② 唐蘭《古文字學導論》,上海古籍出版社 2016 年版,第 35 頁。
③ 李學勤《戰國時代的秦國銅器》,《文物參考資料》1957 年第 8 期。
④ 王先慎《韓非子集解》,中華書局 1998 年版,第 457 頁。
⑤ 參見孫少華《從〈孔叢子〉看秦漢子書研究的學術傳統》,《中國社會科學報》2015 年 3 月 4 日。
⑥ 任繼愈《中國哲學發展史(魏晉南北朝)》,人民出版社 1988 年版,第 262 頁。

已不成問題"①,楊伯峻更明確指出"列子是部僞書,這已經爲一般學者所肯定;它是一部魏晉時代的僞書,也已經爲大多數學者所肯定"②,任、張、楊三人都是學術大家,更進一步助推了《列子》僞書説。在辯誣方面,其最用力者當屬嚴靈峰、馬達。嚴靈峰著有《〈列子〉辯誣及其中心思想》,馬達著有《列子真僞考辨》,力主《列子》非僞作。從整體情況看,對《列子》的辨僞與辯誣主要集中在張湛(魏晉學者)造僞説、劉向《列子叙録》之真僞、《列子》與佛教之關係等三個方面,下面析而論之。

一、張湛(魏晉學者)造僞説

張湛(魏晉學者)僞造説是《列子》辨僞的重中之重。梁啓超在《古書真僞及其年代》一書中,不僅指出《列子》是僞書,而且還明確指出了張湛作僞的方法,即依《漢志》存目,"采集道家之言湊合而成"③。至於張湛究竟"雜集"了哪些道家之言? 梁氏没有説明。譚家健先生則指出,今本《列子》8篇143章中,故事情節與先秦兩漢魏晉古籍相同者58章,其中取自先秦兩漢魏晉23種古籍,包括先秦12種,兩漢7種,三國西晉4種。譚先生認爲傳世本《列子》是魏晉時學者"輯録"古籍並補充、發揮而成(没有認定爲張湛造僞)④。結合譚先生的提供的資料,我們需要强調以下幾點:

其一,從譚先生論文内容來看,梁啓超所謂《列子》乃"采集道家之言湊合而成"的説法是不成立的,《列子》不僅"采集"《莊子》等道家言論,也"采集"儒家、法家、雜家等諸家内容,自先秦迄西晉涉及的古籍多達23種。更爲重要的,《列子》中還有近50%的内容是其作者自著,這是無法忽視的。

其二,從譚先生論文本身來看,《列子》與23種古籍犬牙交錯,有些内容實在很難説誰"輯録"誰。某人説《列子》抄襲某某書,則就有人反過來説某某書抄襲《列子》,常常針鋒相對,如馬叙倫作《列子僞書考》,日本學者武義内雄即作《列子冤詞》。

其三,從譚先生統計情況來看,《列子》與古籍相合者達23種97處。我們退一步講,假定《列子》作者抄襲其他古籍,這位抄襲者要仔細閲讀23種古籍並要融會貫通,在自己寫作時要信手拈來,把相關材料添加到自己的文章中並使之融爲一體,這是一項很大的工程。且《列子》八篇只有三萬八千字,若有一萬五千字左右重複,抄襲的内容會不會被博學者一眼就看出

---

① 張岱年著,杜運輝整理《關於列子》,《中國哲學史》2011年第2期。
② 楊伯峻《從漢語史的角度來鑒定中國古籍寫作年代的一個實例——〈列子〉著述年代考》,見《列子集釋》,中華書局2012年版,第313~314頁。
③ 轉引自楊伯峻撰《列子集釋》,第287頁。
④ 譚家健《〈列子〉故事淵源考略》,《社會科學戰綫》2000年第3期。

來？是不是有一定的風險①？大概這位作偽者都要考慮。而反過來，我們假定《列子》是先秦古籍，23種文獻的作者在寫作時參考、借鑒、引用或者抄襲了《列子》書的内容——這種情況是不是更容易發生呢？

其四，從譚先生梳理的文獻中，《列子》從《莊子》中抄襲最多，達到24次（故事19次，議論5次）。問題是，究竟是《列子》抄襲《莊子》，還是《莊子》抄襲《列子》呢？現在大概很難説得清楚。有没有另外一種可能——第三種可能呢？即《列子》没有抄襲《莊子》，《莊子》也没有抄襲《列子》呢？我們知道，列子、莊子都創辦私學，招收門人弟子。既然是夫子老師，他們授徒不可能只憑一張嘴巴，應該有學習的文獻、參考的材料，這一點應該没有人反對吧。列子、莊子都推崇老子學説，對道家一脉的文獻資料應該會重點掌握，有没有重複的可能呢？肯定有吧。待列子、莊子學説分别由其本人或者門人弟子記録下來之後，待《列子》《莊子》成書以後，有没有重複的可能呢？也應該有吧。所以，《列子》《莊子》中某些内容重複有什麽奇怪呢？他們都在同一個道家話語體系裏面。這就是所謂的公共資源性問題，畢竟每個學派都不可能是憑空產生的，若以現代學術理念，去界定誰抄襲誰，恐怕也未必合適。

其五，從譚先生的梳理的文獻中，《列子》從《淮南子》中抄襲也較多，在古籍中排第2位，達到17次。問題是，究竟是《列子》抄襲《淮南子》，還是《淮南子》抄襲《列子》呢？在我們看來，《淮南子》是很可能是一部"急就章"，是作爲叔叔的劉安試圖向剛繼位的漢武帝施加影響而進獻的治國方略——劉安本以爲年少的劉徹會延續文景二帝及竇太后所推崇的黄老之術，於是招集門客編寫了《淮南鴻烈》；但錯判漢武帝心胸，其所獻書只落得個"秘之"的結果。該書以道家思想爲主，雜抄各家之言。所以，相對於《列子》與《淮南子》而言，《淮南子》抄襲《列子》的可能性更大一些；或者我們可以這樣説，正因爲《淮南子》與《列子》重複的條目較多，恰恰證明了《列子》不偽，證明了《列子》是先秦古籍。

最後，我們再從張湛本人的角度，談一談《列子》的真偽問題。張湛在《列子序》中，較爲詳細地記載了《列子》八篇的由來。結合楊伯峻的注釋，我們可把基本情況梳理如下：東漢末年，蔡邕藏有萬卷書，載數車予王粲（仲宣）。王粲去世後，其子因參與謀反被誅，蔡邕給予王粲的書，都落在了王氏族人王業（長緒）手中，之後傳給了王業的兒子王宏（正宗）。王宏與王弼（輔嗣）、王始周（舅舅）爲從兄弟，都好集古籍，而張湛的爺爺張嶷與劉正輿、傅穎根在小時候都在"外家"（祖父母王家）遊學，好"競録奇書"，且張氏得到了王氏藏書近萬卷。永嘉之亂時，張嶷與傅穎根南行避亂，相約對"世所稀有者"典籍"各各保録"，張嶷所録書中即包括《列子》八篇。及至江南，張嶷所録《列子》八篇已散佚，只剩餘《楊朱》《説符》《目録》三卷。後張湛又從劉正輿處得四卷，從王弼女婿趙季子處得六卷，參校後重新編訂爲《列子》八篇。若以時間爲軸，其基本脉絡如下：蔡邕、王粲——王業——王宏、王弼、王始周——張嶷（録《列子》八篇）、劉正輿、傅穎根——張曠（張湛父親）——張湛重新整理，整個綫索是清晰而

---

① 如漢成帝時，張霸偽造一部《尚書》（102篇）獻給朝廷，當時即被揭穿。

明確的①。

　　從上面的材料中可以看出,張湛整理《列子》,所依據的底本,包括張家傳下來的三卷,包括劉正輿家傳下來的四卷,包括張氏從王弼女婿趙季子處得到的六卷,共計十三卷。不出意外的話,這十三卷《列子》有共同遵循的"祖本",即蔡邕送給王粲書籍中的《列子》,後人傳抄各有保存,但因戰亂都存在散佚的情况。張湛從十三卷中理出《列子》八篇,必會删重、去蕪、存菁。我們不能證明張湛在整理《列子》時,還有没有參照《列子》其他版本,也不能否認張湛整理的傳世本《列子》八篇所具有的重大文獻與學術價值。不管怎麽説,魏晉時期,經由張湛搜集、整理的《列子》八篇才得以傳世。

　　我們再回到張湛作僞説的話題上來。通常,人之行爲總有其目的,尤其是花費很多時間、很多精力去完成的事情。如果説張湛僞作《列子》,其作僞的目的是什麽呢? 梁啓超認爲,張湛作僞是想"出風頭"以"炫名"②,張心澂也認爲張湛是"爲求名"③,張三夕則强調"世間確有一些好事之徒,他們或出於興趣而造僞書,如張湛造《列子》"④。張湛真的是爲了"出風頭""炫名""好事妄爲"而僞造《列子》嗎? 史書中有關張湛的資料甚少,我們也没有見到有關張湛獻書求名求利、獲得獎賞的記載,從劉佩德《列子學研究》來看,張湛《列子注》面世後也並没有産生學術轟動效應⑤,張湛本人大概也没有衆星捧月的感覺吧。如此,張湛的"出風頭""炫名""好事妄爲"表現在哪些方面呢? 大概只是猜測而已。

　　我們接下來看一下張湛的爲人。其一,從史料記載看,張湛祖父張嶷爲正員郎,父張曠爲鎮軍司馬,張湛出身於官宦家庭;曾在晉孝武時以才學任中書侍郎、光禄勳,職位不低。其二,張湛除注《列子》外,還曾注《文子》(已佚),其《列子注》"足以代表整個魏晉時期《列子》研究所達到的最高水準"⑥,可見張湛學問做得很好。其三,張湛有魏晉名士風範,《世説新語·任誕》記載張湛事迹,説其喜好在齋前種松柏,時人謂張"屋下陳屍"。其四,張湛重養生,曾撰《養生要集》《延年秘録》。《晉書·范寧傳》記載,張湛曾爲范寧開過藥方,其中有"减思慮""專内視"等内容⑦。從上述四個方面來看,張湛應該是一個有身份、有學問、有情趣、重心性的人——這樣一個人,會處心積慮甚至心懷叵測地去僞造《列子》,去杜撰《列子序》甚至《列子叙録》嗎? 會爲了亂人耳目或者説取信於人而讓自己的父親、祖父乃至前朝的王粲、蔡邕爲自己"站臺"

---

① 楊伯峻撰《列子集釋》,中華書局 2012 年版,第 266~267 頁。
② 同上,第 287~288 頁。
③ 張心澂《僞書通考·總論》,商務印書館 1939 年版,第 4 頁。
④ 張三夕《中國古典文獻學》(第二版),華中師範大學出版社 2007 年版,第 176 頁。
⑤ 劉佩德《列子學研究》中説"據現有資料來看,《列子》在魏晉時期的流傳情况並不十分明朗","魏晉時期的《列子》研究有限"。詳見《列子學研究》,華東師範大學博士學位論文 2013 年,第 31 頁。
⑥ 劉佩德《列子學研究》,華東師範大學博士學位論文 2013 年,第 31 頁。
⑦ 上述史料見楊伯峻撰《列子集釋·張湛事迹輯略》,第 263~264 頁。

嗎？雖說"人心險於山川,難於知天"(《莊子》),這裏上上下下涉及到6代人,張湛就如此鮮廉寡恥嗎？要知道,在中國宗法制社會裏,這是不忠不孝甚至大逆不道的行爲。其實,在張湛的敘述中,我們看到的是張家幾代人對於保存、傳承經典所付出的不懈的艱苦卓絶的努力,即便在戰亂流離中、在生命朝不保夕的險境中,仍然以極大地熱忱保存經典、傳承經典,没有對經典的熱愛、對經典的敬畏,是不可能做到的,我們首先應該對張湛、對張家幾代人所付出的努力致以敬意！

張湛造僞説的産生與流行,有一個重要的原因,就是在一些人看來,自漢至晉没有《列子》相關的研究成果與文獻資料。近些年來,一些學者在文獻考證方面已做了很多扎實的工作。馬達在《〈列子〉真僞考辨》一書中,梳理出秦漢人引用《列子》15家55例,并指出:"大量的無可辯駁的事實證明:《列子》確係早於戰國後期、秦、漢、魏、西晉人著作的先秦著作。"[①]劉群棟在《從〈文選〉李善注看〈列子〉並非僞書》一文中,也較爲細緻地梳理了《文選》李善注引用的《列子》條目,發現其中引用《列子》內容注釋作品處共有182條,另引用《列子》張湛注有12條,該文指出"從西漢到東晉《列子》一直流傳有序,魏晉間有人作僞之説難以成立"[②]。這些成果,都可給我們一些有益的借鑒或啓示。

二、劉向《列子叙録》之真僞

在進入探討劉向《列子書録》之前,首先我們需要厘清以下五個方面的問題:

其一,劉向校書的時間。據《漢書·成帝紀》記載,河平三年(前26)八月"光禄大夫劉向校中秘書。謁者陳農使,使求遺書於天下"[③],劉向從這一年開始校書,一直到死都没有結束。這項工作到底持續了多少年呢？柏俊才在《劉向生卒年新考》一文中考證劉向"卒於建平二年(前5年)"[④],依此説,劉向校書則長達21年時間[⑤]。在這人生漫長的21年中,人的心態興趣、行事的風格方法都可能會發生變化,且人畢竟不是機器,長時間地專注一件事,很可能會有疏慢、疏忽的時候,也就是說,在劉向校書工作中,發生疏忽失誤甚至錯誤都是可以理解的,後人不應求全責備。

其二,參加校書的人員。據《漢書·藝文志》記載,成帝時"詔光禄大夫劉向校經傳諸子詩

---

① 馬達《〈列子〉真僞考辨》,北京出版社2000年版,第286、306、314頁。
② 劉群棟《從〈文選〉李善注看〈列子〉並非僞書》,《中州學刊》2018年第10期。
③ 班固《漢書》(第一册),中華書局1962年版,第310頁。
④ 柏俊才《劉向生卒年新考》,《文學遺産》2012年第3期。
⑤ 劉向去世後,劉歆"卒父前業"(《漢書》(第七册),第1967頁)。熊鐵基在《劉向校書詳析》(《史學月刊》2006年第7期)一文中推算,整個校書活動前後經歷了二十四五年。

賦,步兵校尉任宏校兵書,太史令尹咸校數術,侍醫李柱國校方技"①,這裏提到了劉向、任宏、尹咸、李柱國四人。聯繫前面漢成帝的詔書,這次校書活動應由劉向總負責,而劉又與另外三人分別負責一個方面。我們強調他們"負責"一個方面,並不是説這類書籍都由他們本人來整理、校對,就如我們説"大禹治水"並不是説大禹一個人治水一樣,他們各有一個團隊來共同完成校書工作。除上述四人外,在書録或序録中出現的人物還有劉歆、劉俊(伋?)、望(太常屬臣,不知其姓)、杜參、班斿、房鳳、王龔等②。當然,不知名姓的人會更多,尤其是那些謄抄定本的人。

其三,校書的工作量。劉向諸人所整理、校對的圖書,包括兩大類:一類是國家的藏書,是西漢自廢除"挾書令"、廣開獻書之路以來所收集的圖書;另一類是謁者陳農所搜求的天下"遺書",包括私人藏書。劉向諸人在二十多年時間裏,整理校對了多少種圖書呢?《漢書·藝文志》説"大凡書,六略三十八種,五百九十六家,萬三千二百六十九卷"③,這在竹木簡的時代,絶對是一個龐大數字。而且,由於竹木簡在傳承過程中,常常出現錯簡亂簡、文字脱衍訛誤等情況,更極大地增加了工作量,也會使校對工作更容易產生疏忽、失誤。對此,余嘉錫在《古書通例》中曾評論説:"古人之書,不皆手著。……傳之既久,家法浸亡,依托之説,竄亂之文,相次攙入,劉向當諸子百家學術衰微之日,望文歸類,豈能盡辨。"④此評論甚爲公允。

其四,書録的形成。劉向諸人既然接受的是"欽命",自然也是一項重大的政治任務,需要及時向皇帝彙報,所以就有《漢書·藝文志》所謂"每一書已,向輒條其篇目,撮其旨意,録而奏之"⑤的記載。每一部書都要寫書録,都是由劉向一人完成嗎?熊鐵基先生明確指出:"前人'皆作劉向',情有可原,如今日之認'主編',劉向是'主編',這是毫無疑問的。五六百家一萬三四千卷書又不全是劉向本人校對的,決不可能由劉向一人寫'書録'。……再退一步説,即便所有'書録'劉向都看過,都署了名,也應該是別人起草了的。"⑥熊先生之言切中肯綮,如此天量的工作,怎麽可能由劉向一個人來完成?

其五,書録的傳播。《別録》成書後,南朝梁阮孝緒《七録·序》中曾有介紹;《隋書·經籍志》《舊唐書·經籍志》《新唐書·藝文志》也都曾提到,稱之爲《七略別録》。《別録》《七略》大概亡佚於晚唐五代戰火,宋初已不見其蹤影。我們這裏想説的是,《別録》《七略》最初都是寫在竹木簡上的,其成書時如何結集,我們不得而知;且竹木簡是很難把成千上萬的文字編連在一起的,這都爲它們的流傳帶來了困難,後世出現訛誤也是在所難免。

---

① 班固《漢書·藝文志》(第六册),第1701頁。
② 參見熊鐵基《劉向校書詳析》。
③ 班固《漢書》(第六册),第1781頁。
④ 余嘉錫《古書通例》,第104~105頁。
⑤ 班固《漢書》(第六册),第1701頁。
⑥ 熊鐵基《劉向校書詳析》。

清楚以上五個方面的問題,我們再探討劉向《列子叙録》的真偽問題。相關的討論仍是針鋒相對,如程水金先生認爲"張湛自作自注,然後又故意布設迷陣,聲東擊西,轉移讀者視綫","今傳《列子書録》與《列子》一書皆爲僞書,遂成鐵案"①。而馬達先生在《劉向〈列子叙録〉非僞作》一文中,反駁了列子學史上主僞者的主要觀點,也是旗幟鮮明②。《列子書録》爲什麽成爲《列子》辨僞的焦點問題呢? 馬達指出"這是因爲《叙録》所述《列子》書的篇目、内容、著書意旨、學術源流等等,都與張湛《列子》注本相應"③,《列子書録》與傳世本《列子》可謂是一根繩上的兩個螞蚱,若證《列子》僞,則必須證《列子書録》僞。我們且看主僞派幾個常見的論點:

其一,主僞者常把劉向"博學碩儒"作爲一個證僞的依據。柳宗元在《辯列子》中説"劉向古稱博極群書,然其録《列子》,獨曰鄭穆公時人"④,把原因歸結爲劉氏的失誤,這是客觀的。而姚際恒在《古今僞書考》中稱"夫向博極群書,不應有鄭繆公之謬,此亦可證其爲非向作也"⑤,馬叙倫在《列子僞書考》説"博聞如向,豈不省此? 然則《叙録》亦出依托也"⑥。程水金針對《列子書録》所謂"以盡爲進"條,則聯繫古文字通假,指出:"劉氏博極群書,在通假字仍然大量使用的西漢之世,不知通假與'字誤'之辨,將通假指爲'字誤',豈其然乎? 然則劉向於《書録》既已指爲'字誤',於《列子》之文又以爲通假而不改,劉氏蠢耶? 抑作僞者蠢耶?"⑦對此種論證,日人武義内雄早就指出"因一字之誤,而疑《序》之全體,頗不合理。況由後人之僞寫,抑由向自誤,尚未可知"⑧。我們認爲,劉向遍及群書没錯,學問高深没錯;但問題是,遍及群書、學問高深,在文章中就不能出現疏忽或失誤嗎? 此亦是一種"潔癖"。況且,《列子書録》也未必是劉向本人所寫;況且,在竹木簡傳抄過程中,也可能出現訛誤。此乃"以一眚掩大德",本不足取。

其二,關於《列子》的傳播。《列子書録》中説,漢景帝時由於黄老術盛行,《列子》也曾經較爲流行。文中用了一個"頗"字,馬達先生爲反駁主僞派的觀點(主僞派認爲漢至晉列子學説没有流傳,與"頗"相矛盾),依《廣雅·釋詁》,釋"頗"爲"稍微"義,聯繫這句話語境,實有些牽强,其實該字解釋爲"很""相當"也並無不妥。有兩個方面的情況可予以説明:一是根據馬達、劉群棟二人的考證(出處見前文),可從一定程度上證明漢至晉《列子》學説並没有斷絶;二是主僞派認爲《列子》抄襲《淮南子》,但在筆者看來,《淮南子》其實是一個"大雜燴",抄襲《列

---

① 程水金、馮一鳴《〈列子〉考辨述評與〈列子〉僞書新證》,《中國哲學史》2007 年第 2 期。
② 馬達《劉向〈列子叙録〉非僞作》,《河南大學學報》2000 年第 1 期。
③ 同上。
④ 楊伯峻《列子集釋》附録二《辨僞文字輯略》,第 275 頁。
⑤ 同上,第 281 頁。
⑥ 同上,第 289 頁。
⑦ 程水金、馮一鳴《〈列子〉考辨述評與〈列子〉僞書新證》。
⑧ 楊伯峻《列子集釋》附録二《辨僞文字輯略》,第 293 頁。

子》的可能性更大一些。

其三,關於《列子書録》中提到的《力命》《楊朱》兩篇,其思想主旨比較特殊,與列子"貴虚"思想不類。其中的原因大概有兩個方面:一是《列子》係列子及其弟子甚至再傳弟子共同創作的結晶,其本身即具有複雜性的一面;而一般認爲《楊朱》篇體現的是楊朱思想,只是摻入到列學體系中的,至於摻入的原因則可能是:列子或其弟子與楊朱或其弟子有學術淵源,其思想亦有相通之處,如《天瑞》篇中榮啓期所謂"天生萬物,唯人爲貴"與《楊朱》篇所楊朱所謂"人肖天地之類,懷五常之性,有生之最靈者也",《天瑞》篇中林類所謂"少不勤行,長不競時,故能壽若此"與《楊朱》篇中楊朱所謂"且趣當生,奚遑死後",都有異曲同工之處①,《列子》只是列子學派的"文集"。二是劉向、張湛在整理《列子》時,也只是按"文集"、按學派特點予以收録,他們或認爲并無不妥。

其四,關於劉向書録的體例②。前文説過,劉向領銜整理全國圖書,需要向皇帝彙報工作,這也是劉向書録産生的原因。該書録是典型的"上行"公文,自然需要一定的體例,"向所做的'書録',其附在本書的,謂之'叙録'。現今存在的,只有《戰國策》《管子》《晏子》《列子》《荀子》《鄧析子》《説苑》七書中的各一篇,共七篇"③。程水金試圖通過考證叙録體例的方法,對《列子書録》予以辨僞,他指出"劉向所奏之群書《叙録》,今可考見者,尚有《戰國策》《晏子》《孫卿子》《管子》諸《録》,另有《關尹子叙録》,乃後人僞托,不足數也"④,並在梳理上述四篇《叙録》後,提出了兩個"疑點"。我們這裏亦予以重點辨析。

劉向《别録》今已亡佚,我們只能從現存的七篇《叙録》中管中窺豹,就體例而言,能不能形成所謂通例呢?程先生以爲,《管子》《晏子》之"叙録"體例一致,即爲"通例";《荀子》《戰國策》之"叙録"體例不一,即爲"變例"。據此"通例",程先生提出了第一個"疑點",即"通例"中謂凡中外書若干篇,"凡"字置於句首;而《列子書録》云"内外書凡二十篇",不合"通例",也與"變例"不類。此"疑點"有些莫名其妙,有兩篇一致即爲"通例","變例"則各各不同,怎麽能成爲評判的"標準"呢?是否是以偏概全呢?程先生所提疑點之二,即《管》《晏》《荀》《戰國策》四"叙録"中均是"中書"與"外書"相對(合稱"中外書"),不以内書與外書相對(合稱"内外書")。這一點,現存七篇"叙録"中,確實只有《列子書録》稱"中書""外書"或稱"内外書",其他六篇則稱"中書""外書""中外書"。如何來解釋這種現象呢?① 我們要承認"中外書"與"内外書"是有所不同的,但不能因《管》《晏》《荀》《戰國策》四篇"叙録"中没有"内外書",就認爲《列子書

---

① 楊伯峻《列子集釋》,第 21、224、23、211 頁。
② 因程水金、馮一鳴《〈列子〉考辨述評與〈列子〉僞書新證》一文提供了新的辨僞角度,我們這裏重點聯繫他們的文章談一下自己的觀點,並與二位先生商榷。感謝程水金、馮一鳴二位先生提供的視角及相關材料。
③ 陳國慶《漢書藝文志注釋彙編》,中華書局 1983 年版,第 6~7 頁。
④ 程先生没有提及《説苑》《鄧析書》之"叙録",不知何故。

錄》是僞作,畢竟劉向《別録》可能有成百上千篇,這幾篇只占很小的比例,否則的話,則有以偏概全的嫌疑。② 要仔細甄別"中外書""内外書"的概念。先看中外書,顔師古解釋説:"中者,天子之書也。言中,以别於外耳。"①也就是説,"中書"是皇帝放置在天禄、石渠、延閣、廣内等"禁中"之地的"秘書",也稱"中秘書";而"外書"的範疇則没有限制,陳農所搜求的天下"遺書"、太常太史等處書籍乃至私人藏書,都可稱之爲"外書"。《列子》"叙録"中把"中書"五篇與太常書、太史書、劉向書、参書並列,這應該即是"中外書"的范疇。但爲什麽又稱爲"内外書"呢?筆者以爲,内書、外書指的則是内、外篇,余嘉錫先生在《古書通例》中對二者曾予以區分,"凡一書之内,自分内外者,多出於劉向,其外篇大抵較爲膚淺,或並疑爲依托者也",並指出了編排的三種體例:① 與諸本相合,不分内外篇,通爲一書,此類書可能是一人所作,可能是因無可考證而"不敢强爲分别",亦可能非劉向自校;② 就原有篇目中,文體不類者爲外篇;③ 原書篇章真贋相雜,取其可疑者編爲外篇②。《列子》當屬第①類。或許,在劉向諸人看來,他們所收集到的《列子》文獻,有膚淺蕪雜者,因無從考證,他們去其重,編成《列子》。其實,最能體現"叙録"上行公文特徵的還是抬頭和落款,在現存的七種"叙録"中,《鄧析子叙録》既没有抬頭也没有落款,可能被書籍整理者删除,其餘六篇開頭俱是"護左都水使者光禄大夫臣向言";結尾落款處則各各不一:如《管子》之《叙録》文末標識爲"向謹第録上"③,《晏子春秋》之《叙録》文末標識爲"謹第録。臣向昧死上"④,《戰國策》之《書録》文末標識爲"護左都水使者、光禄大夫臣向所校《戰國策》書録"⑤。由上可以看出,這些上行公文連基本的落款都不一致,要求其行文有"通例",也是比較困難的事情,所以,程水金先生所謂"有此二疑,足以判定今傳《列子書録》出於僞托,決非劉向手筆",仍然值得商榷。

其五,關於《列子書録》與《列子》文本相抵牾的問題,這也是程水金先生在《〈列子〉考辨述評與〈列子〉僞書新證》一文中重點討論的問題。《列子書録》中説:"中書多,外書少。章亂布在諸篇中。或字誤,以盡爲進,以賢爲形,如此者衆。及在新書有棧。"⑥也就是説,劉向所整理校對的"内外書"二十篇中,删除複重的十二篇,確定八篇;而這八篇之中,"中書"占的比例大,"外書"占的比例少;八篇中的各章次序混亂,重新校定。至於新校定的八篇中,存在文字書寫錯誤,如"以盡爲進,以賢爲形",也都予以改正。現存劉向七篇《叙録》中,除《列子書録》外,《晏子春秋叙録》《戰國策書録》中也指出了相類的問題,其他四篇《叙録》則無。下面我們也仔細梳理一下今傳《列子》文本中"以盡爲進""以賢爲形"兩種情況。

---

① 班固《漢書》(第六册),第1705頁。
② 余嘉錫《古書通例》,第112頁。
③ 黎翔鳳《管子校注》(新編諸子集成),中華書局2004年版,第3頁。
④ 吴則虞《晏子春秋集釋》(新編諸子集成),中華書局1982年版,第50頁。
⑤ 何建章《戰國策注釋》,中華書局1990年版,第1357頁。
⑥ 楊伯峻《列子集釋》附録二《重要序論匯録》,第266頁。

1. "以盡爲進"。今本《列子》中"進"字出現24次,詳見下表。

《列子》中"進"字使用表①

序號	篇目	内　　容	基本意義	以盡爲進	頁碼
1	天瑞	終進乎?不知也。	窮盡	是	17
2		道終乎本無始,進乎本不久	窮盡	是	18
3		林類年且百歲……並歌並進	行進	否	23
4		凡一氣不頓進,一形不頓虧	增長	否	28
5	黄帝	竭聰明,進智力	窮盡	是	38
6		列子師老商氏……進二子之道	完全掌握	是	43
7		若人之爲我友:内外進矣	與道融合	是	45
8		揖禦寇而進之	上前	否	50
9		至舍,進盥漱巾櫛	獻上	否	76
10	周穆王	引三牲以進之	獻上	否	87
11		尹文先生揖而進之於室	進入	否	95
12	仲尼	進知者亦無言	窮盡	是	120
13		子列子學也……外内進矣(重複)	與道融合	是	121
14		伯豐子之從者越次而進曰	上前	否	128
15		不進酒肉,不召嬪御者	吃	否	157
16	湯問	是故能進退履繩而旋曲中規矩	前進	否	177
17		迴旋進退,莫不中節	前進	否	177
18	力命	進其茙菽	吃	否	187
19	楊朱	名法之所進退	前進	否	209
20		生死之道,吾二人進之矣	通透	是	214
21	説符	因從請進趨之方	得到	否	235
22		彼必聞此而進,復望吾賞	前來	否	244
23		進仁義之道而歸	完全掌握	是	255
24		預於次,進曰	上前	否	258

---

① 楊伯峻《列子集釋》,頁碼見表格中"頁碼"欄。

在上表所列 24 處"進"中,"以盡爲進"者有 9 次。另,"盡"字正常用法在《列子》中出現 30 次,這是劉向諸人校改之後的,還是其校讎時的"底本"即如此,不得而知。假若劉向諸人校讎時的"底本"全部是"以盡爲進",那麽他們已經校正了 30 次,未校正 9 次,計 39 次,失誤率達到 23%,還是挺高。出現這種情況,可能的原因包括兩個方面:

① 謄錄人員爲之。《漢語大字典》在解釋"進"的這種用法時説:"通'盡'。《字彙補·辵》:'進,與盡同。'清朱駿聲《説文通訓定聲·坤部》:'進,假借爲盡。'"①即以《列子·天瑞》《黃帝》篇爲例。可以説,以"盡"爲"進"是一個較爲典型的通假字。劉向在《列子叙錄》中雖已經注明,並籠統標示爲"或字誤";謄錄人員覺得是個較爲正常的現象,有時改正,有時未改。況且,謄錄工作是個非常繁雜的工作,一支竹簡只能書寫二三十個字,但就今本《列子》三萬八千字來説,就需要書寫一千五百左右支竹簡,工作量巨大。劉向本人不可能親自去謄錄,這應該是常識。

② 張湛無意爲之。在張湛收集的十三卷《列子》"底本"中,某些篇章可能不是劉向校定的版本。劉向諸人校定天下圖書,此籠統稱之,並不意味着校定天下所有的圖書,私人藏家手中仍會有不同的版本在流傳,此亦是常識。從張湛《列子序》記載看,其十三卷《列子》來源不同,在傳抄過程中自然會出現差異,其與劉向校定本之間是什麽關係,我們也不得而知。劉向在校書時所堅持的標準較爲嚴格,但任何事情都可能出現"變數",余嘉錫在《古書通例》中指出,劉向校書未竟而卒,今本書中多有非劉向所校者,并強調説:"經向別加編次者,皆題之《新書》,以別於中秘舊藏及民間之本,如《荀子書錄》云:'《荀卿新書》三十二篇。'《列子書錄》云:'新書有棧。'"②於是,這就產生一種可能:張湛在校定傳世本《列子》時,既把劉向《列子書錄》以及他所搜集的劉向本《列子》某某卷收錄其中,又收錄了不同於劉向本的《列子》某某卷;而張湛在書中對"以盡爲進"通假字不甚在意,未做校正,於是傳世本《列子》中仍然保留了部分"以盡爲進"的情況。

2. "以賢爲形"。今本《列子》中"形"字出現 76 次,且已經沒有"以賢爲形"的情況,這表明劉向諸人包括謄錄者在內,都已經注意到這一明顯字誤。不過,程水金在《列子》文本又發現了一例"以形爲賢"的情況。《列子·天瑞》有"又有人鍾賢世、矜巧能、修名譽、誇張於世而不知已者,亦何人哉"句,對其中"鍾賢世"三字,張湛注曰"鍾賢世宜言重形生",殷敬順《釋文》則曰:"'鍾'作'種',云:種賢世音重形生。"③程先生指出:"張氏曰'宜言',殷氏曰'音',是張氏以字誤爲説,殷氏以通假爲解。事實上,與'以盡爲進'一樣,以'形'爲'賢',既非嚴格意義上的'字誤',亦非常見之古音通假,而是造僞者企圖模古模擬,故意將'重形生'寫作'鍾賢世'。此類彆扭奇怪的用字,今本《列子》中,爲數甚夥,姑置無論。"筆者以爲,關於《天瑞》篇"鍾賢

---

① 徐中舒主編《漢語大字典》,四川辭書出版社、湖北辭書出版社出版 1986~1990 年版,第 3852 頁。
② 余嘉錫《古書通例》,第 104~105 頁。
③ 楊伯峻《列子集釋》,第 26 頁。

世"三字的解釋,張湛注、殷敬順《釋文》的解釋都是錯誤的,這句話中,賢世、巧能、名譽三詞相對應,所謂鍾即鍾情、專注,賢世即賢明之世。當然,聯繫文中整段話的語境,作者意在批判兩種人,筆者贊同葉蓓卿評注《列子》中對這句話的解釋:"又有人熱衷世事,自以爲靈巧能幹,沽名釣譽,誇張炫耀自己而不知休止,這又是什麽人呢? 世人一定以爲他是深富智謀的人了。這兩種人,都是有過錯的。"①或許只是一個簡單的問題,過度複雜化並不利於問題的解决。

另外,我們剛才提到,余嘉錫《古書通例》指出,劉向所編次書籍皆題爲《新書》,《列子書錄》正式名稱是《列子新書目録》,其中明確説"右新書定著八章""新書有棧"——這不是可以作爲劉向《列書書録》不僞的證據呢? 胡家聰在《從劉向的叙録看〈列子〉並非僞書》一文中就直接説:"僅僅從《列子》'新書'的詞語,便從根本上否定了姚際恒、梁啟超、馬叙倫等人的僞造説。换言之,《列子》'新書'是劉向叙録不僞的鐵證。"②當然,主僞者亦可把它作爲張湛刻意作僞的"障眼法"。

三、《列子》與佛教之關係

《列子》"抄襲佛經説",是主僞者的又一個"實錘"。此説肇始於南宋洪邁《容齋隨筆》"列子與佛經相參"條③,後高似孫《子略》、姚際恒《古今僞書考》、梁啟超《古書真僞及其年代》不斷把《列子》抄襲佛經説發揚光大。同前人或推測或假設或"扣帽子"不同,季羨林在《〈列子〉與佛典》一文中聲稱自己"第一次"找到了實據,即在比較了《列子·湯問》"偃師見周穆王"與佛典《生經》卷三《佛説國王五人經》中機關木人故事後,認爲"我們既然確定了印度是這個故事的老家,那麽,《列子》鈔襲佛典也就没有什麽疑問了",并進而强調"《列子》這部書是徹頭徹尾一部僞書,劉向的《叙録》,《列子》本文,《列子序》和《列子》注都出於張湛一人之手,都是他一個人包辦的"④。與之相反,《列子》"抄襲佛經説"早在宋時已遭到批駁,南宋黄震在《黄氏日鈔》中,立足《列子》之《周穆王》《仲尼》篇,指出所謂的"化人"與西方聖人並非指佛;而對於佛教牽合《列子》的目的,黄氏認爲是"爲佛氏張本爾",即藉《列子》的影響力張揚佛教⑤。黄震之

---

① 葉蓓卿評注《列子》,商務印書館 2015 年版,第 17 頁。
② 胡家聰《從劉向的叙録看〈列子〉並非僞書》,《道家文化研究》第六輯,上海古籍出版社 1995 年版,第 83 頁。
③ 洪邁《容齋隨筆·容齋四筆》,上海古籍出版社 1978 年版,第 622~625 頁。
④ 季羨林《〈列子〉與佛典——對於〈列子〉成書時代和著者的一個推測》,《季羨林文集》第六卷《中國文化與東方文化》,江西教育出版社 1996 年版,第 41~53 頁。
⑤ 楊伯峻《列子集釋》附録三《辨僞文字輯略》,第 278~279 頁。需要説明的是,這段話中四次提及的"西域"即"西極",因《列子》版本不同所致。《列子》中"西極之國""西方之人"是虚指,出現在寓言中;若説西域則是實指,有違列子之旨趣。

後,明代宋濂《諸子辨》乃至當代一些學者,如馬達《〈仲尼篇〉言西方聖人與〈列子〉真僞》①、管宗昌《〈列子〉中無佛家思想——〈列子〉非僞書證據之一》②、劉林鷹《〈列子〉抄襲佛經論三個硬據之駁議》③等都在極力反駁《列子》"抄襲佛經説"。

爲了更好地辨析列子與佛教思想的關係,我們這裏先看一下佛教最初在中國的傳播史。佛教傳入中土的脉落,《魏書·釋老志》記載得比較清楚:漢武帝元狩年間(前 122—前 117),霍去病征匈奴時獲一金人,此是中土接觸佛道之始;張騫出使西域時,中國人才知道有天竺之國、浮屠之教;漢哀帝元壽元年(前 2),博士弟子秦景憲受大月氏王使伊存口授的《浮屠經》;漢明帝永平年間(58—75 年),有了著名的"永平求法"④。聯繫其他文獻,佛教在中國的傳播,當在漢明帝之前、兩漢之際。這裏,我們首先需要明確,佛教是異域文化、外來宗教,它在中土的傳播面臨諸多困境,受到諸多因素的制約。對此問題,范文瀾《中國通史簡編》⑤、任繼愈《中國哲學發展史》⑥、王健《漢代佛教東傳的若干問題研究》⑦等著作、論文中多有論及,此不贅述。對於佛教傳入中土後二三百年的情況,方立天在《佛教哲學》中概括説:"佛教約在兩漢之際傳入中國,此後直至整個三國時代,佛教的流傳都是微弱的、緩慢的。它起初只在皇室宫廷的狹小天地内獲得信奉,到西晉時才逐漸推及於民間。此時佛教的主要活動是譯經,着重譯出的是禪經和般若經。"⑧

如何讓佛教在中土扎下根來,讓中國人最大程度地接受佛教並成爲其信衆,是佛教傳播者的首要任務。在漢末魏晉之際,佛教終於迎來了快速傳播的契機。原因之一,是社會動蕩,戰争頻繁,人們朝不保夕,遭受着生活與心靈的雙重煎熬,亟需要獲得解脱,佛教的苦難學説及輪迴理論,有助於人們消除心靈上的苦難。原因之二,是玄學的興起,老莊學説的勃興,爲佛教融入中國文化,或者説爲佛教中國化提供了"大舞臺"。佛教的空寂理論與老莊的虚無學説本就交錯冥合,佛教得以藉玄學順勢而上,當時人們甚至以老莊思想理解佛教教義,一些學者對此已有深入的闡釋。任繼愈在《中國哲學發展史》中明確説:"魏晉時期,佛教力圖與玄學相適應,佛教理論家力圖與玄學家講的老莊之教相結合,出現了佛教般若學'六家七宗'。般若學實際上是玄學佛教版的本體論。"⑨並以《牟子》爲例,指出該書"儘量用中國熟悉的詞句來

---

① 馬達《〈仲尼篇〉言西方聖人與〈列子〉真僞》,《常州工業技術學院學報》1996 年第 3 期。
② 管宗昌《〈列子〉中無佛家思想——〈列子〉非僞書證據之一》,《大連民族學院學報》2004 年第 2 期。
③ 劉林鷹《〈列子〉抄襲佛經論三個硬據之駁議》,《文史博覽(理論)》2011 年第 4 期。
④ 魏收《魏書》第八册,中華書局 1974 年版,第 3025~3026 頁。
⑤ 范文瀾《中國通史簡編》(修訂本)第二編,人民出版社 1955 年第 3 版,第 304 頁。
⑥ 任繼愈《中國哲學發展史(魏晉南北朝)》,第 436 頁。
⑦ 王健《漢代佛教東傳的若干問題研究》,《宗教學研究》2004 年第 1 期。
⑧ 方立天《佛教哲學》,中國人民大學出版社 1986 年版,第 28 頁。
⑨ 任繼愈《中國哲學發展史》(魏晉南北朝),第 436~437 頁。

解釋什麽是佛","從《牟子》書中可以看出佛教傳入初期中國人對佛教的理解。佛教傳到一個新環境,不得不與當地的社會相適應。它要依附道家和中國的方士迷信思想,有許多解釋與佛教宗旨不合。佛教正是靠了這種更爲接近中國習慣的方式,逐漸成爲中國的佛教的"①。范文瀾先生在《中國通史簡編》中亦認爲:"僧徒不僅以空無宗旨與清談家相呼應,而且還模仿清談家放蕩生活。東晉孫綽《道賢論》,以佛教七道人比作竹林七賢,陶潛《群輔録》以沙門于法龍(即支孝龍)爲八達之一,清談家取佛學來擴充自己的玄學,胡僧依附玄學來推行自己的宗教,老莊與佛教結合起來了。"②這樣,在佛教理論家、佛陀(胡僧)、信衆乃至於執政者的共同努力下,佛教較好地完成了中國化的進程。

我們上面之所以討論佛教在中國的傳播史,旨在説明佛教與玄學的關係。我們要清楚佛教是藉玄學才得以快速傳播的,也就是説,老莊道家學説對佛教中國化影響巨大。明於此,我們可以推測,佛經抄襲《列子》的可能性更大,下面討論幾個具體的問題。

1. 西極之國、西方之人。"西極"一詞,在《列子》中出現 3 次,其中《周穆王》篇出現 2 次:①"西極之國有化人來";②"西極之南隅有國焉,不知境界之所接",這裏與後文中的"東極之北隅有國"相對應。《湯問》篇 1 次:"帝恐流於西極,失群仙聖之居。"③這裏仙聖並舉,顯然與戰國時期神仙方士之説相聯繫。綜合來看,所謂"西極之國"應該是先秦方士神仙之言④,是虛擬之地,非佛教中"西天"。至於西方、西方之人,本是先秦時期經常出現的概念,《詩經·簡兮》《莊子·讓王》《禮記·文王世子》《國語·晉語》等先秦典籍中都有記載,馬達在《〈仲尼篇〉言西方聖人與〈列子〉真僞》⑤一文中考證甚詳。

2. 西極化人。談到《周穆王》篇中西極化人的寓言,王應麟在《困學紀聞》中説:"《列子》言'西方之聖人'、'西極之化人',佛已聞於中國矣。"⑥何治運在《書列子後》一文中分析説:"《列子》稱四海四荒四極,則其書出《爾雅》後矣;又稱太初太始太素,則其書出《易緯》後矣;又稱'西極化人''西方有人焉,不知其果聖歟,果不聖歟',則其書出佛法入中國後矣。"⑦把"西極化人""西方有人"作爲《列子》晚出(僞書)説直接證據。這裏有幾點需要説明:①"化人"在佛教用語中並不常用,更没有成爲佛教的專有名詞(任繼愈主編《佛教大辭典》没有收録該名詞),《列子》中出現這個詞語並不能説明《列子》晚出。② 道家思想以人爲本,重視對人本身的討

---

① 任繼愈《中國哲學發展史》(魏晉南北朝),第 447~449 頁。
② 范文瀾《中國通史簡編》(修訂本)第二編,第 304 頁。按:這與黃震在《黃氏日鈔》中所謂"爲佛氏張本爾"思路一致。
③ 上述三處引文,見楊伯峻《列子集釋》,第 86、99~100、145 頁。
④ 屈原《離騷》中言"朝發軔於天津兮,夕余至乎西極",亦指神話中地名。
⑤ 馬達《〈仲尼篇〉言西方聖人與〈列子〉真僞》。
⑥ 王应麟著,樂保群等點校《困學紀聞》(中册),上海古籍出版社 2008 年版,第 1229 頁。
⑦ 何治運《何氏學·書列子後》,北京師範大學圖書館編《稀見清人別集叢刊》第 15 册,廣西師範大學出版社 2007 年版,第 209 頁。

論。《老子》五千言中,僅"人"字就出現 87 次,有聖人、衆人、俗人、善人等概念;而莊子在此方面更是極大地張揚,《莊子》一書中出現了各種各樣的"人",僅"内七篇"就有至人、神人、聖人、真人、全人等,也有所謂的暴人、畜人、惡人、畸人等。而《列子》書中"人"字出現 408 次,較爲典型的概念有聖人、神人、至人、真人、達人、異人、歸人、行人、諍人、隸人、野人等等,出現一個"化人"的概念,有什麽奇怪的呢?③ 化人所謂"神遊",與莊子"逍遥遊"有異曲同工之妙,都發生在"無何有之鄉",只不過莊子以無爲基點,列子此處以有爲時尚。這則寓言結尾稱贊周穆王窮盡享樂,長壽百年,幾乎達到了神人的境界,大有楊朱思想的意味。④ 從《周穆王》篇中描述情况來看,極盡豪華奢靡,顯然係受戰國中晚期神仙方士影響;其内容既没有異域風情,也没有佛教思想,其中所謂"引三牲以進之,選女樂以娱之","三牲"與"女樂"更爲佛家所排斥。

3. "輪迴"之説。錢大昕《釋氏輪迴之説》、陳三立《讀列子》針對《列子·天瑞》篇中"死之與生,一往一反,故死於是者,安知不生於彼"句,認爲《列子》受到了佛家"輪迴説"的影響①。對此論點,我們需要首先考慮以下基本内容:① 道家思想是中國文化構成的重要組成部分,在生與死這一組最核心的文化觀念中,道家由死入生(儒家由生入死)②,在《老子》《列子》《莊子》等道家典籍中都有有關生與死的論述,這是他們關注的基本問題。② 以金木水火土"五行"相生相剋爲基本理論的循環論,在先秦時期就廣泛流傳。③ 老子强調"復",在《老子》中多有表現,如其十六章中説:"致虚極,守静篤,萬物並作,吾以觀復。夫物芸芸,各復歸其根。歸根曰静,是謂復命;復命曰常,知常曰明。"老子以虚静爲基點,用以"觀復",指出天道的循環往復;人只有懂得"復"的道理,才能够達到"没身不殆"的境界。可以説,"復"是一種循環論,也隱含着輪迴的意味,這是道家的基礎理論。《莊子·至樂》"莊子妻死"的寓言中,莊子所謂人從無氣—有氣—有形—有生—死—無氣,死與生亦形成一個循環。④《列子·天瑞》對生與死的表述,所謂"死之與生,一往一反"是列子在老子乃至於中國人循環論基礎上的闡發,並非"輪迴"之説。

4. 偃師木人故事。我們前文説過,季羡林把偃師木人作爲《列子》證僞的確鑿的證據。對季羡林的觀點,劉林鷹在《〈列子〉抄襲佛經論三個硬據之駁議》③一文中已有反駁,我們這裏也簡單談一下自己的看法。

① 關於竺法護譯經。據季羡林在《〈列子〉與佛典》一文中介紹,《生經》的翻譯者爲竺法護。竺法護是西晉時著名的佛經翻譯家,翻譯佛經一百七十五部。竺法護翻譯佛經具有怎麽的特點呢?吕澂在《中國佛學源流略講》中指出,竺法護雖是僑民,但對漢文有深厚修養,又通西域諸國文字,他翻譯佛經所依據的并不是梵文原本,而是轉譯的西域文本"胡本",并强調:

---

① 錢、陳觀點見楊伯峻《列子集釋》附録三《辨僞文字輯略》,第 282、286 頁。
② 詳見筆者《中國古代道德生態淺論》,《光明日報·理論周刊》2014 年 7 月 14 日。
③ 劉林鷹《〈列子〉抄襲佛經論三個硬據之駁議》。

"傳入內地的佛經,就是用這種'胡本'翻譯的,在文字的轉換中,自然會有些改動,再經過譯者因學説師承不同作些變改,西域佛學,不能説與印度的完全一樣。"①由此可知,在梵文翻譯成西域文、西域文翻譯成漢文的過程中,都可能使文章内容發生變化。雖然,竺法護在翻譯佛經時有"辭質勝文","言准天竺,事不加飾"的評價②,但其所依據"胡本"究竟如何却不得而知。并且,竺法護譯經有多人協助,是一個團隊作業。一部佛經的翻譯,從開始至最終定稿,常常是由竺法護"口宣",其他人則筆受、勸助、校對、謄寫,流程持續時間較長③。

②《生經》及其流傳。據任繼愈《佛教大辭典》介紹,《生經》是一故事彙編,共計六十二個故事,内容以佛本生爲主④。在竺法護翻譯的佛經中,《生經》並不具有很高的地位,湯用彤《漢魏兩晉南北朝佛教史》、任繼愈《中國佛教史》有關"竺法護"的介紹中,都没有提及《生經》,吕澂《中國佛學源流略講》中僅提到"《生經》五卷"四字,竺法護翻譯的《生經》當是"胡本"(季羨林反復提到的也是中文譯本)。就如我們上文中説的,胡僧在翻譯梵本時,是直譯還是有敷衍的成分? 竺法護在翻譯"胡本"《生經》時,是直譯還是有敷衍的成分? 我們知道,中土跟西域交往要比佛教傳入中土早得多,文化的交流也要比佛教傳入中土要早得多,有没有可能胡僧或者竺法護翻譯佛經時受到了中土文化的影響呢? 比如機關木人的故事,畢竟相類的故事在中國先秦典籍、漢代典籍中都有記載(見下文)。而在佛經中,季羨林在《〈列子〉與佛典》一文中也指出:"屬於第二個工巧王子的機關木人的故事,我一直到現在除了在《生經》《佛説國王五人經》裏找到以外,在别的地方還没有發現類似的故事。"按理説,如此新奇的故事,很能吸引人的"眼球",而它竟然只出現在《生經》這樣一部故事"彙編"中? 不知道梵文文獻中或者説古印度文化中還有没有類似的故事⑤,如果没有一點兒現實基礎,憑空想像出這樣精巧的機關木人,可能性有多大呢? 但季羨林把它作爲《列子》證僞的"確鑿的證據",只能説各有其"成心"吧。

③ 機關木人的淵源。在此方面,劉林鷹《〈列子〉抄襲佛經論三個硬據之駁議》一文中已詳細梳理了相關文獻,包括《墨子·魯問》中公輸子"竹木以爲鵲"⑥,《韓非子·外儲説左上》中"墨子爲木鳶"⑦,王充《論衡·儒增》中魯班、墨子"刻木爲鳶"⑧,可謂神乎其神。先秦典籍中,

---

① 吕澂《中國佛學源流略講》,中華書局1979年版,第40頁。

② 同上,第37頁。

③ 任繼愈在介紹竺法護時,也介紹了他翻譯佛經時具體的操作流程:由竺法護手執胡本"口宣",記録、校對等工作由他人完成。見任繼愈《中國佛教史》第二卷,中國社會科學出版社1985年版,第25~26頁。

④ 任繼愈《佛教大辭典》,江蘇古籍出版社2002年版,第418頁。

⑤ 蕭登福在《列子與佛經》(《成功大學學報》1982年第3期)一文中指出,佛經《道行般若經》中曾提到"工匠點師",但强調木人只能隨人(我)動摇,本身無心無念,與《生經》《佛説國王五人經》中機關木人故事旨趣完全不同,情節也不生動,"技術"也不高明。

⑥ 吴毓江《墨子校注》,中華書局1993年版,第739頁。

⑦ 王先慎《韓非子集解》,第266~267頁。

⑧ 黄暉《論衡校釋》,中華書局1990年版,第365頁。

如《莊子》《韓非子》中也記載了一些能工巧匠,中國匠人對"工巧"的追求可謂源遠流長,魯班、墨翟只是其中的佼佼者,而《列子·湯問》中扁鵲爲魯公扈、趙齊嬰二人"換心"的記載,更是驚世駭俗。所以,在中國先秦語境中產生精巧的、在當時神乎其神的機關木人故事是可能的,而在佛經中突然產生的可能性是較小的。

④ 文本的差異。在《列子·湯問》"偃師見周穆王"寓言中,機關木人是以"倡"的身份去覲見周穆王並爲其表演的。先秦時期,各諸侯國宫廷倡優衆多,較爲著名的有優施(《國語·晉語二》)、優莫(《新序·刺奢》)、優孟、優旃(《史記·滑稽列傳》)等。這篇寓言,可謂是一篇優秀的短篇小說,完全符合故事的起因、發展、高潮、結局、尾聲特徵:周穆王返回中土途中,有人進獻"工人"偃師,其特長是"有所造"。對於木人的性質、倡者的身份,周穆王是提前知道的,只不過"倡者"表演過於惟妙惟肖,乃至於以假亂真,周穆王認爲其是"實人"。古代"倡者",插科打諢搞笑,表演結束時,搞一個誇張點兒的動作以引人注目,符合其"倡"的身份,只不過他目"招"周穆王左右侍妾,給偃師引來殺身之禍。偃師自己"剖散"木人以謝罪,獲周穆王寬恕。而寓言結尾,以天下之巧者魯班、墨翟的反應("終身不敢語藝")來反襯偃師機關木人之精巧,這是很"中國化"的表述。《佛説國王五人經》中機關木人故事之構思與"偃師見周穆王"寓言明顯不同:"工巧者"知道國王喜歡技術後,就製造了機關木人。機關木人形貌顔色與生人無異,能歌善舞,並與"工巧者"以父子相稱。機關木人在表演時,看到國王及夫人高興,便得意忘形,眼神挑逗、色視國王夫人。國王大怒,要殺木人。"工巧者""爲子"求請,國王不准,不得已使木人機關解落;國王此時才知道是一機關木人在表演,重獎了"工巧者"。這個故事中有一些"表演"的特點,尤其是"工巧者"作爲"父親"爲"子"求情時,情意哀哀,甚至表示"假使殺者,我當共死";但當拆解機關木人後,工巧者非但没有"共死",還領了重獎,前後對比富有戲劇色彩。季羨林在比較了兩個文本後指出二者"内容幾乎完全相同,甚至在極細微的地方都可以看出兩者間的密切的關係,譬如《列子》裏説'倡者瞬其目而招王之左右侍妾',《生經》裏就説'便角瞦眼,色視夫人'。"①在筆者看來,二則故事中木人眉眼的挑逗,還是有區别的:《列子》中"瞬其目而招王之左右侍妾",瞬者,《漢語大字典》解爲"眼珠轉動";招者,《漢語大字典》解爲"打手勢呼人","惹;逗"等,這是"倡者"在結束表演時轉動眼睛、惹逗周穆王侍妾,符合偃師作爲"江湖藝人"表演的特徵;《生經》裏説"便角瞦眼,色視夫人",瞦者,《漢語大字典》解爲"目眇視"②,大概是眯着一隻眼睛輕佻地"色視",這也就怪不得國王非要殺他不可。所以説,從文本層次來説,《佛説國王五人經》中機關木人故事比《列子·湯問》中寓言,故事情節更爲豐富,更注重木人的人性化特徵,若非要強調誰抄襲誰的話,認爲前者抄襲後者也未嘗不可,甚至更合理一些(在後者基礎上的演化)。

---

① 上述《佛説國王五人經》內容,轉引自季羨林《〈列子〉與佛典——對於〈列子〉成書時代和著者的一個推測》。
② 徐中舒主編《漢語大字典》,第 2514、1861、2514 頁。

綜合上述四個方面情況看，筆者更願意相信：由於中土跟西域的文化交流，中土機關木人的傳説傳到西域，胡僧在翻譯梵文佛經時，或者是竺法護在翻譯"胡本"佛經時，雜取異聞，把中土機關木人的故事也吸收了進去。其實，關於《列子》與佛教的關係，張湛在《列子注》中已經明確表示，《列子》"其書所明往往與佛經相參"①，所謂"相參"只是理路相通而已，這是在東晉佛教興起的背景下，張湛藉佛教之勢對長時間以來寂寞無聞的《列子》的一種宣揚而已。宋濂在《諸子辨》中對這種列、佛理路"相參"的現象進行了説明，並指出莊列學説與"浮屠言合"，莊列、佛理路"合符節"，並不是一些學者所謂佛經譯師竊取莊列之精義，而是人同此心、心同此理，道與佛思想本有相類之處②。宋濂所論值得我們進一步思考。

另外，在《列子》辨僞方面，我們還需要簡單梳理一下《列子》與《穆天子傳》之關係。《穆天子傳》是西晉太康二年(281)出土的汲冢書的一種，自姚際恒在《古今僞書考》中認爲《穆天子傳》是根據《左傳》《史記》等典籍僞造之後，多有學者認爲《穆天子傳》是僞書，進而認爲《列子·周穆王》抄襲《穆天子傳》，由此則《列子》自是僞書，如陳文波《僞造"列子"者之一證》中認爲"《周穆王》篇大半撦取《穆天子傳》；其餘亦采《靈樞》"，並在比較《周穆王》篇與《穆天子傳》文本之後，指出"《列子·周穆王》之爲晉人所雜纂彰彰矣"③。隨着研究的深入，人們對《穆天子傳》的真僞問題有了更深入的認識，岑仲勉在《穆天子傳西征地理概測》一文中，認爲《穆天子傳》非僞書，並對姚際恒觀點予以批駁："至穆傳本書，從言文、地理觀之，固必非漢後人所僞，即亦非東周人所能僞。地名或同山經，然何嘗見其用山海經語，且多用山海經語？東漢最初之起居注，不傳於後世，姚果何所見而知其相似？以如是空疏之論，謂欲辨僞而詔後世，誠所謂荒謬絶倫者矣。"④相關成果還有很多，現在學者一般認爲《穆天子傳》成書於戰國時期⑤。既然《穆天子傳》不僞且成書於戰國時期，那麽原以爲《穆天子傳》是僞書而質疑《列子》抄襲亦是僞書的觀點，就成了無稽之談。接下來還有一個問題，既然《列子》《穆天子傳》都不是僞書，那麽如何解釋《列子·周穆王》與《穆天子傳》在文本方面有相同的内容呢？是《列子·周穆王》抄襲《穆天子傳》呢，還是《穆天子傳》抄襲《列子·周穆王》呢？從現在的資料來看，這一方面很難去確證。可能的原因是，在戰國時期，穆天子傳的故事流傳較廣，《列子·周穆王》與《穆天子傳》都記載了這個故事，當然表述的形式不一樣——這還要從"公共資源性"的角度來予以解釋。

我們上文中，主要從張湛(魏晉學者)造僞説、劉向《列子叙錄》之真僞、《列子》與佛教之關

---

① 楊伯峻《列子集釋》附錄三《重要序論匯錄》，第267頁。
② 同上，第279～280頁。
③ 楊伯峻《列子集釋》附錄三《辨僞文字輯略》，第306～308頁。
④ 岑仲勉《穆天子傳西征地理概測》，《中山大學學報》1957年第2期。
⑤ 郭侃博士論文《〈穆天子傳〉文本整理及相關問題研究》(吉林大學博士學位論文2018年)詳細梳理了清末以來《穆天子傳》的研究成果。

係等幾個方面探討了《列子》的真僞問題。之所以不厭其煩甚至喋喋不休地討論這個問題,主要因爲這涉及列子學派歸屬的問題,涉及如何評價列子的學術地位、學術價值的問題,需要詳加厘清。我們認爲,《列子》是先秦文獻,在流傳過程中經過劉向、張湛等學者兩次編纂後,在魏晉最終形成了道家傳世經典文本。

[**作者簡介**] 張洪興(1970—　),男,山東沂源人。文學博士、博士後,現爲東北師範大學文學院教授、博士生導師,主要從事先秦哲學、文學及近代國學研究,已出版《〈莊子〉"三言"研究》《百年國學導論》等著作。

以儒爲本的雜家著作

——《晏子春秋》學派歸屬新論(附"晏子名字考")*

孫　廣

内容提要　《晏子春秋》一書的文本性質與學派歸屬雖聚訟紛紜,而其説不外乎儒家、墨家、道家、自成一家、傳記、小説六種。外此諸説雖多,大抵皆參伍傳記與小説而已。凡此諸説,雖持之有故,而皆存在漏洞,不能成立。從文本性質上來説,《晏子春秋》絶非傳記或小説,而是先秦子書;從學派歸屬上來説,《晏子春秋》非儒非墨,而是以儒家思想爲主導的雜家著作。此外,晏子當名嬰,字仲,諡平。

關鍵詞　晏子春秋　雜家　儒家　墨家　傳記

中圖分類號　B22

關於《晏子春秋》一書的學派歸屬與文本性質,歷來聚訟紛紜,莫衷一是。自漢以來的史志目録均歸之於儒家,唐柳宗元首先提出墨家説,《四庫總目》則首先歸之於史部傳記。民國以降,各種新説更是紛然雜陳,迄無定論。即賈海鵬《〈晏子春秋〉文獻研究綜述》所列,已有數十家之多①。然以拙見所及,從正面對其他説法予以駁破者,僅有三例,一則劉師培《晏子春秋非墨家辨》駁破墨家説,二則王更生《晏子春秋研究》駁破墨家與滑稽之説,三則劉文斌《〈晏子春秋〉研究史》反駁諸子與小説之説。其他諸説,實則皆不過引其有利於己者以爲證明,很少對其他説法予以駁破,是故雖新見叠出,而皆未能折衷以定是非,這才是造成《晏子春秋》學派歸屬與文本性質迄無定説的根本原因。因此,想要給《晏子春秋》的學派歸屬與文本性質作出界定,必須要對主張之外的其他諸説均予以駁破。唯其如此,方能定是非而止議論也。

---

* 本文爲國家社科基金重大項目"中國諸子學通史"(19ZDA244)階段性成果。
① 賈海鵬《〈晏子春秋〉文獻研究綜述》,《古籍整理研究學刊》2016年第5期。

一、《晏子春秋》學派與性質的六種典型説法

《晏子春秋》所屬學派或文本性質,歷來聚訟紛紜,然概而言之,其大端亦不過六種而已。

其一爲儒家説。劉向《别録》校理《晏子春秋》,認爲其内篇六篇"皆忠諫其君,文章可觀,義理可法,皆合《六經》之義","可常置旁御觀"①,率先將此書歸爲儒家。班固《漢志》亦列以爲儒家之首。傳之後世,如《隋書》《舊唐書》《新唐書》《宋史》等史志,皆列之儒家。孫星衍、章太炎、劉師培、陳柱、王更生等均持此説。其中如孫星衍等人,大抵混晏子其人與《晏子春秋》其書爲一,而以晏子行事論合於儒家之道,故列之儒家。然柳宗元《辯晏子春秋》云:"非晏子爲墨也,爲是書者,墨之道也。"②柳氏早已指出,晏子與《晏子春秋》不當混爲一談。今《晏子春秋》非晏子自著,已成定論,自不當仍混而同之。因之,凡此之類,其實皆不足據。單以其書論,則劉向所謂"皆合《六經》之義",可爲之表率。而相關論述最有理據者,當推王更生《晏子春秋研究》,其言曰:"今誦全書,皆義合六經,的然爲儒家。"③而其所列例證爲:① 稱引孔子之言;② 稱引曾子之事;③ 稱引孔門弟子;④ 稱引《詩經》;⑤ 稱引《書經》;⑥ 稱引《禮》;⑦ 稱引《春秋》;⑧ 稱引《論語》。凡此之類,皆謂其書中與儒家相合者衆多,故當歸於儒家。總此説主要論據,厥爲以下兩端:一則晏子其人曾爲孔子所稱道,其生平事迹接近儒家;二則《晏子春秋》書中儒家思想因素極多,且徵引了大量儒家典籍。

其二爲墨家説。揚雄《法言》"墨、晏儉而廢禮"④,首將晏子與墨子並稱。至張湛注《列子》,則明言:"晏嬰,墨者也。"⑤首次將晏子稱爲墨家學派。後柳宗元首先對《晏子春秋》其書提出懷疑,認爲乃是"墨子之徒有齊人者爲之"⑥,而宋明諸儒及後來之張純一等,遂多以之歸墨家。其中仍以柳宗元之説最具代表性,其言曰:

> 墨好儉,晏子以儉名於世,故墨子之徒尊著其事,以增高爲己術者。且其旨多尚同、兼愛、非樂、節用、非厚葬久喪者,是皆出墨子。又非孔子,好言鬼事,非儒、明鬼,又出墨子。其言問棗及古冶子等,尤怪誕;又往往言墨子聞其道而稱之,此甚顯白者。⑦

---

① 張純一《晏子春秋校注》,中華書局 2014 年版,第 5~8 頁。
② 柳宗元《柳宗元集》,中華書局 1979 年版,第 114 頁。
③ 王更生《晏子春秋研究》,《王更生先生全集》第 10 册,文史哲出版社 2010 年版,第 112 頁。
④ 汪榮寶《法言義疏》,中華書局 1987 年版,第 280 頁。
⑤ 楊伯峻《列子集釋》,中華書局 1979 年版,第 224 頁。
⑥ 柳宗元《柳宗元集》,第 114 頁。
⑦ 同上。

概括而言,此説主要論據,厥有三端:一則晏子其人以"儉"著稱,且有非毁儒家之事;二則《晏子春秋》書中多有與墨家宗旨相通的内容;三則書中屢言"墨子聞其道而稱之"。凡持墨家説者,基本不外乎此三條。

其三爲道家説。凌澄初《凌刻本題識》云:"博雅自六經外,侈談子史,子首老、莊、管、晏、申、韓六家之指,同出於道,各有本領。老氏以清静無爲爲主,而漆園之要本歸之;管氏《牧民》《山高》《乘馬》《輕重》《九府》,而晏子之節儉力行繼之。一以道,一以術,其比輔一也。"①此説以老莊爲道,而管晏爲術,則視之爲對道家思想的落實和執行,可謂别出新意。王志民《晏子美學思想芻議》云:"筆者認爲可能是稷下學宫道家中老子一派人物所作,因爲這個學派倡論'少私寡欲',很注意同情别人,過節儉的生活。……這和晏嬰的思想非常契合。因此,《晏子春秋》可以説是稷下學宫中道家學派先後編寫彙集的。"②後來,王志民又在其《齊文化概論》中進一步將此落實爲宋鈃、尹文之徒,且特别是宋鈃③。此説論據,惟王志民提出晏子行事與道家"少私寡欲"相契合一條而已。

其四爲自成一家説。如洪亮吉《曉讀書齋雜録》卷下云:"愚以爲《管子》《晏子》皆自成一家,前史《藝文志》入之'儒家'既非,唐柳宗元以爲墨氏之徒,亦前後倒置,特其學與墨氏相近耳。"④陳瑞庚云:"《晏子春秋》就是《晏子春秋》,不必一定要勉强它隸屬於那一家。"⑤此説可謂别出心裁,然其實等於擱置問題,並未有實質性推進。

其五爲傳記説。此説出自《四庫總目》,館臣認爲:"是書所記,乃唐人《魏徵諫録》《李絳論事集》之流。"⑥在他們看來,"《晏子春秋》是即家傳"⑦,"雖無傳記之名,實傳記之祖也"⑧。因此,在編纂《四庫全書》時,將其列入史部傳記類。後如譚家健之"傳記文學"、劉文斌之"歷史人物傳記",皆淵源於此。其中,尤以劉文斌所論最具條理,其要則有三點:第一,《晏子春秋》中有約47%的内容來自於古史;其二,《晏子春秋》中的誇張虚構部分是源於編校者對當時的傳世資料的搜集,只是有失嚴謹而已,且《左傳》《國語》等史書也不排斥虚構;其三,此書名爲"春秋",乃是戰國歷史觀念由重視歷史事件向重視歷史人物轉移之表現。

其六爲"俳優小説"説。此説蓋始於陳澧《東塾讀書記》,其言曰:"澧案,戰國時人多辯論,詼諧成爲風氣,此太史公所以立爲一傳也。此風蓋起於晏子,故太史公謂淳于髡慕晏嬰也。

---

① 轉引自吴則虞《晏子春秋集釋》,中華書局1962年版,第639頁。
② 王志民《晏子美學思想芻議》,《管子學刊》1987年第2期。
③ 王志民《齊文化概論》,山東人民出版社1993年版,第493頁。
④ 洪亮吉《曉讀書齋雜録·初録卷下》,《續修四庫全書》第1155册,上海古籍出版社2002年版,第601頁。
⑤ 陳瑞庚《晏子春秋考辨》,臺北:長安出版社1980年版,第16頁。
⑥ 《欽定四庫全書總目》,《景印文淵閣四庫全書》第2册,臺灣商務印書館1986年版,第268頁。
⑦ 同上,第266頁。
⑧ 同上,第269頁。

《晏子春秋》云……如此之類,乃滑稽之濫觴也。"①然陳氏僅指出晏嬰言語頗多詼諧滑稽,未論及此書當歸於"俳優小說"。明確提出此説者,則爲羅焌《諸子學述》。羅氏之言曰:

  今案《晏子》一書,所載行事及諫諍之言,大抵淳于髡、優孟、優旃之流,故當時稱爲天下之辯士,擬之唐魏鄭公、李相國,殊未當也。清儒馬驌氏著《繹史》,多采《晏子春秋》,而於"晏子使吴"章,則謂其詼諧;於"晏子使楚"章,則謂其以謔對謔;於"諫景公飲酒七日七夜"章,則評曰:"談言解紛,滑稽之所以雄也。"晏子嘗譏"儒者滑稽而不可軌法",不意後儒之反唇而相稽也。今以諸子十家衡之,當屬俳優小説一流。(自注:俳優,即古之稗官。説詳後。)非晏子爲小説家也,輯是書者小説家數也。②

羅氏自注謂"俳優即古之稗官",故其所謂"俳優小説",明是指《漢志》"小説家"。劉文斌亦指出,羅氏所謂"小説家"非後來作爲文體的"小説"③。然而,劉文斌的理解有誤,且有以"小説家"稗官野史特點以證其"歷史人物傳記"説之嫌疑。"九流十家"中的"小説"固非後來作爲文體的"小説",但羅氏反復將《晏子春秋》與"俳優""滑稽"聯繫起來,強調的是其言辭之文學性與趣味性,而非作爲稗官野史的《漢志》"小説家"的特點——街談巷議、道聽塗説。由此可見,羅氏用詞雖爲"小説家",而其用意實更接近於作爲文體的"小説"。因此,後之以《晏子春秋》爲文學作品者,皆可謂從其説而來。不過,羅氏"小説家"之名,終究是存在嫌疑,於是吴則虞正式提出了"短篇小説集"的説法:

  《晏子春秋》確是一部古典短篇小説集,但是今天文學上的小説和《漢書·藝文志》裏的"小説家"並不是同一概念,把《晏子春秋》看成一部小説集,是可以的,如果歸進《漢志》的"小説家",又是不倫不類。④

在此,吴氏明確區分了"小説"與"小説家"兩個概念,使得"小説"這一定位更爲明確。概括而言,羅氏指《晏子春秋》爲"小説家",是在強調《晏子春秋》語言滑稽、諧謔等文學性特點。吴氏之説,雖未明言,而其所指當亦在於《晏子春秋》的文學性、故事性和虚構性特點。

當代的許多新的説法,如以董治安、高亨爲代表的"歷史小説"説、以譚家健爲代表的"傳記文學"説、以劉文斌爲代表的"歷史人物傳記"説等,雖其名目衆多,然皆可視爲參伍"傳記"與"俳優小説"二説而來,大體以"傳記"爲本,而同時強調其文學性,其論據條目雖然看上去超

---

① 陳澧《東塾讀書記》,世界書局1936年版,第148頁。
② 羅焌《諸子學述》,華東師範大學出版社2008年版,第252頁。
③ 劉文斌《〈晏子春秋〉研究史》,人民文學出版社2014年版,第97頁。
④ 吴則虞《晏子春秋集釋》,第30頁。

過《四庫總目》與羅氏,而其關鍵點仍不出二者藩籬。

綜上,學界對《晏子春秋》一書的定性,雖然看似紛然雜陳,莫衷一是,其實不外乎三種文本性質,一是子書,二是傳記,三是小説。而認同子書這一文本性質的諸多説法,又劃分爲儒家、墨家、道家、自成一家四種學派歸屬。因之,要對《晏子春秋》予以界定,首先需要解決的就是文本性質問題。

二、《晏子春秋》的文本性質

筆者以爲,《晏子春秋》之文本性質,絶不是傳記或小説,而當是先秦子書。

(一)《晏子春秋》非"小説集"或其他類型之文學作品不當歸於集部

持此論者,主要是強調《晏子春秋》部分內容的故事性、虛構性及其修辭的文學性,而這些均不足以爲《晏子春秋》定性。對這一説法反駁最有力的,當屬劉文斌《〈晏子春秋〉研究史》,其言曰:

> 持"小説"論者無法解釋,那47%的出自於古史,或者在流傳過程中雖略被人們不自覺加工而基本不失歷史真實的大量記述怎麼就是"創作"? 而且,小説是必須要有故事情節的,但《晏子春秋》的記述體例却並不一致,不知"小説"論者如何解釋那些僅僅記載君臣間一問一答,基本没有情節可言的材料怎麼就是"小説"? 持"傳説故事集"論者也有類似的問題:"傳説故事"既不能涵蓋《晏子春秋》的所有材料,其大量記載君臣間對的材料也毫無"故事"可言。以上兩種觀點的問題出在立論者没有對《晏子春秋》全部材料進行統計和細緻分析,而僅僅注意到那些出自民間,帶有誇張、虛構特點的部分,因此便認爲《晏子春秋》整部著作都是誇張、虛構或者是在史實基礎上誇張、虛構的東西,於是便取"歷史小説"或"傳説故事"來概括整部著作的性質。①

劉文斌的論據,概括起來主要有三點:一是《晏子春秋》中的大量內容來自於古史,並非"創作";二是《晏子春秋》中大量的内容並没有小説必須的故事情節;三是《晏子春秋》中誇張、虛構的內容只是一部分,並不能代表整部著作的性質。這三點論據,雖其第一點論據有待商榷②,而後兩

---

① 劉文斌《〈晏子春秋〉研究史》,第6頁。
② 《晏子春秋》中大量內容來自於古史,並不能説明《晏子春秋》就並非"創作"。例如《三國演義》《東周列國志》一類的演義小説,其大體内容亦來源於古史,即是非常典型的小説。尤其劉氏自己也指出了其中有不少"加工"的成分。事實上,《晏子春秋》作爲以晏子這一歷史人物爲中心的著作,無論其文體爲何,依靠與晏子有關的古史材料,乃是勢所必然。當然,本文並不是要論證《晏子春秋》就是"小説"。

點論據已足以證明《晏子春秋》絕非"小説"或"故事集"等文學作品。

（二）《晏子春秋》非人物傳記不當歸於史部

《四庫總目》以之爲"傳記之祖"，劉文斌等以其爲"人物傳記"，其要則謂此書以記載晏子事迹爲多，至於其中不可信之處，則以先秦史書亦有虛構爲言。然此説亦不可信，其故如下：

首先，凡傳記之體，其要以傳信爲本，如《左傳》《國語》《史記》等書，其中雖不乏虛構之處，但其比重不過百一而已。即如東漢趙曄《吴越春秋》等雜史，雖包羅衆多傳聞異説和後人想像，甚至部分内容有類於演義體，然其可資憑信者亦居其大半。而《晏子春秋》所載諸事，其不可據信者非常之多，劉文斌《〈晏子春秋〉研究史》亦已明言其中源於古史者不到一半，陳瑞庚《晏子春秋考辨》第七章《晏子春秋所載不可盡信的事迹》於此辨正尤多，且明確指出許多事件的後續發展與史實完全相反。如此著作，何可據爲"傳記"？

其次，如以書名"春秋"而以爲史傳，則亦未免狹隘。劉知幾《史通》云："儒者之説春秋也，以事繫日，以日繫月，言春以包夏，舉秋以兼冬，年有四時，故錯舉以爲所記之名也。苟如是，則晏子、虞卿、吕氏、陸賈，其書篇第，本無年月，而亦謂之春秋，蓋有異於此者也。"①誠如所言，作爲史記的各種"春秋"，其典型特點是"以事繫日，以日繫月"，俗所謂編年體史書者是。《虞氏春秋》《吕氏春秋》皆以"春秋"爲名，其非編年體史書而爲子書固無疑，而《晏子春秋》又何以不同於二者？《孔叢子·執節》已論其"不嫌同名"②，又何妨焉？且《晏子春秋》一書又稱《晏子》，甚至《淮南子·要略》所謂"晏子之諫生"③還提示我們可能有《晏子諫》這樣的書名，則其書名"春秋"不過其中之一，更不足據此而定其爲史傳矣。

再次，如以《晏子春秋》記晏子一人之言行爲言，亦不能成立。《論語》皆記孔子及其門人言行，《孟子》皆記孟子及其門人言行，難道可以等同於《孔子世家》《仲尼弟子列傳》《孟子列傳》麽？尤其如《論語·鄉黨》一篇，專記孔子日常行事，難道也可視爲孔子之傳記嗎？

最後，劉文斌之言曰："在先秦，以專書集中記一人事迹的共有兩部著作——就是《晏子春秋》和《穆天子傳》。但《穆天子傳》與其説是在記'人物'，不如説是在述神話和記遊蹤。"④此言正指出了《晏子春秋》並非"歷史人物傳記"的性質。《穆天子傳》本是神話故事，將其排除之後，只有《晏子春秋》爲先秦之"歷史人物傳記"。然齊人何以專爲晏子作爲傳記？即使要作，也當先爲管仲而作才是，何以獨尊晏子？且戰國之世，即便是墨家這樣組織嚴密、盛行個人崇拜的團體，也未嘗爲墨子及其後的墨家鉅子作傳記以推尊之。晏子既無顯赫的後嗣，亦無學派傳人，何以得到如此特殊待遇？

---

① 浦起龍《史通通釋》，上海古籍出版社 1978 年版，第 8 頁。
② 傅亞庶《孔叢子校釋》，中華書局 2011 年版，第 373 頁。
③ 劉文典《淮南鴻烈集解》，中華書局 2013 年版，第 864 頁。
④ 劉文斌《〈晏子春秋〉研究史》，第 9 頁。

綜上，《晏子春秋》一書，絕不可等同於"傳記"或被視爲"傳記之祖"。

（三）《晏子春秋》當爲先秦子書

《晏子春秋》爲子書，歷代皆無疑義，自《四庫總目》以降，乃有不同意見。以拙見所及，對子書性質的反對意見，仍以劉文斌的説法最具典型性，兹就劉氏之論據，分别辨析如下：

1. 劉氏云：晏子生於諸子之前，其生平事迹以政治實踐爲主，與其他諸子不同。這一點是許多反對《晏子春秋》爲子書的學者都會提到的，但管仲更生於晏子之前，其生平事迹亦以政治實踐爲主，而不害《管子》爲子書，何至《晏子春秋》便不同？事實上，《晏子春秋》並非晏子自著，自當與晏子其人分别對待，這在柳宗元《辯晏子春秋》已明白揭示出，在當下也是研究《晏子春秋》所當瞭解的基本原則。而中國古代的絶大多數思想家，都不是純粹的學者，尤其是先秦諸子，本自以政治實踐爲志業，所謂"皆務爲治"，其思想本就與其政治實踐密切相關。除了莊子、楊朱等以避世爲主要思想傾向的諸子外，其他諸子莫不有其政治實踐。因此，生平以政治實踐爲主，並不能成爲否定其人思想的根據，更不能成爲區别晏子與其他先秦諸子的界限。

2. 劉氏又云：《晏子春秋》的主體不在"論思想"，其絶大部分篇幅在"記言行軼事"。根據劉文斌的統計，"全書215章，其記述晏子勸諫景公、與記言體子書相近的内容不超過90章，僅占全部著作的大約五分之二的篇幅；而更大量的内容却是記述晏嬰的生活軼事，表現其道德修養、政事和外交中的卓越才幹，體現其政治地位和歷史作用"①。首先需要指出的是，劉氏在論證《晏子春秋》爲"傳記"時的一條重要依據，便是其中出自古史的内容有102章，其中記言占90章。何以同樣是百章左右的篇幅，在彼處即可論證《晏子春秋》爲"傳記"，在此處却可否定《晏子春秋》爲子書呢？尤其是如景公欲觀轉附、朝儛之類，並見於《晏子春秋》和《孟子》，何以在《孟子》則爲子書，在《晏子春秋》則爲"傳記"之證明？是其説不可自圓也。其次，劉氏此言，未免將"記言"這一特徵與子書這一文本性質綁定過深，先秦諸子之中非"記言"而爲"記事"者所在多有，尤其如《論語·鄉黨》，通篇均是記載孔子"生活軼事"以展現其道德修養等情况，亦不害《論語》之爲子書。

3. 劉氏又云：《晏子春秋》並未形成系統的思想。此言與四庫館臣所謂"與著書立説者迥異"之言一致，均謂《晏子春秋》缺乏思想性。首先，研究《晏子春秋》思想的論著歷史上較少，但仍不乏其人，近四十年來尤其是1972年銀雀山漢墓竹簡本《晏子》出土之後，更是顯著增多，廣泛涉及了其中的政治、經濟、哲學、美學等各方面。如謂《晏子春秋》缺乏思想性，無疑是否定了這些研究成果，這顯然是錯誤的。其次，《晏子春秋》的思想是否缺乏系統性，也有待商榷。此書在劉向整理之初，已分爲内篇和外篇兩類，如籠統言之，確實難免齟齬衝突。但《管子》《莊子》等先秦諸子之書，由於非成於一人一時，其内容也有駁雜衝突的情况。正如劉文斌

---

① 劉文斌《〈晏子春秋〉研究史》，第2頁。

所言，《晏子春秋》的材料來源不一，出現這種情況正與《管子》《莊子》等書一樣。何以《管子》《莊子》即爲子書，而《晏子春秋》却非是？其間緣由，實未可知。劉向校定之時，已明言内篇"皆合六經之義"，是可見劉向就已認爲此書不僅具有思想性，而且其思想體系與儒家非常接近。故説《晏子春秋》缺乏系統的思想性，實在難以成立。

除了上述反駁意見不能成立之外，還可補充一點的是，《晏子春秋》之稱"春秋"，正是其爲"入道見志"之子書的標志。《晏子》又名《晏子春秋》，學者多以"春秋"二字指其爲史傳，其説之誤，已見上述。然則既非史傳，何以有"春秋"之名？拙見以爲，此書當與《吕氏春秋》《虞氏春秋》一樣，皆借經名而自我標榜。"春秋"爲兩周史記之共名，不待煩言。然而，自孔子據魯史記而作《春秋》，《春秋》一書已脱離了"記言記事"的史記範圍，其書中的"微言大義""一字褒貶"，實乃闡發儒家思想的關鍵所在。漢唐諸儒，皆以《春秋》爲孔子思想之典型體現，可以概見矣。而在儒家内部，孔子之作《春秋》，乃是要讓"亂臣賊子懼"，爲世主垂法垂戒，以爲經世之綱常。正因如此，吕不韋、虞卿之著書，雖乃一家之説而非史記，均以"春秋"爲名，一方面是基於"春秋"已由史記之名變而爲思想性著作之名，故不妨其用；另一方面則是接續孔子作《春秋》之遺意，想要以一家之言，成經世之綱紀。《晏子春秋》成於戰國，其名"春秋"，正與《吕氏春秋》《虞氏春秋》同其旨趣。楊慎評《晏子春秋》云："晏子一時新聲，而功同補袞，名曰'春秋'，不虚也。"①正説明了《晏子春秋》之名"春秋"，乃是因爲其思想之"新"與效用之大。

綜上所述，《晏子春秋》非小説亦非史傳，反對《晏子春秋》爲子書的理由均不能成立，此書文本性質，乃是一部思想性的諸子之書②。

三、《晏子春秋》當屬雜家

作爲子書，按傳統九流十家的分類方法，《晏子春秋》又當歸入哪一家呢？儒家、墨家、道家、自成一家四種説法，又當以何爲準呢？筆者以爲，《晏子春秋》是一部以儒爲本的雜家著作。

首先，《晏子春秋》不可謂自成一家。如前所述，此説不過擱置問題而已，倘若以此衡論，

---

① 轉引自王更生《晏子春秋研究》，《王更生先生全集》第10册，第109頁。
② 王更生《晏子春秋研究》有《由子書之成因論晏子當歸諸子》一節專論《晏子春秋》當爲子書，略曰：先秦子書皆非自著，今傳子書，皆經漢人整理編次，取同此學派之各篇，聚而掇成一編，題曰"某子"，意味此某學派之著作。所以稱"子"，乃卿大夫之通稱，而門弟子皆以爲各派本師或先師之稱。《晏子》一書稱爲"晏子"，其書中亦屢稱"晏子""子""夫子"，故當爲此學派之所作。王氏之結論，筆者深感贊同，然其論據則稍嫌牽强。蓋晏子本身無學派傳世，非老、孔、孟、莊、荀之比，而書中稱"子"，也不過仍爲卿大夫之通稱而已，非可逕指爲門人之尊稱本師。本文不取其説。

先秦諸子莫不自有其特點，亦莫不可自成一家矣。

其次，《晏子春秋》不當入道家。持此論者，唯王志民之説稍有理據，不過謂晏子行事與道家"少私寡欲"之特點相契合而已。然道家反對禮教，與晏子之尚禮截然相反。《晏子春秋》中記載的諸多晏子的政治理念，也與道家"無爲"的思想相悖。故此説絶不能成立。

其次，《晏子春秋》不當入墨家。持此論者，大抵仍從柳宗元之説，謂晏子及《晏子春秋》多有與墨家宗旨相合之處。然《晏子春秋》中直接稱引墨子者極少，於墨子之後的墨家鉅子亦未嘗齒及，且其書中與墨家明鬼、短喪等思想完全相悖者不勝枚舉，劉師培《晏子非墨家辨》①論之甚明，不待贅言。

再次，《晏子春秋》不當入儒家。持此論者，往往混晏子其人與《晏子春秋》爲一，謂晏子嘗爲孔子所稱道，且生平事迹近於儒家。然柳宗元《辯晏子春秋》云："非晏子爲墨也，爲是書者，墨之道也。"②已明確了此書既非晏子自著，論其學派，當僅就其書立説，而後之學者猶混二者爲一，殊不可取。若論此書，則其論據謂書中多儒家語，如王更生即遍輯其徵引六經、孔子及孔門弟子、《論語》等方面的内容，以爲佐證。又如连鶴壽《蛾術編·説録十四》下按語所謂"國奢則示之以儉"③之論，言其尚儉亦循禮行爲，而非墨家尚儉而薄禮之類。凡此之類，確實能够説明此書之中頗多儒家因素。然而，此書之中，又絶非儒家一家所能涵蓋。而且，書中也不乏對儒家的貶低、排斥之言，如阻攔景公封孔子一事，即其明證也，此亦前人所常言，不煩贅引。

綜上所述，現有的四種家派劃分，均不足以論定《晏子春秋》的學派屬性。然上述諸説，也已經體現出了《晏子春秋》學派屬性的複雜與繁多，其實正可以歸入雜家一類，而且是以儒家爲主的雜家著作。

首先，上述諸説，尤其是儒家、墨家、道家之説，雖不可爲《晏子春秋》定性，然其所言皆有理據，尤可見此書包羅諸家之特色。此外，《晏子春秋》中的進言之術，頗類戰國策士，亦有縱横家之特色。陳瑞庚特別指出了《晏子春秋》與《戰國策》的共同之處，尤其是《晏子春秋》和《戰國策》中記載的進言之後的事件結果與史實不同甚至相反的情況，他認爲："只用'作者未及見其事'來解釋是不够的，這應該是縱横家爲了宣傳他們的成就，爲了替他們的前輩充面子，所以不惜昧着良心，不管後來歷史是怎樣子發展，也照樣記下'證明'説客判斷正確的'結果'，以作上文的呼應。"④陳氏此言，筆者以爲是可取的，如羅焌所謂"滑稽""諧謔"，吴則虞稱其書作者乃"幕僚賓客"，皆可以此而得到解答。由是可知，雖不能因此而説《晏子春秋》當歸於縱横家，然其中有明顯的縱横家特色，則是毋庸置疑的。即此而言，《晏子春秋》一書，至少包括儒家、墨家、縱横家諸家之説矣。毛曦、李仙娥也指出："《晏子春秋》一書已綜合了諸子學

---

① 劉師培《左盦集》卷七，《劉申叔先生遺書》，甯武南氏1934年校印本。
② 柳宗元《柳宗元集》，第114頁。
③ 王鳴盛《蛾術編》，《嘉定王鳴盛全集》第七册，中華書局2010年版，第290頁。
④ 陳瑞庚《晏子春秋考辨》，第23～24頁。

說，它既不屬於儒家學派，也不屬於墨家學派，而是兼采儒墨等各家學說之長，具有超越儒墨的傾向。"①事實上，持"自成一家"之說者，其主要觀點仍是認爲此書兼包諸家思想，非一家所能概括。既如此，其當歸於雜家，可自明矣。

其次，《晏子春秋》的思想以儒家爲主導。這一特點，早在劉向編訂之初，就已經奠定了其基本的規模。《史記》稱《晏子春秋》"世多有之"，劉向《叙録》所論亦有三十篇八百三十八章，是可見其傳世版本之多。經劉向校訂之後，定著爲《晏子》，凡八篇二百一十五章，其中六篇"皆忠諫其君，文章可觀，義理可法，皆合《六經》之義"，"可常置旁御觀"；另有重而異出者一篇，不合經術者一篇②。即使《晏子春秋》早期流傳的三十篇八百三十八章並非全然符合儒家思想，而劉向校定之後的八篇二百一十五章，也已經具有了明顯的儒家特色。雖然在很多思想性的方面，如晏子反對儒家的繁文縟節和謹守不變，提倡的是"大者不逾閑，小者出入可"的"不法之禮"，然其尚禮的精神則是一致的。這些方面，前輩學人論述已多。相比而言，墨家、道家或其他學派的因素，所占比例遠不如儒家之高。

綜上所述，蓋此書性質，可略變張純一所謂"原於墨、儒"之說而爲之定論，即原於儒，由於墨，兼名、法、農、道，而運縱橫之術。故此書實乃以儒爲本的雜家著作。

附晏子名字考

晏子名字之說有三：一則劉向《別録》、班固《漢志》皆謂"名嬰，謚平仲"；二則《三國志·曹真傳》謂"大司馬有叔向撫孤之仁，篤晏平久要之分"，稱晏子爲"晏平"；三則司馬貞《史記索隱》云："名嬰，平謚，仲字。"今當以司馬貞說爲是，其故亦有三：一則"仲"爲次序之稱，古本多用於字；二則謚號乃"蓋棺定論"，"仲"字爲謚，於義無所取，故不當爲謚，先秦亦未見以"仲"爲謚號者；三則晏子之稱"晏平仲"，一如管子之稱"管敬仲"，管子字"仲"謚"敬"，晏子當也是字"仲"謚"平"。至於《三國志》之"晏平"，當即僅稱其謚，而非指其名爲晏平。

[作者簡介] 孫廣(1992—)，男，四川瀘州人。中山大學中文系(珠海)博士後，《子藏·雜家部·晏子春秋卷》分卷主編，主要研究方向爲諸子學、經學、孟子學史，已在《經學文獻研究集刊》《諸子學刊》等刊物發表學術論文 10 餘篇。

---

① 毛曦、李仙娥《〈晏子春秋〉的成書時間與思想特徵》，《人文雜志》1997 年第 6 期。
② 張純一《晏子春秋校注》，第 5～8 頁。

再論子游及其"弦歌之治"*

王若詩

内容提要 孔門十哲中的言偃字子游,"叔氏"是對他的某種尊稱和省稱,屬於"以字配氏"的用例,不可視作子游"别字"。子游是吴人而非魯人,《禮記》中"越人來弔"應是對其國别的最早說明。"子游爲武城宰"與其吴人身份有關,其對禮樂的理解與實踐得到孔子贊許。在中原争霸的歷史背景下,應及當時複雜的國家關係和武城在魯國的特殊位置,子游在這種邊防重地實現"弦歌之治",有文事亦有武備。武城弦歌政聲遠播,既是孔門君子之治的爲政實踐,也體現了儒家美政理想確有其可行性。

關鍵詞 子游 禮樂 武城 弦歌之治

中圖分類號 B2

孔子弟子言偃字子游,是孔門四科中文學科高弟,特習於禮。禮是儒者立身之本,亦是周文視域下國家的大經大法。《禮記·禮器》云"忠信,禮之本也,無本不立",又云"忠信之人可以學禮,苟無忠信之人,則禮不虛道",故真正長於禮的"忠信之人",既能熟練掌握禮儀,把握禮義,也應有復興周道的政治理想,及禮樂爲治的政治實踐。子游材劇志大,好學不倦,於禮之一道深有所得,對後世影響深遠;其爲宰武城之時政績顯著,在《論語》中留下了爲後人津津樂道的"得人"與"弦歌"兩章。然而,因爲諸書記載相異,後世學者對子游的名字、年齡、國籍等問題莫衷一是;又因爲對歷史背景的忽視,和對孔門政教的片面解讀,後人對弦歌武城的理解時有偏頗不全處,對子游等人也有待更深入的認知。

一、子游的稱謂與國别問題考辨

言偃字子游,又稱叔氏,在經傳注釋系統中,這種人物字氏的用例雖不算常見,但也有一

---

* 本文爲國家社科基金重大項目"中國諸子學通史"(19ZDA244)階段性成果。

定規律可循,論述詳後。漢唐時對於子游的年齡和國籍衆説紛紜,後世多認可《史記》的説法,即所謂"言偃,吴人,少孔子四十五歲"(《史記·仲尼弟子列傳》),但通行本《孔子家語·七十二弟子解》則云"言偃,魯人,少孔子三十五歲",《禮記·禮運》孔穎達疏與《大戴禮記》等亦云其爲魯人,而不載年齡。也有學者對此采取了折中態度,如馮雲鵷認可子游是吴人,對其年齡則二説並存;夏洪基、朱彝尊等認爲子游是吴人,年齡則少孔子 35 歲[1]。而《孔子家語》雖非僞作,但其文獻版本系統亦駁雜難辨,甚至相互抵牾[2],這也增加了問題的複雜性。

(一)子游別稱"叔氏"問題小考

言偃字子游,本無疑義,但因爲《禮記·檀弓上》的一則記載,前人多將"叔氏"作爲子游的另一個字:

> 司士賁告於子游曰:"請襲於床。"子游曰:"諾。"縣子聞之曰:"汰哉叔氏,專以禮許人。"

叔氏,鄭玄在此注爲"子游字",但在注"晉獻公將殺其世子申生"章時,又言叔氏爲子游"別氏";孔穎達雖曰"子游別字"[3],但同時也認爲,子游當時年過五十,縣子稱他"叔氏",是爲了表示對年長者的尊敬;周廣業則認爲,春秋時人多有兩字者,"子游之外又出叔氏一字,是別字也"[4]。如此,"叔氏"便有別字、別氏、尊稱三種相互交叉的説法。此外,也有人主張"叔氏"與子游無關,如王夫之云"偃字子游,不應更字叔也"[5],郭嵩燾認爲子游"從無'叔氏'之稱","疑當別爲一人"[6],兩人均反對鄭注的説法。

周代士人取字,《禮記·檀弓上》云:"幼名,冠字,五十以伯仲,死謚,周道也。"孔穎達疏曰:"五十者、艾轉尊,又捨其二十之字,直以伯仲別之……案《士冠禮》二十已有'伯某甫,仲、叔、季',此云'五十以伯仲'者,二十之時雖云'伯仲',皆配'某甫'而言,五十直稱'伯仲'耳。"[7]

---

[1] 相關論述,見馮雲鵷《聖門十六子書·言子書》、夏洪基《孔門弟子傳略》,載郭齊、李文澤主編《儒藏·史部·孔孟史志》第 7 册,四川大學出版社 2005 年版,第 537、144 頁;朱彝尊《孔子門人考》,商務印書館 1939 年版,第 3 頁。

[2] 如劉宗周《孔子家語考次》云"吴人,少孔子三十五歲",見《續修四庫全書》第 931 册,上海古籍出版社 1996 年版,第 80 頁。而四部叢刊景明翻宋本的《孔子家語》十卷本只云"魯人,以文學著名",而未言其年齡,見《孔子家語》,《四部叢刊初編》,商務印書館 1936 年版,第 95 頁。

[3] 阮元校刻《十三經注疏·禮記注疏》,中華書局 1980 年版,第 148 頁。

[4] 周廣業《經史避名匯考》,上海古籍出版社 1999 年版,第 28 頁。

[5] 王夫之《禮記章句》,岳麓書社 2011 年版,第 202 頁。

[6] 郭嵩燾《禮記質疑》,岳麓書社 1992 年版,第 90～91 頁。

[7] 孫希旦《禮記集解》,中華書局 1989 年版,第 207 頁。

若按此例,"叔"爲排行無疑,言偃正式取字應爲"叔游甫";在其年過五十之後,可直接稱呼叔游。但在實際生活中,時人取字往往並未嚴格遵照周禮,如孔門弟子取字多爲"子某",而"子游"之稱或與仲弓又稱"子弓"相類。另需注意,"氏"也是第二人稱敬稱,在這裏也可相當於"子"的用法,黄以周就認爲這是"以氏若子",且"五十直呼伯仲,爲彌尊之辭,亦非通稱"①,而僅僅是一種加尊的行爲,這與魯哀公十五年《左傳》亦稱季路爲"季子"相類。即使如古注所言,子游直言"諾"而不引禮書態度矜傲,縣子因此譏諷爲汰,"叔氏"本身也是因子游年過五十而得有的尊稱或省稱,這是通例而非子游特稱,更非其字。

在《禮記·檀弓上》"晉獻公將殺世子申生"章中,鄭玄的説明更爲詳盡:"伯仲者是兄弟之字,字伯者謂之伯氏,字仲者謂之仲氏,故《傳》云:'叔氏其忘諸乎?'又下云'叔氏專以禮許人',是一人身字,則別爲氏也。"②鄭元慶也認"叔氏,注以爲子游字,非也,所謂五十以伯仲者是歟?"③而在《檀弓下》"季子皋葬其妻"章裏,孔子弟子高柴又稱季子皋,孔穎達曰:"高是其正氏,今言季子皋,故鄭云'或氏季',以身處季少,故以字爲氏,而稱季也,猶若子游稱叔氏,仲由稱季路,皆其例也。"④又周公旦別稱"叔旦",在屈原《天問》、清華簡《耆夜》諸篇中均有此類用法。若按此例,則叔氏之稱是"別字爲氏","叔"字本是子游表字中的一部分,被提上前爲姓氏之氏,亦可通⑤。當然,此處的"叔氏"不再具有尊稱的意味。

對於某氏的用例,陸淳認爲"古者一字不成文辭,皆以氏字配之",總結了配姓、配族、配名、配字、配國、配親六種用法,其中"仲氏吹篪及不念伯氏之言"就是"以氏配字"⑥。同理可知,"叔氏"亦屬於"以氏配字"。綜上,言偃字子游,因其齒序排行爲叔,又字叔游(甫);亦可"以字爲氏",將"叔"視作其正氏"言"之外的"別氏",而"氏"則作爲其名或字的簡略形式,故稱"叔氏"。無論是"以氏配字"還是"以字爲氏","伯仲叔季+氏"作爲當時的一種通例,可表示尊敬之義,也可只代表其排行,但"叔氏"不宜作爲子游的專屬別稱,更不可將之視作子游的另一個字。

---

① 黄以周《禮書通故》,《黄以周全集》第3册,上海古籍出版社2014年版,第236頁。
② 阮元校刻《十三經注疏·禮記注疏》,第116頁。
③ 鄭元慶《禮記集説》卷三之三,民國嘉業堂本。另,杭世駿等也認可這種"以字爲氏"的解釋,見杭世駿《續禮記集説》卷十一,清光緒三十年浙江書局刻本。
④ 阮元校刻《十三經注疏·禮記注疏》,第192頁。
⑤ 另,《重修常昭合志》卷二十云:"言偃,字子游,又稱叔氏。漢《潛夫論》:桓叔之後有言氏,因稱叔氏。"(常熟市地方志編纂委員會辦公室標校《重修常昭合志》(下),上海社會科學院出版社2002年版,第980頁。)然若按《潛夫論》原文注解之義,則桓叔之後並無言氏,只有韓言氏,且這已是戰國,不可作爲言偃又稱叔氏的證據。
⑥ 鍾文烝《春秋穀梁經傳補注》,中華書局1996年版,第304頁。

（二）"吴人"還是"魯人"：子游國別問題私考

關於子游的國別，主要存在三種説法：魯人説，吳人説，調和説。其中，首先應排除認爲子游既爲魯人又是吳人的觀點，如高專誠認爲子游祖上爲吳人，後輩多居魯地①，因爲這實際上承認子游是吳人。又如高華平推測子游出生於原屬魯國的南武城，但到他求學之日已屬吳國②，然武城只是短暫被吳國攻占，此説言及武城的歸屬變遷與史料不符。真正的聚訟之處還是吳魯之爭。

魯人説主要源自《孔子家語》，清人崔述論述了三點理由：一是吳魯相距數千里，北學中國之事傳記無徵；二來孔子没後，子游常年在魯活動；三者其子言思亦仍居魯。因此，子游"固世爲魯人"③。曹建國在此基礎上進一步提出，子游是魯地鄒城人，鄒、吳古音並屬疑母魚韻，而江蘇常熟的言子遺迹也是後人附會④。但一來傳記無徵不能作爲子游不曾北學的理由，二來公元前473年越滅吳，宗國覆滅也可促使子游常年居魯，故崔説並不成立。説到遺迹，子游若爲魯人，何以除武城外，魯地再無其遺迹？而音韻角度的通假聲轉説服力有限，曹氏"鄒人"之説不能成立。

吳人説主要源自《史記》，子游的舊居、墓地都在吳地，唐宋時人多因常熟的墓、宅、井等遺迹，論定其爲吳人。漢代以降，各地開始祭祀鄉賢，孔門弟子的出生地多建有祠廟以供後人憑吊；但地方志關於子游的記載中，遺迹屬魯者只有承其政聲的武城，其他都在蘇州、上海等江南地區。更重要的是，官方祭奠儒家先哲歷來嚴肅謹慎，釋奠釋菜也是周期性吉禮，統治者在給配祀孔廟的先賢追贈封爵時，也會先考慮郡望。子游在唐宋兩代先後被加封爲吳侯、丹陽公和吳公，這些都是江南地名，唐初經學大家孔穎達的"魯人"觀點顯然未被接受。此外，《孔子家語》在儒生之中亦有影響，張守節《史記索隱》就引述過其中"言偃魯人"的説法，但並未得到官方認可，當時自應有其他文獻可徵。因此，歷代封贈也可説明，漢唐以來的主流觀點認爲，言偃是南方人。

經傳中有一條記載長期被忽略，或許直接涉及子游國別。《禮記·檀弓上》云：

> 將軍文子之喪，既除喪而後越人來吊，主人深衣、練冠，待於廟，垂涕洟。子游觀之曰："將軍文氏之子，其庶幾乎！亡於禮者之禮也，其動也中。"

孔穎達認爲"越人"指"遠國之人"，"將軍文子其身終亡，大祥祭之後"，其嗣子簡子瑕已經除去

---

① 高專誠《孔子·孔子弟子》，山西人民出版社1989年版，第289頁。
② 高華平、沈月《"七十子"與儒學在江南的傳播》，《華中師範大學學報（人文社會科學版）》2018年第1期。
③ 崔述《崔東壁遺書》，上海古籍出版社1983年版，第405頁。
④ 曹建國《論傳世文獻中所見子游及其思想》，《齊魯文化研究》2012年第1期。

喪服，"遠國之人始吊其喪"①。孫希旦依據"主人待於廟不迎"的行爲提出，"時文氏喪服已除，吉服又不可以受吊"，因此該行爲是"吉中受凶禮"②。前人注解都以爲，子游在衛，適逢遠國有人前來吊喪，觀此禮之變文而贊。但此處的"越人"稍顯突兀，因爲《禮記》言越人者僅此一處，《史記》《吴越春秋》諸書述及越王勾踐與中原名士子貢的對話，先云"除道郊迎"，再云"頓首再拜"，又言"此蠻夷之國，大夫何以儼然辱而臨之"③，其態度極爲恭謹，亦可見越國直至春秋末期，與中原國度的人員和文化往來依然有限。今人陳祺猜測這位"越人"就是子游本人，雖然没有論證，但我們認爲，這個假説可以成立④。

衛國的將軍文子與子貢、子游、曾子等孔門中人交遊甚多，其喪事自然會有孔門弟子前來吊問，這位來吊喪的"越人"，若言是子游似更合理。首先，就時間節點而言，按周禮，大夫三日而殯，三月而葬，若子游身爲魯人，三個月完全足以往返魯衛，更何況大祥之祭是在身故兩年多(25月或27月)之後。其次，就場合而言，家廟爲大夫祭祀祖宗之處，"將軍文氏之子"的稱呼，説明子游與文子平輩論交而非是其家臣，故而没有充分理由進入對方家廟，還以旁觀者的身份見到主人的一系列表現。更重要的是觀禮行爲本身，李輝認爲，孔門"觀禮"作爲一種有目的的學習、參與、評論禮儀的活動，並非去看熱鬧排場，也不是偶然湊巧參與其中；"觀禮"過程及其評論被弟子們記載下來，也並非偶然的書寫行爲⑤。因此，子游若只爲觀禮而來，將軍文子早已下葬，此時並非處於喪葬中適合觀禮的時節，而是"非喪非無喪之時"⑥，在這樣的尷尬時刻觀禮顯然不合適。而在禮文未載境況下如何應對，一般也是他人向孔門弟子請教，此處若説子游特意去觀禮，對方還是一個未必擅長於禮之人，這本身也於理不合。且將軍文子在惠叔蘭之喪時專横違禮，子游則靈活用禮進行諷諫，最終以禮正人，成功阻止了其廢嫡立庶的意圖，可見子游在衛地早已聲名遠播，是頗有影響的禮儀專家，完全没必要再去觀禮。子游既非觀禮，此行當是吊問無疑。或許也正是因爲來吊問者是禮儀專家，簡子瑕才會有這樣深思熟慮之下的得體應對。故對這一章的整體理解應是，子游以當事人的身份，見證了簡子瑕在特殊時期的合禮表現，並給出了"庶幾乎"和"動也中"的高度評價。因此我們推測，公元前

---

① 阮元校刻《十三經注疏·禮記注疏》，第135頁。
② 孫希旦《禮記集解》，第206～207頁。
③ 司馬遷《史記》，中華書局1982年版，第2198～2199頁。其他諸侯國君雖也尊賢，如魏惠王"卑禮厚幣以招賢者"，見孟子時也説"叟不遠千里，辱幸至弊邑之廷"(《史記》，第1857頁)，但遠不及越王態度恭謹惶恐。
④ 陳祺《子游事略輯考》，《蘭臺世界》2012年第33期。此説亦見於《南方夫子——言偃》，亦未論證，見江蘇省常熟市政協文史委員會編《南方夫子——言偃》，古吴軒出版社2015年版，第92頁。
⑤ 李輝《〈禮記·檀弓〉所見孔門論學及其學術生態》，《勵耘學刊》2019年第2輯。
⑥ 長樂陳氏云："喪已除而吊始至，非喪非無喪之時也；深衣練冠，非凶非不凶之服也；待於廟，非受吊非不受吊之所也。文子於其非喪非無喪之時，能處之以非喪非無喪之禮……有於禮者之禮未足以爲善，中乎亡於禮者之禮，則善矣。"見衛湜《禮記集説》，《文淵閣四庫全書》第117册，臺灣商務印書館1986年版，第367頁。

473 年越國滅吳之後,子游自魯回鄉安頓家人,後因聽聞將軍文子之喪,又從已經歸屬越國的故鄉出發去往衛國吊唁。也有可能子游是在歸魯之後聽聞訃告,再自魯適衛行吊喪之事。因此,衛人和此章的記載者才會稱子游爲越人。綜上,就時間節點、吊喪場合和觀禮行爲三方面而言,這裏的"越人"應是吳人子游。

二、武城弦歌的價值新探

子游嫻習禮樂,又是吳人,這爲其執宰武城創造了條件。孔門弟子關於爲政的理論探討和具體實踐不在少數,但如"子游爲武城宰"這般兩見於《論語》中的却僅此一例。武城得人與弦歌之事,堪稱子游政治生命中的"高光"時刻,這也是孔門政治實踐的重要體現。兩則分見於下:

> 子游爲武城宰。子曰:"女得人焉爾乎?"曰:"有澹臺滅明者,行不由徑,非公事,未嘗至於偃之室也。"(《論語·雍也》)
> 子之武城,聞弦歌之聲。夫子莞爾而笑,曰:"割雞焉用牛刀?"子游對曰:"昔者偃也聞諸夫子曰:'君子學道則愛人,小人學道則易使也。'"子曰:"二三子!偃之言是也。前言戲之耳。"(《論語·陽貨》)

(一)"子游爲武城宰"的歷史背景

在評價子游的政治實踐之前,首先要明確"武城"所指的具體區域。據考證,子游爲宰的武城,即曾子與澹臺滅明的故里南武城,位於泰山之南費縣境内,今屬山東平邑縣①。魯昭公二十三年,"邾人城翼,還,將自離姑……武城人塞其前,斷其後之木而弗殊"。面對邾人過境的挑釁,武城之人以兵堵塞其前路,"遂取邾師",其武勇可知。魯哀公八年,吳魯兩國因邾交戰,"吳伐我,道險,從武城"。楊伯峻注云:"其地多山,故云險道。"②除了地形險要之外,武城的戰略位置也不可小覷。武城是魯國南部邊陲的軍事重鎮,東與齊國相望,南部和西部與滕、薛、鄒、繒、郯等小國以及吳國接壤,邊境一綫犬牙交錯③。對於南武城的具體位置,閻若璩等認可顧炎武《日知錄》的説法,"在今費縣西南八十里石門山下",強調武城的"邊邑"地位,"吳未滅,與吳鄰;吳既滅,與越鄰"。程樹德也認爲,南武城是"近齊而又近吳之邑"④。同時,因爲

---

① 羅新慧《曾子研究》,商務印書館 2013 年版,第 48、56 頁。
② 楊伯峻《春秋左傳注》,中華書局 2016 年版,第 1602、1839 頁。
③ 楊載江《言子春秋》,同濟大學出版社 1992 年版,第 40 頁。
④ 程樹德《論語集釋》,中華書局 2013 年版,第 454 頁。

春秋晚期吳國兵勢強盛，武城也是魯吳發生軍事衝突時的前哨位置，如魯哀公八年，武城及附近的東陽地區曾爲吳國攻占，但之後吳國爲了聯魯抗齊，已將此地歸還魯國，否則數年之後子游任武城宰，就不是仕魯而是仕吳了。

在此之前，魯昭公娶於吳，違反"同姓不婚"之禮，廣受非議，但内憂外患之下此舉也是不得已。《春秋集注》言及昭公此事，或云其"欲結好強吳，以去三家之權"，或云其"迫於強吳之威而欲自固其國"①，均有迫不得已的政治目的。春秋後期，吳國積極參與中原諸侯爭霸，多次與齊魯等國發生衝突，"時吳彊而無道，敗齊臨菑，乘勝大會中國。齊晉前驅，魯衛驂乘，滕薛俠轂而趨"②。此時吳國強大，魯國畏其鋒芒，對吳國的態度既要示好也需防範，對邊防重鎮武城之宰的選擇定然慎重。於是，魯國先後任用吳人王犯③和言偃爲武城宰，以應對擴張野心明顯的吳國與日益緊張的邊防壓力④。陳玉澍也認爲："魯當定哀之際，西備晉，南禦吳。備晉則莒父當其冲，禦吳則武城扼其要。魯人使子夏宰莒父，以晉人備晉也；使子游宰武城，以吴人禦吳也。"⑤因此，子游能爲武城宰，除了其個人的能力突出之外，其吳人身份也是不可忽視的原因之一。

武城不僅是魯國的邊防重地，還是重要的兵源地。魯哀公十一年齊魯發生軍事衝突，"季氏之甲七千，冉有以武城人三百爲己徒卒，老幼守宫，次於雩門之外"⑥。武城人作爲冉有的親兵上了前綫，且武城之人久居邊城，向來勇武，民風彪悍。因此，子游到任後的弦歌教化，在"教以《詩》《書》，誦之歌之，弦之舞之"⑦時，絕不會忽視《詩經》中爲數不少的戎事之詩，更要爲隨時可能到來的戰爭做準備。

武城與國家安全息息相關，對於魯國國内局勢也有重要影響。春秋後期三桓擅魯，季孫獨大，季氏將伐顓臾之時，冉有給出的理由就是，顓臾"固而近於費，今不取，後世必爲子孫憂"（《論語·季氏》），武城雖非季氏私邑，但距費縣僅有八十里，顯然也有"固而近於費"的特點。季氏爲了家族私利，擔心費邑周邊地區出現與自己離心的武裝力量，對武城必然也很看重。在魯哀公十一年的那次戰鬥中，季氏宰冉求會選三百武城人爲自己的士卒，可見當時武城應也屬於季氏的勢力範圍。之後，季氏與魯國公室矛盾加劇，以至於魯哀公二十七年出奔，後季氏也於費地立國。在此之前，子游很可能因爲某些原因離職，不再受到季氏的信任，其禮樂治

---

① 高閌《春秋集注》，中華書局1985年版，第468~469頁。
② 阮元校刻《十三經注疏·春秋公羊傳注疏》，第2351頁。
③ 杜預注云："王犯，吳大夫，故嘗奔魯爲武城宰。"見楊伯峻《春秋左傳注》，第1839頁。
④ 這類情況在戰國時期更爲常見，兩國關係複雜之時，有其中一國背景或熟悉該國情況的士人，往往更容易在另一國出仕，如秦國先後重用有魏國背景的衛鞅、公孫衍、張儀等人以應對魏國。
⑤ 陳玉澍《〈卜子年譜〉之補正》，見高培華《卜子夏考論》，社會科學文獻出版社2012年版，第413頁。
⑥ 楊伯峻《春秋左傳注》，第1852頁。
⑦ 劉寶楠《論語正義》，中華書局2016年版，第680頁。

道也不被認可，以致武城宰後再無政聲，令後世儒者深爲嘆惜。

因地處邊陲，武城是"城郭溝池以爲固"，但很可能禮樂文教有所缺乏。子游爲武城宰，正是在此基礎上，使之"禮義以爲紀"（《禮記·禮運》）。子游爲宰之時，對百姓教以孝悌之義、人倫之禮，甚至包括耕戰之法，才能真正讓百姓有安全感，即使他們生活在並不安穩的邊境之中，也能受到文德與武德的雙重感化，這才擔得起孔子"牛刀割雞"之喻，也才是子游化民成俗的真正成效，亦是夫子見之莞爾的深層原因。孔子爲中都宰，一年而大治，子游用時看似更久，但在武城這種邊防重鎮實現"弦歌之治"，治理難度和意義只怕還在中都之上。因此，武城弦歌，實質上是子游在爲邑宰的短短兩三年間，讓武城人實現了從"有勇"到"知方"，不僅知道戰，更知爲何而戰；不僅"城郭以固"，更是"三軍以强"（《荀子·賦》）。這也間接證明了孔子所言"如有用我者，期月而已可也，三年有成"（《論語·子路》）並非虛言。崔述認爲魯地本以禮樂治國，"弦歌之樂不必武城而後有之"①，武城弦歌並不值得過分稱許，顯然並未瞭解武城的特殊戰略價值，其觀點有失偏頗。明了武城的歷史背景和孔門"教民"的多重内涵，我們便知子游的禮樂政績，確實值得夫子莞爾而深許之。

（二）子游的弦歌武城與以道教民

《禮記·樂記》云："禮樂皆得，謂之有德。"儒家以大道指導禮樂之行，又以禮樂去努力成全大道，子游思想的核心與禮學的精義是將"禮"和"道"相結合，用"道"來指引、發展"禮"，同時又表現在以"禮"踐"道"，即通過現實的禮樂政治教化，化易人性世俗，使大道通行和再現②。子游在隨孔子歸魯之後，不久便出仕爲武城宰。强敵環伺之下，武城人民能弦歌不絕，着實並非易事。事實上，武城弦歌之後子游與孔子的應答，涉及以道教民的全面含義，也指向了禮樂爲政的有效性問題。

在孔門的爲政之道中，禮樂教化重要，却並非首要，"教民"要建立在"庶之""富之"（《論語·子路》）的基礎之上，只有先讓百姓實現"足食"（《論語·顏淵》），才能讓其"有勇"且"知方"（《論語·先進》）。子游仕爲武城宰，或許比任何人都期盼魯國周邊的和平局面，但武城無法像魯國腹地的城邑一樣安穩，因此"弦歌"與"學道"首先要使民衆安穩。子游以君子小人"學道"之語應答夫子，孔安國注云："道，謂禮樂也，樂以和人，人和則易使。"③《論語·憲問》亦言："上好禮，則民易使也。"子游弦歌武城的客觀目的，便是讓邊民"易使"甚至"即戎"（《論語·子路》）。儒家之禮具有統治術的意義，"治理是一種由共同的目標支持的活動，這些管理活動的主體未必是政府，也無需依靠國家的强制力量來實現"④。因此，從治理角度來説，"小

---

① 崔述《崔東壁遺書》，第 385 頁。
② 蔡樹才《子游思想述考——結合出土楚簡文獻的探討》，《華中學術》2014 年第 2 期。
③ 程樹德《論語集釋》，第 1363 頁。
④ 俞可平《治理與善治》，社會科學文獻出版社 2000 年版，第 2 頁。

人學道則易使”，能够以更小的代價實現良好的社會治理；而提升自己的施政能力，也是君子之治的題中應有之義。當“道”作爲社會各階層的共識，“政刑”自然讓位於“禮樂”，依道而行的“小大由之”（《論語·學而》），可以有效降低社會治理的成本。

《論語·子路》“善人教民七年，亦可以即戎矣”一章，或許可以爲武城之治提供更爲豐富的理解維度。理學家張栻注重發揮孔門六藝中的武道精神，認爲：“所謂教者，教之以君臣、父子、長幼之義，使皆有親其上、死其長之心，而又教之以節制如司馬法是也。”①清代《日講論語解義》站在國君的立場上言道：“善人教民之功……故其於民也，教之以孝、弟、忠、信之行，使之知尊君親上之義；教之以務農、講武之法，使之知攻、守、擊、刺之方……蓋善人之教民不專爲兵戎之計，唯是訓養有素，則禮義既明，人心自固，即此休養生息之民，可得其有勇知方之用。”②錢穆也認爲：“必教民以禮義，習之於戰陣，所謂明恥教戰，始可用……此兩章見孔子論政不諱言兵，唯須有善人教導始可。”③不過，“戎”之所以重要，僅僅在於它爲血緣共同體的和諧穩定提供一個外部條件，而並非意味着有擴張、征服即對外競爭的訴求④。因此，子游爲武城宰於練兵之外，勢必要以講誦弦歌，來消弭殺伐之氣對人心的戕害。

三、武城二章歧解再探

《論語》中直接述及子游爲宰的兩章，主旨大意看似明了，但在文本細節與人事評價上，歷代注家歧見屢出。就“得人”章而言，“焉爾乎”還是“焉耳乎哉”，“耳”還是“爾”存在異文；澹臺滅明的行爲是否值得子游盛贊，宋儒也多有疑慮。就“弦歌”章來看，孔子戲謔的態度讓後世學者多有困惑，是否子游愚鈍不解夫子之意；而孔子牛刀之喻，是贊美是歎息還是諷刺，注者也有不同見解。如果我們將目光投注在當時的時空之下，將兩章結合起來觀照，或許會得出一個較爲融通的理解。

（一）“焉爾乎”辨疑與情境化的師弟答問

“得人”章中，孔子之問最末是“焉爾乎”三字，皇侃《論語集解義疏》本作“汝得人焉耳乎哉”，所載孔氏注亦曰“焉耳乎哉，皆辭也”。程樹德認爲：“焉耳乎三語助連用，已屬不辭，又增‘哉’字，更不成文。……阮先生曰：‘焉爾者，猶於此也。言女得人於此乎哉。此者，此武城

---

① 張栻《張栻集》，岳麓書社 2017 年版，第 114 頁。
② 薛治編《日講四書解義》，華齡出版社 2012 年版，第 149 頁。
③ 錢穆《論語新解》，巴蜀書社 1985 年版，第 328 頁。
④ 何中華《柔性智慧：中國文化的主綫》，《孔子研究》2020 年第 4 期。

也。若書作耳,則其義不可通矣。'"①"耳""爾"異文暫且闕疑,這裏的主要問題在於,以程樹德爲代表的近代學人從語法的角度出發,認爲"焉爾乎"甚至"焉耳乎哉"於文法上窒礙不通。但考慮到較早的版本裏是"焉爾乎哉",這種違反語法的用例或許更接近於當時的口語,整理編撰並非有一套嚴格的語法,其他先秦諸子書也確實保留了較多當時的口語。如果我們嘗試回到孔子與子游對話的現場,就會發現,是否將"焉爾"解作"於此",其實對文義本身的理解並無影響,但如果堅持"不辭""不成文"的觀點,對本章的理解則將流於僵化,也會遮蔽《論語》部分文本的口語化本色,生動活潑的話語情境也被消解。

宋儒注解《論語》時注重體道,因此往往對孔門師弟間的對話情境有較深體認,正如朱熹在《讀論語孟子法》中所引程子之言:"學者須將《論語》中諸弟子問處便作自己問,聖人答處便作今日耳聞,自然有得。"②對於本章,朱熹認爲:"聖人之言寬緩,不急迫。如'焉爾乎'三字,是助語。"③朱熹並非不通訓詁,但在此處認爲這是語氣助詞連用,顯然是突出孔子溫和安然的形象。此處關注到孔子辭氣和緩的,還有日本學者三野象麓,他認爲:"焉耳乎,緩辭也,以緩辭者,親之也。有者,稀有之辭也,示人之難得也。者者,微之也。"④三野氏不僅認爲"焉爾乎"三字具有和緩語氣的價值,且點出緩辭的目的是"親之"。而"稀有""難得""微之"的訓詁,顯出孔子的期許得到滿足後的和樂狀態,更可與"弦歌"章的"莞爾而笑"對應。這種語氣和樂平易的狀態,在"弦歌"章表現得更明顯。張栻以爲,"辭氣抑揚之間,豈弟和平,無非教也"⑤。師弟子間責善如此,其間自有默契。而這種默契不僅體現在兩段對話的語氣和氛圍上,還體現在孔子與子游共同的某種"小大之辯"上。

(二) 以小見大:孔門師弟德行與牛刀之喻

後世諸家對"弦歌"章的誤解之一在於,認爲子游不解夫子之意,孔子見此只好托言是戲言,但這種觀點或許低估了師弟間的默契與子游的理解能力。細繹原文及傳統注疏,我們可以發現,此二章中多有以小見大之處。"弦歌"章孔注言"戲以治小而用大道",在"得人"章中,行不由徑亦是以小見大,"如滅明者,觀其二事之小,而其正大之情可見矣"⑥。但或許更重要的是,子游、澹臺滅明甚至孔子,都是一樣的"公且方"(包咸注),因此才能同聲相應同氣相求,朱熹也看重君子之間的"德不孤,必有鄰",認爲"及其取人,則又以二事之細而得滅明之賢,亦

---

① 程樹德《論語集釋》,第 452 頁。
② 朱熹《四書章句集注》,中華書局 1983 年版,第 44 頁。
③ 黃士毅編,徐時儀、楊艷彙校《朱子語類彙校》,上海古籍出版社 2014 年版,第 853 頁。
④ [日]三野象麓《論語象義》,上海古籍出版社 2017 年版,第 210 頁。
⑤ 張栻《張栻集》,第 146 頁。
⑥ 朱熹《四書章句集注》,第 88 頁。

其意氣之感默有以相契者"①。而如果能以子游這樣的君子爲政,效果自然是播善於衆,風行草偃。朱熹引楊時之言曰:"後世有不由徑者,人必以爲迂;不至其室,人必以爲簡。非孔氏之徒,其孰能知而取之?"②此言正與孔子稱贊宓子賤的"魯無君子,斯焉取斯"(《論語·公冶長》)之語相類。因此,此二章都是通過大小、本末的對舉,向後之學者展現一個爲政的典範,其内在邏輯是一致的。

不僅子游的穎悟受到小覷,澹臺滅明的行爲也多被誤解。"行不由徑"之舉,程子譏其迂闊,謝良佐等亦有類似疑慮,但如前文所引,朱熹辯之已明。需要補充的是,非公事不見長官的行爲,是有爲而作,其公是"無非事者"(《孟子·梁惠王下》),這裏自然蘊含了公私之分,朱熹言其"無枉己殉人之私可見"③,敏鋭拈出公私義利之間的分殊。但這種理解不可過於偏執,如張岱《四書遇》所引,楊復所認爲"政其一也","行不由徑"之事並非澹臺滅明日常所爲,而是"指其行詣而言"④,此言格局未免過小。且按照楊氏的理解,則公私分作二截,而不能以一貫之,豈是君子所爲? 上有所好下必甚焉,子游既然以禮治邑,若有公事,邑人自當依禮而行,澹臺滅明之德行便無足觀之,因此,"行不由徑"應以直道而行視之,而非機械地理解爲只走官道而完全不走小徑。

(三) 政在得人與治理之道

孔子認爲政在得人,《論語·子路》云"先之勞之""舉賢才",《論語》書中兩見"舉直錯諸枉",是知人者智,亦是"惠而不費"(《論語·堯曰》),由此可見人才之要,"爲天下得人難"(《孟子·滕文公上》)。東漢章帝亦有詔曰:"昔仲弓季氏之家臣,子游武城之小宰,孔子猶誨以賢才,問以得人。明政無大小,以得人爲本。"⑤或許因此,朱熹引楊時之言曰:"爲政以人才爲先,故孔子以得人爲問。"⑥《禮運》篇孔子對子游論及三代之治和大同理想時,首先便是"選賢與能",因爲選任賢才在爲政治民中具有優先性,舉直錯諸枉之後政治清明,餘事不問可知。

儘管如此,有人認爲孔子的態度並非表揚,而是質疑子游的治理效果,如江熙認爲弦歌之治並不合適:"小邑但當令足衣食教敬而已,反教歌詠先王之道也,如牛刀割雞,非其宜也。"⑦但若僅將禮樂理解爲歌詠先王之道,未免狹隘。日本學者多以此章孔子"割雞焉用牛刀"的比

---

① 朱熹《平江府常熟縣學吴公祠記》,《朱熹集》第 7 册,四川教育出版社 1996 年版,第 4158 頁。
② 朱熹《四書章句集注》,第 88 頁。
③ 同上,第 64 頁。
④ 張岱《四書遇》,浙江古籍出版社 2017 年版,第 146 頁。
⑤ 范曄《後漢書》,中華書局 2012 年版,第 109 頁。
⑥ 朱熹《四書章句集注》,第 88 頁。
⑦ 程樹德《論語集釋》,第 1363 頁。

喻是"微言",荻生徂徠以當時魯國實際的政治情況爲依據,認爲:"子游之宰武城,必有急務也,而子游不知。禮樂之治,徒循常法,幾乎迂矣。然其事必有不可顯言者,故孔子微言爾爾。及於子游猶尚弗悟也,孔子直戲其前言,而不復言其意耳。"①其言聖門高弟之迂遠愚鈍,令人瞠目。荻生之言並非無因,這種誤解可能是因爲片面強調武城地理位置的因素,或是《子張》篇"子夏之門人"章中子游重本輕末的傾向,也有可能是因爲對朱注沒有理解到位。朱熹《集注》影響深遠,其云行不由徑是"動必以正,而無見小欲速之意可知"②,則武城大治耗時必久,而當時魯國内憂外患,未必等得及。但朱熹所言的無欲速、無見小利,在當時春秋晚期的歷史環境中完全能夠得到證驗。首先,魯國積弱已久,自應固本培元以圖再"爲東周",與武城相近的費邑又是季氏屬地,弦歌之治不僅能讓季氏安心,還可降低吳國對魯國的戒心;而吳國急於爭霸中原,終致夫差身死國滅,其"欲速見小"之害,遠遠過於所謂徒循常法的迂闊。所謂"恃德者昌,恃力者亡"(《史記·商君列傳》),禮樂比兵力更能維繫一個地區的和平與安全。

楊簡認爲這裏的道,是"弦歌音樂之爲道也",因爲"移風易俗莫善於樂"③。高華平等認爲,孔子與子游談論的是一種審美化的、充滿詩意的政治理想。孔子主張應以禮樂治國,以造成一個舉國上下和諧共處、充滿詩意和審美自由的社會,而子游則在武城這個地方努力地實踐着孔子的這一社會政治主張,並產生了良好的社會效果④。今人何益鑫也突出"樂教",認爲若子游只是在武城推行禮教,孔子恐怕不會如此打趣,因爲禮在當時是任何爲政活動必由的途徑,其時效性也強;樂教關乎人的内心活動,關乎性情的陶冶,推行樂教,可以由内而外達到民德的風化,它雖不是立竿見影的措施,卻是培本固原的方法⑤。詩、禮實質上具有教化和規範的政教意義,禮樂之教潤物無聲,可正人心,可美民俗。如果我們以《中庸》之言作比,那麽子游爲邑宰後弦歌化民,就是將"衽金革,死而不厭"的北方之強,變作了"寬柔以教,不報無道"的南方之強;而"君子居之"對於"強者居之"的替換,便是孔門"君子之治"的理想與實踐。這裏還涉及爲政之道孰先孰後的問題。朱熹亦曾言:"考其行事,則武城之政,不小其邑,而必以詩、書、禮、樂爲先務,其視有勇足民之效,蓋有不足爲者,至使聖師爲之莞爾而笑,則其與之之意,豈淺淺哉?"⑥其言甚明。

綜上,材劇志大的子游自有濟世安民之才,絕非只會空談的腐儒之流。其治理武城以禮

---

① [日]松平賴寬《論語徵集覽》,上海古籍出版社 2017 年版,第 1264~1265 頁。此外,山本日下也認爲,此章"孔子之微言,子游不達"([日]山本日下《論語私考》,上海古籍出版社 2017 年版,第 464 頁)。

② 朱熹《四書章句集注》,第 86 頁。

③ 楊簡《楊簡全集》,浙江大學出版社 2015 年版,第 2121 頁。

④ 高華平、沈月《"七十子"與儒學在江南的傳播》。

⑤ 何益鑫《儒家心性之學的轉出——論子游的思想創造及其道統地位》,《復旦學報(社會科學版)》2020 年第 4 期。

⑥ 朱熹《平江府常熟縣學吳公祠記》,《朱熹集》第 7 册,第 4158 頁。

樂爲本,又輔之以"尊賢使能,俊傑在位"(《孟子·公孫丑上》),得人的目的則是"以之維人心而正風俗"①,與弦歌武城若合符契。熊禾也認爲:"子游宰武城之事凡兩見,一以人才爲重,一以道化爲先,皆見其知本。"②子游能抓住君子之治的根本,既穩且快地實現邑中大治,深慰夫子之心。

四、孔門治道及其啓示

在孔門師弟的對話中,孔子不止一次言及禘祫嘗祭之禮(如《禮記》中《祭統》《仲尼燕居》《中庸》諸篇),禮的背後既是道德體系,也是社會秩序,其中自然不乏"戎事""軍旅"這些武功層面的考慮。所謂"先王之道斯爲美,小大由之"(《論語·學而》),傳統世界禮之爲用無所不包,軍戎本就是國之大事,自然也在"禮"的範圍內。孔子對自己的爲政才能極爲自信,"我戰則克,祭則受福"(《禮記·禮器》),可見即使是軍旅之事,孔門實際上也並不諱言③。雖説"有文事者必有武備"(《孔子家語·相魯》),但武備更多體現在防患於未然,並爲民衆的正常生活提供足夠的安全保障。因此,前文所詳言的武城之"武",是子游治理武城的背景和前提。子游嫺習於禮,胸懷大志,注重禮的根本精神,《禮運》中孔子感歎"大同小康"之時"言偃在側",此時以子游之才德,必足以與聞夫子大道,能與孔子在政治理想和實踐上形成有效對話,這也可與子游"弦歌武城"之事先後相映,這也表明子游是最有資格傳"大道"和"大同"理想的孔門弟子。

那麼,禮教或者説禮治,意味着什麼?《尚書·武成》云:"重民五教,唯食、喪、祭,惇信明義,崇德報功,垂拱而天下治。"我們認爲,這説明作爲規範的"禮",代替殺伐等暴力形式,成爲國家治理的主要工具,在此,禮樂教化取得了比暴力統治更加順暢的統治效果,如果建立了禮制,國家就會實現"不治而治"。子游弦歌武城政聲斐然,歷代學者多持肯定態度,如皇侃認爲孔子"聞邑中人家家有弦歌之響,由子游政化和樂故也"。同時,也有爲子游的大材小用而惋惜者,如繆播云:"惜不得道千乘之國,如牛刀割雞,不盡其才也。"④宦懋庸認爲,冉有能足民而不能以禮樂化民,公西華願以禮樂治國但較少政治實踐,相對而言,子游的政績更爲突出,云:"子游不得行其化於天下國家,而唯於武城小試焉,夫子牛刀割雞之喻,其辭若戲之,其實乃深惜之也。"⑤宦氏認爲夫子之言似戲實惜,其説較爲公允。對於子游的具體政績,修建軍認爲,在出仕前,子游就提出了"領惡而全好"的禮治原則,希望通過禮治途徑,達到國泰民安的理想

---

① 薛治編《日講四書解義》,第 85 頁。
② 程樹德《論語集釋》,第 1363 頁。
③ 高培華多倡此説,見氏著《卜子夏考論》《孔門弟子文武兼備論》諸書。
④ 皇侃《論語義疏》,中華書局 2013 年版,第 447 頁。
⑤ 程樹德《論語集釋》,第 1363~1384 頁。

社會形態；武城民風重武，不習禮樂，子游告誡官吏敬德保民，親自登臺講學；同時，子游還主動修好與周邊鄰邦的關係，化解長期的積怨矛盾，兩年而武城大治①。如果將子游的爲政之效放在孔門政教的大環境中，其價值則更爲明顯。

《漢書·藝文志》高度肯定儒家的政教之功，謂"唐虞之際，殷周之盛，仲尼之業，已試之效者也"。因此，禮樂弦歌，其實也是孔子的實際政績，"孔子爲中都宰，一年，四方皆則之"（《史記·孔子世家》），由此可見，孔子爲政能使民衆自覺遵守規範，且其成效可以複製。據《荀子·儒效》記載，之後"仲尼將爲司寇"，魯國不僅都城民衆不敢爲非，"居於闕黨，闕黨之子弟罔不分，有親者取多，孝弟以化之也"。孔子爲政以孝悌化民，成效顯著，荀子因而感慨："儒者在本朝則美政，在下位則美俗，儒之爲人下如是矣。"孔門弟子多有問及爲政之道，一般認爲"顏淵問爲邦"章孔子之語，是其最高的政治理想。孔子謂子游"先成其慮，及事而用之，是故不妄"（《孔子家語·弟子行》），這也可以與孔子暗指顏回的"臨事而懼，好謀而成"（《論語·述而》）相類。因此，孔子在武城莞爾而笑，更多是因爲子游真的做到了"美政""美俗"，真正承續了自己的政治理想。

孔門高足之中多有政績優良者。被孔子稱贊爲"君子哉若人"的宓不齊，在治理單父之時，"彈鳴琴，身不下堂而單父治"（《呂氏春秋·察賢》），這便是孔門的君子之治。而子游的"武城弦歌"，一説是指子游"身自弦歌以教民"②，這與宓不齊所行有異曲同工之妙。孔門政事科高足是冉有和季路，子路治蒲三年，孔子三稱其善（《孔子家語·辯政》），而冉有也曾言自己"可使足民，如其禮樂，以俟君子"（《論語·先進》）。武城弦歌之事足以證明，子游的政事才能不在孔門政事科任何一人之下。正如《禮記·樂記》所言："禮樂政刑，其極一也，所以同民心而出治道也。"四者之中，禮樂爲本，子游可謂知本。儒家之道舉其大要，皆是在政教二字上做工夫：政者正也，正己正人；教者效也，風行草偃；二者相輔，成就禮治。子游的武城弦歌，便是君子以禮樂來爲政教民的具體體現。

結　　語

子游排行爲叔，"叔氏"只是一種"別字爲氏"的用例，因爲鄭玄注過於簡略，以致後世懷疑子游別字"叔氏"，實誤。在籍貫問題上，我們認爲子游是吳人，這既符合傳統社會的主流看法，也可與《禮記》中"越人來吊"章相印證，吳人身份也當是其主政武城的先決條件。子游身爲孔門文學科高弟，在戰略位置重要的武城實現弦歌之治，他不僅繼承了孔子禮樂爲治的理想，也將儒者之效落到了實處。子游對禮義的精準把握和對禮文的靈活運用，在傳統社會中廣受贊譽，對

---

① 修建軍《孔門弟子研究》，山東文藝出版社 2004 年版，第 106 頁。
② 皇侃《論語義疏》，第 446 頁。

於今日的社會從管理到治理模式的轉變,以及禮樂文明的重建也有重要的參考意義。

前文提及子游生年的爭議問題①,涉及對子游進學時間的歧見和是否從遊陳、蔡的爭論。我們認爲,子游小孔子45歲説較爲可信。學者多以子游參與過孔門多項重大活動,若年齡太小於理不合爲由,認爲其應小孔子35歲,但孔門並不乏少年學生,如孔子曾言"少成若天性,習慣成自然"(《大戴禮記·保傅》),還令年少的叔仲會等隨侍。且不管按照何種繫年,陳、蔡絶糧時子游都已年滿十五,以當時孔子的聲名,子游完全有條件在其周遊列國時拜師。子游生年也事關《禮運》篇的背景,不論是《孔子家語》還是《禮記》,均是言偃侍側,但此事的發生時間《禮記》未載,《孔子家語》則言"孔子爲魯司寇,與於蜡"。儒家强調"教不躐等",即教與學的漸進性,也可作爲推斷《禮運》篇蜡祭時間的重要工具。首先,孔子强調慎言,因爲"中人以下,不可以語上"(《論語·雍也》),且"不可與言而與之言,失言",故以子游之才德必足以與聞夫子大道。而且孔子言"如有所譽者,其有所試矣"(《論語·衛靈公》),許是真正看到了子游對禮樂之治的悟性和實踐,孔子才會對其傳授大道之音。因此,從子游的角度而言,這件事應當發生在孔子晚年歸魯之後。其次,年終蜡祭若發生在孔子爲魯司寇攝行相事時,以其地位應當能讓這次蜡祭處處合乎禮樂,自然也不需要如斯感歎;而孔子當時政治熱情較高,也不至於憂心國運到發出"欲觀夏禮"一段對於禮壞樂崩的悲歎。此外,孔子晚年雖不直接參與國政,依然關心並與弟子討論禮樂祭祀,如在子貢觀蜡祭後教導其"文武之道,一張一弛"(《禮記·雜記下》),這次孔子面對子游的"歎魯"應也類似。因此,從孔子的角度而言,這件事更可能發生在孔子歸魯後的晚年,"大同小康"也正可與子游"弦歌武城"之事先後相映。

就子游個人的思想體系而言,由於子游氏之儒並未有專書流傳,出土文獻中涉及子游思想的部分,或是竹簡殘缺(如上博簡《言游》篇),或是難以判定作者具體學派(如《性自命出》),這使得子游思想的研究在未來仍然具有較大的不確定性。但我們首先應考慮的是,宋明以來形成的儒家道統觀念,究竟在多大程度上呈現了當時學術發展的真實面貌,現今的學術研究是否仍有必要堅守某種道統論?先秦儒學的傳承並非綫性,如果直接將子游乃至有若、子張等七十子之思想,一概納入思孟學派的道統之中,或許會遮蔽當時儒學發展的豐富性,可能也不利於早期儒學研究的深入。

[作者簡介] 王若詩(1992—),女,安徽淮南人。現爲華東師範大學中文系博士生,研究方向爲先秦儒學與《論語》學術史,已發表學術論文多篇。

---

① 對於子游生年的説法,筆者目之所及有四種:(1) 小孔子35歲,出自通行本《孔子家語》;(2) 小孔子45歲,出自《史記·仲尼弟子列傳》;(3) 小孔子不到35歲,見鑄九《言子瑣考》(《蘇州大學學報(哲學社會科學版)》1991年第4期)一文,但該説只是推測,並無直接的史料證據;(4) 小孔子49歲,出自陳士珂《孔子家語疏證》,但以此推算,子游從學當在孔子歸魯後,從遊時間不長却又有餘裕爲政武城且被孔子高度贊許,於理不合。

德性、群體與人的存在*

——孟荀人禽之辨比較

鄭治文

內容提要 人禽之辨是儒家的重要論題,從其創始人孔子開始,儒家即開啓了對這一問題的思考。孟子、荀子沿着孔子仁禮合一之學的思路將人禽之辨的問題引向了深入:孟子的人禽之辨以仁學觀念爲基,以性善論來説明內在於人的道德情感和意識,進而確認人的道德性存在,將人存在的意義和價值定位爲通過存養擴充善心的道德修養工夫,過上一種道德的生活;荀子的人禽之辨以禮學觀念爲本,他先通過群論來確認了人的群體性(社會性)存在,又通過性惡論説明了人也有同於禽獸之性(動物性)的一面,若任由其自然發展會導致群體失序的惡果,在此基礎上,荀子提出了"禮"的制度規範建構的問題,將人存在的意義和價值定位爲通過接受"禮"的規範和約束,過上一種合群的生活。

關鍵詞 孟子 荀子 人禽之辨 德性 群體

中圖分類號 B2

人禽之辨是儒家的重要論題,它主要追問的是人與動物相區分的根本規定性的問題①。作爲以價值爲中心的學説,儒家特別重視對人和人倫的理解。作爲儒家人學思想的重要理論構成,儒家人禽之辨表現了它對人的存在、意義和價值的追問②,"集中體現了儒家在'人的價

---

* 本文爲山東省泰山學者工程(tsqn201812060)、山東省濟寧市尼山學者工程、山東省社會科學規劃研究項目"儒學事件研究"(20CWTJ14)、曲阜師範大學儒家文明省部共建協同創新中心課題"君子人格及其教育涵養研究"階段性成果。

① 唐君毅言:"人與一般動物之不同,即中國古所謂人禽之辨。"見唐君毅《青年與學問》,廣西師範大學出版社 2005 年版,第 74 頁。

② 蒙培元先生説:"中國哲學是關於人的學説,是關於人的存在、意義和價值的學説。"(《中國哲學主體思維》,人民出版社 1993 年版,第 2 頁。)張岱年先生認爲:"所謂人的價值,一方面是對'天'而言,或對'神'而言;一方面是對'物'即對別的動物而言。"(《張岱年學術論著自選集》,首都師範大學出版社 1993 年版,第 492~493 頁。)楊國榮先生云:"人禽之辨側重於通過區分人與其他存在(包括動物),以突顯人(**轉下頁注**)

值發現'問題上的思想成果"①。儒家的人禽之辨,由孔子奠其基,其後,孟子、荀子分別從其仁學和禮學的觀念出發拓展和深化了對這一問題的認識,爲後世儒者的繼續討論立定了理論型範。孟子的人禽之辨以仁學觀念爲基,通過性善論確認了人的道德性存在,將人存在的意義和價值定位爲不斷存養擴充善心,過上一種道德的生活;荀子的人禽之辨以禮學觀念爲本,通過群論確認了人的社會性(群體性)存在,將人存在的意義和價值定位爲接受"禮"的規範和約束,過上一種合群的生活。

一、孔子與孟荀人禽之辨的奠基

儒家從其創始人孔子那裏開始,就開啓了對人禽之辨問題的思考。從《論語》的文本内容來看,我們認爲,以下兩則材料或許最能體現孔子人禽之辨的主要内容。

子遊問孝。子曰:"今之孝者,是謂能養。至於犬馬,皆能有養;不敬,何以别乎?"(《爲政》)
夫子憮然曰:"鳥獸不可與同群,吾非斯人之徒與而誰與?"(《微子》)

從第一條材料來看,孔子將人與禽獸的不同明確界定爲是人有"孝"之德②。孔子認爲,孝並不只是要求"能養","能養"並不足以劃清人與犬馬之間的界限,人所異於犬馬的關鍵在於"敬"。何謂"敬"? 我們認爲,它應該以孔子的仁學觀念作爲基礎來理解,它指向的是人所獨有的内在的道德意識和情感。從第二條材料來看,孔子講人不能與鳥獸同群,强調了人與鳥獸的不同在於,人只能與人而不是鳥獸合成群。從上述孔子人禽之辨的主要内容來看,他雖還没有對這一問題的充分理論自覺,並没有比較清晰而直接地來具體討論它,然孔子的運思已爲後世儒者尤其是孟荀深入展開這一論域打開了思路、奠定了基礎。

就其"孝敬"的思想而言,只有從仁學的觀念出發才能明其深刻之意涵。也就是説,孔子這裏論"孝"已在自覺不自覺中表達了這樣的觀點:人與禽獸(犬馬)的不同,在於其有"仁"(愛、敬)的内在道德意識和情感,正因爲這種不同,讓人在踐履"孝"之德時不僅"能養",更能有"敬"。孔孟之間的思想連接,正在於孟子沿着孔子的這一運思而繼續突破,十分明確地將

(接上頁注)超越於自然的内在存在價值。"(楊國榮《儒學發展的歷史向度》,《孔子研究》2017 年第 1 期。)我們認爲,儒家對人禽之辨問題的不斷思索,正是要在人與動物的相對關係中彰顯出人所特有的意義和價值。
① 陳科華《先秦儒家的"人禽之辨"》,《倫理學研究》2019 年第 3 期。
② 參閱孫玉權、賀更粹、王甬《孔子"人禽之辨"探析》,《理論界》2012 年第 5 期,第 111 頁。

人内在的道德意識和情感（四心、不忍人之心）作爲人與禽獸相區分的根本規定性，從而深化了儒家人禽之辨的論域。

相較於"孔孟之道"，孔荀之間的思想連接似乎稍顯隱晦，畢竟孟子是沿着孔子以仁釋禮所實現的哲學突破而進一步直綫突破的。因此，只有對此多加分梳和説明，才能充分顯現其中所暗含的先秦儒學發展演進的另一條重要主綫——"孔荀之間"。從孔荀在人禽之辨問題上的"共性"來看，孔子所表達的人只能與人而不能與鳥獸"同群"的認識，顯然遠不及後來荀子的群學觀念那樣深刻而豐富。然而，我們或也難於完全否認孔子的這種觀點與荀子群學思想之間所可能存在的内在關聯。只是，較爲不同的是，荀子是將"禮"論、"群"論、"性惡"論、"君"論等整合起來深入討論"人能群"的問題的。他是在群學的觀念下凸顯出了"禮"之於"人能群"的重要性，將"禮"作爲維繫人之所以爲人的特性（群體性）的根本依憑。於此而言，孔子禮學思想中其實也藴含着這樣的思想内涵，他講"克己復禮爲仁"（《顔淵》），又曰"不學禮，無以立"（《季氏》），似乎也已經涉及了這樣一種潛在的觀念"人是一種禮儀性的存在物"①，人"合群"的存在方式因"禮"而得以實現②。如是這樣，我們或許就可以這樣來把握孔荀在人禽之辨問題上的思想連續性了：其一，荀子討論人禽之辨的群學觀念基礎或可能受到了孔子"群"思想的啓發③，只是他從更爲寬廣的理論視野思考了人與人如何"能群"的問題④；其二，孔荀人禽之辨的"共性"集中表現在其禮學思想上，荀子以"群"論、"性惡"論、"君"論等深化了孔子禮

---

① 美國學者芬格萊特在討論孔子思想時提出了"人是一種禮儀性的存在物"的經典命題（[美]赫伯特·芬格萊特（Herbert Fingarette）著，彭國翔、張華譯《孔子：即凡而聖》，江蘇人民出版社 2002 年版，第 14 頁）。我們認爲，引入這一命題來討論荀子思想尤其是荀子人禽之辨的問題也是較爲合適的。按照荀子的看法，人之所以爲人而異於（勝於）禽獸者在於其社會群體性，而要維繫其社會群體性就需要人接受"禮"的規範和約束。换言之，正是"禮"維繫了人之所以爲人的這個特性，而從這個意義上我們甚至可以説，人是因"禮"而存在的，人存在的價值和意義因循禮合群而得以確立。由此，"禮"之於明人禽之别大矣，"禮"之於論荀子人禽之辨的問題，關聯亦甚大焉。誠然，從這一點來看，也能反映出孔荀在人禽之辨問題上的思想連續性。

② 孔子在論"詩"時，明確把"學詩"作爲人"可以群"的重要路徑，使其"群"的思想和詩學思想統合了起來。他説："小子何莫學夫詩？詩，可以興，可以觀，可以群，可以怨。邇之事父，遠之事君。多識於鳥獸草木之名。"（《陽貨》）由此，儘管我們在《論語》中没有看到孔子將"禮"與"群"結合起來討論的直接表述，然而根據這種思路，我們或也可這樣來理解其所謂"不學禮，無以立"的説法，即將"學禮"亦作爲一種人"可以群"的重要方式。或如方達指出的："'群'的深層次含義在孔子'詩教'的'興觀群怨'中已有體現。……概括言之，孔子所謂的'群'是一種通過讀《詩》來讓個人與'禮'的内涵達成聯結的方式。因此，'群'在先秦儒家語境中一定具備了'禮'的某些重要含義。"（方達《塗人何以爲禹——諸子學視域下荀子"群"思想的再考察》，《人文雜志》2019 年第 4 期。）

③ 這裏或有過度詮釋之嫌，畢竟"荀子群學思想的孔學淵源"這一論題能否成立，在多大程度上可以成立，對此我們更多地只能限於在思想層面進行分析，相對缺乏比較扎實而直接的文獻依據。

④ 丁成際《"群居和一"如何可能——荀子"人能群"思想簡論》，《哲學動態》2011 年第 9 期。

學中所暗含的"禮(合群)是人的存在方式"①的重要意涵,從而也就從禮學的視野極大地拓展了儒家人禽之辨的理論空間。

結合上述兩個方面的內容來看,孔子在人禽之辨問題上之於孟荀的先導性貢獻,與其說是那些具體的思想內容,毋寧說是其仁學和禮學的深層觀念。孔子的仁禮合一之學爲孟子、荀子從不同的方向和維度拓展儒家人禽之辨的理論空間奠定了堅實的思想基礎。

從先秦儒學的發展脉絡來看,孟子、荀子作爲繼孔子而起的最爲傑出的儒學宗師,他們對人禽之辨問題的思考就是沿着孔子仁禮合一之學的思路予以拓展和深化的。大體説來,孟子的人禽之辨以孔子的仁學觀念爲基,以性善論來説明内在於人的道德情感和意識,進而確認人的道德性存在,將人存在的意義和價值定位爲通過存養擴充善心的道德修養和努力,過上一種道德的生活,以避免人向禽獸的墮落。荀子的人禽之辨則以孔子的禮學觀念爲本,他先通過群論來確認了人的社會性(群體性)存在,又通過性惡論説明了人也有同於禽獸之性(動物性)的一面,任由其自然發展會導致偏險悖亂、群體秩序解體的惡果。在此基礎上,荀子提出了凸顯"禮"的制度規範建構之必要的禮治論構想,將人存在的意義和價值定位爲通過接受"禮"的規範和約束,過上一種合群的生活,以避免群體秩序崩潰,讓人失去相較於禽獸而獨有的"能群",能"居宫室""勝萬物"的優勢。

二、孟子的人禽之辨

儒家對人禽之辨有較自覺的理論思考始於孟子。"孟子開人禽之辨的先河,這是一種對人進行哲學、道德思考的嶄新思路"②,其性善論的終極理論旨歸是要追問人之所以爲人的根本規定性的問題。在對告子"生之謂性"説進行批判時,孟子十分清楚地表達了這種理論考量。他認爲,如果承認"生之謂性",那就容易混淆人之性和犬、牛之性的區别③。基於此,孟子對告子本於"生之謂性"的認識而得出的"人性無分善與不善"的説法也是難於接受的④。

在孟子看來,如果不承認人之性"善",那就不能説明人之爲人的特性所在。當他莊嚴宣告"人無有不善"時,人性的神聖和光輝才得以充分彰顯出來,從而在人禽之間劃開一條十分分明的界綫。在性善論的視域下來看孟子的人禽之辨,他認爲,人禽之别在於人有善性善心

---

① 參閱吴樹勤《禮儀是人的本質性的存在方式——孔子禮論》,《重慶郵電學院學報(社會科學版)》2006年第3期。
② 楊海文《在禽獸與聖人之間——略論孟子的主體定位觀》,《東方論壇》2003年第1期。
③ 參見楊伯峻《孟子譯注》,中華書局1960年版,第254~255頁。
④ 同上,第254頁。

(四心),而禽獸無此善性善心①。其言曰:

> 無惻隱之心,非人也;無羞惡之心,非人也;無辭讓之心,非人也;無是非之心,非人也。(《孟子·公孫丑上》)

無論言"善心"(四心)還是言"善性",孟子都是從人的道德性入手來論人禽之別,把內在於吾人的"善"(仁)的道德意識和情感作爲"人"的規定性,故其曰"仁也者,人也。合而言之,道也"(《孟子·盡心下》),把人所有而禽獸所無的道德自覺能力作爲"人"的規定性。他對舜帝的極力稱頌就表明了這點②。由此可見,孟子性善論之於人禽之辨的意義正在於,它將人所獨具的道德性(善)作爲辨分人禽的根本依據,從道德性之維彰顯人的存在意義和價值。

正如上面論及的,儒家討論人禽之辨,意在追問人的存在、意義和價值的問題。孟子以性善論作爲觀念基礎來討論人禽之辨,肯認了人的道德性存在之維,明確了人存在的意義和價值在於"過道德的生活",這顯然是孟子人禽之辨的首要理論意義和重要思想內藴所在。然而,其辨人禽之分的目的並不只限於説明人與禽獸如何有"異"的問題,更爲重要的是要爲吾人開出一種生命實踐方式,指明人道應有的一個努力方向。具體説來,孟子在討論人禽之辨時,他除了言人禽之所"異"(遠),以彰顯人性的神聖和光輝外,還要講人禽之所"同"(近),以警醒人向禽獸的墮落,唤醒人存善心、養善性、明人倫的道德自覺和努力。他説:"(人)飽食、暖衣、逸居而無教,則近於禽獸。"(《孟子·滕文公上》)

可見,孟子言人禽之所"異"是要確認人是道德的存在,而講人禽之所"同"則是要表明人也有可能因放失善心、不明人倫而墮落爲一無道德的生物的存在。誠如有論者指出的:"孟子用'四心'表明,人是生物的存在,更是道德的存在。但是,由於'四心'僅是道德的萌芽,一旦遭受戕害,人的道德就會喪失。"③因此,孟子在思考人禽之辨的問題時,他並沒有一味歌頌人性的偉大,過於誇大人禽之間的差別,他其實對人向禽獸一面的墮落也是有相當的警覺和觀照的。孟子言:"人之所以異於禽獸者幾希,庶民去之,君子存之。"(《孟子·離婁下》)他認爲,善心善性雖是人所異於禽獸者,然這種差異却是"幾希"的,倘不注重存養擴充,慢慢失去了這一點點良知善念,那人也就離禽獸不遠了。故其言曰:"梏之反覆,則其夜氣不足以存;夜氣不足以存,則其違禽獸不遠矣。"(《孟子·告子上》)

孟子認爲,人要成其爲人就要把人所有而禽獸所無的那"幾希"的善心善念存養和擴充起來,不斷向善向上,做個君子。他説:"君子所以異於人者,以其存心也。君子以仁存心,以禮

---

① 楊澤波《新"人禽之辨"》,《雲南大學學報(社會科學版)》2017年第3期。
② 孟子曰:"舜之居深山之中,與木石居,與鹿豕遊,其所以異於深山之野人者幾希;及其聞一善言,見一善行,若決江河,沛然莫之能禦也。"(《孟子·盡心上》)
③ 曹喜博、關健英《孟子"人禽之別"命題中關於人存在的三個維度》,《倫理學研究》2018年第3期。

存心。"(《孟子·離婁下》)言及於此,我們或可這樣來完整把握孟子人禽之辨的理論要義:在孟子性善論的觀念下,善心善性(道德性)是人所異於禽獸的根本差異,人道的使命在於存養擴充人所獨有的這一點點良知和善念,做個君子乃至聖人,而不要墮落爲小人甚至禽獸。

三、荀子的人禽之辨

從孟子的人禽之辨來看,基於性善論的奠基性觀念,他所理解的人之所以爲人而異於禽獸者在於其道德性,這就從根本上確認了人的道德性存在,明確了人的價值和意義在於存養善心,涵養德性,過道德的生活。與孟子不同,荀子討論人禽之辨主要是從其群學的觀念入手,將人的群體性(社會性)作爲人所異於(勝於)禽獸者,由此確認了人的社會性存在,明確了人的價值和意義在於接受"禮"的規範和約束,過合群的生活①。

孟荀相比,討論孟子的人禽之辨非得要從性善論入手,性善論不立,根本不足以明其大義。就孟荀比較研究的常規取徑而言,我們很自然地會想到拿荀子的性惡論來比較説明二者人禽之辨的問題。對此,我們認爲,性惡論誠然也是討論荀子人禽之辨不可繞開的思想視域,然相較於"群"論,性惡論應該只是第二序的理論思考②。東方朔(林宏星)指出,在荀子,"人所異於禽獸的'本質'不在荀子所説的'人之性惡'的'性'上"③。事實上,從《荀子》的文本内容來看,荀子是以群學而非"性惡"的觀念爲基礎來講人禽之别的。《荀子》載:

> 然則人之所以爲人者,非特以其二足而無毛也,以其有辨也。(《非相》)
> 人有氣、有生、有知,亦且有義,故最爲天下貴也。力不若牛,走不若馬,而牛馬爲用,何也?曰:人能群,彼不能群也。人何以能群?曰:分。分何以能行?曰:義。(《王制》)

以上是討論荀子人禽之辨問題最重要、最直接的思想話語。從第一段話來看,荀子説的很明

---

① 王正提出:"無論是孟子還是荀子,他們的人禽之辨都是從人倫這一點展開的,只不過孟子更注重人倫中所體現的内在於人心靈的道德意識和價值判斷,而荀子更看重人倫中所體現的人的分别意識和禮的規範。"(王正《先秦儒家人禽之辨的道德哲學意義》,《雲南社會科學》2015 年第 2 期。)
② 曹樹明認爲,"與處於基礎層面的性惡論和在邏輯上内涵相對較大的禮論相比,抽象的内涵較小的'群居和一之道'更宜視爲荀子的思想核心,且它根本上是一種政治哲學的表達。"(曹樹明《論荀子的"群居和一之道"》,《齊魯學刊》2019 年第 3 期。)我們同意這種説法,認爲應該將群學作爲荀子思想的核心,在群學的觀念下來説明其性惡論、禮論等的理論要義。
③ 東方朔《"人生不能無群"——荀子論人的概念的特性》,《諸子學刊》第四輯,上海古籍出版社 2010 年版,第 308 頁。

確,人之所以爲人者"以其有辨也",問題是,我們如何理解其所謂的"有辨"。何謂"辨"？從《荀子》的文本內容來看,我們認爲,其所謂的"辨"與他説的"别"(分)的概念有同構性的關係①。何謂"别"？荀子曰："貴賤有等,長幼有差,貧富輕重皆有稱者也。"(《禮論》)可見,荀子所講的"有辨""有别""明分",主要指向的還是"禮"範導下的人的長幼有序、上下有等、貧富輕重皆有稱的差等秩序的群體社會生活②。

在荀子看來,只有以"禮"來"明分"才能"使群",只有由"禮"來"辨"才能成治,"禮""辨"(分、别)之於人道大焉,故其又將"辨"與"治"統合起來而講"治辨",曰："禮者,治辨之極也,強國之本也,威行之道也,功名之總也。"(《議兵》)據此立論,荀子所謂的"辨","非思辨義之辨而乃'治辨之極'之辨"③。蔡仁厚說："荀子既以禮義爲治國之大道,所以特將别異定分之'辨'字與'治'字合成'治辨'一詞,以見其意。"④"辨"者,"治辨"之謂,"治辨"必關聯着群體社會生活來説的。於此而言,荀子以"辨"來作爲人之所以爲人的規定性,其實也主要是指向人之"能群"的群體性(社會性)而言的。

從第二段話來看,荀子直接論及了"群"的觀念,將"能群"作爲人之所異於(勝於)牛馬者。誠然,"人能群"的論説不難理解,需要有所説明的是其所謂"人有義"的説法。這裏,荀子將"有義"作爲了人禽之分的重要依據,問題是如何理解這個"義"呢？在"仁義道德"的慣説下,我們或易把荀子"義"的觀念與孟學精神混淆起來,認爲荀子講"人有義"也是把人的道德性作爲區分人禽的根據。事實上,孟荀的"義"觀念是有所殊異的,大體説來,孟子的"義"觀念以仁學爲本,講"仁義";荀子的"義"觀念以禮學爲基,講"禮義"。關聯着荀子學"以禮爲中心"的思想基調,我們認爲,荀子這裏所謂的"有義",並非説人有内在的仁義的道德意識,而是指向人有禮義的分别意識。進一步引申出來説,這種"分别意識"應該是指人所獨有而禽獸所無的能夠接受禮義的規範和約束,自覺融入群體生活的能力。

以上,荀子在講人禽之分時主要涉及了"有辨""有義""能群"三個概念,通過對上述話語的理解,我們可以說,無論是荀子言"有辨""有義"還是講"能群",其實都是以其群學觀念爲基礎,都是指向人的群體社會生活而言的。"蓋荀子必在'群''分'的脉絡中言人之'有義';在'人道'的脉絡中言人之'有辨'。"⑤

當然,與孟子討論人禽之一樣,荀子的人禽之辨也不只止於對人之所以爲人的存在的

---

① 郭沫若就認爲,荀子"所説的'分',有時又稱爲'辨',是已經具有比較複雜的含義的。它不僅限於分工,它已經是由分工而分職而定分"。(郭沫若《十批判書》,東方出版社 1992 年版,第 232 頁。)
② 參閱鄭治文《道德理想主義與政治現實主義的統一：荀子政治哲學思想特質研究》,山東大學出版社 2020 年版,第 47～48 頁。
③ 東方朔《"人生不能無群"——荀子論人的概念的特性》,《諸子學刊》第四輯,第 311 頁。
④ 蔡仁厚《孔孟荀哲學》,學生書局 1984 年版,第 469 頁。
⑤ 東方朔《"人生不能無群"——荀子論人的概念的特性》,《諸子學刊》第四輯,第 309 頁。

追問,更爲重要的是,在明確了人的社會性存在,人存在的意義和價值在於過"合群"的生活之後,他還要更進一步思考如何維繫和發展好人的群居秩序的問題。在性善論下,孟子的人禽之辨引入了存養善心、涵養德性的道德修養工夫,藉以光大人性的神聖光輝,而避免人向禽獸的墮落和沉淪。同樣,荀子在以"群"論來確認了人的社會性存在之後,還從性惡論的角度對作爲個體的"人"進行了理解。在性惡論下,荀子又轉而認識到了個體的"人"也有同於禽獸的"獸性"(動物性)的一面,對此他從人之"欲"(利)的角度予以説明①,他説:

  今人之性,饑而欲飽,寒而欲暖,勞而欲休,此人之情性也。(《性惡》)
  今人之性,生而有好利焉,順是,故爭奪生而辭讓亡焉;……然則從人之性,順人之情,必出於爭奪,合於犯分亂理而歸於暴。(《性惡》)

在荀子看來,人饑而欲食、寒而欲暖、勞而欲休等"人性表現",是與禽獸無異的,倘若任由這些物質利欲無限膨脹,必然會導致群體社會秩序解體的惡果,正是在這個意義上荀子才會説,"所謂惡者,偏險悖亂也"(《性惡》)。所謂"偏險悖亂"就是指群體秩序的崩潰,而就荀子對人的社會性存在理解來説,這無異意味着從根本上改變了人之所以爲人、人之所以異於(勝於)禽獸的社會性存在方式。如何避免因個體欲望的無限膨脹而改變人的群體秩序呢?荀子由此引出了"禮"的論説:

  人生而有欲,欲而不得,則不能無求;求而無度量分界,則不能不爭;爭則亂,亂則窮。先王惡其亂也,故制禮義以分之,以養人之欲,給人之求,使欲必不窮乎物,物必不屈於欲,兩者相持而長,是禮之所起也。(《禮論》)

如何才能避免因與生俱來的欲求"無度量分界"而導致群體秩序的"亂"呢?荀子提出了"制禮義以分之"的秩序建構方案,其所謂的"禮義"更多地指向爲一種制度規範的建構,其目的是調節(分)好"物"與"欲"的關係,進而保證人的"群居和一"②。由此,在群論和性惡論的雙重視野下,荀子立住了禮學的根基,極大地凸顯出了"禮"之於群體秩序建構、"禮"之於維繫人的社會性存在的重要意義。他説:"群而無分則爭,爭則亂,亂則離,離則弱,弱則不能勝物,故宫室不可得而居也,不可少頃舍禮義之謂也。"(《王制》)就荀子人禽之辨言,"禮"的制度規範建構的重要意義正在於,通過"明分"來"使群",藉由"禮"的"分"(別、辨)的功能來維繫和發展好人之所以爲人而異於(勝於)禽獸的群體性特質。可見,言不及群論、性惡論

---

① 對此可參閱耿振東《荀子化性説解論》,《管子學刊》2015 年第 3 期。
② 東方朔《荀子論"爭"——從政治哲學的視角》,《中國哲學史》2016 年第 2 期。

和禮論便不能得荀子人禽之辨之要領,正如言不及性善、仁愛的觀念也難窺孟子人禽之辨之要義一樣①。

綜合上述所論,我們或許就可以這樣來理解荀子人禽之辨的完整思想内藴:一方面,他以群學的觀念揭示了人之所以異於(勝於)禽獸者在於其社會性存在特質,肯認了人的存在意義和價值在於"過合群的生活";另一方面,他又從性惡論的觀念入手充分照察了作爲個體的人也有近於禽獸的動物性(自然性)的一面,如果任由其自然發展會導致群體社會秩序的解體,讓人不能"勝萬物""居宫室",從而失去人之所以異於(勝於)禽獸而獨有的優勢。在此基礎上,荀子引出了禮學的觀念,以"禮"的制度規範建構作爲群體社會秩序的保證,將接受"禮"的規範和約束作爲人融入群居生活的方式②。

四、孟荀人禽之辨的比較

孟荀相較,他們在思考人禽之辨的問題時,既注重明分人禽之"異",以彰顯人道的崇高;也充分注意到了人禽之所"同",以避免人向禽獸的墮落,失去人之所以爲人而異於(勝於)禽

---

① 一般説來,我們常常傾向於在孟子性善論和荀子性惡論的觀念基礎下來分析和比較其人禽之辨的問題。比如有論者就認爲:"荀子從性惡論出發,揭示了人類理性即'辨'是人禽之別的内在根據;孟子以性善論爲基礎,發現了人類具有超出動物'類性之仁'局限性的獨特價值,確立了一種由'辨'而'合'的人禽關係模式。"(陳科華《先秦儒家的"人禽之辨"》,《倫理學研究》2019年第3期。)然在我們看來,從性善論的觀念出發是可以充分説明孟子人禽之辨中的重要思想意藴,然只是從性惡的觀念入手卻遠不能真正説透荀子人禽之辨的問題。事實上,長期以來,我們對荀子學的研究,往往過於高估和側重了其性惡論的思想,容易忽視禮論、群論等在荀子學中或應居於更爲重要的位置。具體而言,在孟子那裏,性善論的觀念反映了孟子對"人"的基本理解,也是其論人禽之"異"的主要立論依據。而在荀子那裏,他對"人"的基本理解却至少應該涉及"群"論和"性惡"論兩個方面,而且前者似乎更居於基礎性的地位。一方面,只有從"群"論的觀念入手,才能明了荀子人禽之辨的理論特質,表現人的社會性存在之維;另一方面,只有從"性惡"論觀念下以"禮"來"化性起僞"的内容着眼,亦才能揭示出禮學的觀念在荀子人禽之辨中的重要地位。荀子曰"(人)不可少頃舍禮義",此之謂也。如果只是從"性惡"的觀念入手,並不足以真正呈現荀子人禽之辨的完整思想意涵。正如宋志明先生所總結的:"荀子從兩個角度思考人的問題,一個是社會的視角,一個是個體的視角。從社會的視角看,人能群、人爲貴。他對社會的人性所作的價值判斷,無疑是肯定的,雖然他没有做出'人性善'的論斷,但至少不能得出'人性惡'的結論。只是在論及個體的人性時,荀子才做出否定的價值判斷,提出'人性惡'的説法。"(宋志明《荀子的禮學、人學與天學——兼論荀孟異同》,《東岳論叢》2009年第1期。)

② 鄭治文《禮法、君子與秩序——荀子禮法思想論析》,《管子學刊》2021年第3期;鄭治文《道德理想主義與政治現實主義的統一:論荀子政治哲學的思想特質》,《東岳論叢》2020年第9期。

獸的特質①。就其言人禽之所"異"來説，孟子以性善論揭示了人的道德性存在之維，而荀子則以群論揭示了人的社會性存在之維。如果説，孟子的人禽之辨主要是通過以心善（四心）言性善的性善論確認了人的道德性存在的話，那麼，荀子的人禽之辨則主要通過"群"論、"辨"論、"義"論確認了人的社會性存在②。基於性善論和群論的觀念前提，孟荀在人禽關係中對"人"的理解就呈現出了道德性和社會性兩種不同的進路。

　　就其言人禽之所"同"來説，孟子認爲，倘若人不注意存養擴充人所異於禽獸而獨有的那一點點"善心"，那就可能不能成其爲人而近於禽獸；荀子則注意到，如果人任由同於禽獸而有的物質欲望自然發展，那就會導致群體失序的惡果，讓人不能維繫群居的存在方式。在孟子那裏，欲避免人禽之所"同"而不斷拉大人禽之所"異"的關鍵在於主體自身存養擴充善心、"以仁存心，以禮存心"的道德修養努力；而在荀子那裏，唯有依靠"先王"在"道禮憲而一制度"（盡制）方面的創造，以禮別異、以禮分施才能維繫和發展好人之所以爲人而異於（勝於）禽獸的群體性特質。

　　概言之，孟子以"性善"（仁愛）的觀念爲基礎來討論人禽之辨，揭示了人的道德性存在之維，進而引申出了以仁禮存心的道德修養工夫，這更多地體現出了一種倫理學的精神；而荀子以群學和"性惡"的觀念爲基礎來討論人禽之辨，在揭示人的社會性存在之維的同時，也注意到了個體的人性有近於禽獸的"獸性"（動物性）的一面，由此引申出了以"禮"明分使群的制度規範建構的思考，這更多地反映出了一種社會學、政治學的精神③。只有分别從仁學和禮學的觀念入手，才能深切把握孟荀人禽之辨的不同理論思考，進而展現孟荀之學各自所特有的思

---

① 路德斌指出："無論是孟子還是荀子，其人性論其實都是地地道道的兩層人性論，即都有對人與禽獸之共通屬性即人之動物性的認知，亦都有對'人之所以爲人者'即'人之所以異於禽獸者'之覺識。而且，二人皆認爲，前者爲惡之根源，後者乃善之根據。"（路德斌《孟、荀人性觀及論争之實質——基於"名實之辨"而作的考察及詮釋》，《河北學刊》2017 年第 6 期。）李存山認爲："孔、孟、荀的人性論都是以'天地之生，人爲貴'、人爲萬物之靈爲先決條件，同時他們也都强調了人之後天'學以成人'的重要性。"（李存山《天人合德：性善與成人》，《道德與文明》2019 年第 1 期。）在我們看來，孟荀論人禽之"異"，都指向對"人爲貴"的肯定；而其論人禽之"同"，則又都强調了後天努力的重要性，這種後天的努力在孟子那裏主要表現爲"以仁存心""盡心知性"的道德修養工夫；而在荀子那裏則主要表現爲自覺接受"禮"的規範和約束，如曰"積禮義而爲君子"，"禮及身而行修"，"學至乎禮而止"。

② 孫甜甜、傅永聚提出："相較於孟子對'人'的道德性的關注，荀子更重視'人'的社會性。"（孫甜甜、傅永聚《荀子"禮"論的多維意藴》，《東岳論叢》2019 年第 6 期。）

③ 許多學者如梁啓超、郭沫若、費孝通、丁克全、景天魁等都從社會學的角度高度肯定了荀子的思想貢獻，中國臺灣學者衛惠林甚至明確提出荀子是"中國第一位社會學者"。參見衛惠林《社會學》，正中書局 1980 年版，第 17 頁；景天魁《論群學元典——探尋中國社會學話語體系的第一個版本》，《探索與争鳴》2019 年第 6 期；宋國愷《群學：荀子的開創性貢獻及對其精義的闡釋》，《北京工業大學學報（社會科學版）》2017 年第 4 期。

想視域和致思路向。換句話說,在人禽之辨問題上,孟荀之所以有不同的思想側重和理論思考,歸根結底還是其仁學和禮學的不同奠基觀念使然。在這個意義上來說,對孟荀人禽之辨的比較研究,亦頗能反映出先秦儒學在孔子之後發展流變的一些重要信息,展現出先秦儒學演進的兩條重要主綫,此即在孔孟之間的仁學一綫和在孔荀之間的禮學一綫。

[**作者簡介**] 鄭治文(1987—),男,雲南騰冲人。歷史學博士,現爲曲阜師範大學孔子文化研究院副教授、碩士生導師。主要從事先秦儒學、荀學、宋明理學研究,著有《文明對話與中國文化:以"文明對話與儒學三期發展"爲中心的考察》《道德理想主義與政治現實主義的統一:荀子政治哲學思想特質研究》等,在《中國哲學史》《文史哲》《東岳論叢》《孔子研究》《齊魯學刊》等發表學術論文 20 餘篇。

從"性惡論"到養人之情：荀子的性情轉化思想*

——兼與孟子的"性善論"比較

陳雲龍

内容提要 本文跳出"以孟批荀"的傳統儒學研究思路，以荀子本身爲中心建立一個有關人的性情及其道德轉化問題的解釋框架，同時與孟子的"性善論"展開比較。主要結論是：首先，孟子和荀子都指出人性的先天基礎，但孟子給出"性善論"的先驗道德判定，而荀子給出"性惡論"的經驗道德判定；其次，他們都主張自然性情的道德轉化，但孟子側重強調由內而外地自我實現，而荀子側重強調由外而內地化治調養；再次，他們都強調"心"的重要作用，但孟子側重將"盡心"作爲彰顯人性與道德的內在一致、實現人性完滿與天人互通的主要途徑，而荀子將"誠心"作爲化解人性與道德的內在衝突、實現人性調養和天人和諧的關鍵媒介；最後，他們都主張君子聖人在其中的核心角色，但孟子持"普遍成仁論"，認爲君子聖人是道德的示範者和引領者，而荀子持"君子特殊論"，認爲君子聖人是道德的教育者和調治者。

關鍵詞 性善　性惡　仁義　禮義　君子　道德轉化　孔孟荀

中圖分類號 B2

一、從孟子的"性善論"説起

在儒家思想史上，孔子作爲開山鼻祖，被後世尊奉爲"至聖"，孟子被認定爲孔子思想的最

---

* 本文爲教育部人文社會科學研究青年項目"嚴復'群學'思想及其當代價值研究"（20XJC840003）、重慶市社會科學規劃培育項目"嚴復'群學'思想及其當代價值"（2019PY32）階段性成果。另外，初稿曾在2019年12月華東師範大學先秦諸子研究中心舉辦的第二屆諸子學博士論壇上宣讀，得到陳成吒、方達等與會師友的批評指正，特此感謝！

佳繼承人,被後人尊稱爲"亞聖"。荀子的"待遇"就要差得多,不斷遭受後世儒家的貶低和壓制,尤其被韓愈、程頤和朱熹等唐宋大儒認定爲偏離孔—孟以"仁義"爲核心的"道統"之正統軌道,轉向以"禮義"爲核心的"治統"之歧出路徑者,因而被長期排除在儒家經典之外。東方朔總結説:"今觀程朱對荀子之批評,其重點幾乎皆集中於荀子之'性惡'説上,依程朱,由於荀子之學不主性善而不識儒家之道理,有悖於聖人,致使儒家之道統到荀子而中斷,至此荀子之爲非正統的、歧出的儒家,語意甚明。"①也有學者強調以孔—孟爲正宗的思想史脈絡,大抵是唐宋以來的儒學意識形態建構,特別是宋明儒學及現代新儒家"以孟解孔""以孟批荀"或"以韓非和法家釋荀"的思想産物②。

這種正統與異端的劃定方式,既影響唐宋至當代的儒家思想發展路徑,也妨礙現代學術界對荀子思想的豐富內涵的深入理解。20世紀80年代特別是近二三十年來,荀子思想日益受到海內外學界的重新審視,形成一股至今仍在不斷推進的"荀學"熱潮,導致籠罩在荀子思想之上的意識形態禁錮大大解除。其中相當多的中外學者將考察重點聚焦於荀子的"人性論"(特別是"性惡論")③及其倫理問題上④。本文希望再度從"人性"這個基本問題出發,以孟子思想中的"人性論"("性善論")及其道德完滿路徑爲對照,展開討論荀子思想中有關人的性情及其道德修養問題,進一步澄清他在人性的基本內涵及其道德轉化問題上的思想複雜性。

從儒家思想的早期脈絡看,孔子在《論語》中已經明確提出人性問題。子曰:"性相近也,習相遠也。"(《論語·陽貨》)不過他沒有深究人性問題的先天複雜性,而是將思考重點轉向人在後天環境中的道德教化與個人修身問題,也就是很多現代學者所説的儒家的"成人"或"做人"問題。孔子認爲,性情培養的路徑、過程和目標要通過世俗社會,特別是日用人倫與家庭生活中的"孝親—仁愛"實踐,才能實現情與理(禮)、内與外、己與人的和諧統一,最終成就君子仁人的理想人格。這也奠定了儒家對人性與道德及其轉化問題的整個思考格局。

之後,孟子直言"乃所願,則學孔子也"(《孟子·公孫丑上》)。他在孔子基礎上提出對後

---

① 東方朔《善何以可能——論荀子的"性惡"理論》,朱貽庭主編《與孔子對話——儒家文化與現代生活》,上海辭書出版社2008年版,第239~240頁。
② 曾暐傑《正統與歧出之間——荀韓關係研究的開展、回顧與評析》,《邯鄲學院學報》2015年第3期;曾暐傑《荀子對孔子思想的繼承與發揚——儒家道統的反思及其重建》,《臨沂大學學報》2015年第4期。
③ 越來越多學者或質疑荀子"性惡論"的內在邏輯矛盾,或從考據角度提出"性惡論"是漢代新儒家的訛化和僞作,提出荀子原本的觀點應爲"性不惡不善論""性樸論"等,細緻考證與綜論參見兒玉六郎、林桂榛、路德斌、周熾成、方達等學者的相關研究。本文不參與此類論爭,依然從"性惡論"角度出發,重點對荀子有關人性的道德轉化與完滿過程的思想進行理解與詮釋。
④ 相關論著頗豐,不能悉數列舉,最近兩個研究綜述參見李哲賢《荀子人性論研究在美國》,《政大中文學報》2007年第8期;劉旻嬌《荀子論"性惡"——當代港臺與大陸研究的一個比較總結》,《江南大學學報(人文社會科學版)》2017年第2期。另一個海外文集參見[美]克萊恩、[美]艾文賀編,陳光連譯《荀子思想中的德性、人性與道德主體》,東南大學出版社2016年版。

世儒家影響深遠的"性善論"。透過類比方式,他解釋說:"人性之善也,猶水之就下也。人無有不善,水無有不下。"(《孟子·告子上》)在"性"與"善"的關係上,孟子以自然主義的思維方式,將善惡評價的道德規範和價值標準與人性本質的存在潛能和事實標準統合起來,強調仁義禮智與心性情理的根本一致性。孟子曰:

> 乃若其情,則可以爲善矣,乃所謂善也。若夫爲不善,非才之罪也。惻隱之心,人皆有之;羞惡之心,人皆有之;恭敬之心,人皆有之;是非之心,人皆有之。惻隱之心,仁也;羞惡之心,義也;恭敬之心,禮也;是非之心,智也。仁義禮智,非由外鑠我也,我固有之也,弗思耳矣。故曰:"求則得之,舍則失之。"或相倍蓰而無算者,不能盡其才者也。(《孟子·告子上》)

何淑靜解釋說:"'性善'表示'性'與'成善能力'的能力爲'分析關係'的'不離',即爲人所'內在本有'。"①其實孟子不僅希望將"惻隱之心"或"不忍人之心"及其展開的"羞惡之心""辭讓之心""是非之心"等作爲人性(心情)的固有內容,以凸顯人性內在普遍具有"善端"或"仁端"之道德潛能與情感傾向,藉此區別於"(動)物性"或"獸性",還希望將"仁(德)"作爲"四德"(仁義禮智)的根本內容,通過家國天下的類推方式,由內而外地彰顯人性修養中道德意識與道德情感的完成形態,自然而然地實現"四端"與"四德"或內在心性與社會道德的和諧互融。《孟子·公孫丑上》云:

> 無惻隱之心,非人也;無羞惡之心,非人也;無辭讓之心,非人也;無是非之心,非人也。惻隱之心,仁之端也;羞惡之心,義之端也;辭讓之心,禮之端也;是非之心,智之端也。人之有是四端也,猶其有四體也。有是四端而自謂不能者,自賊者也;謂其君不能者,賊其君者也。凡有四端於我者,知皆擴而充之矣,若火之始然,泉之始達。苟能充之,足以保四海;苟不充之,不足以事父母。

可見,在孟子的人性倫理中,"惻隱之心"與"仁愛之情"或"四端"與"四德"構成一個既相互指涉、彼此親和,又互爲裏表、不可分離的統一整體。具體說,孟子眼中的人性與道德的理想關係是一種以前者爲起點的自我完滿與規範生產的雙向互動:"惻隱之心"由內而外地發掘表達,擴充爲具有普遍社會道德色彩的"仁愛之情","仁愛之情"由外而內地連接回應,彰顯具有普遍情感心理色彩的"惻隱之心";"四端"的心理存在特徵在"四德"的實踐養成過程中體現、證實和擴大,"四德"的行爲模式與規範原則又強化、擴展並凸顯"四端"的外部表現方式。

爲此,有學者指出:"孟子性善之性有根據層面的能仁義禮智之性和落實層面的仁義禮智

---

① 何淑靜《比較孟子與荀子的"性善説"》,《鵝湖學志》2009年第43期。

之性,善亦有根據層面的'善根'和落實層面的'善行',是孟子性善的邏輯展開。"①進一步説,在人性的道德轉化與境界升華過程中,孟子特別强調了"盡心"方法的理論與實踐重要性:"盡其心者,知其性也。知其性,則知天矣。存其心,養其性,所以事天也。殀壽不貳,修身以俟之,所以立命也。"(《盡心上》)"仁,人心也;義,人路也。舍其路而弗由,放其心而不知求,哀哉!"(《告子上》)

在這内外互動的實踐與轉化的理想過程中,"四端"和"四德"在社會的道德要求與個體的心性情理之間相互强化、慢慢融合,甚至變得毫無分別。最後,"四德"成爲後天人性中"普遍""固有"和"共同"的道德情感本能,成爲"四端"在個人的社會心理與行爲表現層面的"同義語"。這種雙向過程顯示出一種由内而外、從心情傾向到道德規範的生發一致和鞏固擴展方式②,又構成一種外在道德在個體内心的牢固駐扎與内化自覺後的自我實現方式。據此我們不就難理解爲何孟子總要强調"仁,人心也"(《告子上》),"君子所性,仁義禮智根於心"(《盡心上》)這樣的心性倫理主張了。

總之,孟子的"性善論"從個人的内在心情及其道德外化與擴充角度發展了孔子的人性與仁愛之説,將其引向一種世俗生活取向且充滿社會心理色彩的"道德先驗論"。

二、從性善到性惡:荀子性情論的展開

正是以孟子的"性善論"爲判定標準,荀子的思想才被唐宋之後的歷代儒家拒斥。因爲後者認爲他的"性惡論"與儒家正統背道而馳。王楷强調:"儒家對善的先天根據的解釋總是展開爲特定的人性學説。正是在此關節上,荀子很難爲'正統'儒家所容。"③但是當我們排除這種價值預設或意識形態偏見,站在更客觀的立場上重新理解這位先秦晚期儒家思想的集大成者,那麽荀子有關人性及其道德轉化問題的一系列觀點就能被更清楚地展開。在最近的一些研究中,有學者認爲荀子的人性論是一種"過程論"而非"本質論","'化性起僞'的實質正是不斷發用心性以化情性,從而以後天人爲實現人的本質"④,有學者從西方德性倫理學角度出發詳細討論荀子的修身哲學,强調功夫論和道德主體性對於修身成人的重要意義⑤,有學者將其

---

① 李世平《孟子性善的内在邏輯》,《諸子學刊》第十九輯,上海古籍出版社 2019 年版。

② Curie Virág: *The Emotions in Early Chinese Philosophy*, New York, Oxford University Press. 2017, p.132.

③ 王楷《論荀子道德主體性的生成和活動》,《社會科學》2019 年第 1 期。

④ 王國明《作爲過程論的"成人"——荀子人性論新釋》,《諸子學刊》第二十輯,上海古籍出版社 2020 年版。

⑤ 王楷《天然與修爲——荀子道德哲學的精神》,北京大學出版社 2011 年版;王楷《天生人成:荀子工夫論的旨趣》,中國社會科學出版社 2018 年版;王楷《論荀子道德主體性的生成和活動》,第 137~146 頁。

概括爲針對原初性惡而養心以誠的爲己之學①，有學者從身心關係角度總結出"禮導形·形入心·心正身·身心合"的身心修養路徑②，也有學者從血氣、情性與身體的關係角度將之歸納爲"治氣·節欲·養情"③，還有學者在天人關係框架中討論荀子有關人的自然性情的道德完滿路徑④，或從"化性起僞"角度闡釋荀子有關情、性與欲的道德轉化思想⑤，或將其身心修煉的功夫論歸結爲一種"治氣養心之術"⑥，抑或歸結爲一種"學以成仁"的爲學成德之道⑦，等等。

當我們從上述哲學視角轉向早期儒家思想的發展脈絡來看，荀子有關人性與道德關係問題的討論其實延續、擴展並深化了孔子強調的人之自然性情（特別是情欲本能）向仁愛之情的道德轉化與修養實現問題，並且給出了與孟子大不相同的答案。在這一脉相承的問題意識下，爲了更有體系地討論荀子強調的人性内涵及其道德完滿方式，並與孟子主張的"性善論"及其自我實現路徑進行比較，我們根據《荀子》並對照《孟子》中一些主要的概念或範疇繪製了一個整體理論框架圖（見圖一），以便進行具體的問題分析和觀點比較。

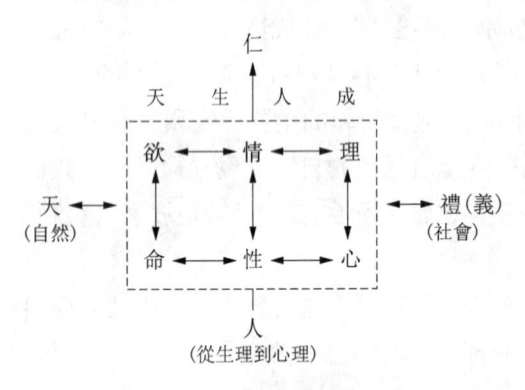

圖一　荀子性情轉化思想的概念體系與解釋框架

從圖一底部出發，荀子和孟子的分開起點首先在於他們對人性問題的不同認識和定位方式。孟子側重將"人性"解釋爲本來就具備道德潛質或爲善能力的"心—性—情—理"（見圖一框内的右半部分）。這種將人性特質和道德能力綁定的"善端"，既以人的身體和生命爲基礎，又超越那些與動物類似的、表達純粹生物本能的自然性命與感覺反應；既構成某種普遍存在於個體内心的先驗道德本體，又作爲社會外在的道德規範的根本起源，進而連接到更抽象高遠的天命天道之上。孟子曰：

> 口之於味也，目之於色也，耳之於聲也，鼻之於臭也，四肢之于安佚也，性也，有

---

① 鄧小虎《荀子的爲己之學：從性惡到養心以誠》，北京大學出版社2015年版。
② 曾暐傑《禮導形·形入心·心正身·身心合——論荀子的身體觀及其修養論中的身心關係》，《漢學研究》2017年第3期。
③ 許從聖《治氣·節欲·養情——荀子的"禮身"修養論重探》，《漢學研究》2018年第1期。
④ Curie Virág: *The Emotions in Early Chinese Philosophy*, Chap.6.
⑤ 東方朔、徐凱《情性與道德轉化——荀子論"化性起僞"如何可能》，《社會科學》2018年第4期；鄧小虎《荀子思想中的化性起僞與道德動機》，《哲學與文化》2018年第10期。
⑥ 彭國翔《"治氣"與"養心"：荀子身心修煉的功夫論》，《學術月刊》2019年第9期。
⑦ 于超藝《學以成仁：論荀子的爲學成德之道》，《思想與文化》2019年第2期。

命焉,君子不謂性也。仁之于父子也,義之於君臣也,禮之於賓主也,智之於賢者也,聖人之于天道也,命也,有性焉,君子不謂命也。(《盡心下》)

又曰:"人之所不學而能者,其良能也;所不慮而知者,其良知也。孩提之童,無不知愛其親者;及其長也,無不知敬其兄也。"(《盡心上》)可見,他竭力模糊人性内部的心理構成和社會外部的道德規範之間的差別界綫,通過凸顯先天與後天,抑或生理心理與社會心理的内在一致性來强化論證以"仁義"爲核心的"性善論"。

與此相對,荀子在討論人性問題時特别强調"性僞"之辯,用今天社會科學的語言來説就是以先天本能反應模式爲基礎的生理心理,與後天社會行爲模式爲基礎的社會心理之間的層次劃分。他將自然人性(對照圖一中的"命—性—情—欲")問題歸入與自然環境影響更相關的"性"("天生之"或"與生俱來")或生理心理層面,將社會人性(對照圖一中的"心—性—情—理")問題歸入與社會環境影響更相關的"僞"("人成之"或"所學所事")或社會心理層面,然後對兩者的相互關係展開深入分析。他在評論孟子"性善論"時明確强調:

> 是不然。是不及知人之性,而不察乎人之性、僞之分者也。凡性者,天之就也,不可學,不可事。禮義者,聖人之所生也,人之所學而能,所事而成者也。不可學、不可事而在人者謂之性;可學而能、可事而成之在人者謂之僞。是性、僞之分也。今人之性,目可以見,耳可以聽。夫可以見之明不離目,可以聽之聰不離耳,目明而耳聰,不可學明矣。(《荀子·性惡》)

也就是説,荀子認爲孟子的"性善論"没有辨明人性在"性"與"僞"兩個層面上的内涵差別,進而批評他錯誤地把人在後天環境中所學所事形成的"僞善"(習性)之道德經驗事實説成是人生而有(成)之、生而能之的"性善"(生性)之自然經驗事實(先天固有存在)①。在荀子看來,人

---

① 有學者分析説,"荀子對孟子所强調的'四端之心'之感應或感通的先天性、直接性與自發性缺乏同情的瞭解,是以在人性的'内容界定'上,孟、荀二家存在重大分歧。"參見廖曉煒《孟、荀人性論異同重探——由荀子對性善説的批評展開》,《哲學與文化》2014 年第 10 期。其實荀子已經理解到孟子"性善論"强調的自然人性層面的"善端"本質。比如《荀子·性惡》明確提到:"所謂性善者,不離其樸而美之,不離其資而利之也。使夫資樸之于美,心意之于善,若夫可以見之明不離目,可以聽之聰不離耳,故曰目明而耳聰也。"但是,荀子以自己的經驗論立場認定孟子的"性善"只是後天形成的社會道德事實,雖然這種事實也要先天存在的自然生物事實爲基礎。比如《荀子·禮論》强調"性者,本始材樸也;僞者,文理隆盛也。無性則僞之無所加,無僞則性不能自美"。在此基礎上,荀子特别指出先天的"性善"和後天的"僞善"不能等同:"若夫目好色,耳好聽,口好味,心好利,骨體膚理好愉佚,是皆生於人之情性者也。感而自然,不待事而後生之者也。夫感而不能然,必且待事而後然者,謂之生於僞。是性、僞之所生,其不同之徵也。"(《荀子·性惡》)不僅如此,他還認爲孟子對自然人性本質的道德界定方式并不合理,因爲"性善"即便在 (轉下頁注)

性首先應當指人的自然的、天生的、本能的或者身體的、生理的和感官的屬性與能力。這種自然人性的"有(成)"與"能"的實質體現便是"自然人情"。《荀子·正名》云:"性者,天之就也;情者,性之質也;欲者,情之應也。以所欲爲可得而求之,情之所必不免也。"所以,在先天存在意義上,"性"與"情"構成人性的基質與能力的關係,而"欲"則是人的"性",特別是"情"在接觸外界事物或受到外界刺激時產生的本能反應,或者説是一種更爲直接的感官表現。

當然,荀子不僅強調"性""情"與"欲"在人的生物本能層面的緊密關係,也經常將"性"與"情"連用。因此,這種樸素經驗主義的"自然人性論"可以理解爲一種"自然性情論"或"自然人情論"。陳來①、東方朔②等將其表述爲一種"情性論"。在此基礎上,荀子與孟子一樣,將人性("人")與自然("天")關聯起來,指明人的自然生命或身體感官是"性""情""欲""心""理"的物質載體,而"(人)命"本身也誕生並受制於自然秩序("天命")和自然規律("天道"),因此必須順應大自然的運行法則,才能實現天人和諧。《荀子·天論》云:

> 天職既立,天功既成,形具而神生,好惡、喜怒、哀樂臧焉,夫是之謂天情。耳目鼻口形能,各有接而不相能也,夫是之謂天官。心居中虛,以治五官,夫是之謂天君。財非其類,以養其類,夫是之謂天養。順其類者謂之福,逆其類者謂之禍,夫是之謂天政。

強調生命與情欲的自然基礎或生物特性之後,荀子又將"性"與"情"連接到"心(慮/知)"與"理(智)"的層面,進一步解釋"偽"的思想內涵。荀子曰:

> 生之所以然者謂之性。性之和所生,精合感應,不事而自然謂之性。性之好、惡、喜、怒、哀、樂謂之情。情然而心爲之擇謂之慮。心慮而能爲之動謂之偽。慮積焉、能習焉而後成謂之偽。正利而爲謂之事。正義而爲謂之行。所以知之在人者謂之知。知有所合謂之智。智所以能之在人者謂之能。能有所合謂之能。性傷謂之病。節遇謂之命。(《荀子·正名》)

(接上頁注)生物事實層面也沒有足夠牢靠的經驗基礎,反而存在大量與之相反的、支撐"性惡"或"惡端"的自然存在或生理經驗。荀子駁斥道:"凡論者,貴其有辨合,有符驗,故坐而言之,起而可設,張而可施行。今孟子曰'人之性善',無辨合符驗,坐而言之,起而不可設,張而不可施行,豈不過甚矣哉!"(《性惡》)還要指出的是,孟子的"性善論"所指的即便是後天道德完滿意義上的"成善"或"仁義禮智"之社會道德事實,也僅集中體現在少數君子聖人而不是多數庶民小人身上。所以,"性善論"更多只是一種孟子有關人性道德的規範理念(理想)判斷而不是經驗事實(現實)判斷。

① 陳來《從思想世界到歷史世界》,北京大學出版社 2015 年版,第 100 頁。
② 東方朔、徐凱《情性與道德轉化——荀子論"化性起偽"如何可能》,第 122 頁。

這段文字既强化"性"的自然特點及其與"情""欲"的具體關聯,又透過"情"的推動將"心"理解爲一種與生俱來的思慮或認知能力,也就是從人性或生命的自然基質中延伸出來的"理"與"知"的能力。不僅如此,"心"還具備自主性、獨立性、能動性、意志性、選擇性和自控性。《荀子·解蔽》云:

> 心者,形之君也,而神明之主也,出令而無所受令。自禁也,自使也,自奪也,自取也,自行也,自止也。故口可劫而使墨云,形可劫而使詘申,心不可劫而使易意,是之則受,非之則辭。故曰:心容其擇也,無禁必自見,其物也雜博,其情之至也不貳。

這種"心"的人性能力與外界(無論是自然還是社會環境)的各色對象接觸,然後進行"知""慮""習"和"事",便會"化性起僞"(《性惡》),將先天具備的自然本能和人性潛質轉化爲後天積累的才能、智識、習慣和德行。這個過程不僅是"心"對外部環境的主動認識和加工反思,也是根據外部道德環境要求對"性"與"命"及其承載的"情"與"欲"進行自主管控、選擇支配和引導調整。《荀子·正名》云:"欲過之而動不及,心止之也。心之所可中理,則欲雖多,奚傷於治!欲不及而動過之,心使之也。心之所可失理,則欲雖寡,奚止於亂!故治亂在於心之所可,亡於情之所欲。"

總體來看,作爲"天君"的"心"在自然情欲與禮義道德的内在融合與秩序和諧過程中扮演了中樞角色①。通過"心"的作用,自然("天")和社會("禮義")環境也會對人性内部潛能的複雜轉化過程産生不同的外部影響,比如上面荀子提到的生理病痛("性傷謂之病")和社會遭遇("節遇謂之命")等。到此爲止,荀子在人性及其道德轉化問題上都體現了自然主義和經驗主義的認識立場。

但他並不滿足於此,而是以上述認識爲基礎建構了一種以"生理心理學"或"社會生物學"爲底色的"道德經驗論"——"性惡論"(或可稱之爲"情惡論"),並與孟子的"道德先驗論"或"先驗性善論"形成對峙。在荀子看來,孟子的"性善論"不僅在自然生物事實層面("四端")站不住腳,其與社會道德事實("四德")的相互關係也非天然一致,而是相互背離。荀子曰:

> 今人之性,饑而欲飽,寒而欲暖,勞而欲休,此人之情性也。今人見長而不敢先食者,將有所讓也;勞而不敢求息者,將有所代也。夫子之讓乎父,弟之讓乎兄,子之代乎父,弟之代乎兄,此二行者,皆反於性而悖於情也;然而孝子之道,禮義之文理也。故順情性則不辭讓矣,辭讓則悖於情性矣。(《荀子·性惡》)

由此可知,荀子對自然人性進行道德判斷的邏輯起點是"情"與"欲",並且將這些生物本能層面的自然經驗事實定義爲"惡"的根本來源。與孟子的善端思想對照,我們也可以將其理解爲人在先天心理或生理心理層面的"惡端"。若在社會環境中任其發展,就會在人的後天心理或社會心

---

① 陳來《從思想世界到歷史世界》,第120頁。

理層面形成"惡習",造成人與人之間的利益爭奪、相互殘殺、淫亂滋生,引發禮義道德崩壞,最終導致社會秩序混亂。這就從社會功能或秩序後果角度引出禮義道德的建立必要。荀子曰:

> 今人之性,生而有好利焉,順是,故爭奪生而辭讓亡焉;生而有疾惡焉,順是,故殘賊生而忠信亡焉;生而有耳目之欲,有好聲色焉,順是,故淫亂生而禮義文理亡焉。然則從人之性,順人之情,必出於爭奪,合於犯分亂理而歸於暴。故必將有師法之化,禮義之道,然後出於辭讓,合于文理,而歸於治。用此觀之,然則人之性惡明矣,其善者偽也。(《荀子·性惡》)

總之,荀子對自然性情或情欲本能之"惡"的"反道德"判定,一面加劇了自然人性與社會道德或"天生"與"人成"之間的矛盾對立,同時輕視了被孟子判定爲"善端"的那些人性"爲善"和"成善"的自然基質與潛在能力,一面爲他提出"化性起偽""導人向善"的禮治主張提供有力的道德轉化起點。回到圖一加以對比,孟子"性善論"的重心在"右",偏向對社會環境影響下的(融合"天生"因素的)"人成"事實的先驗道德判斷,荀子"性惡論"的重心在"左",偏向對自然環境影響下的"天生"事實的經驗道德判斷。

三、性情之"惡"的道德調養路徑

由上可知,在荀子思想體系中,以"情欲之惡"爲核心的"經驗性惡論",既是他推出禮治思想的必要事實前提,也是他引入禮義法度加以改造的人性假設起點。荀子曰:"古者聖王以人之性惡,以爲偏險而不正,悖亂而不治,是以爲之起禮義、制法度,以矯飾人之性情而正之,以擾化人之性情而導之也。"(《性惡》)從轉化目標來看,禮義法度及其力圖塑造的仁愛之情,既包含個人內在的理想修身目標①,又指向社會外在的理想秩序目標②;從轉化路徑來看,既包含禮義道德對個人情欲的内在調養過程③,又指向從個人修養到社會道德的外在顯現過程④。

---

① 如《荀子·修身》云:"體恭敬而心忠信,術禮義而情愛人,横行天下,雖困四夷,人莫不貴。"
② 如《荀子·儒效》云:"先王之道,人之隆也,比中而行之。曷謂中?曰:禮義是也。道者,非天之道,非地之道,人之所以道也,君子之所道也。"
③ 如《荀子·禮論》云:"禮起於何也?曰:人生而有欲,欲而不得,則不能無求。求而無度量分界,則不能不爭。爭則亂,亂則窮。先王惡其亂也,故制禮義以分之,以養人之欲,給人之求,使欲必不窮於物,物必不屈於欲,兩者相持而長,是禮之所起也。故禮者,養也。"
④ 如《荀子·王制》云:"仁眇天下,故天下莫不親也;義眇天下,故天下莫不貴也;威眇天下,故天下莫敢敵也。以不敵之威,輔服人之道,故不戰而勝,不攻而得,甲兵不勞而天下服,是知王道者也。"

總之,追求内外一致、情理和諧的仁義禮治目標是先秦儒家的思想共識。這也被後世儒家定爲"内聖外王"的最高追求。錢穆説:"中國人又言'道法',則法必統於道。法則爲一種力,其力在己之外。禮與道則爲一種情,一種意,此情意則在人之心。故曰'王道不離乎人情',則不能外於人情而有法,亦即此見矣。"①

不過,在實現方式上,孟子強調某種"先驗性善論"及其由内往外的自我證成思路,即以仁愛之情成全人之"固有"的善性、善情;荀子主張某種"經驗性惡論"及其由外而内的道德養治思路,即以禮義之理調節人之"固有"的惡性、惡情。具體説,孟子更注重個人内在的自覺修身和自我實現,然後以孝親仁愛的自然擴充推及國家天下的仁政理想。孟子曰:

> 人皆有不忍人之心。先王有不忍人之心,斯有不忍人之政矣。以不忍人之心,行不忍人之政,治天下可運之掌上。(《公孫丑上》)
> 老吾老,以及人之老;幼吾幼,以及人之幼。天下可運於掌。(《滕文公上》)
> 孝子之至,莫大乎尊親;尊親之至,莫大乎以天下養。爲天子父,尊之至也;以天下養,養之至也。(《萬章上》)
> 親親,仁也;敬長,義也。無他,達之天下也。(《盡心上》)

相比之下,荀子更注重社會外在的禮義内化和性情調養,以君子聖人制定的禮義人倫實現王道之治。《荀子·大略》云:

> 親親、故故、庸庸、勞勞,仁之殺也。貴貴、尊尊、賢賢、老老、長長,義之倫也。行之得其節,禮之序也。仁,愛也,故親。義,理也,故行。禮,節也,故成。仁有裏,義有門。仁非其裏而虛之,非仁也。義非其門而由之,非義也。推恩而不理,不成仁;遂理而不敢,不成義;審節而不知,不成禮;和而不發,不成樂。故曰:仁、義、禮、樂,其致一也。君子處仁以義,然後仁也;行義以禮,然後義也;制禮反本成末,然後禮也。三者皆通,然後道也。

從現代社會科學的角度來理解,孟子的性情完滿思路更具理想性、抽象性、理念性、内在性和體悟性,更偏向一種現代心理學的認識路徑;荀子的道德養治主張更具現實性、經驗性、制度性、外在性和操作性,更偏向一種現代社會學的認識路徑。

進一步説,在荀子那裏,"禮義"提供了一套理解自身的情感欲望和經歷感受的價值框架,以此指導我們做出思慮判斷和價值選取②。誠如翟學偉所言,"作爲有仁心的人情,必須在一

---

① 錢穆《現代中國學術論衡》,聯經出版社 1998 年版,第 22 頁。
② 鄧小虎《荀子的爲己之學:從性惡到養心以誠》,第 28 頁。

種符合社會之義理的路綫上來表達和控制,進而實現了人情的内涵從心理學認識向社會學認識的重要轉化"①。借此框架由外而内地調養疏治人性中的自然情感和生理欲望,最關鍵的中介機制還是離不開"心"。這又從社會外部重新連接了人性中的"心"的問題。只有通過"心"的作用,才能將内在情欲與外在禮義的轉化過程貫通起來。倘若"禮義"透過"心"的思慮把關、主動選擇和引導轉化,成功塑造了人的心智、才能、觀念和習慣,那麽它就能達成外在的"禮""義""樂"對内在的"性""情""欲"的"調""控""養""治",使其既保持中和節制,又能實現收放自如。

當然,實踐這一切的具體方法在於一個"誠"字。《荀子·不苟》云:"君子養心莫善於誠,致誠則無它事矣,唯仁之爲守,惟義之爲行。誠心守仁則形,形則神,神則能化矣。誠心行義則理,理則明,明則能變矣。變化代興,謂之天德。"就是説,這是通過"至誠之心"引導"理性和價值以情感欲望爲素材,通過詮釋和理解,將之轉化爲合理的存在和有意義的追求"②。有學者將此過程總結爲"以心治性"③。陳來則强調,"在荀子,心之所好爲禮義,心之所即可於禮義,禮義……反於情而養情,反於性而歸於治"④。我們認爲,"以心化性、養情、節欲而成仁"的説法可能更爲確切。

在更深層次上,"誠心"方法包含自然性情的理智化和禮義化與禮義道德的人性化與人情化的雙重過程。只有憑藉性僞互動與情理融合,才能在人身上塑造出以"仁愛"爲核心的内外協調的"情理結構"⑤。比較來看,荀子的"誠心"方法某種程度上也繼承了孟子的"盡心"方法。兩者都强調"心"的基質和能力在人的自然性情的道德轉化中的重要意義,都希望將先天之性與後天之德在人的認識與實踐中統一起來並形成自覺,最終達至天人和諧。不同的是,荀子一邊,由於"性惡論"的預設導致性情與道德之間存在某種緊張關係,所以"誠心"的重點是透過"心"的作用由外而内地用力,使人内化外在的禮義道德,調養内在的情欲衝動,化解内外衝突;孟子一邊,由於"性善論"的預設導致在性情與道德之間存在某種一致關係,所以"盡心"的重點是透過"心"的作用由内而外地用力,使人自覺意識到人性内部的"善端"(比如"不忍人之心""惻隱之心""辭讓之心""羞惡之心"和"是非之心"),然後在道德實踐中將其發揮、擴充和强化,成就仁義禮智的完滿形態。就孟子的"盡心觀"而言,"不僅'盡心'就能'知性',而且'盡心'已經就是'盡性',是實現自己的(善的)可能性的活動"⑥。

由此可見,"性惡論"的人性假設製造並加劇了荀子性情轉化思想中"天生"與"人成"、"情

---

① 翟學偉《人情、面子與權力的再生産》,北京大學出版社 2013 年版,第 198 頁。
② 鄧小虎《荀子的爲己之學:從性惡到養心以誠》,第 25 頁。
③ 王楷《天然與修爲:荀子道德哲學的精神》,第 2 章。
④ 陳來《從思想世界到歷史世界》,第 121 頁。
⑤ 李澤厚《實用理性與樂感文化》,三聯書店 2008 年版,第 70 頁。
⑥ 伍曉明《文本之"間"——從孔子到魯迅》,北京大學出版社 2012 年版,第 150 頁。

欲"與"禮義"之間的緊張關係,而"誠心"之説又巧妙緩和並化解了這種矛盾衝突。這就不難理解荀子爲何會説:"故雖爲守門,欲不可去,性之具也。雖爲天子,欲不可盡。欲雖不可盡,可以近盡也。欲雖不可去,求可節也。所欲雖不可盡,求者猶近盡;欲雖不可去,所求不得,慮者欲節求也。道者,進則近盡,退則節求,天下莫之若也。"(《正名》)另外,《荀子·禮論》中也強調"稱情而立文"以及"禮義文理之所以養情"這樣的禮義調節和養治思想。

總之,"化其性""養其情"和"節其欲"在荀子有關性情的道德轉化思想中既是根本方面,又與外部的禮治秩序目標並行不悖。他堅持"程以立數,禮以定倫"(《致士》)。當然,這種內在性情完滿與外在禮治秩序的落實還是要回到以家庭生活爲重點的人倫角色與情感關係的日常實踐之中。荀子曰:

> 請問爲人君?曰:以禮分施,均遍而不偏。請問爲人臣?曰:以禮侍君,忠順而不懈。請問爲人父?曰:寬惠而有禮。請問爲人子?曰:敬愛而致文。請問爲人兄?曰:慈愛而見友。請問爲人弟?曰:敬詘而不苟。請問爲人夫?曰:致功而不流,致臨而有辨。請問爲人妻?曰:夫有禮,則柔從聽侍;夫無禮,則恐懼而自竦也。此道也,偏立而亂,俱立而治,其足以稽矣。請問兼能之奈何?曰:審之禮也。(《荀子·君道》)

在這點上,荀子不僅和孔子、孟子等先秦儒家站在一起,而且更強調外部的禮義道德對於社會秩序的建立和維持的重要性。不過,與孟子優先強調父子孝親的人倫主張不同[1],荀子延續了孔子的做法[2],將"君臣"置於"父子"等人倫關係之前。這也表明從商周時代到春秋戰國,在早期儒家思想中存在一種從家庭倫理的關係差等過渡到社會政治的身份等級的重心變化。其背後不僅體現中國早期社會政治結構的劇烈變動與逐步轉型中的倫理統治需要以及宗法傳統再造,也爲秦漢之後兩千多年的中央集權的官僚君主制或皇權制度提供了重要的理論資源與統治方略。簡言之,這即是以治家之道推及並服務於治國之道。

四、聖人修性情、制禮法而治天下

剩下的問題是,既然荀子設定的自然人性、特別是情欲本能普遍是"惡"的,那麼化解性情

---

[1] 孟子曰:"聖人有憂之,使契爲司徒,教以人倫:父子有親,君臣有義,夫婦有別,長幼有序,朋友有信。"(《滕文公上》)又曰:"無父無君,是禽獸也。"(《滕文公下》)另一個極端例子是舜"竊負而逃"(《盡心上》)的故事。
[2] 齊景公問政於孔子,孔子對曰:"君君、臣臣、父父、子子。"(《論語·顔淵》)

之"惡"、彰顯人性之"善"的禮義道德本身又從何而來？在這個問題上，荀子將禮義道德與自然宇宙關聯起來，堅持聖人制禮。他認爲禮義法度的積累形成和人倫仁愛的宣揚落實來自那些能主動利用自己的心智慧力，自覺調養內在情欲並建立外在秩序的聖人君子或賢德先王。荀子説："聖人清其天君，正其天官，備其天養，順其天政，養其天情，以全其天功。如是，則知其所爲，知其所不爲矣，則天地官而萬物役矣。其行曲治，其養曲適，其生不傷，夫是之謂知天。"（《天論》）又説：

> 聖人積思慮，習僞故，以生禮義而起法度，然則禮義法度者，是生於聖人之僞，非故生於人之性也……故聖人化性而起僞，僞起而生禮義，禮義生而制法度。然則禮義法度者，是聖人之所生也。故聖人之所以同于衆，其不異於衆者，性也；所以異而過衆者，僞也。（《荀子·性惡》）

可見，荀子秉持孔子"性相近、習相遠"的人性觀點，強調君子聖王與小人庶民的先天禀賦並没有實質差別①，更没有孟子堅稱的"與生俱來"或"內在本有"的善性善情之傾向和能力，只是比普通人投入更多學習、判斷和思慮等化解情欲，編制禮法並積累僞善的後天修養功夫罷了。所以，對荀子來説，"'成善能力乃來自於僞'，即經學、事而後有的……它不來自'性'、不爲'性'所本有"②。

不過話又説回來，荀子這種後天養成意義上的君子聖王的"自（能成）善論"與小人平民的"自（能成）惡論"的明確區分，不僅在道德層面抬高了君子聖人的自覺能力與身份地位，也主張他們長期積累的禮義法度必須通過自身的宣揚和落實才能在普通百姓身上發揮作用，以此保障社會秩序穩定。《荀子·富國》云：

> 君子以德，小人以力。力者，德之役也。百姓之力，待之而後功；百姓之群，待之而後和；百姓之財，待之而後聚；百姓之勢，待之而後安；百姓之壽，待之而後長。父子不得不親，兄弟不得不順，男女不得不歡。少者以長，老者以養。故曰："天地生之，聖人成之。"

又《荀子·性惡》云：

> 今人之性惡，必將待師法然後正，得禮義然後治。今人無師法，則偏險而不正；

---

① 《荀子·非相》云："饑而欲食，寒而欲暖，勞而欲息，好利而惡害，是人之所生而有也，是無待而然者也，是禹、桀之所同也。"
② 何淑静《比較孟子與荀子的"性善説"》，第14頁。

无礼义,则悖乱而不治。古者圣王以人性恶,以爲偏險而不正,悖乱而不治,是以爲之起礼义,制法度,以矯飾人之情性而正之,以擾化人之情性而導之也。始皆出於治,合於道者也。今人之化師法,積文學,道礼义者爲君子;縱性情,安恣睢,而違礼义者爲小人。

從儒家思想與中國社會的歷史互動角度來看,荀子的這種思想觀點也是透視漢代以後確立的整個儒家官僚士紳集團的政治角色與身份地位的一個重要理論來源。

從過程角度看,荀子強調君子聖人能"化性起僞",能在後天社會環境中自悟自啓、自生自制、自爲自成並且積僞成善的道德轉化觀①,又與孟子的"性(自能成)善論"走到一起。不同的是,"性惡論"主導下的荀子採取道德精英主義或"君子特殊論"的倫理實踐立場,而"性善論"主導下的孟子主張"人皆可以爲堯舜"(《告子下》)的"普遍成仁論"的倫理實踐立場。

比較來看,荀子側重強調君子能主動化解先天性情與後天道德的矛盾衝突,將積習而成的禮義法度從外部貫徹落實到普通人身上,從而實現全天下的仁義禮法秩序;孟子側重強調先天性情與後天道德的一致性,認爲每個人都有透過日常生活中的孝悌實踐成就仁義禮智的道德潛力。孟子曰:

徐行後長者謂之弟,疾行先長者謂之不弟。夫徐行者,豈人所不能哉?所不爲也。堯舜之道,孝弟而已矣。子服堯之服,誦堯之言,行堯之行,是堯而已矣;子服桀之服,誦桀之言,行桀之行,是桀而已矣。(《孟子·告子下》)

不過他和荀子一樣,將君子聖人和小人庶民區别對待,認爲君子和小人對於"善端"的自我挖掘和擴充推廣的能力和責任不一樣。"天子不仁,不保四海;諸侯不仁,不保社稷;卿大夫不仁,不保宗廟;士庶人不仁,不保四體。"(《離婁上》)另外,按照安樂哲對孟子的人性及其道德轉化問題的理解,雖然不同人成聖成賢的目標層次不盡相同,但都有最基本的家庭生活與倫理實踐的條件、環境、機會、過程和意義②。這也是成爲聖賢最基本的含義和出發點。只是相對普通人而言,君子聖賢還有進一步的理想目標,就是將親情倫理和禮義規範從家庭內部推向外部的國家天下。比較君子聖人與小人庶民的倫理、社會與政治角色來看,荀子更偏向治理者和調控者的角色,孟子更突出引導者和示範者的角色。這也凸顯了由外而內的"禮義"治

---

① 有關荀子人性觀中"善"的思想爭論,參見東方朔《善何以可能——論荀子的"性惡"理論》,朱貽庭主編《與孔子對話——儒家文化與現代生活》,第237~273頁;潘小慧《荀子言性惡,善如何可能?》,《哲學與文化》2012年第10期;梁濤《荀子人性論辨正——論荀子的性惡、心善說》,《哲學研究》2015年第5期;肖振聲《荀子性善說獻疑》,《東吴哲學學報》2016年第34期。

② [美]安樂哲(Roger T. Ames),孟巍隆譯《儒家角色倫理學》,山東人民出版社2017年版,第148頁。

統與由內而外的"仁義"道統的重心差別。

總之,從孔子、孟子到荀子,"君子"以及更高層次的大人、賢人、聖人或聖王等,不僅是他們一致倡導的、仁愛支撐的理想人性的示範榜樣或道德楷模,而且承擔了關鍵的教育者、引導者或調控者、治養者的積極角色。就人性道德轉化的普遍過程來看,他們首先通過個人修身方式,將一種以"禮—仁"爲核心的人情倫理挖掘並創造出來,然後以人倫關係爲基本載體,將這些仁義禮法觀念推及芸芸衆生,使他們在人倫角色及其對應的道德情感類型中構造與實踐他們的日常生活,並且以類推方式將性情與禮治、家國與天下、人道與天道相互打通、彼此統一,最終實現循環再生。這一切在荀子那裏都有明確體現:

> 天地者,生之始也;禮義者,治之始也;君子者,禮義之始也;爲之,貫之,積重之,致好之者,君子之始也。故天地生君子,君子理天地。君子者,天地之參也,萬物之摠也,民之父母也。無君子,則天地不理,禮義無統,上無君師,下無父子,夫是之謂至亂。君臣、父子、兄弟、夫婦,始則終,終則始,與天地同理,與萬世同久,夫是之謂大本。故喪祭、朝聘、師旅一也;貴賤、殺生、與奪一也;君君、臣臣、父父、子子、兄兄、弟弟一也;農農、士士、工工、商商一也。(《荀子·王制》)

從圖一的概念體系與解釋框架來看,這是荀子力圖在自然(天)、人(生理與心理)與社會(禮義)三者之間達成和諧一致的一種總體性的道德轉化路徑,簡單來説就是追求以君子聖人爲主導的、知行合一且"天生人成"的仁愛境界。如《禮論》所言:"性僞合,然後聖人之名一,天下之功於是就也。故曰:天地合而萬物生,陰陽接而變化起,性僞合而天下治。"

五、孟子與荀子:兩種轉化路徑比較

東方朔認爲:"就儒家思想史之主流而言,對人之本性的瞭解基本上是價值關懷先於事實的探究,因此,儘管儒學熱衷於探討人的本性,但它基本上不是要我們究明'人的本性究竟是什麽'的一套客觀知識,並以此客觀知識爲基礎進而建構出一套人文科學的理論來,而是要透過對人的本性的探究爲人們成聖成賢的道德理想提供基礎和方向。"[①]這種對儒家思想的把握總體是確切的。有鑒於此,我們要在文末簡單概括孟子和荀子有關人的性情的假設起點及其道德轉化的過程、路徑、目標和方法等方面的異同點,以便進一步厘清孟、荀二家的自然性情及其道德轉化觀。

---

① 東方朔《善何以可能——論荀子的"性惡"理論》,朱貽庭主編《與孔子對話——儒家文化與現代生活》,第237~238頁。

總體而言,兩人以各自的思想方式接續並深化了孔子開創的早期儒家的人性倫理與道德轉化觀。首先,從人性的假設起點來看,孟子和荀子都指出人性的先天基礎,只是前者對人性做出"善端"的先驗道德判定,後者對其做出"惡端"的經驗道德判定。進一步説,孟子的"性善論"既没有將生物經驗事實與社會道德事實分開,也没有將"應然"的道德規範與"實然"的道德事實看成"兩碼事",而是通過對後一層面的形而上學化處置,將理想的道德規範預設成普遍的人性實存。所以,"性善論"更多呈現爲一種哲學或倫理學式的先驗價值理念,而不是自然科學或社會科學式的經驗道德事實。相比之下,"性惡論"以生物經驗事實、社會道德事實(事實判斷)與社會道德規範(價值判斷)的區分爲前提,更多呈現爲一種自然科學與社會科學式的經驗道德事實,而不是哲學或倫理學式的先驗價值理念。

當然這只是所有問題的討論起點。馬育良指出,"古代所謂性善性惡之論均是一種理論預設,它實質上是古代思想家爲着證成其社會倫理主張而采用的論證策略"①。具體説,孟子"性善論"的人性預設是爲了從先天基礎上加強"仁義"觀念的道德合理性,而荀子"性惡論"的人性預設是爲了加強後天"禮義"觀念的道德合理性。或者説,孟子采取一種誇大先天性善與後天仁善的内在統一以便加強人性鞏固的道德必要性之論證策略,荀子采取一種誇大先天性惡與後天禮善的相互對立以便加強人性改造的道德必要性之論證策略。就荀子的思想來看,即便没有"性惡論"的價值判斷與倫理學定位,依據之前他對人性問題的一系列經驗主義認識也能將其從生物學與心理學的事實分析連接到社會學的(道德)事實考察。這種方式延續了孔子特别是《郭店楚墓竹簡》的樸素客觀的人性認識論,但會導致"禮義"主張的道德合理性由於没有"性惡論"之預判前提而相對減弱。

其次,在自然人性的道德轉化的過程、路徑和目標上,孟子提出一種側重由内而外不斷生發的"自我實現思路",可稱之爲"先驗性善論"。它既強調人之先天的"善端"與後天的"仁德"之間的根本一致,又主張以後天的仁義禮智擴充和成全人之先天的善性善情。荀子側重提出一種由外而内不斷落實的"治理調養思路",可稱之爲"經驗性惡論"。它既突出人之先天的"惡端"與後天的"仁義"之間的根本衝突,又力圖以後天的禮義法度化解和調養人之先天的惡性惡情。兩種道德轉化路徑的差别也呈現了孟子與荀子的整體思想分歧:前者更偏内在仁義的外推之説,後者更偏外在禮義的内化之説。其背後也折射出後世儒家凸顯的"内聖"與"外王"、"道統"和"治統"的重心差别。但是從早期儒家思想史來看,荀子和孟子都延續了孔子有關先天人性的道德轉化的過程論與實踐論觀點,將自然人性的内在完滿和社會秩序的外在和諧之雙重目標統一到以家庭生活爲起點的角色人倫與情感關係的實踐過程中。因此,雖然表面上孟子的人性倫理看似與西方的"德性"倫理學更加親和,而荀子的人性倫理看似和西方的"規範"倫理學更加親和,但是他們的根本共性在於共同延續了孔子奠定的、以家庭生活

---

① 馬育良《中國性情史論》,人民出版社 2010 年版,第 120 頁。

與人倫關係的日常實踐爲根本的儒家"角色倫理學"①。

再次,從自然人性的道德轉化方法來看,孟子和荀子都强調"心"的主動感受與認知轉化的重要作用。不同的是,持"性善論"的孟子側重將"盡心"作爲彰顯人性與道德的内在一致、由内而外、由己及人地實現人性完滿與天人互通的主要途徑;持"性惡論"的荀子側重將"誠心"作爲化解人性與道德的内在衝突,由外而内、内外互動地實現人性調養和天人和諧的關鍵媒介。

最後,從社會整體層面來看自然人性的道德轉化過程,孟子和荀子都主張君子聖人在其中扮演的關鍵角色。差別在於,孟子采取"普遍成仁論",强調每個人都能透過日常生活與人倫實踐,挖掘自己内在的道德潛力,自覺實現仁義禮智與善性善情,只不過君子聖人比小人庶民有更廣泛、高遠的"成仁"目標,並且主要扮演道德示範者和引領者的角色;荀子采取"君子特殊論",强調君子聖人能夠主動思慮、判别並化解自身的先天性情與後天仁義之間的緊張性,然後用其積累而成的禮義法度來治理和調養小人庶民的惡性惡情,因此主要扮演道德教育者和調治者的角色。

[作者簡介] 陳雲龍(1988—   ),男,浙江嘉興人。社會學博士,現爲江蘇省社會科學院社會學研究所助理研究員。主要研究領域爲儒家思想史和(中國)社會心理學,著有《中國社會信用:理論、實證與對策研究》(合著),譯有《激進主義探源》(合譯),並在《哲學門》、《本土心理學研究》(臺灣)、《西南大學學報(社會科學版)》等刊物發表學術論文多篇。

---

① 安樂哲《儒家角色倫理學》,中文版序言第1頁。

"齊俗"與治道

——以《淮南子·齊俗》爲中心的"俗"觀念研究

孫迎智

内容提要 秦漢時期,爲了治理幅員遼闊、風俗多樣的大帝國,對風俗的考察和評價成爲這個時代的重要課題。與儒家、法家"移風易俗"的主張相比,《淮南子·齊俗》對"俗"的分析認識更加深刻:"道"是"俗"產生的根據,"俗"產生了禮法,從道的視角來看,各種不同的"俗"有其價值;人性和人情的劃分是以"因俗"和"化俗"治理國家的根據。這些思想與儒家、法家等主張截然不同,與之前的道家思想相比也有新的發展。

關鍵詞 淮南子　齊俗　道家　風俗

中圖分類號 B234.4

秦漢大帝國的形成、郡縣制的建立使得"風俗"成爲秦漢政治、思想領域的重要觀念。中央集權制度下,如何治理空前龐大的國家,如何使中央的政令在風俗各異的地區貫徹施行,這些問題使當時的統治者和士人階層思考在實際治理的過程中如何處理各種風俗,如何評判各種風俗。從《睡虎地秦簡》、秦始皇琅琊刻石到《漢書·地理志》《風俗通義》,可以發現大量涉及"風俗"的命令和討論。這些文獻大都主張"移風易俗",統一國家風俗。成書於西漢武帝時期的《淮南子·齊俗》却獨樹一幟,從"道"的視角出發,將各種異俗等量齊觀,主張順應人情、"因俗而治"。現有研究文獻大都將《淮南子》與時代背景關聯起來考察,分析結構大意,認爲本篇"因俗而治"的政治思想爲諸侯王分權辯護[1],甚至表達對中央統治的不滿和抗議[2]。筆者認爲,《齊俗》中雖然包含上述內容,但更加豐富:篇中的"俗"不僅是今天理解的"風俗",還有更寬泛的含義;而其暗含的政治理念未必是爲諸侯王辯護。本文以《齊俗》爲中心,從《淮南子》全書的整體視角分析其理論架構,並將其與先秦諸子特別是黃老道家的治國思想進行比

---

[1] 參見戴黍《日常生活與社會治理——試析〈淮南子〉中所見風俗觀》,《學術研究》2010年第12期。池田知久《睡虎地〈語書〉與〈淮南子·齊俗〉篇——圍繞着"風俗"的中央集權和地方分權》,《湖南大學學報(社會科學版)》2013年第6期。

[2] 徐復觀《兩漢思想史》(二),九州出版社2014年版,第181~183頁。

較而突顯其理論的獨特性。本文並試圖考察三個方面問題：(1) 秦漢歷史語境中風俗的意義；(2) 從《淮南子》整體分析《齊俗》的理論架構；(3)《齊俗》的理論與現實意義。

一、秦漢歷史語境中風俗的意義

中央政令與各地風俗的衝突在秦統一六國之前就已經出現，並一直延續到漢代。秦簡《語書》是秦王政(秦始皇)二十年(前227)南郡郡守向治下官員發布的命令文書，目的要求對當地的"惡俗"嚴厲取締。

> 古者，民各有鄉俗，其所利及好惡不同，或不便於民，害於邦。是以聖王作爲法度，以矯端民心，去其邪僻，除其惡俗。①

可見"惡俗"與"法度"相對，其取捨標準各異，不像法度標準唯一，因此不利於治理和社會穩定。南郡是秦昭王二十八年(前279)"白起拔郢"後新征服的地區，雖然秦國在此統治了半個世紀，但楚地的"惡俗"依然對秦國官吏的施政產生影響。"惡俗"包括"熱衷商賈"、"不務本業"、"淫僻通姦"、勇武好鬥等②。工藤元男認爲，《語書》突出體現了"根據秦法推行一元化統治的意志"③。大一統的秦帝國幅員遼闊，爲了鞏固國家統一，秦始皇在制度層面制定了一系列政策，包括完善的中央和地方行政機構、完整的法律制度、統一的文字和度量衡等。爲了加強思想文化上的統一，秦帝國進行了"匡飭異俗"的工作。在會稽刻石中特別提到始皇巡行當地革除當地婚姻方面的惡俗並規定"有子而嫁，倍死不貞"，"夫爲寄豭，殺之無罪"等。這樣不僅當地的惡俗得到清理("大治濯俗")，而且全天下都順從皇帝的教化("天下承風")(《史記·秦始皇本紀》)。但事實上，秦沒有完全做到"一風俗"，相反，因爲秦法與楚地風俗差異較大，"由文化差異與衝突引起的楚人對秦政的反感"是秦朝滅亡的一個重要原因④。

賈誼總結秦王朝"二世而亡"的教訓之一是商鞅變法後"秦俗日敗"，最後發展到"知欺愚，勇劫懼，壯凌衰"的地步，天下大亂到了頂點(《新書·時變》)。賈誼也看到"漢承秦之敗俗，廢禮義，捐廉恥"，導致種種惡劣案例，然而因爲"風俗流溢，恬而不怪"。他主張"移風易俗，使天下回心而鄉道"(《漢書·禮樂志》)。

漢代帝王常表達移風易俗的想法，如漢武帝在元朔元年詔書中説，公卿大夫的職責是"總

---

① 睡虎地秦墓竹簡整理小組編《睡虎地秦墓竹簡》，文物出版社1990年版，第13頁。
② 周振鶴《從"九州異俗"到"六合同風"——兩漢風俗區劃的變遷》，《中國文化研究》1997年第4期。
③ 工藤元男著，曹峰、廣瀨薰雄譯《睡虎地秦簡所見秦代國家與社會》，上海古籍出版社2010年版，第361頁。
④ 陳蘇鎮《〈春秋〉與"漢道"：兩漢政治與政治文化研究》，中華書局2011年版，第37頁。

方略,壹統類,廣教化,美風俗",命令他們推薦孝廉就是爲了"化元元,移風易俗"(《漢書·武帝紀》)。在漢代治國實踐中,經常派出官員赴各地觀察習俗:

  遣大中大夫強等十二人循行天下,存問鰥寡,覽觀風俗,察吏治得失,舉茂材異倫之士。(《漢書·宣帝紀》)
  遣太僕王惲等八人置副,假節,分行天下,覽觀風俗。(《漢書·平帝紀》)
  元鼎中,博士徐偃使行風俗。(《漢書·嚴朱吾丘主父徐嚴終王賈傳下》)

《漢書·地理志》中總結"風俗"的含義:"凡民函五常之性,而其剛柔緩急,音聲不同,繫水土之風氣,故謂之風;好惡取捨,動靜亡常,隨君上之情欲,故謂之俗。"班固分別解釋了"風"和"俗",在他看來,"風"強調自然環境對人性格的影響,而"俗"強調的是民衆各異的行爲標準、價值標準受統治者的影響。池田之久認爲,班固的解釋還是過於寬泛,不知所指①。

  具體到《齊俗》篇,其中"俗"所指的究竟是什麼? 目前研究文獻多將"俗"理解爲"風俗""禮俗"②,也有學者注意到這種"風俗"的含義較廣,包括"語言、服飾、觀念、制度、禮樂等諸多日常生活層面"③,或者將"俗"理解爲"人的不同能力"④。但是細讀《齊俗》中所討論的種種對象,不難發現其中涉及的不僅是今天所說的"民俗",還包括統治者治理國家中的各種行爲。篇中分析了匈奴、越人的習俗,討論了"治國"和"亂國"的政治風尚,考察了禮義、法籍的本質和源流,分辨了種種群體行爲背後不同的動機。因此,"俗"不僅包括了普通民衆日常生活意義上的"風俗",還包括了國家上層的"風俗",即治理國家的一般政策、措施和其依據的心態。周振鶴對漢代"風俗"的意義範圍有準確的概括:"古代風俗並不止於民間,而是朝野上下,雅俗共有的風氣與習尚。"⑤池田之久認爲"俗"指的就是"社會的實際情況"⑥。但《齊俗》一篇中還討論了個體的行爲的"齊一",即將不同價值取向下個體的不同行爲等量齊觀,這部分內容很難用"風俗"或者"社會實際狀況"去概括。顯然,與漢代其他文獻中"風俗"所包含的內容相比,《齊俗》中的"俗"所包含的範圍要更廣一些。但無論是一群人的"風俗"還是個體的行爲,

---

① 池田知久《睡虎地〈語書〉與〈淮南子·齊俗〉篇——圍繞着"風俗"的中央集權和地方分權》,《湖南大學學報(社會科學版)》2013年第6期。
② 許匡一《淮南子全譯》,貴州人民出版社1995年版,第596頁。
③ 戴黍《日常生活與社會治理——試析〈淮南子〉中所見風俗觀》,《學術研究》2010年第12期。
④ 王中江《黃老學的法哲學原理、公共性和法律共同體理想——爲什麼是"道"和"法"的統治》,《簡帛文明與古代思想世界》,北京大學出版社2011年版,第452頁。
⑤ 周振鶴《秦漢風俗地理區劃淺議》,《歷史地理》第十三輯,上海人民出版社1996年版,第55頁。
⑥ 池田知久《淮南子:知の百科》,講談社1989年版,第189頁。

區別只在於行爲主體的多寡、行爲頻率是經常還是偶然。從這個角度來概括,《齊俗》中"齊一"的對象是不同的行爲①。

二、"俗"與道

"道"是宇宙萬物的本體,也是其根源;"俗"只是人類社會一種現象,是一群人所共有的行爲傾向。這二者關係何在? 有人類社會,就會有"俗"。伴隨着人類社會散失"道""德","人失其情性",爲了補救,就產生了仁、義、禮、樂、法等"衰世之俗"。《齊俗》所討論的是種種"衰世之俗"的變遷。

《淮南子》在衆多篇章中描述了隨着人類社會變得逐漸成熟,其在"道德"方面的衰敗就愈發嚴重。最初宇宙的創生過程是:道生虚廓,虚廓生宇宙,宇宙生氣,氣分輕重聚合爲天地,然後精氣形成陰陽、四時、日月星辰等(《淮南子·天文》)。陰陽之氣"剛柔相成,萬物乃形,煩氣爲蟲,精氣爲人"(《精神》),這就是人類的產生。《淮南子·俶真》詳細描述了人類社會衰敗的過程。最初的人類社會處於"至德之世":人就像處在酣眠之中的童蒙狀態,"渾渾蒼蒼,純樸未散"。到了伏羲氏開始產生文明的時候,"世之衰"也就開始了:此時人們開始有了智慧,"皆欲離其童蒙之心",統治者的治理"德煩而不能一"。到了神農氏、黄帝的時代,開始"剖判大宗",分裂了大道,藉由陰陽、剛柔治理天下,此時"治而不能和下"。到了"昆吾、夏后之世",因爲人爲外物誘惑,濫用聰明,就失去了"德"。到了周衰落的時候,道德衰敗,於是產生了儒墨各家,以種種學說邀取名譽,敗壞世風,使百姓失去了道的根本。

在這一系列衰退的過程中,"俗"就產生了。在原始的狀態下,"無慶賀之利,刑罰之威,禮義廉恥不設,毁譽仁鄙不立,而萬民莫相侵欺暴虐,猶在於混冥之中"(《本經》),此時天下之"俗"必然也處於未分的狀態:

> 古者,民童蒙不知東西,貌不羨乎情,而言不溢乎行。其衣致暖而無文,其兵戈銖而無刃,其歌樂而無轉,其哭哀而無聲。鑿井而飲,耕田而食。無所施其美,亦不求得。(《齊俗》)

直到神農氏的時候仍然"天下一俗,莫懷奸心"(《主術》)。《齊俗》開篇描述了"衰世之俗"的產生:

---

① 《齊俗》篇英譯本譯者 B. Wallacker 指出,《齊俗》是道家理論"在人類行爲領域——不論其有教養與否——的應用"。參見 Benjamin E. Wallacker, *The Huai-Nan-Tzu, Book Eleven: Behavior, Culture and the Cosmos*, New Haven: American Oriental Society, 1962, p.11.

> 性失然後貴仁,道失然後貴義。是故仁義立而道德遷矣,禮樂飾則純樸散矣,是非形則百姓眩矣,珠玉尊則天下爭矣。

產生禮義、重視貨財之後,就導致了"詐偽萌興,非譽相紛,怨德並行"。但爲什麼會出現"失道德"而"立仁義"這種變化呢?《齊俗》語焉不詳,《俶真》暗示是人的智慧和欲望造成的,但仍不透徹。《本經》中給出一種歷史性的回答:因爲"衰世"中"人衆財寡,事力勞而養不足",這必然導致衝突,於是崇尚"仁";但不仁之人懷奸邪之心害人,於是就貴"義",通過義來規範。

"衰世之俗"的特點就是違背人淳樸的本性,"以清爲濁",推重仁義、禮樂,必然導致人們的行爲機巧奸詐,追逐名利。"爲行者相揭以高,爲禮者相矜以僞,車輿極於雕琢,器用逐於刻鏤。求貨者爭難得以爲寶……",這就是《齊俗》中描繪的"衰世之俗"。

三、"俗"與禮、法

《淮南子》描繪的人類社會衰落史已經暗示"俗"先於禮、法出現,而且禮、法只是爲了補偏救弊而制作,並不具有崇高的地位。

在儒家看來,禮儀、仁義是首要概念,由它們爲中心派生出一系列理論。禮義本身是近乎絕對的規範性,有時還被賦予了神聖性。

如荀子將"禮"推到最高的位置,"禮豈不至矣哉""禮之理誠深矣",禮是天下無人能夠增減其內容的(《荀子·禮論》)。

但在《齊俗》中,這些觀念的絕對性被消解了,它們不過是"俗"的產物,"俗"具有優先地位。《淮南子》的英譯者指出,本篇標題采用範圍更廣的"俗"而非儒家核心觀念的"禮",就在含蓄表明與儒家相對的立場:無論禮本身的制定是多麼機巧智慧,但都不能是終極的規範[1]。

《齊俗》認爲,從本質上看,"禮""仁""義"不是某種超驗的、絕對的觀念,它們的實質是人的情感的一種表現。"禮"不過是實情的形式,仁不過是恩情的驗證("禮者,實之文也;仁者,恩之效也"),"義"的本質就是行事合理得宜而已("義者,循理而行宜也")。因此正確實行仁、禮的方式就是"禮不過實,仁不溢恩",不要超過真情爲度。過於強調這些觀念,就會忽視禮義的本質,捨本逐末,導致禍患:有扈氏爲了維護禪讓的大義而被滅亡,魯國用儒家禮義治國却日漸衰弱,這些都是不瞭解本質而造成的("昔有扈氏爲義而亡,知義而不知宜也;魯治禮而削,知禮而不知體也")。

從歷史發展過程看,禮義無非是流傳下來的過去聖王的法律和風俗,只適用那個時

---

[1] John S. Major et al., trans., *The Huainanzi: A Guide to the Theory and Practice of Government in Early Han China*, New York: Columbia University Press, 2010, pp.392–393.

期("一世之迹也"),具有時代特殊性。就像祭祀用的芻狗和祈雨用的土龍一樣,使用的時候會裝飾得非常華美,用過之後就會被丟掉。《齊俗》舉了舜、禹、武王三位備受儒家推崇的聖人的例子來證明,根據當時不同的實情,聖人會靈活制定禮義,這就是"應時耦變,見形而施宜"。法度也是如此,也要考慮實情靈活制定,"故聖人論世而立法,隨時而舉事"。

由此,《齊俗》強調了俗的優先性,禮義、法度無非是過去聖王的那些好的風俗。而且,聖王們的風俗不一:

> 有虞氏之祀,其社用土,祀中霤,葬成畝,其樂咸池、承雲、九韶,其服尚黄;夏后氏,其社用松,祀户,葬牆置翣,其樂夏籥、九成、六佾、六列、六英,其服尚青;殷人之禮,其社用石,祀門,葬樹松,其樂大濩、晨露,其服尚白;周人之禮,其社用栗,祀灶,葬樹柏,其樂大武、三象、棘下,其服尚赤。

這些風俗彼此差別極大,"禮樂相詭,服制相反",但都實現了禮儀的目的。《齊俗》特別批評儒家固守某一禮儀成法,只是掌握某位聖王的"法籍",就不計其餘批評其他風俗,如同"膠柱而調瑟"。

從法家的觀點看,風俗受法治的影響,治國首先要實行法治,然後風俗自然會隨着法令而變化。"錯法而俗成,俗成而用具","俗生於法而萬轉"就是這種觀念的集中體現(《商君書·立本》)。從《齊俗》的角度看恰好相反:先王的法度並非出於己意,而是順應風俗而制定("故先王之法籍,非所作也,其所因也")。法令要跟隨風俗的變化而變化。因此要把握制定法令的靈活精神,而非固守成文的法令,這種靈活的精神就是最寶貴的"與化推移"。因此"三皇五帝,法籍殊方,其得民心均也"。

法只不過是治國的工具,其內容需要根據時代而調整,"應時耦變,見形而施宜"。《淮南子·氾論》中也有"法度者,所以論民俗而節緩急也","故法制禮義者,治人之具也,而非所以爲治也"。《淮南子·泰族》進一步主張,治國需要法律,但首先要改善風俗。"若不修其風俗",就強行采取法律去處置民衆,"雖殘賊天下,弗能禁也"。回顧歷史,桀、紂滅亡的時候,並非禹、湯制定的法度不存在,而是"紀綱不張,風俗壞也"。《淮南子》看到了風俗並非是單向受到法的影響,風俗會反過來影響法的實施,因此治理國家需要順應或改善風俗。

四、齊俗與齊物

《淮南子》與《莊子》有密切的聯繫,雖然《淮南子》全書明確說明引用《莊子》僅一處,但"暗用及發明莊子之文則極多"①。高誘注認爲《淮南子》的宗旨"近老子",王叔岷則主張"其旨實尤近莊子"②。具體到《齊俗》中對衆多風俗、行爲的價值平等對待的論述,自然讓人將本篇與《莊子·齊物論》聯繫起來。王叔岷認爲"通篇皆考驗莊子《齊物論》之義爲主"③。

總體上看,《齊俗》與《齊物論》在觀點和文風上看有很大的相似性,但仔細分析兩篇的主旨和論證方式,就會發現在細節上有很大的不同。陳麗桂指出,《淮南子》的《齊俗》《人間》兩篇對《齊物論》《人間世》兩篇"因承企圖相當明顯",雖然《莊子》主出世,《淮南子》主入世,但"探索人於世間處人、自處之道,宗旨明顯一致",因此《齊俗》《人間》兩篇"爲仿莊之入世作"④。

從主旨上看,《齊物論》要達到是"齊物我,外死生"的心靈自由境界。在這種境界看待世間的萬事萬物,其彼此、是非、貴賤等界限都不存在,從而世上不齊的萬物實現了齊一。由此思想推演,世間的禮俗、政治無論優劣,均無真正的價值:"與其譽堯而非桀,不如兩忘而化其道。"(《莊子·大宗師》)但《齊俗》有明確的現實政治目的:爲了統治者理解風俗本質,執一因循以應萬變之"俗"。

從論證上看,《齊物論》大體可分爲"對感情判斷的否定和排除""對價值判斷的否定和排除"和"對事實判斷的否定與排除"三個層次⑤。相比之下,《齊俗》則集中在"對價值判斷的否定和排除"的論證。

《齊物論》強調是非的產生與人的"成心"有關,不同的人有着不同的價值判斷和信念,這些判斷和信念甚至是不能溝通、達成共識的。也就是説,《齊物論》中莊子取消了人的主體間性,最終只能"是亦一無窮,非亦一無窮也"。《齊俗》中有類似的論述:"天下是非無所定,世各是其所是而非其所非。所謂是與非各異,皆自是而非人。"

但《齊俗》没有消泯一切價值判斷,徹底"泯是非";相反,《齊俗》自然主義的價值取向非常鮮明:以"道德"批判仁義、禮法,批判儒、墨等政治學説,希望人能復歸到淳樸的自然狀態。《齊俗》的"齊一"是基於此立場的"齊一",與莊子徹底消泯價值判斷的激進立場相比,要保守得多。在此立場上,《齊俗》能不拘於仁義、禮法的視角,發現諸多風俗所藴含的好的價值,但没有消泯一切是非。篇中批判種種衰世風俗,"鐘鼓管簫、絲竹金石以淫其耳;趨舍行義、禮節謗議以營其心"等,立場明確,没有絲毫的相對主義傾向。

《齊物論》的第三個環節"對事實判斷的否定與排除",是在否定價值判斷基礎上的進一步

---

① 王叔岷《莊學管窺》,中華書局 2007 年版,第 65 頁。亦見王叔岷《先秦道法思想講稿》,中華書局 2007 年版,第 132 頁。
② 王叔岷《先秦道法思想講稿》,第 132 頁。
③ 同上,第 133 頁。
④ 陳麗桂《〈淮南鴻烈〉思想研究》,花木蘭文化出版社 2013 年版,第 162~163 頁。
⑤ 此處根據池田知久的歸納劃分,參見池田知久著,王啓發、曹峰譯《道家思想的新研究:以〈莊子〉爲中心》,中州古籍出版社 2009 年版,第 173~176 頁。

推進：對事物劃分彼此，也是一種"是非"，雖然物是存在的，但彼此没有界限，從"道"的境界看萬物都是互通的。也就是"物固有所然，物固有所可。無物不然，無物不可"。《齊俗》没有涉及這一環節，雖然强調了"物無貴賤"，但是物彼此的界限還是清楚的。《齊俗》看到了"物固有所然，物固有所可"，但接下去没有否定事物的界限，而是"各用之於其所適，施之於其所宜"的治國方略，這就是《齊俗》主張的"萬物一齊"。

《齊俗》體現的齊物觀大略上看接近於《齊物論》，但其主旨和論述都没有達到《齊物論》的高度。也許本篇的作者（他們應是極爲熟悉《莊子》的）已經注意到了一個悖論：如果他們按照《齊物論》的精神去發揮的話，那麼"衰世之俗"的僞詐和"至德之世"的"俗"的淳樸本質上是没有區别的，這才是《莊子》意義上的"齊俗"。但這種主張明顯與本篇"擘畫人事之終始"（《要略》）的主旨相矛盾。陳麗桂注意到《齊俗》和《齊物論》的這種差異：《齊物論》强調絶對價值，批判相對價值；而《齊俗》雖然批判相對價值，"却又不得不對它作妥善的疏理與安置"①。

《齊俗》主張"各用之於其所適，施之於其所宜"的治理原則，向井哲夫據此認爲本篇是體現田駢齊物思想的文獻②。根據《莊子·天下》《吕氏春秋》等文獻，田駢的主張如下：

  彭蒙、田駢、慎到聞其風而説之。齊萬物以爲首，曰："天能覆之而不能載之，地能載之而不能覆之，大道能包之而不能辯之。"知萬物皆有所可，有所不可，故曰："選則不遍，教則不至，道則無遺者矣。"（《莊子·天下》）

  物固莫不有長，莫不有短。人亦然。故善學者，假人之長以補其短。故假人者遂有天下。（《吕氏春秋·用衆》）

  陳駢貴齊。③（《吕氏春秋·不二》）

可見，《齊俗》篇中既能發現《齊物論》的影響，也能看到田駢思想的影子。從文字風格和論説方式來看，《齊俗》的作者無疑非常熟悉《莊子》並且受到《莊子》很大影響。至於篇中齊物思想類似田駢之處，與其主張本篇屬於齊國道家田駢一脉，不如從本篇的目的入手分析：《齊俗》有明確的治國目標，因此其實用的目的決定其思想不可能像《齊物論》那樣徹底地"齊物我"。如前所述，莊子的齊物思想必然導致否定一切形式的政治統治，因此《齊俗》的作者將本篇主旨停留在"對價值判斷的否定和排除"這一層次，没有像《齊物論》那樣激進，這點無疑適合《淮南子》全書的寫作目的，也因此使本篇與田駢的主張有相似之處。而《齊俗》中涉及"行爲的齊一"的部分内容，其分析視角更接近於《齊物論》而非田駢的主張（下文將論述），這説明本篇的作者並非完全基於田駢的立場。

---

① 陳麗桂《〈淮南鴻烈〉思想研究》，第164頁。
② 向井哲夫《〈淮南子〉と諸子百家思想》，朋友書店2002年版，第174～193頁。
③ 田、陳古音同，陳駢即田駢。

五、風俗的齊一與行爲的齊一

如前所述，《齊俗》討論的"俗"，不僅包括現代意義上的"風俗"，也包括人的行爲動機和價值觀。"齊"風俗這一過程所根據的視角，與其按照本篇的説法空泛地説從"道"的視角①，不如説從基於人的性情的自然主義視角。如果絶對按照"道"的最大視角去"齊俗"，最後的結論會是像《齊物論》主張的"物無不可"那樣，徹底地"無俗不可"。從對衆"俗"的評價看，本篇的價值標準是人的自然性情：如果"俗"是出於人的自然性情，即使其在形式上看截然相反，也在本質上是一致的；那些違反自然性情的"惡俗"是批判的對象，不在"齊"的對象之列。而關於個體行爲的動機，《齊俗》的標準却是"道"的大視角，如《齊物論》一般承認各種動機都有其價值。

（一）風俗的齊一

《齊俗》評價風俗的根據，是自然主義立場——基於人的性情去理解行爲和風俗，而非基於仁、禮等固定的價值規範。這是一種"人類學"的視角：以"他者"的眼光去看待、記録異質文化，並試圖實現一定程度的理解。《齊俗》描繪四夷風俗並發現其中含有與中原禮義相通的精神内核：盟誓的時候匈奴人用人頭骨盛酒，越人在手臂上刺破皮膚流血，中原人歃血爲盟，不同族群習俗各異，但是宣誓守信的精神是一致的；三苗之人用麻繩束髮，羌人將衣領繫起來，中原人戴冠插簪，越人剪短髮，不同族群習俗各異，但爲了裝飾美觀的目的是一致的。這些迥異的風俗無非是四夷的人民出於人性、人情②的自然需要而產生的，只要能表達某種感情或者滿足某種需求，就可以接受，這同中原人民的仁義、禮樂產生的根據是一致的。

與此種視角相對，秦漢時期對待四夷風俗的主流觀點是貶低和批判。司馬遷概括匈奴人的風俗爲：

> 利則進，不利則退，不羞遁走。苟利所在，不知禮義。……貴壯健，賤老弱。父死，妻其後母；兄弟死，皆取其妻妻之。其俗有名不諱，而無姓字。（《史記・匈奴列傳》）

班固總結匈奴人的特點是：

---

① 《齊俗》："故以道論者，總而齊之。"
② 《淮南子》中人之性和人之情的區分，詳見下文。

> 夷狄之人貪而好利,被髮左衽,人面獸心。其與中國殊章服,異習俗,飲食不同,言語不通,……是故聖王禽獸畜之,不與約誓,不就攻伐。(《漢書·匈奴傳》)

班固將匈奴人等同於"禽獸",主要根據就是匈奴人與漢人巨大的風俗差異。從儒家的禮義價值出發,他們無法理解並接受匈奴風俗的價值。司馬遷、班固的評價是漢代的主流觀點。漢文帝時叛臣中行説爲匈奴的風俗辯護,他説:"匈奴俗賤老"是戰鬥的需要;收繼婚制是爲了避免"種姓之失";"無冠帶之飾,闕庭之禮"的益處是"約束輕""君臣簡易"(《史記·匈奴列傳》)。中行説的辯護給匈奴風俗以一種功能主義的辯護,即這些風俗都有其特定的社會功能,都是匈奴人在特定的生存環境中的需要。但這種辯護不過是"便其習而義其俗"的解釋(《墨子·節葬下》),是工具理性層面,而非價值層面對風俗的解釋。

與上述兩種觀點相比,《齊俗》的風俗觀顯然更高:這些族群的風俗雖然與中原漢人迥異,但却能够發現其中與漢人風俗相同的精神内核。《齊俗》中的異族不是"禽獸",他們和漢人一樣都是人,都有共同的人性。篇中提出最明顯的例子:不管哪個族群,新生的嬰兒的哭聲都是相同,長大之後彼此言語、風俗不同,這是後天教化導致的。

(二) 人的行爲的齊一

《齊俗》討論的不僅有具體的風俗,即大範圍人群的習慣行爲方式,還討論了個人行爲背後的動機和價值觀。現有文獻對這部分内容還少有關注分析。《齊俗》主張,集體慣常行爲背後的價值觀,統治者不應當設定過高,要根據一般的人情,否則就會導致民衆難以踐行並導致種種惡果;但《齊俗》並不批評個人的高尚價值觀,因爲這是個體的價值取向,自然有存在的價值。

篇中以子路拯溺受牛、子貢贖人不受金的故事用以説明個人的價值觀可以高尚,但如果推而廣之成爲民衆行爲價值尺度,那麼就超出民衆的人情,導致没有人願意去踐行。"子路受而勸德,子贛(貢)讓而止善",這一截然相反的結果凸顯了價值觀和行爲動機之間矛盾,因此《齊俗》清醒地看到現實狀況是"廉有所在,而不可公行也",品德高尚的人確實存在,但是其高尚的行爲却不能推廣。行爲和價值觀只有"齊於俗",即接近風俗的時候,民衆才會去跟隨。"矜僞以惑世,伉行以違衆,聖人不以爲民俗"。

篇中提到諸多人才的例子,强調因爲他們的才能、行爲過於超出了"俗"的範圍,因此不能成爲普遍效法的對象:"故高不可及者,不可以爲人量;行不可逮者,不可以爲國俗。"

統治者在制定禮法的時候,也必須考察風俗,考慮民衆的人情,不能强行從某一特定的高尚價值出發,去制定普遍的行爲規範。《齊俗》特別抨擊了儒墨兩家的喪禮觀。"禮""仁"本身不是目的而是手段,它們是感情的形式和反映。在《齊俗》看來,儒墨兩家的喪禮制度雖然大相徑庭,但都違背人情,脱離風俗,"不原人情之終始,而務以行相反之制"。儒家的"三年之喪",雖然看起來很高尚,體現孝心,但"强人所不及",必然會導致虚僞的感情去應付喪事。墨家主張"三月之服",即服喪三個月,但喪期又太過短促,無法使人充分表達對亡故者的哀思。禮、樂的制定只要能適當地表達、抒發情感即可,過度地鋪張、修飾只會"曠日煩民""費財亂政"。

但本篇並沒有貶低"伉行",對個體高尚的價值觀和行爲,文中給予了充分肯定。行爲的價值,如果從世俗的眼光去看,就在於這種行爲的結果好壞——如果取得利益,行爲就是好的,如果喪失利益,行爲就是壞的:"今世俗之人,以功成爲賢,以勝患爲智,以遭難爲愚,以死爲戆。"但在作者看來,那些因高尚品行而失敗、喪命的人,並非不知道世俗功利的行爲方式,相反,他們是在高尚的行爲和功利的行爲之間心甘情願地選擇了前者:

> 王子比干,非不知箕子被髮佯狂以免其身也,然而樂直行盡忠以死節,故不爲也。伯夷、叔齊,非不能受祿任官以致其功也,然而樂離世伉行以絶衆,故不務也。許由、善卷,非不能撫天下、寧海内以德民也,然而羞以物滑和,故弗受也。豫讓、要離,非不知樂家室、安妻子以偷生也,然而樂推誠行,必以死主,故不留也。

雖然比干、伯夷、叔齊、許由這些人的高尚行爲值得敬重,那麽相對地,箕子、管仲、晏嬰在類似情境中做出的不同抉擇又應當如何評價呢?不同的價值取向就會導致截然相反的判斷:

> 今從箕子視比干,則愚矣;從比干視箕子,則卑矣。從管、晏視伯夷,則戆矣;從伯夷視管、晏,則貪矣。

這種價值的矛盾如何解決?《齊俗》站在更高的視角認爲這些人價值取向各不相同("所趨各異"),但都做了各自想做的事情("皆得所便"),因此没有必要互相批評。篇中進一步從具體的事例總結不同的價值取向:"夫重生者不以利害己,立節者見難不苟免,貪祿者見利不顧身,而好名者非義不苟得。"這些如同"冰炭"對立的價值如何能夠彼此相容呢?本篇主張,從具體現實的角度看,行爲如果實現了自己的價值觀,達到了自己的意願,那就算是完滿了;從道的角度去看,這些行爲的本質都是一致的("故以道論者,總而齊之")。這種"齊一"行爲論證才是真正的"道"的大視角,與"齊"風俗部分的視角不同。從"齊"風俗部分根據人的自然性情的視角來看,很多捨生取義的行爲違背人"欲生惡死""趨利避害"的自然性情。

對社會風俗,《齊俗》的"齊一程度"没有《齊物論》那麽高,但對個體的行爲和動機,本篇却是從"道"的視角,認爲"所爲者各異,而所道者一也",這一區别很值得注意。

六、"俗"與人性、人情

人之性、人之情是"俗"産生的基礎,也是治理國家"因俗"與"化俗"的依據。因爲"人之情"是"趨利避害"的,對待風俗,首要措施就是"因循"風俗;因爲"人之性"是虛静的,其中有善的潛能,那麽對不好的風俗也可以改造,這就是"化俗"。

在黄老道家文獻中,大都使用"人情"或者"人之情"描述人的自然性情,也就是人與生俱來的喜愛、欲求和厭惡。《管子》①中有很多對"人情"的描述:

> 凡人之情,得所欲則樂,逢所惡則憂,此貴賤之所同有也。(《管子·禁藏》)
> 夫凡人之情,見利莫能勿就,見害莫能勿避。(《管子·禁藏》)
> 民之情莫不欲生而惡死,莫不欲利而惡害。(《管子·形勢解》)
> 凡人者,莫不欲利而惡害。(《管子·版法解》)

從上述引文來看,《管子》對"人情"本質的理解就是"趨利避害","民之從利也,如水之走下"。"人情"就是治理國家的根據:"人情不二,故民情可得而御也。"(《管子·權修》)治理國家的關鍵就是統治者妥善利用這種"人情","令於民之所好,而禁於民之所惡",來調動民衆的積極性或使其畏懼,從而實現"令則行,禁則止"(《管子·形勢解》)。

王中江指出,與儒家將人性評價爲善或惡不同,黄老道家强調的是描述性的"人之情",即人的自然屬性,而且對人的本質沒有直接作出善或惡的界定②。

《淮南子》與上述黄老文獻不同,區分了"人之性"與"人之情"。"人之性"是人的本質,即一種"虛静"的狀態。如:"人生而静,天之性也"(《原道》);"清净恬愉,人之性也"(《人間》);"人之性無邪""人性欲平"(《齊俗》)。這種虛静狀態,雖然没有善惡之分,但是其中含有爲善的能力:"人之性有仁義之資。"(《泰族》)而且人可以通過學道來復歸本性:"是故不聞道者,無以反性。"(《齊俗》)

"人之情"同黄老文獻的描述一樣,都是人的自然屬性:"人之情,思慮聰明喜怒也。"(《本經》)如前文所述,風俗、禮儀的根據,就是"人之情",如果違反了"人情",那就偏離了禮俗的本質。

既然人性本來虛静,那麽人情是如何產生的?《原道》中的解釋是:雖然"人生而静",但是在外物的刺激影響下,傷害了本性。人的精神對外物有所反應,這是人的感知的功用,感知與外物接觸的過程中,就產生了好惡區分。這種好惡區分,正是"人情"。《俶真》則從人類社會"退化"的歷程來解釋"人情"的產生:至德之世的人們没有"人之情",只有"童蒙之心",隨着道的逐漸散失,人逐漸有了聰明智巧,並有了脱離童蒙狀態的欲望,於是產生了人之情。

---

① 《管子》一書爲稷下學者思想的匯總,其中多有包含黄老道家思想的篇章。一般論者將《心術上》《心術下》《内業》和《白心》四篇視爲齊黄老學派的代表作。而《形勢》《宙合》《水地》等篇也具有黄老思想特色。參陳鼓應《管子四篇詮釋:稷下道家的代表作解析》,商務印書館 2006 年版,第 55~56 頁。
② 王中江《黄老學的法哲學原理、公共性和法律共同體理想——爲什麽是"道"和"法"的統治》,第 440 頁。

七、因俗與化俗

儒家和法家都主張根據一定的原則(禮義或法度)來"移風易俗"：

> 移風易俗，莫善於樂。(《孝經·廣要道》)
> 故厚德音以先之，明禮義以道之，致忠信以愛之，尚賢使能以次之，爵服慶賞以申之，時其事，輕其任，以調齊之，長養之，如保赤子。政令以定，風俗以一。(《荀子·議兵》)
> 樂也者，聖人之所樂也，而可以善民心，其感人深，其移風易俗，故先王著其教焉。(《禮記·樂記》)
> 商君説秦孝公以變法易俗而明公道，賞告姦，困末作而利本事。(《韓非子·姦劫弒臣》)

治國時如何對待風俗，《淮南子》給出了兩個層次的措施："因俗"和"化俗"。

(一) "因"與"化"

"因"或"因循"是黄老道家治國思想的核心觀念。司馬談在《論六家要指》中強調道家之術核心是："以虛無爲本，以因循爲用。"《老子》的"自然"與"無爲"的構造劃分是"因循"思想的先導①。《慎子》中專門有《因循》篇闡發了"因循"的重大意義，也指出了"因"與"化"的區别：

> 天道因則大，化則細。因也者，因人之情也。人莫不自爲也，化而使之爲我，則莫可得而用矣。是故先王見不受禄者不臣，禄不厚者，不與入難。人不得其所以自爲也，則上不取用焉。故用人之自爲，不用人之爲我，則莫不可得而用矣。此之謂因。

"因"的含義是順應、依照、遵循；"化"的含義是改變、感化、改造。《慎子》主張，順應的作用巨大，而改造的成果小。其原因是"因"的方法順應人情，能夠發揮個人的能動性("人之自爲")。而改造違反人情，使人從爲自己做事改爲爲統治者做事，那麽效果就很差。《管子·心術上》中詳細描述了"因"的特徵：

---

① 王中江《黄老學的法哲學原理、公共性和法律共同體理想——爲什麽是"道"和"法"的統治》，第449頁。王叔岷指出："老子未提及因循二字，但所言大都因循之理。"參見王叔岷《先秦道法思想講稿》，第178頁。

> 無爲之道因也，因也者，無益無損也。……因也者，捨己而以物爲法者也。感而後應，非所設也，緣理而動，非所取也。過在自用，罪在變化，自用則不虛，不虛則忤於物矣。變化則爲生，爲生則亂矣。故道貴因，因者，因其能者，言所用也。

這裏也强調了"因"與"化"（引文中作"變化"）的區别："因"在治理百姓過程中是"無益無損"，即完全不改變百姓的人情；如果想改造百姓的人情，就是"有爲"，就會導致禍害。這段文字可以説是對《慎子·因循》的詳細解説。

《淮南子》中也延續了對"因"的强調：

> 是故天下之事，不可爲也，因其自然而推之。（《原道》）
> 是故聖人守清道而抱雌節，因循應變，常後而不先。（《原道》）
> 故因則大，化則細矣。（《泰族》）

"因則大，化則細"，這一表述直接來自《慎子》。《淮南子》大量强調"因"的重要，但在某些細節中主張"化"也很重要，並不"細"。

（二）因　　俗

《齊俗》篇在治國實踐中齊一衆俗的方法就是"因俗"。本着"各用之於其所適，施之於其所宜"的精神，妥善安排風俗不同、行動趨向不同的人群到適宜的位置、從事適宜的工作，這樣就能達到"治世"：

> 故堯之治天下也，舜爲司徒，契爲司馬，禹爲司空，后稷爲大田師，奚仲爲工。其導萬民也，水處者漁，山處者木，谷處者牧，陸處者農。地宜其事，事宜其械，械宜其用，用宜其人，澤皋織網，陵阪耕田，得以所有易所無，以所工易所拙。是故離叛者寡，而聽從者衆。
> 治世之體易守也，其事易爲也，其禮易行也，其責易償也。是以人不兼官，官不兼事，士農工商，鄉别州異，是故農與農言力，士與士言行，工與工言巧，商與商言數。是以士無遺行，農無廢功，工無苦事，商無折貨，各安其性，不得相干。

在這種分工的設想，就是讓政策、措施順應風俗，因勢利導，最大限度發揮具有不同風俗人群的長處。《齊俗》非常樂觀地設想，如果實現了這種最合理的分工，理想的治世之中"有餘不足，各歸其身，衣食饒溢，奸邪不生，安樂無事，而天下均平"。

（三）化　　俗

雖然從"道"的角度看，風俗無所謂善惡，但如果要實現治世，則有必要改正"衰世之俗"，這就是"化俗"。雖然《齊俗》中沒有明確表明需要"化俗",但是篇中大段批評"衰世之俗",就從反面突出"化俗"的重要性。此外,《淮南子》中人性虛靜、得道者可以"返性"的主張暗示了隨着人性墮落而產生的"衰世之俗"有改造復歸淳樸的可能。

與"治世之俗"相反,"衰世之俗"中人民弄虛作假、貪戀財貨、黑白顛倒,迷失本性:

> 衰世之俗,以其知巧詐偽,飾衆無用,貴遠方之貨,珍難得之財,不積於養生之具。澆天下之淳,析天下之樸,牿服馬牛以爲牢。滑亂萬民,以清爲濁,性命飛揚,皆亂以營。……法與義相非,行與利相反。雖十管仲,弗能治也。

《淮南子·泰族》中將風俗與水進行類比,提出"風俗可美"的設想:水的本性是清净的,但山谷裏的泉水如果流不出去,就會生長青苔。風俗也與水相似,如果能疏導人們善良的一面,防止其邪惡的意圖,"啓其善道,塞其奸路",那麽"民性可善,而風俗可美也"。

與其他道家文獻不同,《淮南子》沒有過分貶低"化"的意義,但"化俗"並非像儒家和法家設想的那樣,藉助禮義、法度就能夠實現。《淮南子》中理想的"化俗"是"神化":統治者能體道保真,然後"抱德推誠,天下從之,如響之應聲,景之像形"(《主術》)。體道的統治者"精誠"能通於天地,然後廣布四海,使其情感動人民,"變習易俗,民化而遷善"。如果通過刑賞的方式無法實現"移風易俗",那就是統治者"誠心弗施"。《淮南子》主張出於"精誠"的"神化"是最高統治方式:

> 故太上神化,其次使不得爲非,其次賞賢而罰暴。(《主術》)
> 古聖王至精形於內,而好憎忘於外,出言以副情,發號以明旨,陳之以禮樂,風之以歌謠,業貫萬世而不壅,横扃四方而不窮,禽獸昆蟲與之陶化,又况于執法施令乎!(《主術》)
> 刑罰不足以移風,殺戮不足以禁奸,唯神化爲貴,至精爲神。(《主術》)
> 聖人在上,化育如神。(《繆稱》)

"化俗"是理想中的治理方式,這一想法與《慎子》《管子》完全基於現實考量的主張又有所不同,如果僅僅考慮現實中的人情,"化俗"應被排除在外。《淮南子》不僅考慮了現實層面的治理方式,還設想了理想狀態。

《淮南子》討論風俗問題,在《齊俗》中專論"因俗",在其他篇中又有"化俗"的見解,這一差異是否表明《淮南子》各篇出於不同學術主張的作者之手而未經嚴格的統稿? 筆者認爲,全書出於淮南王衆賓客之手當無疑問,而"因俗"與"化俗"的主張看似相反,但從《淮南子》的"體道返性""人之性"和"人之情"的基本理論設定來看,"因俗"和"化俗"兩種措施又都是合理的:在"衰世"的統治者治國必須"因俗",這樣人民才能"各得其所安";如果統治者能夠體道,成爲"聖人",那麽就可以實現"化俗"。

結　語

《淮南子》特別關注"俗"這一社會現象,爲先秦、漢初傳世文獻所僅見。治理風俗的主張與全書理論密切相關,並不游離,而且是對道家治國思想的新發展:

1. "道"是世界的本體和起源,人類社會的發展過程是"道"消散的過程,也是"俗"產生的過程。這就爲《齊俗》從"道"的視角分析衆"俗"、齊一衆"俗"提供了根本依據。儒家、法家對"俗"只有經驗性的認識,黄老道家對"俗"的根據也較少關注。

2. "俗"的產生先於禮、法,而禮、法不過是特定時空中好的"俗"。這從道家的角度消解了儒家、法家核心理念的根基。

3. 基於"道"的齊物思想爲平等評價風俗提供了理論依據。《齊俗》中的齊物思想没有《齊物論》徹底,這是由本書寫作目的決定的。

4. 人性與人情的劃分是制定治理風俗主張的根據。這與黄老道家之論"人情"有很大不同。

5. 因"人情"有欲望、好惡,而需要"因俗";因"人性"虚静,可以體道返性,而需要"化俗"。"化俗"的希望寄托在得道的統治者身上。與黄老道家思想完全專注於現實秩序不同,《淮南子》與老莊道家相似,還有復歸理想世界的渴望。

《齊俗》反映了漢初思想家對國内風俗和四夷風俗的認識與思考,這是漢代疆域擴大,多種文明交流的必然結果。先秦文獻中也有零散的對蠻夷戎狄和異國風俗的記載,但没有系統的整合與反思。主要原因是當時治理疆域較小的國家,没有應對複雜風俗的需要。秦、漢兩代對匈奴、越人之間頻繁的戰争和衝突,中原同周邊頻繁的貿易往來,這些交往使得漢人發現了大量奇異的風俗。因此,《齊俗》的出現是時代發展的必然,是思想對社會現實的必然反映。

《齊俗》中記載了大量的歷史事件和故事傳説,作者分析這些體現相反價值取向的故事説明主旨。這種反思歷史總結規律的方式,正體現了漢代思想界"窮古今之變"的努力。

一些論者認爲,本篇反對"移風易俗"的思想是在爲諸侯王分權、對抗中央政府集權提供理論武器。但從史實上看,《淮南子》成書的武帝初年中央政府没有"移風易俗"的實際措施,大規模的實行要等到西漢後期,漢宣帝時期仍然是"百里不同風,千里不同俗","户異政,人殊服"的情形①。從本篇的内容來看,也看不到分權的主張。本篇的寫作目的,與其説是出於政治考量,不如説是出於思想差異,反對儒家、法家的"移風易俗"的主張。如《齊俗》批判"世之明事者"的"禮義足以治天下"主張,認爲"此未可與言術也"。很明顯針對的是以賈誼爲代表的漢初儒家的主張。值得注意的是,雖然《淮南子》從社會退化的角度大量批判"衰世"的種種

---

① 周振鶴《從"九州異俗"到"六合同風"——兩漢風俗區劃的變遷》,第62頁。

缺陷不足,但涉及漢代現實,却又多有贊美之詞①。《淮南子》通過"神化"的方式"移風易俗"的主張,也許體現了作者對統治者成爲"聖人"治理天下的希望。

《齊俗》對異族風俗的描述和平等對待,使人容易聯想到古希臘史學家希羅多德的《歷史》中對各種異族風俗的平等的描述和評價。希羅多德雖然是希臘人,但他沒有出於希臘人的禮俗視角去批評那些希臘人難以接受的異族(波斯人、埃及人)的禮俗。他對諸多民衆的禮俗分析之後,有了一種平等眼光:

>如果有人提議來評選出世界上各種風俗中哪一種在他們看來是最好的,那麼經過考察之後,他們就肯定選擇本族的風俗習慣。每個民族都深信,自己的習俗比所有其他民族的習俗都要好得多。②

他分析了衆多異族征服其他民族失敗的一個重大教訓就是禮俗的衝突。征服者應當尊重當地的禮俗,而非相反。他引用詩人品達的詩句總結説:"習俗(nomon)乃是萬事之主。"向井哲夫指出,希羅多德的觀點與《齊俗》有相通之處③。但《歷史》更多是從歷史經驗出發的總結,如上述引文的觀點接近"便其習而義其俗"這一概括(《墨子·節葬下》)。《齊俗》不僅有經驗素材(當然這些素材比《歷史》中的記載要少得多),更多是道家齊物思想的具體運用。

思考《齊俗》,還能發現其很多觀點在當下仍然具有啓發性。在制定政策、引導民衆行爲的時候,需要避免將標準設定過高,導致"伉行以違衆"。現代社會價值取向多元,同一行爲往往會有迥異的評判,並引發激烈的爭論。《齊俗》所根據的"道"的高視角,爲今天人們理解彼此相衝突的觀點,乃至消泯衝突觀點提供了理論依據。

[作者簡介] 孫迎智(1985—),男,遼寧瀋陽人。中國人民大學哲學院博士,現爲北京化工大學馬克思主義學院講師,主要從事先秦兩漢道家哲學研究、近現代思想研究。

---

① 例如:"逮至當今之時,天子在上位,持以道德,輔以仁義,近者獻其智,遠者懷其德,拱揖指麾而四海賓服,春秋冬夏皆獻其貢職,天下混而爲一,子孫相代,此五帝之所以迎天德也。"(《覽冥》)"秦王之時,或人葅子,利不足也;劉氏持政,獨夫收孤,財有餘也。"(《齊俗》)
② 希羅多德著,徐松岩譯注《歷史》,上海三聯書店2007年版,第160頁。
③ 向井哲夫《〈淮南子〉と諸子百家思想》,第191頁。

修辭與數術：
《淮南子》的文本構成*

［法］魏明德（B.VERMANDER）　林　泠　譯

內容提要　歷史批判的方法在中國古典文獻研讀中逐步佔據主導地位，使得微觀層面的文本分析成爲主流。因此，在古典文獻研究中，能否識别文本構成形式規律的問題常常被忽視，或被認爲是無關緊要的。本文通過研究中國數字象徵主義和"環狀文本結構"的主導規則，試圖揭示《淮南子》如何反映"道"與"王"的"圓形構成"。

關鍵詞　結構修辭　淮南子　環狀　數術　形式史批判

中圖分類號　B2

導　論

中國古代文獻的編纂輯成①有無内在規律可言？在本文論述所及的歷史範圍内，組織文本和論述的各種模式究竟是相互承繼，還是彼此競争？設若今日所知所讀的經典，其編纂確非隨意爲之，只是個中規則被繁複的編輯過程所掩蓋，我們是否還能追溯當初的編纂原則，探究與之相應的思維模式，建構起一種"中文結構修辭"的模型？

---

* 本文基於之前發表的一篇英文文章（"Edit by Number: Looking at the Composition of the Huainanzi, and Beyond"，*Dao* 20, September 2021，https://doi.org/10.1007/s11712-021-09790-z, pp.459~498），本版將英文版的第一部分大大縮短，在第二部分引用了更多的經典，並修改了一些論題的表達方式。

① 本文所論爲歷史證據顯示撰成時間早於東漢，且於西漢或東漢完成最後編輯的文本，東漢以後另有編纂變動者不在此列。

在微觀層次上,中外學者都認爲經書句子的構成具有對偶特性(binarity)①,但對於文本層次的問題,亦即此等模式如何進一步組成篇章,則因問題複雜而莫衷一是。稱論《孟》《老》《莊》等所有經典都遵循一定的構成形式與規則,此等主張經常受到反對。多數爲中文經典譯本撰寫前言的編輯或譯者都不免慨嘆,以爲歷代文獻活動破壞了經典原本的編排構成②,但亦有學者以爲罪魁禍首不在考據,經典結構之所以模糊不清,是因爲中國古代本來没有"結構組成"的概念,"書籍"也待後世才出現。此等懷疑態度可謂是將形式史批判(Formgeschichte)引入中文經典考據的結果,筆者則認爲如若聚焦討論文本構成的話,當能在此中尋得中庸之道。

爲將上述問題付諸系統性的考察,筆者將聚焦於一個簡單的課題:衆所周知,數字是上古哲人經常思索的對象,那麼數字與文本的構成是否有關?筆者以爲這問題不僅合理,對我們重新理解古代經典的作成亦是至關緊要的。

一、上古中國文本中結構修辭的可能

"每次讀到有人批評編輯惡劣致生嚴重混淆,我都會心跳加速,因爲我能感覺到某種隱藏的結構,可能是一種環狀的文本構成形式(ring composition)。"③這是瑪麗·道格拉斯(Mary Douglas)在《循環思考》(*Thinking in Circles*)一書中所言。誠如標題所示,該書探索文本的常態安排,最終聚焦於這所謂的環狀結構:

---

① 參見莫道才《駢文通論》(廣西教育出版社 1994 年版)、尹恭弘《駢文》(人民文學出版社 1995 年版),其他相關研究詳下文。

② 持此見解的學者頗衆,例如劉殿爵《老子》譯本之附録(Lau, D.C.1963 [trans.]. *Lao Tzu: Tao Te Ching*. Harmondsworth: Penguin)及這位權威譯者就同一經典所爲後續翻譯版本。Pierre Ryckmans(又名 Simon Leys)也曾指出,《論語》的語言及文體風格統一,構文上却缺乏一致性:"其文本仿佛將出自不同人手的斷簡殘篇補綴拼貼而成,且技巧程度不一,有重復,有嵌入,有矛盾,還有謎題,漏洞不計其數,但總體而言,文體上並未發現時代錯亂問題,多數片段的語言和句法都具有一貫性,也都屬於同一個時期。"(Leys, Simon [trans.]. 1997. *The Analects of Confucius*. New York: Norton.: xix)又如 Carine Defoort 研究公認極富挑戰性的《鶡冠子》,比 Ryckmans 更進一步,將文本片斷化的特徵當作分析原則:"本書探討現存的《鶡冠子》,關注其文本及哲學的斷片化,認爲該書堪稱聳立於中國古代文本景觀中一迷人的遺迹群。"(Defoort, Carine. 1997. *The Pheasant Cap Master [He guan zi]. A Rhetorical Reading*. Albany: SUNY Press: 5)Defoort 也在研究《墨子》時主張"接受思想的斷片和不一致"(*Do the ten Mohist theses represent Mozi's thought? Reading the masters with a focus on mottos*. Bulletin of the School of Oriental and African Studies 77, 2014: 337~370: 370)。

③ Douglas, Mary. 2007. *Thinking in Circles. An Essay on Ring Composition*, New Haven et Londres: Yale University Press: 11.

> 環狀結構是一種框架機制(framing device)。起點與終點的連結就像封套,包含着開頭與結論之間的所有内容。……在這當中必然有個明確的時點,環狀結構轉而爲回到開頭預作準備,而從開始到中間的整個系列應當與從中間回到開始的系列平行一致。環狀結構第二部分的所有段落都與第一部分的段落相呼應。〔這結構〕規模……不一,少則數行,多則全書,都被包含在一個宏觀的封套之内,以錯綜複雜的平行對應相始終。①

會留意到這一點,自然是道格拉斯人類學家(且是專門探究思想模式的人類學家)的身份使然。她強調,環狀文本形式未見得便是亞里士多德修辭之外唯一的作文方式,我們至今甚至無法斷言這形態在過去或今日的普遍性,但它確實對我們理解思維模式有所助益,也能說明一個文明何以偏好完成(closure)過於開放:"環狀文體之所以從一地消失,〔可能〕起因於一種常見的,與我們今日無異的心理狀態。……除非承認我們當前的文化反對完成,否則難於討論環形文本形式之終結。"②

道格拉斯在荷馬史詩《伊利亞特》、聖經《利未記》、勞倫斯·斯特恩《項狄傳》、都爾的額我略《法蘭克人史》等名著中找到環形結構的例證,我們不難看出,這些都是在某一領域備受研討的文本。這領域便是針對聖經(之後亦對古蘭經③)分析而發展起來的"閃族修辭學"(Semitic rhetoric)。道格拉斯的洞見於今有益,一方面可用以評估當前中文經典文本分析常見的前提假設,另一方面也闡述該領域可能的替代方法。道格拉斯等學者批評"編輯惡劣導致嚴重混淆",反對的是在希臘羅馬經典修辭傳統下,探討與此等傳統無涉(或只部分受其影響)的文本。

在此,James Sellman 依此路徑對《吕氏春秋》的探索值得一提,因爲這有助我們進入《淮南子》的系譜,對"模式"(pattern)的討論亦能從中受益。James Sellman 認爲《吕氏春秋》既有熟練的"蒙太奇"手法,又因爲貫穿全書的"時"之主題而具有驚人的"凝練性"④,這一"時"之主題還總結了《吕氏》全書的政治教誨,又將之定錨在一個特定的情境,亦即秦國稱霸之前的一段時期。Sellman 確曾強調《吕氏》十二紀八覽六論的結構,但並未依此論斷論證與結構之間的關聯。然而如果《吕氏春秋》所探討的天地古今人世各領域"彼此混同爲一,形成一個有機

---

① Douglas. 2007:1~2.

② Douglas. 2007:143, 145.

③ 關於這方面的發展,參見 Cuypers, Michel. 2015. "Various Forms of Centres of Ring Composition in the Qur'an and their Interpretation." *Studia Rhetorica Biblica et Semitica*, 2015, http://www.retoricabiblicaesemitica.org/Pubblicazioni/StRBS/38b_Cuypers_16.01.03.pdf (訪問時間2019年7月15日).

④ Sellman, James D. 2002. *Timing and Rulership in Master Lü's Spring and Autumn Annals*. Albany: State University of New York Press:12.

的焦點場統一體(foci-field unity),其間没有哪個面向的價值高於他者"①,那麼這樣一個"有機的統一體"豈不正該體現爲依照人體形象而刻意組織的文本? 這一點就是下文的主題。

(一) 文 本 模 式

中國傳統文人注疏經典各有其方,其中王弼"格外注意《老子》的形式與結構方法"②,尤爲注釋之名家。王弼的方法顯示,構文模式(compositional patterns)是以非語言手段彌補語言不足的機制,對於正確理解文本最是重要。魯道夫・瓦格納(Rudolf Wagner)便以王弼的見解和郭店及馬王堆的發掘成果爲基礎,主張《老子》各章的一致性,認其爲"相對穩定的文本單元,自手稿首度於公元前三世紀出現以來大體上無所變動"③。由是以觀,"章"就不僅只是格言的輯録,而以一種瓦格納稱爲"連鎖平行"(interlocking parallels)的模式將内容組織起來,也就是兩組對偶句子的交織。例如《老子》六十四章有"(a) 爲者敗之,(b) 執者失之"的平行句,之後便是"聖人(c) 無爲故無敗,(d) 無執故無失"的又一平行句④。(a—b)和(c—d)可謂水平的對應,(a—c)和(b—d)則是垂直的對應,顯示"句子之所屬"⑤。連鎖平行可謂是一種文本的空間化,可以由以上勾勒的粗略結構大大擴展,生出種種文體變化,但總不會丟失瓦格納所稱"對偶的遺傳密碼"(binary genetic code)⑥。

不過瓦格納的討論始終停留在"章"的層面,並未試圖探索類似的結構原則是否能够適用於整個文本。瓦格納緊隨王弼的注釋手法而連結各章,這方法也構成一種限制,無從考慮文本整體的自我引用性(如一章内的某個段落可在他章他段獲得解釋)⑦,而不是就章節的整體

---

① Sellman. 2002: 118.
② Rudolf Wagner. 2000. *The Craft of a Chinese Commentator. Wang Bi on the Laozi*. New York: SUNY Press: 53.
③ Wagner. 2000: 61.
④ Wagner 並且補充説明,平行結構中的兩個元素(此處便是"爲"與"執"二者)對應着天地陰陽的對偶模型(Wagner. 2000: 63)。
⑤ Wagner. 2000: 66.
⑥ Wagner. 2000: 80.《文心雕龍》是中國修辭最重要的著作,作者劉勰特别注重文本之"骨",並使用大量自然主義的比喻來加以論述,亦即下文即將談到,也出現在《淮南子》的本末之喻,且《文心雕龍》卷一開頭便以《淮南》首篇《原道》爲名。劉勰與較他更早的揚雄《法言》(《法言》5.17)做同一觀,以"贅"爲病,稱"蹊要所司,職在鎔裁"(《文心》32.1),且"心非權衡,勢必輕重,是以草創鴻筆,先標三準"(《文心》32.2)。《文心雕龍》編排嚴謹,分爲十卷,每卷各有五章,正説明了所主張的原則不僅適用於整體的文本論證,也適用於特定的文本單元。
⑦ 王弼將此予以理論化,方法是區別"名"與"稱",前者隨客體所生,後者由主體指涉。見 Laozi weizhi lilüe 老子微指例略 zhang 4 in Rudolf Wagner 2003. *A Chinese Reading of the Daodejing: Wang Bi's Commentary on the Laozi with Critical Text and Translation*. Albany: State University of New York Press: 95~96。

安排做出説明①。有時候瓦格納甚至懷疑此舉究竟有無意義：

  《老子》各章均獨立於他章。……《論語》共計二十篇……每篇各有不少彼此無關的短小段落。……《周易》計六十四卦，彼此間並無明顯或直接之關聯。②……"經典"文本之爲群體，其主題呈現、源流年代、哲學背景各方面如此脱漏，似乎無望對之提出系統性的解釋。③

瓦格納所處理的，乃是文人將經典作爲意識形態上一致的整體而爲解釋的企圖，這多少也見諸於他的行文用語，然而以經典欠缺結構一致性爲批評基礎，畢竟還是冒險的一步。可以肯定的是，《老子》文本的章節排序因爲發現版本而有不同，但如此論法却錯失重點。首先，重點不在於就一假想的《老子》原始文本判斷其真實、獨特或最初的安排——果真有此嘗試的話，大概不免得到没有這種原始文本存在的結論——重點毋寧在於就我們所能找到的任何編輯安排探討其結構和意圖，其次則在於探究此等比較是否能够相互啓發。我們也應該避免將晚期的編輯安排單純視爲破壞了早期的編輯結構（如果存在此等結構的話）。就某些方面而言，"通行本"就像以穩定文本形態存在的文化地標，也能説明其生成的環境如何認定一文本完成表達。此外，不僅馬王堆《德道經》與定本《道德經》編排極爲接近，兩版"德"與"道"篇章順序顛倒，可能並未真的影響到全書的"空間配置"，因爲《老子》可能本來便是一環狀結構。

  "整部文本的構成既是撰述的工作，也是編輯的工作。"④鮑則岳（William G. Boltz）如是寫道。他也是基於這個原則，而將中國經典視爲將"構建材料"做不同排列組織的貯存所，却没有就他所稱主宰文本的編輯原則多做説明⑤。麥笛（Dirk Meyer）比這更進一步而指出："文本

---

① Wagner（2003）就每一章的結構提出建議，並且盡責録下互文之處，但没有就整體文本的結構提供任何綫索。這本是他的研究課題使然，但也令人好奇他是否從頭到尾都跟從王弼的見解。若王弼真如 Wagner 所論證的，將哲學論證和文學結構等同視之，那麽《老子微指例略》中確實有些段落顯示《老子》作爲整體所具有的循環特性，例如"其爲文也，舉終以證始，不述（本）始以盡終"（Wagner. 2003：92）。這一段落故在闡明《老子》的原則，以便讀者有所推敲，但畢竟也連結到循環的結束和開始。《例略》結語藉用《老子》"既知其子而必復守其母"，既同樣結束在"復"，又藉"母"而回到開篇的結構比喻。
② 讀者可能覺得 Wagner 關於《周易》的論斷特別令人不安。
③ Wagner. 2000：30.
④ Boltz. William G. 2005. "The Composite Nature of Early Chinese Texts." In Martin Kern, ed., *Text and Ritual in early China*, Seattle：University of Washington Press：60.
⑤ 應當將古代中國文本視作"由較小可變動的單元所組成的鑲嵌文本，這些單元可以在不同的文脉當中被反覆嵌入、反覆詮釋"。參見 Weingarten, Oliver. 2009. "Confucius and Pregnant Women：An Investigation into the Intertextuality of the '*Lunyu*'." *Journal of the American Oriental Society* 129，(4)：597～618：600.

的形式結構不僅只是傳遞意義的工具,作品的形式結構也反映論證的邏輯結構,相應地反映其所欲傳遞的思想。就這一點而言,文本結構可謂是其所欲傳達訊息重要的組成部分。"①麥笛以瓦格納和鮑則岳的研究爲基礎,又更上層樓,提出文本生產的洞見。他發覺有迹象顯示,文本確實是個一致的整體,並點出微觀結構與宏觀結構的對應關係,並認爲可能存在着環狀的文本結構。不過他的研究有三大特性,却削弱了他的論點。(一)他的《竹簡哲學》②專注於探討郭店竹簡,視之爲"以論據爲基礎的文本"(argument-based texts),亦即認爲關於文本所使用的關鍵詞彙,其綫索就隱藏在文本的本身。與此相對的是"以語境爲基礎的文本"(context-based texts),《論》《老》以下的多數中國哲學文本均屬之,此種文本就需要外部權威(老師或其他文本或一種解釋傳統)的導引解讀。第一類文本具有清晰的結構,第二類文本則否。此一假説不令人信服,故而遭到批評③。(二)麥笛極力嘗試結合微觀結構和宏觀結構,最後却是在"論證的邏輯結構"④里找到每個文本的構文原則,使得這種結構在每個案例都極爲複雜且特殊⑤。(三)他堅持"仰賴語境的文本"(context-dependent texts)⑥代表在此之前存在着口述傳統,此等聲明反而否定了文本的一致性。

無論如何,瓦格納和麥笛這樣的研究都強烈暗示一個事實,那就是至少某些中國書面文本具有嚴格的構文模式,這包括遠遠早於秦代的文本(出土文本),以及通常被視爲漢代之内就先秦材料完成編輯的文本。不過這類分析探索反覆出現的構文模式,始終未能超出短章或段落的層次,而即便在此等層次上,強調"連鎖平行"也未見得能夠説明文本整體的結構安排。以下則要探討關注不直接牽涉文本組織的中文思維模式對此一課題有何影響。

(二) 内文本模式:從葛蘭言到俄羅斯形式主義

中國上古時期以降,促成個人或群體從事思想内容創造的内文本模式(infra-textual patterns)就一直與占卜技術和自其間逐漸發展出來的數字推算密不可分:

---

① Meyer, Dirk. 2005. "Structure as a means of persuasion as seen in the manuscript 'Qiong da yi shi' 窮達以時 from tomb one, Guodian." *Oriens Extremus*, 45: 179~210: 179.

② Meyer. 2012. *Philosophy on Bamboo: Text and the Production of Meaning in Early China*. Leiden: *Studies in the History of Chinese Texts*, Brill.

③ 關於 Meyer 此書的討論,知名者有: Shaughnessy, Edward L. 2012, "Review of *Philosophy on Bamboo: Text and the Production of Meaning in Early China* by Dirk Meyer." *China Review International* 19.2: 199~208. 此外亦有學者將文本區别爲依賴語境和獨立於語境兩類,如 Hunter 2017 所謂的"依賴發言"和"獨立發言"。筆者認爲此類區别意義有限,因爲任何主張一經説出或寫下,必然會在其内容之外被理解,一個獨立於表達語境的主張總是在每次被聆聽或被詮釋時又重新被賦予語境。

④ Meyer. 2012: 26.

⑤ 參見 Meyer 書中圖表,Meyer. 2012: 49, 74, 96。

⑥ Meyer. 2012: 227~228.

"隨着文化占卜(manticology)的發展,占卜技術和程序中人爲配置的合理性要求愈趨嚴格,從原始胛骨占卜判讀易生混淆的繁多裂紋,到龜甲占卜判讀標準化的半 H 型軌迹,再發展到數字命理的卦象,最終發展成《易經》卦象的代數構型。"①

"數"在中國的象徵價值經過長時間的演變與發展,其所由創生的系統從來未曾全然統一。數的詮釋始終依賴於語境。換言之,一個數字的價值及其引發的共鳴,有一部分與該情境下提及的其他數字有關(此等情境可能關於要做的決定、季節的規律、生衰的發展,又或者與音樂、醫藥或建築技術有關)。

數字對中國思想的發展及中文文本的創作極富重要性,以下是一些相關的思考點:

1. 數字就跟其他中文字一樣,可以是名詞、形容詞或動詞。

2. 正如葛蘭言(Marcel Granet)所指出,數字最根本也最重要的是其質性價值(qualitative value②)。舉例而言,數字可以指涉眼耳所感受到的一系列印象(五)、生命能量的興起(七)、過程的完成或一定範圍内的總和(九)③。

3. 故而數字乃是所有現實領域中"萬物的秩序","數"這個字所指既是數字,也是自然律。

4. 同時,所有的數字也都指向"一"的源頭,最終產生現實所包羅的"萬"象。

5. 此中强調有機連續性先於形式主義的數字組合。音樂理論④和建築⑤也都具有數字近似價值的特徵。

6. 三被認爲是嚴格意義上的第一個數字(一是原始統一,二是尚未與一分離的一對),故而所有的分類系統(按五分類,但也包括按四六七八……分類者)都指向三,三也是方與圓的來源⑥。

7. 奇偶交替一如發生於所有現象的陰陽節律,其代數特徵特別重要,其重點一方面在於由七到九的過渡(亦即由少陽到太陽),一方面是由八到六的過渡(由少陰到太陰)。數字六七八九於是構成由生成到再生的循環。

8. 數字四、五和十同屬前十個數字,自然也具有原始的象徵意義。

---

① Vandermeersch, Léon. 2013. *Les deux raisons de la pensée chinoise. Divination et idéographie*. Paris: "Bibliothèque des sciences humaines", Gallimard: 113.

② Granet 的著作《中國思想》(Granet, Marcel. 1999 [1934]. *La pensée chinoise*. Paris: Albin Michel)論數字命理的一章討論甚詳,其分析和發現至今無人能及。Granet 在其細究文本後指出"對數字命理符號的極度尊重,並佐以對任何量化概念的極度漠視"(Granet 1999: 492 note 230)。

③ 如大禹治水,天賜《洪範》,其間"九疇"乃是自然與社會現實的解碼。

④ "中國音樂理論著作談到數字關係時,並不怎麽在意細節,比較注重透過數總數的重要性來突顯比例。"(Granet.1999 [1934]: 185。)

⑤ 建築設計以《周髀算經》所論方圓合一的體系爲基礎,該書將圓周率 π 定義爲 3。

⑥ Granet.1999 [1934]: 237~242.

中國的數字命理學在科學發展史上占有核心位置,此外也關係天人感應說,也就是根據現象的結構關係(倫)而將之系統化的學問①。不過數字命理和天人感應畢竟不全然相等。天人感應的思想直到戰國鄒衍以下才逐漸系統化,其原型則見於《吕氏春秋》:"類同相召,氣同則合,聲比則應。故鼓宫而宫應,鼓角而角動,以龍致雨,以形逐影。禍福之所自來,衆人以爲命焉,不知其所由。故國亂非獨亂,有必召寇。獨亂未必亡也,召寇則無以存矣。"(《恃君覽·召類一》)E. Brindley 在關於天地與音樂和諧的研究中指出,和諧本是社會及心理的概念,是"在公元前三二五年左右的一段時間内"②才被引入天人感應説。數字命理的出現早於天然感應,後者以前者爲基礎而發展。

俄羅斯形式主義可謂延續葛蘭言的見解,但其思想自出機杼。1950 年代末期到 1970 年代之間的研究都深受漢學家 V.S. Sprin 的啓發,直到晚近的研究亦是如此③。Sprin 認爲中文的平行句法(parallelisms)就是一種符號邏輯的語言,影響所及,中國古代文本的結構都得透過他們發展起來的理論棱鏡而檢視④。沃爾科夫(Volkov)總結 Sprin 對中文的直覺看法:"中文文本不論哲學還是科學,都呈現成組的結構,非綫性,都包含九個術語,都以類似三段論證的方式運作。"⑤隨之而來的是中國天人系統究竟屬於"邏輯"還是"原始邏輯"(proto-logic)的爭辯,乃至於中文數學推理的本質究竟爲何等問題。一些延續 Sprin 方法的研究最終走向極端的系統化,例如科雅瓊(Kobziév)就明白引述葛蘭言而指出,《書經·洪範》共有 839 個字,按《洛書》九宫的方式分布,其中有六個標題本身包含數字,其方格内的字數可以被標題中數整除,其中有一個的商數是 58,另五個方格的商數加總也是 58。所有商數的加總是 116,乘以

---

① 参見 Granet. 1999 [1934]:101~126; Graham, A.C. 1986. *Yin-Yang and the Nature of Correlative Thinking*. Singapore: IEAP Monograph Series vol.6; Shaughnessy, Edward L. 2007. "The Religion of Ancient China." In: Hinnells, John R., ed., *A Handbook of Ancient Religions*, Cambridge: Cambridge U.P.: 490~536. Puett (Puett, Michael. 2000. "Violent Misreadings: The Hermeneutic of Cosmology in the *Huainanzi*." *Bulletin of the Museum of Far Eastern Antiquities* 72: 29~47) 還有一些學者比前輩們更傾向於認爲天人感應説出現於較晚的年代,並誇大其相對於其他學派或思潮的特殊性。然而將天人感應原則視爲上古中國的"共通思想"(Granet. 1999 [1934]: 109),且不同作者予以系統化的程度不同,是較具意義的看法。

② Brindley, Erica Fox. 2012. *Music, Cosmology, and the Politics of Harmony in Early China*. Albany: SUNY Press: 16.

③ 該學派的歷史,参見 Rykov, Stanislav. 2016. "The 'School of Structural Analysis' in Modern Russian Sinology." *Journal of World Philosophies* 1: 26~40。

④ Spirin, Vladimir S. 2006 [1976]. *Postroiéniié driévniékita' Cskikh tiékstov* (*The Construction of Ancient Chinese Texts*). St. Petersburg: Petersburg Oriental Studies.

⑤ Volkov Alexeï K. 1991a. "Recherches sur les structures des textes chinois anciens en URSS." Karim Chemla, 1991: 11~30 (Doi: 10.3406/oroc.1991.1041.)

九是1 044,也就是《洪範》的總字數①。有些研究無法系統化到如此程度,則主張中文經典可以當作有多重入口的樹狀結構或文本地圖(如《易經》)來閱讀②。

俄羅斯形式主義對中國研究卓有貢獻,令人耳目一新,值得進一步探討,也顯示占卜技術和文本構成方法之間當有關聯,或許有助我們回溯此等發展的歷史過程。縱使不談某些俄羅斯形式主義學者有過度系統化的傾向,這個學派也具有一些問題,誠如列維·斯特勞斯(Lévi-Strauss)評論弗拉基米爾·普羅普(Vladimir Propp)之言,亦即純粹形式主義的立場無法站得住脚,往往在本該屬於形式的範疇引入内容性的概念。實則真正的結構修辭毋寧以結合形式、内容和語境爲探討。此外,形式主義往往只辨識多種變體當中的一種文本③。俄羅斯形式主義認爲中國古代籌算中的"九九表"乃是中文文本的原型(archetype),在這樣的思考下,假設中國古代作者的行文邏輯是循環而非綫性,那麼他們在文本上享有的自由程度想必也比較高,一如我們之使用地圖,可依起點的不同而得出不同的路徑。如此一來,古代作者等於建構起一種知識的文本地圖,其本身自成一種挑戰所有形式的形式(form)。然而地圖是圖而非地,我們閲讀文本所使用的地圖和文本試圖表達的内容並不一樣。到了本文所探討的時代末期,揚雄(前53—公元18)還將"數"認爲是文本秩序的矢量④,但其標準似乎多了一些道德意涵,乃至於揚雄嘆息《淮南子》的混亂與矛盾(《法言》5.16),並有"書,心畫也"(《法言》5.13)之説⑤。

當代西方研究中國經典的方法大體上與本文摘要的方法相悖,於是數字命理之於文本的構成,或許不僅只是"裝飾"或附屬,這樣的看法經常遭受質疑。下文筆者將闡明數字與文本模式的相互作用。

二、以數成書的《淮南子》

已有學者對《淮南子》進行系統性的研讀,探求其文本構成的原則,總體成果見於約翰·

---

① Kobziév A.I. 1991. "Prostranstviénno-tchislovyié modiéli kitaïskoï noumiérologuii (Spatial-numeral Models in Chinese Numerology)" XVII SEC (1): 29~45; see Vokov 1991a: 19.

② Volkov. 1991b. "La structure des textes chinois anciens: quelques remarques", Karim Chemla, 1991: 155~161.

③ Lévi-Strauss, Claude. 1973. "La structure et la forme, Réflexions sur un ouvrage de Vladimir Propp." *Anthropologie structurale deux*. Paris: Plon: 139~173.

④ "彼數也,可數焉,故也。如數序,雖孔子未如之何矣。"(《法言》5.7)

⑤ 在此就《法言》第五章論書的建構與道德價值的關係補充兩點:(一)《淮南子》等作品具有"道德缺陷",此等缺陷也説明其"雜",而這與"多知"有關(《法言》5.16)。(二)"書"與"畫"之間的關聯始終指向文本的"測繪"(mapping)。不過心才是畫的控制、主導者,正如言語受心的控制,所謂"言,心聲也"(《法言》5.13),而不僅只是在追溯或測繪天地與認識的範疇,這也與該章開頭——"或問神,曰,心"——相呼應。

梅傑(John S. Major)爲其團隊英譯該書所撰導論①,之後更以一册論文集闡明發現②。上文提及的學者都認同查爾斯·勒布蘭克(Charles Le Blanc)的看法③,亦即《淮南子》具有文本的一致性,不論内容或形式皆然。此外《淮南子》文字相對簡明,撰述及編輯過程載之文獻甚明,也適合作爲本文探討課題的研習案例。以下筆者先就學者發現做一摘要。

(一)《淮南》之爲"内"

《淮南子》是漢高祖劉邦之孫淮南王劉安(前179? —前122)召集學者所著,成果由他本人掛名。《漢書·淮南王傳》記載劉安向漢武帝"獻所作内篇",事在公元前一三九年④。這部書共計二十篇,書末另附《要略》一篇。梅傑和柯馬丁(Martin Kern)都認爲,這《要略》是供劉安向漢武帝誦讀之用,如此皇帝方能領略贊賞全書的邏輯與内容⑤。《淮南子》很快被歸入雜家,是一百科全書式的作品,意在網羅組織天地人世的一切知識。全書有其貫穿首尾的意圖,視帝國爲恒常發展的有機單元,不論是以天地形象或以人體形象而論皆然。不只《漢書·淮南王傳》以《淮南内篇》指稱本書,《漢書·藝文志》亦録"《淮南内》二十一篇",與"諸子傳説,皆充秘府",顯示《淮南子》各篇章有其結構上的一致性⑥。在中國醫學典籍中,"内"字帶有一種結構意涵,旨在組織維繫其範圍内的一切⑦,故而將"内篇"或"内書"理解爲"核心篇章"或"核心撰述"不盡完善。實則這類撰述舉其最要,在於自有内在的組織結構。在此不妨一提《史

---

① Major, John S., Queen, Sarah A., Meyer, Andrew, and Roth, Harold D., (transl.). 2010 [abbreviated as Major 2010]. *The Huainanzi: A Guide to the Theory and Practice of Government in Early Han China*. New York: Columbia University Press.

② Queen, Sarah A. & Puett, Michael (eds.). 2014. *The Huainanzi and Textual Production in Early China*. Leiden: "Studies in the History of Chinese Texts"5, Brill.尤其參見 Meyer, Andrew. 2014. "Root-Branches Structuralism in the *Huainanzi*." 2014. See Queen, Sarah A. & Puett, Michael. 2014, 23~39 and Roth, Harold D. 2014. "Daoist Inner Cultivation Thought and the Structure of the *Huainanzi*." See Queen, Sarah A. & Puett, Michael (eds.), 40~82.

③ Le Blanc, Charles. 1985. *Huai-nan Tzu. Philosophical Synthesis in Early Han Thought: The Idea of Resonance (Kan-ying) with a Translation and Analysis of Chapter Six*. Hong Kong: Hong Kong University Press.

④ 同一段並有"招致賓客方術之士數千人,作爲内書二十一篇"等語。

⑤ Major. 2010, 13; Kern, Martin. 2014. "Creating a Book and Performing It: The 'Yao Lüe' Chapter of the *Huainanzi* as a Western Han Fu." See Queen, Sarah A. & Puett, Michael. 2014, 124~150.《要略》的確切成書時間及其語言不無可探討之處,在此只提其中要點:《要略》(一)不該被視爲一額外新加之"篇",但(二)具有總體綱要的功用,且(三)提供對文本的(自我)瞭解,對讀者極具價值。

⑥ Kern. 2014: 124~125.

⑦ 《黄帝内經·素問》一貫地將"内"與"陰"、"外"與"陽"聯繫起來,其中"内"與"陰"的配對,《淮南·精神》闡述甚詳,下文將會叙及。

記·吕不韋列傳》：吕不韋完成《吕氏春秋》，"以爲備天地萬物古今之事，號曰《吕氏春秋》。布咸陽市門，懸千金其上，延諸侯遊士賓客有能增損一字者予千金"。早在成書（誕生）之時，這作品已經在等待一種生死的判決——不論增字或損字，都影響作品的内在有機結構，故以此檢驗其"體"之完備與否。《淮南子》可能也繼承了同樣的宏圖大志。

誠如先前所論，"本"與"末"的基本類比可資闡明《淮南》的修辭結構和内容，及其與書中各篇的關係：前八篇構成全書之本，最初兩篇更可視作"根本之本"，之後的十二篇分論領悟自"道"的各種枝節應用。本末之喻也見於各篇的發展：每一篇都有堪稱爲"本"的部分，之後的發展都由此展開①。書末《要略》談到"網""經緯"和"理"，將人世體悟與天地相連結，也證明全書確實具有高度的組織性。

今日的評論家大多同意，本末之喻貫穿《淮南》全書意旨。《淮南》以爲一切都始自最根本的原則，之後才分論分枝細節，是其認識論的觀點，例如第七篇之論胚胎的發展，亦是此等原則的應用。《淮南》之論政治秩序，並不排斥不同學派，而主張辨析最近於根本原則的學派，其他則視爲可資解釋特定情境的學説而加以研習。此等態度見諸《淮南》首篇隨處可見《老子》思想，次篇則與《莊子》相呼應，前八篇不曾提及孔子，但全書引用孔子之言共計十六次，提及孔子則有五十次之多②。

（二）有機發展與文本習作

我們試圖瞭解《淮南子》的修辭結構，努力卓有成效，但這不表示瞭解已足够全面。實則《淮南子》前八篇與後十二篇的分野，並不如上文論者所稱的那樣清楚，作爲"本"的各篇以何種方式發展爲整體，作爲"末"的各篇又是何結構，也還没有一貫的解釋説明。

柯馬丁着眼於《淮南·要略》論各篇篇名韻式，認爲前八篇應當屬於同一類群，此一分析頗具啓發性，也因其廣受學界一致認同而難於挑戰，但並非不刊之論，也不影響我們尋找其他替代或互補的歸類方式③，筆者有意在此提請諸君留意兩點：其一，我們固以老莊爲《淮南》之"本"，但《淮南》之本末對比不當求諸於此，因爲老莊都不談"本末"的概念配對。《老子》提及"末"只一次（"合抱之木，生於毫末"），"本"有兩次（"貴以賤爲本"／"此非以賤爲本邪"），但上下文意都與《淮南》所論無關。《莊子》内篇兩度提到"末"，三次提到"本"，雜篇三次出現"本末"，但也與《淮南》的本末用法無關。其次，《淮南》之論本末先後，究竟是主張固本重於顧末

---

① Major. 2010, 14~19; Meyer. 2014.
② Queen Sarah A. 2014. "Representations of Confucius in the *Huainanzi*." Queen, Sarah A. & Puett, Michael. 2014, 83~123: 84~85. 上文所引學者們還有另一觀察分析，亦即《淮南》並不直接攻擊漢代的儀式主義政治，而是提出一個反對建議，以道家的天人或精神"應變"作爲知識與行動的原則，其他傳統如儒家思想則可適用於知識或政府的分枝事務。
③ Kern. 2014: 136~139.

(見第一篇《原道》),還是強調先固本再及末(見第二十篇《泰族》),仍有遲疑模糊。不論如何,只要細讀後十二篇,便很難將此書單純視爲良政的炮製指南,却一再將讀者帶回根本。至少梅傑主張①"道"與"事"的區别,用"道"與"德"的區别來替代亦不成問題,兩者都挑戰本末之喻作爲《淮南》唯一構成原則的論點。本末之喻當是《淮南》的核心原則,但筆者將在下文論述中文文本之可計算性(Chinese texts as computations),亦即總體可以透過不同的計算結果而獲得。一個文本以八加十二構成,並不妨礙其同時也可以是十與十的加總。

如何就以上分析有所補充乃至針砭,我們可在第七篇《精神》找到綫索:

> 夫精神者,所受於天也;而形體者,所稟於地也。故曰:一生二,二生三,三生萬物。萬物背陰而抱陽,冲氣以爲和。故曰:一月而膏,二月而胅,三月而胎,四月而肌,五月而筋,六月而骨,七月而成,八月而動,九月而躁,十月而生。

這段話特别指出由最初(一)趨於圓滿並達於起始(十)的過程,顯示這前十個數字構成某種循環②,十又回復到一,新的循環在這裏展開。此處提到"一生二",也與"十月而生"相呼應。基於這樣的理解,筆者認爲應將《淮南》前十篇作整體來看,其間數字不僅是序數,也揭櫫該數字所代表的性質。同樣的閱讀方式也應當運用到整部《淮南子》。

(三) 一到八之數

《淮南》首篇《原道》視"一"爲不可分割的初始,書末《要略》稱之爲"太一",顯示該篇集中探討"一"的概念。我們也能在該時期其他的道家經典如《莊子》或《黄帝内經・靈樞經》發現第一篇總是討論"一",且最終一切都要回到"一"。

> 夫道者,覆天載地,廓四方,柝八極,……舒之幎於六合,卷之不盈於一握。③

《淮南》第二篇《俶真》始於《莊子・齊物論》的一段話,而《齊物論》正是《莊子》的第二篇④。《俶真》循此模式聚焦探討二元分别,"嬴垺有無之精,離别萬物之變……審仁義之間,通同異之理"。文中"有有者"和"有無者"之議論,也令人聯想《老子》第二章美醜、善惡、有無、難易的概

---

① Major. 2010: 17~19.
② 如此例所示,此一循環又創始新生,而不只是回返如初。
③ 道"卷之不盈於一握",顯示文本始終存在着歧義,也標示着"道"與"一"的關係。就一方面而言,兩者確實相同,但在另一方面,"道"有時不只是"一",而是"太一"。
④ Puett(2000)視《淮南子》爲天人感應思想的象徵文本,從這個角度來探討這兩篇的關聯,並認爲《淮南》作者清楚知道其内容的創新性。

念配對。

"一"見於各種現象與存在,數字"三"則呼應"一"的體現①。《易經》等經典認爲"三"不僅關係上中下之分野,亦關係陰陽結合氣之所由生②,氣之交替而成季節,也在三個月内。這正是《淮南子》第三篇《天文》之所論,書末《要略》稱之有助讀者"和陰陽之氣",進而與時氣運作之變遷俱進。這一篇主談天文數術,論《道德經》"一生二,二生三,三生萬物"之格言亦自成一家:

> 道始於一,一而不生,故分而爲陰陽,陰陽合和而萬物生。故曰:"一生二,二生三,三生萬物。"天地三月而爲一時,故祭祀三飯以爲禮,喪紀三踴以爲節,兵重三罕以爲制。以三參物,三三如九,故黄鐘之律九寸而宫音調。……律之數六,分爲雌雄,故曰十二鐘,以副十二月。十二各以三成。③

第四篇名爲《地形》,直指四方(空間)和四象(形狀)等經典概念,正所謂"地道曰方"。數字四代表形之所由生,萬物之區别,是八卦與六十四卦後續會連成一個系列的原型。

第五篇《時則》談論五季(區分夏與仲夏④)之律則,對應地理的五個方位。五個方位中以天子所居之"中"最爲重要,與之相應的規範稱爲"則",也在篇中闡明。所有行動及標準之定義施行,都來自這居中的儀式方位。

第六篇《覽冥》的篇名本身便隱含着數字六:《説文解字》⑤謂"冥,幽也,從日從六",並解釋"日數十,十六日而月始虧幽",明白將"六"與"陰"和"變異"關聯起來⑥。《淮南·要略》稱本篇"言至精之通九天也,至微之淪無形也,純粹之入至清也,昭昭之通冥冥也",亦即透過觀察幽微而能够"明物類之感,同氣之應,陰陽之合,形埒之朕"⑦。或者可以説,本篇之論"變",既論我們有所察覺並與之和諧共鳴之"變",亦論我們不應"變"之變。

---

① 《説文解字》:"三:天地人之道也。"
② 參見《黄帝内經·素問》第三《生氣通天論》。
③ 並參照《天文》起始段落:"道始生虚廓,虚廓生宇宙,宇宙生氣。"(《淮南》3.1)
④ 本篇所描述的複雜關聯系統中,每個季節都有其數字,春之數爲八,夏之數爲七,仲夏數爲五,秋九並冬六。
⑤ 《説文解字》作者許慎亦曾撰《淮南鴻烈解》。
⑥ 《説文解字》:"六,《易》之數。陰變於六,正於八。"
⑦ Anne Behnke Kinney 强調該篇開頭"庶女叫天"的典故,認爲此一女性角色代表着可以呼天動地的"陰"的力量,見 Kinney, Anne Behnke. 2014. "Breaking through Heaven's Glass Ceiling: The Significance of the Commoner Woman of Qi in the 'Lan ming' Chapter of the *Huainanzi*." See Queen, Sarah A. & Puett, Michael. 2014: 351~376。

六爲陰數,其後之七乃"陽之正也",正是第七篇《精神》所闡述①。七既是少陽,其象徵意義自然標志本篇調性,所述始於胚胎的發展,直至安神修心之藝②。

之後的第八篇《本經》講述此種生命活動的效應如何組成,又是如何分散。篇名《本經》具有兩重意義,既指出天地人世因道之作用而統合,也指出此等統合不透過區別其成分就不能維持:

> 帝者,體太一;王者,法陰陽;霸者,則四時;君者,用六律。秉太一者,牢籠天地,彈厭山川,含吐陰陽,伸曳四時,紀綱八極,經緯六合。

數字八與劃分區別有關③,這一點見於"八"和"分"在字型上的關聯。分則四象演八卦,八卦生六十四卦。但凡分之得宜,氣便能良善循環於時空,正所謂"陰陽者,承天地之和,形萬殊之體,含氣化物,以成堮類"。

(四) 應否完成序列

前八篇論述至此,筆者認爲數字既是順序的標記,也構成各篇内容的"潛臺詞",這與梅傑等學者所稱前八篇爲後十二篇之"本"的意見並不冲突,所不同者只在以下兩點:此一數字序列在第九及第十篇才告結束,且就某程度而言,第十一到二十篇可謂是前十篇的成雙結構(deuterosis)。但筆者要重申,此種理解不必然與上文提及本八末十二的看法相抵牾,因爲中國經典本來可能因數字組合之不同而有各種變化④,例如二十可以是十的相加,也可以是十二加八,等等,只是其中有些組合確實具有特定的意義和格外的重要性⑤。

梅傑的譯者群着眼於第九篇篇名的《主術》二字,將之翻譯爲"統治者的技術"(The Ruler's Techniques),並以此爲各"末"篇之始。然而以《説文解字》爲準,術本意乃"邑中道",《主術》之"術"毋寧説是强調實踐(practice)多於技能(techniques)。對"術"的這一理解另可證諸《管子》,其"心術"之論首先視心爲身之主(以心爲身之主亦不獨見於《管子》),復與"道術"密切相關,而"道術"一詞見諸《淮南》總共九次,《莊子·雜篇·天下》甚至將"道術"與"方術"相對立,可見《主術》所論實乃道術,再者全篇内容並不論及特定的統治行爲,亦可爲一佐證。本篇論人主之道以天爲範,圓而無端,虚無因循,官員之道師法於地,方而特定,"君臣

---

① 《説文解字》:"七:陽之正也。從一,微陰從中衺出也。凡七之屬皆從七。"
② 《要略》稱本篇"使人愛養其精神,撫静其魂魄"(《要略》21.8)。
③ 《説文解字》:"八:别也。象分别相背之形。"
④ 《周易·繫辭上》:"極數知來之謂占,通變之謂事。"
⑤ 例如四九是七的平方,與女性生育力的終結有關,六四是八的平方,則與男性有關,八一則是九的平方。見《素問·上古天真論》。

異道則治,同道則亂"(《主術》12)。換言之,是以人主之名論先前各篇之已成,以道術之陰對主術之陽,其内容既開展又窮盡,恰合數字"九"圓滿成就的屬性。九是太陽之數,《説文解字》説明九爲"陽之變也,象其屈曲究盡之形",而這第九篇之旨意正如《要略》所提挈,在於强調"主術之明"①。

有些中國學者以第九篇爲數字序列之終,因爲《靈樞》稱"始於一而終於九"②,但《説文解字》説明十爲"數之具也,一爲東西,丨爲南北,則四方中央備矣",故而數字十也是一種表述"完成"的方式。十或者是八二之數(羅盤上八個方位加高低兩個方向),或者是五五之數(如陰陽五行構成十天干)③。九固然是一和,尚待於十才得圓滿,由十才能歸一,十月而生,早在第七篇《精神》就已明白指出。

以上特性都見於《淮南》第十篇。首先,第十篇的開頭與第一篇的開頭十分相似:

> 夫道者,覆天載地,廓四方,柝八極,高不可際,深不可測,包裹天地,稟授無形;原流泉浡,沖而徐盈;混混滑滑,濁而徐清。(《原道》1)
> 道至高無上,至深無下,平乎準,直乎繩,圓乎規,方乎矩,包裹宇宙而無表裏,洞同覆載而無所礙。(《繆稱》1)

同時,第十篇作爲道之統合,另有一新的棲所,亦即作爲主宰之心。"心"並非先前各篇之所論,却在第十篇頻繁出現,共計二十次,也是在指涉到"心"的時候,關於天地宇宙和人間治理的兩類知識才合而爲一。

> 主者,國之心……黄帝曰:"芒芒昧昧,從天之道,與元同氣。"故至德者,言同略,事同指,上下一心。

無怪本篇以"原心反性"作結。這一循環如果得之謹慎,確實將前十篇凝爲一體。

本篇篇名《繆稱》亦值得一談。論者有謂"繆"即是"謬",亦有以爲"繆"實爲"穆"者。然而

---

① 數字九和"主"的關係也見於其他經書中的"明堂"(如《孟子・梁惠王下》和《禮記・明堂位》等),亦即一室居中,並爲八室環繞,人主依時節巡視各室,給予合乎月份的指示,正如《淮南・時則》所述。至於九和成就、完成的關聯,亦可參照《老子》六十四章:"九層之臺起於累土。"
② 關於九年而達至圓滿,亦可參照《莊子・雜篇・寓言》:"顔成子游謂東郭子綦曰:自吾聞子之言,一年而野,二年而從,三年而通,四年而物,五年而來,六年而鬼入,七年而天成,八年而不知死、不知生,九年而大妙。"
③ Rochat de la Vallée, Élisabeth. 2006. *La symbolique des nombres dans la Chine traditionnelle*. Paris: Desclée de Brouwer: 156.

"穆"字常見於《淮南》,實無突然被"繆"字取代的道理,故 Major 的譯本將《繆稱》翻譯爲"奧義"(Profound Precepts),可謂邏輯健全,但詞源尚待推敲。至於以"繆"作"謬"之假借,已有東漢許慎"繆異之論,稱物假類"之注在前,切合該篇題旨,而筆者從數字象徵的角度觀察,亦另有發現:《説文解字》稱繆者,"枲之十絜也,一曰綢繆",這"綢繆"之説早已見於《詩經·唐風》之"綢繆束薪"。如此我們不妨將"繆"理解爲對迄今爲止的估計或判斷之匯整。至於篇名中的"稱"字,《説文解字》指其本意爲秤,其字從"禾",因爲"春分而禾生……秋分而秒定",故有十二秒當一分,十分爲一寸的"分寸"之説。如此以觀,篇名《繆稱》二字都與"十"有關,兩者均在評定系列事物之循環歸一。

三、成 雙 遞 嬗

(一) 轉 捩 點

筆者以爲《淮南》十一至二十篇構成全書的第二個循環,實爲一種成雙結構(deuterosis),所不同者,第一個循環以道爲核心,第二個以德爲主軸。第十一篇謂"率性而行謂之道,得其天性謂之德",開宗明義便將"道"與"德"關聯起來①,篇名《齊俗》亦能説明其內容旨趣,涵義正如梅傑的團隊所譯,作《齊一風俗》解②。《淮南·要略》稱"齊俗者,所以一群生之短修,同九夷之風氣",正説明此處"齊"具有"整合劃一"之意③。

由道而德的轉變,亦能視作由內而外或由陰而陽的變動。換言之,《淮南》第一部分(前十篇)的構成乃是由內而外,第二部分則"反映"前者建樹,並自其中汲取組織原則。這好比一條路徑偶有不直,仿佛在成雙的過程中有所丢失,却無損於主軸之清晰堅定。實則《淮南·齊俗》自第二句以下便談及"失":"性失然後貴仁,道失然後貴義……禮樂飾則純樸散矣。"這幾乎便是直引《老子》第三十八章之論"德"。《淮南》第十一篇可謂全書重新出發的轉捩點,所論固是仁義禮樂是非珠玉之失,却不以此爲反對或怨恨之由,毋寧更在於指出歸返"原道"之路。《淮南》後半部論德,之所以廣及各家,初衷正在於此。

---

① 此間差異在"率/行"和"得"之間。凡事都在其存在方式和行爲方式之間被討論過兩遍,起始一遍,結果一遍。
② 《説文解字》:"齊,禾麥吐穗上平也。"至於本篇篇名《齊俗》,實爲以《莊子》第二篇《齊物論》而命名。若《淮南》後十篇作爲一個整體,實與前十篇形成對照,則本篇篇名可謂發揮了很好的作用。
③ 此處提及"九夷",可見"統一"須在現象多樣性的最高層次上進行。這裏所謂的"統一"是指一種智識上的過程,是令萬事萬物歸返自然的初始:"羌、氐、翟,嬰兒生皆同聲,及其長也,雖重象狄鞮,不能通其言,教俗殊也。"(《淮南》11.7)

(二) 展綫收圓

《淮南》第二篇探討二元分别,第十二篇也循此辯證模式,深入探究知與不知,而後以"無形"之"道術"作爲統治技巧悖論式的基礎。篇中提及田駢以道術説齊王,齊王"願聞國之政",田駢回答:"臣之言無政,而可以爲政。譬之若林木無材,而可以爲材。願王察其所謂,而自取齊國之政焉已。雖無除其患害,天地之間,六合之内,可陶冶而變化也。齊國之政,何足問哉!"誠如桂思卓(Sarah Queen)所指出,本篇緊隨《老子》,尤以語言限制的洞見爲然,同時亦特定化文本詮釋,賦予經典之價值:"天下皆知善之爲善,斯不善也。"①

第十三篇主論歷史變遷的過程,又與陰陽合三而生萬物聯繫起來:"天地之氣莫大於和,和者,陰陽調,日夜分,而生物。"②

第十四篇正如第四篇,論萬物之成"形":"同出於一,所爲各異,有鳥、有魚、有獸,謂之分物。方以類别,物以群分,性命不同,皆形於有。"③然而本篇重點有所轉移,着眼於世間秩序與治理,更談培養德性的行爲與方法之差異,並以空間之喻比擬聖人行止:"至德道者若丘山,嵬然不動,行者以爲期也。"

第十四篇所論泰半屬陰,之後的第十五篇專論軍事,性質屬陽。本篇亦如第五篇,着重探討時節之區别。就像統治者透過儀式以確保季節更迭,根據時節采用水準、指南、權衡或繩結作爲政府的模式,軍事指揮官亦如是,需要瞭解天道、地性、民情,以此調節行止,求勝於開戰之先。《淮南》前後兩部各有所求(所求亦頗有相似),並爲確保所求之能成,將第五篇和第十五篇置於其結構核心,前者關於天道和儀式,後者關於軍事。

《淮南子》第十六篇及第十七篇都以説明遊説爲宗旨,見於《説山》和《説林》之篇名。與前半部相對照,第六篇《覽冥》鋪陳論述造化之工,第十六章《説山》則論此等力量之作用於人事:"月盛衰於上,則蠃蟯應於下,同氣相動,不可以爲遠。"此中重點在於恰當應對,例如避免"烹牛以饗其里,而駡其東家母"(《説山》22)等干礙天和之舉。在論陰的《説山》之後,《説林》自然轉而探究上行的陽之運動,重點在於手段與目的之切合,正"射者儀小而遺大"(《説林》7)之論。這兩篇自成對比,各能以該篇文句摘要體現:《説山》猶如"蘭生幽谷"(《説山》4),《説林》則如其論"聖人之一道,猶葵之與日也"(《説林》4)。

第十八篇正如標題《人間》所示,所論乃人間之事,既重在劃分、區别,便與第八篇兩相呼應:"知事之制,其舉錯不惑。發一端,散無竟,周八極,總一管,謂之心。"本篇所論主要關於重

---

① 《淮南》的"斯不善也"與馬王堆"斯不善矣"相似,然而傳本與郭店本都作"斯惡已",這或許表示《淮南》使用與馬王堆類似的文本材料。顯然《淮南》遵循以道爲先的模式,這與出土版本以德爲先又不一樣。筆者淺見則以爲,道/德循替的過程使得這兩篇的先後次序相對而言不那麼重要。
② 可與《要略》中關於第三篇《俶真》文句相比對: Major and al, 2010: 851。
③ 文中論及生物之後,緊接着便提及"方",這也與第四篇《墬形》之論大地空間組成相對照。

分配的範疇和原則,可證諸篇末總結:"物類相似若然,而不可從外論者,衆而難識矣。是故不可不察也。"(《人間》37)

第十九篇調性屬陽,在篇名《修務》可見端倪,這兩字都與改進或努力有關。本篇所論之"無爲"應作動態理解,係事物自然之勢與人力之偶合,是第九篇"主術之明"的進一步闡發,篇末引《詩經》"日就月將,學有緝熙于光明"(《修務》16)作結亦是順理成章的。

第二十篇與第十篇的關係可直接證諸重複引文。第十篇引黃帝言"芒芒昧昧,從天之道,與元同氣"(《繆稱》1),第二十篇所引僅字面略有不同,其論點則一:"芒芒昧昧,因天之威,與元同氣。"(《泰族》15)

此外《泰族》以相當篇幅論述本末,"先本後末,謂之君子"(《泰族》27)也將全書再度導回第一篇"聖人内修其本,而不外飾其末"(《原道》11)之議。這最後一篇關乎至德之返璞歸真,正如篇中清楚點題:"至德復素。"①(《泰族》30)

(三) 方 圓 相 生

以上所論並未深入《淮南》各篇的内在結構即各自焦點,但已可看出全書由兩個循環(圓)組成,分別以道和德爲圓心,且屬陽的奇數篇和屬陰的偶數篇②相對排列而構成《周易》《大戴禮記》和《數術記遺》所載,與"明堂"的建構相關的三乘三方格。③

《淮南子》之爲一方圓結構如下二圖所示:

	9		2	
3	5	7	6	4
	1		10	
	19		12	
13	15	17	16	14
	11		20	

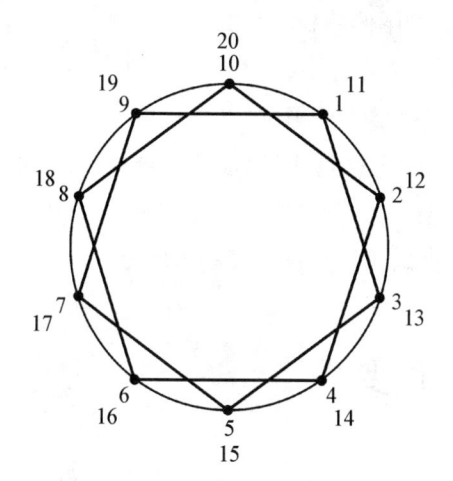

圖一:《淮南子》之方圓組合   圖二:《淮南子》奇偶篇章之組合

---

① 因版本差異,有作"至忠"或"至德"者。
② 此間差異不盡然適用於數字一和二,因爲一般認爲三才是嚴格意義下的第一個數。這一點也適用於十,因爲十是一的更新表述。
③ 此二書爲與《淮南》同時期的最後兩部著作。參照 Cammann, Schuyler. 1960. "The Evolution of Magic Squares in China." *Journal of the American Oriental Society* 80.2: 116~124; Granet. 1999: 166~167。

我們原本可以更進一步探究此等數字結構，但數字結構愈複雜，愈不易看出其與文本本身的關聯。此處僅以指出下述一點爲已足：構成《淮南》文本的方圓相生結構亦見於同一時代的數學論著，例如《九章算術》的第一章①。此間課題在於天圓與地方的呼應，"完人"概念可能本身便是《淮南》文本構成的理想形態："以不同形相嬗也，終始若環，莫得其倫。"其模式之所以不斷變動，是爲了以隱而不顯的方式持續產生意義。

對《淮南子》整體結構的初步研討，亦應佐以各篇組成規則的探查，然而這第二項工作礙於《淮南》篇幅之浩大、内容之複雜，無法在此細論，不過確實有些綫索表明，《淮南》各篇的建構方法既嚴謹，又靈活。例如顧從義(Claude Larre)曾探討過第七篇《精神》的一段話："生生者未嘗死也，其所生則死矣；化物者未嘗化也，其所化則化矣。"②在那之後是一系列的例示，説明前文之所論。我們可以視其爲本末之喻在某層次文本組成上的應用，亦即本末乃是對立的兩端，本之爲一端，具有高度的組織性和綫性特質，末之爲另一端，則是本的衍生，其間"道"與"德"的分野相對明確，但二者在結構上的同源性又令文本得以保持動態。

雷敦龢(Edmund Ryden)在譯析第十五篇《兵略》時，也就《淮南》的文本結構獲得近似看法，與筆者所見略同。他將這探討軍事策略的篇章一分爲二(戰爭的本質／戰略與戰術)，並以"所貴道者，貴其無形"的論點爲第二部分的開頭，因爲道貴無形，兵亦如是。雷敦龢並未將這段話視爲《兵略》的"核心"、一個可以自我回復的支點(顧從義之讀《精神》亦無此等主張)，但瑪麗·道格拉斯等讀者大有可能將此類論題作如是理解。筆者所持論點大致如此，亦即對《淮南》各篇的理解必須起自核心，由是而能向核心的兩側尋找相應的文本結構。

以上所論縱然不無局限，但足以説明中文修辭具有平行發展的對偶特性(binarity, parallelism)，環狀發展傾向(circular completion)亦皆鮮明。中國思想命理、計算的特性，更使其修辭獨具一格，例如：以奇偶交替彰顯天地宇宙之意義；將過程表達爲元素的"加總"和"歸一"；現象與影響固然雜多，實則背後隱藏着統攝一切的原則；強調生發過程和現象之有機性，且此等強調似乎亦深入文學……凡此種種，均促成某種特殊的文本構成方式。

四、數字的重要性

本章探討兩個彼此關聯的問題：數術分析是否有助我們理解《淮南子》文本作成的環境？探究《淮南》與其他經典在結構上的關聯，是否有助我們理解古代經典？

文本構成的過程模糊了作者與編輯的界綫，這一點已由數字象徵主義(numerical

---

① 郭書春《九章算術譯注》，上海古籍出版社2009年版。

② Larre, Claude, Robinet, Isabelle, Rochat de la Vallée Elisabeth. 1993. *Les grands traités du Huainan zi*. Paris："Institut Ricci", Cerf：77~78.

symbolism)的研究所明白指出。就文本的構成而言,先是"作者"將内容置入既存的文本結構,之後再由"編輯"在微觀或宏觀層次上處理整個文本。簡言之,我們不宜認爲古代經典中普遍將數字作象徵性的使用,但此等考究無疑指出一個事實,即我們閲讀文本時,不宜將結構和内容視爲截然分立的兩個面向。《淮南》當是極端案例,但若進行一系列的研究,或能顯示《淮南》與其他古代經典有共通的文本構成模式(當然,研究結果亦可能證僞這一點),如此一方面闡明文本之結構與意義,另一方面亦能説明這些經典在歷史上究竟是何關聯(詳下文)。結構修辭的研討不僅有助我們理解文本的内在組成,也能揣測各經典彼此間的關聯,從而建構起確立文本系譜與歷史的工具。

關於《淮南子》整體文本構成的研究,我們尚可更進一步,將之與另外四部經典綜合以觀,即《吕氏春秋》《莊子》《論語》和《老子》。《淮南》與這四部經典都有關聯,但方式各異,以下筆者所論,重點不在於探究《淮南》與這四部經典的互文性(intertextuality),而在於提出理解其"結構間"模式(inter-structural patterns)的方法,以求瞭解這些典籍如何以修辭特性而自成一格。

(一)循環抑或原初?《吕氏》與《淮南》

Sellman 認爲"《吕氏春秋》是爲年幼的秦王政所準備的手册"①。此一看法頗能證諸我們對其成書時間與情境的瞭解,只是未能遽爲定論。此處可見吕不韋與劉安相似之處:兩人都試圖影響年少的君主(前者爲日後的秦始皇帝,後者爲漢武帝),方法同爲進獻一部包羅萬象的治國大書,且都召集大批學者方能編成,然而兩人都在獲致表面成功後數年内自殺身亡。這兩部書相隔不過百年,正當戰國到初漢的這一道歷史分水嶺。

《淮南》隨處可見《吕氏》痕迹,其受《吕氏》影響顯而易見。《淮南》第十二篇《道應》所録軼聞,共有廿三則徵引自《吕氏春秋》第十五篇②。然而《淮南》第十二篇引用《吕氏春秋》所載軼聞,並不爲做相似的論述,却以相同的故事突顯不同的教喻原則。此外《淮南》第十二篇也以不同的文學手法就相同的故事闡明實踐教訓。如《吕氏》各篇常始於概括性的主張或陳述,以此構成特定喻言集的框架,《淮南》第十二篇則先陳述軼聞,之後徵引《老子》,以爲更寬闊的詮釋空間③。

俄羅斯形式主義者葛里高利·特卡琴科(Grigorii A. Tkatchiénko)有一論《吕氏春秋》數字模式的短文,將數字六(論)與人相關聯,數字八(覽)與地相關聯,十二與五的組合(常見於

---

① Sellman. 2002: 90. Knoblock & Riegel 對於《吕氏》中覽、論的成書時間尚有疑問,參見 Knoblock, John and Jeffrey Riegel (trans.). 2000. *The Annals of Lü Buwei: A Complete Translation and Study*. Stanford: Stanford University Press: 19~20。

② Sarah Queen. 2008. "The Creation and Domestication of the Techniques of Lao-Zhuang: Anecdotal Narrative and Philosophical Argumentation in 'Huainanzi 12'". *Asia Major* 21 (1): 201~247: 205.

③ Queen. 2008: 206~207.

紀)與天相關聯,亦即五行運作上應四季與十二月之天時循環:"論中心的文字雖短,但在十二紀上扮演重要角色,是由五得出的繁複數字之基礎。與此相關的數字是五,有五便能得到與四季有關的數字:五加木三得八,代表春,五加火二爲七,代表夏,五加金四爲九,代表秋,五加水一爲六,代表冬。"①《呂氏春秋》確實體現道的循環特性,可能正如 Sellman 所觀察,這是因爲《呂氏》極爲重"時"。《呂氏》的宇宙觀在《十二月紀》的《圜道》章中表露無遺,先談春,後及夏。而儘管《淮南》以《原道》起始,全書却不見"圜道"②一詞,另一方面,"原道"不見於《呂氏春秋》,似爲《淮南》刻意所創,這是否代表一種思維方式的轉變,亦即由強調天時地利人和的循環,轉向肯認天地宇宙之運轉不息,並着重於運轉之生發③? 答案或可求之於分析這兩部書的數字主題,其間重點首先在於《呂氏春秋》凡百六十卷,分十二紀八覽六論,《淮南子》則有《要略》所稱二十篇,此外亦應考慮兩部書中分別使用的十二進位制和十進位制。由於兩部作品詞彙特徵衆多,逐句比較勢必徒勞,還需要動用一組織性方法來做探查才會有效。

(二)《淮南》與《莊子》:"内篇"雙書

關於《淮南》全書引用及準引用《莊子》的總數,羅浩(Harold Roth)的估算與其他學者差不多,認爲約在三百左右。此外上文已經提及,梅傑的翻譯團隊認爲老莊實爲《淮南》教導之根源,但羅浩以爲這並不表示《淮南》作者群大量徵引編纂完成的《莊子》。羅浩認爲,"劉安王府有現存《莊子》材料的一個版本"④,後來班固所謂五十二篇,之後又經郭象編輯縮短的《莊子》,可能正是出自淮南王所召學者⑤。换言之,我們甚至可以視《莊子》與《淮南》的修編爲緊密相關的工作。

---

① Tkatchiénko, Grigoriï A. 1991. "Sur la composition du *Shi'er ji* dans le *Lü shi chunqiu* (Printemps et automnes de *Lü shi*)" (In Karim Chemla, 1991, Extrême-Orient, Extrême-Occident, 13. Modèles et structures des textes chinois anciens: les formalistes soviétiques en sinologie. Nantree: Press Universitaires de Nanterre: 121~127.
② 《呂氏·季春紀·圜道》有"圜周復雜"之語,高誘注稱"雜,猶匝",雜匝通假之説直至清代均見於小學經學著作,Nathan Sivin 評論 Knoblock & Riegel 的《呂氏》英譯本,提出雜/匝是"完成一圈又再開始"之意,亦屬此一思路,只是 Sivin 特別強調"重新開始"。Sivin, Nathan. 2001. "Review of 'The Annals of Lü Buwei: A Complete Translation and Study by John Knoblock and Jeffrey Riegel.'" *China Review International* 8 (2): 407~413: 410.
③ 這也正是筆者先前就第七篇《精神》所提出的觀察,亦即該篇之描述胚胎形成發展,也能擴張及於文本的發生發展。
④ Roth, Harold D. 1991. "Who Compiled the Chuang Tzu?" in *Chinese Texts and Philosophical Contexts: Essays Dedicated to A.C. Graham*, ed. Henry J. Rosement, Jr. La Salle: Open Court: 118.
⑤ 參見 Harold D. "Who Compiled the Chuang Tzu?" in *Chinese Texts and Philosophical Contexts: Essays Dedicated to A.C. Graham*, ed. Henry J. Rosement, Jr. La Salle: Open Court: 79~128。並參照 Klein. 2010: 355~360。

早在西漢之前便已出現《莊子》文本,其數量相當可觀,《莊子》成書過程因而令人困惑,這尤以内篇爲然: 這些廣受喜愛的篇章究竟是全書核心,其他文本以此爲準合併而成,或者實爲日後的集結,編輯工作可能在淮南王府完成? 如果内篇諸章實爲"最後而非最早成形"①,其編輯時間是否較劉安更晚? 對此,文本構成的探究,或能彌補文本證據之不足,此處雖不容長篇細論,但至少可以留意以下數端:

《莊子》首篇以"北"字起始("北冥有魚"),恰合北屬水的五行方位,《書經・洪範》論五行亦以水當一。《莊子》次篇以"南"字起始("南郭子綦隱几而坐,仰天而噓"),與前篇之"北"恰成對比。但這未必意味《莊子》將以《洪範》所指的數字與元素(一水二火三木四金五土)展開内容。天地之算進而成"方",爲衆多治方術者所踐行,與不容稱名論分之"道術"恰成對比,此正《莊子・天下》之始:"天下之治方術者多矣,皆以其有爲不可加矣。古之所謂道術者,果惡乎在?"實則《莊子》第一篇論一,第二篇論二,第三篇所論與三關聯。但正如《莊子・齊物論》所言,我們既知所有數字盡存於三,便當適三而止②。此後數字模式依舊運作於全書,却仿佛已被顛覆。這一點在《莊子》内篇第七篇(最後一篇)的第七段(最後一段)所論最詳:

> 南海之帝爲儵,北海之帝爲忽,中央之帝爲渾沌。儵與忽時相與遇於渾沌之地,渾沌待之甚善。儵與忽謀報渾沌之德,曰:"人皆有七竅,以視聽食息,此獨無有,嘗試鑿之。"日鑿一竅,七日而渾沌死。

北海之帝與南海之帝(這方位標示亦指向第一篇和第二篇)爲渾沌開鑿七竅,這每一竅正是書之一篇。渾沌會不會是一種總結工作的方式,暗示欲將文本之原始反初注定失敗? 又或者這七篇僅論原初渾沌在人心與人間的消亡? 學者對此類問題看法各異③,此間重點在於:(一)《莊子》内篇顯然依照數字模式而組織,控制着身體的孔竅,也控制着内部與外部的關係;(二) 結論段落又返回起始,製造出終結的效果;(三) 内篇似乎無視或反駁見於《吕氏春秋》與《淮南子》的關聯模式。换言之,(一) 各篇有其内在組織,(二) 其數字象徵主義及整體

---

① Klein. 2010: 361.
② 《莊子・齊物論》:"一與言爲二,二與一爲三。自此以往,巧曆不能得,而况其凡乎! 故自無適有,以至於三,而况自有適有乎! 無適焉,因是已。"
③ "渾沌鑿竅"是中國知名寓言,魏晉注《莊》以下討論甚繁,"渾沌"及"儵忽"早已成爲中文平常用語的一部分,均無待本文贅叙。而 Katherine Swancutt 認爲渾沌之所以死,可能是因爲儵和忽的作爲(開竅)使渾沌接觸到不純净的人間世界,破壞了渾沌超越的性質,是一種反向創世的作爲(genesis in reverse),其看法大體上與中文世界理解一致,但又增添獨特的比較觀點。此外渾沌之死也可以和古代許多社會都有的帝王以自己爲犧牲的現象相對照。這兩種看法都呼應着 Mary Douglas 另一研究的課題,參見 Mary Douglas (Douglas. 2001 [1966]. *Purity and Danger: An Analysis of Concepts of Pollution and Taboo*. London and New York: Taylor and Francis e-Library)。

組織與《洪範》或《書經》例示之模式相同，然而(三) 各篇於數字象徵主義之增益，其方式大異於關聯思考模式，故而內篇不像編輯就既存材料依既存模式修纂而成，編輯亦非真正意義之作者。

(三)《淮南》與《論語》兼及《老子》

陳潁指出，《淮南》書中引用孔子之言約六十次，其中五十次引自《論語》①。顯然《淮南》正如《莊子》，經常談及孔子其人②，雖然依舊遜於《老》《莊》，但畢竟次數驚人，此一文本現象也在解釋上造成問題③。胡明曉(Michael Hunter)的看法與此相異，認爲《論語》之出，意在反對《淮南》，或者也可以說，《淮南》之成書，是爲了抗衡《論語》④。筆者以爲此一看法並非無足輕重，以下是以何莫邪(Christoph Harbsmeier)和樂唯(Jean Levi)的論據爲基礎，復加以一般方法學上的考量，就當時情況所爲之推測：河間王劉德編纂輯成孔子言論⑤，並在漢武帝(在位前141—前87)登基前後成書進獻，大約有與其叔淮南王劉安在智識和政治上一較雄長之意，武帝則欣然採用新輯成的政論概要，也就是《論語》。筆者以爲，我們可將修辭方法用於探查與文獻成書時間無關的課題(何莫邪的語言學論點應足以反駁所謂的"漢代僞造"之說)，而着重探討今版《論語》二十篇的內在一致性。以下勾勒問題大要。

就刻下所談課題而言，《論語》實屬至關緊要，因爲我們無法在其中找到堪稱天地世界宇宙觀的綫索。然而若能證明其文本組成至少局部依賴於數字模式，便顯示此等修辭特徵至少局部獨立於一種"宇宙"學派的思想。將《論語》分爲兩部分的想法並不新鮮⑥，其中一種假說

---

① 陳潁《〈淮南子〉引〈論語〉考》，《淮南師範學院學報》2012年第6期，第56～59頁。
② Levi 認爲《淮南子》是以《莊子》所創建的半喜劇模式來引用孔子(Levi 2018：172～175)，但他可能低估了數字在其間的重要性。
③ 陳潁的方式與 Hunter 大不相同，他幾乎將所有直接或間接引自《論語》、與《論語》有關人物的典故或《論語》中出現的事實等等，都算入其中，此外"意同辭異，句式相同"者也算入其中(陳潁2012：57)，此種演算法可能確實較爲合乎當時的引用和用典習慣。
④ Hunter 認爲，《淮南》和《論語》都在差不多的時間進獻給漢武帝，作爲皇帝統治之規範參考，這種想法以劉安和劉德爲主角，將當時意識形態的分化予以戲劇化，但此一看法純屬臆想，試圖就此追究精確的時間恐無多大意義。
⑤ Hunter 指出："對一些〔編輯〕來說，孔子言論的權威性來自於其可識別性，而非其文本譜系。編輯者引進流行的格言，或他們偏好的諺語，來源却不是與孔子有關的文本……他們看着這些材料而意識到，有必要以某種方式將之濃縮或標準化，才能真正有所用處。"(Hunter 2017：309)除此之外，Hunter 認爲《論語》文本還遭受了其他的磨難，關於這一點可參見他認爲劉德在其中所扮演的角色(ibid.：311)。
⑥ 關於《論語》成書歷史的討論太繁，此處不能盡錄，但至少可見以下數端：伊藤仁齋(1627—1705)甚早便提出《論語》以前後十篇分爲兩部，清儒李光地(1642—1718)亦稱上論、下論，近年則有楊義視第十一章《先進》爲一轉捩點，此前之第一部以孔子本人爲焦點，第二部則關注其衆弟子，參見楊義《論語還原》，中華書局2015年版，第196～208頁。

認爲前十篇旨在呈現孔子成就禮之文貌，第十一篇《先進》則爲這十篇之後又一新的開始。此外朱熹早已注意到，《論語》的最末句又回指全書之開端，顯示《論語》確實存在着某種循環："《論語》首云：'學而時習之，不亦説乎！有朋自遠方來，不亦樂乎！人不知而不愠，不亦君子乎！'終云：'不知命，無以爲君子也。'此深有意。蓋學者所以學爲君子，若不知命，則做君子不成。"① 易言之，《論語》縱然不若《淮南》運用數字之精妙，但亦使用十進位制和成雙原則，可見得是一高度組織性的作品。這最後的一條原則也見於《老子》，《淮南》之組織結構甚且可能受到《論語》和（某些版本的）《老子》相同結構的啟發②。至此我們可說，中國古代經典並非只是斷簡殘編的偶然集合，探索其文本的潛在構成，有助於揭櫫其所欲傳遞的思想。有時文字模式會因版本而有異，但總在一定的修辭原則規範之内，更可見評估文本與思想關聯之重要性。

結論與開端

學者探討《淮南》已有所成，這些結論對於我們探討相關中文文本亦有影響，以下做一簡明摘要：

一、《淮南》文本係精心安排而成，探索其模式亦大有助於我們理解其内容，不論文字細節或文本結構均然。就細節而言，如果確如筆者所揣測，《説山》《説林》兩篇係依照某種貫穿全文的交替法則而切分，一篇強調修辭與遊説"陽／外顯"的一面，一篇側重"陰／内藏"的一面，那麼二者之區分確實突顯作者就"説"的本身所欲爲之表達。而在整體結構方面，這兩篇一以

---

① 黄士毅編，徐時儀、楊艷彙校《朱子語類彙校·論語三十二》，上海古籍出版社 2014 年版，第 1292~1293 頁。
② 整體修辭結構的相似性與章節數量無關，後者可能因版本而有異，但是基本原則維持不變（如《老子》的兩部劃分）。正典版的《道德經》《素問》和《靈樞》等，是以八十一爲基礎的文本結構，而《素問》和《靈樞》很有可能是從最初的九章結構發展而來，而對當時的中國讀者來説，一書以十章成書或以九章成書，可能並没有很大的差別，Granet 則是第一個指出十與八十一具有"符號等價"性質的人（Granet 1999 [1934]：128）。這兩個數字都表示由完成復歸統一。Granet 並且在書中關於數字的章節引用《淮南子》："天一地二人三，三三而九，九九八十一。一主日，日數十，日主人，人故十月而生。"（《淮南》4.13；Major 2010：162。）這段文字似乎在於闡述：（一）九自乘而得八十一，是由完成達於完成，相當於終極的統一，十也是完美的歸一；（二）八十一應讀作八十加一，而一十等價的結果，另八十加一同時包含完成與歸一；（三）人類與三相關，太陽與十相關，人類生於在太陽所掌管的月份，強化了十與三的倍數亦即八十一的關聯。現代讀者可能會感到驚訝，這兩個數字結構似乎畫出了一個包含萬有的圓圈，以確保一切都能復歸到最初的一統。此一推論也適用於文本組織。這或許意味着受十統轄和受三統轄的構文模式下，我們首先要尋找一個回歸點，並圍繞這個點來組織文本，做循環有機的發展，正是《老子》四十章"反者道之動"之所謂，馬王堆版《德經》末尾的"若反"也是如此。

"道"爲核心,一以"德"爲準繩,此等説法看似老生常談,但如果這結構確實貫穿《淮南》全書首尾(而非如其他學者只專注在本末),那麽《淮南》可謂有意識地遵循一種《道德經》式的結構,對於我們理解該書意旨自然也有所影響。

二、有些經典的文本歷史錯綜複雜,研究起來甚爲困難,《淮南》的編纂歷程相對簡明,省却我們許多麻煩。但這不應掩蓋真正的重點:本文的分析顯示,編纂和輯成並非兩不相涉的活動,這一點對其他許多文本分析工作都有其重要性。於是我們之看待古代經典,應將其每一個作成階段之樣貌視爲完善的整理,縱使文本的結構模式可能因時因地而有不同。這也表示我們應當更加小心,不能率爾認定經典只是斷簡殘編的集合。

三、文本若依循數術的宇宙法則而編纂,其本身也就成爲此等法則的具現,我們甚至可以大膽視其爲人間世界和宇宙秩序在文本上的體現。這樣的文本具有"道"與"主"的"圓"性。這一體現的邏輯可能見於同時代的多數文本,或許最初是中文文字本身的特性使然,也説明了編纂原則的本質,乃至編纂工作之耗費心力。

四、古代典籍的作者和編輯們是否清楚意識到這些文本構成原則?若否,這些原則又何以運作?對此筆者只謹慎提出如下的表述:我們並非先入爲主地將西方經典研究所揭示的結構模式作爲解讀中國經典的指南,但通過切實的文本閱讀,我們的確發現該等結構模式普遍見於各個文本之中。如果"無意識的結構恰如語言"(the unconscious is structured like a language)[①],那麽文本構成原則也大有可能是一種深嵌的功能,仿佛某種形式語言,作用文本於不知不覺之間。

[作者簡介] 魏明德(B. VERMANDER)(1960—),男,法國人。現爲復旦大學哲學學院教授、博士生導師,復旦大學哲學學院徐光啓-利瑪竇文明對話研究中心學術主任。研究方向爲儀式和經典詮釋學、比較哲學和宗教學,著有《人心與天心》(2002)、《對話如游戲》(2012)、《上海-神聖:一個全球化城市的宗教景觀》(2018)、《人與五穀:諸文明的穀物史》(*L'homme et le grain: une histoire céréalière des civilisations*, 2021)等書,發表學術論文多篇。

---

① Lacan, Jacques. 2001. "L'étourdit", in *Autres écrits*. Paris: Seuil: 449~495.

陰陽五行與思孟淵源再探*

——從《漢書·藝文志》中的"兵陰陽《孟子》"談起

李 華

内容提要 郭店楚簡重見天日後，聚訟千年的思孟五行問題似乎得以塵埃落定，實則荀子非難思孟五行的原因即思孟五行背後"僻違、幽隱、閑約"的神秘性因素究竟何解，非但沒有就此解開，反而愈發撲朔迷離。而《漢書·藝文志》中被人們所忽視的兵陰陽"《孟子》一篇"，則是解決這一疑問的關鍵。從兵陰陽"《孟子》一篇"入手，通過系統梳理《漢書·藝文志》"互著""别裁"的著録特點，本文發現《孟子》文獻的早期面貌並非"醇乎醇"，而是存在着式法(陰陽五行的具象化)背景。具體包括：兵陰陽《孟子》是漢代最早被序次整理並藏之秘府的《孟子》類文獻；兵陰陽《孟子》與儒家《孟子》爲《孟子》文獻的一書兩載；早期《孟子》文本構成的核心内容包括《漢書·藝文志》所載的兵陰陽《孟子》一篇以及儒家《孟子》十一篇。以此爲基礎，與兵陰陽文獻密切相關的式法(陰陽五行)内容，同樣也應是早期《孟子》文獻的重要構成部分。由此可見，在探討先秦至西漢末年的《孟子》相關問題時，應如方勇先生在《五論"新子學"》中所倡導的，首先應努力糾正"溯逆的誤差"，儘量恢復到"子學的整體系統性"。

關鍵詞 式法 《漢書·藝文志》 兵陰陽 《孟子》 早期面貌

中圖分類號 B2

荀子在《非十二子》中所提到的思孟五行説曾是千古争訟之端，南宋大儒朱熹[①]和陸象山[②]就曾對荀子非難思孟的原因表示出濃厚興趣。在長沙馬王堆漢墓帛書《五行》和郭店竹簡《五行》篇出土之前，思孟五行究竟何指、荀子批判思孟五行的依據何在等問題一直聚訟不絶。在竹、帛《五行》篇相繼出土之後，龐樸先生的思孟五行爲"仁、義、禮、智、聖"[③]的説法被學界普

---

* 本文爲泰山學者工程專項經費資助項目(NO.tsqn20161024)階段性成果。
① 朱熹《晦庵先生朱文公文集》，上海書店1989年版，第1369~1370頁。
② 陸九淵《陸九淵集》卷二十四，中華書局1980年版，第288~289頁。
③ 龐樸《馬王堆帛書解開了思孟五行説之謎——帛書〈老子〉甲本卷後古佚書之一的初步研究》，《文物》1977年第10期。

遍接受。至此，千年爭訟似已塵埃落定。然而荀子非難子思、孟子五行的原因非但没有就此解開，反而愈發撲朔迷離。

一、"仁義禮智聖"背景下的闡釋困境

荀子明確指出其批判思孟五行説的關鍵原因在於"甚僻違而無類，幽隱而無説，閉約而無解"①，即思孟五行説中存在着"僻違""幽隱""閉約"等神秘性特點，而這些特點造成的"無類""無説""無解"最終會導致儒學傳承的淆亂②。正如李學勤先生所言："五行説在荀子眼中是'僻違''幽隱''閉約'，聯繫荀子的一貫主張，此説當有費解的神秘性。……《非十二子》對各派學者的批評，均能深中要害，並無枝節的指摘，因此五行説必是思、孟學術的一項中心内容。"③如果無法解決這個問題，那麽以竹、帛《五行》爲基礎對思孟五行所進行的相關解讀，其準確性勢必大打折扣。

然而目前學界所公認的"仁義禮智聖"的思孟五行説，却似乎並不藴含神秘性因素；與思孟學派相關的傳世文獻及竹、帛《五行》篇中，也找不到具備"僻違""幽隱""閉約"等特點的内容。首倡此説的龐樸先生也表達了自己的困惑："既然思孟五行只是仁、義、禮、智、聖，何以荀子斥爲'甚僻違而無類，幽隱而無説，閉約而無解'？荀子自己豈不也常説仁、道義、論禮、談智聖，何僻違、幽隱、閉約之有？"④對此，廖名春《思孟五行説新解》⑤認爲思孟五行説除"仁義禮智聖"之外，還應有更深層的理解。黄俊傑認爲荀子非孟的原因在於兩者哲學立場的不同，以及思孟與荀學在"心"的内涵上的巨大差異⑥。李景林認爲，荀子批判思孟的根本原因在於雙方在天人關係上的差别："要言之，他是以天人之分批評思孟的天人合一。"⑦以上學者的種種努力恰恰證明，"思孟五行"仍有進一步探討的必要。

在竹帛《五行》重見天日之後，諸多陰陽五行與思孟學派存在關聯的猜測也旋即淡出學界視野。然而反觀前賢論斷，其中的一些觀點對我們的研究仍有啓發意義。如范文瀾先生就認爲，思孟五行説是原始五行説與鄒衍的五德終始説之間的一個重要環節："原始的五行説，經

---

① 荀況撰，楊倞注《荀子》，清抱經堂叢書補配古逸叢書景宋本。
② 同上。
③ 李學勤《帛書〈五行〉與〈尚書·洪範〉》，《學術月刊》1987年第11期。
④ 劉貽群編《龐樸文集》，山東大學出版社2005年版，第199頁。
⑤ 廖名春《思孟五行説新解》，《中國哲學史》1995年第1期。
⑥ 黄俊傑《中國孟學詮釋史論》，社會科學出版社2004年版，第109頁。
⑦ 李景林《思孟五行説與思孟學派》，《吉林大學社會科學學報》1997年第1期。

孟子推闡之下,已是栩栩欲活;接着鄒衍大鼓吹起來,成了正式的神化五行。"①李學勤先生也曾持相似之論:認爲子思是在原始五行説的基礎上,將商代統治思想中的神秘色彩加以推衍,將"神秘理論導入儒家學説,爲數術與儒學的融合開了先河"②。

如果先秦至兩漢時期,孟子(或孟子一派)學術中存在陰陽五行的背景,那麼由"仁義禮智聖"所帶來的闡釋困境就可以迎刃而解:荀子所批判的思孟五行説的神秘性特點或是源於思孟五行思想背後存在的陰陽五行成分。誠如方勇先生所言:"爲了在理論上重尋子學之魂,我們有必要回顧它是如何在歷史上逐漸消散的。可以發現,《漢志》體系的形成在此過程中發揮着關鍵作用。《漢志》所確定的諸子學框架門派壁壘森嚴,各類子學文獻被整齊地劃歸爲九流十家,……其不足之處……忽視了子學的整體系統性。"③《漢書·藝文志·兵書略》中所載的"陰陽《孟子》一篇"正是我們進一步瞭解早期孟子思想的重要途徑。

二、對《漢志·兵書略》中兵"陰陽《孟子》"記載的再審視

《漢書·藝文志》著録的《孟子》有兩處,一處爲大家所熟知的諸子儒家《孟子》十一篇,另一處是兵陰陽《孟子》一篇。儒家《孟子》十一篇爲今本《孟子》的基礎,已成學界共識。然而《漢志》兵陰陽類《孟子》的歸屬問題則頗多爭議。部分學者將之排除在《孟子》類文獻之外,認爲非孟軻所作,如沈欽韓《漢書疏證》云"下《數術略》五行家有《猛子閭昭》。疑此是《猛子》",姚振宗《漢書藝文志條理》謂"蓋即五行家之猛子"等。也有學者堅信兵陰陽《孟子》一篇也應歸於孟子名下。如周廣業在《孟子四考》卷一中曾明確指出,兵陰陽《孟子》一篇與《孟子》十一篇同爲一體,只是後者隨着其他陰陽類典籍的式微而最終亡佚:"(劉)陶著書數十萬言,又作《七曜論》匡老子、反韓非、復孟軻,今亦無論及七曜者,知皆外書之文。且漢志《孟子》十一篇在儒家,而陰陽家復有《孟子》一篇。疑七曜在陰陽篇中也墜緒茫茫,無由尋討矣。"④李零先生亦持此論。筆者也曾從《漢書·藝文志》著録同人不同著作時的特點入手,證明兵陰陽《孟子》應是早期《孟子》傳本的一部分⑤。

而要進一步釐清兵陰陽《孟子》歸屬及《孟子》早期傳本面貌等相關問題,首先應從記載"兵陰陽《孟子》"的《漢書·藝文志》的著録特點入手。

---

① 孔德立《子思與早期儒學》,中國社會出版社 2011 年版,第 152 頁。
② 李學勤《帛書〈五行〉與〈尚書·洪範〉》。
③ 方勇《五論"新子學"》,《光明日報》2020 年 4 月 25 日。
④ 周廣業《孟子四考》,清乾隆六十年省吾廬刻本。
⑤ 李華《陰陽五行與思孟淵源》,華齡出版社 2013 年版,第 289~303 頁。

(一) 兵陰陽《孟子》與儒家《孟子》的"一書兩載"

章學誠在《校讎通義》中指出《漢書·藝文志》中存在"互著"和"別裁"的特點①，這爲我們推測陰陽家《孟子》一篇的歸屬問題提供了有效路徑。正因爲這兩種著録方式在早期整理《孟子》傳本時的共同存在，使得兵陰陽《孟子》的歸屬問題成爲後世爭訟的懸案。

按照章學誠的解釋，所謂"互著"，即在進行"辨章學術""部次流別"的過程中，爲了使得典校衆書統合在"大道"即六藝之學的前提下，而將"理有互通，書有兩用者"②在編目時分别放到兩個或兩個以上的類目中去，以便人們"即類求書，因書究學"：

> 古人著録，不徒爲甲乙部次計。如徒爲甲乙部次計，則一掌故令史足矣，何用父子世業，閱年二紀，僅乃卒業乎？蓋部次流別，申明大道，叙列九流百氏之學，使之繩貫珠聯，無少缺逸，欲人即類求書，因書究學。至理有互通，書有兩用者，未嘗不兼收並載，初不以重複爲嫌。其於甲乙部次之下，但加互注，以便稽檢而已。古人最重家學。叙列一家之書，凡有涉此一家之學者，無不窮源至委，竟別其流，所謂著作之標準，群言之折衷也。如避重複而不載，則一書本有兩用而僅登一録，於本書之體，既有所不全。一家本有是書而缺而不載，於一家之學，亦有所不備矣。③

也正是出於部次流別的考量，那麼很容易出現一部書同時符合兩個或以上流別標準的情況。對於這一問題如何處理，章學誠進一步指出《漢書·藝文志》中"互著"的例子：

> 劉歆《七略》亡矣，其義例之可見者，班固《藝文志》注而已。《七略》於兵書權謀家有《伊尹》《太公》《管子》《荀卿子》《鶡冠子》《蘇子》《蒯通》《陸賈》《淮南王》九家之書，而儒家復有《荀卿子》《陸賈》二家之書，道家復有《伊尹》《太公》《筦子》《鶡冠子》四家之書，縱橫家復有《蘇子》《蒯通》二家之書，雜家復有《淮南王》一家之書。兵書技巧家有《墨子》，而墨家復有《墨子》之書。惜此外之重複互見者，不盡見於著録，容有散逸失傳之文。然即此十家之一書兩載，則古人之申明流別，獨重家學，而不避重複著録，明矣。④

---

① 王重民總結"別裁"和"互著"的區別爲："互著是根據讀者需要和學術源流把一書著録在兩個（或兩個以上）類目内；別裁是把一書内的重要部分（或篇章）裁出，著録在相關的另類（或另幾類）裏面。"
② 葉長青《校讎通義注》，華東師範大學出版社2012年版，第1026頁。
③ 同上。
④ 同上，第1027～1028頁。

章學誠指出,從班固在《藝文志》中所作的注能夠看到劉向、劉歆典校圖書時的義例標準。如《荀卿子(孫卿)》同時被兵權謀、儒家所著録,《太公》被兵權謀和道家所著録,《墨子》被兵書技巧家和墨家重複著録等。可見,兵陰陽《孟子》與儒家《孟子》被分別著録於兵家與諸子類也符合《漢書·藝文志》通例。

值得注意的是,出現"互著"的地方均見於《漢書·藝文志·兵書略》部分。這點章學誠已在《校讎通義·補校漢書藝文志》中指出:"任宏《兵書》一略,鄭樵稱其最優。今觀劉《略》重複之書僅止十家,皆出《兵略》,他部絕無其例。是則互注之法,劉氏且未能深究,僅因任宏而稍存其意耳。班氏不知而删併之,可勝惜哉?"①在此基礎上,王重民進一步指出:《諸子略》中所録爲全本,而《兵書略》中所録爲《諸子略》部分的節選本。而班固發現這一問題後,在《兵書略》中把重合的部分"省"去了:"《兵書略》中所著録的篇數都是言兵的一部份,對於《諸子略》中的全本來説就都是别裁本。這些别裁本,大概從張良、韓信申軍法,楊僕整理兵書的時候,就已經别行起來,和其他兵書一起儲藏在軍事部門。"②章學誠又稱:"至於《兵法》《術數》《方技》,皆分領於專官,則兵、數、技之三略不盡出於中秘之藏,其書各存專官典守,是以劉氏無從而部録之也。"③章、王二説均注意到兵書略不同於其他諸略的地方,並歸因於任宏校書的相對獨立性,此説甚確。這也是釐清兵陰陽《孟子》問題的關鍵。

(二) 漢代兵書類文獻整理與流傳的相對獨立性

首先,任宏所面對的兵家典籍,在劉向領校之前已經歷過數次整理,具有相對獨立的保存系統、流傳譜系乃至部分相對固定的文本。

在劉向所主導的整個典校工作中,唯獨任宏的工作是在前人多次系統典校的基礎上進行的。與《漢書·藝文志》的各略大序比照能夠發現,僅有《兵書略》中出現了該領域古書整理的記載:

> 漢興,張良、韓信序次兵法,凡百八十二家,删取要用,定著三十五家。諸吕用事而盗取之。武帝時,軍政楊僕捃摭遺逸,紀奏兵録,猶未能備。至於孝成,命任宏論次兵書爲四種。④

據《兵書略》記載,在劉向、劉歆領校群書之前,對兵書類典籍專門的搜集與整理至少進行過三次:一次是漢初張良、韓信匯集成一百八十二家,並從中選取了最重要的三十五家;吕后當權

---

① 葉長青《校讎通義注》,第1063~1064頁。
② 章學誠著,王重民通解《校讎通義通解》,上海古籍出版社2009年版,第19頁。
③ 葉長青《校讎通義注》,第1058頁。
④ 班固撰,顔師古注《漢書》,中華書局1962年版,第1726~1763頁。

時也有因襲;漢武帝時,軍政楊僕再次收羅遺逸,充實兵家典籍。而任宏校訂兵書則是在前人數次成果的基礎上進行的再一次整理。通過這一記載以及諸略之中唯獨《兵書略》言及任宏校書之前的兵書典校過程可以推知:任宏所校的兵書部分,應該已經有前人的成果爲基礎,恐怕這也是成帝年間兵書的整理和分類成果爲後人所盛贊的原因。此外,也是最重要的,任宏的典校工作所采用的部分文獻,極有可能是定本於劉向校書工作之前。這也意味着兵陰陽《孟子》在漢代數次兵書整理過程中早已被單獨析出,與其他《孟子》類文獻分章別行,而被單獨別藏於秘府,也因此退出了公共視野。這或許也是唯獨兵書略出現"互著"現象的原因。

其次,任宏的典校工作也具有相對獨立性。在成帝年間的典校過程中,任宏是兵書部分的領校者,其地位身份與劉向在六藝、諸子、詩賦諸類中的地位身份相類。這也意味着,他在整理兵家文獻時,不必顧及劉向所負責的諸子詩賦的整理情況,更不必因爲劉向的整理結果而更改自己的典校内容。與此同時,劉向與劉歆也因爲分工的不同,甚至無緣得見任宏所校兵書類典籍的原始文獻。這也在一定程度上解釋爲何唯獨兵書略出現了"互著"的情況。

史籍中有關劉向、劉歆等人奉詔校書的記載,可以佐證上述觀點。

其一,劉向首次受詔校書的記載如下:

> (漢成帝詔命劉向)領校中五經秘書。①
> 光禄大夫劉向校中秘書。謁者陳農使使求遺書於天下。②
> 至成帝時,以書頗散亡,使謁者陳農求遺書於天下。詔光禄大夫劉向校經傳諸子詩賦,步兵校尉任宏校兵書,太史令尹咸校數術,侍醫李柱國校方技。每一書已,向輒條其篇目,撮其指意,録而奏之。會向卒,哀帝復使向子侍中奉車都尉歆卒父業。歆於是總群書而奏其《七略》,故有《輯略》,有《六藝略》,有《諸子略》,有《詩賦略》,有《兵書略》,有《術數略》,有《方技略》。今删其要,以備篇籍。③

其二,任宏受詔校兵書的記載如下:

> 至於孝成,命任宏論次兵書爲四種。④

---

① 班固撰,顏師古注《漢書》,第1950頁。
② 同上,第310頁。
③ 同上,第1701頁。
④ 同上,第1763頁。

至成帝時,以書頗散亡,使謁者陳農求遺書於天下。詔光禄大夫劉向校經傳諸子詩賦,<u>步兵校尉任宏校兵書</u>……

其三,劉歆三次受詔校書的記載如下:

(劉)歆字子駿,少以通《詩》《書》能屬文召見成帝,待詔宦者署,爲黄門郎。河平中,受詔與父向領校秘書,講六藝傳記,諸子、詩賦、數術、方技,無所不究。①

劉向卒,上復使向子歆繼卒前業。②

哀帝初即位,大司馬王莽舉歆宗室有材行,爲侍中太中大夫,遷騎都尉、奉車光禄大夫,貴幸。復領五經,卒父前業。歆乃集六藝群書,種别爲《七略》。語在《藝文志》。③

幾次詔令因出處不同而有所側重④,但相互之間並不衝突。從以上詔令中能够明確看出來,劉向主要的工作有兩部分:一是領校經傳、諸子、詩賦,二是統籌群書校對過程。劉向受命典校的部分以六藝五經爲主。例如,《楚元王傳》中提到劉向負責統領有關五經内容的典校;《成帝紀》中僅言詔令劉向校中秘書,以及令陳農求書於天下,没有詳言具體的校書内容以及與劉向一起分擔校書工作的具體人員;《漢書·藝文志》中的描述最爲明確,指出劉向負責的是經傳諸子詩賦部分,兵書、數術、方技各有專人典校,劉向、劉歆再做書録上奏。他們並没有涉及兵家領域的具體工作。而從《漢書·藝文志》中諸略對兵書、數術等内容來源的追尋,能够發現整個典校系統都服膺於統一標準,這也證明劉向、劉歆涉及兵書類文獻方面的工作僅在於整體匯總與總結。進而言之,"至於孝成,命任宏論次兵書爲四種"⑤,兵書部分的具體問題上,任宏具有較大的自主性。

以上均説明,唯有兵書部分出現"互著"的形式與兵書的整理與流傳系統的相對獨立性密切相關。

---

① 班固撰,顔師古注《漢書》,第 1967 頁。
② 荀悦《漢紀》,四部叢刊景明嘉靖刻本。
③ 班固撰,顔師古注《漢書》,第 1967 頁。
④ 之所以出現這種差别,一方面是與出處相關。《楚元王列傳》被認爲是劉向著録的楚元王一支的家史,鑒於其經學立場,其重點强調了有關五經的部分;《成帝紀》所記内容源於帝王詔令,僅言領校人員,没有更加詳細的著録;《藝文志》是在劉向、劉歆《别録》《七略》的基礎上寫定的,其時,校訂人員各司所職的記載也相對明確,因此,《藝文志》中的内容應是典校工程完畢之後的總結。
⑤ 班固撰,顔師古注《漢書》,第 1763 頁。

三、孟子學術與式法淵源

參照《兵書略》提到"凡兵書五十三家,七百九十篇,圖四十三卷",顏師古注"省十家二百七十一篇重,入《蹵鞠》一家二十五篇,出《司馬法》百五十五篇入禮也"①,能夠發現,班固對《兵書略》的改動標注得十分詳細:"省"去的十家,即爲前文提到的"互著"部分。此外對《兵書略》的"出"與"入"也均記載得非常詳細,即增加了《蹵鞠》一家二十五篇,又將《司馬法》一百五十五篇調整入禮類。從這一著録來看,班固對兵書著録的各家進行了詳細的研讀,並在《七略》的基礎上進行了系統調整。但是值得注意的是,在删減了與諸子部分有重合的"互著"部分之後,我們看到兵家陰陽部分《孟子》一篇"依然在列。這爲我們進一步釐清兵陰陽《孟子》在内容、流傳上與儒家《孟子》的區别與聯繫,以及《孟子》文本的早期面貌等問題提供了重要綫索。

(一)《孟子》文本早期狀況蠡測

其一,從内容上看,兵陰陽《孟子》與儒家《孟子》側重點不同。

前文提到,班固所删除的列於兵家的諸子均爲《諸子略》中全本部分的删節,且《孟子》在漢代的影響並不弱於出現"互著"情況的其他各家諸子,如果同樣出現"互著"情況,班固也應將此部分删除並予以注明。此外,在經、子、詩、賦方面,劉向、劉歆的典校書籍是窮盡式的,無論是太史、太常還是自己的私家藏書都會一起納入,除去重複後再做内、外之分②。但是由於兵書整理的相對獨立性,這種除去重複以定版本的工作在兵書部分出現了例外,所以《伊尹》《太公》《管子》《荀子》《鶡冠子》《蘇子》《蒯通》《陸賈》《淮南王》等書的部分内容不僅見録於諸子,同樣也見録於兵家。而這些内容的最後釐定,肯定經過劉向、劉歆之手,得到了他們的首肯。由此可以推知,兵書部分所著録的兵陰陽《孟子》一篇應當並非《諸子略》部分《孟子》十一篇的"互著"版,而是與《孟子》十一篇並列存在且截然不同的部分。

類似情況在《管子》等著作著録過程中也有所體現。章學誠記載了《管子》中的《弟子職》被裁入小學的部分:"《管子》道家之言也,劉歆裁其《弟子職》篇入小學。七十子所記百三十一篇,禮經所部也,劉歆裁其《三朝記》篇入《論語》。"③章學誠認爲,别裁之法的出現"蓋權於賓主重輕之間,知其無庸互見者"④。"權於賓主重輕"道出了《漢書·藝文志》在面臨文獻的雙重需

---

① 班固撰,顏師古注《漢書》,第1762頁。
② 參李華《以"義利之辨"章"冠七篇之首"——劉向、〈漢書·藝文志〉與〈孟子〉早期傳本的經學化》,《諸子學刊》第二十一輯,上海古籍出版社2020年版,第283~295頁。
③ 章學誠著,王重民通解《校讎通義通解》,第24頁。
④ 同上。

要時的策略和宗旨：即由於同一著作涉及多個學派內容，由此"權於賓主重輕"而將相關部分分派各自別錄。儘管兵家陰陽《孟子》一篇並不符合"別裁"的嚴格格式要求，但在《漢書·藝文志》中的呈現方式却是與"別載"的宗旨高度契合的。

群書典校整理過程中必然會對典籍有一定的規則與分類，然而諸子詩賦與兵書二者之間是否存在着涇渭分明的界限？答案却是否定的。班固將"互著""別裁"的相關典籍予以標明，恰恰説明二者存在互通之處。不過不可否認的是，二者在内容上確實各有偏重。《校讎通義·漢志諸子》曾經提到兵陰陽與諸子陰陽同名異數的問題："陰陽二十一家，與兵書陰陽十六家同名異術，偏全各有所主……蓋諸子略中陰陽家，乃鄒衍談天、驪駥《雕龍》之類，空論其理而不徵其數者也；數術略之天文、曆譜諸家，乃《泰一》、《五殘》、《日月星氣》，以及《黄帝》、《頊項》、《日月宿曆》之類，顯徵度數而不衍空文者也。其分門別類，固無可議。"①可見兵家四類與諸子各家之間在内容上存在着本質區别。在此基礎上，我們似乎也可以大膽推測，兵陰陽《孟子》與劉向、劉歆所典校的儒家《孟子》十一章在内容上也應存在較大區别，至少與内書七篇的内容大相徑庭，而更符合兵書"陰陽者，順時而發，推刑德，隨斗擊，因五勝，假鬼神而爲助者也"②的宗旨。

其二，在流傳途徑上，兵陰陽《孟子》是漢代最早被整理的《孟子》類文獻，至遲在漢初就已經與《孟子》主體部分分章別行，並在多次整理後又隨兵書文獻藏之秘府。

班固提到"別裁"的時候並没有如其他十家一樣注明兵陰陽《孟子》和儒家《孟子》分章别錄。這提醒我們，兵陰陽《孟子》的流傳與保存，與其他十家應當存在很大的不同。首先這意味着，在劉向典校群書時，兵陰陽《孟子》並不在他整理典校的《孟子》類文獻之列。因爲根據劉向自己的記載，在處理篇章内容"不合六藝"等内容的材料時，他會在除去重複後，通過書分内、外的形式以示不同，即將"不合六藝"的部分全部列入外書③。另一方面，如果兵陰陽《孟子》是被列入《孟子》外書的部分，那麽班固在兵家文獻的著錄過程中，又勢必會像處理兵書十家别裁文獻那樣，予以注明。然而班固刪減備注的部分也並未提及《孟子》，可見兵陰陽《孟子》與另外的兵書十家也有不同。所以，兵陰陽《孟子》一篇應在劉向的目力所及範圍④之外，至少並没有與劉向所見的《孟子》類文獻匯集一處。因此，極有可能早在劉向典校群書之前，兵陰陽《孟子》就已然是單篇行世的狀態。

而兵陰陽《孟子》單篇行世最有可能的時間節點，最遲應開始於從漢初兵法典籍整理時：

---

① 章學誠著，王重民通解《校讎通義通解》，第98頁。
② 班固撰，顏師古注《漢書》，第1760頁。
③ 參李華《以"義利之辨"章"冠七篇之首"——劉向、〈漢書·藝文志〉與〈孟子〉早期傳本的經學化》。
④ 以中書爲底本，輔以太史藏書、太常藏書、博士藏書等外書以及校書諸臣的私家藏書，來共同典校，並除去重複，是劉向典校諸子的通例。

> 漢興，張良、韓信序次兵法，凡百八十二家，刪取要用，定著三十五家。諸吕用事而盜取之。武帝時，軍政楊僕捃摭遺逸，紀奏兵録，猶未能備。

大一統局面之下，兵法書籍被統治階層高度重視與嚴格掌控，最初的整理者張良、韓信都是有着豐富軍事經驗的重臣，而他們所選擇的兵法典籍也應該是實操性較强的典籍。"諸吕用事而盜取之"的記載也説明，兵法文獻已經成爲僅爲統治階層服務且被統治階層嚴格管控的重要資源。這也意味着兵陰陽《孟子》及其他兵家文獻社會傳播路徑的進一步縮小乃至消失。經過多次序次整理後的兵家文獻被藏之中秘，與當時尚未經劉向典校、後被列入諸子略儒家的《孟子》部分分章别行①，兵陰陽《孟子》或許正是從彼時開始就退出了整個《孟子》文獻的社會流傳系統。這或許也是東漢趙岐在爲《孟子》作注時僅言《孟子》内外書，而隻字不提兵陰陽《孟子》的重要原因。

其三，先秦秦漢年間《孟子》文本早期面貌的核心内容由《孟子》内書七篇，外書四篇，以及兵家陰陽《孟子》一篇共同組成。

根據前文推測可知，在漢成帝時期所展開的這次大規模書籍整理中，《孟子》的文本同時包括了兵陰陽《孟子》一篇，與諸子儒家所著録的《孟子》十一篇兩個部分。而且，這兩個部分在内容上存在巨大差别，是並列關係而非相互包含。按照漢初至任宏、劉向諸多整理者的觀點，這一部分與劉向典校後的《孟子》十一篇應當均是孟子或孟子一派的作品。換而言之，《孟子》内書七篇，外書四篇，以及兵家陰陽《孟子》一篇的結合，或是更接近於《孟子》在秦漢年間、劉向典校圖書之前的文本樣貌。

相較於經過劉向"經學化"處理的《孟子》十一篇②，兵家陰陽《孟子》最早且經歷了多次整理，流傳與保存途徑相對獨立，這也意味着它在秦漢年間的文本變化最微，其中所藴含的數術、仁義並存思想或許也更接近《孟子》早期傳本的原始面貌。且從篇幅上來看，《孟子》一篇③佔據的篇幅應與《孟子》十一篇中每篇的篇幅大致相類。由此可見，"因五勝，假鬼神而爲助"④的特點，或在早期孟子傳本中佔據了不低的比重，甚至可與孟子的性善、仁政等思想比肩。

理清《孟子》文本早期構成之後，能够發現：《孟子》文本的最初面貌遠非目前所見那樣的"醇乎醇"，而是經歷過多次整理典校的"醇"化。儒家《孟子》十一篇在劉向、劉歆整理過程中被賦予了經學化色彩；而兵陰陽《孟子》一篇又與其他實用書籍一樣過早亡佚，使得人們在探

---

① 從吕后偷竊的那則記載能够看出，兵家内容是最早整理也是統治者最爲重視的資源。即便是到東漢時代，賜黄香《孟子》一事都會被專程在史記中單列一筆。而淮南王劉安因召集門生而獲罪一事，也説明了當時諸子典籍的流傳路徑並不像現在那樣豐富，而是極其有限。
② 參李華《以"義利之辨"章"冠七篇之首"——劉向、〈漢書·藝文志〉與〈孟子〉早期傳本的經學化》。
③ 有關篇、章的規模問題，可參錢存訓《書於竹帛》。
④ 班固撰，顔師古注《漢書》，第1760頁。

討《孟子》早期文本構成時，忽略了《孟子》早期文本的另一側面。

這也再次提醒我們在面對劉向、劉歆的成果時，應當保持一個理性的態度：向歆父子典校群書使得絕大多數先秦遺存典籍的文本固化過程得以完成，但同時也不可避免地割裂了一些原本或應相對完整的典籍與思想形態。部次源流僅僅是劉向、劉歆爲首的漢儒典校圖書的權宜之法，這種分類並非諸子時代的文本原貌，也並不一定就完整地保存了諸子思想的整體面貌。例如漢代的《孟子》類典籍中，兵陰陽《孟子》至少經歷了四次整理，儒家《孟子》也至少經歷了一次系統典校，此後，《孟子》文本才逐漸固定下來。後續《孟子》的流傳，趙岐《孟子章句》序言中班班可考，此處不贅。綜上，早期《孟子》文本的面貌遠比我們今日所見要豐富得多，也更接近諸子時代的真相。因此在探討先秦至西漢末年的《孟子》問題時，我們必須努力糾正回溯漢代學術發展進程中所必然面臨的"溯逆的誤差"，儘量恢復軸心時代子學典籍的原貌。

（二）兵陰陽文獻與式法①關聯

盡可能釐清兵陰陽《孟子》及相關文獻特點，有助於我們對早期《孟子》的原始面貌有一個更爲全面的認識。而兵陰陽類文獻、竹帛《五行》與今本《孟子》七篇背後的式法（陰陽五行）淵源，是輔助我們進一步瞭解《孟子》文本早期面貌特點的重要途徑。

《漢書·藝文志·兵書略》著録的兵陰陽《孟子》及其他十五家，正如中國古代的所有實用書籍一樣，無法像"議論文辭"那樣傳之長久②，而不得不與其他載之典籍的實用類内容一樣面臨較早亡佚的局面。正如李零所説，其"内容不斷積澱，版本反復淘汰。例如秦禁詩書百家語，不禁醫卜農桑，但詩書百家語反而保存下來，醫卜農桑之書反而大多亡佚。這是帶有規律性的，並不止於秦爲然"③。不過值得慶幸的是，"這種書雖然代有散亡，可是學術傳統却未必中斷。比如《唐律》固然是成於唐代，但内容不但含有秦律和漢律的成分，也含有李悝《法經》的成分"④。因此，雖然兵陰陽《孟子》已無法見其真容，但根據《漢書·藝文志》中對兵陰陽類典籍的描述以及出土文獻中的兵陰陽内容，依然可以推知兵陰陽《孟子》内容傾向及其背後的思想淵源。

目前出土文獻中的馬王堆帛書《刑德》和張家山漢簡《蓋廬》等都是兵陰陽文獻的代表。以《蓋廬》爲例，《蓋廬》共有竹簡五十五枚，以蓋廬提問、申胥（伍子胥）的回答爲主，涉及治理國家和用兵作戰多個方面。尤其值得注意的是，張家山漢簡整理小組指出，該文獻"有濃厚的

---

① 式法是陰陽五行的具象化："戰國秦漢時期的陰陽五行學説就是以式法爲背景而形成。"（李零《中國方術考》，東方出版社 2001 年版，第 40 頁。）式法流行於戰國秦漢年間，恰恰也正是陰陽五行思想盛行的時期。
② 章學誠著，王重民通解《校讎通義通解》，第 99 頁。
③ 李零《中國方術考》，第 29 頁。
④ 同上，第 29～30 頁。

兵陰陽家色彩，如强調'天之時'、陰陽、刑德、'用日月之道'、'用五行之道'等"①。相關內容如下：

> 蓋廬曰：何胃（謂）天之時？申胥曰：九野爲兵，九州爲糧，四時五行，以更相攻。天地爲方圓，水火爲陰陽，日月爲刑德，立爲四時，分爲五行，順者王，逆者亡，此天之時也。②

《蓋廬》此段解釋了何爲"天時"，這與《漢書·藝文志》所指出的兵陰陽作品的特點高度一致——"順時而發，推刑德，隨斗擊，因五勝，假鬼神而爲助"③。也是强調了對刑德、四時、五行問題的瞭解與運用，並在此基礎上，遵循規律以求勝局。

更爲重要的是，"天時"除了代表抽象概念之外，在先秦兩漢還有一種具象物體與之相應——式。《周禮·春官·大史》記載大興師役的時候，大史要"抱天時與大師同車"④，此處的"天時"就是"式"的别名。式，也稱式盤⑤，分爲天盤和地盤兩個部分，分别象徵天與地。式盤正是通過旋轉來推導天道運行的規律從而指導人事⑥。正如《史記·日者列傳》中所記載的"今夫卜者，必法天地，象四時，順於仁義，分策定卦，旋式正棋"⑦，其中所提到的"旋式正棋"正是運用式盤推衍天道規律的做法。《史記索隱》道出了式盤運行規律："式即栻也。旋，轉也。栻之形上圓象天，下方法地，用之則轉天綱加地之辰，故云旋式。棋者，筮之狀。正棋，蓋謂卜以作卦也。"⑧

式（或説"式法"），是陰陽五行思想的具象化（詳見附圖），也是引導我們進一步深入理解兵陰陽《孟子》內容的重要綫索⑨。李零指出："式是古代數術家占驗時日的一種工具……這種器物雖方不盈尺，但重要性却很大，對理解古人心目中的宇宙模式乃至他們的思維方式和行爲方式是一把寶貴的鑰匙。……因爲從簡帛書籍的出土情況看，有一種講選擇時日和歲月禁

---

① 張家山二四七號漢墓竹簡整理小組《張家山漢墓竹簡》，文物出版社 2006 年版，第 161 頁。
② 同上，第 162 頁。
③ 班固撰，顔師古注《漢書》，第 1760 頁。
④ 《十三經注疏·周禮注疏》，上海古籍出版社 1997 年版，第 818 頁。
⑤ 目前所見式盤的種類和樣式，李零先生的《中國方術考》第二章已有詳細臚列，此處不贅。樣式可參安徽阜陽雙古堆西漢汝陰侯墓 M1 出土的六壬式盤，詳見《阜陽雙古堆西漢汝陰侯墓發掘簡報》，《文物》1978 年第 8 期。
⑥ 戰國秦漢時期的占家中即有"五行"的説法，是"日者"的一種。這種"日者"即從事時日占驗的人，專門講陰陽五行時令。
⑦ 司馬遷撰，裴駰集解，司馬貞索隱，張守節正義《史記》，中華書局 1959 年版，第 3218 頁。
⑧ 同上。
⑨ 李零《中國方術考》，第 38～39 頁。

忌的書發現很普遍……例如子彈庫楚帛書和馬王堆帛書《陰陽五行》就都是寫在這種圖上,其他書即使不附圖也都是以這種圖式爲背景。受此啓發而重檢傳世文獻,……除《淮南子·天文》的附圖屬於這種圖式,《管子·玄宫》和《山海經》原來也是與這種圖式相配;而大小戴記的《夏小正》《月令》和《吕氏春秋》十二紀等書,内容與《玄宫》相近,亦含類似背景。"①

　　值得注意的是,式法與軍事存在着天然關聯。首先,式法的發明即與軍事有關。據李零先生研究,黄帝九戰蚩尤不勝,最後得玄女授法攻克之。而玄女所授之法,正是式法。"古代式法以六壬最流行。六壬式的别名就叫'玄女式'(見《太白陰經》卷十《雜式》)。而遁甲、太乙等式也傳説是玄女授黄帝,黄帝授風后。這一傳説暗示出式法與軍事有密切關係。"②其次,古代兵家需要學習式法,也一直是個傳統。再次,一些古代兵書也曾專講式法,例如《太白陰經》卷九和卷十、《武經總要》卷十八至二一、《武備志》卷一六九至一八五等都包含這種内容。"古代式經也往往講用兵,有些書甚至還是專門爲軍人而寫。可見這一傳説對理解它的技術傳統很重要。"③

　　不僅是式占,星占、刑德、風角等占卜手段(即與天文有關的占卜手段),也往往均與兵陰陽典籍存在密切關係。在星占方面,古代涉及天文的典籍,如《甘石星經》《淮南子·天文》《史記·天官書》等,往往在言天道人事的災異與吉凶的過程中,多涉及用兵占卜,與古代的兵陰陽學説關係密切,如《五星占》乙太白出現最多,就與太白主兵有關。《天文氣象雜占》也是以占用兵爲主,其中像某云"在帀(師)上,歸",某云"在城上,不拔"都是屬於兵陰陽家的"望軍氣"(《漢書·藝文志·兵書略》陰陽類有《别成子望軍氣》),所述星象也多是與興動刀兵有關的大凶之象④。此外,西漢晚期深諳齊詩、象數、易學的經學家翼奉、京房等,所善風角占術也同樣與軍事關係密切。並且,《史記·律書》也被視爲"兵書",《漢書·司馬遷傳》張晏注稱之爲"兵書"⑤。在出土文獻中,銀雀山漢簡《天地八風五行客主五音之居》,同樣"以風角五音推行師用兵的主客勝負,也屬於兵陰陽説"⑥。類似記載在《漢書·天文志》中可資佐證,其中"太白""辰星"等星與刀兵有密切關聯:

　　　　太白經天,天下革,民更王,是爲亂紀,人民流亡。

---

① 李零《中國方術考》,第 89 頁。
② 同上,第 30 頁。
③ 同上,第 89、30～31 頁。
④ 《漢志·兵書略》陰陽類有《别成子望軍氣》,已亡佚。參看《六韜·龍韜·兵徵》、《太白陰經》卷八(李零《中國方術考》,第 39 頁)。
⑤ "而十篇缺,有録無書。"注列十篇之名,稱《律書》爲《兵書》。見班固撰,顏師古注《漢書》,第 2724～2725 頁。
⑥ 李零《中國方術考》,第 56 頁。

> 太白，兵象也。出而高，用兵深吉淺凶；埤，淺吉深凶。行疾，用兵疾吉遲凶；行遲，用兵遲吉疾凶。角，敢戰吉，不敢戰凶；擊角所指吉，逆之凶。進退左右，用兵進退左右吉，静凶。圜以静，用兵静吉趮凶。出則兵出，入則兵入。象太白吉，反之凶。赤角，戰。

根據《漢書·天文志》的記載，太白星本身便象徵殺伐變革之氣象："太白，兵象也"，"太白者，猶軍也"。太白星的運行時間和位置，均與人間的刀兵和變革有着密切的關聯，甚至會影響到人主的變動和人民的生死。尤其是太白和太陽之間位置的變化，預示着天下兵亂的出現和止息，以及戰局最終的成敗。此外，辰星也與太白星一樣，預示着殺伐之象，與人間的治亂關係密切，甚至關乎"中國"和"夷狄"的興衰成敗。儘管這僅是《漢書》中所記載的戰國秦漢以來的天文現象和相關宇宙思維模式，並非《漢書·藝文志》所列的兵陰陽類典籍。但從上述所列内容中，我們依然能够清晰看到，日月星辰變化與人間治亂興衰，尤其是與刀兵殺伐之間的密切關聯。類似記載在《史記·天官書》中也比比皆是："察日行以處位太白。曰西方，秋，日庚、辛，主殺。殺失者，罰出太白。"[①]此外，據傳曹操兵法中也有類似記載："太白已出高，賊深入人境。可擊必勝，去勿追，雖見其利，必有後害。"[②]《乙巳占》卷六也有"太白主兵，爲大將，爲威勢，爲割斷，爲殺害，故用兵必占太白：體大而色白，光明而潤澤，所在之分，兵强國昌；體小而眯，軍敗亡國"[③]的説法。

需要特别説明的是，戰國秦漢與天文有關的數術内容，往往以陰陽五行的形式展現出來，又往往以式法作爲其直觀載體。有關式占、星占、風角等相關名稱與分類多出於後世追述，如在《七略》中，數術類可分爲"五行""蓍龜""雜占"[④]，而到《隋書·經籍志》中，相關内容又全部被列入"五行類"。可見有關數術的分類遠遠晚於數術的實際應用，且後世對各家的分類出入較大。因此，以《七略》或《隋書·經籍志》中的分類來推導各家特色的做法無異於緣木求魚。故而本文無意於對各家做更爲細緻的區分，而是旨在指出：戰國秦漢與天文有關的數術内容，往往以陰陽五行的形式展現出來，雖然其學術源流遠源於天官且保存於史官系統，並與儒家、陰陽家等先秦諸家存在密切關聯，但式法却是其最直觀的推算方式——"秦漢時期的陰陽五行學説就是以式法爲背景而形成。它的特點是符號化和格式化，適於從任何一點做無窮推衍"[⑤]。雖然兵陰陽《孟子》的具體内容已無從考證，但是因爲兵書與式法間的關聯可證，那麼較早就被納入兵陰陽的《孟子》乃至整體《孟子》早期文本學術思想與式法的關係也可推論。

---

① 司馬遷撰，裴駰集解，司馬貞索隱，張守節正義《史記》，第1322頁。
② 瞿曇悉達《開元占經》卷四五，清文淵閣四庫全書本。
③ 李淳風《乙巳占》，清十萬卷樓叢書本。
④ 劉向、劉歆撰，姚振宗輯録，鄧駿捷校補《七略別録佚文》，澳門出版中心2007年版，第153～161頁。
⑤ 李零《中國方術考》，第40頁。

結　　論

　　至此，我們再回頭去看文首提出的問題，在孟子思想與式法（陰陽五行）的關係確然可證的前提下，困擾學界的荀子批判思孟五行中具有"僻違""幽隱""閉約"等神秘性因素的原因可迎刃而解。不僅如此，史籍中的相關記載也可以早期《孟子》文獻與式法的關聯予以闡釋。

　　《史記》記載孟子以"序《詩》《書》"爲畢生所願，今本《孟子》也與《尚書》多有關聯，而《尚書》中就已出現了對式的記載。在《尚書·堯典》中記載了堯通過總結日月星辰規律和"象"特點並以此指導百姓耕作的事情，以天象治理民事，而負責此任務的正是羲和。對照《漢書·藝文志》中對諸子略陰陽家的記載，我們能够清晰地看到兩處用羲和之官、根據天象規律指導民事的做法幾乎完全一致。更爲重要的是《尚書·舜典》中不僅沿襲了以天象指導政事的做法，並且出現了輔助瞭解天象、推演規律的工具"璇璣玉衡"①（即式），並以其運算的結果作爲"以齊七政，肆類於上帝"②的重要手段。《尚書·舜典》"璇璣玉衡，以齊七政"句傳曰："璿，美玉。璣、衡，王者正天文之器，可運轉者。"③這種説法在秦漢至明清時期依然廣爲流傳，如《後漢書·孝安帝紀》："昔在帝王，承天理民，莫不據琁機玉衡，以齊七政。"④清王韜《變法上》："銅龍沙漏，璇璣玉衡，中國已有之於唐、虞之世。"⑤司馬貞《史記正義》記載"栻之形上圓象天，下方法地"，"用之則轉天綱加地之辰"⑥。這也再次證明了，式盤本身就是效法天地四時運行規律而創造出的工具。而熟讀《尚書》的孟子對這一知識背景也不應陌生。

　　此外，從孟子與齊學之間的高度關聯來看，也能找到孟子與兵陰陽思想相關的蛛絲馬跡。孟子長期在齊國遊歷，前後在齊國生活了十一年，後世也以"齊卿孟子"⑦稱之。齊地的八主祭祀也能佐證其兵陰陽思想淵源有自。"齊居東方，尤重八神"⑧，所謂八神，正是天主、地主、兵主、陰主、陽主、月主、日主、四時。齊地的八主神中，天地、陰陽、四時、日月，均與天道運行有關，而兵主又與行兵布陣及選擇術有關。因此，在《孟子》文獻中出現式法背景和陰陽五行特

---

① Cullen C. "Some Further Points on The Shih." *Early China*, 1981: 31~46.（文中稱: It is possible that the phrase hsüan chi yu heng in the 5th/4th century B. C. Yao tien is a reference to some instrument related to the shih.）指出《尚書·堯典》（筆者按：實爲《尚書·舜典》）中的"璇璣玉衡"可能是與式相關。
② 《十三經注疏·尚書正義》，第126頁。
③ 同上。
④ 范曄撰，李賢注《後漢書》，中華書局1965年版，第210頁。
⑤ 陸學藝、王處輝《中國社會思想史資料選輯·晚清卷》，廣西人民出版社2007年版，第54頁。
⑥ 司馬遷撰，裴駰集解，司馬貞索隱，張守節正義《史記》，第3218頁。
⑦ 焦循《孟子正義》，中華書局1987年版，第187頁。
⑧ 劉汝霖《漢晉學術編年》，中華書局1987年版，第3頁。

點,也並非偶然。

侯外廬先生曾指出陰陽五行思想在中國哲學史、思想史上的重要性:"如果不理解陰陽五行學派的世界觀、知識論和邏輯學,則對於自漢以下的儒家哲學,也不能够有充分理解。"①對早期《孟子》文獻中存在式法(陰陽五行的具象化)因素的確認,不僅有助於我們更加深入地探尋陰陽五行與思孟五行淵源,也有助於我們對今本《孟子》中"天時""四端"等思想的進一步溯源②。此外也有助於釐清孟子與漢代經學中陰陽五行成分的諸多綫索:式法流行於戰國秦漢年間,恰恰也正是陰陽五行思想盛行的時期,春秋公羊學中的"性三品説"、齊詩"四始五際"説、象數易學等也均與之相關。孟子與式法即陰陽五行思想關係的判定,無疑會爲我們深入瞭解孟子與秦漢經學闡釋中的陰陽五行思想的關聯,提供一條全新的途徑。

[作者簡介] 李華(1982—),女,山東濟寧人。文學博士,現爲山東師範大學齊魯文化研究院教授,山東省首批泰山學者青年專家,美國加州大學伯克利分校中國研究中心、東亞語言文化系訪問學者。主要從事先秦兩漢孟子學與經學研究,著有《孟子與漢代四家詩》,發表《以"義利之辨"章"冠七篇之首"——劉向、〈漢書·藝文志〉與〈孟子〉早期傳本的經學化》《文景之治與孟子仁政思想的漢初踐行》等學術論文50餘篇。

---

① 侯外廬《中國思想通史》,人民出版社1956年版,第645~646頁。
② 相關内容的進一步探討,已有專文《孟子思想與式法思維》論及,此處不贅。

"總百家之緒"與《漢書·藝文志》的立言

——圍繞《諸子略》的闡論

劉成敏

内容提要 《漢書·藝文志》(簡稱《漢志》)因被納於《漢書》書寫之中,具有不一般的話語内涵。不妨將自劉向父子校理秘書至班固《漢志》之形成的過程,看作一個前後連續、接力的"思想事件"。具體而言,《漢志》"欲廣道術",其匠心乃在因"書"立言,建基於文獻校理的學術工作而創發思想,完成新的知識構型,建構新的"重疊共識",呈示了當時理論建構達到的豐富層次,表現出集大成特徵,最終體現爲一種心裁别出的政治哲學。《諸子略》有其思想品性及形式的意義,自成一子之學,同時服務於經學的目標。在揚棄諸種思想與知識的態度上,《漢志》始分而後合,經折中而取正,因總攝而貫通,表現出超越性與規範性之自覺,誠乃凝聚漢人用心與慧心之思想文本。這是通過史學的方式塑造的一套雜家型制度儒學。《漢志》知識構型既是中國文化和合精神之結果,其"總百家之緒"的立言旨義也成就其爲和合之學。

關鍵詞 《漢志》 立言 知識構型 "重疊共識"

中圖分類號 B2

在史志目録中,《漢志》具有典範的意義,多被視爲校理古典文獻之矩矱及劃歸思想學術之標尺。雖然《漢志》研究已獲得諸多超越傳統文獻學、目録學視野的成果①,然《漢志》的思想

---

* 本文係國家社科基金項目"漢賦文本的'知識考古'及賦學理論問題研究"(21CZW014)階段性成果。
① 代表性的成果,如鄧駿捷《"諸子出於王官"説與漢家學術話語》(《中國社會科學》2017年第9期)和劉松來、李會康《"諸子出於王官"學術源流考辨——亦談"諸子出於王官"説與漢家學術話語》(《中國人民大學學報》2019年第1期)。只是二者特别着眼於探究劉歆的意義,因而名爲討論《漢志》,實則通過《漢志》討論劉歆及《七略》,令人意猶未盡。與二者的問題意識異趣,筆者關注的是,《漢志》作爲《漢書》之一部的文本話語及其思想品性,認爲《漢志》已將劉、班等思想家的個體性思考轉化爲漢帝國的政治話(轉下頁注)

品性,尤其政治思想建構隱蕴之漢人用心與慧心,仍耐研味。至於傳統研究呈顯的,不乏基於預設的學術立場,將文本徑直當作此前思想學説發生的一種"實録"。實則,此乃《漢志》被誤讀之結果。層累的誤讀也體現於《漢志》被强制性地提出了要求,一旦没有滿足要求即招致批評,如被用作思想分類之依據,不少子書因面目複雜而難以被完滿納入九流十家,《漢志》被附益的學術功能便又屢遭質疑。提出"要求"與"質疑"的,多數出於相似的學術目標而不同程度"誤會"《漢志》的情況。被增益的思想與學術史觀不等於文本本身的哲思。此不得不辨。

　　《漢志》的哲思意義,不在於博物館式地陳列、展覽此前學説之脉絡,而在於文本的立言精神、哲學思維及思想品性。仍藉博物館的譬喻,《漢志》哲思體現於博物館之建館宗旨及展品分類、位置經營等形式寄寓的"構思"。然而,中國哲學史、思想史——其中包括具體的政治思想史、學説史之類的研究,很少就此專章書寫。學界或多習於從董仲舒到《白虎通》的進路審視漢代國家意識形態之確立,也罕見給予文本一定的位置,而《漢志》在此過程中理應居於一環。葛兆光稱《白虎通》之於漢帝國意識形態確立的意義:"這是以一種成體系的思想學説籠罩一切的嘗試,也是把思想家個人性思考轉化成國家的政治意識形態的努力。"①《白虎通》《漢志》皆爲漢人通過不同的學術方式重構政治共識的思想產品。《白虎通》的意義更多地還是體現於經學内部,所謂"通義",即反映了時人求同存異的經學旨趣。《漢志》作爲一種整全的思想文本的建構意義,要比《白虎通》更顯集成性。儒學的政治意識形態之路肇始於武帝,至東漢明、章時代進一步完成。也正在兩漢之際,《漢書》逐步成爲漢帝國重建秩序的工具,承擔建構意識形態的使命,最終形成知識與權力的結盟②。《漢書》是國家政治話語主導、知識精英參與建立的新秩序、新共識。歷史叙事成爲"包裝"理論的形式。《漢志》或因被編織於《漢書》之内而哲思被掩,却也因此而具有一定的知識權威,其思想品性需回到《漢書》及漢人的思想語境之中觀照。綜此,以下略陳膚受之見,就教於方家。

一、"知識構型":"堂構一新"的《漢志》

　　思想史、哲學史的研究離不開經典文本。如何認識和處理文本,思想史、哲學史的認知與歷史主義的態度存在一定的差異。關於經典文本的思想與義理闡釋,張汝倫曾經提出方法論

(接上頁注)語。然而我們都有一個共識,即《漢志》並非一份中秘書單這麽簡單而已,給後世存留一份稽古考史之"索引"不是漢人之本意。《漢志》不只是書目文獻,這其中有漢人的思想志意、文化信仰與現實關懷。
① 葛兆光《中國思想史(第一卷)》,復旦大學出版社2001年版,第276頁。
② 關於《漢書》編撰及此間蕴含的漢人"良苦用心",參見陳君《政治文化視野中〈漢書〉文本的形成》(《文學遺產》2017年第5期)、《知識與權力:關於〈漢書〉文本形成的幾個問題》(《文學評論》2018年第3期)二文的考論。

的省思:"嚴格說只是語文學、校讎學或訓詁學的態度,而不是哲學的態度,對我們理解文本闡述的義理不會有太大的幫助。"概言之,張先生指稱的校讎學或語文學、訓詁學的態度,例如關注文本寫作年代、篇章安排、作者真偽,或纂輯文本的批評版、考證版,姑且稱爲一種歷史主義的態度,在研究實踐中往往表現爲文獻考據意義上的"求實"精神①。研究方法、問題意識有異,文本的功能與價值自然因之不同。思想史、哲學史研究對文本義理的闡釋,取決於論者之思想的、哲學的態度與眼光,若固執於歷史主義的態度,研究視域將始終無法超越文獻考訂的範圍,不僅文本的"意義"——思想的、哲學的內容得不到合理揭示,或許還會造成不必要的誤讀,乃至略過文本的獨到之"思"。張先生的意見道出了當下相關研究存在的問題,具有一定的啓示意義。

然回到古人"製作"文本的語境,具體問題則又需要具體分析。"校讎學""語文學"的目標可能不僅僅着意於文獻層面,古人恰恰通過文獻學意義上的"技術"操作實現思想述作或寄予哲學之思。不僅結撰而成的文本成爲蘊含義理的思想文本,文本呈現的形式也有可能構成蘊含哲思的"內容"。《漢志》特别是《諸子略》便是如此。漢代思想之建構與漢人知識的生產機制、話語形態具有密切關聯。作爲一部史志目錄,《漢志》成爲勘究此間關係之榫卯,而目錄之要義誠乃蘊含思想張力、簡明而又别致的話語形式,迥非靜態、被動意義上供予檢索、查驗之簿册記錄。自劉向父子校理秘書至班固《漢志》之形成,不妨將此過程看作一個前後連續和接力的"思想事件"。《漢志》則可被視爲漢人總體"知識"的分類,别類而又整齊的過程已然是一種理解、詮釋的行爲,通過呈顯漢人思想之"知識構型"的方式,致思立義即隨之實現。

構型,在化學領域指的是一個分子的空間結構,基於各個原子特有的、固定的空間序列而具有穩定性特點,因原子空間序列之改變而建立新的構型。仿此而言,知識構型是中國古代的知識生產—消費的動態機制。新構型之建立,客觀上需要知識累積達到一定程度,並已具備新構的內在理路,主觀上則因有了解決思想或現實問題的要求。《漢志》是漢人精心培植的一棵"知識樹":首先,有根基、主幹,分别爲《易》和五經;有枝幹,即六藝之外各《略》;枝幹之外有枝條,如諸子分十家、兵書分"權謀""形勢"等;枝條之外又有細節,如諸子各有"正宗""此其所長也",又有辟者、放者、蔽者之流,且没有後者便無以突顯前者。其次,此樹根植於深廣的土地,不惟深厚久遠的制度與思想、學術傳統,也有當世的制度、思想語境及其現實訴求,目標則指向漢人構擬的關聯性思想與知識譜系及理想的政治秩序。這棵樹充分賦予知識的致

---

① 張汝倫《文本在哲學研究中的意義》,《哲學研究》2019 年第 1 期。需要説明的是,類此文獻考據層面的研究之於理解文本闡述的義理也不能一概認爲"不會有太大的幫助"。例如確定文本寫作年代,有利於建立文本在思想史、哲學史上的坐標,馬王堆帛書《五行》思想年代的推定,便構成理解、貫通先秦儒學心性思想之歷史脈絡及知識背景的基礎問題。又如徐建委《試論戰國秦漢文學研究中的慣例方法及其相關問題》(《中國人民大學學報》2018 年第 5 期)揭舉的戰國秦漢文學研究之"慣例方法"存在的問題,對於用"哲學的態度""理解文本闡述的義理"同樣具有切實的反思意義。

用功能,又揭櫫知識的認知視域及其適用限度,還提醒知識運用的原則與方法。整體視之,無論別裁互著之體例、類目編次之秩序、叙録陳言之立場,文本在在彰著編撰者的匠心獨妙之思,並且與《漢書》諸《志》以及漢代哲學思維、政治思想、制度精神、文化訴求互文見義。要之,目録實乃"立言"之體,成一家之言而彰表新義,"此融舊鑄新之工作,實無愧於創造。譬如工師建屋,木石磚瓦皆仰給於成品,固無礙於堂構一新也"①。

思想史、哲學史的研究,固然需要堅持思想的、哲學的態度,抉發公認的經典哲學文本的哲思,也需"別具隻眼",超越文獻,注意"發現"新的思想與哲學文本,將看似非哲學/思想文本的義理揭示出來,彰著古人慧心。當然,超越文獻只是一種修辭性的説法,並不是説擺脱文獻或架空文獻,反是深植於文獻基礎。這包括兩層意思:一在取徑上,針對向被視爲經典的文本,超越傳統的文獻學研究、歷史主義態度,去探視和抉發它們内藴的哲思,無論字面之義抑或"紙背"之理——文本形式背後的哲思。二在範圍上,拓展古典思想或哲學研究的材料視域,如彭國翔强調研究中國哲學必須注重"文獻基礎",至於文獻的範圍,"應該既包括中國傳統文化中所有的文本典籍,如經、史、子、集等各種傳世文獻,也包括圖像、器物(如甲骨、銅器、簡帛等)等所有作爲思想觀念之符號反映的物質載體"及"以往學人對那些文本典籍乃至於圖像器皿的研究成果"②。《漢志》之哲思及形式的意義兼括以上取徑、範圍兩個方面。

"傳統目録學著述不過是徒作甲乙丙丁的賬簿式記録以致未有深刻内涵",針對這樣的認識,温慶新從道德基礎、政教實踐機制的視點,闡明目録之學"能夠承擔起滿足'時君世主'的需求與引導'風俗人心'的政治責任"的功能,並指出像《漢志》之類目録構成溝通統治階級政教意圖與彼時思想、學術的重要媒介③。此論確乎成立。即就《漢志》而言,此間有關目録之隱義仍有內涵值得闡論。目録與目録之學互爲表裏,而又非一物。因校讎而叙目録,目録之義假目録之學闡發,《漢志》的文獻學、學術史價值已多討論。至於文本的特殊性質及功能,即作爲一種有意味的思想形式,尚可一叙。因此,重構漢人的問題情境,將漢人志意及思想過的問題體認一過,或爲重新認識《漢志》的有益嘗試。以下將主要圍繞《諸子略》——被關注的頻度最高,被誤讀的程度可能也最深——試予具體闡論。

二、"思想産品":《諸子略》之"不得已"

《漢志》堂構一新,其立言旨趣之第一義,在於"告訴"讀者"我們"實際上是怎麽思想的,體現的是漢人思想觀念,不在於呈現周秦漢學説發展的所謂"真實脉絡"如何。循此,或不會陷

---

① 蕭公權《中國政治思想史》,商務印書館2011年版,第11頁。
② 彭國翔《中國哲學方法論的再思考:温故與知新》,《哲學動態》2019年第9期。
③ 温慶新《政統與道统之間:傳統目録學體系建構的政治基礎與道德基礎》,《圖書館》2018年第4期。

於歷史主義的態度對《漢志》提出"不切實際"的"學術要求",也不至於誤讀《諸子略》而在相關認識上產生歧義。《諸子略》之再理解需從文本之被誤解說起。諸子十家綜括周秦至漢代的思想學說,諸子自開戶牖的特點得到呈現,框架簡明清晰。潛在地,諸子家數也構成後人認知諸子的固有範式,譬如十件容器,這就給將一個文本編入"某家者流"提供了操作上的便利。然而檢視秦漢子書,時而出現這樣一個現象,即可能無法若合符契地將對象納於一家之言,如儒家者流若干文本之中也時見道、法、陰陽諸多學說的成分。因之,《漢志》的分類與整齊也引起了不少批評。

英國學者魯惟一曾提及劉向父子的文獻分類是漢代思想史的重要事件之一,同時指出這樣整齊的劃分是不合適的:"這樣的分類首先並不是有意對中國哲學進行分析,它實際上是圖書館裏負責收集文獻和編排圖書的學者們的著錄工作。……中國學者接受了劉氏父子著作中所遵循的分類,這已經成了他們的一種傳統慣例:在很多情況下,他們把這些類目回溯性地應用於大量的中國文獻中。結果在這種意義上是錯誤的:他們在根據一個或許並不適用於早期中國著作的標準強行分類。"①這一觀點頗有代表性。美國漢學家史華茲說"一個觀念的歷史可能並不完全等同於相應術語的歷史,儘管該觀念最終要靠那個術語來辨認";關於諸子劃分,他也提到"把獨立的思想流派(正如某些類型的現代西方思想史書上見到的那樣)整整齊齊地排成系列(serrid array),就成為一樁很成問題的事情,尤其當它們被看成是互不相容的思路時更是如此"②。除了海外學者注意於《漢志》分類引發的問題,梁啓超也曾批評《漢志》"非能知學派之真相者也",並條述《漢志》"四疵"③。綜之,類此批評皆具強烈的反思意識,認為《漢志》特別是《諸子略》理應準確、合理地"復原"和呈現周秦至漢的"完整"思想。這些批評所指向的,究其實,是《漢志》的主觀分類已然成為後人理解此前學說之精確、客觀的結構。

近年,徐建委的系列成果,豐富了《漢志》研究的新視野。徐先生稱上述"結構"造成的影響為"《漢志》主義"。他指出《漢書·藝文志》"更是直接構築了周秦漢學術進程的想像基礎"④,並且提醒作為文獻學方法的"考鏡源流"存在一定的問題,"戰國秦漢文本的綜合性特點,從時間角度而言,乃是長時段之特點。……彼此之間難有清晰的年代界限,不能完全以年

---

① [英]魯惟一著,王浩譯《漢代的信仰、神話和理性》,北京大學出版社 2009 年版,第 9 頁。
② [美]史華茲著,程鋼譯《古代中國的思想世界》,江蘇人民出版社 2008 年版,第 236、233 頁。
③ 梁氏稱:"既列儒家於九流,則不應別著'六藝略',既崇儒於六藝,何復夷其子孫以儕十家?其疵一也。縱橫家毫無哲理,小說家不過文辭,雜家既謂之雜矣,豈復有家法之可言?而以之與儒、道、名、法、墨等比類齊觀,不合論理,其疵二也。農家固一家言也,但其位置與兵、商、醫諸家相等。農而可列於九流也,則如孫、吳之兵,計然、白圭之商,扁鵲之醫,亦不可不為一流。今有'兵家略'、'方技略'在'諸子略'之外,於義不完,其疵三也。'諸子略'之陰陽家,與'術數略'界限不甚分明,其疵四也。故吾於班、劉之言,亦所不取。"參見梁啓超《論中國學術思想變遷之大勢》,上海古籍出版社 2001 年版,第 24 頁。
④ 徐建委《文本革命:劉向、〈漢書·藝文志〉與早期文本研究》,中國社會科學出版社 2017 年版,第 30 頁。

代序列的邏輯梳理之。或者説,'考鏡源流'的嘗試恐不可取"①,又謂"基於血緣系譜的學術系譜,以終點書目代替過程知識,整理書目以當整體目録,此三點乃是《漢志》影響到學術底層基建的最大因素,也是漢前學術思想史生長的基礎原則和先天結構,更是其叙事有效性的最大陷阱"②。徐先生提出"超越《漢志》主義",破除它造成的執迷,並力求考究清楚《漢志》"善本"之前的文獻面貌。他將《漢志》的形成喻爲造假山,"自然大川中的美麗的石頭被撿運而來,不同來源的石頭按照功能或樣貌,被分成可'製作'山峰、山脊、山谷、山坡的不同類型,按照主事者和設計者對'山'的理解,重新組裝成一座'山'"③。而他的研究則試圖"復原"《漢志》這座秩序井然、次第分明的"山"成形之前的樣態,由此提醒讀者《漢志》這份被整理好的"終點書目"在圖籍整理與學術考辨意義上的"適用限度"。

衆多學者的批評是對執迷於《漢志》的部分"校正",就各自學理而言,皆有相當的創見之處。尤其徐先生着眼於文本變遷的視角極富文獻學的精神,相關思路及結論引人深思。不過回到漢人語境,换一角度看,或許可説,以以上諸家爲代表的認識,同樣存在對《諸子略》的誤讀。當然,這不是對這些觀點及《漢志》之文獻學、學術史意義的否定,只是基於文本思想品性的視點,強調《漢志》尤其《諸子略》在漢代政治話語中的"思想在場性",這是漢人的語境。至於"《漢志》主義""超越《漢志》主義",二者實質上都是"文獻主義"。徐建委認爲"理解一時代之學術與思想,'當代性'要優先於'歷史性'"④,並分析了"《漢志》主義"造成的諸多問題,然其個別的觀點似也未盡擺脱"歷史性"思維,如"(劉向父子)校勘過程本身就已經與政治、日用趨遠,而漸近於知識與學術了"⑤,認爲《漢志》只是一部校理而成的善本"新書"書單。這恐怕言之過鑿,實則也没有超越目録學、學術史的傳統眼光。真正構成探究文本"當代性"的思維,在於反思《漢志》何以如此處理、布置,即如此處理和布置意圖表達什麽,這是思想史的維度。《漢志》"欲廣道術",建基於文獻校理的學術工作,確立"善本",創發新的思想,實現事實性知識(通過善本之"目"呈現)與價值性知識(通過善本之"録"賦義)二者的合體重構(此即"目、録"合參的别致形式)。手段是整理故舊,目標與結果却是要别開生面,繼"往"而開"來"。劉向父子確實"不是有意對中國哲學進行分析",却並非如魯惟一所説只是進行圖書文獻的收集、整理。雖然魯氏已經視劉氏校書爲漢代"思想史"的一個重要事件,其表述的底層態度仍然是文獻學的,而不是思想史的。至於徐先生言下之"超越《漢志》主義",或也只是自我預設之下文獻處理的技術性突破,抑或謂之表現出了更爲自覺的文獻學意識。這種"超越"一旦也形成"主義",勢必造成"堂構一新"的《漢志》大體被掩,令人滿眼只見磚瓦木石。

---

① 徐建委《文本革命: 劉向、〈漢書·藝文志〉與早期文本研究》,第 48 頁。
② 同上,第 75 頁。
③ 同上,第 76 頁。
④ 同上,第 72 頁。
⑤ 同上,第 321 頁。

关于《诸子略》的误读，主导思维表现爲将文本当作一种静态的、被动的历史呈现。显而易见的方面在於，将诸子十家用作标尺，强制性地裁量一个对象文本的学派属性，这是徐先生所指"《汉志》主义"的主要问题。另有相对隐晦、不易被觉察的误读，恰恰体现在对《汉志》的"清醒"批评，如对"诸子出於王官"説的质疑；还有基於"误读"的误读，如对"《汉志》主义"的批评。就文本自性论之，"主事者和设计者"的理解及宗旨投射於《汉志》结构形式之中已然构成思想本身，或谓《汉志》寄"理"於此形式，如此处理恰恰凝聚了汉人之用心与慧心，并非仅仅提供一份秘府书单而已。这是《汉志》作爲立言之体的独到之处。汉代通儒之学有自觉的道统担当，"其中保持了儒家博学、经世和独立的真精神"，出身郎官经学系统的刘向父子在这个统绪之中居於重要一环①。《诸子略》於此体现颇爲突出，应缘於刘氏的考量被同样具有郎官背景、与之存在学缘关系、"所学无常师，不爲章句"的班氏所认同。

晚周以降，诸子学説在争鸣过程中兼合融通，已经成爲一种思想大势。即使是庄子，司马迁《史记》也称他於学无所不窥。所谓入其室方能操其戈，在对话争鸣的语境中，诸种学説的代表性人物大都於学无所不窥。如此历时积久，诸种学説之间的"斗争性"在经验事实的层面渐趋被"混融性"替代，流衍爲"杂家化"的形态，实际已难以"某家者流"单纯地验视一个文本。学説之间的关系譬如联动装置中的齿轮，虽各有出入，却又深入彼此，紧紧嵌合，相互藉力，形成相反相成、相济相维的动态格局。面对如此态势，刘、班这些历史中人没有"当局者迷"，实则十分清楚。《汉志》融入了思想大势，又完成了思想创造。基於裁择、校理和着录图籍的工作，表达新的哲思和建构新的理论，汉人意在於此，而非在彼。固执於彼，极易暗忽於此，因之会认爲《汉志》存在诸般问题甚至於错误。因此，前揭徐建委"造假山"之喻中的"捡运（美丽的石头）"，谓之"拣运"似乎更爲合适。周秦汉不同思想、学派文献当中互见相同、相近的文字，除了徐先生説的文献转抄、同一语源的情况，还有一种可能——而且可能更近乎思想史的"真实"，这是古人和合会通思想的一个结果，因而构成探究汉代思想"整齐"的"痕迹学"证据。

诸子学説称述方式的改变，也能给我们带来启示。此前主要以"人"爲标识，汉代则代之以"家"爲单位，司马谈《论六家要指》《汉志》皆如此。这部分地反映前者作爲指称方式已然失效，同时则奠定汉人基於别类而後整合的思维图式。历来对《诸子略》分类的批评，其表现之一在於，言説者似乎过於较真，将如此清晰的划分"想当然"地等同於诸子发展的实际脉络，遂不自觉地视之爲静态的工具书，结果往往方枘圆凿。徐刚指出，诸子学派的划分是一个相对概念，会随着分类之目的和需要有所改变②。这是对的，不过却也并非如其所言，只是"出於图书分类的需要"。在思想态势、政治情势与学术风尚三者彼此互动的时空坐标中，《汉志》必须提炼十家从而整齐诸子，这看似矛盾，於势而言实则不得不然。藉先秦诸子称述立论创説的话来讲，这便是"不得已"。《诸子略》是一个"説话"的文本，十家的哲思意义，正在这种划分的

---

① 徐兴无《刘向评传》，南京大学出版社 2011 年版，第 102 页。
② 徐刚《论先秦诸子的分派问题》，《北京大学学报》2015 年第 5 期。

形式寄寓的義理，其別類内在蕴含了能動的思想功能。在此邏輯中，被傳統的文獻考據視爲不合理的劃分，恰彰顯了《漢志》對諸多文獻進行思想規訓的文本話語。如《莊子》在道家，莊子極重個人自由，如蕭公權論道"莊子之政治思想誠古今中外最徹底之個人主義"，"謂莊學爲最極端之無政府思想亦未嘗不可"①，雖然不合莊周之意，《諸子略》仍然謂"道家者流……君人南面之術也"。再如，細研《諸子略》諸序，則可發現，其中大抵隱含以禮學評騭諸説的旨義。這些都是《漢志》合參"目、録"，並藉此"規訓"文獻的表現。因之，不如此分類，固然無法處理已然紛繁複雜的學説及文獻，然漢人之用心在於，不如此分類，無以完成博約、折中進而推闡大道的目標。梁啓超認爲："史家惟一職務，即在'整齊其世傳'，'整齊'即史家之創作也。能否'整齊'，則視乎其人之學識及天才。太史公知整齊之必要，又知所以整齊，又能使其整齊理想實現，故太史公爲史界第一創作家也。"②"整齊百家"是史家立言方式之一，稽異合同，取裁折中，實現思想述作。《漢志》同樣如此。所以，因《七略》而成《漢志》，這是自覺的知識構型，並不是自發的采編行爲，不僅是自劉向至班固營構新王官學和建立思想與文化信仰之抱負雄心的體現，也是東漢人在文教方面"宣漢"的成果展示。作爲《漢志》之一部，《諸子略》是《漢書》權力話語在知識層面的表達，已獲得政治話語的認可，遂也被賦予了知識的權威。

　　章學誠曾謂《漢志》實爲明道之要，余嘉錫説得更爲通透："特因而寓之而已。譬之《易》本爲卜筮，而以寓事物變易之理；《春秋》本爲記事，而以寓褒貶之義。……夫言理者必寓於事，事理兼到而後可行。"③通過校理文獻、辨章學術，漢人着意於建構一套知識話語和思想系統，而非整理全部的文獻。思想的創發是第一位的，《漢志》給後人提供的"書目檢索""文獻考古"的功能是其次的，以至多屬於後人的想像，其間生出諸多"不滿意"也就再自然不過。這個道理很好理解。事實上，若單純從學術史角度看，《諸子略》的學術史觀照也未盡周全，至少對在此之前的學術成果没有充分吸收。比如《淮南子·要略》指出諸子應時而興，救時之弊，又提到學説發生的地域文化因素與各個國家、區域的思想與制度語境。易言之，《要略》闡論諸子同時觀照到時間、空間兩個維度，這是完整的"學術史"不可忽略的内容。《諸子略序》"皆起於……"云云則混而述之，未予細辨。如此處理，無論有意避免還是無意忽視，其初衷本不在於巨細靡遺地梳理一部"諸子學術史"，而是要將源於不同文化背景、思想與制度語境和紛争世代的學説整合匯入這份目録之中。而結合秦漢對諸子之留心與控制的情況看，這其中可能也隱含這樣一層意思，即面對豐富的思想文獻，與其刻意防範乃至如秦朝的銷毁，毋寧賦予它們實際功能，善加利用。今人用於"定性"文本思想類屬的"十家"之分（作爲學術的工具），實乃《漢志》基於問題意識和立言旨趣而不得不采取的手段（作爲思想的形式）。由此，可以得出

---

① 蕭公權《中國政治思想史》，第187～188頁。
② 梁啓超《要籍解題及其讀法》，岳麓書社2010年版，第21頁。
③ 余嘉錫《目録學發微（含古書通例）》，中國人民大學出版社2004年版，第137頁。

結論,《漢志》是漢帝國的一種思想產品①,接續《吕覽》《淮南子》《論六家要指》等標舉宗旨而統攝群言的傳統,形式上又彰表新的特點,以"書"相配,"目、録"合參,體現出自覺的建構性特徵。《漢志》建立爲治之統緒綱紀,"合大衆,明大分",文獻因之成爲文教的象徵。

三、"重叠共識": 折中與《漢志》和合精神

檢視中國思想文化的關鍵詞,"中"無疑是十分重要的一個範疇。古人尚"中"思維及其文化心理衍生出了居中、折中等一系列觀念。折中彰顯稽異合同、博觀約取的睿智洞識,並非一般通俗理解的只是無甚高明的消極的調和。《諸子略》之折中既是言說立義的方式,同時也構成思想本身。這首先落實在關於諸子來源的認知。諸子之來源,綜括之,主要有兩種意見。一是針對時弊而起,此如《淮南子·要略》所論。一是出於王官,此如《諸子略》"某家者流出於某官"的公式。以今天的眼光看,"王官說"在理論上似乎可靠,實則與文藝理論界曾將諸多文藝形式如文學、戲曲之起源統統歸諸"勞動說"一樣,多爲大而無謂之談。但《漢志》這麽做却頗具用心,正是通過"某家者流出於某官"的叙述,在回溯性的意義上,揭明漢人努力爲制度建構尋求傳統淵源的信念,此即班固稱述的"温故知新"之義,顏師古注"厚蓄故事,多識於新,則可爲師"②。《漢志》剖判藝文、又包舉大小之義,在在關乎帝王之道。折中是指向"未來"的,不是或至少没有止於總結"過去",此間正寄托有漢人的建構雄心。

劉向奉詔校理秘書,負責六藝、諸子、詩賦,兵家、數術、方技則分别由任宏、尹咸、李柱國三家完成。劉氏最後總叙,皆賦予各家政教之用。如《兵書略序》謂"兵家者,蓋出古司馬之職,王官之武備也。《洪範》八政,八曰師"③,《穀梁傳》不止一次陳述"雖有文事,必有武備"的思想,彼此可以互参。彼時職任校書家的劉氏,意圖通過校理中書收編諸種門類學說並納於新王官學。需要注意的是,《諸子略》雖然條述"某家者流出於某官",却並未否定諸子起於時勢的觀點,其序語已講得十分清楚:"諸子十家,其可觀者九家而已。皆起於王道既微,諸侯力

---

① 美國漢學家柯馬丁認爲,"皇家圖書目録並不是不偏不倚地收藏、描述所有已知作品,而是對文本遺產采取了一種選擇性的、規範化的視角";"漢代的皇家目録,甚至包括我們對前帝國時代傳統的整體視野,因此都成了早期帝國的思想產品"。參見孫康宜、宇文所安主編,劉倩等譯《劍橋中國文學史(上卷)》,三聯書店 2013 年版,第 90、94 頁。以上觀點若截取出來,置於思想史的視野作"斷章取義",具有啓發性。只是從《劍橋中國文學史》的叙述脈絡看,柯氏雖提出一些新見,然有些表述似仍未超越誤讀《漢志》的情况。限於本文主題,兹不具論。
② 班固《漢書》,中華書局 1962 年版,第 724 頁。
③ 同上,第 1762 頁。

政,時君世主,好惡殊方,是以九家之術蜂出並作,各引一端,崇其所善,以此馳説,取合諸侯。"①諸子學説反映了不統一或未完全統一之紛争世代的思想家的淑世精神。《漢志》既叙官學,又述世情,則志於在新的"定於一"郡縣制度語境中,重新確立諸子學説致用於世的合法位置與學理邏輯:歷史維度上,明確諸子思想的王官淵源;邏輯維度上,建立服務現實政治的道術理路。固執於考索諸子之學是否出乎王官之學——包括《諸子略》的王官之學是否一一真實存在之類的歷史真相,勢必膠柱鼓瑟。相比而言,這種所謂的"真相"究竟如何已經顯得不那麼重要②。重要的在於,《諸子略》折中"王官""淑世"兩説,不如此,就不僅不能確定諸子"源頭"意義上的官學傳統,也不能確定諸子"流變"意義上的經世精神。校理文獻也是在進行歷史的解釋,這是基於學術工作完成思想的建構。

　　如史所載,武、宣二帝的言語侍從包容了儒學之外的學説。作爲郎官近侍一員,在金馬門期間,劉向就已經開始"商量百家"③。不難發現,《漢志》折中諸子與武帝"罷黜百家,表章六經"的政策不完全一致,《諸子略》謂諸子乃六經之支與流裔,與董仲舒對策稱"諸不在六藝之科、孔子之術者,皆絶其道,勿使並進"④的態度顯然存在差異,這是對董氏斥諸子爲"邪辟之説"的否定。不過也應注意到,董仲舒的對策實則已經暗示這樣一個道理,即諸子若在"六藝之科,孔子之術",則理該擇善取用。劉向父子可能領悟到了這一點,遂反其意而行。班固直承劉氏,《漢志》認同諸子皆具實際功用,要在人之裁擇傳習。諸家小序推崇正宗之後,繼又一一提醒惑者、辟者、放者、拘者、刻者、警者、蔽者、邪人、蕩者、鄙者之末流,以示棄取之義。即使被認爲是"街談巷語,道聽塗説者之所造也"的小説家言,"如或一言可采,此亦芻蕘狂夫之議",如孔子之言"雖小道必有可觀者"。"小道"尚且不廢,何況大道?以此也足顯《漢志》知言識斷之卓越。如果聯想到漢成帝時針對東平思王觀讀諸子書之請求而作的回應,(王鳳認爲)"諸子書或反經術,非聖人,或明鬼神,信物怪","小辯破義,小道不通,致遠恐泥,皆不足以留意"⑤,則《漢志》的認知既具識力,亦顯膽識。這種細大不捐的態度,正是以經學統攝子學從而經世致用之理念折中群言的體現,所謂"其言雖殊,辟猶水火,相滅亦相生也。……《易》曰:'天下同歸而殊途,一致而百慮。'今異家者各推所長,窮知究慮,以明其指,雖有蔽短,合其要歸,亦六經之支與流裔。使其人遭明王聖主,得其所折中,皆股肱之材已"⑥。看似文獻校理的"結項成果",《漢志》之實質却是創發性的立言。源自封建時代、不同時空的"文化遺産",在當

---

① 班固《漢書》,第 1746 頁。
② 此間個別細節頗可玩味。如《諸子略》稱某家出於某官,語中皆有一"蓋"字,意含測度。而《隋志》大多明示《周官》職掌,相比則更顯直接。
③ 徐興無《劉向評傳》,第 55~58 頁。
④ 班固《漢書》,第 2523 頁。
⑤ 同上,第 3324~3325 頁。
⑥ 同上,第 1746 頁。

代政治話語中被再次激活,被賦予新的解釋力,並通過體現官方權威之"當代史"《漢書》的收錄,終獲郡縣制帝國的認可。

《漢志》在文教制度方面實現"百家騰躍,終入環内",在思想形態上雖號稱以儒學爲旨歸,實則做實了"真雜家"的面目。《諸子略》稱:"雜家者流,蓋出於議官。兼儒墨,合名法,知國體之有此,見王治之無不貫,此其所長也。及蕩者爲之,則漫羨而無所歸心。"①《隋書·經籍志》言:"雜者,兼儒墨之道,通衆家之意,以見王者之化,無所不冠者也。古者,司史歷記前言往行,禍福存亡之道。然則雜者,蓋出於史官之職也。放者爲之,不求其本,材少而多學,言非而博,是以雜錯漫羨,而無所指歸。"②《隋志》認爲雜家出於史官,《漢志》謂之出於議官,總之,都認爲出於王官。雜家是體用之學,自具統緒,達於王治。"此真雜家之初義也。"③只有"蕩者""放者"之流才是"漫羨無所歸心"。因罔顧統緒,很多時候,拼接或雜湊被視爲"雜家"的同義指稱。這是欠妥的。雜家之體系建構或知識構型的圓融程度,可能存在精粗、巧拙之别,但並不妨礙文本皆爲"真雜家",而不是"雜湊家"。這是一種兼覆並蓄、融會貫通的思想形態,不同於儒、墨、法之類單一類型。謂雜家"兼儒墨,合名法",《漢志》實際上也是分類論列,舉例明理,察班固自注,可知尚有兵家之言。司馬談《論六家要指》論道家:"其爲術也,因陰陽之大順,采儒墨之善,撮名法之要,與時遷徙,應物變化。"④這個道家也是雜家⑤,旨歸黄老。《史記》深受乃父影響,遂招致班固父子批評:"是非頗謬於聖人,論大道則先黄老而後六經。"⑥武帝之後,漢政崇尚儒學,實質仍是雜家,旨歸六藝。若慮及思想的話語形式,雜家還選擇賦體形式述作。《詩賦略》未收東方朔賦,《諸子略》"雜家者流"録《東方朔》二十篇",余嘉錫考辨認爲此中即有賦作。雜家又録"《臣説》三篇,武帝時所作賦",王先謙《漢書補注》曾引述沈濤之見,認爲"志所引雜家皆非詞賦,此賦字誤衍",而余氏也直言"其説非是,《東方朔》非雜家乎"⑦。"賦言志"是漢代思想表達的文學方式,尤其蘊蓄政論精神的散體大賦,取熔經史,會通

---

① 班固《漢書》,第 1742 頁。
② 魏徵等《隋書》,中華書局 1973 年版,第 1010 頁。
③ 程千帆《閑堂文藪》,齊魯書社 1984 年版,第 236 頁。
④ 班固《漢書》,第 2710 頁。
⑤ 胡適謂"漢以前的道家可叫做雜家,秦以後的雜家應叫做道家(引者按:前指《吕覽》,後指《淮南子》)……司馬談所謂道家,即是《漢書》所謂雜家"。參見胡適《中國中古思想史長編》,上海古籍出版社 2013 年版,第 26~28 頁。蒙文通説"班《志》所謂雜家,正史談所謂道家也。再檢雜家《吕覽》、《淮南》之書,固道家言也"。參見蒙文通《古學甄微》,巴蜀書社 1987 年版,第 313 頁。《隋志》所稱雜者出於史官的表述,與《漢志》謂"道家者流,蓋出於史官,歷記成敗存亡禍福古今之道",彼此也有暗通之處。
⑥ 班固《漢書》,第 2737~2738 頁。
⑦ 參見余嘉錫《目録學發微(含古書通例)》,第 218 頁。按:楊樹達也謂"東方朔亦有賦,《詩賦略》中未見者,以統括在雜家《東方朔》二十篇中"。參見楊樹達《漢書窺管》,商務印書館 2015 年版,第 213 頁。

諸子,樹立宗旨,也構成立言之體,章學誠便稱其"實能自成一子之學"①。劉勰《文心雕龍》謂之"體國經野"②,此乃《周禮》稱述王官之語,又謂之"義尚光大",則深契《諸子略》雜家"王治之無不貫"之義。由此附帶一説,研究中國古典思想與文化,也需放開視野,就類此之文學文本給予足够的關注③。

《莊子·天下》認爲百家如耳、目、口、鼻不能相通,原因在於它們各以一察自好,不能再回到"大體""道術"④。這一"各以一察自好"的格局,漸被兼合融通的思維替代,流衍爲雜家化的形態。可以看到,《吕覽》、《淮南子》、司馬談、董仲舒等文本或思想家的思想建構無一不是雜家型。漢武帝喜好藝文,淮南王劉安曾入朝獻新出《内篇》,"上愛秘之"⑤,據《諸子略》,雜家録"《淮南内》二十一篇",顔師古注"《内篇》論道"。不妨推測,即使是彰表儒術的漢武帝,對此雜家型"道術"至少已經熟悉,至於雜家化的治政思維則體現爲武帝追求的漢家"一家之事",思想與制度的慣性及重視"故事"的傳統塑造了漢宣帝總結的"漢家自有制度"。撇開秦漢思想建構的制度語境,從思想統緒上追溯,此雜家型思維在晚周諸子那裏已然形成。《莊子·天下》試圖以"道術"統攝群言,從它每以"古之道術有在於是者"稱述各家便可見出。《荀子》同樣隱含折中群言的志意,如《非十二子》謂諸家都能够自成一體,"持之有故,言之成理",《解蔽》指出墨子、宋子、慎子、申子、惠子、莊子等存在"蔽於某而不知某"的不足,認爲"此數具者,皆道之一隅也。夫道者,體常而盡變,一隅不足以舉之"⑥。《漢志》賡續思想建構的雜家化思路,彰著因應變化的旨趣,同時賦予雜家"議官"的王官身份⑦,强調思想諫言的功能。

自《論六家要指》而至《漢志》,由黄老道論替爲六藝經術,漢人的"雜家"認知最顯折中之義。史華兹稱述"雜家",用的便是"折中主義"一詞⑧。也在群言折中的意義上,如蒙文通所言,諸子思想最終的勝利是雜家的勝利⑨。至於"罷黜百家,表章六經",《漢志》的表達則是百

---

① 章學誠著,葉瑛校注《文史通義校注 校讎通義》,中華書局1985年版,第1064頁。
② 范文瀾《文心雕龍注》,人民文學出版社1958年版,第135頁。
③ 與此相關,錢穆關於中國文學之於思想、文化之意義的看法,也啓人思考。他認爲,"若講中國文化,講思想與哲學,有些處不如講文學更好些"。參見《中國文學論叢》,九州出版社2011年版,第125頁。
④ 郭慶藩《莊子集釋》,中華書局2012年版,第1064頁。
⑤ 班固《漢書》,第2145頁。
⑥ 王先謙《荀子集解》,中華書局1988年版,第393頁。
⑦ 《諸子略》稱某家出於某官,其所謂"出於",實乃"賦予"。抑或如李若暉所説,《諸子略》表達了"諸子入於王官"的理念,參見李若暉《幽贊而達乎數,明數而達乎德——由〈要〉與〈諸子略〉對讀論儒之超越巫史》,《文史哲》2013年第5期。
⑧ [美]史華兹著,程鋼譯《古代中國的思想世界》,第233~234頁。
⑨ 蒙文通《經學抉原》,上海人民出版社2006年版,第273頁。

家"曲勝"①。宣帝言下漢家制度"霸王道雜之",要義在"雜"而不在王、霸,此間也是真雜家的精神。《諸子略》"雜家者流"錄《雜家言》一篇,班固自注"王伯,不知作者",顔師古曰"言伯王之道。伯讀曰霸"。"霸王道雜之"可能跟武、宣兩位帝王的個性有關,然更現實的考量是,單純的儒學没有能力全面應對郡縣制下的問題,"取得獨尊之地位而不能壟斷全局"②。《漢志》揭櫫諸子"曲勝"的歷史事實,在思想闡發上,則調和了"罷黜百家"的偏激③和"霸王道雜之"的直露④。百家若能得所折中,"修六義之術,而觀此九家之言,舍短取長,則可以通萬方之略"。秦朝以吏爲師,漢景帝詔書倡言"夫吏者,民之師也"⑤,"學在王官"的理念未嘗遺失。在劉、班等人的意識中,諸子本出於舊王官學,在新的政治中,則只是重建新的而已。《漢志》内含漢人重構新王官學的信念與努力,諸子十家則被折中、統攝於新的體系,復歸官師合一的制度傳統。《漢志》剖判群言,旨歸是儒家的,形態終究是雜家的,這也是對漢代政教治道實踐的總結。

　　《漢志》將不同來源、各成"一家之言"的思想"整齊"成爲一個新的有終極宗旨、有源流脈絡、有文獻層次的豐富的理論模型與思想體系。因之,"諸子出於王官"説首先是理論的主觀建構,未必是歷史的客觀描述。即使通過整飭的文獻體系還原諸子在宗旨、源流、秩序方面的歷史面貌,但再怎麽被"裝扮"成歷史的樣子,《漢志》也仍然是理論的,不是歷史的,而且越是像歷史,實則越是理論。《諸子略》也不得不體現爲一種理論,從而使不同領域、各成一體的總括性"知識"被有效整齊。諸子十家的清晰劃分不是最終目標,藉合參"目""録"折中群言而完成新的理論的建構才是。《諸子略》終折中於《易》,在經學政治話語内部,調整了董仲舒以《春秋》爲宗的思路,更具抽象意味。《易》與《春秋》,在漢代經學觀念中,構成天人之道的象徵。在《漢志》中,以《詩》《書》等"五經"爲代表的人道或人文秩序是在《易》之天道的宇宙結構之中

---

① 關於諸子"曲勝"的問題,劉成敏《漢代儒學的述行策略及其流變面向——兼論"罷黜百家"與百家"曲勝"》(《浙江工商大學學報》2015 年第 2 期)一文也有所涉及。
② 蕭公權《中國政治思想史》,第 13 頁。
③ 結合歷史情境嘗試論之,武帝初期,面對國家政治思想建設的緊迫性,非"罷黜百家,表章六經",似不足以力矯"百家縱横"之流弊。此與秦始皇之時李斯議"燒《詩》《書》"云云,並無二致,即是説,不以"過正"之力,難奏"矯枉"之效。
④ 就思想形態而言,"霸王道雜之"的治道實爲"雜家"。至於《漢志》的思想模型,未嘗不是"總方略,一統類"之義,實則回應也回到了"雜之"的治道。只是不同於"漢家自有制度,本以霸王道雜之"的現象描述和經驗總結,《漢志》具有理論建構的自覺,即接續了"雜之"治道的制度傳統——歷史的合法性(六藝各有官守,諸子"某家者流出於某官"),建立了"雜之"治道的思想統緒——學説的合理性("《詩》《書》《禮》《樂》《春秋》)蓋五常之道,相須而備,而《易》爲之原"。諸子"合其要歸,亦六經之支與流裔"),明確了"雜之"治道的實踐目標——現實的致用性(六藝之文皆各有用,相濟相維,《易》論天地終始,"至於五學,世有變故,猶五行之更用事焉"。諸子統攝於六藝,"舍短取長,則可以通萬方之略")。
⑤ 班固《漢書》,第 149 頁。

展開的。《漢志》六經次第的叙述背後,是漢人自覺的義理建構①,《易》爲本原而五經緯之。儘管《漢書》將《律曆志》置於諸《志》之首,已經"説明班氏用心的重點在標舉統攝一切的天道"②,但在政治思想的建構上,《漢志》的表達更稱完備。據《易》、經術折中諸子,如此處理也構成關於諸子之解釋的理論。《漢志》實也是一種關於理論的理論、關於思想的思想,具有顯明的政治品性:會通了多元化的政治思想,表徵爲超越性的政治哲學。前者是後者的具體表現,後者是前者的抽象形態,做到了事實(其中包括虚構的、但漢人信以爲存的事實)與價值、實然與應然、繼承與批判的統一。

　　由此言之,前揭被質疑、批評的《漢志》"分類""整齊",恰反映了文本最深刻的歷史真實。《漢志》完成新的知識構型,建構新的"重叠共識"③。若視《諸子略》爲關於諸子的歷史叙事,叙事的意義在於"講述"諸子"故事"的行爲及"講"的形式本身,"它包含具有鮮明意識形態甚至特殊政治意藴的本體論和認識論選擇"④。若説廢封建、行郡縣是秦漢帝國對封建時代衆多政治集團的"重叠",《漢志》呈現的就是對此前源出不同政治時空及制度語境、文化背景的思想的"重叠"。諸子十家之别類的高明正在此處,不如此便無以完成"重叠"。這不是描述各種不同學説之間可能的共識的交集,而是基於一定的原則、目標,建立起它們之間立體式、整一性的聯繫。經此而成之雜家,實爲一種既内含豐富的思想實體,又突顯現實功能的整全的思想形態。這種意義上的重叠共識,"是一種精神成長,一種具有高度包容性和創造性的文明進步",童世駿曾藉用《周易》"天下同歸而殊途,一致而百慮"的命題就此予以説明,"'殊途'和'百慮'在'同歸'和'一致'之中不僅被超越,而且被包括;'殊途'和'百慮'不僅相互超越,而且自我超越,并且是彼此關聯地自我超越"⑤。據此,《諸子略序》也引《周易》這一命題的古典哲思,完全可以獲得現代意義的哲學闡釋。

　　《道德經》曰:"道生一,一生二,二生三。"作爲形而上範疇的"道",本就是一個聚合思想的

---

① 徐興無師就《漢志》"用《易》居前"有精審考述,認爲"這個次第的形成無關乎古今文學派的分野,而是西漢經學對'六經'體系自覺的義理建構,這個結構中的義理,既包括經典包含的宇宙義涵(天),又包括經典發生的歷史過程(古)。……'用《易》居前'次第的義理結構更爲抽象,呈現出文化意識形態的特徵"。參見徐興無《從"六經"到"七經"——先秦兩漢經學文獻體系的思想史考察》,《中國經學(第二十輯)》,廣西師範大學出版社 2017 年版,第 15 頁。
② 徐復觀《兩漢思想史》(三),九州出版社 2013 年版,第 460 頁。
③ "重叠共識"最早由美國哲學家約翰·羅爾斯(John Rawls)提出。藉此概念,筆者意在彰明《漢志》的思想建構是對包括諸子在内各種總括性學説的折中。統合"王官""世情",劃分諸子十家等,都是必須環節。先别類,再整齊。《漢志》"重叠共識"不是回顧過去的"文化遺產",而是指向未來的"政治哲學"。這麽説倒並非割裂未來、過去之間聯繫。在知識社會學的視域中,筆者實則十分注重觀察漢人利用"過去"塑造"未來"的努力,《漢志》之用心與慧心也見於此際。
④ [美]海登·懷特著,董立河譯《形式的内容:叙事話語與歷史再現》,文津出版社 2005 年版,第 1 頁。
⑤ 童世駿《關於"重叠共識"的"重叠共識"》,《中國社會科學》2008 年第 6 期。

"重叠"内涵與"整全"形態的概念。逆向審視,即從"三"回到"二"、"二"回到"一",正乃"重叠共識"的建構路徑。從運思言,貫通其間的實爲兼性和合的思維。"文化異,斯學術亦異。中國重'和合',西方重'分別'",錢穆認爲和合是中國思想的偉大之處①。也可説,這是體現中國文化"個性"的"通性"存在②。從古典資源中開掘出"當代"的意義,《漢志》彰顯和合精神,其知識構型既爲漢人面對新的思想或現實問題之文化訴求的表達,同時也是和合思維的結果。

四、集成、自新、通治與"《漢志》經驗"

據"十家"歸類已是我們多數時候不假思索的閱讀習慣。這不僅是《漢志》被增益的思想與學術史觀作用的結果,又層累形塑了這一觀念。因此,前文提及的"誤讀""誤會"等都是表徵這一觀念的中性語詞,皆不等於"錯誤"。在思維定式上,這一觀念實則是孤立、靜止地看待"某家者流",未必具有如此自覺,即《漢志》已經建立了衆多思想、知識之間的整一性關聯。儘管《諸子略》的分類也是基於一定的思想事實與前哲經驗,據此歸類文本,尤其考古發現、出土的早期思想文獻,並非絕對不可能,但在如此操作之前,首先不能忽視《漢志》本身作爲整全的漢代思想文本的事實,否則或亦不免陷溺於《六藝略序》提到的"破壞形體""安其所習……終以自蔽"③的情形。事實上,無論因爲觀念之積習,或者出於言説的便利,我們都始終受制於《漢志》構擬的諸子門類及其"強加"給我們的關於諸子的解釋。因此,盡可能地討論清楚漢人是怎麼思想的,方顯必要。

《韓非子·安危》稱:"先王寄理於竹帛。"書於竹帛是古人思想創發的直接方式,至於思想的文本形式則是不拘一格的,不同的形式時而見出言説者的匠心獨妙。劉氏校理秘書固然將文本之可靠、準確、完備作爲目標,却又不止於此而寄"理"於校書過程及"目録"形式之中,因而不同於通常意義的文獻整理。班固賡續劉氏成果,删要《七略》而成《漢志》,遂使得文本進一步立體化,也進一步義理化。《漢志》別類再予整齊的吸納功夫説明漢人試圖整合他們擁有

---

① 錢穆《現代中國學術論衡》,九州出版社 2011 年版,序言第 1 頁、第 93 頁。在《中國學術通義》(九州出版社 2011 年版)一書中,錢先生已就經、史、子、集四部之學作出闡論,明其會通和合。《現代中國學術論衡》一書"出版説明"也承錢先生之論,謂"中國重和合會通,西方重分別獨立,一切人生及學術,無不皆然。遠自《漢書·藝文志》,下及清代《四庫全書》,讀其目録,中國學術舊傳統大體可知"。
② 余英時説"在檢討某一具體的文化傳統(中國文化)及其在現代的處境時,我們更應該注意它的個性。這種個性是有生命的東西。……所謂個性是就某一具體文化與世界其他個別文化相對照而言的,若就該文化本身來説,則個性反而變成通性了"。參見余英時《中國思想傳統的現代詮釋》,江蘇人民出版社 1998 年版,第 5 頁。
③ 班固《漢書》,第 1723 頁。

的所有思想與知識資源,致力於建構"定於一"之郡縣制帝國的新王官學①。有"書"即有"學",因"學"而致"思"。整理文獻的學術工作,實際是建立知識秩序並予以思想闡釋的立言行動,表達了編撰者的思想旨趣。綜觀六藝、諸子二《略》,群經折中於《易》,諸子折中於六經,此乃返"本",在此邏輯中,諸子被賦予新的現實意義,是爲開"新"。就知識分類而言,不妨説《諸子略》也自成一子之學,同時服務於經學的目標。折中的思維是傳統的,其宗旨與目標却彰顯新的時代精神。"引天道以爲本統,而因附續萬類、王政、人事、法度"(桓譚《新論》稱引揚雄作《玄經》的觀點②。這也表徵了漢代通儒的整體思維取向),《漢志》含括體系嚴整的哲學詮釋學,五經與《易》、諸子與六藝之間皆形成互證互釋的關係。若將六藝、諸子等視爲各具系統的知識群落,通過新的知識構型,文本最終建立了不同群落之間的密切關聯。《漢志》的思想大廈表現出集大成的特徵,構成一種心裁別出的政治哲學。

　　漢人用心可謂深切,慧心堪稱卓越。"作爲一種思想學説,儒學要在這種社會急劇變動的時候成爲民族國家的意識形態,並取得在其他學説之上的獨尊地位,則要建設一個擁有天然合理的終極依據、涵蓋一切的理論框架、解釋現象的知識系統以及切合當時並可供操作的政治策略在内的龐大體系,以規範和清理世界的秩序,確定與指引歷史的路向。"③在既有制度、思想與知識的背景下,《漢志》"重叠共識"呈示了當時理論建構達到的豐富層次。道、技被緊緊綰合,從"重叠"、統攝的視點看,道進乎技;從折中、合流的視點看,技近於道。這一具有標準化意義、呈現雜家型特點的結構,不僅没有導致思想的單一,反而確保了思想的多元,並通過賦能不同學説交互聯動的機制維持群落之間的秩序和諧,合文通治,突顯經世的功能性目標,可被"我們"經驗和感知,或進行現實的試驗,如儒學之道、仲尼之業"已試之效者",又如霸王道雜之的漢家"自有制度"。在《漢志》的知識譜系中,基本找不到推崇六合之外、怪力亂神的旨趣④。揆諸時勢,切於人事,所有的知識都被拉入到可感知、可經驗、可指導政治與社會生

---

① 錢穆認爲"中國經、史、子、集四部之學,又可分作兩部分。經、史先有,在古代屬於'王官學'。子、集後起,在古代屬於'百家言'。王官學是一種政府貴族學,百家言是一種社會平民學"(《中國學術通義》,第29頁)。《漢志》據《易》統攝六藝進而籠絡諸子,將晚周以降興起的"平民學"納入"王官學",賦予諸子存在的合法性及其秩序與地位,實現天道、人事思想在文教領域的建構。這一過程豐富了經學的格局與面目,是對博士經學秩序的突破,也是漢代經、子之間互動的一個縮影。從經學史看,或不妨認爲這是經學內部的適時更新(或自我修復)與創造性(或批判性)轉化。
② 朱謙之《新輯本桓譚新論》,中華書局2009年版,第40頁。
③ 葛兆光《中國思想史》第一卷,第258頁。
④ 黄燕强也指出《漢志》"重視知識的實用性和世俗性",認爲"道或知識的來源及其應用均發生在生活之中而不超離於生活之外。知識與生活的因緣關係又凸顯了知識的真實性和理性的特徵,因而排斥宗教性和虛妄性"(《道器之間——〈漢書·藝文志〉的知識譜系及其經子關係論》,《諸子學刊》第二十一輯,上海古籍出版社2020年版,第311~312頁)。黄文關於《漢志》知識觀念之特點的概括,與本文存在共識,不過彼此關注點不同。

活的世界。《方技略》神仙類小序頗能説明問題，"誕欺怪迂之文彌以益多，非聖王之所以教也"，方技類知識被賦予"論病以及國，原診以知政"的功能①。至於陰陽、術數之學，《漢志》區分拘者、小數家、小人等末流，並安頓它們的正宗在新王官學中的位置，着意於它們"聖王之用"的現實指向，以及彰著君子之學的精神，"聖人以神道設教，而天下服矣"②，"君子以爲文，而百姓以爲神。以爲文則吉，以爲神則凶也"③。各類小序大都注重人事與現實，如"雜占"序取《左傳》之文論"訞由人興也……訞不自作"；"形法"序論"非有鬼神，數自然也"④。這可能也是劉氏父子注重學説可以驗證、施行的共同旨趣。漢成帝時，齊人甘忠可詐造《天官曆》《包元太平經》，劉向奏甘忠可"假鬼神罔上惑衆"，劉歆也"以爲不合五經，不可施行"⑤。《漢志》收編什麽、未收什麽及已收的如何分類再予整齊等，都是漢人活躍的心靈的反映，是作爲權衡棄取之原則的某種思想之呈顯。

　　《漢志》仍有思想史、文化史的議題有待進一步闡論，並不只具有作爲"終點書目"用以考察"文本革命"的工具意義，以及作爲一部"書典"的檢索價值。《諸子略》的政治理性及以此表徵的政治哲學是對漢家制度、治道的一次回顧與總結，其目標在於"資治"，提供治道的理想型，導向政制的理性建構。這是通過史學的方式塑造的一套雜家型制度儒學，在揚棄諸種思想與知識的態度上，始分而後合，經折中而取正，因總攝而貫通，表現出超越性與規範性的自覺。班固稱劉氏《七略》"剖判藝文，總百家之緒"⑥，其所以下如此贊語，也正道出此亦《漢志》立言之旨。而《漢志》因被納於《漢書》書寫之中，遂具有較《七略》而言更爲豐富的話語内涵。漢人面對他們的思想與文化遺産所作的建構與闡釋，對當下我們研究自身的文化傳統也多有資可鑒。"新子學"是近年諸子學領域的熱點議題，不少學者撰文指出重審《漢志》的必要性和重要意義⑦。而從歷史的語境盡可能地把握古人是怎麽思想的，包括其中的理念、方法及現實關懷，溫"故"才能更好地知"新"，作爲"問題""束縛"之《漢志》才能實現作爲"資源""方法"之《漢志》的轉換。當然，我們可以指摘、舉述《諸子略》"不免有缺略和不周處，有歷史的局限性"⑧，但《漢志》"建構了一個藝文互補、道器合一的知識系統"⑨已足顯漢人之用心與慧心。

---

① 班固《漢書》，第1780頁。
② 李鼎祚《周易集解》，中華書局2016年版，第140頁。
③ 王先謙《荀子集解》，第316頁。
④ 班固《漢書》，第1773～1775頁。
⑤ 同上，第3192頁。
⑥ 同上，第1972～1973頁。
⑦ 例如方勇《走出〈漢志〉束縛　實現整體觀照——在"諸子學研究反思與'新子學'建構展望高端論壇"上的講演》、張涅《基於"新子學"方向的諸子學派問題——讀〈漢書・藝文志〉札記》、黄燕强《道器之間——〈漢書・藝文志〉的知識譜系及其經子關係論》，《諸子學刊》第二十一輯，上海古籍出版社2020年版。
⑧ 張涅《基於"新子學"方向的諸子學派問題——讀〈漢書・藝文志〉札記》，第326～328頁。
⑨ 黄燕强《道器之間——〈漢書・藝文志〉的知識譜系及其經子關係論》，第323頁。

因爲在《漢書》的文本話語中，《漢志》本身就是作爲一種整體性觀照存在的，相對於自先秦而下的諸子學説而言，或也可説《諸子略》是呈現漢人思想、知識觀念及其文化立場的"新子學"。

總之，如何實現古典思想、傳統文化之當代性轉化，這始終是一個十分古老而每一個"當下"皆需思考的"現代命題"，中國文化的生命力及其自新精神隱藴其間。《漢志》是漢人面對這一命題給出的漢代答案，其於中國思想文化史的積極意義，不妨稱之爲"《漢志》經驗"。

[**作者簡介**] 劉成敏(1987—   )，男，安徽六安人。南京大學文學博士，現爲中南財經政法大學新聞與文化傳播學院講師、碩士研究生導師。主要從事漢代政治與思想、周秦漢諸子學術等領域的研究，相關論文發表於《文學遺產》《浙江工商大學學報》等刊物。

有秦焚書不及諸子

——論"百家語"的文體性質

吴劍修

内容提要 秦代焚書兼及"百家語"一類的書籍。後世多以"百家語"爲諸子書。然王充、劉勰諸人則言諸子書並未遭秦火焚滅，則"百家語"似非諸子書。通過對"百家語"之"語"的文體性質考察，可以斷定"百家語"乃叙事之書，與述理言道的諸子書界限井然。西漢分傳記爲内外，專於解經的書籍稱爲"内傳"，那些不專於釋經而主於記叙前代故事、制度、禮法、職官的書籍則被稱爲"外家傳記"。"百家語"即屬於外家傳記。《漢書》記載，劉向父子校書區分六藝、傳記、諸子、詩賦、數術、方技等幾大類，則傳記與諸子書界限甚明。"百家語"既歸於傳記之屬，則其非諸子書亦隨之而明。後世雜史類和小説家類書籍的源頭也可追溯到"百家語"。

關鍵詞 百家語　諸子　小説家　傳記

中圖分類號 B2

一、對於諸子書是否焚於秦火的初步考察

《史記》述秦始皇焚書之事云："非博士官所職，天下敢有藏《詩》、《書》、百家語者，悉詣守尉雜燒之。"[①]《李斯列傳》亦云："始皇可其議，收去《詩》、《書》、百家之語，以愚黔首。"[②]"百家語"，後世學者多認爲是諸子書。然王充《論衡·書解》云："秦雖無道，不燔諸子，諸子尺書文篇具在可觀。"[③]據此，秦代焚書似乎並未殃及諸子之書。類似的表述並非僅王充一家，如趙岐、劉勰、逢行珪等人都有過相關論述。趙岐《孟子章句·題辭》云：

---

① 司馬遷撰，裴駰集解，司馬貞索隱，張守節正義《史記》（修訂本），中華書局 2015 年版，第 321 頁。
② 同上，第 3075 頁。
③ 王充撰，黄暉校釋《論衡校釋》，中華書局 1990 年版，第 1159 頁。

孟子既没之後，大道遂絀，逮至亡秦，焚滅經術，坑戮儒生。孟子徒黨盡矣。其書號爲"諸子"，故篇籍得不泯絶。①

清代翟灝《四書考異》曾據趙岐之説申證《孟子》一書並未亡於秦火："《漢書·河間王傳》稱《孟子》爲獻王所得，似亦遭秦播棄，至漢孝武世始復出者。然孝文已立《孟子》博士，而韓氏《詩外傳》，董氏《繁露》，俱多引《孟子》語，則趙氏所云'書號諸子，得不泯絶'，定亦不虛。"②題孔安國《孔子家語序》云：

李斯焚書，而《孔子家語》與諸子同列，故不見滅。③

劉勰《文心雕龍·諸子》云：

暨於暴秦烈火，勢炎崐岡，而煙燎之毒，不及諸子。④

逢行珪《鬻子序》云：

遭秦暴亂，書記⑤略盡。《鬻子》雖不與焚燒，編帙由此殘缺。⑥

由此看來，王充的這一説法並非只是一個孤證。但"諸子書未亡於秦火"這一説法却始終没有得到學界的廣泛認同，如章太炎便説："諸子與百家語，名實一也。不焚諸子，其所議者云何？諸子所以完具者，其書多空言，不載行事，又其時語易曉，而口耳相傳者衆。……驗之他書，諸侯史記與《禮》《樂》諸經，多載行事法式，不便諳誦，而《尚書》尤難讀，故往往殘破。"⑦鍾肇鵬《焚書考》繼承了章氏"諸子與百家語，名實一也"的觀點，謂"諸子不與焚燒"的説法是東漢人的訛傳⑧。吕思勉則説："仲任(王充)雖有特見，而於史事甚疏，往往摭拾野言，信爲實在，觀其論群經傳授，語多誣妄可知。其所謂秦人焚書，不及諸子者，蓋亦流俗相傳之説，而仲任誤采

---

① 焦循撰，沈文倬點校《孟子正義》，中華書局1987年版，第16頁。
② 翟灝撰，汪少華點校《四書考異》，《翟灝全集》第1册，浙江古籍出版社2016年版，第137頁。
③ 王肅注《孔子家語·漢集家語序》，明隆慶刻本。按《四部叢刊》景明翻宋本無此序。
④ 劉勰撰，詹鍈義證《文心雕龍義證》，上海古籍出版社1989年版，第633頁。
⑤ "記"，本又作"紀"。
⑥ 聶濟冬校注《鬻子集解》卷首《鬻子序》，鳳凰出版社2018年版，第3頁。
⑦ 章太炎《秦獻記》，《章太炎全集·太炎文録初編》，上海人民出版社2014年版，第62頁。
⑧ 鍾肇鵬《焚書考》，《中國歷史文獻研究集刊》第一集，湖南人民出版社1980年版，第184頁。

之。流俗所謂諸子,即醫藥、卜筮、種樹之書,而非《漢志·諸子略》之所著也。"①

章太炎認爲諸子書與經書都曾遭秦火焚滅,諸子書之所以完具與諸經之所以殘缺,其緣由在於諸子書易於記誦,而諸經不便記誦。但是,劉向校諸子書,去其複重者十有七八,如《晏子》書"凡中外書三十篇,爲八百三十八章,除複重二十二篇六百三十八章"②,《管子》書"五百六十四篇,除複重四百八十四篇"③,《荀子》書"凡三百二十二篇,除複重二百九十篇"④。難道這些篇章都是漢代人記誦默寫所得? 章氏之説,恐怕難以讓人信服。至於吕思勉竟以爲王充所謂"諸子"乃是"醫藥、卜筮、種樹之書",恐怕也臆斷之説,並無史料依托,不足爲信。

俞敏《説"百家語"》一文則力辨"百家語"非諸子書,他説"李斯上書仍引《申子》《韓子》,夫管、商、申、韓,秦法所自出也:方尊用之,何事焚之";又説司馬遷《論六家要指》所論之法家、道家、陰陽家、名家、墨家之書均未被焚,由此以證"百家"非諸子;並説"百家"與諸子相混,乃是武帝以來之事,在此之前,"百家"乃是"戰國縱橫家之説"⑤。

俞敏説李斯崇申、韓,必無焚其書的道理,這一觀點值得重視。但是,他説"百家"與諸子之混淆在武帝之後,最初的"百家"是指戰國縱橫之説,則讓人難以信從。《莊子·天下》説"其數散於天下而設於中國者,百家之學時稱而道之",其後便縱論墨翟、禽滑釐、宋鈃、尹文、彭蒙、慎到、田駢、關尹、老聃、莊周、惠施等諸子之學;《荀子·成相》也説"慎、墨、季、惠,百家之説誠不詳"。由此可知,"百家"一名在先秦時期便與"諸子"概念有相重合之處,並非是到漢武帝時才相混淆。

實則,"百家"概念的外延要遠遠大於"諸子"。如《後漢書》説"夫百家之書猶可法也,若《左氏》《國語》《世本》《戰國策》《楚漢春秋》《太史公書》,今之所以知古,後之所由觀前,聖人之耳目也"⑥,則此處所謂的"百家"乃是就前代史書言之。《後漢書·文苑列傳》説,"校定東觀五經、諸子傳記、百家藝術、整齊脱誤、是正文字"⑦,《後漢書·伏湛傳》又説"永和元年,詔無忌與議郎黄景,校定中書五經、諸子、百家藝術"⑧,則此處"百家"又指具體技藝。由此説來,"百家"一詞是秦漢學者對於各型各色學術的一種泛稱,我們很難對其含義作一個全面而又清晰的

---

① 吕思勉《吕思勉讀史札記》"秦焚書下"條,上海古籍出版社 2005 年版,第 564 頁。
② 劉向、劉歆撰,姚振宗輯録,鄧駿捷校補《七略別録佚文 七略佚文》,上海古籍出版社 2008 年版,第 40 頁。
③ 同上,第 43 頁。
④ 同上,第 50 頁。
⑤ 俞敏《説"百家語"》,《俞敏語言學論文集》,黑龍江人民出版社 1989 年版,第 284~286 頁。
⑥ 范曄撰,李賢注《後漢書》,中華書局 1965 年版,第 1326~1327 頁。
⑦ 同上,第 2617 頁。
⑧ 同上,第 898 頁。按,李賢注云:"《藝文志》曰:'諸子凡一百八十九家。'言百家,舉其成數也。"是以"諸子百家"連讀,然據上文所引《文苑列傳》之語,可證此乃誤讀。

釐定。

前代學者討論諸子是否焚於秦火，其爭論焦點在於辨析"百家"與"諸子"的異同與否，但如上段所論，要釐清"諸子""百家"這兩個概念其實是一件極爲困難的事，所以"諸子是否焚於秦火"這一問題至今仍糾葛不清。但如果我們轉換一下角度，不再糾結在"百家"這一概念上，而是將重點放在"百家語"之"語"的解析上，討論"百家語"的文本性質，問題或將迎刃而解。

二、"百家語"叙事的性質

徐中舒先生曾言道，先秦時期有兩種史官：太史與瞽矇，"瞽矇傳誦的歷史再經後人記錄下來就稱爲'語'，如《周語》《魯語》之類，《國語》就是記錄各國瞽矇傳誦的總集。……《楚語》申叔時論傳太子有'教之春秋''教之語'之説，'春秋'和'語'就是當時各國普遍存在的歷史文獻"①。這種説法爲我們提供了一個新的視角，所謂的"百家語"是否具有史書的性質呢？

司馬遷《太史公自序》叙述其作書之目的時説道：

以拾遺補藝，成一家之言，厥協六經異傳，整齊百家雜語。②

"六經異傳"與"百家雜語"都是司馬遷撰寫《史記》時所用到的史料。司馬遷作《史記》本以追述古事爲目的，而不在於整齊諸子思想，"百家雜語"若理解爲析理辨義的諸子之書便顯得扞格不通。這裏的"百家雜語"所涉及的應是前代史事，而所謂"整齊百家雜語"當是指考察"百家語"記事之真僞。"百家語"中多有一些不合情理的神話傳説或虛構故事，故司馬遷説："百家言黃帝，其言不雅馴，薦紳先生難言之。"③《大戴禮記·五帝德》"黃帝三百年"、《尸子》"黃帝四面"等相關記載大概便是"百家語"的遺留，帶有很強的神話意味，故司馬遷説"其言不雅馴"。

"語"作爲叙事文體在司馬遷《史記》中還可以找到一些充足例證。司馬遷撰《史記》，爲節省筆墨，某一歷史事件如已經見之前傳，本傳便不重述，而是以"其語在××傳/本紀中""其語在××語中""其語在××事中"等字樣的話語代替。今統計凡14條，文繁不具引，僅略摘幾條以作申説：

子嬰立月餘，諸侯誅之，遂滅秦。其語在《始皇本紀》中。（《史記·秦本紀》）

---

① 徐中舒《孔子與〈春秋〉》，《歷史論叢（第一輯）》，齊魯書社1980年版，第2～3頁。
② 司馬遷《史記》（修訂本），第3999頁。
③ 同上，第54頁。

《秦始皇本紀》"子嬰爲秦王四十六日"至"秦竟滅矣"一段記載了子嬰被殺、秦朝滅國的史事，此段中並没有記述某二人的對話。所以，將"其語在《始皇本紀》中"之"語"理解爲對話之義，恐有不愜，當理解爲對某一歷史事件的叙述、記載，方是正論。《史記》又云：

> 文公所以反國及霸，多趙衰計策。語在晉事中。(《史記·趙世家》)
> 漢王使良授齊王信印。語在淮陰侯事中。(《史記·留侯世家》)
> 王因殺其相，遂發兵，東詐奪琅邪王兵，並將之而西。語在齊王語中。(《史記·吕后本紀》)
> 漢已誅布，聞平原君諫，不與謀，得不誅。語在黥布語中。(《史記·酈生陸賈列傳》)
> 陳丞相等乃言陸生爲太中大夫，往使尉他，令尉他去黄屋稱制，令比諸侯，皆如意旨。語在南越語中。(《史記·酈生陸賈列傳》)

《史記》中"語在××事中"之文凡8條，上文略引兩條；而"語在××語中"之文則共有3條，上文具引之。此處云"語在××事中"，彼處又云"語在××語中"，由此可知"語"本與"事"義相近，即對事件的叙述、記載。由此推之，"語"乃一種叙事文體。

又《史記·十二諸侯年表》云：

> 魯君子左丘明懼弟子人人異端，各安其意，失其真，故因孔子史記，具論其語，成《左氏春秋》。①

《左傳》所載孔子之論議僅有兩處，則此文所謂之"具論其語"並非是指論纂孔子之議論，而是指編排諸侯史記中的前代史事。此可爲"語"乃是叙事文體的又一例證。

又《史記·滑稽列傳》載褚先生曰：

> 臣幸得以經術爲郎，而好讀外家傳語。竊不遜讓，復作故事滑稽之語六章，編之左方。……以附益上方太史公之三章。②

褚先生所說的"故事滑稽之語六章"實則是郭舍人、東方朔、東郭先生、淳于髡、王先生、西門豹等六人的事傳，此可爲"語"乃是叙事文體的又一例證。

再則，《漢志·六藝略》"春秋類"載《國語》二十一篇，又有《新國語》五十四篇，《戰國策》三

---

① 司馬遷《史記》(修訂本)，第642頁。
② 同上，第3864頁。

十三篇。其中,《戰國策》又名《事語》①。《國語》《新國語》和別名爲"事語"的《戰國策》皆在記述史事的"春秋類"中,這也可以證明,"語"乃記錄前代史事的叙事文體。另外,《隋書·經籍志》"古史類"有《古文瑣語》四卷,謂出自《汲冢書》,所載亦是古事,而名曰"語",也可證明"語"爲叙事之體。

上述所言之《國語》《戰國策》等書都皆與史事有關。此處有必要辨析"百家語"與前代諸侯史記的區別。《史記·秦始皇本紀》載李斯焚書之議曰:

> 臣請史官非《秦記》皆燒之。非博士官所職,天下敢有藏《詩》、《書》、百家語者,悉詣守尉雜燒之。②

又《史記·六國年表》云:

> 秦既得意,燒天下詩書,諸侯史記尤甚,爲其有所刺譏也。《詩》《書》所以復見者,多藏人家,而史記獨藏周室,以故滅。惜哉! 惜哉! 獨有秦記,又不載日月,其文略不具。③

據此可知,諸侯史記即李斯所謂"史官所藏非《秦記》皆燒之"者。吕思勉曾説:"此'周室'二字,該諸侯之國言,乃古人言語,以偏概全之例,非謂各國之史,皆藏於周室也。"④由此可知,諸侯史記僅僅藏於周室和諸侯國史官,民間無有,而《詩》、《書》、百家語則藏於博士官中,且民間也多有收藏("多藏人家")。據司馬遷之説,諸侯史記除《秦記》外皆焚滅,後世無傳。而《詩》、《書》、百家語因藏於民間,故後世往往間出。《國語》《戰國策》今皆存世,可知二書非藏於史官的諸侯史記,而是"百家語"一類的著作。

"百家語"與諸侯史記的區别在於,諸侯史記乃官書,後世史官據前代遺文策命整理而成⑤,而且是依據年代排比叙事的編年之書;而"百家語"等書則是私家著述,所叙或多有違事實,如《戰國策》一書叙事即多誇張渲染,而且"百家語"中還包含有一些小説家言(下文將述

---

① 劉向《戰國策書録》云:"中書本號,或曰《國策》、或曰《國事》、或曰《短長》、或曰《事語》、或曰《長書》、或曰《修書》。"此《戰國策》名《事語》之證。
② 司馬遷《史記》(修訂本),第321~322頁。
③ 同上,第830頁。
④ 吕思勉《吕思勉讀史札記》"《左氏》不傳《春秋》"條,第521頁。
⑤ 《左傳》隱公十一年注云:"承其告辭,史乃書之於策。若所傳聞行言非將君命,則記在簡牘而已,不得記於典策。"又云:"仲尼修經皆約策書成文,丘明作傳皆博采簡牘衆記。"孔子《春秋》據《魯春秋》而成,所載皆策書成文,故記事簡約。

及)。博士官收藏這類書籍,主要是博廣見聞,以備帝王問詢①,書籍所載見聞的真實性對於博士官來説只占據第二位。而史官乃世襲之職,其職責就在於記録歷史上真實發生的事件,相較而言,史官所藏的諸侯史記其真實性要可靠得多。秦代焚滅諸侯史記,而這些出自官方的諸侯史記在民間幾乎不曾流傳,故後世無存,但"百家語"因是私門著作,民間流傳甚廣,雖經秦火焚燒,然多有存餘,故司馬遷作《史記》也多有參考,這是官方正史焚滅後的無奈選擇。

三、《漢志》"小説家"以體裁分:
"百家語"與"小説家"之關係

然而,"百家語"的涵蓋範圍却不僅僅止於史事,一些神話傳説、人間小事等小説家言也在其範圍之内(前文已略有提及)。如《墨子》云:

> 子亦聞夫《魯語》乎?魯有昆弟五人者,兀(其)父死,兀(其)長子嗜酒而不葬,兀(其)四弟曰:"子與我葬,當爲子沽酒。"勸於善言而葬。已葬而責酒於其四弟,四弟曰:"吾末予子酒矣。子葬子父,我葬吾父,豈獨吾父哉?子不葬,則人將笑子,故勸子葬也。"②

《墨子》中所説的《魯語》,非出自《國語》。其所叙事也不是諸侯史事,而是一些人間小故事。又如《孟子·萬章上》云:

> 咸丘蒙問曰:"語云:'盛德之士,君不得而臣,父不得而子。'舜南面而立,堯帥諸侯,北面而朝之。瞽瞍亦北面而朝之。舜見瞽瞍,其容有蹙。孔子曰:'於斯時也。天下殆哉,岌岌乎。'不識此語誠然乎哉?"孟子曰:"否。此非君子之言,齊東野人之語。"③

所謂"齊東野人之語",指的是不合史事的傳説。而咸丘蒙直稱"語云",則其所引應該也是"百

---

① 《史記·秦始皇本紀》載"臣等謹與博士議曰"之語,《劉敬叔孫通列傳》載"二世召博士諸儒生問曰"之語。漢初承秦制,《封禪書》云:"文帝乃召公孫臣,拜爲博士,與諸生草改曆服色事。"又《儒林列傳》云:"及至孝景,不任儒者,而竇太后又好黄老之術,故諸博士具官待問,未有進者。"可知博士官是備帝王顧問且有一定參政議政權力的官員,其掌圖籍之目的亦在於備帝王詢問。
② 孫詒讓撰,孫啓治點校《墨子間詁》,中華書局2001年版,第461頁。
③ 焦循撰,沈文倬點校《孟子正義》,第633頁。

家語"一類的書。

《漢志·諸子略》"小説家"類又有"《百家》百三十九卷",究其性質,也是"百家語"的遺留。劉向《説苑叙録》云:

> 臣向所校中書《説苑雜事》,除去與《新序》複重者,其餘淺薄不中義理,别集以爲《百家》,後①今以類相從,一一條别篇目,更以造新事十萬言以上,凡二十篇七百八十四章。號曰《新苑》。②

劉向從前代遺留的文獻中整理出《説苑》《新序》和《百家》三書,書中所言皆前代故事。這些文獻應該都是經秦焚書後殘缺不全的文獻,否則《漢志》完全可以單獨著録,而不必再整合編集。《説苑》《新序》二書都是叙事以言理的著作,《漢志》將二書歸之《諸子略》"儒家類",但《隋書·經籍志》又將其移到"史部雜史類",因其書所載多是史事,雖然其中所載史事的真實性是打了折扣的。《百家》一書今已不存,但其與《説苑》《新序》體裁相類,應當也是叙述前代故事的著作。劉向言《百家》所載"淺薄不中義理",故《漢志》歸之"小説家"。所謂"不中義理",乃是指《百家》一書叙事妄誕,不合情理。《太平御覽》卷八百六十九引應劭《風俗通》曰:"按《百家書》,宋城門失火,取汲池中以沃之,魚悉露見,但就取之。"③其書叙事之妄誕可知。又,《隋書·經籍志》"小説家"類載《雜語》五卷、《雜對語》三卷、《要用語對》四卷、《鎖語》一卷,皆以"語"題名,可知"百家語"與小説家關係密切。

《漢志·諸子略》分"九流十家",其中"小説家"是一個特殊的存在。儒、道、墨、法、名、陰陽、縱横、雜、農等九家都是根據其思想特質加以界定的,如述儒家云"游文於六經之中,留意於仁義之際",述道家云"清虚以自守,卑弱以自持",述雜家云"兼儒墨,合名法"等等。唯有小説家,《漢志》並未言其思想特質,而只是説"街談巷語、道聽途説之所造"。小説家的特殊之處就在於,其所區别主要不在於思想特質,而在於文本自身的文體性質——小説家中所收之書都是講述故事傳説的叙事文本,論證如下:

小説家載有《鬻子説》十九篇,然道家類又有《鬻子》二十二篇,班固並未言《鬻子説》一書出於依托。若以思想特質分,《鬻子説》應當歸之道家,今入小説家,其原因便在於"小説家"之立名不在於思想特質,而在於文本自身的文體性質。小説家又載《伊尹説》二十七篇,班固自注云"似依托也"④,今姑不論。又載《宋子》十八篇,班固自注云:"孫卿道宋子,其言黄老意。"⑤又載

---

① 姚振宗校云:"'後',當作'復'。"
② 劉向、劉歆撰,姚振宗輯録,鄧駿捷校補《七略别録佚文 七略佚文》,第 47 頁。
③ 李昉《太平御覽》,中華書局 1960 年版(據 1935 年商務印書館景宋本縮印),第 3853 頁。
④ 陳國慶《漢書藝文志注釋彙編》,中華書局 1983 年版,第 159 頁。
⑤ 同上,第 161 頁。

《待詔臣安成未央術》一篇，應劭云："道家也。好養生事，爲未央術。"① 就思想特質而言，《宋子》《待詔臣安成未央術》二書也當歸入道家，而《漢志》隸之於小説家，應該也是考慮到二書的文體性質。再則，小説家又載有《封禪方説》十八篇，《六藝略》"禮類"有《古封禪群祀》《封禪議對》《漢封禪群祀》等書，然《封禪方説》不入禮類，而入小説家，也是考慮到此書的文體性質。

《漢志》小説家收書共十五種，其中有五部書題名曰"説"，分別是《伊尹説》《鬻子説》《封禪方説》《黄帝説》《虞初周説》。李零説這五部書"皆以'説'爲題，即小説之義"②。廖群《中國古代小説發生史》則提出了一個"説體"的概念。她從《韓非子》中《説林》《説儲》説起，證明"説"實則是一種傳載故事文體，《説林》《説儲》與上文所提及的《説苑》一樣，實則都是故事的彙編③。又據崔述考證，《吕氏春秋·本味》是取自《伊尹説》，余嘉錫表示贊同④。而《本味》篇所載乃是伊尹的兩則故事與伯牙、子期的一則故事。據此，我們推測《伊尹説》等五部書應該都是故事集。

小説家又有《青史子》五十七篇，班固自注云："古史官記事也。"⑤《文心雕龍·諸子》云"《青史》曲綴於街談"，曲綴者，詳盡綴集之義，《青史子》所記之事皆"街談巷語，道聽途説者之所造"，其事不足徵信，故不列於春秋家，而隸之小説家。又有《周考》七十六篇，班固自注云："考周事也。"⑥是此書亦叙事之作。又有《臣壽周記》，既曰"周記"，則亦是叙述周代故事之書。《百家》一書上文已述及。其餘《務成子》《師曠》《宋子》《天乙》《待詔臣安成未央術》《待詔臣饒心術》等六書皆可以類推之。綜上，《漢志》"小説家"之書當屬於"百家語"一類的書籍。

四、"百家語"與傳記之關係

上文已言，劉向所編《説苑》《新序》《百家》諸書都是"百家語"的遺留。而"百家語"其實屬於前代傳記的一部分，進一步準確地説，"百家語"屬於前代外家傳記的一部分，下文將言明。《漢書》劉向本傳云：

（劉向）采傳記行事，著《新序》《説苑》凡五十篇。⑦

---

① 陳國慶《漢書藝文志注釋彙編》，第161頁。
② 李零《蘭臺萬卷：讀〈漢書·藝文志〉》，生活·讀書·新知三聯書店2011年版，第119頁。
③ 廖群《先秦説體文本研究》，中央編譯出版社2018年版，第24~30頁。
④ 余嘉錫《小説家出於稗官説》，《余嘉錫論學雜著》，中華書局1963年版，第271頁。
⑤ 陳國慶《漢書藝文志注釋彙編》，第160頁。
⑥ 同上。
⑦ 班固撰，顏師古注《漢書》，中華書局1962年版，第1958頁。

《説苑》《新序》以及與其同出一源的《百家》,都是取自前代傳記,據此可知"百家語"與傳記關係密切。《漢志》説劉向"校經傳、諸子、詩賦",以"傳"與"諸子"分言;《漢書》劉歆本傳又云"(劉歆)與父向領校秘書,講六藝、傳記、諸子、詩賦、數術、方技"①,亦以"傳記"與"諸子"分言。由此可知,"傳記"與"諸子"並非同一性質的書籍。

一個棘手的問題是,既然《説苑》《新序》《百家》等書皆出自傳記,那麽劉向爲何不將其全部歸入"六藝略"中,而反歸之於《諸子略》儒家類和小説家類?《説苑》《新序》二書也多有"以事解《詩》"的段落,其例與《韓詩外傳》相類。據筆者統計,《説苑》中"《詩》云"之例44條,"《詩》曰"之例32條,《新序》中"《詩》云"之例8條,"《詩》曰"之例39條,總計123條。《韓詩外傳》"《詩》云"之例15條,"《詩》曰"之例283條,總計298條。何以劉向不將這123則材料另作一編,置於《六藝略》"詩類"之下?

實則,傳記並不能簡單地理解爲解經之書,許多與經書無關之書也可以稱爲傳記,而這類書籍是《漢志》所立之"六藝略"無法容納的。《荀子》一書多引前代之"傳",如《非相》篇云"傳曰:唯君子爲能貴其所貴"②,《不苟》篇云"傳曰:君子兩進,小人兩廢"③,《修身》篇云"傳曰:君子役物,小人役於物",楊倞解釋説:"凡言'傳曰',皆舊所傳聞之言也。"④另外,《孟子·梁惠王下》"於傳有之",朱熹注云:"傳謂古書。"⑤以上諸證皆足以説明"傳"之爲名並非專爲釋經而立,記叙古代傳聞、故事的典籍皆可稱爲"傳"。

西漢學者以經術爲内學,以傳記雜説爲外學。《孔叢子》云:"今朝廷以下,四海之内,皆爲章句内學。"宋代宋咸注云:"西漢士論,以經術爲内學,諸子雜説爲外學。季彦之時方尚辭文,乃以章句爲内學,經術爲外學。"⑥據宋咸之説,西漢學者以經術之學(即今文經學)爲内學,傳記雜説爲外學;東漢之後,學風轉變,則以章句之學爲代表的古文經學爲内學,今文經學反而成了外學。《史記·滑稽列傳》載褚先生曰"臣幸得以經術爲郎,而好讀外家傳語",《索隱》云:"東方朔亦多博觀外家之語,則外家非正經,即史傳雜説之書也。"⑦由此可知,西漢學者所謂的"外學"即是與經書無關的史書、傳記、雜説等。

劉向整理編輯《説苑》《新序》《百家》諸書時所依據的傳記並不是依經爲説的傳記,而是外家之傳,所以不能將這些書歸之《漢志·六藝略》。外家傳記雖非專於解經,但也多有引經之語。《漢志·六藝略》"詩類"中的《齊雜記》《韓外傳》便是雜采這些外家傳記而成的,《六藝略》

---

① 班固撰,顏師古注《漢書》卷三十六《楚元王傳》,第1967頁。
② 王先謙撰,沈嘯寰、王星賢點校《荀子集解》,中華書局1988年版,第86頁。
③ 同上,第44頁。
④ 同上,第27頁。
⑤ 朱熹《四書章句集注》,中華書局1983年版,第214頁。
⑥ 孔鮒撰,宋咸注《孔叢子》,宋刻本。
⑦ 司馬遷《史記》(修訂本),第3864頁。

"詩類"云：

> 漢興，魯申公爲詩訓故，而齊轅固生、燕韓生，皆爲之傳，或取《春秋》、采雜説，咸非其本義。與不得已，魯最爲近之。①

所謂"采雜説"，即是依據與經書關係不大的外家傳記。《韓詩外傳》《齊雜記》因外家傳記而成，故題名曰"外傳""雜記"。《説苑》《新序》"詩云"之例與《韓詩外傳》多同，《韓詩外傳》《齊雜記》皆爲漢代《詩》家所編之成書，雖不合儒門解《詩》本意，却不得不歸之《六藝略》。《説苑》《新序》"詩云"之條既非成書，又不合儒門解《詩》本意，故不入《六藝略》。

《漢志》對這些傳記雜説的歸類處理也顯得頗有意味。班固將這類性質的書籍多數歸之《諸子略》"儒家類"，但一些叙事荒誕的雜説則歸之"小説家"。《漢志·諸子略》"儒家類"收書很雜，如：

> 《周政》六篇，班固自注云："周時法度政教。"
> 《周法》九篇，班固自注云："法天地，立百官。"
> 《河間周制》十八篇。
> 《讕言》十篇，班固自注云："陳人君法度。"②

以上四書皆職官、法度之書，所以章學誠認爲"蓋官禮之遺也，附之禮經下爲宜，入儒家非也"③。又有：

> 《高祖傳》十三篇，班固自注云："高祖與大臣述古語及詔策也。"
> 《孝文傳》十一篇，班固自注云："文帝所稱及詔策。"
> 劉向所序六十七篇，班固自注云："《新序》《説苑》《世説》《烈女傳頌圖》。"④

其中，前二書皆前代帝王故事，後一書劉向所序，包括《説苑》《新序》《世説》《列女傳》四部書，屬於前代故事雜説。

這些書其實與"游文於六經之中，留意於仁義之際"的儒家思想並無太多關聯，所以，章學誠便曾批評道："夫儒者之職業，誦法先王之道以待後之學者，因以所得自成一家之言，孟、荀

---

① 陳國慶《漢書藝文志注釋彙編》，第 41 頁。
② 同上，第 106 頁。
③ 章學誠撰，王重民通解《校讎通義通解》，上海古籍出版社 2009 年版，第 88 頁。
④ 陳國慶《漢書藝文志注釋彙編》，第 109、110、114 頁。

諸子是也。若職官、故事、章程、法度則當世之實跡,非一家之立言,附入儒家,其義安取?"①究其性質,這些書並也不屬於諸子書,而是外家傳記。但《七略》並未給外家傳記安排一個單獨的位置,所以這些書不得已而歸於《諸子略》"儒家類",而叙事過於荒誕、不合情理的則歸於"小説家類",如《百家》一書不與《説苑》《新序》同列,《周考》《臣壽周紀》《虞初周説》不入《六藝略》之"春秋類",《封禪方説》不入《六藝略》之"禮類",似皆因其叙事較爲荒誕。

綜上,傳記所包含的範圍甚廣,除了依經而立的傳記之外,許多記述前代故事、制度、禮法、職官等方面的書籍都屬於傳記的範圍,而"百家語"其實只是其中的一部分。"百家語"又與諸子書多有交互,實因百家語多是諸子所記,故《史記》多稱"諸子傳記""諸子雜説"等。諸子書與百家語的區別在於,諸子書多諸子自爲之書,並以言理爲標;而"百家語"則是諸子對前代故事的記録,不管這種記録是否符合史實。

結　語

既然"百家語"屬於前代傳記的一部分,劉向父子校書又區分六藝、傳記、諸子、詩賦、數術、方技等大類,諸子書與傳記的界限甚明,則"百家語"與諸子書非同類之書可知。傳記又有内外之分,内傳專以解經,外傳則主要涉及前代故事、制度、禮法、職官等内容,雖時有引經之語,但並非專於解經。《韓詩外傳》之所以名曰"外",便是因爲其所依據的材料乃是外家傳記中的引《詩》之語。"百家語"屬於外傳,主於叙事。劉向父子創始《七略》,並没有給"百家語"安排一個專門的位置,而是分散在《六藝略》和《諸子略》之中,如《國語》《戰國策》等書專於記叙史事,可信度高,故歸於《六藝略》之"春秋家",《説苑》《新序》則以叙事言理爲主,故歸之《諸子略》之"儒家",而《百家》《青史子》《鬻子説》《黄帝説》等書叙事荒誕,故歸之"小説家"。後世因"百家"之泛稱,故將主於叙事的"百家語"與述理言道的諸子書相混淆,以爲諸子書亦遭秦火焚滅,幸有王充、劉勰等人片言隻語以證諸子並未遭於秦火。從目録學的角度説,後世目録中的"雜史"類和"小説家"類所收書籍,其源頭也可追溯到"百家語",對於"百家語"文體性質的考察,對於探究後世的目録分部也有一定的借鑒意義。

[作者簡介] 吴劍修(1991—　),安徽懷寧人。文學博士,現爲武漢大學文學院講師。主要研究諸子學、《論語》學術史,已發表學術論文數篇。

---

① 章學誠撰,王重民通解《校讎通義通解》,第89頁。

子部的整合、分裂與革新
——以學術架構的分析爲視角

曹景年

内容提要 在傳統四部分類法中,子部最龐雜、最混亂,前人研究多从其小類入手,本文則以分析子部的學術架構爲視角,將子部分爲三大系統,一是思想系統,承自《七略》之諸子略,其特點是著書立説闡發學術思想。二是技藝系統,承自《漢志》之兵書、數術、方技三略,其特點是記載某種實用性知識和技術。三是雜説系統,廣收難以歸類的各種雜書。三大系統在子部中長期處於三足鼎立的態勢,其中思想、技藝二系是子部的主體,雜説系統是子部的附庸。子部三大系統性質各異,共存於子部存在合法性問題,前人通過多個途徑試圖對其整合,均未能根本解決,這使子部始終存在分裂趨勢,技藝、雜説系統在一些分類法中常常脱離子部而各自爲類。基於對子部學術架構的考察,有必要對子部進行革新,子還於子,藝還於藝,雜還於雜,使子部學術性質更加明確,從而推動子學的發展和"新子學"的建構。

關鍵詞 目録學 四部分類法 子部 古籍分類
中圖分類號 B2

在傳統目録學的四部分類法中,子部是最龐雜、最混亂的一部。對子部頗有研究的近人江瑔(1888—1917)説:"分類之難,不難於經史集,而難於子。蓋經史集三類頗有畛域,易於判别,若子類則無畛域之可言,判别維艱。"①程千帆先生説:"在經史子集四部中,經部歷代因襲,少有變化,史部專科性强,集部收詩文集也比較明確,其餘統歸子部。"②子部專收其他三部不收之書,可見其雜亂。余嘉錫先生認爲,中國古代目録的各種不同分類法,如六部、七部、五部、四部等,"分合之故,大抵在諸子一部"③。正因爲如此,學界對子部比其他三部有更多關注,除了姚名達《中國目録學史》、余嘉錫《目録學發微》等名著對子部的源流演變有詳細闡述

---

① 江瑔《讀子卮言》,華東師範大學出版社 2012 年版,第 2 頁。
② 程千帆《校讎廣義·目録編》,《程千帆全集》第 3 卷,河北教育出版社 2001 年版,第 95 頁。
③ 余嘉錫《目録學發微》,巴蜀書社 1991 年版,第 148 頁。

外,現代學者也有很多新的研究成果。縱觀前人的研究,大多以子部的小類作爲切入點。王林飛、汪澤、楊然等學者以《漢志》《隋志》《四庫全書總目》等爲基礎考察了子部各小類的消長變化及演變規律,並分析了其學術意義①。對子部某些小類的專門研究,如雜家類、小説類、譜錄類、藝術類以及佛、道二類等,也有很多成果②。

　　子部固然由小類組成,但小類比較瑣碎,一般多至十餘個,單純就小類研究子部,似不足以充分揭示子部的學術性質,因此,有必要將小類歸併爲幾個大類,從而在更高的層面上研究子部的學術架構。前人對此也有所揭示,如姚名達先生説:"至於子部,則空談理論之諸子(原注:自"儒"至"雜"。下同),記載實用之技藝(自"兵"至"曆數"及"醫方"),充滿迷信之術數("五行"),摭拾異聞之小説,混同一部。"③他將子部分爲諸子、技藝、術數、小説四個大類。江瑔在《讀子卮言》中説:"然子部之範圍究若何? 兵書、術數、方技、天文、圖書之屬果可入於子部耶? 抑不能名之曰子耶? 是亦古今一大疑問也。大抵世之論子部者有廣狹二義,而以荀勗爲二者之樞紐。荀勗以前,皆取狹義者也;荀勗以後,皆取廣義者也。"④他認爲子部有廣義和狹義之分,狹義的子部應只包括《漢志》的諸子,廣義的才包括兵書、術數、方技等,這是將子部分爲兩大部分。王智勇注意到了子部中言"道"之書與言"器"之書的不同⑤。綜上可見,前人對子部的内部架構已有所涉及,但没有進行系統研究。本文通過對子部小類的具體分析,將其歸併爲思想、技藝、雜説三大系統,並研究其各自特徵、衍變及其與子部的分合關係,從而更準確地揭示子部的學術特性。在此基礎上,通過拆解子部的異質内容,實現子部的革新。

---

① 王林飛《略論子部的此消彼長與學術變遷》,《西華大學學報(哲學社會科學版)》2014年第5期;汪澤《目錄學視野中的子學演變——以〈漢志〉〈隋志〉〈四庫總目〉之子部書目爲中心》,《西華師範大學學報(哲學社會科學版)》2015年第1期;楊然《從〈漢志·諸子略〉到〈四庫全書總目·子部〉——中國學術演進歷程概觀》,《古籍整理研究學刊》2001年第5期。
② 關於雜家的研究成果較多,如王國强《我國古代書目中的"雜家類"》,《圖書館學刊》1985年第3期;雷坤《〈四庫提要〉子部雜家與明清學術新發展》,《河南圖書館學刊》2003年第2期;劉春華《由"思想流派"之雜到"龐雜"之雜——論中國古代書目子部雜家著錄内容的演變》,《淮北師範大學學報(哲學社會科學版)》2011年第6期;李江峰《〈漢書·藝文志〉視角下的雜家之學》,《廣西師範學院學報》2011年第1期;宋文婕《雜家内涵研究》,西南大學2012年碩士學位論文;崔潔《〈四庫全書總目〉子部雜家類研究》,首都師範大學2014年碩士論文;等等。關於小説類的,如李帥《目錄學視野中的小説觀念嬗變探析——以〈漢志〉〈隋志〉〈總目〉爲例》,《華北電力大學學報(社會科學版)》2015年第5期;張泓《古代小説歸類的悖論》,《長江大學學報》2019年第5期;等等。關於譜錄類的,主要有李志遠《譜錄考略》,蘇州大學2003年碩士學位論文。關於藝術類的,有蘇金俠《中國古代目錄學書目中"藝術類"類目的設置及其演變》,《大學圖書館學報》2020年第5期。關於佛、道二類的,有趙濤《論古籍目錄子部流變中的儒道釋合流趨向》,《西安電子科技大學學報(社會科學版)》2006年第2期。
③ 姚名達《中國目錄學史》,上海世紀出版集團2005年版,第65頁。
④ 江瑔《讀子卮言》,第2頁。
⑤ 王智勇《説子部》,《圖書館學刊》2002年增刊。

一、思想、技藝、雜説：子部的三大系統

子部小類雖然表面上顯得雜亂無章，但也並非没有規律可循。就其來源看，在《隋志》以降的四部目録中，子部的小類有三個來源，一是《七略》中的諸子略，這是子部的基本盤；二是《七略》中的兵書、數術、方技三略，這是後來合併於子部者；三是後世新增的小類。今選取若干有代表性的四部目録列表如下，各小類前的數字爲其在子部中的排列順序：

子部小類來源表

	諸　子		兵書、數術、方技		新　增
《七略》①	1儒家、2道家、3陰陽家、4法家、5名家、6墨家、7縱橫家、8雜家、9農家、10小説家	兵書	數術（含天文、曆譜、五行、蓍龜、雜占、形法六小類）	方技（含醫經、經方、房中、神仙四小類）	
《隋志》②	1儒、2道、3法、4名、5墨、6縱橫、7雜、8農、9小説	10兵	11天文、12曆數、13五行	14醫方	
《舊唐志》③	1儒家、2道家（含道釋諸説）、3法家、4名家、5墨家、6縱橫家、7雜家、8農家、9小説	12兵書	10天文、11曆算、13五行	16明堂經脉④、17醫術	14雜藝術、15事類
《新唐志》⑤	1儒家、2道家（含道釋諸説）、3法家、4名家、5墨家、6縱橫家、7雜家、8農家、9小説	12兵書	10天文、11曆算、13五行	16明堂經脉、17醫術	14雜藝術、15類書
《崇文總目》⑥	1儒家、2道家、3法家、4名家、5墨家、6縱橫家、7雜家、8農家、9小説	10兵家	12算術、15卜筮、16天文占書、17曆數、18五行	14醫書	11類書、13藝術、19道書、20釋書

---

① 《七略》爲後世分類之祖，故將其列於表頭，其分類據《漢書》卷三十《藝文志》，中華書局1962年版，第1724～1746頁。

② 《隋書》卷三十四《經籍三》，中華書局1973年版，第997～1051頁。

③ 《舊唐書》卷四十七《經籍下》，中華書局1975年版，第2023～2051頁。

④ 《舊唐志》於卷首所列小類名稱爲"經脉"，正文中爲"明堂經脉"，今依正文。

⑤ 《新唐書》卷五十九《藝文三》，中華書局1975年版，第1509～1573頁。

⑥ 錢東垣等《崇文總目輯釋》，《宋元明清書目題跋叢刊》第1册，中華書局2006年版，第78～174頁。

續　表

	諸　子		兵書、數術、方技		新　增
《郡齋讀書志》①	1儒家、2道家、3法家、4名家、5墨家、6縱横家、7雜家、8農家、9小説	13兵家	10天文、11星曆、12五行	16醫書	14類書、15藝術、17神仙、18釋書
《宋志》②	1儒家、2道家(釋氏及神仙附)、3法家、4名家、5墨家、6縱横家、7雜家、8農家、9小説家	14兵書	10天文、11五行、12蓍龜、13曆算	17醫書	15雜藝術、16類事
《明志》③	1儒家、11道家、2雜家(前代藝文志名法諸家附之)、3農家、4小説家	5兵書	6天文、7曆數、8五行		9藝術(醫書附)、10類書、12釋家
《四庫總目》④	1儒家、13道家、3法家、4農家、10雜家(義同明志)、12小説	2兵家	6天文算法、7術數	5醫家	8藝術、11類書、9譜錄、14釋家

由此表可見，子部三個來源的區分非常清楚。以此三個來源爲基礎，按内容性質，可以將子部分爲思想、技藝、雜説三大系統。思想系統以第一來源諸子爲主體，技藝系統以第二來源兵書、數術、方技爲主體，雜説系統則是從思想系統中的雜家、小説家分化出來，新增小類可分别歸入以上三大系統。

(一) 思 想 系 統

諸子部分在後世目録書中除了無陰陽家外，基本上保持了《七略》"九流十家"的格局，而且排列順序與《七略》大體一致。子學作爲一種學術形態，古人對其性質有明確的認識。《淮南子・汜論訓》云："百川異源而皆歸於海，百家殊業而皆務於治。"⑤司馬談説："夫陰陽、儒、墨、名、法、道德，此務爲治者也，直所從言之異路，有省不省耳。"⑥《漢志》也稱："諸子十家，其可觀者九家而已。皆起於王道既微，諸侯力政，時君世主，好惡殊方，是以九家之術蠭出並作，

---

① 《郡齋讀書志》袁本"天文"與"星曆"合爲"天文卜算類"，共十七類，今表依衢本分爲十八類。詳參晁公武撰，孫猛校證《郡齋讀書志校證》，上海古籍出版社1990年版，第409~410頁。
② 《宋史》卷二百五《藝文四》，中華書局1977年版，第5171頁。
③ 《明史》卷九十八《藝文三》，中華書局1974年版，第2425頁。
④ 《四庫全書總目》卷九十一，中華書局1965年版，第769頁。
⑤ 劉安撰，何寧集釋《淮南子集釋》，中華書局1998年版，第922頁。
⑥ 《史記》卷一百三十《太史公自序》，中華書局2013年版，第3965頁。

各引一端,崇其所善,以此馳説,取合諸侯。"①北齊劉畫認爲九家之學"皆同其妙理,俱會治道"②。《文心雕龍·諸子》稱其"述道言治,枝條五經"③。清陳澧云:"諸子之學,皆欲以治天下。"④綜合上述資料可知,諸子的特徵是通過著書立説,討論人生、社會、國家治理等人文社會科學的問題,這一點與經、史、集三部有很大的區分度,經部解經,強調忠實於經文,史部記事,強調客觀記述,集部主文采辭章。因此,子部中的諸子部分學術特色鮮明,自成一體,可以稱爲思想系統。在後世新增的類目中,道書(或稱神仙)、釋書也可以歸入思想系統中,因它們也對人生、社會、國家等進行一系列思考並形成了較爲完善的理論體系。

(二) 技 藝 系 統

從上表可見,《七略》的兵書、數術、方技三略被歸入子部後,在歷代目錄書中也自成一體,有比較明顯的對應傳承關係。兵書作爲獨立的一類沒有變化,數術在後世被拆分爲若干小類,這些小類與《七略》中數術的小類是基本對應的,方技在後世多改稱醫家,除兩《唐志》細分爲醫術、明堂經脉兩類外,其餘多不再細分。從性質上看,與諸子多就人生、社會、國家方面著書立説不同,兵書、數術、方技三略都是某一具體領域的實用性知識和技術,如兵書主要闡發軍事、用兵方面的理論和技術,數術主要是天文、曆法、算術、占卜、風水等各種實用的知識和技術,方技則是治病療疾的醫藥學。在三者中,數術與方技的性質尤爲接近,故梁代阮孝緒的《七錄》將其合併爲術技錄。關於兵書的性質,有些學者認爲其更接近諸子,阮孝緒即將兵家與諸子合併,稱子兵錄。近人江瑔也説:"兵書一類,尤純然爲子體,不過成帝時諸臣奉詔分門校輯,以用兵之道所關靡細,其書亦繁富,其中類别頗多,故別立一類,專人任之。"⑤近代學者孫德謙(1869—1935)《諸子通考》一書遍研先秦諸子,兼及兵家⑥,可見也認爲兵家與諸子更接近。但事實上兵家與諸子的差別還是很明顯的,就《七略》言,兵家分兵權謀、兵陰陽、兵形勢、兵技巧四小類,講的都是非常專門的用兵之術,古代兵學多講陰陽、形勢,這與數術本就有密切關係。且成帝以專人校兵書,並不完全是因爲其書繁富,而是因爲兵書專業性強,必須由專門習兵之人才能承擔,而校諸子虛言的劉向顯然是無法勝任的。再就後世子部類目的安排看,兵書從來不會放在諸子中,而多雜列於數術、方技類中,如兩《唐志》將其置於曆算與五行之間。可見,兵書的性質更接近數術、方技而非諸子,清章學誠認爲"兵書、方技、數術皆守法

---

① 《漢書》卷三十《藝文志》,第 1746 頁。
② 劉畫撰,傅亞庶校釋《劉子校釋》卷十《九流章》,中華書局 1998 年版,第 521 頁。
③ 劉勰《文心雕龍》,上海古籍出版社 2015 年版,第 108 頁。
④ 陳澧《東塾讀書記》十二《諸子書》,中西書局 2012 年版,第 190 頁。
⑤ 江瑔《讀子卮言》,第 6 頁。
⑥ 孫德謙《諸子通考·凡例》,岳麓書社 2013 年版,第 1 頁。

以傳藝"①，前引姚名達先生之語也將兵書歸於技藝類，與曆數、醫方等同科。因此，兵書、數術、方技三略因其性質接近，可以將其歸納爲子部的另一大系統——技藝系統。

在諸子中，農家較爲特殊，它之所以能列爲諸子，在於它所提出的重農理論，而不在於具體的農業知識和技術。但農家理論之書甚少，更多的是農業技術之書，這一現象自《七略》已如此，後世農家類更是以技術書爲主，因此，農家歸屬於技藝系統顯得更爲合理。在後世新增類目中，藝術類（雜藝術）主要著錄琴、棋、書、畫、射等休閒雜藝之書，這類書在阮孝緒《七錄》中稱爲雜藝部，歸屬術技錄，《隋志》未單獨設類，其書分散於史部簿錄類、子部兵家類等，直到《舊唐志》才又單獨設類，後世因之。可見其與技藝系統不但性質接近，也有淵源關係，故應該歸入其中。譜錄類産生較晚，最早見於南宋尤袤的《遂初堂書目》，後被《四庫總目》采納，主要收錄以圖譜形式記物的書，如硯譜、香譜、竹譜、群芳譜等，被稱爲"生物、製造器、飲食器的辭典"②，這也與專門知識或技藝有關，故也可歸入技藝系統。

綜上所述，子部的技藝系統包括兵書、數術、方技、農書、藝術、譜錄等類別。其實，古人往往把掌握某種技藝的人作爲一個獨立的群體，在不少正史中爲他們單獨立傳，如《後漢書》的《方術傳》，《晉書》《北史》《周書》《隋書》的《藝術傳》，《魏書》的《術藝傳》，《三國志》《北齊書》《兩唐書》的《方技傳》等。這些類傳所收人物包括掌握天文、陰陽、數術、醫學、書法、繪畫、建築以及各種工藝的人，這也是子部的技藝系統得以成立的重要依據之一。

（三）雜說系統

諸子中的雜家、小說家性質比較特殊。雜家本來也是某種思想學說，《漢志》云："雜家者流，蓋出於議官。兼儒、墨，合名、法，知國體之有此，見王治之無不貫，此其所長也。及蕩者爲之，則漫羨而無所歸心。"③可見，所謂雜家本是指兼采各家學說而立論的各種子書的統稱，《呂氏春秋》《淮南子》是其代表作，但《漢志》的雜家也收錄了很多與諸子無關的雜書，蔣伯潛先生説："自《東方朔》以下，皆別集、對策、簿書、雜文之類，非專著矣。"④後世雜家則更趨龐雜，變成各種難以歸類的雜書的收容所，因此，雜家經歷了由思想流派到龐雜之雜的演變⑤。南宋尤袤將逐漸萎縮的法、名、墨、縱橫等小類合併入雜家，清代《千頃堂書目》《四庫全書總目》承襲此種做法。《四庫總目》對雜家進行了系統整理和歸類，將其分爲雜學之屬、雜考之屬、雜說之

---

① 章學誠《校讎通義·校讎條理第七》，《續修四庫全書》第930冊，上海古籍出版社2002年版，第774頁。
② 楊家駱《四庫全書學典》，世界書局1946年版，第26頁。
③ 《漢書》卷三十《藝文志》，第1742頁。
④ 蔣伯潛《諸子通考》，浙江古籍出版社1985年版，第541頁。
⑤ 參程千帆《校讎廣義·目錄編》（第102頁），及劉春華《由"思想流派"之雜到"龐雜"之雜——論中國古代書目子部雜家著錄內容的演變》。

屬、雜品之屬、雜纂之屬、雜編之屬六小類,與諸子有關的著作皆收錄於雜學之屬中,其餘雜考等皆係各種雜書,與諸子無甚關係。雜家在歷代目錄中收書數量龐大①,就是因爲内容過於龐雜。小説家屬於"街談巷語,道听途説",在《七略》中的地位較低,屬於不入流,僅勉强附於諸子後,其書今已全部亡佚,明胡應麟推測"蓋亦雜家者流,稍錯以事耳。如所列《伊尹》二十七篇、《黄帝》四十篇、《成湯》三篇,立義命名勒依聖哲,豈後世所謂小説乎"②。可見《七略》的小説多寓説理於叙事,有一定的子書特徵。後世的小説類漸漸發生變化,主要收錄各類博物、志怪、異聞、故事、雜説等,説理性减弱,而虛構性、叙事性等文學屬性增强③,内容雜亂,偏離於諸子的特徵。綜上可見,雜家、小説家的主要特徵是"雜",既不宜歸入思想系統,與技藝系統也有較大差異,因此可以將它們單獨歸爲一類,稱爲雜説系統。在新增類目中,類書在《隋志》中本就歸屬於雜家,《舊唐志》將其獨立出來,後世因之。類書大多卷帙浩繁、無所不包,也具有"雜"的特徵,因此也可以歸入雜説系統。除此之外,明清以來,叢書也漸漸成爲子部的一個新類別,明末祁承爜的《澹生堂藏書目》在子部設立叢書類④,但《四庫總目》未單獨設叢書類,而是將叢書劃入子部雜家類中。

綜上所述,子部的三大系統及其各自小類分別爲:

思想系統:儒、道、法、名、墨、縱横、神仙、釋家

技藝系統:兵書、數術、方技、農書、藝術、譜錄

雜説系統:雜家、小説家、類書、叢書

將子部劃分爲思想、技藝、雜説三大系統,是對子部自身學術架構的重新認識。思想系統是子部的根源和主體,是子之所以爲子的依據所在;技藝系統本與諸子無涉,只是因子書過少而併入子部;雜説系統從思想系統中分化出來,演變成各種雜書的收容所,而爲四部分類法兜底。三大系統三足鼎立,構成了子部的穩定架構,它們不僅代表了子部的三方面内容,也代表了子部的三種性質,即思想性、技藝性和雜亂性。其中,思想和技藝兩大系統有明確的學術性質,是子部的主要組成部分,雜説系統是子部的附屬部分。

二、子部三大系統的歷史變遷

三大系統在子部的分量及其歷史變遷,可以通過歷代書目中著錄的具體數據進行考察。今選取《隋志》《舊唐志》《新唐志》《宋志》《明志》《四庫總目》六種有代表性的官修目錄作爲考

---

① 具體數據詳參本文第二部分表格。
② 胡應麟《少室山房筆叢》卷二十九《九流緒論下》,上海書店出版社 2009 年版,第 280 頁。
③ 參李帥《目錄學視野中的小説觀念嬗變探析——以〈漢志〉〈隋志〉〈總目〉爲例》。
④ 祁承爜《澹生堂藏書目》,《明代書目題跋叢刊》,書目文獻出版社 1994 年版,第 926 頁。

察對象,《隋志》反映了唐初典籍的存佚情況,《舊唐志》反映了唐開元時代官府藏書情況,《新唐志》在《舊唐志》基礎上增加了大量唐人著述,《宋志》反映了兩宋時代官府藏書的情況。《明志》不是藏書目錄,而是有明一代的著述總目。《四庫總目》著録當時存世古籍一萬餘部(含存目),可以大體反映當時各類古籍的存量。通過考察,有三個方面的内容值得關注:

(一) 技藝系統的尷尬地位

下表爲三大系統在上述目録中的主要數據①:

	思想系統		雜説系統		技藝系統	
	部	卷	部	卷	部	卷
《隋志》②	214	1 449	161	4 202	1 329	9 864
《舊唐志》③	239	1 984	106	8 156	416	5 399
《新唐志》④	628	4 155	290	11 180	724	7 457
《宋志》	605	3 926	834	14 782	2 271	9 582
《明志》⑤	311	2 142	277	32 777	382	4 292
《四庫總目》⑥	821	6 619	1 250	44 824	869	7 847

從這個表格中可以看出,三大系統在子部中各有其重要比重,並長期處於三足鼎立的態勢。再將思想和技藝兩大系統作對比,《隋志》中技藝系統占據絕對優勢,思想系統無論是部

---

① 本表所列數據均依原文於每類之後的統計數據,如有更正另作説明。
② 《隋志》數據根據張晚霞訂正的結果,亡書亦統計在内。參張晚霞《〈隋書經籍志〉著録情況的統計研究》《淮北煤炭師範學院學報(哲學社會科學版)》2004年第5期。
③ 《舊唐志》儒家類數量原作28部,實際爲81部,相差較大,今改。其餘各類原文與實際統計數據略有差異,不作改動。參牛繼清《〈舊唐書·經籍志〉子部脱漏書考證》,《古籍研究》2006年卷上,安徽大學出版社2006年版,第60~67頁。
④ 《新唐志》數據爲著録與不著録之和。著録部分詳細記録了部數與卷數,不著録部分僅記録家數與卷數,家數不完全等同於部數。今著録部分全依其原有數據,不著録部分的部數,據實際統計數據而定。
⑤ 《明志》將墨、名、法、縱橫等家歸入雜家,其書數量甚少,爲避繁瑣,故歸入雜説系統計算。
⑥ 《四庫總目》數據爲著録與存目之和,中華書局本對部分數據有校訂,但與原文差距不大,不影響研究結果,故仍依原文。由於《四庫總目》對雜家細分爲雜學之屬等六小類,並各有數據統計,其雜學之屬主要是子書,其餘雜考、雜纂等皆爲雜書,故其思想系統增加雜家之雜學之屬,雜説系統則相應減去此小類,下文所列表亦遵此例。

數還是卷數都遠低於技藝系統,顯示出漢以來諸子之學的嚴重衰落,子部名實不符,實際變成技藝類文獻的天下。從《舊唐志》開始,二大系統皆有發展,其差距也有所縮小,但技藝系統仍始終處於優勢地位。在傳統目錄學中,技藝系統一直被當作子部的附屬,在排序上都是先諸子,後技藝。但是通過數據對比可以發現,技藝系統的書籍竟然喧賓奪主,在子部中的分量長期大於思想系統而占據優勢地位,這是一個非常有趣的現象。名爲子部,子書却是少數,技藝系統雖在數量上占據優勢,却不能擁有恰當的名分,這實際上體現了中國古代重道輕術、重虛理輕實用的學術傳統。陳樂素先生(1902—1990)在研究《宋史·藝文志》時曾提出了這樣一個問題:"考慮從目錄學看中國學術的發展。重社會科學而輕自然科學的問題。爲什麼東晉李充《四部書目》的分類,歷唐、宋、元、明、清,都看作是法定的分類法?"①技藝系統在子部中的尷尬地位,或許能對這一問題作出某種回答。

(二) 思想系統的變遷

思想系統的數據列表如下:

	儒		道(含佛、神仙)		墨、名、法、縱橫等②	
	部	卷	部	卷	部	卷
《隋志》	77	665	107	604	30	180
《舊唐志》	81	776	125	960	33	248
《新唐志》	131	1 162	456③	2 679	41	314
《宋志》	169	1 234	717	2 524	19	168
《明志》	140	1 230	171	912	歸入雜家	
《四庫總目》	419	4 167	169	1 325	233	1 127

漢代以降,子學衰落是一個不爭的事實,但一個民族對國家、社會的思考不可能中斷,尤其是一向勤學善思的中華民族,所以子學不可能消亡,舊子學衰落,必有新子學興起。從上表看,首先,儒、道二家保持了長期持續的發展。儒家由於與經學關係最爲密切,故有持續增長的動力,尤其是宋代迎來儒學的大發展,儒家類典籍大增。道家之學雖不如儒家顯赫,但也有強大生命力,注解、闡發老莊者代不乏人。其次,魏晉之後道教、佛教等新生學術資源加入子

---

① 陳樂素《宋史藝文志考證》,廣東人民出版社 2002 年版,第 701 頁。
② 此小類,《四庫總目》墨、名、縱橫歸入雜家雜學之屬,法家仍獨立,表中數據爲雜學之屬與法家之和。
③ 《新唐志》道家類所列數據頗多混亂,此表所列按實際統計而定。

部。道教以傳統道家爲根基,融合民間宗教和各種方術,自成體系,發展迅猛。佛教更是以其精密的思想體系迅速占領思想市場。不過,由於漢代以來一直把佛教、道教當作方外之教,所以不被編入四部目録中,阮孝緒《七録》將其作爲外篇二録,《隋志》則在四部之後附録道經、佛經,個别佛道之書被放在子部雜家類。兩《唐志》《宋志》在子部道家類之後附載了部分佛道之書,《明志》《四庫總目》佛、道二家均獨立成類。最後,由於墨、名、法、縱横等日趨衰歇,後合併於雜家,這樣,思想系統的主體架構就由原來的九流十家,逐漸變成儒、釋、道(含道家、道教)三家鼎立。北宋《龍圖閣書目》、南宋鄭樵《通志·藝文略》其諸子類的前三類就是儒、道、釋,南宋尤袤《遂初堂書目》子部前四類是儒家、雜家、道家、釋家,就是這一轉變的反映。

(三) 雜說系統的變遷

雜說系統數據列表如下:

	雜　家		小　説		類　書	
	部	卷	部	卷	部	卷
《隋志》	131	4 049	30	153	在雜家中	
《舊唐志》	71	982	13	90	22	7 084
《新唐志》	110	1 919	124	635	56	8 626
《宋志》	168	1 523	359	1 866	307	11 393
《明志》	67	2 284	127	3 307	83	27 186
《四庫總目》	649	7 889	319	2 386	282	34 549

在雜說系統中,除去卷帙龐大的類書,雜家、小説家的增長也非常迅速。雜家在《隋志》中達4 000多卷,其數量完全碾壓儒、道等其他各家,後來則有增有減,顯示其不斷亡佚又不斷再生,生命力極强,到《明志》中達到2 284卷,超過儒佛道三家之和。小說家在《隋志》和兩《唐志》著録不多,但到《宋志》和《明志》則增長迅速,尤其是《明志》著録3 307卷,卷數居各家之首,可見其創作之繁榮。雜說系統的擴張,一方面體現了文人創作筆記、雜說的熱情,另一方面也説明子部廣收雜書的性質進一步凸顯。

通過以上分析可以看出,在《隋志》以降的目録書中,子部表現出三個特點:第一,技藝系統雖然常被視爲子部的附庸,但其數量却往往超過思想系統;第二,思想系統的架構由九流十家逐漸向儒釋道三家並立轉型;第三,各種異聞、雜説、筆記等無關思想的書開始大量充斥於子部。

三、思想、技藝系統在子部中的整合

　　就學術性質而言,思想系統和技藝系統的關係是非常疏遠的,疏遠程度甚至超過四部中各部的關係。一位學者的著述可能遍及經史子集,但可能與子部的技藝系統完全無關。高談名學邏輯的名家著述,與記載實用農業技術的農書,很難想像二者在什麼地方存在一致性,以至於在目錄學上要把它們歸於同一部類。但是,既然古人將它們長期歸入同一部類,必然要提出一些理由來進行整合才行。

　　最早將技藝系統歸入子部的是晉荀勖的《中經新簿》,分群書爲甲乙丙丁四部:"一曰甲部,紀六藝及小學等書;二曰乙部,有古諸子家、近世子家、兵書、兵家、術數;三曰丙部,有史記、舊事、皇覽簿、雜事;四曰丁部,有詩賦、圖贊、汲冢書。"①其中乙部除了諸子書外,又增加了兵書和術數,應係合併自《七略》中的兵書略和數術略②,這是首次將諸子書與技藝類書合併爲一個大部。但《中經新簿》已經失傳,其分類依據不得而知。荀勖之後,對兩大系統的整合大體上有三個路徑。

　　第一個路徑,是從起源上統合,認爲二者皆出於王官,一爲先王之教,一爲先王之政。這個路徑起源於《七略》,而以《隋志》《郡齋讀書志》及近人孫德謙的闡發爲代表。《七略》雖然未將諸子與兵書、數術、方技合爲一部,但在解釋各自來源時都將其歸結於古聖王的某一官守。關於諸子,《七略》認爲都是出於古代的王官之學,如儒家出於司徒之官,道家出於史官等等。對於兵家來源,《七略》稱:"兵家者,蓋出古司馬之職,王官之武備也。"③於數術云:"數術者,皆明堂羲和史卜之職也。"④於方技云:"方技者,皆生生之具,王官之一守也。"⑤可見,《七略》認爲,無論是諸子還是兵書、數術、方技,都是出於古代聖王的某一具體官守,是古聖王治理天下的思想、方略、舉措的某個方面的遺存。《隋志》沿襲了《七略》的觀點而有所發展,其子部序云:

　　　《易》曰:"天下同歸而殊途,一致而百慮。"儒、道、小説,聖人之教也,而有所偏。兵及醫方,聖人之政也,所施各異。世之治也,列在衆職,下至衰亂,官失其守。或以其業遊説諸侯,各崇所習,分鑣並騖。若使總而不遺,折之中道,亦可以興化致治者

---

① 《隋書》卷三十二《經籍一》,第906頁。
② 《中經新簿》不言方技,而兵書、兵家重複,疑有誤字,或兵書爲醫書之誤。
③ 《漢書》卷三十《藝文志》,第1762頁。
④ 同上,第1775頁。
⑤ 同上,第1780頁。

矣。《漢書》有《諸子》《兵書》《數術》《方伎》之略,今合而叙之,爲十四種,謂之子部。①

《隋志》在沿襲《七略》諸家出於王官觀點的同時,進一步將其分爲先王之教與先王之政,以此來統合思想與技藝系統。《隋志》認爲,諸子的思想學説來自聖人之教,而兵書、方技等來自聖人之政,因爲天下大亂,才使它們流落民間,於是發揮各自的特長,自成一家,雖然各有所偏、所施各異,但將它們貫通起來,"折之中道,亦可以興化致治者矣"。其後,南宋晁公武《郡齋讀書志》子部小序亦云:

> 序九流者,以爲皆出於先王之官,咸有所長,及失其傳,故各有弊,非道本然,特學者之故也,是以録之。至於醫、卜、技、藝,亦先王之所不廢,故附於九流之末。夫儒墨名法,先王之教;醫卜技藝,先王之政,其相附近也固宜。②

與《隋志》道一風同,晁氏亦認爲儒墨名法來自先王之教,醫卜技藝來自先王之政,二者統一於先王,故"其相附近也固宜"。但在晁氏眼中,顯然"教"是優先於"政"的,故子部仍以諸子爲主,醫卜技藝只是附於"九流之末"而已。近人孫德謙在研究子部時,立足於後世的四部框架而對《漢志》中單列兵書、術數、方技産生疑問,"余初疑班氏何以歧異若兹,及讀志云:'儒道小説,聖人之教;兵及醫方,聖人之政。'然後知蘭臺之分別部居,不相雜厠者,蓋有政教之判焉。"③也就是説,諸子與技藝無論分合都有其道理,《隋志》之後的相合,是因爲它們都是先王政教的遺存,《漢志》之分立則是因爲它們有政教之不同。

第二個路徑,是從效用上統合,認爲二者各習專門之藝,皆有治國之用。這一路徑以明胡應麟、清《四庫總目》爲代表。胡應麟認爲諸子"其言雖歧趣殊尚,推原本始各有所承,意皆將舉其術措之家國天下,故班氏謂使遇明王折衷輔拂,悉股肱之材。非如後世文人藝士,苟依托空談,亡裨實用者也"④,認爲諸子各有其專門之術,措之家國天下,皆有所實用,並非空談,而兵書、數術、方技的實用性更爲明顯,因此將其納入子部就是順理成章的了。他又説:"夫兵書、術數、方技皆子也,當時三家至衆,殆四百餘部,而九流若儒、若雜多者不過數十編,故兵書、術伎,向、歆俱別爲一録,視《七略》幾半之。"⑤認爲三家本來就應該歸屬子部,只是因爲劉向劉歆時代三略之書太多,故只能分立。基於這種認識,胡應麟打破了思想與技藝的分立狀態,而對子部的小類重新歸併整理,將子部重定爲九家,即所謂的"新九流",即一儒、二雜(名、

---

① 《隋書》卷三十四《經籍三》,第1051頁。
② 晁公武撰,孫猛校正《郡齋讀書志校證》,第409頁。
③ 孫德謙《諸子通考》,第67頁。
④ 胡應麟《少室山房筆叢》卷二十七《九流緒論上》,第260頁。
⑤ 同上。

法、墨、雜等家)、三兵(含縱橫)、四農(含方技)、五術(數術)、六藝(藝術類)、七説(小説)、八道(道家、神仙)、九釋(佛教)。清《四庫總目》作爲古代目錄學的集大成者,也對子部進行了重構,將子部的小類重新劃分爲四種:第一種,儒、兵、法、農、醫、天文算法,認爲這些皆與治國有關,"皆治世者所有事也";第二種,數術、藝術,即"小道之可觀者";第三種,雜家、譜録、小説、類書,"皆旁資參考者";第四種,佛、道,爲外學①。這四類中,第一類因與治國密切相關,故是最重要的,其餘三類或爲小道,或僅可參考,或爲方外之書,故重要性大打折扣。可見,《四庫總目》是根據在治國實踐中是否有用來重新劃定子部框架的,在這一原則指導下,思想系統的儒、法,與技藝系統的兵、農、醫、天文曆算等作爲同一類被統合到了一起。

第三個路徑是,雖然意識到思想與技藝兩大系統的巨大差異,共存於子部存在合法性問題,但由於受四部分類框架的深刻影響,主張存在即是合理的。這個路徑以章學誠、江瑔爲代表。章學誠《校讎通義》云:

> 《七略》以兵書、方技、數術爲三部列於諸子之外者,諸子立言以明道,兵書、方技、數術皆守法以傳藝,虛理實事,義不同科故也。至四部而皆列子類矣。南宋鄭寅《七録》猶以藝、方技爲三門,蓋亦《七略》之遺法。然列其書於子部可也,校書之人則不可與諸子同業也,必取專門名家,亦如太史尹咸校數術、侍醫李柱國校方技、步兵校尉任宏校兵書之例,乃可無弊。否則文學之士但求之於文字語言,而術業之誤,或且因而受其累矣。②

章氏非常清醒地知道兩大系統的差異,認爲思想系統的諸子"立言以明道",而技藝系統各類則"守法以傳藝",一言虛理,一言實事,屬於"義不同科"。因此他主張如果校書,兩種書要分開校,術類之書由於專業性太强,"必取專門名家",不可讓校諸子之人校技藝類書。但他又認爲"列其書於子部可也",似乎四部分類法是天經地義、不容更改的。江瑔也意識到兩大系統的差異,他追溯了中國古代學術的淵源,認爲古代一切學術均來源於巫和史:"巫之道,由顯而之隱,推究乎吉凶禍福之理,傳其學者,所以有天文、曆譜、五行、蓍龜、雜占、形法、醫方、房中、神仙、方技之派也。""史之道,由隱而之顯,會通夫人事政治之大,傳其學者,所以有六藝、諸子、詩賦、兵書之派也。"③認爲諸子九流之學盡出於史官,而數術方技諸家則"純出於巫者",二者淵源有所不同。故技術類圖書合併於子部不完全合理,"以之與周秦諸子相較而並觀,則淵源各別,擬非其類,而失諸子之真矣"④。但他認爲學術並無嚴格的界限,目錄分類只是爲了方

---

① 《四庫全書總目》卷九十一,第769頁。
② 章學誠《校讎通義·校讎條理第七》,《續修四庫全書》第930册,第774頁。
③ 江瑔《讀子卮言》,第24頁。
④ 同上,第3頁。

便學習和研究的一種權宜之計:"學者爲以簡御繁起見,提綱挈領,舉其大以統其小,本爲不獲已之苦心,則以術數、方技諸類附於子部之後,亦無大害。"①這也是對四部分類法的妥協。

上述三種路徑中,第三種只是承認現狀,並未提出充足理由。前兩種路徑提出的理由也多是外圍性的,不足以彌合思想與技藝的巨大鴻溝。例如,認爲二者皆出於王官,一出於先王之道,一出於先王之政。所謂先王之教、先王之政,也只是籠統地説,不足以成爲一個學理依據,若言先王之政,則史部的刑法類、職官類是否也要歸屬於子部? 思想與技藝兩大系統本身性質的差異,以及雜説系統的不斷擴張,使得子部始終存在分裂趨勢。

四、子部三大系統的分裂

思想與技藝系統的異質性,爲子部的分裂埋下了伏筆。其實,從技藝類最初併入子部開始,就出現了分裂的迹象。隋唐以來,雖然四部分類法是主流,但仍出現了很多新的分類方法,這些新方法的共同特點就是對子部技藝系統和雜説系統的拆分,正應了余嘉錫先生所説的"分合之故,大抵在諸子一部"的論斷。

《隋志》之前,四部分類法雖已流行但尚未定於一尊,突破四部的代表性分類法是五部法,即將技藝系統單獨列爲一部。梁代整理文德殿圖書,不再將數術類書列於子部,而是單獨成立一部,阮孝緒《七録序》云:"有梁之初,缺亡甚衆,爰命秘書監任昉躬加部集。又於文德殿内別藏衆書,使學士劉孝標等重加校進。乃分數術之文更爲一部,使奉朝請祖暅撰其名録。"②此即《七録序》附載《古今書最》所謂"梁天監四年文德正御四部及術數書目録"③,《隋志》直接將其稱爲"五部目録"④。余嘉錫先生對於《文德殿書目》的五部劃分頗爲贊賞,他説:"六朝官撰目録,皆只四部而已。惟梁劉孝標撰《文德殿書目》,分術數之文,更爲一部,使奉朝請祖暅撰其名録,謂之五部目録。蓋取《七略》中數術方技之書,自子部内分出,使專門名家,司其校讎也。此最得漢人校書分部之意。阮孝緒因之作《七録》……而以數術別爲一録,師《文德殿目》之成例也。"⑤阮孝緒的《七録》繼承了這種做法,其内篇五録爲經典録(經)、紀傳録(史)、子兵録(子)、文集録(集)、術技録,其中術技録係合併自《七略》中的數術、方技二大類,兵書則併入諸子形成子兵録。這樣,思想與技藝兩大系統基本上實現了分立,從而形成典型的五部目録。這一分法爲隋代的許善心所繼承,《隋書》善心本傳載:"於時秘藏圖籍尚多淆亂,善心放阮孝

---

① 江瑔《讀子卮言》,第 3 頁。
② 任麗麗《七録輯證・序目》,上海古籍出版社 2011 年版,第 2 頁。
③ 同上,第 5 頁。
④ 《隋書》卷三十二《經籍一》,第 907 頁。
⑤ 余嘉錫《目録學發微》,第 145~146 頁。

緒《七録》更製《七林》,各爲總敍,冠於篇首。又於部録之下,明作者之意,區分其類例焉。"①善心的《七林》比《七録》體例更爲完善,部類有小序,著録有提要,具有很高的目録學價值,惜此書早已亡佚不存,歷代史志皆不著録。五部目録是在四部目録尚未完全定型的時候出現的,它將技藝類書籍獨立於子部之外,使各部的學術性質更爲明晰。雖然後來並未流行,但其學術意義還是值得肯定的。

唐代之後,較早突破四部分類法的是北宋景德年間(1004—1007)的《龍圖閣書目》,此目是一部典型的藏書目録,早已亡佚,但其内容框架尚有迹可尋。宋王應麟《玉海》卷五十二載:

> 實録:景德二年四月戊戌,幸龍圖閣,閲太宗御書,觀諸閣書畫。閣藏太宗御製、御書並文集總五千一百十五卷軸册。下列六閣:經典總三千三百四十一卷(目録三十卷,正經、經解、訓詁、小學、儀注、樂書);史傳總七千二百五十八卷(目録四百四十二卷,正史、編年、雜史、史抄、故事、職官、傳記、歲時、刑法、譜牒、地理、僞史);子書總八千四百八十九卷(儒家、道書、釋書、子書、類書、小説、算術、醫書);文集總七千一百八卷(别集、總集);天文總二千五百六十一卷(兵書、曆書、天文、占書、六壬、遁甲、太一、氣神、相書、卜筮、地理、二宅、三命、選日、雜録);圖畫總七百一軸卷册,古畫上中品、新畫上品(又古賢墨迹總二百六十六卷)。②

據此可知,龍圖閣分設六閣,即經典閣、史傳閣、子書閣、文集閣、天文閣、圖畫閣。與四部分類法比較,多出天文閣和圖畫閣,圖畫閣著録的是古畫作品,非著作,可置不論。值得一提的是天文閣,天文閣包括兵書、曆書、天文、占書、六壬、遁甲、太一、氣神、相書、卜筮、地理、二宅、三命、選日、雜録等小類,大致相當於子部的數術和兵書二類,這意味着該目將子部中的一部分技藝類書獨立出來,與阮孝緒《七録》從子部分出術技録有相似之處。

南宋鄭樵《通志·藝文略》彙聚古今之書,分爲經、禮、樂、小學、史、子、天文、五行、藝術、醫方、類書、文十二類③。其多於四部的另外八類,除了禮、樂、小學三類來自經部外,其餘天文、五行、藝術、醫方、類書五類都來自子部,這五類中,天文等四類來自子部的技藝系統,類書來自雜説系統,這樣子類就基本上只剩下思想系統了,近於恢復了子部的原初面貌。

莆田鄭氏爲藏書世家,鄭樵之後,其族孫鄭寅編有《鄭氏書目》,其分類亦頗有特色。此書今已亡佚,陳振孫《直齋書録解題》著録,其解題云:"莆田鄭寅子敬以所藏書爲七録,曰經,曰

---

① 《隋書》卷五十八,第1427頁。
② 王應麟《玉海》卷五十二,廣陵書社2007年版,第995頁。
③ 鄭樵《通志二十略·藝文略》,中華書局1992年版,第1449~1800頁;又見《校讎略·編次必謹類例論》,第1804頁。

史,曰子,曰藝,曰方技,曰文,曰類。"①《鄭氏書目》將群書分爲七類,其中經、史、子、文顯然是對應經史子集的,類録應來自子部的類書類,藝録應來自子部的藝術類,關於方技録,姚名達先生推測:"並'天文'、'醫方'入《方技録》(原注:"天文"是否改入"方技"尚未可定)。"②可見,方技録可能包括方技、數術的全部或一部分。鄭寅的七部分類法很明顯是通過拆分子部完成的,於四部之外多出的藝録、方技録主要來自子部的技藝系統,而類録則來自子部的雜説系統。章學誠認爲這種做法"亦《七略》之遺法"③,《七略》分兵書、數術、方技爲三類,與諸子並列,而鄭氏則將子部的技藝、雜説類書獨立出來,二者異曲而同工。姚名達先生非常欣賞鄭氏的這種分類法,他説:"此在分類學中,頗近合理,蓋空談之'諸子'萬不可與消遣之'藝術'、實用之'方技'合部,類書包含一切,更不宜屈居子末。今鄭寅能拔'藝'、'技'、'類'與四部抗顔行,真可謂目光如炬矣。"④

明代以降,目録分類更加豐富多彩,公私目録多有突破四部分類法者。公藏目録以《文淵閣書目》《内閣藏書目録》爲代表,私家目録以《晁氏寶文堂書目》《孫氏祠堂書目》爲代表。

《文淵閣書目》是明初楊士奇等主持編纂的一種比較粗糙的圖書登記目録。此目按千字文爲序,分爲二十號,其下又分三十九類⑤,依其與四部的對應關係列表如下:

千字文序	類　名	對應四部
天	國朝	
地	易、書、詩、春秋、周禮、儀禮、禮記	
玄	禮書、樂書、諸經總類	經
黄	四書、性理及附、經濟	
宇、宙	史、史附、史雜	史
洪、荒	子書、子雜、雜附	子
日、月	文集、詩詞	集
盈	類書	出子
昃	韻書、姓氏	出經、史

---

① 陳振孫《直齋書録解題》,上海古籍出版社 1987 年版,第 237 頁。
② 姚名達《中國目録學史》,第 82 頁。
③ 章學誠《校讎通義·校讎條理第七》,《續修四庫全書》第 930 册,第 774 頁。
④ 姚名達《中國目録學史》,第 82 頁。
⑤ 楊士奇等編《文淵閣書目》,《明代書目題跋叢刊》,第 3~4 頁。

續 表

千字文序	類　　名	對應四部
晨	法帖、畫譜(諸譜附)	出子
宿	政書、刑書、兵法、算法	出史、子
列	陰陽、醫書、農圃	出子
張、寒	道書、佛書	出子
來、暑、往	古今志(雜志附)、舊志、新志	出史

從此表可以看出，其中多出四部的類別，大多出於子、史二部，而以子部最多，其兵法、算法、陰陽、醫書、農圃、畫譜(諸譜附)在子部屬於技藝系統，現皆予以獨立。道書、佛書與舊有諸子不同，且各自有藏，故亦獨立。這樣，子部就只剩下思想系統的子書及相關雜類書籍。由此可見，《文淵閣書目》的分類雖然顯得雜亂無章，但它能將技藝系統獨立出子部，從而使子部的屬性趨於明確、單一，還是顯示出了一定的學術判斷力。

《内閣藏書目録》爲明萬曆中張萱等主持編纂，分十八類，包括聖制部、典制部、經部、史部、子部、集部、總集部、類書部、金石部、圖經部、樂律部、字學部、理學部、奏疏部、傳記部、技藝部、志乘部、雜部①。這十八類中，除了前兩部收明朝帝王著述及相關典制文書外，其餘各部多從經史子集中分出，其中從子部分出的爲技藝部、雜部，技藝部收録天文曆法、陰陽、占卜、算法、醫書、藝術、繪畫、建築類書籍，雜部近似於子部的雜家，包括筆記、雜説、小説、雜傳等，這也是子部技藝、雜説二大系統走向獨立的體現。

私家目録方面，值得一提的首先是明代的《晁氏寶文堂書目》②，此目分爲三卷三十三類，上卷包括諸經總録、易、書、詩經、春秋、禮、四書、性理、史、子、文集、詩詞十二類，大體上仍屬於傳統的經史子集的範疇，其中子類所收純爲思想系統之書。中卷、下卷爲新增類目，來自子部或與子部相關的有類書、子雜、兵書、陰陽、醫書、農圃、藝譜、演算法、法帖、佛藏、道藏十一類，其中類書、子雜相當於雜説系統，兵書至法帖等七種可看作技藝系統的書籍。清代孫星衍《孫氏祠堂書目》③的分類也頗有特色。他根據自己的藏書實際，將圖書分爲十二類，依次是：經學、小學、諸子、天文、地理、醫律、史學、金石、類書、詞賦、書畫、小説。其中諸子下分儒家、

---

① 張萱等編《内閣藏書目録》，《明代書目題跋叢刊》，第 463~604 頁。
② 晁瑮《晁氏寶文堂書目》，《明代書目題跋叢刊》，第 717~805 頁。另參林耀琳《晁瑮〈寶文堂書目〉三十三類目分法初探》，《武夷學院學報》2015 年第 8 期。
③ 孫星衍《孫氏祠堂書目》，《中國歷代書目題跋叢書》第三輯，上海古籍出版社 2008 年版，第 233~578 頁。另參陳寧《〈孫氏祠堂書目〉分類方法解析》，《圖書情報工作》2007 年第 5 期。

道家、法家、名家、墨家、縱横家、雜家、農家、兵家九類。而天文部下分天部、演算法、五行術數三類,醫律下分醫學、律學。數術、方技等技藝類書都從子部獨立出來,諸子類除了兵家外,也基本上回歸了傳統諸子的含義。

綜上可知,無論是四部分類法定型之前抑或之後,都有大量拆分子部的新分類法出現,它們大多將技藝系統、雜説系統的全部或一部分從子部中獨立出來。這其中以南朝梁阮孝緒《七録》的五部目録,和南宋鄭寅的七部目録的分類更爲科學合理,也比較有代表性。子部的分裂,是子部三大系統異質性所導致的必然結果。

五、子部的革新

通過上文論述可知,四部分類法之外的衆多公私目録,已經顯著昭示了子部走向分裂的趨勢。子部的分裂,從另一個角度看就是子部的革新,可以使子部的分類更加科學、合理,對於促進子學的發展也有很大的推動作用。綜合前文論述,在未來的古籍整理和古籍編目中,我們可以對子部的革新提出以下三個方面的建議。

(一) 單獨設立技藝部

子部的技藝系統主要收録實用性、操作性的知識、技術類書籍,雖然其中充斥了不少方術、迷信之書,但畢竟是中國古代科技知識的淵藪,凝聚了我國古代技術工人、勞動人民的智慧和心血。技藝系統雖然一直都存在和發展,並且數量龐大,但在正統的四部目録中只能寄存於子部,而没有獨立的名分。把技藝系統從子部抽出來單獨成立一部,不但可以使子部的學術性質更加明確、單一,也可以進一步凸顯中國古代科學技術方面的偉大成就。方勇先生的"新子學"構想,就主張"嚴格區分諸子與方技,前者側重思想,後者重在技巧,故天文算法、術數、藝術、譜録均不在子學之列"①。從操作層面看,單獨設立技藝部不但有大量先例可循,如阮孝緒《七録》的五部分類法等,而且由於技藝系統在子部本來就是相對獨立的,將其單獨立部,没有技術障礙,以《中國古籍總目》爲例,其兵家類、農家類、醫家類、天文算法類、術數類、藝術類、譜録類等,屬於傳統的技藝系統,可以直接從子部分出來單獨設立技藝部。

(二) 從子部分出雜説系統

子部的雜説系統,主要包括雜家、小説家、類書、叢書四類,它們與諸子的性質也多有差異,其大部分也應該從子部分離出來。雜家雖有子學的内容,如《四庫總目》所謂的"雜學之屬",但更多的是雜考、雜説等與子學無關的各種雜書。張之洞《書目答問》對於子部雜家類的

---

① 方勇《"新子學"構想》,《諸子學刊》第八輯,上海古籍出版社 2013 年版,第 363 頁。

處理值得借鑒:"學術不純宗一家者入此,其雜記事實者入雜史,雜考經史者入儒家。"①子部雜家類僅保留"學術不純宗一家者",而剔除雜家中的各類雜書歸入其他部類中,這是向雜家作爲子書本義的回歸。小説類的歸屬學界爭議較多,突出其子學價值者主張仍留在子部,强調其史學功能的則主張歸入史部雜史、雜傳等類中,突出其文學功能則主張在集部立小説類。總體來説,小説類似應當歸入集部比較合適。

類書與叢書脱離子部,前人成例較多。明祁理孫《奕慶藏書樓書目》、清姚際恒《好古堂書目》於四部外分别單設"四部彙""經史子集總",專收各類叢書②,成爲叢書部單獨立部的早期典範。《書目答問》正式將叢書設爲一個獨立部類,對後來的書目編纂影響較大,《中國古籍善本書目》《中國古籍總目》以及杜澤遜先生主持編纂的《清人著述總目》等,均據之設叢書部。關於類書,《四庫全書總目》就認識到把它放在子部是不合適的:"類事之書,兼收四部,而非經非史,非子非集,四部之内,乃無類可歸。《皇覽》始於魏文,晉荀勗《中經簿》分隸何門,今無所考。《隋志》載入子部,當有所受之。歷代相承,莫之或易。明胡應麟作《筆叢》,始議改入集部,然無所取義,徒事紛更,則不如仍舊貫矣。"③《書目答問》於類書下云:"類書實非子,從舊例附列於此。"④都認爲類書是綜合性書籍,歸屬子部是不恰當的,但由於没有好的處理辦法,只能循舊例將其附於子部。許逸民先生主張類書單獨成部,他在討論《中國古籍善本書目》的體例時説:"類書自成一部,與經、史、子、集、叢並列,是有充分理由的。"⑤近年來國家推進的古籍整理大型項目《中華古籍總目》把類書與叢書合爲類叢部⑥,是比較妥善的處理方法。

(三) 進一步豐富子部的内容

子部分出技藝和雜説系統之後,學術性質變得更爲明確和單一,更加符合中華傳統子學的内涵,而其内容也可以作進一步充實和調整。傳統的儒釋道是子部的三大支柱,道藏、佛藏等原來獨立的大型叢書可以融入子部,其他各種民間宗教、外來宗教類書籍也可以一例收入子部,從而使子部更爲充實豐富,使中華傳統子學特徵更鮮明,脉絡更清晰,意藴更深刻,内涵更包容。《四庫全書總目》將西方傳入的天主教有關書籍歸入子部雜家類雜學之屬,實際上也是對其子學性質的肯定。《中國古籍總目》在子部中新增的諸教類,《中華古籍總目》新增的宗教類,正是其例。

---

① 張之洞撰,范希曾補正《書目答問補正》,上海古籍出版社 2001 年版,第 180 頁。
② 可參江曦《最早設立叢書部之書目考辨》,《圖書館雜志》2010 年第 10 期。
③ 《四庫全書總目》卷一百三十五,第 1141 頁。"中經簿"原作"中經部",今正。
④ 張之洞撰,范希曾補正《書目答問補正》,第 188 頁。
⑤ 許逸民《〈中國古籍善本書目〉體例芻議》,《傳統文化與現代化》1999 年第 2 期,第 80 頁。
⑥ 李致忠、李國慶《〈中華古籍總目〉五部分類表及類分釋例》,《古籍保護研究》第三輯,大象出版社 2018 年版,第 229~312 頁。

結　語

　　目録分類的目的不僅僅是著録藏書，更是辨章學術、考鏡源流，子部因先秦子學而立部，但由於子學在後世的衰落，子部萎縮，導致其他與子學不相關的内容併入子部，形成技藝系統、雜説系統與諸子書並立的架構，從而造成了子部的龐雜和混亂，使子部變成了各種難以歸類的雜書的收容所和四部分類法的兜底部類。子部的三大系統由於學術性質的差異難以完成整合，反而日趨走向分裂。縱觀中華傳統文化，經史子集各代表了一個傳統文化的分支，各有其深刻的内涵和底藴，尤其是子學，藴含了中華先民對世界、國家、社會、民族的哲學思考，而這種思考其實並没有衰落，所謂一代有一代之思想，只是被龐雜的子部所掩蓋而已。返本溯源，子還於子，藝還於藝，雜還於雜，從學術分類上釐清各自的學術畛域，是重建"新子學"的重要基礎性工作。

　　[作者簡介] 曹景年(1983—　)，男，山東濟寧人。山東大學儒學高等研究院博士研究生，曲阜孔子研究院助理研究員。主要研究儒家經學、文獻學，在《宗教學研究》《管子學刊》等發表學術論文30餘篇。

先秦子書文學認知的衍變

張晨霞

內容提要 先秦子書的文學認知,是對先秦子書具不具備文學屬性、具備何種文學屬性,對先秦子書能否視爲文學、可不可以列入文學門類進行討論並發表意見。由於對文學的理解具有時代性和建構性,遂使對先秦子書的文學認知充滿不確定性。至文學史的撰寫,先秦子書的文學屬性得以確定,其文學身份得到認同。從歷史的角度展示這種不確定性及認同的經過,不僅有助於瞭解先秦子書由思想學說到取得文學地位的曲折歷程,還有助於對先秦子書作恰當的文學定位,強化文學的社會責任意識。

關鍵詞 先秦子書 文學認知 文學屬性 文學史

中圖分類號 B2

先秦子書在其初始,是作爲思想學說式的文學存在的。但現代以來,先秦子書被列入文學史撰寫之域,遂在思想學說之外,取得審美藝術的文學身份。審視先秦子書由早期思想學說到作爲審美藝術的文學歷程,發現先秦子書一直處在與審美藝術的文學的歷史分合之中,其文學身份表現出很大的不確定性。這種歷史分合,是不同時代、不同認知主體依不同的文學理解對先秦子書作出不同的判斷所致。展示先秦子書與作爲審美藝術的文學的歷史分合,可知先秦子書的社會功用屬性是文學認知的重要內容,至文學史大量撰寫,先秦子書的文學身份又成爲文學認知的重點。通過先秦子書文學認知歷程的論述,不僅有助於先秦子書的文學定位,也有助於強化文學的社會責任擔當意識。

一

文學一詞,首見於《論語·先進》:"文學:子游,子夏。"作爲孔門四科之一的文學,指代上古元典及相關的典章制度,這是廣義理解中的文學認知。對文學的這種認知,一方面,被《墨子》《商君書》《荀子》《韓非子》《吕氏春秋》等先秦子書繼承;另一方面,又在繼承的基礎上,把學問、學術、思想學説的内涵併入文學的範圍,後者體現在先秦法家對其他學術流派的批判之中,如商鞅認爲文學是"淫道",韓非認爲文學是國之蠹蟲,而商、韓所謂的文學,正是法家之外其他流派的學術主張。在文學作爲流派主張也就是作爲思想學説的意義上,先秦子書的文學身份得以確立,以思想學説爲指向的先秦子書成爲早期文學的表現形態。對先秦子書的文學認知,較早是從思想學説開始的。

以思想學説爲指向的先秦子書,被《漢書·藝文志》説成"窮知究慮"①,被司馬談描述爲"務爲治"②,實際上指出了先秦子書求事理之知、謀天下之治的社會功用屬性。除了看重子書的社會功用,子書作者還對思想學説的文辭表達作過一番思考。在這方面,《論語》提出的辭達説、文質彬彬説較有代表性:語言文辭用來表達思想,貴在二者相稱,不能離開思想需求片面追求語辭華麗。此外,《韓非子》認爲,"傳先王之道"的思想學説,其目的在於"以宣告人",不可"辯其辭",不可"懷其文,忘其直"③。文學有社會功用,文學要文質均衡,成爲早期文學認知的内容。

清末章太炎曾對文學作出界定,認爲"文學者,以有文字著於竹帛,故謂之文。論其法式,謂之文學"④。很明顯,這是在先秦時期人們對文的理解和對學的理解的基礎上,把二者加以綴合形成的文學認知。有學者認爲:"把文學界説做'即是思想之著於竹帛者',如是,則動感情的文辭與算學又何異? 而一切文學中之藝術的作用,原是附麗於語言者,由此説不免一齊抹殺。"⑤又有學者認爲:"這樣廣泛無際的文學界説,乃是古人對學術文化分類不清時的説法,已不能適用於現代。"⑥稍作分析可知,章氏的文學界定,豈止不適用於現代,即便放在首次出現的《論語》中,也不見得成立。文學一詞是固定搭配,簡單的文、學二字詞義相加,很難體現其特定内涵。如果像太炎先生那樣將文學的外延無限放大,似已失去文學概念存在的意義,故此説不能準確還原先秦時期文學認知的真正内涵,尤其不適合於對先秦子書的文學認知。

至漢代,"文學儒吏""文學儒者""賢良文學"的表述方式漸趨增多,由此導致除儒家類子書外,其他各家學説被斥於文學所指之外的局面,文學從指稱多家學説轉而專門指稱儒學。由表示典籍與典章制度,到表示多家流派學説,再到專指儒家學説,文學概念經歷了一個由泛稱到特指的外延日益縮小的變化過程。文學在漢代雖專指儒學,可漢代儒學並没有繼承先秦儒學的思想創造活力,没有出現類似《孟》《荀》那樣的子書作品。事實上,不僅儒學,其他各家學説亦然。對此,劉勰《文心雕龍·諸子》描述説:"自六國以前,去聖未遠,故能越世高談,自

---

① 班固《漢書》,中華書局 1962 年版,第 1746 頁。
② 司馬遷《史記》,中華書局 1982 年版,第 3288~3289 頁。
③ 王先慎《韓非子集解》,中華書局 1998 年版,第 266 頁。
④ 章太炎《國故論衡》,上海古籍出版社 2003 年版,第 49 頁。
⑤ 傅斯年《中國古代文學史講義》,上海古籍出版社 2008 年版,第 13 頁。
⑥ 胡雲翼《新著中國文學史講義》,北新書局 1933 年版,第 5 頁。

開户牖。兩漢以後,體勢漫弱,雖明乎坦途,而類多依采,此遠近之漸變也。"①余嘉錫説:"自漢武帝以後,惟六藝經傳得立博士。其著作之文儒,則弟子門徒,不見一人,身死之後,莫有紹傳。……自是以後,諸子百家,日以益衰。"②

思想創造力的萎縮,使在先秦子書基礎上形成的"文質彬彬"的文學認知受到影響,本來不可"辯其辭"的文辭趁勢增强自己"辯"的力量。於是,"儒家之徒"雖"不復能爲一家之言",但"其發而爲文詞",却能"獨出於沉思翰藻"③。由此,儒學之士主導創作的"文詞"即文章,側生而出。文學,也由指稱先秦時期的思想學説,中經短暫地指向思想萎縮的儒學,最終落實到了"沉思翰藻"的文章。漢代的文章,就是文學史視域下漢人創作的文學。它成爲漢代文學的主要載體,且在短時間内,聚集了衆多的創作者。班固《兩都賦序》記載:"故言語侍從之臣,若司馬相如、虞丘壽王、東方朔、枚皋、王褒、劉向之屬,朝夕論思,日月獻納。而公卿大臣御史大夫倪寬、太常孔臧、太中大夫董仲舒、宗正劉德、太子太傅蕭望之等,時時間作。"由於漢人的文章創作"爭著雕麗"④,此時的文學認知不再像先秦時期那樣關注社會功用,而是着重於文辭表達。在這一意義上,漢人的文章具備了後世文學的審美特徵,甚至有人將這一現象稱爲"文學的自覺"⑤。

兩漢文學關注辭采,這是伴隨文學發展出現的新的文學認知。但關注辭采,難道就應該把先前存在的社會功用屬性完全懸置不理嗎?很多學者認爲,文學創作不應該完全丢棄先秦子書求知謀治的思想特性,文學的社會功用屬性還是應該適當保留的。於是,一些過於"雕麗""華淫"缺乏社會功用性的作品,便受到批評。當時很多人認爲:"文儒爲華淫之説,於世無補。"⑥此處的"文儒",指由儒學之士轉變而來的文章之士,這些文章之士創作出的華麗無實的文學,因缺乏社會功用而受到時人譴責。王符説:"今學問之士,好語虛無之事,争著雕麗之文,以求見異於世,品人(衆人)鮮識,從而高之,此傷道德之實,而或(惑)矇夫之大者也。"⑦這裏的"學問之士",與"文儒"同義。此外,王充認爲"鴻文在國,聖世之驗",在肯定文學價值的同時,反對那些"徒調墨弄筆,爲美麗之觀"的文學,認爲"文人之筆"應"勸善懲惡"⑧。强調"勸善懲惡",就是强調文學創作不應放棄自身的社會功用屬性。由於漢人關注文學的社會功用,於是出現把先秦子書這類已不在漢人文學視野中的思想學説也視爲文章的現象,並將其與時

---

① 范文瀾《文心雕龍注》,人民文學出版社1958年版,第310頁。
② 余嘉錫《目録學發微 古書通例》,商務印書館2011年版,第245頁。
③ 同上,第245頁。
④ 汪繼培《潛夫論箋校正》,中華書局1985年版,第19頁。
⑤ 詹福瑞《"文""文章"與"麗"》,《文藝理論研究》1999年第5期。
⑥ 黄暉《論衡校釋》,中華書局1991年版,第1151頁。
⑦ 汪繼培《潛夫論箋校正》,第19頁。
⑧ 黄暉《論衡校釋》,第868、869頁。

人理解的文學等同。如上面提到的王充認爲："文人宜遵五經六藝爲文，諸子傳書爲文，造論著説爲文，上書奏記爲文，文德之操爲文。立五文在世，皆當賢也。"①此處的"文"，即文章，也就是後人所認爲的漢代的文學。

魏晉文學繼漢代"雕麗""華淫"的方向進一步發展。一方面，人們從辭麗、緣情兩個方面把握文學的內外特徵，如曹丕《典論·論文》、陸機《文賦》對麗與情的強調；另一方面，又依不同體制即文體分類展開新認識，如曹丕提出的四科八類説，陸機提出的十類説，並對各類文體主要特徵和創作要求作出説明。依魏晉人的理解，辭麗、緣情是文學的屬性，這顯然不是以闡發思想學説爲主旨的先秦子書的表現重點，故後者不應納入文學之列。

魏晉人把文學的地位極力抬高。針對古人立德、立功、立言三不朽説，曹丕認爲文學是僅次於"立德"的不朽盛事②，可以作爲人生的至高追求。東晉葛洪乾脆把文學與道德等而視之，認爲"文章之與德行，猶十尺之與一丈"③。不過，正如學者指出的，曹丕"稱文章爲'不朽之盛事'當然期許甚高"。他"於'不朽之盛事'前，先譽爲'經國之大業'，則其價值仍然不全在文學本身，而在文學之有'經國'的功能"④。由此而論，曹丕所言文學"盛事"的真正意圖是，文學只有具備"經國"的功用，才有資格稱爲"不朽之盛事"。或許正是認識到這一點，同曹丕一樣盛贊文學的葛洪對揚文抑子的時代風氣提出批評，他説："正經爲道義之淵海，子書爲增深之川流。……雖津塗殊辟，而進德同歸；雖離於舉趾，而合於興化。……或貴愛詩乘淺近之細文，忽薄深美富博之子書，以磋切之至言爲駁拙，以虛華之小辨爲妍巧。真偽顛倒，玉石混淆。"⑤可以看出，魏晉雖是一個逐麗重情的文學時代，但對經世的子書、對文學的"經國"使命仍心有所係，而子書恰在"經國"的使命這一點上，取得了文學的屬性與文學的價值。

南朝宋文帝立四學，讓文學與儒學、玄學、史學並列，完成了文學由指稱諸子學説到指稱儒學，再到指稱文章和文，到最後指向概念自身並取得獨立地位的歷史轉化。這一時期，人們對文學的認識更加深入細膩。在強調情感傳達與辭采表現方面，梁蕭子顯認爲"文章者，蓋情性之風標，神明之律呂"⑥，蕭繹認爲"至如文者，惟須綺縠紛披，宮徵靡曼，脣吻適會，情靈搖蕩"⑦。在文體分類方面，蕭統《昭明文選》把選錄先秦至梁初的七百餘篇作品分爲賦、詩、騷、七、詔、册、令、教、策、表等三十九類，又把詩、賦進一步細分爲二十三類和十五類，並對各文體

---

① 黃暉《論衡校釋》，第867頁。
② 曹丕《與王朗書》曰："人有七尺之形，死爲一棺之土。唯立德揚名，可以不朽。其次莫如著篇籍。"魏宏燦《曹丕集校注》，安徽大學出版社2009年版，第283頁。
③ 龐月光《抱朴子外篇全譯》，貴州人民出版社1997年版，第856頁。
④ 羅根澤《中國文學批評史》，上海書店2003年版，第125頁。
⑤ 龐月光《抱朴子外篇全譯》，第613~615頁。
⑥ 蕭子顯《南齊書》，中華書局1972年版，第907頁。
⑦ 蕭繹撰，許逸民校箋《金樓子校箋》，中華書局2011年版，第966頁。

的始末源流作出論述。他不僅通過選文劃出文學與非文學的界綫,還特別指出文學者,皆"事出於深思,義歸乎翰藻",而"老、莊之作,管、孟之流,蓋以立意爲宗,不以能文爲本"①,故先秦子書不得納入文學之列。

在那個"以情緯文,以文被質"②的時代,劉勰却從強調經國治世的功用角度,重新審視子書的文學意義。他追溯諸子之文的源起,論述其思想並對它們的文辭特徵逐一辨析,認爲子書"述道言治",文章著於千年以前,百世之後依然不朽,今人著文應"覽華而食實",充分汲取它們的營養。爲文必須宗經,"文能宗經"才能寫出情深義貞、體約文麗的好文章。先秦子書是五經的"枝條"③,當然亦可宗法。

可以看出,雖然魏晉南北朝時期人們的文學觀念有新的變化,並在一度強調"情靈摇蕩""綺縠紛披"的文學認知下,幾乎把先秦子書逐出文學之域,但總會有人在關鍵時刻推出先秦子書,用早期文學具備的社會功用屬性糾正新的偏頗的文學觀念,並重新獲得對先秦子書的文學認同。

二

至隋唐,文學功用論有增無減。姚思廉説:"經禮樂而緯國家,通古今而述善惡,非文莫可也。"④魏徵説:"文之爲用,其大矣哉!上所以敷德教於下,下所以達情志於上。"既然文學必須服務於社會,對那些徒以淫辭麗語、流連哀思取寵的作品必須予以批判:"文匿而彩,詞尚輕險,情多哀思……蓋亦亡國之音乎!"⑤與文學功用論同實異名的,是對文學之義的強調。王勃認爲,爲文"苟非可以甄明大義,矯正末流……古人未嘗留心也"⑥。楊炯在《王勃集序》中疾呼:"大矣哉,文之時義也!"⑦功用論也通過宗經説來表達,如李華認爲爲文本於"六經之志"⑧,獨孤及直諭弟子"爲文在經"⑨。在此基礎上,韓愈提出"讀書著文,歌頌堯舜之道"⑩的文以明道説。

---

① 蕭統《文選》,岳麓書社 2002 年版,第 3 頁。
② 沈約《宋書》,中華書局 1974 年版,第 1778 頁。
③ 范文瀾《文心雕龍注》,第 308、309、23、309 頁。
④ 姚思廉《梁書》,中華書局 1973 年版,第 685 頁。
⑤ 魏徵《隋書》,中華書局 1973 年版,第 1729、1730 頁。
⑥ 王勃《上吏部裴侍郎啓》,周紹良《全唐文新編》,吉林文史出版社 2000 年版,第 2087 頁。
⑦ 楊炯《王勃集序》,周紹良《全唐文新編》,第 2195 頁。
⑧ 李華《贈禮部尚書清河孝公崔沔集序》,周紹良《全唐文新編》,第 3587 頁。
⑨ 梁肅《祭獨孤常州文》,董誥《全唐文》,中華書局 1983 年版,第 5306 頁。
⑩ 韓愈《上宰相書》,董誥《全唐文》,第 5582 頁。

關注文學社會功用,是在突出文學之質——思想内涵。突出文學的思想内涵,意味着文學之文——辭采表現將受到約束,之前"綺縠紛披""情靈搖蕩"的創作傾向受到壓制。隋文帝"屏黜浮詞,遏止華僞",泗州刺史司馬幼之因"文表華艷,付所司推罪"①。唐初四傑合力反對淫巧之文,蕭穎士、李華從"聖人存簡易之旨"②"天地之道易簡"③的角度引導文學創作,權德輿認爲爲文應"有簡""尚理",應"宏諸立身"④。這種爲强調社會功用而崇尚文辭簡樸的文學思潮至晚唐杜牧仍在堅守⑤。上述文學批評及創作實踐,促成了唐代文學史上有名的古文運動。唐代古文運動中體現出的文學認知,是繼劉勰之後,對先秦子書進行了又一次的早期文學視域下的解讀。古文運動的代表韓愈認爲,自己"始者非三代兩漢之書不敢視,非聖人之志不敢存"⑥,其文章常"鈎《列》《莊》之微"⑦。令狐德棻認爲"文章之作"可以擷拾"百氏之英華"⑧,柳宗元爲文"參之《孟》《荀》以暢其支,參之《莊》《老》以肆其端"⑨。凡此,均説明先秦子書自身具有的社會功用屬性、"文質彬彬"的文辭屬性在唐代得到全面肯定的認知,先秦子書是文章的代表,其隸屬文學之域,理所固然。

晚唐五代至於宋初的文學認知,以西崑體詩文體現出的"刻削爲工,聲律爲能"⑩的文學觀念爲代表。西崑體詩文沿襲李商隱爲反對古文而別創的駢儷"今體",其特點是"雕章麗句"⑪,在"靡靡增華,愔愔相濫"中自我陶醉。這種文學認知雖然適應了宋初文恬武嬉的升平局面,但"仰不主乎規諫,俯不主乎勸誡"⑫。具有社會責任感的學者,遂舉起古文運動的旗幟力排時文。與唐代相比,宋代古文運動中體現出的文學認知出現了新特點。唐代宗經載道主要强調文學外在的社會功用,而宋代除要求"國之文章應於風化,風化厚薄見於文章"⑬外,還傾向於對道德心性進行探賾。比如歐陽修一方面認爲"禮義者,勝佛之本",另一方面又認爲"老莊之

---

① 李延壽《北史》,中華書局 1974 年版,第 2615 頁。
② 蕭穎士《爲陳正卿進續尚書表》,董誥《全唐文》,第 3268 頁。
③ 李華《質文論》,周紹良《全唐文新編》,第 3603 頁。
④ 權德輿《醉説》,董誥《全唐文》,第 5052、5053 頁。
⑤ 杜牧説:"文以意爲主,以氣爲輔,以辭彩章句爲之兵衛……是以意全勝者,辭愈樸而文愈高;意不勝者,辭愈華而文愈鄙。"杜牧《答莊充書》,董誥《全唐文》,第 7783 頁。
⑥ 韓愈《答李翊書》,董誥《全唐文》,第 5588 頁。
⑦ 秦觀《韓愈論》,《全宋文》第 120 册,上海辭書出版社、安徽教育出版社 2006 年版,第 93 頁。
⑧ 令狐德棻《周書》,中華書局 1971 年版,第 745 頁。
⑨ 柳宗元《答韋中立論師道書》,董誥《全唐文》,第 5814 頁。
⑩ 柳開《上王學士第三書》,《全宋文》第 6 册,第 283 頁。
⑪ 楊億《西崑酬唱集序》,《全宋文》第 14 册,第 391 頁。
⑫ 范仲淹《唐異詩序》,《全宋文》第 18 册,第 394 頁。
⑬ 范仲淹《奏上時務書》,《全宋文》第 18 册,第 207 頁。

徒,多寓物以盡人情"①。秦觀認爲:"所謂文者,有論理之文……探道德之理,述性命之精,發天人之奧,明死生之變,此論理之文,如列禦寇莊周之所作是也。"②以上説明,在對社會功用的理解上,宋人更趨靈活。這有利於他們以開闊的文學視野對待先秦子書。南宋葉適認爲"春秋時,管仲、晏子、子産、叔向、左氏善爲論……雖韓愈、柳宗元、歐陽修、王安石、曾鞏間起,不能仿佛也"③。把《管子》《晏子春秋》與唐宋大家之作相比,且認爲《管》《晏》較後者爲勝,這是之前不曾有過的現象。周密《癸辛雜志》"太學文變"説:"至咸淳之末,江東李謹思、熊瑞諸人倡爲變體,奇詭浮艷,精神焕發,多用《莊》《列》之語,時人謂之换字文章。"④均透露出先秦子書受宋人喜愛,其文學意義與文學地位迅速凸顯的迹象。需要指出的是,"唐宋古文運動倡導者都自稱所作散文爲'古文',或亦徑稱'文''文章',於是有韻之'詩'可以不再包括在'文''文章'之内,而是與'文''文章'並列了。"⑤由此而論,唐宋古文運動之於文學理論的奠定意義重大⑥。文學理論的奠定,有益於人們對先秦子書作多方面的文學審視。南宋陳騤認爲,"《詩》、《書》、二《禮》、《易》、《春秋》所載,邱明、高、赤所傳,老莊孟荀之徒所著,皆學者所朝夕諷誦之文也"⑦,遂撰《文則》解析先秦子書以爲文章之法;而此前從未入選過的先秦子書,也開始出現在時人編撰的文學選集中,如湯漢《妙絶古今》就從《孫子》《列子》《莊子》《荀子》選録了不少篇章。

　　明代出現兩次文學復古運動。第一次前七子復古,想改變明初臺閣之文"至弘、正之間而極弊,冗闒膚廓,幾於萬喙一音"⑧的"漸弱"之風。他們認爲,"古之文以行,今之文以葩。葩爲詞腴,行爲道華"⑨。今之文僅以詞采華美取勝,不若古之文樸實無華且重實用。而唐虞三代之文,"義旨温雅,文質彬彬,體之則德植,達之則政修,實斯文之會極"⑩。所以,"文不如先秦,不可以云古"⑪。七子中的王廷相專門談及他喜歡的先秦子書,認爲《論語》《老子》簡而義盡,《孟子》《莊子》弘肆自成,並贊其爲"文之上"⑫。第二次後七子復古,承繼前七子"文必曰先秦

---

① 歐陽修《文忠集》卷一百三十《琴枕説》,《影印文淵閣四庫全書》,上海古籍出版社 1987 年版。
② 秦觀《韓愈論》,《全宋文》第 120 册,第 93 頁。
③ 葉適《習學記言序目》,中華書局 1977 年版,第 744 頁。
④ 周密《癸辛雜志·後集》,《影印文淵閣四庫全書》。
⑤ 王運熙、顧易生等《中國文學批評通史(魏晉南北朝卷)》,上海古籍出版社 1996 年版,第 204 頁。
⑥ 王水照、慈波《宋代:中國文章學的成立》,《復旦學報》2009 年第 2 期。
⑦ 陳騤《文則·自序》,《影印文淵閣四庫全書》。
⑧ 紀昀等《欽定四庫全書總目》,中華書局 1997 年版,第 2295 頁。
⑨ 李夢陽《空同集》卷六十一"雜文",《影印文淵閣四庫全書》。
⑩ 王廷相《何氏集序》,《王廷相集》第二册,中華書局 1989 年版,第 424 頁。
⑪ 康海《對山集》卷十引唐龍語,《四庫全書存目叢書》,齊魯書社 1997 年版。
⑫ 王廷相《王氏家藏集》卷二十七,《王廷相集》第二册,第 476 頁。

兩漢"①的做法，認爲"秦漢以後無文"②，"先秦、兩漢，質不累藻，華不掩情，蓋最稱篤古矣"③。與前七子相比，後七子贊譽子書的言論明顯增多，如王世貞認爲《孟子》是"聖於文者"，《莊子》《列子》是"鬼神於文者"，《吕氏春秋》"文有絶佳者"，《韓非子》"文甚奇"④。他們還主動學習先秦子書的文風法式。同爲復古領袖的汪道昆説自己始而學《文選》，繼而學《史記》《左傳》，十餘年未形成自己的風格特色，最後學《老子》《莊子》，才"煌煌成一家言"⑤。汪氏爲文不但藉用《莊子》中的篇名以爲篇名，還時常引用《莊子》中諸如杜德機、玄覽、鴻濛、齊物、天地一指、遊物之初、蟬脱塵埃之表、心齋、坐忘等詞語和文句。李攀龍爲文也有類似表現，如他在《送濟南郡丞陳公上續序》中，竟然使用了後世極爲少見的來自《管子》一書的"渠展""煮沸"等詞語。

事實上，不僅復古思潮强調子書在文學創作中的法式地位⑥，即便擅長臺閣體的李東陽也曾説過"所謂文者，必本諸經傳，參之子史"⑦，而成爲復古思潮批判對象的唐宋派也不是一概排斥子書。比如：唐順之認爲文學貴有真精神，貴在表達作者的本色思想，"儒家有儒家本色，至如老、莊有老莊本色，縱橫家有縱橫本色，名家、墨家、陰陽家皆有本色，雖其爲術也駁，而莫不皆有一段千古不可磨滅之見"⑧。屠隆對復古派刻意模仿的做法不以爲然，但對受追捧的先秦子書本身却不失溢美之詞。他説："《老》《莊》《管》《韓》《左》《國》《越絶》《淮南》、劉向、揚雄，並不相沿襲，而皆謂之古文，何必《史》《漢》也？"⑨同樣，對復古派不滿的楊慎，雖批評爲文必以古爲法猶俗儒泥古，但他認爲文章之源在春秋戰國，即便被後人追捧的西漢賈山、賈誼之文，也無不以《管》《晏》《申》《韓》等諸子爲宗⑩。

與兩漢魏晉六朝重視情辭的文學認知相比，唐宋至明重視文學之時義風化、文學以立身貫道，强調文學傳達作者性情本色。在這種文學認知之下，清人嘗試對文學類别重新劃分。魏禧認爲，天下之文分爲四類，即儒者之文、學者之文、才人之文、文人之文。前兩類"沉以緩""質勝其文"，後兩類"揚以急""文勝其質"。前兩類以思想、政教見長，後兩類以辭采、情韻見長。而無論哪一類，"得其一，皆足以自名"⑪。清初顧炎武認爲爲文須有器識，須明道、紀事、

---

① 王九思《刻太微後集序》，《渼陂續集》卷下，《四庫全書存目叢書》。
② 李攀龍《李攀龍集》卷二十八，齊魯書社1993年版，第624頁。
③ 王世貞《弇州四部稿》卷六十四《重刻尺牘清裁小序》，《影印文淵閣四庫全書》。
④ 王世貞《藝苑卮言》卷三，周維德集校《全明詩話》，齊魯書社2005年版，第1904、1905頁。
⑤ 汪道昆《文選序》，《太函集》卷二十二，明萬曆刻本。
⑥ 除本文所論，有關先秦子書在明代文學地位的提高，可參閲耿振東《〈管子〉學史》"明人子書評點的編纂刊刻及文學意義"，商務印書館2018年版，第1013~1025頁。
⑦ 李東陽《李東陽續集·瓜涇集序》，岳麓書社1997年版，第174頁。
⑧ 唐順之《與茅鹿門主事書》，《荆川集》卷十，《影印文淵閣四庫全書》。
⑨ 屠隆《論文章》，《鴻苞》卷十七，《四庫全書存目叢書》。
⑩ 楊慎《譚苑醍醐》卷七"漢文"條，《影印文淵閣四庫全書》。
⑪ 魏禧《魏叔子文鈔·張元擇文集序》，《易堂九子文鈔》，清道光十七年刻本。

察民隱,若無益於天下與將來,徒爲"諛佞之文","有損於己,無益於人,多一篇,多一篇之損"。對那些雕蟲篆刻式文章,他認爲"無足觀"①。潘耒把文章分作三類,認爲那些徒以華澤藻采、纂組雕鎪、標新立異爲務的,是枝葉之文;以考典制、務辨博、疏通而致用爲要的,是條幹之文;體現最高境界的,是那些窮天人淵源、闡心性閫奥、羽翼經傳、綜貫百家的文章,即根柢之文。枝葉之文"辭工矣,而未深乎義",條幹之文"義暢矣,而未幾乎道",根柢之文"道備而釋與義無不該"②。從其措辭,可知他看重的是後兩類文章,而於前者評價不高。持相似觀點的還有章學誠。他認爲"著述之文"猶如"廟堂行禮,必用錦紳玉佩","文人之文"猶如"錦工玉工,未嘗習禮,惟藉製錦攻玉以稱功"③。這裏的著述之文就是魏禧、潘耒提到的儒者之文、學者之文、條幹之文和根柢之文,它們均包括以思想學説爲指向,以社會功用和文質相宜爲屬性的子書之文。清代桐城派認爲"義理、書卷、經濟者,行文之實"④,強調義理、考證、文章相濟以用,其後湘鄉派強調義理、考證、文章、經濟相兼濟,均不同程度地受到以上文論的影響。清人對文學的上述認知,意在糾正此前拘泥於情辭的文學觀念。這樣,先秦子書的文學價值便再次凸顯:它不但可以與情辭之文同在文學之列,還因其糾偏的作用使自身地位高於後者。然而,並不是所有的學者都對上述文學認知持肯定意見。在有些人看來,著述之文、文人之文分別代表了不同的審美趣味,不宜把先秦子書之類的思想學説與情辭爲主的文學混淆。在一些清人編撰的文學選集中,事實上看不到先秦子書等著述之文。這説明對先秦子書的文學認知存在分歧,先秦子書又一次處在與文學分合不定的徘徊之中。

三

清末以降,受西方近代學術思潮的影響,國人仿照西方知識分類和學科建置,開始在各級新式學堂辦起分科式教育,其中設置的文學科有中國文學門。既有中國文學門,則有必要對文學這一概念作出説明,並設置中國文學史課程,編撰相關教材。

上文中,我們已對歷代學者的文學認知作出簡要梳理。但是,我們必須強調,上文對文學認知所作的歷史叙述,已經偏離了對"文學"認知的傳統理解,因爲在很大程度上,我們是以現代的文學觀念對歷史材料汰選後作出闡釋,體現的是一種在現代文學觀念下對先秦子書文學認知的叙述。"文學"一詞確實古已有之,但在清末以前,多數情況下與現在我們理解的文學概念內涵並不一致,也可以這樣講,在清末以前,很難找到一個可以與現代意義上的文學概念相互替换的

---

① 黄汝成《日知録集釋》,上海古籍出版社 2014 年版,第 425、429 頁。

② 潘耒《毛氏家刻序》,《遂初堂文集》,清刻本。

③ 章學誠《文史通義》,遼寧教育出版社 1998 年版,第 165 頁。

④ 劉大櫆《論文偶記》,人民文學出版社 1998 年版,第 3 頁。

詞。此前人們喜用的"文學""文""文章",均不能與現代意義上的文學一詞畫等號,只是某些具體的文學形態,比如詩、賦、詞、曲,可以稱爲文學,但它們不是現代意義上文學一詞的同級概念,而是下屬概念。關於這一問題,我們不擬詳細討論,僅引録已有的研究成果加以説明:

> "文學"一詞在中國古籍中早已有之,但其含義與現代的"文學"含義不同。在先秦時代,"文學"兼有"文章"和"博學"兩重含義,即將現在所説的文學、歷史、哲學等文章、事物都囊括在"文學"之中。至兩漢,人們開始把"文"與"學"、"文章"與"文學"相區别,把有文采的、富有藝術性的作品稱爲"文"或"文章",而把學術著作稱作"學"或"文學"——這與現代的"文學"一詞的含義也不相同。至了魏晉南北朝時期,雖仍有不少人沿用漢代的"文學"概念,但也開始有人用"文學"來指稱具有文采和藝術性的作品,而將學術著作稱爲"經學"、"玄學"、"史學"等。到了唐、宋時期,富有藝術性的作品被稱爲"詩"、"詞"、"賦"、"傳奇"、"話本"等,而"文學"一詞的含義仍是一切學術著作的總稱。這種情況一直延續到清代末年。如清末民初,章太炎在《文學總略》一文中説:"文學者,以有文字著於竹帛,故謂之文,論其法式,謂之文學。"現代意義上文學概念是20世紀初,特别是五四新文學運動以後才被確定下來。①

現代意義上的文學概念産自18世紀末的西方社會,中經日本學者對譯英文 Literature 並厘定爲"文學"一詞,最後才於20世紀傳入我國。此後,國内衆多學者參與了文學概念的討論,其内涵界定雖没有得到共識,但大致認同了文學的基本審美屬性,而中國文學史的撰寫實踐則成爲促進文學概念逐漸清晰的重要媒介。同時,大致認同的審美屬性又反過來推動着中國文學史學科的發展,使其撰寫内容漸趨定型,先秦子書則在後者的撰寫中取得了文學的身份,獲得了應有的文學認知。

西方近代文學概念廣泛傳播並逐漸爲學者接受,致使那些秉持傳統文學觀念撰寫中國文學史的學者,不斷受到批評。比如京師大學堂林傳甲的《中國文學史》,由於"内容是中國學術無所不包,文字學、群經學,以及周秦傳記、雜史,都在叙述之列"②,就受到鄭振鐸批評:"名目是'中國文學史',内容却不知道是些什麽東西! 有人説,他都是鈔四庫提要上的話。其實,他是最奇怪——連文學史是什麽體裁,他也不曾懂得呢!"③出現這一現象,原因很簡單,"作爲'新文學'倡導者的'五四'學人,以及受此影響成長起來的一代代文學史家,試圖建構的是一種以'純文學'爲基質的源於西方的文學史觀"④,當他們面對在傳統文學認知下寫成的文學史

---

① 《中國大百科全書》第23册,中國大百科全書出版社2009年第2版,第320頁。
② 張長弓《中國文學史新編》,開明書店1947年第5版,第6頁。
③ 鄭振鐸《鄭振鐸全集》第6册,花山文藝出版社1998年版,第56~57頁。
④ 余來明《"文學"概念史》,人民文學出版社2016年版,第329頁。

時,當然會表現出不滿的情緒。

那麽,在這場新舊文學觀念的交鋒中,最終認同的是一種什麽樣的文學觀念呢?現舉幾則有代表性的文學界定。1919年,羅家倫在《新潮》上發表《什麽是文學?——文學界説》一文,認爲:"文學是人生的表現和批評,從最好的思想裏寫下來的,有想像,有感情,有體裁,有合於藝術的組織;集此衆長,能使人類普遍心理,都覺得他是極明瞭、極有趣的東西。"①劉經庵《中國純文學史綱》認爲:"文學是人生的寫照,是思想和藝術的結晶,文學家對於人生的種種,觀察得最爲周到,或主觀,或客觀,或片面,或綜合,或内裏,或外表,都能深刻的詳爲寫述。……文學固不外乎人生,亦當有高尚的思想和豐富的想像,用藝術的手腕、創作的精神,去委婉的、靈妙的、真摯的表現出來……"②容肇祖《中國文學史大綱》認爲:"現今世界上文學的界説,各家所説雖微有不同。而文學的要素:一、情緒(emotion);二、想像(imagination);三、思想(thought);四、形式(form),似乎爲一般人所承認。"③綜合上述三種説法,可知文學必須具備想像、情感、藝術、思想四個方面的基本屬性。以這樣的審美屬性爲認知標準,先秦子書與文學之間的關係變得極不確定,其能否進入文學史撰寫之域也就變成疑問。事實上,一些民國學者的中國文學史著作,並没有把先秦子書列爲撰述對象。如胡雲翼的《新著中國文學史》,依"訴之於情緒而能引起美感"④的純文學標準,就摒棄了先秦子書,而僅選取詩歌、辭賦、詞曲、小説及美的散文和遊記作爲論述對象。

錢基博從發智、發情的角度提出自己的看法。他認爲:"文學者,著作之總稱,用以會通衆心,互納群想,而表諸文章,兼發智情。其中有偏於發智者,如論辯、序跋、傳記等是也。有偏於抒情者,如詩歌、戲曲、小説等是也。大抵智在啓悟,情主感興。《易》《老》闡道而文間韻語,《左》《史》記事而辭多詭誕,此發智之文而以感興之體爲之者也。"⑤依此論,偏於發智的先秦子書本來就是文學之一體,它們理應納入文學史的撰寫範圍。游國恩引述章學誠《文史通義》"子史衰而文集之體盛,著作衰而辭章之學興……而辭章實備於戰國,承其流而代變其體制"之後指出,現在所謂的文學,無一不是古代"專門著述之支流遺裔"。如果認爲它們與孕育自己的母體——子書等著述截然不同、毫無聯繫,是一件非常可笑的事情,"若强爲區畫,使云仍與高、曾分庭相抗,甚且數典而忘祖,奚可哉"。因而,必須對子書重新認識,對孕育後世文學的先秦著述作出合理詮釋。他説:"然則文學之範圍宜如何?曰:學術之不能不分而爲辭章者,勢也;辭章之不能與經傳子史完全絶緣者,亦理也。知後世經義之文之出於經學,則不能排《六藝》;知傳記之出於史學,則不能排《左》《國》;知論辯之出諸子,則不能排《莊》《列》。先

---

① 羅家倫《什麽是文學?——文學界説》,《新潮》1919年第1卷第2號。
② 劉經庵《中國純文學史綱》,東方出版社1996年版,第2頁。
③ 容肇祖《中國文學史大綱》,樸社1935年版,第1頁。
④ 胡雲翼《新著中國文學史》,商務印書館1931年版,第3、5頁。
⑤ 錢基博《現代中國文學史》"(一)文學",第2、3頁。《民國叢書》第一編第58册,上海書店1989年版。

秦之文學,即在專門著述之中,固未可以決然舍去也。……其諸子,若墨翟之書,文辭樸拙;名家之言,專在辯析;雜家之文若《吕覽》,雖間有可取,俱可從略。惟道家則莊周絶勝,儒家則孟荀傑出,法家則韓非爲尤,與夫小説家之《山海經》《穆天子傳》等,皆宜泯其畛域,列入文疆。蓋於較大範圍之中,仍寓以文辭爲主之意,非苟爲調和之論也。"作爲後世文學之"祖",先秦子書内含文學的基因是必然的,不能武斷地認爲它們不是文學,"先秦之文,類屬專門之書,兼采則勢所不能,悉屬又於理有礙。大抵擇其情思富有,詞旨抑揚,及與後世之文有密切關係者述之,則斤斤微尚之所存也"①。游氏之意,只有把那些較能體現文學特色的子書視作文學,方符合文學演變的歷史發展邏輯。

建國後的文學史著作,基本延續了游國恩從文學發展流變角度、依文學屬性强弱來取捨先秦子書的方法。取捨的結果可能略有不同,但作爲整體的先秦子書最終獲得大衆認可的文學地位是不争的事實。與此同時,在對子書的文體歸類上,民國學者擯棄此前對於文學多至幾十類的文體劃分,依詩歌、小説、散文、戲曲四分法,將子書列入散文一類。建國後的子書文學研究,多將它們稱爲哲理散文或説理散文。

通過以上論述可知,儘管對文學的認知因時代變遷、因認知主體的不同而有所不同,但先秦子書的文學價值總能被不同程度地提及和關注,並最終在二十世紀中葉以後獲得普遍的文學認同,取得不容置疑的文學地位。此後,各種專著、論文開始將它們作爲獨立的文學對象進行研究,先秦子書的文學地位得到鞏固和提升。

結　語

對先秦子書文學認知歷程的追溯,使我們認識到文學觀念不是一成不變的,它具有時代性和主觀性,但無論經歷怎樣的時代變化,不管個人的主觀理解有多大差異,先秦子書總會憑藉獨特的自身屬性被賦以肯定性的文學認知,尤其是在文學脱離其社會功用屬性、文辭極度誇張時,越能顯示先秦子書對文學糾誤補偏的作用。西方文學觀念的引入,使文學越來越形式化、審美化,先秦子書似將漸行漸遠於文學,但文學史的撰寫,却把先秦子書帶回文學的視域。在文學流變的意義上,先秦子書不僅重新獲得文學的身份,在展示自己特有的文學屬性的同時,也將對偏向於形式審美的文學鑒賞與創作產生積極健康的影響。

[作者簡介] 張晨霞(1980—　),女,山西臨汾人。文學博士,現爲山東理工大學文學與新聞傳播學院副教授,主要從事文學與中國傳統文化研究,主持並完成國家社科基金1項,出版專著1部,發表學術論文近20篇。

---

① 游國恩《先秦文學》,商務印書館1934年版,第5～6、6～7、7頁。

合時而用　因時而變[*]

——論葛洪對孟子思想的因革

高正偉

内容提要　孟子思想是葛洪"言人間得失,世事臧否"的思想武器之一。葛洪特别看重孟子"枉己者,未有能直人者也"的思想,並進而推崇其浩然之氣。葛洪常借孟子對古人的評價以爲己意。葛洪肯定孟子是"求仁而得",但反對純仁,要求仁與刑並重。葛洪超越孟子對仁的界定,把"明"作爲一種形而上的有更高境界的範疇。葛洪同情孟子的遭遇,視其爲"命世"者。葛洪對孟子思想的接受不是系統的,他繼承和發展孟子思想的特點與時代及其著書立説的出發點密切相關。

關鍵詞　葛洪　孟子思想　繼承　發展

中圖分類號　B2

葛洪(283—363),字稚川,自號抱朴子,主要生活在東晉,曾被封爲關内侯,後隱居廣東羅浮山煉丹。他深受儒道法三家思想影響,廣泛涉獵儒家經典及子史類書籍,據《抱朴子外篇·自叙》中所言:"年十六,始讀《孝經》《論語》《詩》《易》。……曾所披涉,自正經、諸史、百家之言,下至短雜文章,近萬卷。既性暗善忘,又少文,意志不專,所識者甚薄,亦不免惑。而著述時猶得有所引用,竟不成純儒。"[①]他對儒家五經及《論語》很推崇,成爲"純儒"是他的理想。他對儒家的推崇在《外篇》中多有體現。如重視儒教,説"世道多難,儒教淪喪"(《勖學》);批評秦二世"不重儒術,舍先聖之道,習刑獄之法"(同上);又説"肆心於細務者,不覺儒道之弘遠"(《崇教》)。葛洪推崇儒學,也很重視子學,他認爲"正經爲道義之淵海,子書爲增深之川流"(《尚博》),子書是正經的有益補充,所以他"念精治《五經》,著一部子書,令後世知其爲文儒而已"(《自叙》),視《抱朴子内篇》爲子書,現實評價自己是"文儒",即以儒家爲主,博采百家思想的儒士。

---

[*]　本文爲國家社科基金後期資助項目"戰國至魏晉南北朝孟學史"(項目編號:19FZXB058)及國家社科基金重大項目"中國諸子學通史"(項目編號:19ZDA244)的階段性成果。

[①]　楊明照《抱朴子外篇校箋》(下册),北京中華書局1991年版,第655頁。

葛洪一生著述頗豐，《自叙》云：“凡著《内篇》二十卷，《外篇》五十卷，碑、頌、詩、賦百卷，軍書、檄移、章表、箋記三十卷……又抄五經、七史、百家之言、兵事、方伎、短雜、奇要三百一十卷，别有《目録》。其《内篇》言神仙、方藥、鬼怪、變化、養生、延年、禳邪、却禍之事，屬道家；其《外篇》言人間得失，世事臧否，屬儒家。”著述之多，可見其用功之勤。他把《外篇》歸爲儒家，“言人間得失，世事臧否”是其寫作宗旨，所用思想武器，便是他曾披涉的近萬卷的經史子書籍，通過“著述時猶得有所引用”（《自叙》）的方式，化爲自己的思想。就孟子思想而言，葛洪或繼承，或反用，或發展，實現了借他人酒杯澆自己心中塊壘的目的。

一、反對“枉尺而直尋”

孔子曾告訴魯哀公讓百姓服從的方法：“舉直錯諸枉，則民服；舉枉錯諸直，則民不服。”（《論語·爲政》）處理好“枉”與“直”的關係則百姓服從。孟子吸收了這一思想，批評弟子陳代“枉尺而直尋”的建議，認爲“且夫枉尺而直尋者以利言也”，“枉己者，未有能直人者也”（《孟子·滕文公下》）。

在葛洪的時代，很多人爲了個人私利，違背了做人的原則甚至底綫，所以葛洪特別看重孔孟這一思想，在多篇文章中加以強調。在《名實》篇，葛洪認爲聖賢不會“捨鸞鳳之林，適枳棘之藪，競腐鼠於鶪鴟，而枉尺以直尋哉”。“枉尺直尋”是孟子堅決反對的求利行爲，因此葛洪常常用此來臧否人物。在《行品》篇，葛洪評論雅人：“不枉尺以直尋，不降辱以苟合者，雅人也。”又評論暴人曰：“不原本於枉直，苟好勝而肆怒者，暴人也。”雅人與暴人的重要區别之一，即是否堅持應有的枉直原則。葛洪還説真僞之間難於分辨的有十種情形，第十種情形即包括了“枉直混錯”，看似是仁，是善，是直，是忠貞，其實與其對立面不分。葛洪高度贊揚了堅持枉直原則的臣子，他稱贊漢代廷尉于定國“小大以情，不失枉直”（《酒誡》）。葛洪不但把遵循枉直原則視爲臣子重要的品質，還把枉直原則作爲明君應該遵循的原則之一：明君應能“明檢齊以杜僭濫，詳直枉以違晦吝”（《君道》）。如果君臣做不到這一點，就會出現衆叛親離的局面，即所謂“枉直不中，則無近不離”（《博喻》）。可見，能否處理好枉與直的關係，是小至個人，大至君臣乃至國家立足的重要原則之一。

堅決反對“枉尺直尋”的孟子具有浩然之氣。葛洪對孟子這種浩然之氣也極爲推崇。在《嘉遁》篇，他贊揚虛構的懷冰先生：“謐清音則莫之或聞，掩輝藻則世不得睹。背朝華於朱門，保恬寂乎蓬户。絶軌躅於金、張之間，養浩然於幽人之仵。”當朝廷黑暗，直道難行之時，聖賢之君不會做“枉尺直尋”之事，反而會“絶軌躅於金、張之間，養浩然於幽人之仵”。不委曲求全以接近權貴，而是在偏遠之地養浩然之氣。

二、借孟子聖賢論以爲己意

在評價人的成與敗、賢與愚的標準和仕與隱的優劣方面，葛洪常借孟子對古人的評價以爲己意，看重德行而輕視權貴。

葛洪借孟子對商紂的評價，肯定君子在乎德行而不在乎富貴。他説：

> 蓋欲人之敬之，必見自敬焉。不修善事，則爲惡人。無事於大，則爲小人。紂爲無道，見稱獨夫。仲尼陪臣，謂爲素王。則君子不在乎富貴矣。(《抱朴子外篇·刺驕》)

孟子最早對周武王滅商紂一事的性質進行評價，認爲"賊仁者謂之賊，賊義者謂之殘，殘賊之人謂之一夫。聞誅一夫紂矣，未聞弑君也"(《孟子·梁惠王下》)。孟子把武王的行爲定性爲誅殺無道。葛洪借鑒了這一評價，認爲紂雖貴爲天子，但因"賊仁""賊義"，不修善不修德而"無道"，被世人看成"獨夫"。在《逸民》篇，葛洪也借用孟子這一觀點批評輔佐武王的吕尚，認爲他擅長用兵而不擅長治國，"甘於刑殺，不修仁義"，這些做法開啓了"殘賊之軌"。這段話還有兩處吸收了孟子的觀點。"蓋欲人之敬之，必見自敬焉"，本於《孟子》"仁者愛人，有禮者敬人。愛人者，人恒愛之；敬人者，人恒敬之"(《離婁下》)。"無事於大，則爲小人"，本於《孟子》"體有貴賤，有小大。無以小害大，無以賤害貴。養其小者爲小人，養其大者爲大人"(《告子上》)①。"無事於大"即孟子説的"養其小者"——養耳目四肢；"事於大"，即孟子説的"養其大者"——養心。葛洪認爲君子能做到自敬、修善、事於大，重視德行而非富貴。這既是自勉，也是爲了説給亂世中汲汲於富貴的人聽。

他還借孟子對禹、稷與顔淵的評價，同樣説明貴賤不在於位而在於德行。《逸民》篇説：

> 桀、紂帝王也，仲尼陪臣也，今見比於桀、紂，則莫不怒焉；見擬於仲尼，則莫不悦焉。爾則貴賤果不在位也。故孟子云：禹、稷、顔淵，易地皆然矣。宰予亦謂：孔子賢於堯、舜遠矣。夫匹庶而鈞稱於王者，儒生高極乎唐、虞者，德而已矣，何必官哉！

---

① 《孟子·告子上》還有類似的説法："公都子問曰：'鈞是人也，或爲大人，或爲小人，何也？'孟子曰：'從其大體爲大人，從其小體爲小人。'曰：'鈞是人也，或從其大體，或從其小體，何也？'曰：'耳目之官不思，而蔽於物，物交物，則引之而已矣。心之官則思，思則得之，不思則不得也。此天之所與我者，先立乎其大者，則其小者弗能奪也。此爲大人而已矣。'"孟子把心視爲大體，耳目四肢等爲小體。葛洪説的"無事於大"即孟子説的"從其小體"。

葛洪認爲，桀紂爲帝王，孔子爲陪臣，但人皆願比於孔子而不願比於桀紂，因此説"貴賤不在位"。接下來，葛洪引孟子對禹等的評價來證明這一點，所引見《孟子·離婁下》："禹、稷當平世，三過其門而不入，孔子賢之。顔子當亂世，居於陋巷，一簞食，一瓢飲。人不堪其憂，顔子不改其樂，孔子賢之。孟子曰：'禹、稷、顔回同道。禹思天下有溺者，由己溺之也；稷思天下有饑者，由己饑之也，是以如是其急也。禹、稷、顔子易地則皆然。'"禹、稷屬於孟子與葛洪所説的"聖之任者"，顔回屬於"聖之清者"，所以孟子説三人"同道"，所同者，乃是以百姓苦難爲急的仁義之心。葛洪這裏是把孔子、顔回作爲不得權位而貴的人，把堯、舜、禹、稷作爲得權位而貴的人，所以他總結説，貴是因爲"德而已矣，何必官哉"，此即孟子説的禹、稷、顔回的"同道"。

葛洪借孟子對伯夷的評價，表達對隱士修仁德的贊美。《孟子》一書有八章論及伯夷，孟子贊揚他"非其君不事，非其民不使，治則進，亂則退"，並譽之爲"聖之清者也"（《萬章下》），即清高的聖人。葛洪吸收了孟子的觀點，他在《逸民》篇裏説：

> 身名並全，謂之爲上。隱居求志，先民嘉焉。夷、齊一介，不合變通，古人嗟歎，謂不降辱。夫言不降者，明隱逸之爲高也；不辱者，知羈縶之爲洿也。聖人之清者，孟軻所美，亦云天爵貴於印綬。……而世人所畏唯勢，所重唯利。盛德身滯，便謂庸人；器小任大，便謂高士。

本段先分出"身名並全"與"隱居求志"兩個層次，再以伯夷、叔齊爲例，肯定了"隱居求志"者"不降辱"的品質。"不降辱"，是對孟子贊美的伯夷"非其君不事，非其民不使，治則進，亂則退"等品質的概括，也是對官場種種不合理規則的蔑視和對清高的肯定。葛洪在《任命》篇也表達了這種思想："蓋君子藏器以有待也，稸德以有爲也，非其時不見也，非其君不事也，窮達任所值，出處無所繫。""非其君不事"，是伯夷清高的表現之一，也是孟子所推崇的伯夷的重要品質。葛洪之所以要肯定伯夷的清高，是爲了批評當時世人對隱逸賢士的否定看法："故木食山棲，外物遺累者，古之清高，今之逋逃也。"（《逸民》）世人認爲古之隱士是清高，時下的隱士却是逃避。葛洪借孟子評價伯夷的話，肯定了這種"盛德身滯"的清高者，否定了世人以勢利爲高的不良傾向。同孟子一樣，葛洪看重隱逸之士，並非重其隱逸的形式，而是看重他們身上具有的仁德，即所謂的"天爵"。孟子説："夫仁，天之尊爵也，人之安宅也。"（《公孫丑上》）又説："有天爵者，有人爵者。仁義忠信，樂善不倦，此天爵也；公卿大夫，此人爵也。古之人修其天爵，而人爵從之。今之人修其天爵，以要人爵。"（《告子上》）孟子把仁義忠信看成天爵，把公卿大夫看成人爵，認爲天爵是人安身立命之所。葛洪吸收了孟子的觀點，把孟子的意思概括爲"天爵貴於印綬"，"印綬"即孟子説的人爵。他又在《刺驕》篇中説："天爵苟存於吾體者，以此獨立不達，亦何苦何恨乎？"只要自己有仁義忠信等美好的德行，即使遺世獨立而不被重用，也無苦恨。可以説，這也是葛洪堅決歸隱的重要原因之一。

葛洪既肯定隱逸者的清高，也贊揚出仕者的賢能。他借孟子對伊尹的評價來表達對君主舉賢授能的期望。《孟子》一書有八章論及伊尹,孟子贊揚他"'何事非君？何使非民？'治亦進,亂亦進……思天下之民匹夫匹婦有不與被堯舜之澤者,如己推而内之溝中——其自任以天下之重也",並譽之爲"聖之任者也"(《萬章下》),即負責任的聖人。葛洪吸收了孟子的看法,他説:

  昔魯哀庸主也,而仲尼上聖,不敢不盡其節；齊景下才也,而晏嬰大賢,不敢不竭其誠。豈有人臣當與其君校智力之多少,計局量之優劣,必須堯、舜乃爲之役哉！何事非君？何使非民？恥令其君不及唐、虞,此亦達者之用心也。(《抱朴子外篇·任能》)

葛洪在孟子評價伊尹的基礎上,增舉了孔子、晏嬰的例子,借此説明君不必比臣强,君也不必擔憂自己比臣弱,君只要能舉賢授能,賢能之士定能在其位謀其政,而且還會努力幫助君主成爲像堯舜那樣的聖君。最後借孟子贊揚伊尹的話"何事非君？何使非民"來突出賢士的責任感。伯夷的"非其君不事"與伊尹的"何事非君",雖看似是兩個極端,但從修德上講又是相通的,所以孟子都視他們爲聖人。葛洪正是看中了這一點,他也認爲評價一個人對社會是否有價值,仕與隱不是標準,而在於是否修德賢明。所以葛洪能心安理得地游走於仕與隱之間,處理好了歷代士人難於處理的這對矛盾。

三、肯定孟子爲"求仁而得",反對純仁

  孟子發揮了孔子的仁學,强調仁義,要求推行建立在"不忍人之心""惻隱之心"基礎上的"不忍人之政"——仁政,反對以獲利爲最終目的的行爲。葛洪批判性吸收了孟子的這一觀點。
  葛洪把孟子推行和宣揚仁的行爲視爲"求仁而得"。他在《逸民》篇説:"夫仕也者,欲以爲名邪？則修毫可以洩憤懣,篇章可以寄姓字,何假乎良史,何煩乎鑴鼎哉！孟子不以矢石爲功,揚雲不以治民益世,求仁而得,不亦可乎？"也就是説,獲得好名聲不一定用出仕建功立業或史官、鐘鼎銘文來實現。像孟子一樣,雖無率兵作戰、攻城略地之功,但一心追求仁,提高自己德行,同樣可以獲得。所以他説:"垂惻隱於有生,恒恕己以接物者,仁人也。"(《行品》)葛洪肯定孟子求仁的行爲,也贊揚了他反對唯利是圖的態度。他説:

  故列子不以其乏,而貪鄭陽之禄；曾參不以其貧,而易晉、楚之富。夫收微言於將墜者,周、孔之遐武也；情孳孳以爲利者,孟叟之罪人也。(《抱朴子外篇·守㙟》)

葛洪對唯利是圖的行爲極爲痛恨，他在《自叙》中說自己"尤疾無義之人，不勤農桑之本業，而慕非義之奸利"。可以說，上引葛洪《守塉》篇中的一段話，就是用孟子等前賢的態度來否定"非義之奸利"。曾參事見於《孟子·公孫丑下》孟子的轉述："曾子曰：'晉楚之富，不可及也。彼以其富，我以吾仁；彼以其爵，我以吾義，吾何慊乎哉？'"曾參把求仁義看得比求富貴重，所以葛洪概括爲"不以其貧而易晉、楚之富"。他在《廣譬》篇也有此表述："是以禦寇不納鄭陽之惠，曾參不没晉、楚之寶。"孟子對片面逐利行爲的反對貫穿《孟子》全書，如孟子對梁惠王"將有以利吾國乎"之問，答之"何必曰利？亦有仁義而已矣"(《梁惠王上》)。又如孟子評"舜與蹠之分"："鷄鳴而起，孳孳爲善者，舜之徒也；鷄鳴而起，孳孳爲利者，蹠之徒也。欲知舜與蹠之分，無他，利與善之間也。"(《盡心上》)後者即葛洪"情孳孳以爲利者"說所本。在葛洪看來，那些專心求利之人，都違背了孟子對仁義與利關係的界定，所以說他們是"孟叟之罪人"。

葛洪雖然認同孟子的"求仁而得"，但他反對"純仁"，要求重視仁但不看輕刑。他說：

> 莫不貴仁，而無能純仁以致治也；莫不賤刑，而無能廢刑以整民也。……故仁者養物之器，刑者懲非之具，我欲利之，而彼欲害之，加仁無悛，非刑不止。刑爲仁佐，於是可知也。……仁之爲政，非爲不美也。然黎庶巧僞，趨利忘義，若不齊之以威，糾之以刑，遠羨義、農之風，則亂不可振，其禍深大。(《抱朴子外篇·用刑》)

就是說，仁能養物，刑能懲非。仁固然重要，仁政也美，但百姓容易"趨利忘義"，如果不用刑而僅用"純仁"，社會就陷入混亂。所以葛洪說："仁者爲政之脂粉，刑者御世之轡策；脂粉非體中之至急，而轡策須臾不可無也。"(同上)葛洪一方面認爲"刑爲仁佐"，仁爲主，刑爲輔，但從輕重緩急一面來講，他又認爲刑比仁更急迫，仁非"至急"，刑"須臾不可無"。反對"純仁"而提倡"刑爲仁佐"的思想與孟子相通，孟子說"仁則榮，不仁則辱。……國家閒暇，及是時明其政刑"(《公孫丑上》)，"徒善不足以爲政，徒法不能以自行"(《離婁上》)，重仁不廢刑。只不過，葛洪這裏又吸收了法家的思想，在平衡兩者的關係時，在說法上出現了一些矛盾。

對於葛洪的觀點，有人提出質疑。反對者也以孟子爲依據：

> 寬以愛人則得衆，悅以使人則下附。故孟子以體仁爲安，揚子雲謂申、韓爲屠宰。(《抱朴子外篇·用刑》)

反對用刑者以孟子和揚雄爲例來論證。孟子在孔子仁學基礎上大力倡導仁義，宣揚"夫仁，天之尊爵也，人之安宅也"(《公孫丑上》)，"仁，人之安宅也；義，人之正路也。曠安宅而弗居，舍正路而不由，哀哉"(《離婁上》)。反對者認爲，孟子以體仁得安身立命之所，而揚雄視重刑罰的申不害、韓非爲屠夫，可見前賢重視行仁而反對用刑。而且這一說法也與葛洪在《逸民》篇對"孟子不以矢石爲功""求仁而得"的贊許一致，那爲什麽還要倡導刑罰呢？葛洪批評說："俗儒徒聞周以仁興，秦以嚴亡，而未覺周所以得之不純仁，而秦所以失之不獨嚴也。"(《用刑》)葛洪批評的俗儒雖然不是明指孟子，但孟子曾説過："三代之得天下也以仁，其失天下也以不仁。國之所以廢興存亡者亦然。"(《離婁上》)加之這裏的反對者是以孟子爲依據進行批評，因此葛洪所説的俗儒實際上已經包含了孟子。葛洪認爲不用刑的仁是"純仁"，"純仁"不能實現社會的治理。周代的興旺正是因爲它沒有實行"純仁"，而兼以刑罰；秦的滅亡也正是因爲它僅看重嚴刑峻法，而沒有推行仁。所以他説："莫不貴仁，而無能純仁以致治也；莫不賤刑，而無能廢刑以整民也。"(《用刑》)在治理國家中，仁與刑缺一不可。

葛洪前對孟子"求仁而得"的行爲表示贊許，後又對孟子"以體仁爲安"的行爲表示反對，看似矛盾，但其實各有側重。對於前者，葛洪是爲了説明未出仕者照樣可以有益於社會，只是與出仕者的方法不同而已。對於後者，葛洪是爲了突出用刑的重要性。他並非反對"體仁"，而是反對"純仁"而廢刑。從合理性來講，葛洪的觀點比孟子更切合實際，可以説，葛洪的觀點是對漢代以後儒法思想在現實政治中運用特點的準確概括。

與孔孟把"仁"視爲儒家倫理範疇之首不同，葛洪在孔孟的基礎上強調"明"，把"明"作爲一種形而上的有更高境界的範疇。他著《仁明》篇，並在篇中結合孔孟的話，反覆辨明"仁"與"明"的不同特徵以及"明"的重要性。他説：

> 夫心不違仁而明不經國，危亡之禍，無以杜遏，亦可知矣。夫料盛衰於未兆，探機事於無形，指倚伏於理外，距浸潤於根生者，明之功也。垂惻隱於昆蟲，雖見犯而不校，睹觳觫而改牲，避行葦而不蹈者，仁之事也。爾則明者才也，仁者行也。殺身成仁之行可力爲而至，鑒玄測幽之明難妄假。精粗之分，居然殊矣。夫體不忍之仁，無臧否之明，則心惑僞真，神亂朱紫，思算不分，邪正不識，不逮安危，則一身之不保，何暇立以濟物乎？

這段話包含了孟子三個方面的思想：一是惻隱之心；二是齊宣王不忍釁鐘之牛"觳觫"而"以羊易之"，孟子稱此爲"仁術"；三是孟子説："人皆有所不忍，達之於其所忍，仁也。"(《盡心下》)葛洪用孟子所説的"仁"與他心中的"明"相比較，認爲孟子講的惻隱之心，齊宣王的以羊易牛的仁術，以及由"所不忍"達之於"所忍"的仁，都只屬於具體的行爲舉止，可以力行而至，但"明"却是先天的禀賦才性，後天的學習難以達成。所以他在評《周易》"立人之道，曰仁與義"句時説："所以云爾者，以爲仁在於行，行可力爲；而明入於神，必須天授之才，非所以訓故也。"(《仁明》)又認爲"明"是"精"，"仁"是"粗"，"三光華象者，乾也；厚載無窮者，坤也。乾有仁而兼明，坤有仁而無明"(同上)。葛洪改變了孟子把"仁"看作是人性先天固有的觀點，取而代之以"明"，把"明"看成是天賦之性。在這裏，葛洪是把孟子所説的"仁"看作"純仁"，"明"遠非"純仁"所能比。他引《詩經》和《周易》的話爲依據："《詩》云：'明明上天，照臨下土。''明明天子，令聞不已。'《易》曰：'王明，並受其福。''幽贊神明。''神而明之。'此則明之與神合體，誠非純仁所能企擬也。"(同上)"明"是日光照耀萬物,是神明。結合葛洪《抱朴子》一書對教與學、君與臣、仁與刑、名與實以及貧與達等的看法,可見葛洪所説的"明",實是指能把現實生活中各種看似對立的範疇恰到好處地加以處理,並能全面、系統而又深入把握大局的境界。

葛洪把"明"置於"仁"之上的觀點受到了當時一些人的質疑,質疑者也以孔孟的話爲依據:

> 仲尼歎仁爲"任重而道遠"。又云:"人而不仁,如禮何?""若聖與仁,則吾豈敢!"孟子曰:"仁,宅也;義,路也。""人無惻隱之心,非仁也。""三代得天下以仁,失天下以不仁。"此皆聖賢之格言,竹素之顯證也。而先生貴明,未見典據。小子蔽暗,竊所惑焉。(《抱朴子外篇·仁明》)

葛洪以孔孟爲例證明"仁"不如"明",質疑者同樣以孔孟的話來質疑。他們認爲:在聖賢孔孟那裏,仁是最高的標準,孟子還把仁比喻成宅,把仁與惻隱之心相連,把仁視爲得、失天下的根本,那麽葛洪把"明"抬得比仁更高,是否有依據。葛洪對此解釋説:

> 曩六國相吞,豺虎力競,高權詐而下道德,尚殺伐而廢退讓。孟生方欲抑頓貪殘,褒隆仁義,安得不勤勤諄諄獨稱仁邪!然未有片言云仁勝明也。譬猶疫癘之時,醫巫爲貴,異口同辭,唯論藥石。豈可便謂針艾之伎,過於長生久視之道乎?(《抱朴子外篇·仁明》)

葛洪認爲,在戰國時期,諸侯看重權詐與攻伐,而輕視道德與謙讓,孟子身處其間,想抑制貪婪殘暴的行爲,褒獎和倡導仁義,所以只能極盡所能地突出仁,就像面對一心想强大而雪恥的梁惠王"亦將有以利吾國乎"之問,孟子只能報以"王亦曰仁義而已矣,何必曰利"(《梁惠王上》)的回答,而且孟子並未説過"仁勝明"。也就是説,孟子的做法是在特定時代環境下的特定做法,葛洪爲此打了個生動的比方:生病時藥物最重要,但不等於説針灸等技藝超過了養生之道。針灸之法是具體的,而養生之道則是所有具體方法恰到好處的綜合。前者是"仁",後者是"明"。在《仁明》篇末尾,葛洪從另一個角度回答了質疑者以孔孟之言進行的質疑。他説:

> 孔子曰:"聰明神武。"不云聰仁。又曰:"昔者,明王之治天下。"不曰仁王。《春秋傳》曰:"明德唯馨。"不云仁德。……"我欲仁,斯仁至矣。"又曰:"爲仁由己。"斯則人人可爲之也。至於聰明,何可督哉!故孟子云:凡見赤子將入井,莫不趨而救之。以此觀之,則莫不有仁心。但厚薄之間,而聰明之分,時而有耳。昔崔杼不殺晏嬰,晏嬰謂杼爲大不仁而有小仁。然則奸臣賊子,猶能有仁矣。

葛洪認爲，當孔子談及一些更高的境界時，都會用"明"而不是"仁"，如聰明、明王，其他如《左傳》《尚書》《周易》甚至《老子》等也是如此。他根據孔孟的話，指出仁是一種"人人可爲之"的品質，正如孟子所説："今人乍見孺子將入於井，皆有怵惕惻隱之心……惻隱之心，仁之端也。"（《公孫丑上》）葛洪引孟子的話不是爲了證明人性善，也不是爲了證明仁爲内在，他只是爲了證明仁心的普遍性，即使像春秋時弑君的齊國大夫崔杼也有小仁。但"明"却不是人人生而具有的。對人而言，"仁"有厚薄之分，"明"僅存有無之别，而且"明"的能力難於通過後天的人爲來取得。葛洪對仁明關係的重新定位，是根據時代的需要"用諸子百家之學的知識改造儒家的仁義道德"①，因爲他看到純仁不能治國，而處理事情的能力和高屋建瓴的境界才爲時代所需要。

四、同情孟子的遭遇，視其爲"命世"者

孟子遊歷過魏、齊、魯、滕等國家，在齊、魯特别是齊國，他有推行自己主張的機會，但最終因多種原因没有成功。葛洪對孟子的這種遭遇表示了同情。他在《名實》篇説：

夫賢常少而愚常多，多則比周而匿瑕，少則孤弱而無援，佞人相汲引而柴正路，俊哲處下位而不見知，拔茅之義圮，而負乘之群興，亢龍高墜，泣血漣如。故子西逐大聖之仲尼，臧倉毀命世之孟軻。二生不免斯患，降兹亦何足言！斯禍蓋與開闢並生，苦之匪唯一世也。歷覽振古，多同此疾。

葛洪先批評了奸佞當道並相互包庇的行爲，他們結黨營私，阻塞了賢能之人的發展道路。然後對仲尼和孟軻的不幸遭遇表示了同情。"臧倉毀孟軻"一事見《孟子·梁惠王下》，魯平公準備去拜訪孟子，但他所寵幸的小臣臧倉向他進讒言，説孟子辦母親的喪禮不合禮義，孟子不是一個賢德之人，於是魯平公作罷。在葛洪看來，臧倉的行爲就是毀了孟子的前程。最後他由孔孟二人的遭遇推廣開去，得出了振聾發聵的結論——自古以來，賢能之人常會遭讒言受害之禍，從而喊出了賢能之士的心聲。

葛洪稱孟軻爲"命世"者，這是對孟子視自己爲"名世者"看法的認可。孟子曾説："五百年必有王者興，其間必有名世者。……夫天未欲平治天下也；如欲平治天下，當今之世，舍我其誰也？"（《公孫丑下》）據焦循考證，"命世即名世，謂前聖既没、後聖未起之間，有能通經辨物，以表章聖道，使世不惑者也"②。葛洪不但視孟子爲"命世"者，他甚至認爲孟子有亞聖之才。

---

① 伍鋒《葛洪〈抱朴子外篇〉仁明思想析論》，《孔子研究》2009 年第 6 期。
② 焦循《孟子正義》，北京中華書局 1987 年版，第 310 頁。

趙岐最早説孟子是"命世亞聖之大才者也"(《孟子章句題辭》)。葛洪在《正郭》篇也説:"夫所謂亞聖者,必具體而微,命世絶倫,與彼周、孔其間無所復容之謂也。"葛洪這裏雖然没有直接説孟子是亞聖,但他評亞聖的幾個條件却是孟子用來評自己的。"具體而微",本於《孟子·公孫丑上》中公孫丑問孟子的話:"子夏、子游、子張,皆有聖人之一體;冉牛、閔子、顔淵,則具體而微。敢問所安?"孟子避而不談,説"姑舍是"。從孟子微妙的態度中可以看出,孟子至少認爲自己不會比子夏、顔淵輩差,即"具體而微"——大體近於孔子。"命世"即孟子説的"名世者",也是孟子用來暗指自己的。"周、孔其間無所復容"者,即孟子在《盡心下》最後一章説的,"由文王至於孔子""五百有餘歲"年間的太公望、散宜生等人①,孟子在這一章裏含蓄地表達了自己就是皋陶、伊尹、太公望等一類的人——聖人興起時的"名世者"。葛洪準確地體會到了孟子的心理,因此用他評自己的話作爲評亞聖的標準,實際上間接肯定了孟子的亞聖品質,也表達了葛洪甚至時代對賢才的渴望。

葛洪在《吴失》篇再次言及孟子的困境,他説:"孔、墨之道,昔曾不行。孟軻、揚雄,亦居困否。有德無時,有自來耳。"葛洪指出,孔子、墨翟、孟軻與揚雄都難以推行自己的政治理想,他們雖然有超凡的德行,但却不得天時。"有德無時",即孟子説的"夫天未欲平治天下也"。葛洪這何嘗不是借他人之酒杯澆自己心中之塊壘呢?

五、葛洪對孟子其他思想的吸收

葛洪還吸收了孟子"將大有爲之君,必有所不召之臣"的君臣觀。孟子曾説:"故將大有爲之君,必有所不召之臣;欲有謀焉,則就之。……故湯之於伊尹,學焉而後臣之,故不勞而王。桓公之於管仲,學焉而後臣之,故不勞而霸。"(《公孫丑下》)又説:"費惠公曰:'吾於子思,則師之矣……'非唯小國之君爲然也,雖大國之君亦有之。晉平公之於亥唐也,入云則入,坐云則坐,食云則食;雖蔬食菜羹,未嘗不飽,蓋不敢不飽也。""爲其多聞也,則天子不召師。"(《萬章下》)可以説,王者先以聖賢爲師,然後以之爲臣,是孟子理想的君臣觀,也一直是他在現實中努力追求的效果。葛洪在《逸民》篇吸收了孟子這一思想。他説:"唐堯非不能致許由、巢父也,虞舜非不能脅善卷、石户也,夏禹非不能逼柏成子高也,成湯非不能録卞隨、務光也,魏文非不能屈干木也,晉平非不能吏亥唐也,然服而師之,貴而重之,豈六君之小弱也?誠以百行

---

① 孟子曰:"由堯、舜至於湯,五百有餘歲。若禹、皋陶,則見而知之;若湯,則聞而知之。由湯至於文王,五百有餘歲。若伊尹、萊朱,則見而知之;若文王,則聞而知之。由文王至於孔子,五百有餘歲。若太公望、散宜生,則見而知之;若孔子,則聞而知之。由孔子而來至於今,百有餘歲。去聖人之世若此其未遠也,近聖人之居,若此其甚也,然而無有乎爾,則亦無有乎爾!"(《盡心下》)孟子含蓄地把自己視爲"見而知之"的名世者。

殊尚,默默難齊,慕尊賢之美稱,恥賊善之醜迹,取之不足以增威,放之未憂於官曠,從其志則可以闡弘風化,熙隆退讓,厲苟進之貪夫,感輕薄之冒昧。……彼六君尚不肯苦言以侵隱士,寧肯加之鋒刃乎！聖賢誠可師者。"葛洪舉了堯、舜、禹等六君主善待聖賢並以之爲師的例子,其中段干木和唐亥事最早見於《孟子》。葛洪吸收了孟子的思想,明確指出"聖賢誠可師者"。

君之爲君,以聖賢爲師,對於聖賢,除了能愛,還要有恭敬之心。所以葛洪批評了當時權貴宴飲賓客而不能致敬的行爲。他説:"或曲晏密集,管弦嘈雜,後賓填門,不復接引。或於同造之中,偏有所見,復未必全得也。直以求之差勤,以數接其情,苞苴繼到,壺榼不曠者耳。孟軻所謂'愛而不敬,豕畜之也'。而多有行諸,云是自尊重之道。自尊重之道,乃在乎以貴下賤,卑以自牧,非此之謂也。"(《抱朴子外篇·刺驕》)他借孟子的話,指出了權貴對賓客"愛而不敬,豕畜之"的本質,認爲"自尊重之道"在於重視百姓而得民心,以謙卑自養其德,得民心又莫過於與民同樂。所以,葛洪在《君道》中説:"夫根深則末盛矣,下樂則上安矣。馬不調,造父不能超千里之迹;民不附,唐虞不能致同天之美。馬極則變態生,而傾債惟憂矣;民困則多離叛,其禍必振矣。"又説:"若乃肆情縱欲,而不與天下共其樂,故有憂莫之恤也。"君王能與百姓同樂則君王安定,否則,即使如堯舜也不能有同天之美,更不説要求百姓爲君王分憂減愁了。葛洪要表達的意思又回到了孟子的民本思想:"樂民之樂者,民亦樂其樂;憂民之憂者,民亦憂其憂。樂以天下,憂以天下,然而不王者,未之有也。"(《梁惠王下》)"君行仁政,斯民親其上,死其長矣。"(同上)

餘 論

葛洪繼承和發展孟子思想的特點與時代及其著書立説的出發點密切相關。葛洪生逢朝代更迭的亂世,他所處時代的社會矛盾極其尖鋭,戰亂頻發,先後發生了八王之亂、張昌和石冰的起義、北方少數民族的侵擾(即後世所謂的"五胡亂華")。頻繁的戰爭導致"世道多難,儒教淪喪"(《抱朴子外篇·勖學》)。葛洪對這種社會現實有切膚之痛,他雖無扭轉乾坤之力,但關注政治的官宦世家傳統和重視德行修養的家學淵源,使其在仕隱之間,仍然有着强烈的社會責任感。因此他才廣泛涉獵經史子文獻,從中尋找醫治病態社會的良方。

不過,葛洪所找到的良方,也只有揭露與批判,即他著《抱朴子外篇》的出發點:"言人間得失,世事臧否。"《晉》本傳把它概括爲"駁難通釋"[1]。"駁難"即言人間得失,臧否世事,"通釋"即吸收諸子百家的思想來重新審視、豐富儒學,以此對"漢晉之際的社會政治、風俗習尚、學風思潮、人物品鑒、處世交友、利害得失及福禍成敗、古今存亡等問題"[2]展開批判,警醒世

---

[1] 房玄齡等《晉書》,北京中華書局 1974 年版,第 1912 頁。
[2] 李中華《葛洪〈抱朴子外篇〉儒學思想辨微》,《江西科技師範學院學報》2010 年第 1 期。

人,改善現實。對孟子思想的利用也是服務於這一初衷的,而且利用的特點也與整個魏晉時期孟子思想的傳承特點一致:不大量引用原文,也不專重於某一思想,而往往僅摘録隻言片語,把孟子某些思想融入自己的文章,服務於論證的需要。雖然葛洪對孟子思想的接受不是系統的,但不偏激不盲從,在比對、綜合經史子諸多文獻的宏觀視野下,從時代需求出發,根據自己的認識,對孟子思想選擇性地加以繼承、批判或者發展。這樣一種學術態度,在今天同樣值得我們借鑒。

[作者簡介] 高正偉(1974—),男,四川宜賓人。華東師範大學中文系博士,四川大學歷史與旅遊學院博士後,現爲宜賓學院教授、《宜賓學院學報》副主編(負責工作)。從事孟學史研究,主持國家後期資助項目1項,著有《杜甫涉酒詩文輯録與研究》《孟子鑒賞辭典》(合著)等,發表學術論文30餘篇。

《文心雕龍》對《吕氏春秋》文藝理論的繼承與發展

延娟芹

内容提要 《文心雕龍》不但對《吕氏春秋》有較高評價,同時對其内容作了吸納,如對篇名的擬定、對藝術起源的論述,都明顯繼承了《吕氏春秋》。在藝術鑒賞論、文藝的發展與社會政治的關係問題、聲律理論、養氣説等方面,則對《吕氏春秋》思想作了更加具體細緻的闡述,並在其基礎上有所發展,可謂《吕氏春秋》文藝理論在文學領域的具體運用。

關鍵詞 《文心雕龍》 《吕氏春秋》 繼承 發展
中圖分類號 B2

《吕氏春秋》中包含了豐富的文藝理論,除了《仲夏紀》《季夏紀》中專門討論音樂的八篇文章涉及文藝理論外,在其他篇章中也有零星論述,討論的内容包括藝術的内容和形式的關係、藝術的社會功用等問題。《吕氏春秋》的文藝思想是先秦文藝思想的總結,在後代產生了重要影響,後代的相關著作在論及先秦文藝思想時都從《吕氏春秋》中汲取資料,並加以吸納發展。《文心雕龍》是南朝梁時劉勰(466—532)[①]著的一部體大思精的文學理論著作。《文心雕龍》與《吕氏春秋》的成書時間雖然相隔了七百多年,但是,《文心雕龍》對《吕氏春秋》中的文藝思想,從不同角度進行了借鑒。

一、《文心雕龍》對《吕氏春秋》的評價

魏晉南北朝時期,學者們對《吕氏春秋》的關注較少,稱引與評價更爲罕見。《文心雕龍》是這一時期對《吕氏春秋》進行評價的重要著作,劉勰在《文心雕龍》中專列《諸子》一篇,對諸

---

① 參見張少康《劉勰及其〈文心雕龍〉研究》,北京大學出版社 2010 年版,第 21～22 頁。

子散文的不同風格進行了評價。對《吕氏春秋》給予較高評價——"吕氏鑒遠而體周"①,意指《吕氏春秋》看得遠,體例最周密。

"鑒遠"就内容而言,劉勰認爲《吕氏春秋》識力深遠。《吕氏春秋》吸收了先秦時期政治、哲學、文藝、農業、天文、教育、醫學等學科中的精華部分,加以重新編排,形成了内容豐富的雜家著作。尤其是書中提出了一套自成體系的理想治國綱領,《十二月紀》建構了龐大的施政框架,在"法天地"思想的指導下,提出爲君、爲臣、治民之道。爲君之道的核心是,在自身要反諸於己、無爲而治,對他人則應選賢任能。爲臣之道則是自身要各盡職守,自我修養,對上要忠於國家,竭誠獻身。治民之道主張民爲邦本,德治爲主,賞罰爲輔。這些理論顯然是針對戰國末期秦國以法爲主的現實提出的。遺憾的是,《吕氏春秋》提出的理論並没有被秦國採用,曾經橫掃六國的秦國在統一全國後僅僅維持十幾年便在農民起義中土崩瓦解。秦王朝的短命從另一方面説明,《吕氏春秋》的作者早已看到戰國末期秦國潛在的社會問題,因此提出了一套與當時秦國政治制度截然不同的理論。秦亡漢興,漢初實行修養生息、無爲而治,與《吕氏春秋》提出的理論不謀而合,是對《吕氏春秋》政治思想的具體實踐。漢初文景之治,證明《吕氏春秋》中提出的政治理論符合當時社會實際。劉勰所言"鑒遠",應指此也。

"體周",一方面指《吕氏春秋》對先秦諸子各家思想、各種文化取捨的周密,能從政治角度取各家之長,去各家之短,形成自己的理論體系。另一方面,更是指編排結構的周密。《吕氏春秋》在陰陽五行思想指導下,以二級編目,分爲十二紀、八覽、六論。十二紀代表一年十二月,每紀除首篇外,另有四篇,代表四方,五篇又合五行之數;八覽之八代表八方;六論之六代表六合。此外,在十二紀中,對諸子各家的編排還遵循"春生、夏長、秋收、冬藏"的理念。可以看到,《吕氏春秋》的編撰經過了事前統一的組織規劃。這樣的編撰結構,在《吕氏春秋》之前尚未出現過。劉勰評其"體周",甚爲準確。當代學者常常以"體大思精"形容《文心雕龍》這部古代文論史上的不朽著作,從書中可以看到,劉勰在創作前,對當時他能見到的所有著作進行了深入研究,這從《文心雕龍》中所列作品數量就可見一斑。可以説,劉勰對《吕氏春秋》的這一評論,是基於他對所有著作深入研究,經過仔細比較後得出的結論,這無疑是對《吕氏春秋》特點的最好概括。

《文心雕龍》除對《吕氏春秋》直接評論外,還指出後代著作對《吕氏春秋》内容的吸收:"《禮記·月令》,取乎吕氏之紀。三年問喪,寫乎《荀子》之書,此純粹之類也。"②甚爲正確。

《文心雕龍》提到《史記》對《吕氏春秋》體例的學習模仿:"爰及太史談,世惟執簡;子長繼志,甄序帝勣。比堯稱典,則位雜中賢;法孔題經,則文非元聖。故取式《吕覽》,通號曰紀。紀綱之號,亦宏稱也。"③劉勰論述較爲簡略,只是指出《史記》中的"紀"取法《吕氏春秋》,這是古

---

① 周振甫《文心雕龍注釋》,人民文學出版社 2002 年版,第 189 頁。
② 同上。
③ 同上,第 170 頁。

代學者首次提出《史記》對《呂氏春秋》的借鑒吸納。到了清代,章學誠在此基礎上進行了具體闡述,謂"呂氏之書,蓋司馬遷之所取法也。《十二本紀》仿其《十二月紀》,《八書》仿其《八覽》,《七十列傳》仿其《六論》,則亦微有所以折衷之也"①。可以看到章學誠對劉勰觀點的繼承發展,於此也可見劉勰的見地。

二、《文心雕龍》對《呂氏春秋》思想內容的吸納與發展

《文心雕龍》從不同角度對《呂氏春秋》作了借鑒和吸納,有的內容還有深入發展,下面具體論述。

(一) 有關二書篇名問題

《文心雕龍》與《呂氏春秋》在編撰目的、討論問題上有本質區別。《文心雕龍》爲文學理論著作,主要探討文學(主要指泛文學)問題;《呂氏春秋》爲哲學著作,主要討論各家各派思想、文化問題。但二者却存在許多相似之處。僅以篇名觀之,《呂氏春秋》160篇,篇名均采用二字概括全篇內容的方式②,《文心雕龍》50篇亦然。就具體篇目名稱看,有些篇目二書從篇名到內容都有相似之處。如《呂氏春秋》有《圜道》篇,《文心雕龍》開首第一篇就是《原道》,二者都探討有關道之本源問題。《呂氏春秋》有《音律》,《文心雕龍》有《聲律》;《呂氏春秋》有《慎勢》,《文心雕龍》有《定勢》;《呂氏春秋》有《淫辭》,《文心雕龍》有《麗辭》。其他像《呂氏春秋》有《情欲》《適音》《正名》,《文心雕龍》則有《情采》《知音》《正緯》。此外,還有些篇名是兩書一篇對應多篇,或多篇對應一篇,如《呂氏春秋》有《大樂》《制樂》,《文心雕龍》有《樂府》,討論的問題都與音樂有關。《呂氏春秋》有《別類》《愛類》《召類》,《文心雕龍》有《事類》;《呂氏春秋》有《審時》《首時》,《文心雕龍》有《時序》;《呂氏春秋》有《知分》《知度》《知接》《音初》,《文心雕龍》有《知音》。從立名命意的原則看,這主要是因爲二書都討論了一些相近的問題,所以才出現了篇名相近的現象,《文心雕龍》篇名的擬定明顯受到《呂氏春秋》的影響。下面以《慎勢》和《定勢》爲例説明。

《呂氏春秋·慎勢》主要論述君主應當重視和利用權勢,體現早期法家重勢的思想。如

---

① 章學誠《校讎通義》,上海大中書局1934年版,第61頁。
② 先秦典籍中的篇名可以歸爲兩類。一類是本没有篇名,後人在編集成書時加了篇名,如《論語》《孟子》等中的篇目。一類是成文前已經擬定,全篇圍繞篇名(標題)展開論證,如《荀子》《韓非子》等典籍中的篇目。但在成書前按照一定的指導思想,統一擬定篇名,且篇名均爲整齊的二字,先秦子書中《呂氏春秋》是唯一的一部,這與《呂氏春秋》的成書過程有直接關係。

"王也者,勢也","位尊者其教受,威立者其奸止,此畜人之道也"①。指出要想稱王,必須憑藉權勢。地位尊貴,教化就能被接受,樹立了威嚴,奸邪就能被制止。《文心雕龍·定勢》所論"勢"與《吕氏春秋》有别,是指不同體裁形成的不同風格,"定勢"指文章體裁要與風格相適應,寫作時要根據表達的思想感情選擇體裁,再根據體裁確定文章的寫法和風格。"章表奏議,則準的乎典雅;賦頌歌詩,則羽儀乎清麗;符檄書移,則楷式於明斷;史論序注,則師範於核要;箴銘碑誄,則體制於弘深;連珠七辭,則從事於巧艷,此循體而成勢,隨變而立功者也。"②章表奏議,以典雅爲標準;賦頌歌詩,以清麗爲規範;符檄書移,以明白决斷做楷模;史論序注,以核要爲師範;箴銘碑誄,以廣大深刻爲要求;連珠七辭,以巧妙華艷爲標準。這些都是依照不同的體裁構成不同的文勢。

可以看出,《吕氏春秋》所論"勢"與《文心雕龍》所論"勢"有明顯差異。《吕氏春秋》着眼於政治,"勢"重在指國君手中掌握的權力;《文心雕龍》則更多地着眼於自然之勢。二者的共同點是,都强調要依照"勢"行事、行文,勢是做事、行文的基礎和依據。

再如《吕氏春秋》中的《淫辭》與《文心雕龍》中的《麗辭》。《淫辭》旨在反對言辭與思想相背離,强調言辭要真實反映思想内容,重在形式與内容的關係問題。《麗辭》主要講文章中對偶的運用,重在形式。二者都以"辭"名篇,共同點是都討論有關語言的問題。

(二) 關於文學的起源問題

《吕氏春秋》對藝術起源問題的探討,主要表現在對音樂的論述中。書中將音樂置於陰陽五行的宇宙圖式當中,《音律》載:"大聖至理之世,天地之氣,合而生風。日至則月鐘其風,以生十二律……天地之風氣正,則十二律定矣。"③將十二律與十二月相配,將音樂與自然相聯繫,包含着藝術來自自然、藝術與自然相統一的直觀樸素思想。這是《吕氏春秋》對藝術的總體認識。

《大樂》又載:"音樂之所由來者遠矣,生於度量,本於太一……萬物所出,造於太一,化於陰陽。萌芽始震,凝寒以形。形體有處,莫不有聲。聲出於和,和出於適。先王定樂,由此而生。"④指出音樂之和來自自然之和。很顯然,這是一種自然天道觀,與書中對音樂的總體認識相一致。

因《文心雕龍》重在論文學問題,討論範圍與《吕氏春秋》重在論述天道人事相比,範圍要小,但二者取法道、取法自然,强調人與自然的和諧統一,以陰陽五行爲綱的系統論,有共通之處。

---

① 陳奇猷《吕氏春秋新校釋》,上海古籍出版社 2002 年版,第 1120 頁。
② 周振甫《文心雕龍注釋》,第 339~340 頁。
③ 陳奇猷《吕氏春秋新校釋》,第 328 頁。
④ 同上,第 258~259 頁。

《文心雕龍》五十篇首列《原道》，探討了文學藝術的起源問題。"文之爲德也大矣。與天地並生者，何哉？夫玄黃色雜，方圓體分，日月叠璧，以垂麗天之象；山川焕綺，以鋪理地之形。此蓋道之文也。"①劉勰論文從天地人説起，文源於道，即文源於自然，文乃自然而然而生。天地萬物有文，人模仿天地萬物，人也有文。這種模仿天地萬物，强調人與自然和諧的思想，與《呂氏春秋》一致。

《呂氏春秋》在肯定藝術來源於自然的同時，也看到了人心、人的情感對藝術產生的作用。《音初》載："凡音者，產乎人心者也。感於心則蕩乎音，音成於外而化乎内。"②指出音樂產生的直接動因是人類抒發情感的需要。文中追溯了東、南、西、北四方音調的源起，認爲這些音樂的產生都關乎情性，都與個人的不幸遭際有關。由於情緒激動而發乎聲音，聲音又可以反過來陶冶人們的感情。

《文心雕龍》也有類似論述，如《明詩》云"詩者，持也，持人情性……人禀七情，應物斯感，感物吟志，莫非自然"③。人的情感受到外物的刺激發生感應，有了感應便吟唱出來，這是自然形成的。

藝術產生的根本原因是自然天地的觸動作用，人的情感則是藝術產生的直接原因，這是《文心雕龍》對《呂氏春秋》關於藝術產生問題的吸納。

（三）關於審美鑒賞問題

《呂氏春秋》有關音樂鑒賞的理論主要見於《適音》《侈樂》等篇。鑒賞論中首先提出對音樂的審美要求，審美對象要符合審美標準，這一標準就是"適中""平和"。《適音》曰：

> 夫音亦有適。太巨則志蕩，以蕩聽巨則耳不容，不容則横塞，横塞則振。太小則志嫌，以嫌聽小則耳不充，不充則不詹，不詹則窕。太清則志危，以危聽清則耳谿極，谿極則不鑒，不鑒則竭。太濁則志下，以下聽濁則耳不收，不收則不摶，不摶則怒。故太巨、太小、太清、太濁皆非適也。
>
> 何謂適？衷，音之適也。何謂衷？大不出鈞，重不過石，小大輕重之衷也。黃鐘之宮，音之本也，清濁之衷也。衷也者，適也，以適聽適則和矣。樂無太，平和者是也。④

聲音太大會使人心志動蕩，太小會心志疑惑，太高會心志不安，太低會心志卑下。音樂要合於

---

① 周振甫《文心雕龍注釋》，第1頁。
② 陳奇猷《呂氏春秋新校釋》，第338頁。
③ 周振甫《文心雕龍注釋》，第48頁。
④ 陳奇猷《呂氏春秋新校釋》，第276頁。

度,即"衷"。針對這一標準,又提出與"適音"對立的範疇"侈樂"。何謂"侈樂"?《侈樂》載:"爲木革之聲則若雷,爲金石之聲則若霆,爲絲竹歌舞之聲則若噪。以此駭心氣、動耳目、搖蕩生則可矣,以此爲樂則不樂。"①又曰:"夏桀、殷紂作爲侈樂,大鼓、鐘、磬、管、簫之音,以巨爲美,以衆爲觀;俶詭殊瑰,耳所未嘗聞,目所未嘗見,務以相過,不用度量。"②若雷、若霆、若噪、以巨爲美、以衆爲觀、俶詭殊瑰,這樣的音樂都不符合"衷"的標準。

就審美主體而言,《吕氏春秋》既反對墨家的"非樂"主張,又反對不加限制地放縱欲望。一方面肯定人對音樂的審美欲望,另一方面又主張節欲。《重己》:"昔先聖王之爲苑囿園池也,足以觀望勞形而已矣;其爲宫室臺榭也,足以辟燥濕而已矣;其爲輿馬衣裘也,足以逸身暖骸而已矣;其爲飲食酏醴也,足以適味充虚而已矣;其爲聲色音樂也,足以安性自娱而已矣。五者,聖王之所以養性也,非好儉而惡費也,節乎性也。"③肯定了追求聲色音樂是人的天性,而這種追求是爲了"安性""養性",是出於維護個體生命的需要。《吕氏春秋》的審美鑒賞論始終貫穿着道家養生、貴生、法天貴真的思想。

聽樂者能否感受到愉悦,不但取决於音樂是否"適",與聽者的心境也有直接關係。聽者能够感受到音樂之美的前提是要做到"心適"。《適音》:"耳之情欲聲,心不樂,五音在前弗聽……樂之弗樂者,心也。心必和平然後樂。心必樂然後耳目鼻口有以欲之。故樂之務在於和心,和心在於行適。"④只有平和的主觀心境與適中的客觀之樂相結合,即"以適聽適",才能真正獲得審美愉悦。如何才能使心和適?《適音》的回答是"勝理"。"勝理"包括治身和治國兩個方面:治身之理就是六欲皆得其宜,既不縱欲,也不禁欲,一切服從於全性、全生;治國之理就是《大樂》所説"天下太平,萬物安寧,皆化其上"⑤。一方面要從有利於養生出發,滿足人們正常的審美需求,要有平和的心境;另一方面,還要有適合於享受音樂藝術的安寧太平的社會環境。《適音》是我國美學史上最早論述審美主客體關係問題的篇章。

作品的鑒賞者不但能够以平和之心領會作品的意趣,還可以與演奏者產生共鳴,二者達到思想、精神的交流與感應。《本味》中記載了爲人熟知的伯牙鼓琴的故事,鍾子期聽了伯牙的琴音就能領會其志在太山流水,兩人產生共鳴的基礎是都具有高遠寬廣的心胸和深厚的音樂修養。

《文心雕龍》中的《知音》篇同樣是文學鑒賞論,篇名"知音"二字就出自《吕氏春秋》的《本味》篇。在本篇中,劉勰同樣稱引了《本味》篇中伯牙和鍾子期的故事,"夫志在山水,琴表其

---

① 陳奇猷《吕氏春秋新校釋》,第269頁。
② 同上。
③ 同上,第35頁。
④ 同上,第275頁。
⑤ 同上,第259頁。

情,況形之筆端,理將焉匿"①。

就文學鑒賞活動言,劉勰指出,作家的創作是由情到辭的過程,而文學鑒賞批評正好相反,是披文入情的過程。劉勰認爲,評價作品要避免三種傾向:"故鑒照洞明,而貴古賤今者,二主是也;才實鴻懿,而崇己抑人者,班曹是也;學不逮文,而信僞迷真者,樓護是也。"②貴古賤今、崇己抑人、信僞迷真,這是鑒賞活動中常常出現的不良傾向,鑒賞家應該避免。此外,還要避免個人喜好偏愛,"夫篇章雜遝,質文交加,知多偏好,人莫圓該"。這些都是針對鑒賞主體而言,較之《吕氏春秋》中所説的"心適"更加具體。

除對鑒賞主體提出要求外,劉勰還指出考察作品的幾個標準,提出了六觀説:位體、置辭、通變、奇正、事義、宫商。可以看到,劉勰的鑒賞論,在《吕氏春秋》的基礎上有了明顯的發展,作了更加具體細緻的闡述,尤其是針對文學的特點,提出了具體可行的評價標準。二書都涉及影響鑒賞的諸多因素,以及鑒賞過程中的基本要求,反映了二書作者在鑒賞問題上的繼承關係。

(四)關於文學發展與社會政治的關係問題

《吕氏春秋》的作者看到了藝術發展與政治的關係。《適音》:"故治世之音安以樂,其政平也;亂世之音怨以怒,其政乖也;亡國之音悲以哀,其政險也。凡音樂通乎政而移風平俗者也,俗定而音樂化之矣。故有道之世,觀其音而知其俗矣,觀其政而知其主矣。故先王必托於音樂以論其教。"③一方面,政治的興亡治亂會影響音樂的整體格調,人們可以通過音樂來觀政,音樂成了政治狀況的"晴雨表"。漢代《毛詩序》中"治世之音安以樂,其政和;亂世之音怨以怒,其政乖;亡國之音哀以思,其民困"幾句直接承《吕氏春秋》而來④。另一方面,音樂也會對政治產生一定的影響,音樂對人們的思想起着潛移默化的教育作用,有助於改變世風。因此,統治者首先要辨別音樂是否和適,再用和適之樂去治理國家,教導萬民,強調了音樂的教化作用。

《文心雕龍》中重點討論文學發展問題的主要是《時序》。

> 時運交移,質文代變,古今情理,如可言乎! 昔在陶唐,德盛化鈞,野老吐何力之談,郊童含不識之歌。有虞繼作,政阜民暇,薰風詩於元后,爛雲歌於列臣。盡其美者何? 乃心樂而聲泰也。至大禹敷土,九序詠功,成湯聖敬,猗歟作頌。逮姬文之德

---

① 周振甫《文心雕龍注釋》,第518頁。
② 同上,第517頁。
③ 陳奇猷《吕氏春秋新校釋》,第276頁。
④ 關於《毛詩序》的作者、創作時間問題,古今學者分歧很大。一般認爲,《詩序》原是漢代毛詩學者相傳之講授提綱,非成於一時一人之手,最後由衛宏集錄、寫定。見洪湛侯《詩經學史》,中華書局2002年版,第163頁。

盛,周南勤而不怨;大王之化淳,邠風樂而不淫。幽厲昏而板蕩怒,平王微而黍離哀。故知歌謠文理,與世推移,風動於上,而波震於下者。①

時代風氣交替發生變化,文學的特點也各代不同。虞舜時期政治清明,人民安閑,虞舜唱出《南風》歌,衆臣唱出《卿雲》歌。周厲王、周幽王時政治混亂,《板》《蕩》表達了人們憤怒的感情,周平王時國勢衰弱,《黍離》表達了周朝士大夫哀怨的感情。劉勰在這裏用形象的比喻説明了歌謠的文采和情理會隨着時勢發生變化,指出政治和文學的關係。

政治風氣不但影響具體作品的思想情調,還影響文學的時代風格,劉勰以具體事例説明:"自獻帝播遷,文學蓬轉,建安之末,區宇方輯。……觀其時文,雅好慷慨,良由世積亂離,風衰俗怨,並志深而筆長,故梗概而多氣也。"②建安時期的文學歷來被稱作建安風骨,以雅好慷慨爲特徵,這種風格的形成,是由於漢末長期戰亂,風氣敗壞,人民愁怨造成的。

通過梳理齊梁前文學發展的大致綫索,劉勰將文學與社會政治的關係總結爲"文變染乎世情,興廢係乎時序"③。文章受到時代狀况的感染,隨着時代的發展而變化,不同文體的興衰和時代有密切關係。劉勰不再像《吕氏春秋》一樣簡單説明治世、亂世時期文藝的不同,而是用"世情""時序"論之,這裏除了政治治亂的影響外,還包括學術風氣。如楚騷的產生,就受到戰國時期縱横家誇飾鋪排文風的影響,"屈平聯藻於日月,宋玉交采於風雲。觀其艷説,則籠罩雅頌。故知暐燁之奇意,出乎縱横之詭俗也"④。在《明詩》中,劉勰也有同樣論述:"正始明道,詩雜仙心","宋初文詠,體有因革,莊老告退,而山水方滋"⑤。

劉勰在《吕氏春秋》的《適音》基礎上,對文學與政治的關係有了更加具體深入的論述。劉勰的眼界顯然比《吕氏春秋》的作者更爲開闊,他並沒有局限在政治治亂對文學的一般影響方面,而是善於深入細緻地分析各個歷史時期的政治、經濟、風俗等對文學的具體影響。其主要原因是,《吕氏春秋》的作者生活的戰國時期是中國文學的早期階段,這一時期的作家、作品數量還較少,缺少可資參照比較的對象。因此,《吕氏春秋》的作者雖然看到藝術與政治有一定關係,但認識並不充分。漢魏以後,作家、作品數量急劇增加,作品的藝術技巧、藝術積累也有了較大提高,劉勰可以通過不同時期的大量作品,去考察文學與政治、社會風氣的關係,認識更爲深入細緻。

《吕氏春秋》還注意到歷史繼承與發展的問題,《長見》:"今之於古也,猶古之於後世也。

---

① 周振甫《文心雕龍注釋》,第476頁。
② 同上,第478頁。
③ 同上,第479頁。
④ 同上,第476頁。
⑤ 同上,第49頁。

今之於後世,亦猶今之於古也。故審知今則可知古,知古則可知後,古今前後一也。"①古今前後是一脉相承的,"今"是"古"的發展,未來的"後"又是"今"的繼續,歷史是連續的、發展的,是有規律的。這一觀點同樣適用於藝術。

《文心雕龍》中重點討論文學繼承與發展問題的是《通變》:"夫設文之體有常,變文之數無方,何以明其然耶? 凡詩賦書記,名理相因,此有常之體也;文辭氣力,通變則久,此無方之數也。名理有常,體必資於故實;通變無方,數必酌於新聲;故能騁無窮之路,飲不竭之源。"②劉勰認爲,各種文章的體裁、名稱、創作規格等,都有所繼承,而文辭的氣勢和力量,要有變通才能長久流傳下去。所有文章的寫作,都有"通"的方面,這是文學創作中的一些基本原則和方法,必須繼承,違背了這些基本原則和方法,文學創作就會走上邪路。但文學創作還要根據不同歷史時代的具體情況靈活運用和發揮,要因時而異,因人而別,這就是"變"。劉勰的基本思想是,既要通,又要變,在不違背基本原則的前提下,注重文學創作的獨創性。但新變要遵循正確的規律,不能一味追求新奇,否則就會導致失敗。通變是劉勰文學理論中的重要內容,無論是宏觀的歷史把握,還是對具體創作方法的論述,都貫穿通變的思想。如《物色》:"古來辭人,異代接武,莫不參伍以相變,因革以爲功,物色盡而情有餘者,曉會通也。"③

可以看到,有關文藝的發展問題,《文心雕龍》較《呂氏春秋》論述更爲具體深入,也更加全面。但《呂氏春秋》的一些觀點,如既要繼承,又要發展等,爲劉勰所吸納,對其產生了一定影響。

《文心雕龍》除對《呂氏春秋》文藝發展理論的借鑒外,在追述樂府詩的發展時,還多次引用《呂氏春秋》中的內容。"樂府者,聲依永,律和聲也。鈞天九奏,既其上帝;葛天八闋,爰及皇時。自咸英以降,亦無得而論矣。至於塗山歌於候人,始爲南音;有娀謡乎飛燕,始爲北聲;夏甲歎於東陽,東音以發;殷整思於西河,西音以興;音聲推移,亦不一概矣。"④葛天八闋的記載,采自《呂氏春秋·古樂》,對四方之音的闡述,采自《呂氏春秋·音初》。

(五) 關於文學的聲律問題

《呂氏春秋·音律》論述了音律中十二律相生的問題,十二律即古代音樂的十二調。《呂氏春秋》首次提出十二律相生的三分損益法,同時將十二律與十二月相配,體現天人合一的觀念。如曰:"黃鐘生林鐘,林鐘生太蔟,太蔟生南呂,南呂生姑洗,姑洗生應鐘,應鐘生蕤賓,蕤賓生大呂,大呂生夷則,夷則生夾鐘,夾鐘生無射,無射生仲呂。三分所生,益之一分以上生;三分所生,去其一分以下生。"⑤

---

① 陳奇猷《呂氏春秋新校釋》,第611頁。
② 周振甫《文心雕龍注釋》,第330頁。
③ 同上,第494頁。
④ 同上,第64頁。
⑤ 陳奇猷《呂氏春秋新校釋》,第328頁。

《文心雕龍》中專列《聲律》一篇。文學中的聲律理論是把音樂中的音律理論運用於文學創作中,即利用漢字的宫商、清濁、四聲等特點進行創作,使得文學作品具有音律美。對聲律的探討,西晋的陸機、南朝的范曄、沈約、鍾嶸等都有論述,劉勰在前人基礎上做了系統闡述。"凡聲有飛沈,響有雙叠,雙聲隔字而每舛,叠韻離句而必睽;沈則響發而斷,飛則聲揚不還:並轆轤交往,逆鱗相比,迂其際會,則往蹇來連,其爲疾病,亦文家之吃也。"①所有漢字的聲音可分爲飛揚和下沉兩種。都用下沉的音,詩歌音調顯得低沉,像斷了一樣;都用上揚的音,詩歌音調就飛揚不能轉折。兩者配合使用,就會像井上的轆轤那樣上下圓轉,像鱗片一樣緊密排列。要是配合不好,念起來就拗口,像口吃一樣。劉勰生活的時代,聲律論已提出,新詩體"永明體"也已經出現,人們認識到漢字語音方面的特點,提出"四聲八病"説,使詩歌在完全脱離音樂以後,依然能够體現出其固有的音樂美。劉勰的《聲律》論,正是在這一背景下產生的。

《吕氏春秋·音律》與《文心雕龍·聲律》論述側重點不同,《吕氏春秋》重在論述十二律的産生問題,對聲音如何配合使其具有音樂美未展開論述。到《文心雕龍·聲律》,則借鑒了音樂中的和諧理論,用於闡述語言的音韻美。《聲律》曰:"異音相從謂之和,同聲相應謂之韻。"和諧是聲律論最根本的問題,音樂美和語言的音韻美都要求和諧,"異音相從"的"和",就是"飛"與"沉"的字要配合使用,注意聲調的抑揚頓挫,這也是《吕氏春秋·適音》中所論聲音大小、清濁要適中的問題。二書最大的不同是,《吕氏春秋》論樂多從政治、時代、社會等外部環境着眼,《文心雕龍》雖然也看到了外部環境對文學的影響,但同時也從文學本身探討其規律。可以説,《文心雕龍·聲律》是將《吕氏春秋》中《音律》《適音》等篇的理論運用於文學創作,是對其進行的具體化探索和進一步發展。

(六) 關於養氣問題

"氣"是中國傳統文化中的重要範疇,儒家、道家、道教、中醫等理論中都對"氣"有論述。在中國古代,"氣"之含義大致有三:一是常識概念的氣,指一切氣體狀態的存在,如水氣、霧氣、雲氣、呼吸之氣等;二是哲學範疇的氣,指不依賴人的意識而構成一切感覺對象的客觀存在;三是廣泛意義上的氣,泛指任何現象,既包括物質現象,也包括精神現象②。由"氣"又產生了精氣、養氣、元氣等觀念。

《吕氏春秋》中提到"氣"近百次,多指上述第二、第三種含義。有時具有樸素唯物特點,如《先己》:"精氣日新,邪氣盡去,及其天年。此之謂真人。"③《達鬱》:"凡人三百六十節,九竅五藏六府。肌膚欲其比也,血脉欲其通也,筋骨欲其固也,心志欲其和也,精氣欲其行也,若此則

---

① 周振甫《文心雕龍注釋》,第364頁。
② 第環寧《"氣"文化與中國古典文藝美學》,《西北民族大學學報》2004年第6期。
③ 陳奇猷《吕氏春秋新校釋》,第146頁。

病無所居而惡無由生矣。病之留、惡之生也,精氣鬱也。"①這裏精氣都指人身體的一種健康狀態。有時論"氣"又玄虛高妙,帶有明顯的神秘色彩。如《盡數》:"精氣之集也,必有入也。集於羽鳥與爲飛揚,集於走獸與爲流行,集於珠玉與爲精朗,集於樹木與爲茂長,集於聖人與爲夐明。精氣之來也,因輕而揚之,因走而行之,因美而良之,因長而養之,因智而明之。"②《召類》:"類同相召,氣同則合,聲比則應。"③《圜道》:"精氣一上一下,圜周復雜,無所稽留,故曰天道圜。"④這些論述,開了中國古代天人感應說的先河。

"氣"也是《文心雕龍》討論最多的問題之一,全書對"氣"的論述有六十多處,布及多數篇章。其所論"氣"有時指作家的創作才氣,有時指作家、作品風格,有時指作家的精神世界。這裏重點討論《養氣》篇。較之《呂氏春秋》,《文心雕龍·養氣》所論"氣"要切實得多:

  凡童少鑒淺而志盛,長艾識堅而氣衰,志盛者思銳以勝勞,氣衰者慮密以傷神,斯實中人之常資,歲時之大較也。若夫器分有限,智用無涯,或慚鳧企鶴,瀝辭鐫思,於是精氣內銷,有似尾閭之波;神志外傷,同乎牛山之木……故宜從容率情,優柔適會。若銷鑠精膽,蹙迫和氣,秉牘以驅齡,灑翰以伐性,豈聖賢之素心,會文之直理哉!⑤

劉勰所論養氣就是保養精氣。劉勰主張,作家進入創作階段,應該精神飽滿旺盛,從容寬舒,不可過於苦心鑽礪而消耗精氣。他反對勞神苦思,嘔盡心血寫作,認爲用心過度,寫作過勞,就會損害精氣和身體。這與《呂氏春秋》的《先己》《達鬱》所論主旨一致。

較早提出養氣說且影響比較大的是孟子,"我善養吾浩然之氣"⑥。孟子所言養氣是指培養一種正義感,一種道德人格境界,強調平時的一言一動要合乎正義,長期這樣做,就可以培養一種反對不義的精神,遇到不義的人和事,這種精神自然就會表現出來,說話就理直氣壯。劉勰與孟子的養氣說形同實異,與《呂氏春秋》中的養生思想、精氣說則更爲接近。

劉勰的養氣理論雖然不能完全歸因於學習《呂氏春秋》,應該還受到其他著作的啓發,如劉勰在書中提到東漢王充就曾論述過養氣問題,曹丕著名的"文氣說"也應對其有影響。但《文心雕龍》與《呂氏春秋》的精氣理論有共同之處,劉勰吸取了《呂氏春秋》中的部分思想可以肯定。

---

① 陳奇猷《呂氏春秋新校釋》,第1382頁。
② 同上,第139頁。
③ 同上,第1369頁。
④ 同上,第174頁。
⑤ 周振甫《文心雕龍注釋》,第455頁。
⑥ 楊伯峻《孟子譯注》,中華書局1960年版,第62頁。

總之,《文心雕龍》除對《吕氏春秋》的内容、體例作了較高評價外,還直接運用了《吕氏春秋》的内容,對其思想理論也作了吸納與發展。《文心雕龍》借鑒了《吕氏春秋》全書以二字總括每篇内容的篇名擬定方式,有的篇名直接仿自《吕氏春秋》。就藝術起源問題言,《文心雕龍》明顯吸納了《吕氏春秋》,二書都主張藝術來源於道,來源於自然,都注意到人的情感對創作的影響。就藝術鑒賞言,二者都關注到審美主體、審美對象、審美標準問題。就文學的發展與政治的關係問題言,二者都論述了政治對文學的影響;就聲律問題言,《文心雕龍》的聲律論是《吕氏春秋》音律論在詩歌中的具體運用。就養氣問題言,《文心雕龍》的養氣説是《吕氏春秋》精氣説在文學創作中的具體實踐。同時,《文心雕龍》在《吕氏春秋》基礎上又有了發展,論述更加具體細緻,針對性更强。梳理《吕氏春秋》與《文心雕龍》之間有關文藝理論的相互關係,可以幫助我們更好地理解某些文論觀念的嬗變和理論淵源。

[作者簡介] 延娟芹(1973—),女,山西中陽人。文學博士,現爲華南師範大學文學院教授。主要從事先秦兩漢地域文學與先秦諸子學研究,著有《秦漢時期〈吕氏春秋〉接受研究》《地域文化背景下的秦文學研究》等,主持完成國家社科基金項目1項,發表論文20餘篇。

張載的理論建構及其道家觀念叢

陳鼓應

內容提要 宋代儒學發展並非如朱熹所塑造的單一化道統,而是新學、關學、洛學並盛;張載氣本論被程朱理學一派誤解並試圖將其邊緣化。這些都與史實不符,而朱熹這樣安排違背了孔子相容並蓄的開放心靈。張載以氣化宇宙論建立起儒家仁孝、誠信的形上根源,而其氣化論沿襲自先秦道家思想,對宋明儒學具有重要影響。更重要的是,他提出"民胞物與","爲天地立心,爲生民立命,爲往聖繼絶學,爲萬世開太平",凸顯了知識分子對國家、社會的責任感,與老子和孔子恢復天下有道的盼望遙相呼應。

關鍵詞 張載　氣化論　道家思想　《西銘》　民胞物與

中圖分類號 B2

前言:宋初開闊學風與儒道思想會通

長期以來,朱熹的"道統説""理本論"被後世研究者用來作爲理解北宋五子的基礎框架,《宋史·道學傳》也繼承了他的道統譜系①,但是這種虚構的看法並不符合歷史事實。北宋初

---

① 《宋史·道學傳》:"孔子没,曾子獨得其傳,傳之子思,以及孟子,孟子没而無傳。兩漢而下,儒者之論大道,察焉而弗精,語焉而弗詳,異端邪説起而乘之,幾至大壞。千有餘載,至宋中葉,周敦頤出於舂陵,乃得聖賢不傳之學,作《太極圖説》、《通書》,推明陰陽五行之理,命於天而性於人者,瞭若指掌。張載作《西銘》,又極言理一分殊之旨,然後道之大原出於天者,灼然而無疑焉。仁宗明道初年,程顥及弟頤寔生,及長,受業周氏,已乃擴大其所聞,表章《大學》、《中庸》二篇,與《語》、《孟》並行,於是上自帝王傳心之奥,下至初學入德之門。融會貫通,無復餘藴。迄宋南渡,新安朱熹得程氏正傳,其學加親切焉。大抵以格物致知爲先,明善誠身爲要,凡《詩》、《書》、六藝之文,與夫孔、孟之遺言,顛錯於秦火,支離於漢儒,幽沉於魏、晉六朝者,至是皆焕然而大明,秩然而各得其所。此宋儒之學所以度越諸子,而上接孟氏者歟。"脱脱等撰《宋史》卷四百二十七,北京中華書局 1985 年版,第 12709~12710 頁。

期的理論建構是否能簡化爲儒學一家獨大而排除道、佛等其他學派思想？北宋五子各具理論特色，理本論是否足以包羅收納他們的思想差異？

　　細察歷史文獻，北宋初期繼承了隋唐以來儒釋道會通的開闊學風①，北宋五子也受到這一學風的影響，思想多有吸收道家理論之處，並非僅僅是單一化的儒學思維。如周敦頤、邵雍的思想明顯受道教陳摶的影響②，而張載"太虛即氣"的主題思想則多有吸收莊子氣化論之處，而程顥人格風範及其詩文也頗具道家神采。唯有程頤可以算是理學派的代表。

　　所謂"慶曆之際，學統四起"（《宋元學案·序録》），但這一學術盛況却被南宋程朱學派有步驟地塑造成單一化的儒學傳承譜系。隨着港臺儒家一些學家將"道統説"和"理本論"意識形態化，更加使得上述單一化的知識視域得到進一步的鞏固。事實上，"道統説"是宋儒單一化思維所虛構③。錢穆曾經指出，"道統"源於禪宗④，方東美先生也曾嚴厲指出："我們千萬不能够憑藉狹隘的衛道精神，虛構一個不十分健全的道統觀念，讓他在那作祟！"⑤因此，我們應該依據歷史事實，恢復北宋學術"儒釋道會通"的原貌。

　　北宋五子中，張載的核心地位近年來日益受到關注⑥。張載之所以重要，在於其理論爲北宋儒學的氣化宇宙論奠定了基礎，並由宇宙論開出人生境界説，提出"民胞物與"。進一步而論，張載注重解釋心、性、命等重要範疇的意義，並由此來闡發儒家道德倫理的價值依據，而其立論主要是建立在"氣化論"之上。

　　氣化宇宙論貫穿了張載學説，而其心性論、境界論都與氣化有關。張載認爲宇宙之間充塞着氣，也就是説太虛之中本即是氣，氣的聚散促使萬物產生生滅變化。而心、性、命等意涵，

---

① 在北宋，三教並存是客觀的歷史事實。道教的《道藏》《雲笈七籤》、佛教的《大藏經》都刊刻於宋代，"北宋的時代思潮就是在三教並行及其相互吸取的基礎上展開的"。參馮達文、郭齊勇主編《新編中國哲學史》（下册），人民出版社 2004 年版，第 5～11 頁；李祥俊《道通於一：北宋哲學思潮研究》，北京師範大學出版社 2002 年版，第 37～76 頁。

② 陳寅恪先生早就注意到宋學與道教的關係，他説："凡新儒家之學説，似無不有道教或與道教有關之佛教爲之先導。"參見陳寅恪"審查報告三"，載馮友蘭《中國哲學史》下册。朱伯崑先生也認爲："陳摶的易學可以説是宋代易學哲學的先驅。"《易學哲學史》卷二，昆侖出版社 2005 年版。

③ 嚴格來説，朱熹的道統説上接韓愈，韓愈在《原道》中排佛並宣揚儒家之道："不塞不流，不止不行。人其人，火其書，廬其居，明先王之道以道之，鰥寡孤獨廢疾者，有養也，其亦庶乎其可也。"正如馮友蘭所言："自韓愈提出'道'字，又爲道統之説。此説孟子本已略言之，經韓愈提倡，宋明道學家皆持之，而道學亦遂爲宋明新儒學之新名。由此三點言之，韓愈實可爲宋明道學家之先河。"馮友蘭《中國哲學史》下册。

④ 參見錢穆《中國學術思想史論叢》（五），安徽教育出版社 2004 年版。

⑤ 方東美《方東美先生演講集》，北京中華書局 2013 年版。

⑥ 如方東美《新儒家哲學十八講》，北京中華書局 2012 年版，第 264 頁；余敦康《中國哲學的起源與目標》，首都師範大學出版社 2016 年版，第 196 頁；楊立華《中國哲學十五講》，北京大學出版社 2019 年版，第 204 頁。

也離不開氣。总之,張載的氣化宇宙論,以及由此衍生出的心性論和境界論,對宋代儒學形上學的建構深具貢獻。然而,因其氣化論與朱熹的理本論脉絡兩相對立,因此朱熹便弱化了張載氣化論在宋代儒學的地位。

從歷史典籍文獻來看,宋明儒學有理學派與氣學派兩條主綫,程頤、朱熹一派爲理學,張載、王夫之一派爲氣學。因此,研究北宋五子應該超越"理本論"的框架,正視儒學氣化論一派,並考慮到儒學對道家或佛學的吸收。

從張載思想原著中,我發現張載對老莊哲學進行了創造性轉化。例如,莊子哲學内容極其豐富,舉其大者,主要包含心學、氣論和天人合一的境界①。而張載哲學涵蓋氣化宇宙論、"大其心"的心性學説、民胞物與的境界論,與莊子哲學的結構頗爲類似。首先,他提出"太虚即氣""有無混一之常""一物兩體"等命題,闡發了作爲中國哲學之主流的氣化宇宙論。其次,在心性論上,他創造性地提出"大其心,則能體天下之物""心統性情""有性則有情"等重要哲學命題。最後,他融合哲學的道家和文化的儒家,提出影響深遠的"民胞物與"説。下面將順着這三個角度來考察張載理論對道家思想的繼承與轉化,挖掘張載理論中的道家因素,並還原張載在宋明儒學的重要地位。

一、張載的氣化宇宙論

張載的理論建構以"氣"爲主軸,主要依循莊子的氣化論而來,而其由氣化宇宙論所展開的觀念叢,也與老子、莊子思想有着密切的聯繫。以下先簡要回顧中國氣化宇宙論。

氣化宇宙論是中國哲學史上的一條洪流,以"氣"談天地的淵源甚早,如西周太史伯陽父説:"天地之氣,不失其序",並用陰陽之氣失序解釋地震。(《國語·周語》)直到老子始將"氣"的概念哲學化,如《老子》四十二章:"道生一,一生二,二生三,三生萬物。萬物負陰而抱陽,冲氣以爲和。"這裏談宇宙的演化、生成,以爲萬物含有陰陽之氣,實已隱含氣化説,而老子隱含性的氣化宇宙觀點在莊子與黃老學脉中得到了具體而充實的發展。

莊子在老子宇宙生成論的架構下,凸出"氣"與萬物生成消散的關係,如《莊子·至樂》言:"雜乎芒芴之間,變而有氣,氣變而有形,形變而有生。"《則陽》曰:"是故天地者,形之大者也;陰陽者,氣之大者也;道者爲之公。"《知北遊》云:"人之生,氣之聚也,聚則爲生,散則爲死。……故曰:'通天下一氣耳。'聖人故貴一。"莊子認爲氣充塞於天地之間,以爲氣聚而有個體生命的産生。莊子以"氣"解釋萬物生成、變化、消散的説法,並總結具有生成變化能力的"氣"乃通天下之"一氣",創立氣化宇宙論的雛形。

---

① 陳鼓應《道家在先秦哲學史上的主幹地位》,《道家文化研究》第十輯,上海古籍出版社 1996 年版,第 30~42 頁。

《管子》四篇《心術》上下、《內業》、《白心》屬於黃老之學的作品，其說主要以心本論、心氣說爲核心，並發揚精氣論，成爲稷下學宮的突出貢獻。《管子·內業》："凡人之生也，天出其精，地出其形，合此以爲人。"又說："精也者，氣之精者也。"這裏用精氣說明道如何生化萬物，而精氣是氣最精粹者，是聯繫形上之道與形下之萬物者。《管子》中的"氣"有自然之氣與社會屬性，如陰陽、雲氣、風等爲自然之氣，精神、信念、智慧等爲社會屬性，《管子》以氣統攝自然生命與道德生命，因此氣與身、心、道、仁義等都能聯繫起來，可以由治氣、治心進而治國。而孟子提出"浩然之氣"，宣稱"氣，體之充也"(《公孫丑上》)，其所謂氣是指構成身體者，是從道德屬性言氣，可能受到稷下學宮的影響①。

　　可以說，氣化宇宙論是由戰國中晚期至整個漢代流行的黃老道家之特色。《淮南子》提出關於氣較詳細的理論，如"道始於虛霩，虛霩生宇宙。宇宙生氣，氣有涯垠"(《天文訓》)。這裏以"道"爲天地萬物的根源，並以陰陽之氣解釋萬物的生滅變化，不論是天體和氣候的變化，還是萬物的多樣性，都是由陰氣和陽氣的輕濁差異而來，而人也是陰陽二氣所構成。

　　到了北宋，張載除了繼承道家氣化說之外，也對"氣"的觀念有新發展。和《淮南子》認爲氣出於虛而虛非即氣不同，張載把氣與虛統一起來，建立比較明確的氣一元論②。張載的氣化宇宙觀與道家關聯頗深，其"太虛即氣"之說，源自莊子；"有無混一之常"，與《老子》四十章"天下之物生於有、生於無"之義合；"一物兩體"和"神化說"繼承了老子宇宙運行不息的思想。以下分述之。

(一) "太虛即氣"源自莊子

　　張載提出"太虛即氣"，以"太虛"作爲形上思想的最上層義，亦爲"氣"之本體③。就概念源流來說，"太虛"一詞出於道家，見於《莊子·知北遊》"不過乎崑崙，不遊於太虛"。此後，"太虛"一詞成爲道家、道教、玄學經常使用的術語，涵義有二：一指虛空；另一指世界的本原，即太極。張載將這兩種涵義糅合在一起，認爲作爲世界本原的氣，充滿廣大虛空，但其本性則清虛而無形④。

　　張載說"太虛即氣"，"太虛不能無氣，氣不能不聚而爲萬物，萬物不能不散爲太虛"，而後歸結爲"太虛無形，氣之本體；其聚其散，變化之客形耳"(《正蒙·太和》)。張載的"太虛"雖看

---

① 《孟子》的內容從與《管子》的關聯來看，是吸收了黃老道家的內容。參見[日] 小野澤精一等《氣的思想》，上海人民出版社2014年版，第55頁。
② 本段綜合張岱年《中國古典哲學概念範疇要論》(中華書局2017年版，第35～45頁)、小野澤精一等《氣的思想》(第225頁)和曾春海《中國哲學概論》(吉林出版公司2009年版，第50～57頁)、張麗珠《中國哲學史三十講》(臺北里仁書局2017年版，第120～124頁)相關論述。
③ 詳細論述請參考高懷民《宋元明易學史》，廣西師範大學出版社2007年版，第29～32頁。
④ 參看朱伯崑《易學哲學史》卷二，第347～348頁。

不見,但不是什麽都沒有,其中藴含着"氣",氣的聚散變化形構世間萬有,一切存在都是由氣的變化而來。以此,張載將"氣"指稱爲宇宙萬物生化的本原。

張載以氣之聚散來解釋萬物之生成與消散,有着顯著的莊子哲學影響的印迹。《莊子·知北遊》:"人之生,氣之聚也,聚則爲生,散則爲死。……故曰:'通天下一氣耳。'"此即隱含有氣爲萬物本原之義,只是在《莊子》,道與氣關係不明,直至張載明白地將道與氣化相互解釋。

另外,張載又以"太和"言道,説:"太和所謂道,中涵浮沉、升降、動静、相感之性,是生絪緼、相蕩、勝負、屈伸之始。"(《正蒙·太和》)所謂"太和"實即"太虚",亦是指氣化整體而言。張載哲學中的"太和",取意於《莊子》的痕迹比取意於《易傳》更明顯。《易·乾·彖》"保合太和",其意謂純陽剛健,從這種本意中,或可引申出陽剛、陰順的結論,但不像《莊子》那樣明顯。《莊子》講"太和",明顯以一清一濁的陰陽調和爲義,張載的"太和"也同樣包含浮沉、升降、動静、相感之性①。

(二)"有無混一之常"合於老學原旨

張載還提出"有無混一之常"的重要命題,《正蒙·太和》曰:"知虚空即氣,則有無、隱顯、神化、性命通一無二,顧聚散、出入、形不形,能推本所從來,則深於《易》者也。若謂虚能生氣,則虚無窮,氣有限,體用殊絶,入老氏'有生於無'自然之論,不識所謂有無混一之常。"

根據這段文本,張載認爲虚空中充滿了氣,虚空無限,氣亦無限。如果以氣爲虚空所生,那麽氣則成爲有限之物,此是將體用割裂,即以無限爲體,以有限爲用②。這裏張載對老子的批評,其實是在批評"有生於無"割裂了"有"與"無"的關係,因而無法解釋如何從無窮之"虚"産生個别具體之"有"。在張載看來,"無""有"只是氣之聚散的兩種狀態,"有"指氣聚而成具體之物,"無"指氣散而歸於無形之氣。萬物的根源並非不可捉摸的"無",而是作爲聚散之根本的"氣"。張載想建構一種不同於"有生於無"説的"氣一元論"。

然而,儘管張載極力批評老子的"有生於無"之説,其所批評者,却是魏晉以來誤解老子"有生於無"爲虚無生萬物的説法。張載所提倡的觀點:"無"爲"無形"而非"虚無",却正是《老子》之原旨。

"有生於無"出自通行本《老子》第四十章"天下萬物生於有,有生於無"。《老子》四十二章接着説:"道生一,一生二,二生三,三生萬物。"據此,"無"指"道",而"有"則包含"一""二""三"之内涵。"無"既然指"道",則在《老子》就不是什麽都没有的無,而藴含了萬物的生命力。此外,前引通行本第四十章,郭店簡本爲"天下之物,生於有、生於無"。從老子整體思想來看,當以簡本爲是;通行本"有生於無"的命題,疑爲後出。

---

① 詳細論述請見盧國龍《宋儒微言》,華夏出版社 2001 年版,第 278~279 頁。
② 參看朱伯崑《易學哲學史》卷二,第 316~317 頁。

(三)"一物兩體"承自老子"有無相生"的辯證思維

張載在《正蒙·太和》提出"有無混一之常"的重要命題之後,又在《正蒙·參兩》中稱説"一物兩體,氣也";在《横渠易説·説卦》中提出"一物兩體者,氣也","一物兩體者,其太極之謂歟"。這是以"一物兩體"爲太極。體,指體質;兩體,意謂兼有對立的兩方面①。

張載認爲,天之所以能夠造化萬物,道之所以會運行不止,其根源就在於"氣"自身是一個對立面的統一體。其對立的兩個方面:"陰陽""動静""屈伸""聚散""虚實""清濁"等互相作用,"推行於一",推動了整個宇宙"無有終始首尾",運行不息。

張載"一物兩體"之説,闡明了作爲世界本原的氣或者説"太極"同時兼有既對立又統一的兩面,"一故神,兩故化",太極是陰陽未分之"一",却中涵陰陽兩體,因而具有運動變化的内在性能,張載説:"太虚不能無氣,氣不能不聚而爲萬物,萬物不能不散而爲太虚。循是出入,是皆不得已而然也。"這是在説運動變化的永恒性。

最早賦予宇宙運動變化永恒不息意義的是老子,老子説"(道)虚而不屈,動而愈出","道獨立而不改,周行而不殆",並認爲此運動變化乃是自然而然發生,背後没有更高推動力。老子第六章説:"谷神不死,是謂玄牝。玄牝之門,是謂天地根。"認爲創生宇宙萬物的唯一動力和根源就是道。神指向道創生萬物的神妙作用。這種起始於老子的本體創造層面的理論建構,儒家直到張載才建構完成。

張載説"不有兩則無一","乾坤毁則無以見易","兩"的存在是絶對的、普遍的。從無感無形的宇宙本體到"客感客形"的天地人物,處處都是"對"或者"兩"。這很明顯與老子的思想觀念相符。

但是張載强調"兩"却是爲了進一步肯定"一"。張載説:"兩不立,則一不可見;一不可見,則兩之用息。"如果没有對立面,就不能構成統一體;反之,如果没有統一體,對立面就失去了互相聯繫、共同依存的根據,也就失去了對立面的作用。"兩"之間的對立作用,主要表現爲"相蕩""相揉""相兼""相制""互藏"而相互"合異"。"兩"之所以能"感"而"合異",歸根結底還是由"湛一,氣之本"(《正蒙·誠明》)這個宇宙統一體所決定的②。

由上可見,張載"太虚即氣"源自莊子,而"有無混一之常""一物兩體"的重要命題,源於老子學脉。

二、心性學説:"心統性情"

人性論是中國哲學的重要議題之一,由先秦諸子開其端,大體可分爲兩條主綫:一屬自

---

① 朱伯崑《易學哲學史》卷二,第332頁。
② 參考陳俊民《張載哲學思想及關學學派》,人民出版社1986年版,第119~120頁。

然質性者,如道家、道教;另一屬道德價值者,如儒家。這兩條主綫歷來是思想家談論人性的焦點,並對其有所發展。漢儒多持自然質性及爲政施教的觀點,即氣以言性,並將人性分品級,作爲選舉任官的依據;到了魏晉,自然質性與道德價值之性的討論更發展成"才性之辨",人性論成爲重要的哲學論辯議題。

宋初各學派並起,王安石"新學"引領風潮,錢穆更指出荆公心性之學於宋代學術思想之演進具有重大意義①。王安石尤其對心性之學有獨特見解,時人言:"自王氏之學興,士大夫非道德性命不談。"②王安石人性論,可説是圍繞着孟子性善説而發,有贊同亦有批評。王安石一生不斷在人性善惡的争論上辯證,其人性論包含性善、性有善有惡、性無善無惡三部分,主張"性情一也",而蘇軾的人性論兼有自然質性與道德價值之性。王安石與蘇軾的人性觀點與性情説兼采各家之説,接續莊子"性情不離"觀點,而未偏於一方。

張載的心統性情説,綜合原始儒家道德價值之性與道家自然質性,兼有儒家與道家脈絡。一方面,在心、性、情關係上,張載總結性地提出"心統性情"(《性理拾遺》)的命題。朱熹對此高度評價,他説:"横渠云'心統性情者也',此語極佳","惟心無對,'心統性情',二程却無一句似此切","性、情、心,惟孟子、横渠説得好。仁是性,惻隱是情,須從心上發出來"(《朱子語類》卷五)。另一方面,"大其心則能體天下之物"是理解張載哲學的鑰匙。馮友蘭先生認爲:"大其心"是張載的哲學方法,也是他的修養方法;"其"是指做修養功夫的人;《西銘》講的民胞物與,是"體天下之物"的注解③。

要言之,張載的人性論多有吸收先秦道家之處,"大心"概念出自先秦道家原典,"天地之性"和"氣質之性"的表述吸收道教張伯端之説,並傳承莊子"性情不離"的命題。以下分别討論張載哲學中的"心""性""情",提示其與道家哲學的關聯。

(一)"無心""虚心""大心"承自老莊

追溯"心"在原始儒、道的演變,《論語》談到"心"只有 6 處,《老子》談到"心"也只有 10 處。在《論語》《老子》中,"心"的範疇並未形成獨立的議題。到了戰國中期的孟莊時代,心由隱含性的題材發展爲顯題化的哲學議題。"心"在《孟子》中出現 120 次,在《莊子》中則出現 187 次。以孟、莊爲代表的儒道兩家,皆專注於主體修心、養性、持志、藴氣的工夫實踐。但在工夫修爲上,孟子所呈現的倫理特色與莊子所呈現的藝術精神④,正反映出儒道兩家在"道德境界"與"天地境界"的不同⑤。

---

① 錢穆《宋明理學概述》,臺北中國文化大學出版社 1980 年版,第 15 頁。
② 黄宗羲、全祖望《宋元學案》第四册,卷 100,第 3322 頁。
③ 馮友蘭《中國哲學史新編》(下),人民出版社 2007 年版,第 132、171、134 頁。
④ 陳鼓應《莊子人性論》,北京中華書局 2017 年版,第 7 頁。
⑤ 借用馮友蘭先生的説法。馮先生在《新原人》中提出人生的境界可分爲四種:自然境界、功利境界、道德境界、天地境界。

張載的"無心""虛心""大心"之説，對道家多所借鑒。其一，張載説"人本無心，因物爲心"（《張子語録下》），繼承自《老子》"聖人常無心，以百姓心爲心"（第四十九章）。其二，張載接受老莊"成心"與"虛心"之區分。《莊子·齊物論》中的"成心"是指個人的偏見，張載以爲"成心"爲"私意"，"成心忘，然後可與進於道"，"化則無成心矣"，"無成心，時中而已矣"（《正蒙·大心》），都是説成心除然後能合天心。與成心相反的是"虛心"，虛心也是合天心的工夫，"心虛則公平，公平則是非皎然易見，當爲不當爲之事情自知"（《經學理窟·學大原上》）。心若不存偏見，則能虛心而體察天心，對世間是非則能了然於心。其三，張載的"大其心則能體天下之物"，繼承自《管子·内業》所言"大心而放，寬氣而廣"的思想。

方東美先生精當地指出，張載的"大心"，就是道家的"公心"。張載爲宋代思想找到了主腦，這個主腦在生命的體驗，以心爲中心而"大其心"，然後才把這"心"的來源追溯到"天"，所謂掌握了"天心"，才可以瞭解這世界一切的一切①。

張載的"無心""虛心""大心"與道家思想相通，都是一種開闊的心胸、開放的心靈，因爲無成心偏見的執着，心靈始終保持虛静、開放，因而能涵容天下萬物，進而能體察民心，達到民胞物與的境界。

（二）"天地之性"與"氣質之性"二分，是轉化張伯端之説而來

就"性"而言，張載認爲"性"兼具"有無虛實"，包含人倫與自然兩個層面，如謂："有無虛實通爲一物者，性也"（《正蒙·乾稱》），"仁義理智，人之道也，亦可謂性"（《張子語録中》），"飲食男女，皆性也"（《横渠易説·繫辭上》）。可見張載認爲人性中有自然質性與道德價值之性兩個層面。

張載還提出"天地之性"和"氣質之性"之説，曰："形而後有氣質之性，善反之，則天地之性存焉。故氣質之性，君子有弗性者焉。"（《正蒙·誠明》）他認爲人性由氣構成，但有兩重性：一是由氣的清虛本性形成的道德本能，一是由氣之陰陽形成的生理和心理的性能，此即"合虛與氣，有性之名"（《正蒙·太和》）②。

張載對"天地之性"和"氣質之性"的表述，是對道教張伯端内丹學説的創造性轉化。先秦儒家並没有"氣質之性"的觀念。儘管朱熹曾説："氣質之説起於張、程，極有功于聖門，有補于後學，前人未經説到。"③然朱熹此説與歷史事實不符，事實上張伯端已有此説④。

稍長於張載（1020—1077）的張伯端（約983—1082），曾系統論述"先天之性"（天地之性）

---

① 方東美《新儒家哲學十八講》，第83、277~278頁。
② 參看朱伯崑《易學哲學史》卷二，第346頁。
③ 張立文主編《儒學精華》（中），北京出版社1995年版，第1098頁。
④ 據此，錢穆也指出："宋儒亦知他們所説與先秦孔孟有異。"錢穆《中國思想史》，九州出版社2012年版，第181頁。

和"氣質之性"。張伯端説:"夫神者,有元神焉,有欲神焉。元神者,乃先天以來一點靈光也。欲神者,氣質之性也。元神者,先天之性也。形而後有氣質之性,善返之,則天地之性存焉。"①老子主張道生萬物,則萬物都有得道成仙的可能性。但是人在成形以前有虚静靈妙的本性,成形以後却喪失了這種道性。那麽喪失了虚静道性後成爲一種什麽樣的性呢?張伯端認爲就是氣質之性。人的精神有兩種,一是元神,一是欲神。欲神,就是氣質之性,這是在父母構我形體之時就形成的;元神則是先天以來一點靈氣,是先天之性,這是將要出生的時候才進入我的身體的。而張載本人研習道教多年後才返歸六經,對此理論應當非常熟悉。張載雙重人性論的具體文字,與張伯端高度相似。

張伯端區分先天之性、氣質之性,是爲了展開對元神、欲神的論述。此外,他還使用了先天氣、後天氣,元精、後天精等兩兩相對的概念,用以論述如何通過後天精、氣、神的修煉以返歸先天本元②。這和張載在修爲方法上的主張一致:"爲學大益,在自求變化氣質。"(《經學理窟·義理》)張載認爲要通過學習,克服氣質的偏差,復歸天地之性。

李申曾指出,"氣質之性"恰恰是道教煉養理論順理成章發展的結果。起初,方士們說的仙人是肉體不朽且能飛升變化之人。當這種修仙目標可望不可即時,金丹派和服氣派又希望通過服食、攝取元氣,使自己變成元氣,以達到不死不朽的目的。當這種願望也實現不了時,實際的物質修煉過程就轉爲了心性修養。張伯端更是明確説,只要能"明心見性",即使不加修煉,也能頓超彼岸、得道成仙。這樣,原本的復歸元氣修煉理論,也變成了僅僅只是復歸元性而已③。

由上可見,張載"天地之性""氣質之性"的概念體系和"變化氣質"的修爲方法,是對張伯端等人道教內丹修煉學説的創造性轉化。

(三)"心統性情"呼應莊子"性情不離"

"心統性情"是張載提出的重要命題,其言"心統性情者也。有形則有體,有性則有情。發於性則見於情"(《性理拾遺》),認爲情根源於性,是性之發動顯露於外的表現。在解釋《周易·乾·文言》"利貞者,性情也"時,張載説:"情盡在氣之外,其發見莫非性之自然,快利盡性,所以神也。情則是實事,喜怒哀樂之謂也,欲喜者如此喜之,欲怒者如此怒之,欲哀欲樂者如此樂之哀之,莫非性中發出實事也"(《橫渠易説》),認爲情是性的自然發顯,是性中發出的實事,性和情是一致的④。張載的觀點和《莊子》的"性情不離"觀遙相呼應。

在中國哲學史上,"情"的概念及其論題之被顯題化始於《莊子》。《莊子》中"情性"並舉,

---

① 張伯端撰,王沐淺解《悟真篇淺解》,北京中華書局 1990 年版,第 230~231 頁。
② 參看張廣保《道家、道教哲學與北宋儒學的復興》,陳鼓應主編《道家文化研究》第二十六輯,生活·讀書·新知三聯書店 2012 年版。
③ 李申《氣質之性源於道教説》,陳鼓應主編《道家文化研究》第五輯,上海古籍出版社 1994 年版。
④ 參看楊立華《氣本與神化:張載哲學述論》,北京大學出版社 2008 年版,第 117 頁。

多達15處。且在"性情""情性"等複合詞的使用中，不斷地發出"反其性情""反汝情性"的呼聲。真情的流露，即是本性的回歸，這是《莊子》人性論中最感人之處①。

後來魏晉玄學對莊子性情説多所發展，"聖人究竟有情還是無情"成爲清談論辯的重要論題。王弼認爲聖人與凡人一樣皆有情，但是聖人能够"性其情"，有情却不陷溺於主觀情感之中，再如竹林七賢王戎更説"聖人忘情，最下不及情，情之所鍾，正在我輩"（《世説新語·傷逝》），重視人性中情感的表露。宋代王安石認爲："喜、怒、哀、樂、好、惡、欲未發於外而存於心，性也；喜、怒、哀、樂、好、惡、欲發於外而見於行，情也。性者情之本，情者性之用，故吾曰性情一也。"（《性情》）而蘇軾的人性論兼有自然質性與道德價值之性，認爲情是性的一部分："情者，性之動也，溯而上，至於命，沿而下，至於情，無非性者。性之與情，非有善惡之别也，方其散而有爲，則謂之情耳；命之與性，非有天人之辨也，至其一而無我，則謂之命耳。"（《東坡易傳》）以上都是對《莊子》情性觀點的繼承與發展。

莊子"性情不離"的重要命題，與程朱學派揚性抑情而導致情性割裂的偏頗學説形成鮮明對比。程朱理學在理氣二元論的理論架構下，提出"存天理，滅人欲"的主張，産生"尊性黜情"的嚴重後果②。與程朱理學泯滅"情"的人性論功用不同，北宋的張載、王安石和蘇軾等思想家，傳承《莊子》"性情不離"的議題，爲"情"營造出積極而豐滿的話語空間。

要言之，人性論由心性論和情性論組成。若僅有心性論而欠缺情性論，則人性論未能完足，如同生命中欠缺血氣活力而衰變成爲乾枯的生命。就個體生命而言，情是源頭活水，是生命創造的潛能與動力。若人性論只局限於心性而不及情，就成了殘缺的人性論③。就此而言，張載的"心統性情"説傳承了《莊子》的"性情不離"觀，比較健全。

三、"民胞物與"：融合儒道的境界論

《西銘》一文結合了哲學的道家和文化的儒家，把宇宙論貫徹到人生論，成爲張載思想的縮影，體現出萬物一體的境界。這種境界實際上源自莊學，其社會倫理價值則繼承先秦儒家。考察《西銘》"萬物一體"思想，取法《莊子》頗深。如錢穆言："周（敦頤）始直觀宇宙大化而言萬物一體……然《西銘》大理論，只説萬物一體，其實此論並非儒家言。"④

首先，張載在《西銘》中，將創生宇宙萬物的根源比喻爲人之父母，開篇言"乾稱父，坤稱母"，這是繼承了《老子》"道生之，德畜之"（第五十一章）、《莊子》"天地者，萬物之父母也"（《達

---

① 陳鼓應《莊子人性論》，第100頁。
② 張麗珠《中國哲學史三十講》，第48頁。
③ 陳鼓應《莊子人性論》，第97～98頁。
④ 錢穆《中國學術思想史論叢》（五），第65頁。

生》),以及戰國晚期《易傳》"乾,天也,故稱乎父;坤,地也,故稱乎母"(《説卦傳》)等説法。之所以會言乾坤是父母,是因爲張載認爲氣的凝聚而使萬物有了形體、賦予生命。乾坤代表的是陰陽二氣,故而言乾坤爲父母,其實便是説陰陽是萬物的父母,這即是《莊子》所言"陰陽於人,不翅於父母"(《大宗師》)。

　　錢穆闡釋《西銘》時指出:"人生從宇宙來。譬諸家庭,宇宙是父母,人生是子女。橫渠把先儒的孝悌之道推擴到全宇宙,把人生論貫徹到宇宙論,這是《西銘》宗旨。"①《西銘》是順着氣化論講"民胞物與"、一本萬殊的:"天地之塞,吾其體;天地之帥,吾其性。"②前半句是説充滿了天地之間的氣是構成人身體的東西,後半句是説氣的本性即天地之間的領導因素,就是人的本性。正因爲天地萬物皆由一氣所構成,而"一氣"的概念源於莊子《大宗師》和《知北遊》篇,所以張載提出"民,吾同胞;物,吾與也"的視萬物爲一體的觀點,正與莊學的精神相符合。

　　《莊子·齊物論》首次提出萬物一體的觀點,曰:"道行之而成,物謂之而然……物固有所然,物固有所可;無物不然,無物不可……恢恑憰怪,道通爲一……凡物無成與毀,復通爲一。"從"道"的角度看,萬物都有它是、可的道理,也都有它不是、不可的道理。舉凡一切東西,從道的角度來看,都可以通而爲一。莊子認爲:"人之生,氣之聚也;聚則爲生,散則爲死。若死生爲徒,吾又何患! 故萬物一也。"(《知北遊》)人的形體、生命都是氣所產生的,氣的集聚產生了生命,消散則生命消失,因此,死生不過是氣的變化,從這個角度而言,則"萬物一也"。正因爲抱着這種"道通爲一"的觀點,莊子做出了"天地與我並生,萬物與我爲一"(《齊物論》)的結論。

　　這種"與萬物爲一"的觀點是孔孟儒家所没有的。孔子言:"鳥獸不可與同群"(《論語·微子》),孟子則區分人禽之别。可見張載"民胞物與"的觀點,實淵源於莊學,而非孔孟之學。對此,錢穆分析道:程門説《西銘》詳説人生與物同體之理。其實先秦儒並無此説。孟子只主張推擴人類之同情心,並不言萬物一體。孔子言仁,亦指人心言,亦不是説萬物一體。莊周始直觀宇宙大化言萬物一體。惠施則從分析名言所指異同歸納到萬物一體③。

　　而就《西銘》後半部分的文本("大君者,吾父母宗子;其大臣,宗子之家相"等)來看,張載在社會制度上傾向於"宗法制度",而在倫理價值取向上則強調"仁""孝",這正是孔孟儒學所強調的觀點。張載從老莊道家中提取哲學資源,正是因爲孔孟專就人類的仁孝之心來建立人倫規範,由此區分人與其他萬物之别,却未言及宇宙論的相關問題。因此,張載不得不透過老莊道家的宇宙大化觀來建構儒學的宇宙論,替儒學建立起"萬物一體"的境界哲學。

---

① 錢穆《中國思想史》,第182頁。
② 參看中國科學院哲學研究所中國哲學史組編《中國哲學史資料選輯(宋元明之部)》,中華書局1962年版,第119頁。另外《孟子·公孫丑上》亦有:"夫志,氣之帥也;氣,體之充也。"
③ 錢穆《中國思想史》,第182頁。又可參看錢穆《中國學術思想史論叢》(五),第61~62頁。

結　　論

　　本文之作希望能唤起學術界重新思考宋代儒學，引起對宋代氣本論的重視，並正視張載對宋代儒學形上學的建構乃藉助於先秦道家的老莊思想。

　　張載爲儒家氣化宇宙論奠定了基礎，而張載的氣化論沿襲自道家思想。氣化宇宙論貫穿了張載理論建構，其心性論、境界論都與"氣"息息相關：首先是從氣化到心性論，張載以宇宙萬物的生成變化爲基礎，轉入人的道德價值爲學説重點，這在《誠明》中非常明顯，他説："天所以長久不已之道，乃所謂誠。仁人孝子所以事天誠身，不過不已於仁孝而已。故君子誠之爲貴。"（《正蒙·誠明》）張載以天運行長久之道比喻君子應行仁孝，這就是誠，就是有始有終。其次，從氣化到境界論：因爲人與宇宙萬物有共同本源"氣"，這是人與宇宙萬物的共通點，推出萬物一體；而大其心能體天下之物，善於體察萬物，體認天道，這樣才能進一步達到民胞物與的境界。可以説，張載以氣化宇宙論建立起儒家仁孝、誠信的形上根源，吸收道家思想爲儒家道德價值建立形上理論根據①。

　　經由以上討論，可知宋代儒學發展並非如朱熹所塑造的單一化道統，事實上是新學、關學、洛學並盛；而張載氣本論還被程朱理學一派誤解，試圖將氣本論邊緣化。這些都與歷史事實不符，而朱熹這樣的安排違背了孔子相容並蓄的開放心靈。先秦時代的孔子爲知禮求道而多次問學於老子，張載爲了替儒家建立宇宙論與萬物一體的境界哲學，吸收並轉化道家哲學。首先，張載提出"太虛即氣""有無混一之常""一物兩體"等命題，建立儒學氣化宇宙論。其次，在心性論上，張載承襲張伯端之説，創造性地提出"大其心，則能體天下之物"，"心統性情"，"有性則有情"等重要哲學命題。最後，融合哲學的道家和文化的儒家，提出"民胞物與"説，以上都可以看出張載理論建構中道家思想的因素。可以説，若把《易》《老》《莊》三玄思想抽離出來，則張載理論架構無從建立。

　　後來二程更對老莊思想與張載哲學多有所吸收，由此可見張載對於宋代儒學的重要性。首先，張載提出的"太虛即氣""造化生氣""一物兩體""物無孤立之理""萬物一體"等哲學命題，啓發和影響了二程哲學，張載提出的一些命題，經二程的擴充、發展，成爲理學思想體系的

---

① 馮達文認爲："張載借氣化論來論證道德信仰的普通性，明顯地見之於他的《正蒙》一書的整體結構中。《正蒙》一書之前五篇，均主要地致力於討論宇宙生化及其規則，然第六篇《誠明篇》之後，才轉入以探究成德論依據、認知方式以及社會事理爲主。"參見馮達文《重評張載由氣化論證立的成德論》，李志剛、馮達文主編《從歷史中提取智慧》，成都：巴蜀書社 2005 年版。

最基本的、最重要的命題①。其次,張載氣化宇宙論下開宋明以後儒學的氣論一派,王廷相、羅欽順、黄宗羲、王夫之、戴震等,皆接續張載的氣化宇宙論主張而有所補充,將"氣"當作宇宙萬物的本原或本體,而"氣"的作用形構宇宙世間一切,並由此展開成德之教,由此可見張載氣化宇宙論在宋明儒學的重要性②。

更重要的是,張載的"民胞物與","爲天地立心,爲生民立命,爲往聖繼絶學,爲萬世開太平"(《横渠語録》),凸顯了知識分子對國家、社會的責任感,與老子和孔子恢復天下有道的盼望遥相呼應③。

[作者簡介] 陳鼓應(1935—),男,福建長汀人。臺灣大學哲學系及哲學研究所畢業,歷任臺灣大學哲學系教授、北京大學哲學系人文講席教授等。主編《道家文化研究》,著有《悲劇哲學家尼采》《尼采新論》《莊子哲學》《老子注譯及評介》《莊子今注今譯》《黄帝四經今注今譯》《老莊新論》《易傳與道家思想》《道家易學建構》《管子四篇詮釋》《耶穌新畫像》《道家的人文精神》等。

---

① 侯外廬認爲:很難看出張載對二程的因襲之處,相反,"二程從張載那裏吸取了不少東西"。參看方光華《張載與二程的學術交往》,《中國社會科學報》2018年1月5日。
② 參看林樂昌《張載理觀探微——兼論朱熹理氣觀與張載虚氣觀的關係問題》,《哲學研究》2005年第8期。
③ 參看林樂昌《爲天地立心——張載"四爲句"新釋》,《哲學研究》2009年第5期。

"各正性命"與人的自由

——從陳贇《自由之思：〈莊子·逍遙遊〉的闡釋》出發

單珂瑶　張昭煒

內容提要　陳贇《自由之思：〈莊子·逍遙遊〉的闡釋》以"自由"解讀"逍遙"，解答了主體如何觸及"人能"與"天道"間的畛域，最大化實現自我，成爲自由主體的問題。在這條自由之路中，主體以氣化的動態世界爲活動背景，以"天地之正"爲形而上學根據，通過"各正其命"的工夫，抵達"天道"與"人道"間的"邊際界限"，此之謂"自化"。聖人在"自化"過程中不僅實現了自身，並且通過"治天下"的方式，影響並啓發其他主體的"自化"進程，此之謂"化他"，這一活動在人間社會中表現爲"外王"。主體由"自化"而始，進而帶動整個人間社會開啓"正命"，最終使萬物在"各正其命"中觸碰到"之間界限"。這對於主體自身來說，彰顯着通往"逍遙"的成長路徑；對於社會整體來說，意味着倫常秩序的確立。

關鍵詞　《自由之思》《逍遙遊》　自由　自化　化他

中圖分類號　B2

《莊子》成書於先秦，但直至今日仍產生着巨大影響，書中涉及的諸多問題置於當今社會背景下，仍舊具有重新思考和深入挖掘的價值。陳贇結合《莊子》首章《逍遙遊》來談論"自由"，實際上是通過分析鯤鵬這一隱喻，揭示主體權能最大化的實現路徑與意義，並將其歸入以下論題：人如何在最大限度上踐行人道，成爲真正的人。

在此前的學術成果中，陳贇將主體視爲與自然之物既有聯繫又有區別的存在者：聯繫在於，主體和自然界的其他動物一樣，都具有通過感官直接經驗事物的能力，同時也和自然之物共同受到最基本的自然條件的制約，這使得主體首先必須認識到自身的有限性這一客觀事實；區別在於，主體除直接的感官能力之外還具有另外一種認識能力，就是能夠認識到一事物除可被直接感知的面向外，還與諸多幽暗側面同時共在。《易傳》將前者描述爲可通過"視"去把握的"陽"，而後者是只有通過"察"方可感知的"陰"。"察"意味着以透視的視角看待問題與事物，只有在此意義上説，才彰顯着人對其動物性的超越。"陽"者屬"人能"範疇；"陰"者由於"隱"的特性無法被有限的主體全部理解，並無法爲主體所左右，屬於"人能"之外，即"天道"的範疇，這兩部分共同構成主體生存的世界。然而，"天道"本身的性質是敞開而非遮蔽，所謂

"遮蔽"只是主體在思維能力、特定角度或環境等條件限制下所導向的結果。"天道"無時無刻不通過主體表現出來,主體越是運用"察"的能力對其進行感知,越能使得那原本"遮蔽"的多個側面對其敞開。在"視"與"察"的活動中,主體逐漸得以觸碰"天道"與"人道"之間交織共生的畛域,對"人能"範疇内外的領域進行溝通,以達到當下真實的存在,實現"生生"的生命歷程,這就是主體的超越性。

基於以上觀點,個體生命是"天道"的繼承者、體現者,内蘊着溝通"天道"與"人道"的能力,其自身亦隨這種溝通的深入而日漸成爲真正的人。以《莊子》爲例,一人之正命指向的是一人之逍遥,與天地萬物"吹萬不同"仍有距離。從這一角度思考,陳贇給出的答案是"吹萬不同"的實現仍需仰賴於主體之間的相互關懷與相互負責,在獨善其身的"自化"基礎上,主體仍需抱有"兼濟天下"的家國情懷,通過"化他"的活動幫助他人開啓正命體驗。因此,縱然始終存在人所弗能爲之事物,但這並不影響主體積極發揮能動性以成爲徹底的人。陳贇在宏大的宇宙架構中同時堅持每一個體的生生態勢和蓬勃氣象,從而導向一個萬物共生共榮的社會,這是非常難能可貴的,但同時也存在着有待補足的部分。基於主體的有限性,其溝通"人道"與"天道"的活動則必然要面臨邊界的處理問題,對於此,陳贇在前期的研究中雖有意識地提到"畛域"一詞,但未能給出詳盡的處理與説明。與前期成果相比,陳贇的一大創見即是完善了這一理論,將"邊界"擴充爲"之間界限"或"邊際界限"的概念,並納入《自由之思:〈莊子·逍遥遊〉的闡釋》①第五章,進行了詳盡闡明,由此,主體的自由體驗就成爲溝通天人之際的"之間體驗"。此外,陳贇還結合《逍遥遊》中鯤鵬這一特色隱喻,使"人能"通過"自由"的概念得到更爲詳盡的闡發,與之相應,主體溝通"天道"與"人道"的路徑也就得以清晰顯現。《自由之思》進一步強調了主體活動所要堅守的社會歷史觀和群體責任意識,由此分化出兩個更爲具體的概念,即"自化"與"化他"。"自由"的真正意義不僅在於主體自身抵達"之間界限"(自化),而且在於幫助其他主體開啓溝通天人之路,成就他人的"之間體驗"(化他),最終形成萬物生生的理想世界。

本文從《自由之思》對於"自由"概念的辨析切入,以鯤鵬的沉潛與成長爲綫索,以期明晰主體實現自由的路徑以及理想狀態下萬物自由生生的世界圖景的建構方式,以下分四部分討論。

一、"自由"概念之思考

"自由"的涵義在歷史發展過程中發生多次演變,近代以來在西學影響下進一步擴充。馮天瑜考證認爲,"自"的要義在於人類自覺的自我意識,與動物性相對;"由"的本義是筆畫從

---

① 陳贇《自由之思:〈莊子·逍遥遊〉的闡釋》,浙江大學出版社2020年版。以下簡稱《自由之思》。

"田"中出頭,形容邊界不確定的狀態,後引申爲"由己",仍是對自我意識的強調。直至東漢,"自由"才合爲一詞,但馮先生認爲,《逍遥遊》的精神乃是對古典之"自由"意境的詮釋①。章太炎、徐復觀、韋政通、蒙培元、劉笑敢等學者都曾以"自由"解讀"逍遥",其中章太炎、徐復觀、韋政通都將"自由"與"平等"相結合,但側重點各各不同;蒙培元、劉笑敢從心靈自由或精神自由的角度加以理解,後者强調,《莊子》的"自由"追向是對現實的超越。

　　結合前人思想和西學成果,《自由之思》指出,在現代語境下,"逍遥"和"自由"的概念已不可分割,但以今人之"自由"説"逍遥"時,還可以做出至少兩點貢獻:以當代的新視角重思"逍遥",將遠古的智慧帶回到當下,以及從《莊子》的視角看"自由",使之進一步充實。《自由之思》關注的核心爲主體自由,它實際上指向"人如何成爲真正的人"這一問題,予以思考,或可剖出幾點疑問:這種"自由"的内涵與性質是什麽?主體的"自由"從何而來?如何才能達致"自由",標志着其達致的界限何在?《自由之思》第一章提出三點創造性構想,使得"自由"的輪廓初步顯現。首先,確立"天地之正"爲"逍遥"的形而上學根據,指明主體只有通過"正命"才能有可能實現"人道"範圍内的自由。其次,主體雖然具有追尋自由的能力,但該能力作爲一種潛能,不是必然被激發;即便得到激發,也不是必然都能盡其"人道"。此時,"聖人"在人間活動中將通過"治天下",使"天道""無爲""生生"的精神在人間世中得以彰顯,創造各種條件,開啓其他主體各自"正命"之路。再次,假如所有主體都能夠使生命向"天道"伸展、將"人道"窮盡,也就是觸碰到了"之間界限"。對於主體自身來説,是以"盡性"之姿在"天道"與"人道"共生的"居間畛域"中生存;對於整體社會來説則將導向最理想的結果,即萬物"各正其命"、各司其職,由此導向整個人間世倫常秩序的確立。與《天下》互文,此境界即是:"配神明,醇天地,育萬物,和天下,澤及百姓,明於本數,係於末度,六通四辟,小大精粗,其運無乎不在。"②《天下》所指的境界即是與作爲開篇的《逍遥遊》相呼應處,因這種境界必然昭示着"内聖外王"的要求,而"聖人"作爲自由主體,其通往"逍遥"之路亦同其他自由主體一樣由"自化"而始,故而鯤鵬的遷徙和成長過程實際上不止彰顯着自由主體的成長路徑,並且昭示着"内聖外王"理想人格的建構要求。

　　唯"正命"者,方能"盡性"。當討論何以"自由"時,其本質指向的是主體如何抵達"居間畛域"的問題。在"居間畛域"中,"天道"最大限度地通過主體顯現出來,主體一方面與"天道"相溝通,另一方面落脚於現實的人間生活中,並因此而成爲盡其性命的存在者,體驗真實的生存。這樣的轉化過程體現在鯤鵬身上則表現得更爲清晰,其中一個關鍵轉變節點即是鯤的"大而化",正是這一變化使得鯤發生蜕變,從而能夠"水擊三千里,摶扶摇而上者九萬里",陳贇圍繞此轉化提煉出以下信息:其一,鯤鵬之所以能夠"摶扶摇而上者九萬里",是依托於其在北冥的沉潛修行,但這種修行得以可能的前提是鯤具有化爲鵬的潛質,這是由其"天命"所

---

① 參見馮天瑜、聶長順《三十個關鍵詞的文化史》,中國社會科學出版社 2021 年版,第 221~222 頁。
② 郭慶藩《莊子集釋》,中華書局 2013 年版,第 937 頁。

定。在這個意義上，鯤鵬看似通過主體的工夫修養而對一定的目標進行追尋，實際上不過是面向其己的"正命"和"盡性"。其二，鯤鵬在遷徙過程中遇到了蜩鳩、斥鴳，前者"搏扶搖而上九萬里"，而後者只能"決起而飛，搶榆枋，時則不至而控於地"。這種對比顯示出主體各自的"天命"有所不同，"界限"也有所區別。由上，陳贇進一步總結：首先，"天命"有定，自由主體可在"天命"之下進行工夫修行，當工夫累積到一定程度時，就會觸碰到某種"界限"。自由主體在這個過程中似乎能夠感知到"天道"的運轉，但"天道"又從不以主動推致的方式參與到主體的活動中來，主體追尋"自由"的活動究其根本乃是自我覺察"天命"的活動，此爲"天道"將"自由"向"主體"的"讓渡"："天道作爲自由的最終根據，並不會以一種因果性導致(causal causing)的方式來推動(motivate)存在者，相反，通過推動被視爲存在者本質的'性'而展開自己的'推動'(motivate)。"①其中體現的乃是"天道"之"無爲"特質。其次，由於不同的主體之間存在"天命"界限的差異，所以其"盡性"的方式也各不相同，此即猶如《齊物論》所言"吹萬不同"，與之對應的圖景乃是萬物"各正其命"的"生生"之象，其本質是自由主體對"天命"的接納，並在接納的基礎上實現"盡性"。

綜其所述，"天道"雖不干預任一自由主體的生成，但其"無爲"與"生生"的品質始終内蘊在整個過程中，由於"天命"所指，主體所能成就的"自由"乃是某種"天生"加之以"人成"之物，它指向主體對"天命"的接納，但同時也指向主體對自身之"命"的負責與成就，"自由並不僅僅是一種給定的稟賦或德性，而是主體經由修養而獲得的一種能力。但自由也並非人的創造，而是根源於對天命的接納，它本身就是天道對人與事物的要求"②。而這種共同的自我負責則必然會導向一主體與其他主體的"兩不相傷"，從而走向萬物之間的和諧有序。與此同時，這樣的接納行爲本身就意味着主體無法通過立足於本能的方式來達到"逍遥"，蜩鳩之語及鯤位於北溟時的溟濛未化都是本能狀態的體現。"……通過立足於本能的自然主義方式無法達到'大而化之'的自由主體的生成，自由主體只有在工夫的積累過程中才能展開自身……自由主體之爲自由主體，並非是現成的，而是在工夫歷程中生成的，换言之，自由並非僅僅可以理解爲先天贈予之物，而必須理解爲自由主體通過工夫歷程而來的獲得物，更確切主體不是給定性的。"③未"化"的鯤，都還未嘗主動接納"天命"，而對"天命"的接納則標志着自本能狀態的脱出，它從自由主體的修行而來，是一種工夫之"積"，從中呈現出主體蓬勃向上的態勢，是爲《自由之思》所概括的"天道""生生"之精神。

可以看到，《自由之思》理解下的《莊子》天道觀是對主體具有"正命"要求的天道觀。自由主體的"乘正"實乃萬物的"各正其命"，每一主體的"正命"過程各不相同，但它們又無一差別地統之於"天道"，由此，"自由"意味着不再局限於單一主體或單一視角下的價值判斷，它超越

---

① 陳贇《自由之思：〈莊子·逍遥遊〉的闡釋》，第267頁。
② 同上，第46頁。
③ 同上，第108～109頁。

一切對立。主體價值判斷的生成依賴理性,而以"天道"爲依托的"自由"則不因人的理性而生成變化,相反,"自由"作爲主體追尋的目標,内蘊在每一主體的"天命"中。基於此,作者將"自由"指向的理想圖景推論如下——假如"每一種自由觀都與相應的秩序形態相互構成、相互支撐"①,那麽與這一種超越性的"自由"相符的秩序形態,便只能是"神明配""天地醇""萬物育""天下和"所呈現的狀態;假設每一自由主體都能够各正其性命、達到"逍遥",其最終成就的理想的世間秩序也即是《天下》所形容的那種萬物通達於"天道"的整體和諧。在這樣的前提下,《莊子》所傳達的觀點始終是做"天之君子"而非"人之君子",因推崇"仁義"最多只能成就"人之君子",以此爲價值標準則可能引發"人之僞"的問題;但若從"天子君子"的要求出發,當主體的德性在人間世顯發時,"人之君子"的確證性就隨之樹立。《大宗師》有言曰:"畸人者,畸於人而侔於天。故曰,天之小人,人之君子;人之君子,天之小人也。"②與"侔於天"的境界相比,"仁義"爲"駢拇枝指""附贅縣疣",《自由之思》正是挖掘了"天"之道德的優先性。"由形名而仁義,體現的是禮樂法刑等制度與體制的優先性,而對於《莊子》而言,這是治之具、治之末;由道德而仁義,即由引發主體固有的天德、遵循天道所體現的'自然法',這是治之本。"③由此,可以自然而然地避免囿於人爲界定的價值體系而產生的"人之僞"的成分,從而真正確保"君君""臣臣""父父""子子"所體現的各司其職,這體現出《莊子》與孔子思想在深層次上的應和,也是《莊子》思想的超越之處。這一點就展現在鯤鵬自身生命的超越性中,通過分析其成長路徑,可以看到更爲具體的體現。

二、成長路徑之探索

對於鯤鵬的遷徙,《逍遥遊》曰:"是鳥也,海運則將徙於南冥。南冥者,天池也。"鯤鵬的"搏扶摇而上"以"南冥"爲目標,"南冥天池"在這裏則是"逍遥"境界的指代,其指向的最高結果是成就"其運無乎不在"的理想,從這則寓言中可以見出鯤鵬爲抵達"天池"所做的工夫。鯤鵬在"北冥"的活動雖然未能得到具體描繪,但通過"大而化"的轉折可知,"北冥"之鯤通過工夫修養,得以"化"而爲鵬,因此具有了進一步飛往"天池"的可能性。在"大而化"之後,鯤鵬也没有中斷工夫的累積,而是依舊呈現出積極向上的態勢,保證了大化鏈條的連續性。這一方面反映出,主體之"自由"可以通過持續性的工夫累積去達致。另一方面也帶來思考,這將再一次追問前文思索的問題:第一,鯤鵬工夫修養的目標是對"逍遥"之"自由"的追尋,這種"自由"的内涵是什麽,"自由"從何而來? 第二,能够使主體實現此"自由"的修養工夫,其具體内

---

① 陳贇《自由之思:〈莊子·逍遥遊〉的闡釋》,第21頁。
② 郭慶藩《莊子集釋》,第249頁。
③ 陳贇《自由之思:〈莊子·逍遥遊〉的闡釋》,第37頁。

容是什麽？第三，通過對《逍遥遊》中的"自由"進行解讀，能够爲當下帶來何種借鑒？《自由之思》第二章至第五章進行了相應探討。

《自由之思》以鯤鵬的成長路徑爲綫索，探討自由主體的生成方式，但正如主體所生存的乃是明暗交織的世界，在鯤鵬這一隱喻的背後也存在諸多"陰"面，非透視難以理解。這是由於《莊子》的叙述方式極爲特殊，寓言、重言和卮言的大量運用，烘雲托月、卮言日出，使得閱讀產生一定的困難，於是，釐清文本中的"三言"並層層剖析，成爲研究《莊子》的必要步驟。

《逍遥遊》借鯤鵬説"逍遥"，鯤鵬從而成爲多則寓言的主要言説對象，《自由之思》指出，縱然文本中多處都出現了鯤鵬，但每一種意象在重複出現時，内涵與意義都可能不盡相同。如此，導向兩個問題：第一，鯤鵬在《逍遥遊》中前後共出現三次，那麽三次出場的鯤鵬所比喻的主體義涵是否一致？第二，《逍遥遊》開篇言"北冥"之鯤鵬向"南冥"遷徙，"南冥"是爲"天池"，但其後又有言曰"窮髮之北有冥海者，天池也"，這其中有什麽聯繫和深意？《自由之思》大膽推論，文本中的"北冥"和"南冥"在字義上雖分指南北兩極，但實際上是同一個地點，鯤鵬從未離開過其出身之海，即成長歷程中未曾發生物理轉移。這一推論既在意料之外又在情理之中，非常符合《莊子》原文詼諧難測却又隱含大道的風格，《自由之思》則通過分析鯤鵬在《逍遥遊》中的三次出場，對此觀點繼續加以佐證。

鯤鵬第一次出場時，已經完成了沉潛修養，"大而化鳥"，得以從北冥遷往南冥天池。此處《逍遥遊》對鯤鵬的遷徙路徑進行了正面描述，表現出鯤鵬對於"逍遥"的追尋。繼而在《齊諧》之語中，從蜩鳩的視角看到鯤鵬第二次出場，由於《齊諧》志怪之言的性質與叙述視角的轉換，《自由之思》將其内涵剖爲兩層。第一層内涵即蜩鳩没有把握到"天地之正"的根據，它們只是擁有"天生"的成分，不享有那部分必須從本能中脱出才能獲得的"人成"體驗，自然也就没有呼應到"正命"的要求中去，故而即便蜩鳩看到鯤鵬的"正命"活動，也只是表現爲"笑之"。這樣一來，鯤鵬得到襯托，即相比於未察"天命"的蜩鳩之輩，鯤鵬的確更接近"逍遥"之境。在第一層内涵的基礎上，鯤鵬的有待性也反映出來，首先鯤鵬"摶扶摇而上者九萬里"和蜩鳩"决起而飛"本質上都意味着對"氣"有所依憑，其次鯤鵬雖然開啓了個體之"自化"，但在面對蜩鳩時却没有進行"化他"的活動，而真正"無待"的逍遥者不僅能够"自化"，並且能够通過"化他"來影響他人、改變環境，從而引發整體秩序進行自正，故而這則寓言反映出，此時的鯤鵬還只是一個"獨善其身"者，而非"居間畛域"的生存者。到了第三次出場，視角再一次發生轉換，在"湯之問棘"的對話中，可以從聖人的角度看到鯤鵬的成長歷程，《自由之思》以"窮髮之北有冥海者，天池也"的描述爲橋梁，將"北冥"與"南冥"聯繫貫通。所謂"不識廬山真面目，只緣身在此山中"，當讀者隨鯤鵬的正面視角去關注它的遷徙路綫時，只知這是其"大而化"的結果，是"從形下到形上"的上升之路，一旦抵達形上的部分，則"南冥"與"北冥"的方向發生語義上的倒轉，"無一處不是天命之地"①。最終發現，鯤鵬遷徙"完整的路綫分爲兩個階段：一是從北

---

① 陳贇《自由之思：〈莊子·逍遥遊〉的闡釋》，第110頁。

冥到南冥的上升之路,即從冥極於有到冥極於未始有物之天,這是從形而下到形而上的歷程;二是從北冥的未始有物之天到人與萬物共居之有,這是從形而上出發到形而下的萬有中去的道路,是下降之路,而這一下降是主體上升自己的新形式。"此時鯤鵬在表層顯現的下降,實際合於深層精神上的上升。如此方知,鯤鵬的"搏扶摇而上"雖然表現出"氣"對主體的限制,但在觸及"之間界限"後,原本的限制却被鯤鵬轉化爲抵達"天池"之條件,這是鯤鵬溝通天人後,在"居間畛域"中找到適合自身的生存之法的表現。

從外在綫索來説,鯤鵬的遷徙路徑表現爲"上升——下降(上升)";從内在綫索來説,鯤鵬與"氣"實現了主被動置换,完成"自化"。可以看到,《莊子》對"化"給予了相當的重視,"化"内蕴在鯤鵬成長的整個過程中,並且,在《人間世》和《至樂》中分别出現了"萬物之化"以及"萬物皆化"的描述,如此種種,都可以看出在《莊子》中"'化'被提升到世界的本性的高度"①。此外,陳贇還對"化"梳理道:"'化'也是自由得以可能的主體性條件",以及"……鯤鵬由'大'而'化','化'意味着運而無所積滯,因而鯤鵬雖大而不拘滯於其大"②。它屬於"上升之路"的一部分,成爲主體抵達"居間畛域"的前置條件。《自由之思》希望引起注意的是,"自化"或許可以使主體遊於"方外",但是,只有當主體從"方外"回到"方内",即在"下降之路"中啓發他人時,才能成其爲"聖人"。在這個過程中,"聖人"以治天下的方式影響環境,啓發其他主體也踐行到追尋"自由"的活動中,一條良性的"大化"鏈條便得以完整形成,此即爲"化他",也即"外王"。在鯤鵬的隱喻中,這一部分對應鯤鵬以"人與萬物共居之有"的北冥爲目標的路徑,成其爲"下降之路"。"'化'在主觀上而言,以指向自化——自我存在的轉化與提升——爲目的,但在客觀上却引發了化育他者的影響。"③當"自化"與"化他"進行串聯,"化"的綫索得以完整,在人間世顯現出來的,也就是"配神明,醇天地,育萬物,和天下,澤及百姓,明於本數,係於末度,六通四辟,小大精粗,其運無乎不在"的理想圖景,這樣的理想指向精神上的自由超越,現實中的倫常有序,此爲孔、莊思想的深層應和。《自由之思》進一步指出,"自由"社會與"五常"指導下的政教社會之間的張力,恰恰能够在《逍遥遊》中的鯤鵬身上和内篇結尾《應帝王》中的渾沌之死事件上體現出來。

然而,在主體"自化"的過程中,"小大之辯"仍舊是不能忽視的問題——如果將鯤鵬看作"大"者,那麽蜩鳩、斥鷃即爲"小",又假設將鯤鵬"搏扶摇而上九萬里"當作"上升之路"中的標志,那麽比之"小"的主體則看似永遠没有完成"自化"的可能性。這樣做無異於將普通人的壽命與彭祖之壽命作比較,將朝菌與大椿作比較,故而這種比較是没有意義的,針對這一問題,《莊子》亦發出了"而彭祖乃今以久特聞,衆人匹之,不亦悲乎"④的感歎。亦如"山外有山",主

---

① 陳贇《自由之思:〈莊子·逍遥遊〉的闡釋》,第65頁。
② 同上,第142頁。
③ 同上,第146頁。
④ 郭慶藩《莊子集釋》,第12頁。

體與主體的比較沒有盡頭,即便假設有一主體在某一個角度達到最高境界,但如果換成另一個角度再進行比較,又會有其他的主體超乎其上。其次,"小年不及大年"是一個既定事實,也即"天生"所定,朝菌不可能超越物種限制而與大椿同壽,這種限制之於個體也是"命",而非"人成"所能改變。那麼,自由主體應如何應對"小"與"大"的問題,這就關涉《人間世》中的提示:"知其不可奈何而安之若命,德之至也。"①對於這一思想,陳贇給出的回應是結合"六氣之辨"進行解讀。

《莊子》世界運作的根基是"氣","六氣之辨"體現着主體與氣化世界的交互,陳贇引據郭慶藩和王船山的觀點從而得到啓發,以主體之"身"爲界限,將"氣"分爲"內六氣"與"外六氣"。"內六氣"包括好、惡、喜、怒、哀、樂,此之謂"情";"外六氣"包括雨、暘、燠、寒、風、時,此之謂"勢"②。"情"與"勢"的作用固然會表現出"化"的一方面,如春風化雨可滋養萬物;但也必然會表現出"不化"的一方面,如飄風驟雨會帶來災害,或人之喜怒好惡會影響精神。對於前者,我們只需順應成長;面對後者,主體最佳的處理方式是做好防範與調節,也即接受"不化",進而加以規整,促使其向"天地之正"回歸。與《逍遥遊》相聯繫,主體對於"天地之正"所作的工夫是"乘",但對於"六氣之辨"則需要"御",前者體現的是自由主體對於"天命"的正向順應,後者的重點則在於自由主體對"六氣"的調節及安置能力。基於以上看法,陳贇認爲,能夠在"乘正御辯"的過程中通過工夫、人爲而去累積、改變的部分,是自由主體在成長進度中"人成"的那部分,對於這一部分,主體應當主動、積極地負起責任,這種負責是主體對自己的成就,稱爲"正命"。同時主體在成就自我的過程中,恰恰可以影響環境也隨之發生改變,也就是"化他"的體現。而在"人成"的限度之上,還有一部分是自由主體無法靠工夫改變的,每一個自由主體在向"天道"追尋的過程中都會觸及這一分界,陳贇稱之爲"之間界限"。以此界限爲區隔,面向主體的事物呈現爲"隱"與"顯"兩部分。"之間界限"之上是"人性權能之外的畛域","這個範圍人無以知之,只能以'不知爲不知'的方式將其保持在界限之外"③;其下則是"性分之域",又稱"人能之域",在這一部分中主體通過"正命"抵達"天道",主體"知命"的體驗謂之"之間體驗",或"邊際體驗","在這裏,主體的自由權能展現爲:在主觀之態度與情感等方面不受不可測度的'在外者'的影響,同時不因此而改變盡其在己者的正性實踐"④。同時,對於"自由"的思考也進一步明晰:"在《莊子》的思想脉絡中,自由並不能僅僅歸於正性,即最大限度的自我實現,發揮自己的被給予的稟賦與才情,也不能僅僅歸結爲保持內在精神的寧静不擾,而是兩者在相應畛域中的共生。"⑤

---

① 郭慶藩《莊子集釋》,第 144 頁。
② 陳贇《自由之思:〈莊子·逍遥遊〉的闡釋》,第 254~255 頁。
③ 同上,第 275 頁。
④ 同上,第 276 頁。
⑤ 同上,第 277 頁。

根據以上内容,亦得幾處啓發。其一,由於《莊子》"卮言日出"的特色,故而分析其思想之前釐清"三言"的用法成爲必須,正是考慮到這一點,《自由之思》對文本進行了層層剖析,其工夫細緻、理路清晰,有助於向深處發掘《莊子》的義涵。其二,將鯤鵬當作自由主體的隱喻來進行思考,一方面使得主體抵達"天道"的過程形象生動地浮現出來;另一方面,這實際上也是在更深切的意義上向《莊子》語境的靠攏,《莊子》傾向於通過語言的流變性和不確定性來述説"天道",以此做法來避免因文字的固定而形成對某一概念的固有認知,其目的是力圖通過"流動性"呈現的方式,還"自由"以本源性的意義。雖然要探清《莊子》的本義究竟爲何,仍有很長的求索之路要走,但《自由之思》無疑是一次大膽的鑽研、深刻的思考,爲《莊子》研究又添一盞引路燈。其三,陳贇從"南冥"與"北冥"關係出發,推得一條主體成就自我的路徑,主張鯤鵬仍舊是要從"南冥"再回到"北冥",並將此行爲與"聖人"治世的活動聯繫起來,從而一方面將"治天下"納入"大化"的框架中,並爲"内聖外王"的人格確立了合於《莊子》天道觀的依據。另一方面,這樣的解讀方式是對以消極内涵來理解《莊子》天命觀的取向的一種回應,與消極理解相反,陳贇認爲《莊子》充分强調了個體的主觀能動性以及群體責任意識。"善"者不"獨善",主體一旦有能力,仍將以"兼濟天下"爲己任,這對於當下的個人與社會而言都具有一定的啓發意義,"自由"與"責任"的關係問題再一次被引入關注視野中。

三、理想人格之建構

在《自由之思》的脉絡中,鯤鵬的成長路徑由"上升之路"和"下降之路"構成,將該路徑照應到人間世,則昭示出主體從"方内"到"方外",最後再回到"方内"的過程,這時主體的淺層路綫看似折回,實際上在深層的精神層面已經觸及"之間界限",此種境界照應在人間世中乃是理想人格——"聖人"的出現。《逍遥遊》曰:"至人無己,神人無功,聖人無名。"①陳贇對三者之間的聯繫討論道:"不論是聖人,還是至人與神人,作爲最高存在層次的自由主體,無己、無功、無名乃是其共同規定。"②即既不能將三者割裂看待,也不能簡單地認其爲對同一個主體在不同視角上的表述。其中,"聖人"是自由主體所能成就的最高人格;"神人"則理解爲"聖人"的一種品質;"至人"的含義爲"至於人",乃是形容主體達到"内聖外王"境界後的一種完滿狀態。由此,"聖人"被放置到三者中心的位置,其之於天下的表現則是"外王",與鯤鵬隱的"下降之路"相符。《自由之思》强調,"聖人"治理天下不是將天下據爲己有,而是"還天下於天下",其本質是對天下的一種"化育",合於天道"無爲"和"生生"的品質。

《逍遥遊》雖然對"聖人""神人"和"至人"都有所提及,但其中只有"神人"在寓言中出場,

---

① 郭慶藩《莊子集釋》,第18頁。
② 陳贇《自由之思:〈莊子·逍遥遊〉的闡釋》,第292頁。

且並非正面出場,讀者只能借他人之口得知有關"神人"的信息。於是,這三"人"所指向的形象可謂是雲霧繚繞,透過"三言"造就的層層帷幕,讀者似乎捕捉到這位"世外高人"的一個衣角,但從寓言中鑽入鑽出,又恍覺方才所觸不過是"高人"的一縷吐息。從"神人"的出場切入,可以看到其指向的境界與堯和許由的寓言相關,《自由之思》從四個層面進行梳理,即在"堯讓天下於許由"的故事中,分別聲出"揚堯抑由""揚由抑堯""堯由俱揚"以及"堯由俱抑"四種看法,其中的"揚"即認爲某人是這則寓言中的"聖人"形象之代表。陳贇對以上四種觀點進行了調和,在論述中首先引出對堯的聖人身份的確認,並在"堯讓天下"的寓言中明晰"聖人無名"的內涵;其次對堯與許由孰爲自由主體的身份問題展開了探討。

《自由之思》對堯的身份問題表述如下:其一,在莊子的時代,堯爲聖人屬於共識性背景,而"聖人無名"應爲有名之後復無名,而不是在第一層級的意義上單純對"名"的取消,與之對應,《逍遥遊》中堯讓天下的舉動也是先得天下,再讓天下,其實質是"還天下於天下",陳贇認爲堯的這一舉動也合於《老子》所言之"處其實,不居其華"。其二,堯與許由各爲一自由主體,但許由作爲"民",其自由活動的開展以"聖人"的"治天下"爲前提,一方面,"通過聖人的介入,一般個人發現了他的自由的界限"①。另一方面,"聖人"對於天下的治理,恰如"天道"之"無爲"與"生生"在人間世的彰顯,只有在其回應"天道"的治理方式中,萬物方可各安其所、各盡性命,社會方可自然而然回歸到倫常有序之態。其三,堯的個人品質在《逍遥遊》中顯示爲"自視缺然",這符合《老子》所說的"大成若缺",而恰恰也是由於堯具有這一品質,所以他能够意識到所謂的天下不是其個人所有物,而是"天下之天下",在這一意義上的"堯讓天下於許由"恰如"天道"將追求"自由"的能力讓渡與主體,"'讓天下'在《莊子》中乃是一個不可忽略的象徵形式,它的寓意不再是最高統治權力從一個人到另一個人那裏的傳遞,而是權力的讓渡問題,它關聯着治理天下的方式"②。其四,從許由的角度來說,其"不受天下"的原因是"庖人雖不治庖,尸祝不越樽俎而代之矣",許由的應答即是對自己和堯"各正性命"的確證,亦即"守性",而堯亦不會强迫許由受天下,因爲"聖人的自由不僅僅是其個人的自由,而是必以萬物的自由爲自由,也就是以自由秩序的建立爲其主要關切"③。基於以上分析,陳贇總結,正是在"堯讓天下於許由"的互動中,堯的聖人身份才得以彰顯,並且也正是由於許由不受天下的行爲,從而確認了許由和堯是在各自的"界限"中盡性,抵達各自的"逍遥"。這一理解是作者前述"各正其命""各盡其性"的體現,作者的觀點由此得到呼應,但同樣也會帶來新的問題。

在堯與許由的對話中,我們看到"方內之人"與"方外之人"兩種形象的相互映照。堯選擇許由"讓天下",這是從正面肯定了許由有"擔天下"之品格,而許由面對天下却不爲所動,他的選擇是自適其性,不願越俎代庖,此即進一步烘托了許由"世外高人"的形象。郭象認爲許由

---

① 陳贇《自由之思:〈莊子·逍遥遊〉的闡釋》,第283頁。
② 同上,第314頁。
③ 同上,第326頁。

是"隱者",相比於堯治世的活動,許由的活動是遊於山林,但許由的"遊"却透露出條件性,即他的活動以"聖人"之治世爲前提。由此,《自由之思》的結論將引向新的思考——"聖人"之"逍遥"與"常人"之"逍遥"雖然都是在"各正其命"的基礎上達致,但它們之間是否有着層級或先後的區分,是否存在高低之別? 其關係如何具體展開? 這有待後續深入思考。

其後"肩吾問於連叔"的故事則是對"神人"的描述,在這裏,"堯"的形象再次出現。藉助肩吾與連叔的對話,接輿這一形象及其對"神人"的見聞也隨之浮現,而肩吾是從接輿處聽聞有關神人的信息,並轉而對連叔描述,對話中透露"神人"的居住之地是"藐姑射之山"。而後連叔對肩吾的疑問予以回應,雖然没有直接將堯與"神人"對等,但是提到堯在"治天下之民,平海内之政"後"往見四子"時,同樣是去到"藐姑射之山",從而與前置語境中的"神人"發生關聯。陳贇將堯和"神人"進行聯繫時是以"接輿"這一角色爲切入點來推論,首先,"接輿"這一形象初次出現是在《論語·微子》的文本中,其在《論語》中的主要行動是接孔子之車輿,行動含義與其名字内涵相合。其次,《人間世》中也出現了"孔子適楚,楚狂接輿遊其門"的寓言,但此處接輿之名發生了變化,《莊子》以"狂"賦其名,並且此處之"狂接輿"與《論語》中的"接輿"所歌的内容也發生了變化,具體表現爲,《論語·微子》中接輿所歌的"往者不可諫,來者猶可追"在《人間世》中變爲了"來世不可待,往世不可追"。陳贇認爲此處變化頗有深意,乃是與文本中押韻的"衰""追""已""殆"等用語意義一致,都是一種對"聖人"之言行無法當面見接的隱喻。將這種隱喻映射到《逍遥遊》中,就出現了肩吾無法親眼見到"聖人"的狀况,他只能從接輿口中聽聞"聖人"的言行,但這種言行之於肩吾來說已經具有了神秘性。另一方面,肩吾只能聽説"神人"的言行,但不知道所謂的"神人"實則是"聖人"的一種品質,但進而在向連叔求證時,却從連叔口中確證了"神人"與"堯"的關聯性,並透露此時衆人所聞之"堯"已經"窅然喪其天下",陳贇將其引證爲主體在"吾喪我"之後的所達之境,而這一境界也能與前文"堯讓天下"的文意産生對接。由此可知,堯在第二次出場時已經轉換爲他者的視角,在這個視角下肩吾對堯只能以聽聞的方式進行瞭解,對於肩吾這樣的主體來說,堯的功績是不可知曉的,因爲此時的堯在境界上已完全盡其"人道","窅然喪其天下"則意味着"還天下於天下"。對於肩吾來說,他僅能感受到那種體現着"無爲"與"生生"之品質的"化",但這種"化"却無迹可尋,這就是"神人""化功無迹"的特質。既然其"功"無迹可尋,自然也就不可測度,同時"神人"在氣化世界中"乘正御辯"的工夫也同樣無從知曉,以上三點共同構成"神人"之"神"的具體内涵。然而在《自由之思》的解讀中,《逍遥遊》還是對"神"得以彰顯的工夫進行了描述,這種工夫就是借肩吾之口所傳達的"凝神",這是"聖人"正命的關鍵所在。一旦"其神凝",那麼"聖人"不但可以自正性命,並且可以推進其下降之路的成就,通過影響環境從而使萬物之物性各自回歸。"凝神"的具體内容可與"心齋""坐忘"聯繫起來理解,符合《老子》中提到的"抱樸守拙""少私寡欲"等。"聖人"一旦"神凝",那麼"至於人"也就是順其自然之事。

在"至人"狀態下,自由主體既已具有"神"的特質,也就意味着實現了"喪我",堯之所以能够"還天下於天下",是由於"聖人"知曉萬物"各正性命"的道理,在"聖人"眼中物與物的區分、物與"我"的區分都已消解,其本質是實現了去主體化,同時去對象化也就順理成章。"這樣一種'去主體化'的活動,莊子稱之爲'無己',或者'喪我'……"①。而《逍遥遊》借惠施與莊子的辯論所呈現的"有用""無用"之辨,其實在根本上與"小大之辯"没有區别,它們都因主體化視角下的價值判斷而產生。某物的優勢只是在和另一物相比、在某一角度下相比時才能彰顯,所謂的"有用無用"的判斷也是如此。故而連叔在對話中已有提示,用"宋人資章甫而適諸越,越人斷髮文身,無所用之"②的例子來說明,"有用""無用"的判斷只是之於某一特定視角而言,實則萬物本就可以各正性命、各盡其用。而視角來源於主體,一旦主體達成"無己",也就意味着主體視角的取消,萬物在"天道"之下達成井然"正命"的秩序,自然也就能達到《莊子》所言之"物"與"我"兩不相傷的狀態,從而實現"保身""全生""養親""盡年"的目標。整個過程看似是"聖人"在"凝神"過程中對自我的成就,但由於這種成就引向的狀態是"物我不兩傷",故而"聖人"在成就自我的過程中,實際上也幫助萬物得以各自盡性,其中體現的"不是從倫常到倫常的直接道路,而是讓倫常秩序作爲自由主體的自我實現的某種副產品的方式自發地抵達自身"③,也就是鯤鵬寓言中那在"下降之路"上"化他"的過程。

結　語

在《自由之思》中,陳赟開啓了新的思考路向,即從透視的視角對《莊子》天道觀予以思考,並以這樣的視角去看待問題、看待世界,從而將"天生"與"人成"相結合,溝通那在明處的"人道"與暗處的"天道",最終尋得回歸到現實生活中的路徑,由此,每一主體將找尋到與自己生命相適應的"居間畛域",成爲這一畛域中真實的存在者。在《自由之思》的解讀中,主體無法忽視來自"天命"所定的客觀界限,甚至實際而言,對於這種界限主體只能選擇接受,但這並不意味着主體的生命態勢是消極、被動的,"知其不可奈何而安之若命"意味着對"天命"的接納,而接納却不代表隨波逐流。與之相反,世間萬物都有其所守之"性",只有堅守才意味着真正的接納,人是被創造的創造者,人的創造性來源於"天"之"讓渡",在創造中使自身得以成全和完滿,這種創造將最終回應於"天道"秩序。《齊物論》形容:"夫吹萬不同,而使其自己也,咸其自取,怒者其誰耶!"④如果只是一味消極應對,那麼這就與《莊子》中"吹萬不同"的生生之景象相違背。立足於文本進行分析,《莊子》之"安"首先是合於"使其自己""咸其自取"的"安",雖然"安之若命",却能够激蕩出"怒"的精神。結合《自由之思》而言,這正是主體以"逍遥"爲追

---

① 陳赟《自由之思:〈莊子·逍遥遊〉的闡釋》,第407頁。
② 郭慶藩《莊子集釋》,第32頁。
③ 陳赟《自由之思:〈莊子·逍遥遊〉的闡釋》,第35頁。
④ 郭慶藩《莊子集釋》,第50頁。

向的彰顯,這樣的"怒"之所以能够顯發,也是由於主體之"盡性"。當然,"聖人"則更進一步,以化天下爲己任,當"聖人"走在成就自我的修行路途中時,却由其"自化"自然而然地引發了"化他"的成就,陳贇形象地將這一成就形容爲"聖人""自化"過程中的"副産品",意在强調其"無爲"的品格。

"各正其命"的做法固然有助於消解一部分困境,但同樣也留下了一部分問題,比如《自由之思》提及作爲"平民"的許由與作爲"聖人"的堯形成對照,那麽二者在"天命"不同的情況下,所達成的"逍遥"有無分别? 或言,假如一自由主體的"邊際界限"所指向的是"方外"之"逍遥",而將"聖人"治世所達成的最高境界理解爲"方内逍遥",前者的"逍遥"實際上要以後者提供的環境、條件爲基礎,那麽二者所達成的"逍遥"是否存在高低之差? 這也是作者在寫作過程業已察覺到的問題,仍有待繼續探討。若要予以解答,則關涉對《齊物論》的理解,此亦是作者爲我們引入的新的思考方向。

而在以上問題得到解答之前,正如《自由之思》所説,其答案如何並不影響對堯之"聖人"身份的確證,對於作爲思考和實踐主體的人來説,它也並不會影響我們基於"各正性命"對"天道""自由"等一系列問題的繼續深入思考,尤其是書中所提及自由主體的"責任"問題,不能不說具有發人深省的意義。若以更廣闊的視角去加以審視,那麽由這些問題展開的思考不局限於某個時代,更不局限於某個主體,我們的視野總不可避免地擴展到萬物、延伸至宇宙。作者這樣描述:"人性並不是一種可以從外部加以客觀描述的被給予的現成化事物,而是參與天道秩序的某種能力及其活動;人並不是某個'東西',或者某個對象之物,而是一種自身攜帶着世界向度的'存在之域'。"①在這一意義上,《自由之思》不僅對"天道"進行了思索,對"自由"展開了探討,同時文中有關主體、生命、宇宙的種種問題和見解,也爲我們支撐起一個更加廣闊和恣意的思維空間。有關於此的種種思維活動,如書中所言:"人始終具有某種形而上的衝動,它内在於生命的本性之中,但同時生命之根却又深植在大地上。上升的衝動總是無法遏制的,即便我們不能在存在上抵達,但却可以在思想與精神上憧憬……人類爲什麽總是追求上升之路?"②關於以上追問,作者已引用法國詩人馬拉美之言予以回答:"也許這個世界只有一種觀看方式,那就是鳥瞰。"③

[作者簡介] 單珂瑶(1994—),女,山東濰坊人。武漢大學中國傳統文化研究中心中國哲學專業博士研究生,主要研究方向爲中國哲學。

張昭煒(1977—),男,河北無極人。教育部人文社會科學重點研究基地武漢大學中國傳統文化研究中心教授、博士生導師,主要研究方向爲宋明理學。

---

① 陳贇《自由之思:〈莊子·逍遥遊〉的闡釋》,第291頁。
② 同上,第139頁。
③ 同上。

開創"子藏學"新局面

——在《子藏》第六批成果發布會上講話

方 勇

各位專家學者、與會嘉賓：

　　大家上午好！今天能夠在這裏召開"《子藏》第六批成果發布會"，我感到十分高興。在此，我要衷心感謝大家的鼎力支持，感謝各位媒體朋友對《子藏》項目的持續關注。有了大家的支持和關注，我們才能愈發精專地埋頭於《子藏》事業，從而整理出一批又一批的文獻成果。

　　《子藏》工程於 2010 年起正式開展實施，我們先前在 2011 年、2014 年、2017 年、2018 年、2019 年分別發布了《子藏》的前五批成果，今天呈現在大家面前的是《子藏》第六批成果，包含《論語卷》和《孟子卷》兩部分。其中，《儒家部·論語卷》共收書 293 種，整合爲精裝十六開本 182 册予以出版；《孟子卷》共收書 247 種，整合爲精裝十六開本 144 册予以出版。兩書共計 326 册，均已涵括目前已知的各類白文本、注釋本、輯佚本、校勘本及相關研究著作，是集《論語》《孟子》文獻及研究著作之大成的書目。如今合輯出版，公之於衆，我們只希望可以傳接經典，嘉惠學林，爲傳統文化在當代的發展盡一點綿薄之力！

　　有些朋友可能會疑惑，《論語》和《孟子》按照傳統圖書分類法，應當歸入經部，何以在《子藏》文獻中見到它們的身影呢？這與我們的編纂理念有關。早在《子藏》工程專家論證會上，學者們已達成基本共識：《子藏》的"子"應是諸子百家之"子"，而非經史子集的"子部"。以此思想爲指導，《子藏》編纂在沿用"九流十家"理念的基礎上，在劃分具體著作的學派歸屬時，又做了一些與時俱進的革新。因此它與此前的目録分類存在不同之處。其中，倡導並踐行"離經還子"和"經子並重"是《子藏》收書的特色之一。《論語》《孟子》二書，雖在傳統的部分目録學分類中被歸爲經部之學，但在其學説創發和門派歸屬上，無疑應當是諸子百家之學，那麼《子藏》中收録《論》《孟》自然也是合理的。

　　《論語卷》和《孟子卷》是《子藏》這座巍峨大廈的一部分。《子藏》工程文獻體量浩大，截至目前，我們已出版 7 批（第 6、7 批合爲一批發布），共 1 016 册，收録古籍經典文獻 2 981 種，其規模已與清朝傾全國之力所編的《四庫全書》相當。基於《子藏》文獻整理，我和我的團隊在 2019 年"《子藏》第五批成果發布會"上，提出了"子藏學"的概念，並在《諸子學刊》第二十二輯上刊發了一組討論"子藏學"的論文，標志着"子藏學"的研究已經有了一個良好的開端。在此基礎上，我們將通過不懈的努力，進一步開創出"子藏學"的新局面！

簡單來說，"子藏學"是以《子藏》爲研究對象的一個學術範疇，其研究目的是通過《子藏》編纂實踐，建構子學文獻整理範式，爲子學研究提供基本的理論自覺。我曾在2019年11月"《子藏》第五批成果發布會"上提出"子藏學"概念，認爲《子藏》項目的宗旨，不只是古籍文獻的整理，更是要通過子學邊界的重新界定、子學文獻的整體梳理與出版，推動子學從兩千多年來'隱'的狀態重新進入大衆視野，積極參與中華文化與文明的再構，以子學精神重塑中華文化自信。如今《子藏》工程行將告竣，作爲物質形態的典籍已然成型，然而作爲《子藏》之"學"的研究仍寄望於將來。

彙集諸子文獻的活動作爲中國的文化傳統之一，遠在南北朝時期，便有庾仲容節録子書而成《子鈔》。唐代馬總追摹前代以求精簡，輯録《意林》。但因受到印刷技術的限制，書籍多以寫本傳世，自然難以形成大規模的子學文獻集成。即便到了坊刻興盛的明代，雖然出現了一大批收録全文的諸子彙編，却依然受制於收書規模，不能一展諸子文獻之大觀。清末民初時期，印刷技術較之以往有了長足的進步，但囿於不同的子書收録理念，不是因爲求大求全而有濫收之弊，就是受當時疑古風氣影響，將很多子書視爲僞書而予以摒斥。不過，民國時人彙編子書時注重凸顯諸子思想性的想法給了《子藏》的編纂者們很大啓發。我們認爲思想性是子學文獻有別於其他傳統文獻的總體特徵，這也是我們用以甄選子部文獻的標準之一。

《子藏》的編纂正是緊扣諸子思想家這一本質，強調收録思想性強的子書，以展現諸子原貌與諸子學的靈魂爲職志。《子藏》的編纂者在收録方法上強調"竭澤而漁"式地搜羅，以保證文獻的全面性。這種做法的目的有二：一是讓古今諸子學研究傳統得到全面梳理並顯現清晰的歷史脈絡；二是爲基於《子藏》而生發的理論創設及具體研究提供充分的文獻依托。同時，借重歷史經驗和現代學術理念，從整體性的思維角度出發整理《子藏》，目的是爲了呈現諸子學文獻流變的規律和複雜多變的思想性成分，並以此綴合出完整的諸子學演進鏈條，從而加深我們關於傳統社會諸子學發展之多面性、鮮活性的歷史認知。

當然，編纂《子藏》的初衷並非僅限於彙編諸子學文獻，我們試圖通過文獻彙編的形式尋找統合諸子學研究的整體思路，最好是形成若干具有一定指導意義的理論創設。"新子學"理念的提出就是在《子藏》的編纂實踐過程中生發而來的。同樣，有待建構的"子藏學"也需要透過對《子藏》的深入研究而展現其理論價值。《子藏》既然作爲一個整體而被納入"子藏學"的思考領域，那麽，賦予"子藏學"以整體的統一性就成了思考的起點。我們需要發展出一種系統的研究方法，呈現一種較好的提問方式，把握一套簡明扼要的概念工具，建構作爲研究對象而存在的"子藏學"的思考路徑，以及一種能將其他研究領域業已發現的知識轉而運用到"子藏學"領域的程序。這樣做的目的是形成一種關於"子藏學"的彈性理論框架與良性循環系統，不斷應對子學研究領域中那些棘手的問題和區域，對它們加以重新審視和處理。透過這種方式，實現"新子學""子藏學"等理論創設在內在結構層面上產生一種不斷變動、轉向、斷裂及恢復的動態機制。

《子藏》彙聚衆多子學文獻於一叢編,我們寄望於以此爲載體,在思想獨特性的特定主張與普遍性方法的理論探索之間,謀求"新子學""子藏學"等理念的發展與充實。同時,我們清楚子學元典乃至後世子學詮釋作品所具備的豐富的生命動能和不斷進行自我演化的性質,強調子學文獻的内在生命力以及賦予"新子學""子藏學"等理念不斷更新的發展動力。這樣的話,我們在面對具體的子學文獻或子學問題時,可以沿着相應的詮釋路徑走下去,努力生成具有一定適用性的方法論。比如説,我們如果想從整體思維層面介入具體子學文本或子學問題,首先可以從最基本的課題切入,以瞭解文本或原思想者實際上説了什麽爲起點,隨後觀察原思想者想要或者可能要表達什麽,再討論原思想者本來或者應當説什麽,最後由作爲研究者的我們回答或者幫助解決原思想者未能完成的思想課題。經過甄選的那些在思想史上較有分量的詮釋路徑,能够在挖掘子學文本或子學原思想者思想體系表面結構之下較爲深層的思維結構,判定整個研究對象的意義脉絡和義理架構,由此激活原思想者内在真實的思想表達。

　　這種詮釋路徑綜合了文獻與思想的雙重方法,強調歷史地反思子學文獻整體的時代内涵之於具體子學文本或原思想者的意義,同時也能幫助我們看到歷史發展格局與時代轉折帶給二者的影響。我們如果帶着問題進入子學文本,那麽子學文本與文本詮釋二者之間就需要回應前文提到的詮釋路徑。當然,文本與詮釋之間是存在距離的,"子藏學"的價值之一是試圖在文獻與思想詮釋之間搭建橋梁,實現某種帶有創造性的對談。

　　此外,如果從中華文化格局的整體性視角審視"子藏學"的提出,我們注意到"子藏學"研究所具備的歷史性、時代性及子學文本内在的共同性等問題。"新子學"是爲了適應時代變局中諸子學的發展而提出的理念,要求人們突破舊有的經學思維,展現作爲一個整體、獨立的諸子學概念以及彰顯多元、平等、自由的"子學精神"。諸子各家的思想是秦漢後中國文明的基石與基調,由諸子學的整體性可以觀照中華文化的主體性,同時也能由諸子學内部的多樣性理解中華文化的包容性。我們希望在"子藏學"内部同樣實現某種程度上的義理突破,而不是僅僅停留在文獻學的意義框架内打轉。

　　《子藏》作爲文獻集成的物質形態,某種程度上涵攝了中華文明史所具有的生長綫索和内在動力。探察以物質文本形式存在的《子藏》,我們注意到其中藴含的把抽象的歷史時間性轉化爲具體的、歷史的自覺意識、自主能力和思維模式的價值。《子藏》大致由兩部分文獻構成,一部分是先秦以至六朝的子學元典,再有是帝制時代對子學元典進行詮釋的大量作品。這些文獻共同構成我們對處於不斷生長的中國的概念性理解。諸子元典構築我們關於中國的基本精神原則的認識,身處其中的民衆逐漸有了可以共用的精神性資源和歷史。這種共用性精神資源並不是單方面受人強行灌輸的綫性歷史認知,而是在各種歷史支脉彙聚、交融之後形成的共同歷史認知。諸子思想者共同參與這場博弈遊戲,享受由此產生的不同的利益回報。當然,圍繞這場博弈遊戲,需要一些維持其存在和連續進行的條件。這種條件可以透過《子藏》加以考察:整體性思維下的子學文獻提供一個圍繞"治道"而產生的精神世界;其中的精神資源爲諸子所爭奪、博弈和共用；再有，這個精神世界具備足够的開放性，能够成爲某種意義上的通用資源。

《子藏》收錄大量思想性子學文本，如果抽象其中有關諸子的共用性精神資源，那麼整體意義下的諸子學所構築的關乎"治道"的"一致而百慮"的"精神共通性"則是其中亮點。這在一定程度上泯除了諸子因爲後世分家分派造成的人爲割裂和分化，從而回歸到先秦諸子系統的自覺性，即先秦諸子在相互爭鳴中確認了自身的位置，他們有共同的概念、論域、問題意識，能感覺到自己處在同一個系統之中。所以，用現代的語言從理論上達成對諸子系統的自覺，並能正常表述先秦諸子的共通之處，目的就是重新展現諸子所共有的、開放共用的精神世界和精神資源，並以此凝聚中國之爲中國的文化主體性價值共識。

"一體多元"一語正可以用來概括諸子學這種特徵："一體"表現爲諸子學共通的價值來源，而"多元"則指向不同諸子自身的不同的理論創設。《子藏》從文本意義上支撐並反映了中華文明自身的統一性及其在歷史上的連續性，文化的主體性價值也由此躍然而出。諸子學的文本意義正是要納入中華文明歷史連續性的視野之中，方能凸顯諸子元典創生期時代文化資源整合的歷史意義。

從《子藏》脉絡式的文獻纂集思維來看，諸子學説有承前啓後的作用：一方面，它繼承和總結周代以前各類文明形態，從思想、理論層面促成新文明形態的發生；另一方面，它啓迪和引導後世的思想者每每在面對時代問題時，去回顧先秦"軸心時代"的諸子思想結晶。諸子學因而參與到彼時思想者的生活世界，潛移默化地影響他們的思考。所以，中華文明的發展從來不只是儒家一條綫索，而是儒、墨、道、法等諸子共同參與到中華文明的歷史進程，經過博弈之後的各類諸子思想路綫，呈現動態均衡的互補效果。中華文明的發展因此具備充分的彈性與韌性，中華文化認同也由此具備强大的生命力。

《子藏》囊括了中華文化最具創造力的子學系統文獻，包含的是個體智慧創造性地吸收和反思王官之學後，那些對宇宙、社會、人生等重要問題的深邃思考和睿智回答。《子藏》的編修者們對待諸子文獻也是基於先秦諸子各派地位平等、充分互動，保持其思想多樣性的原則加以編排，充分展現了對多樣性與包容性的堅持，也對自身的有限性保持理解和敬畏，並希望藉此激發自身文明的多種可能性。

具體來看，所謂"藏"指的是經典秘寶，而"寶"則不單單是指有文獻集成，更在於有新的精神氣韻與學術文化生長在其中，而它們的影響自然也不是局限於某一域的。恰如因爲有《四庫全書》，於是有了"四庫學"；因爲有敦煌寶庫，於是有了"敦煌學"。以此觀之，《子藏》在這些"前輩"面前也不遑多讓，有了《子藏》，自然也會有"子藏學"，而有了"子藏學"之後，將使得《子藏》的價值獲得生命性升華，助力《子藏》實現紹古開新的文化使命。

我想"子藏學"的提出與建設，能够解答很多理論問題，比如進一步明確對《子藏》的認知與使用。《子藏》的意義不僅僅體現在文獻方面，也有精神、觀念、方法論、價值觀等等層面的突破創造。它本身就意味着對子學這一學術文化現象的重新發現與再發展，可以説它重塑了子學的歷史,也帶出了子學新的未來格局——它重新定義了諸子與子學,使得它們跳脱了舊的經學體系下的子部藩籬,並對話西方學術,真實實現返本而開新。正是在此基礎上,才孕育出了"新子學"理念。

總之,以横向視野來看,在《子藏》基礎上孕生的"子藏學""中國諸子學通史""新子學"等等,分别承擔了子學研究中的文獻研究、思想研究和理論創發三個層面的任務,共同構建了子學研究的立體大厦,力争爲當代諸子思想及文化的研究提供標杆。當然,所有的這些皆有賴於學界同仁的共同參與,希望大家共同投身於諸子學全面復興、中華民族的精神崛起的偉大征程中!

我要説的主要是這些,謝謝大家。

2021 年 11 月 13 日

"子藏學"研究需要強調整體性思維[*]

李小白

內容提要 《子藏》的編修者彙編歷代思想性強的子學文獻的做法,從外部形態和編修理念上反映出一定的整體性意識。《子藏》將所收子學文獻分爲子學元典及其後世衍生詮釋文本兩類。我們可以從兩個層面對其進行考察:一是考察子學元典生成時期的歷史性與時代性問題,從中獲致子學元典得以生成的一般性認知;二是分析帝制時代子學衍生詮釋文本與經學思維、漢人分家分派觀念的離合關係,繼而引出《子藏》作者群體的思維共性問題。強調整體性的思維方法,不但能從《子藏》作者群與國家意識形態的構築與發展之間的關聯處推知他們的思想底色,還能梳理出不同時代作者群整體思想下的歷史綫索。

關鍵詞 《子藏》 子藏學 子學元典 整體性思維

中圖分類號 B2

《方山子文集》第一册《子藏紀事》一書言及全面彙集、整理、影印《子藏》的緣起、具體方法及編纂理念,指出《子藏》工程的發起者秉持承續古今學人彙刊子書的共同志趣,揚棄前人彙集諸子文獻的經驗教訓,以"緊扣諸子思想家這一本質"的編纂理念,注重收録那些思想性強的子書,將醫術方技之書排除在外,要以展現諸子原貌與諸子學的精神爲職志,可謂深諳諸子著作"入道見志"的旨趣。藉重《子藏》作爲諸子學研究的物質載體,我們得以展開對《子藏》乃至"子藏學"的研討。關於《子藏》的研究固然可以沿着原先的文獻學、思想史乃至哲學史的進路繼續推進,但是,擺在學人面前的是彙聚兩千年以來子學元典與後世子學衍生詮釋作品於一爐的《子藏》,它至少在外部形態上呈現出了某種整體性。《子藏》有明確的編纂理念和方

---

[*] 本文係國家社會科學基金青年項目"元代行政管理下漢傳佛教社會研究"(項目號:19CZJ008)階段性研究成果,並受河南師範大學博士啓動課題資助。

法,在網羅思想性强的子書方面是不遺餘力的,進行的是"竭澤而漁"式的窮盡型搜羅。因而"這種全面的整理能讓古今的諸子學研究傳統得到梳理並在歷史長河中浮現","展現諸子思想的格局,順應諸子學的内在紋路"①。從其編纂理念來看,反映的是一種整體性、系統性的思維,藉此讓《子藏》承負其本具的文化使命。由此來看,《子藏》並非簡單的文獻彙編與影印,而是藴含"子學精神"和展示子學獨立性的系統性學術事業。如果從《子藏》的編纂理念出發,結合《子藏》所收子學文獻的時代内涵、全面看待諸子作家群體的内在矛盾性等角度,運用整體性思維進行觀照,或能爲"子藏學"的進一步深入研究拋磚引玉,是以不揣譾陋,祈盼方家指正。

一、整體考察《子藏》所收子學文獻的生成與後世衍生詮釋作品的時代内涵

《子藏》在其形態上超越了歷史上各類彙編性質的子書叢集,舉凡自先秦漢魏六朝諸子白文本及民國以前歷代諸子相關的注釋本、校覆本、節選本、稿抄本、批校本及相關研究著述共計 3 000 餘種皆彙集於此,其中所列子書類目包含《論語》《孟子》《老子》《莊子》等 50 餘部類,裝幀形式爲 16 開精裝 1 300 餘册,與《四庫全書》規模大致相埒。我們分析《子藏》的收書特點,或可將子學文獻大致分爲兩類:一類是自先秦漢魏六朝諸子文獻生成時期的"元典";一類是後世關於諸子文獻衍生而來的詮釋文本,其中體現了對諸子文獻的注釋、校覆、批校、研究等詮釋工作。

陳成吒分析子學文本内在的實質性、生命性、演化性等性質,認爲可以透過《子藏》的編修加以呈現。相比於經由兩漢儒生整理後而生成的、作爲國家意識形態載體的六經文獻,子學文本因其對經學權威性、神聖性的否定與反動,天然地具有相對穩定性和長久處於變革演化的文化形態。連綿不絶的各種子學文本之間也存在着天然的生命聯繫,在不同時代展現子學本具的意志與力量。這種子學的自身意志與根本力量,被視爲促使人進入自覺狀態的有力推手,是人爲實現其自身而運用的工具。在此意義上説,子學是人自我演化和自我實現的力量表徵②。《子藏》所彙聚的、系統化了的子學文本由此藴含人本主義的某些特徵,同樣可以延伸出一種整體主義的思維角度予以觀照。因此歷史地思考生成子學文獻的時代内涵需要涵蓋兩個層面的問題:一是諸子元典生成時期的歷史性與時代性問題,二是要提出看待帝制時代子學詮釋作品的整體思路。

---

① 方勇《方山子文集》第 1 册《子藏總序》,學苑出版社 2020 年版,第 58 頁。
② 陳成吒《"新子學"視域下〈子藏〉學"建構與人文學術反思》,《第九屆"新子學"國際學術研討會論文集》,2021 年。

(一) 子學元典文獻生成期的歷史格局與時代轉折

先秦諸子文獻創生於中國社會自夏代以來的貴族政治向官僚政治過渡的大變革時代。如所周知,中國貴族制社會發展到周代臻於鼎盛。以世襲貴族制爲國家政體的周代,周天子作爲中央王朝的權力主體,公卿士大夫則構成另一權力主體,他們以世襲的方式,藉助宗法制、分封制之下的宗親和姻親等血緣關係組成一個世代相傳的統治網絡①。在社會結構内部没有異變因素的情况下,這一統治網絡幾近恒定地佔據國家政治、經濟、精神文化等生活的核心,也就構成《莊子·天下》所言"道術"未曾裂變前的"一"的政治基礎。這種穩定的貴族制度持續了將近千年,至公元前770年周平王東遷,終於進入它的衰變期,一個新時代的帷幕隨之徐徐展開。

春秋戰國時期賦予子學元典以時代的根源性和自身發展的歷史格局。子學元典是這個特定時代的歷史產物。在王室衰微、大國爭霸、禮樂崩毁的混亂表象下潛伏着歷史的暗流,諸子蜂起的背後是思想家回應時代問題的自由與張揚。一切神聖的傳統的東西都作爲犧牲,祭奠行將逝去的舊時代。前所未有的時代危機,諸如坍塌的政治制度,亂離下存有遠志的民衆,官學衰微,私學盛行,諸子縱横於各國權貴門下,列國間無休止的征戰與兼併厮殺,不單要求人們以思想和行動予以回應,更在根本上要對舊有的世界觀、歷史觀、價值觀勇敢地進行清算。作爲這場持續數百年的思想文化運動的思維結晶,留給後世衆多支配中華文明發展的文化典籍。它們作爲三代以來傳統與古典的文化沉積,在兩千餘年新舊時代的交替互動中不斷啓迪國人進行反思和回溯這個文化"軸心"。對此,《子藏·總序》有言:

> 昔周道既微,諸侯放恣,上下失序,九流並作。孔丘祖述堯舜,憲章文武,修《春秋》,辟私學,哀其遺言,是爲《論語》。孟軻聞其風,慕而悦之,私淑有得,斯有《孟子》。老聃絶聖棄智,絶仁棄義,知雄守雌,知白守辱,因有《老子》。莊周以虛遠之説,恣縱之言,卮之寓之,重之覆之,遂成《莊子》……若斯之儔,後先接踵,皆英才特達,奮其智慮,騰口舌以競辯,著文章以立説,乃中土學術之源頭,華夏文化之瑰寶也。②

綜合考察子學元典的文化内涵,其内在豐富的生命動能和不斷進行自我演化的性質爲人所關注。這可以歸因於子學元典内在的、深刻的思想啓發性。它提出了不同時代人所共思的具有普遍性的問題,又對此類問題進行了帶有高度開放性的哲理化回應。尤其傳統社會坍塌帶來的劇烈震撼,迫使思考者不斷回歸到歷史發展的原點進行智慧觀照,以此獲得思想啓迪。子

---

① 李振宏《中國思想文化史論集》,中國社會科學出版社2021年版,第402頁。
② 方勇《方山子文集》第1册《子藏總序》,第58頁。

學元典作爲這種社會大變革下的歷史産物，竟能保持如此鮮活的生命動能，吸引後世學者孜孜矻矻於其間，發揮持續兩千餘年的整體文化影響力，不可不説是人類文明的奇迹之一。

當然，子學元典是春秋戰國時代特殊的理論産物，自然會有他的時代與歷史的局限性。但是，它作爲人實現自我演化的文化策源力，爲帝制時代"定於一"的經學意識形態控制下的人們，提供了强有力的冲决樊籠的内在動能。即如子學元典整體性地反映出先秦思想家對於"治道"的時代探尋一樣，同樣彰顯出諸子思想的影響力。儘管諸子的論説各異，但是分析孔子、墨子、孟子、荀子、管子、韓非子、李斯乃至帝制時代的董仲舒、司馬遷等諸子關於"治道"的思想遺産，不難發現他們論説的集中落脚點。相比於古希臘時代的學者柏拉圖、亞里士多德等人相信法治而不是把希望寄托在人性的道德與良知上，先秦諸子則認爲推行"治道"、實現社會控制的唯一途徑是征服人心，他們把人的德性和國君的德政視爲政治一統的關鍵①。通覽子學元典，統合人心與思想是推行"治道"之根本，也是彌合地區差異，實現社會控制的基本途徑。這是綜合子學元典生成的時代背景而得出的一般性認知。像此類論説主題較爲相近的内容在子學文獻之中相當豐富，它們共同爲時代遷轉後的帝制時代的歷史與政治準備了思想遺産。

子學元典在其創生時期，諸子爲世道人心從事争鳴與探索，在思想的分合之際形成衆多子學文本。隨着戰國晚期兼併戰争進入尾聲，"秦王掃六合"之後，國家實現一統，專制主義中央集權的秦帝國隨之建立，諸子思想出現匯流和整合的走向日趨明顯。長達三百餘年的百家争鳴，奠定中國傳統文化的基本方向和文化特性的同時，也隨着帝制時代的建立及"焚書議""挾書之律""以法爲教，以吏爲師"等思想文化專制的暴力性律條走向諸子時代的歷史轉折。有懲秦代之弊，漢代推行文化專制主義的手段更加高明。尤其在經歷過漢初黄老無爲政治的休養，漢代社會生機勃發，諸子之學競相兜售其"治道"理論，以便統治者采擇。經過董仲舒改造後的"新儒學"爲漢武帝所青睞，"賢良對策"言及"春秋大一統者，天地之常經，古今之通誼"②，爲一統思想文化領域找到歷史根據。時代的發展格局發生了轉折，子學元典的生成進入一個新的歷史時期。

（二）研究帝制時代子學衍生詮釋文本的整體思路

熊鐵基曾指出："後世流傳至今的群經諸子，都是漢代的東西，是漢人傳授、整理過，甚至

---

① "定於一"是孟子回應梁惠王"天下惡乎定"的答語。孟子是主張天下統一才能天下安定的。李振宏先生分析孟子"定於一"的所指，認爲孟子有政治統一與思想統一的言下之意。在戰國紛亂的時代，主張統一、回歸安定是人們迫切的政治訴求和生存訴求。隨着王朝政治下經學思維的確立，"定於一"成爲現實。政治、思想、文化的統一被皇權專制主義整齊劃一地形塑爲兩千餘年的帝制時代的思想遺産，成爲"政治家的旗幟、思想家的嚮往和億萬國人的默許"。詳見李振宏《秦至清皇權專制社會説的思想史論證》，《清華大學學報》2016 年第 4 期。

② 班固《漢書·董仲舒傳》，中華書局 1962 年版，第 2523 頁。

重新編定的東西。"①這句話給了我們認識漢人整理先秦文獻的基礎,同時也透露出漢人改造先秦文獻的歷史信息。回溯胡適《中國中古思想史長編》及徐復觀《兩漢思想史》等著作,書中提到先秦至秦漢思想史從自由到專制的根本性斷裂的説法尤應引起重視。以皇權主義意識形態爲核心的帝制時代,它的一統觀念不可避免地會反映到思想文化領域。在百家爭鳴時代產生的子學元典,隨着秦漢專制皇權的建立,也必然會反映皇權主義的時代印痕。子學文本進入綜合整理期成爲彼時思想統一運動的反映。漢代作爲一個新的歷史時代,強調維護皇權的合理性及權威性成爲區别於戰國時代的思想史新特徵。

劉澤華從王權主義的角度論證皇權主義是帝制時代意識形態的衡量標準。他説:

> 在傳統中,政治的幽靈無處不在,而且舉足輕重,決定一切。從歷史上看,幾乎所有的思想家都以其獨特的方式與政治緊密地糾葛在一起。政治問題成爲全部社會問題的核心,甚至一切社會問題最終都被歸結爲政治問題……政治思想也就成了中國古代思想文化的重心。②

劉澤華這種帶有方法論意味的説法,成爲我們整合帝制時代子學衍生詮釋作品的思想前提。子學文本在漢代仍然處於創生與詮釋的交織與過渡的時期。爲什麽這樣説?這與先秦子學發展的實際圖景與經過漢人整合後的諸子分家分派的形象,在較長時間內存在差異有關。我們關於先秦學術長期有一個固定的以儒、墨、道、法、名、陰陽等分家分派爲特徵的認識圖式。經過漢人的整合,諸子各家之間門戶謹嚴,思想主張邊界分明,可以較爲明確地將先秦諸子乃至後世思想家對號入座,分派到各家之中。

這種知識圖景來自漢人的傳授而非先秦學術的實際情況。漢人出於整理先秦典籍的需要,認爲有必要對先秦學術進行整體性的概括,以便當時的學者瞭解先秦學術思想。但是,漢人是從國家意識形態亦即從經學思維的角度審視先秦學術,要求先秦學術符合漢代國家治理的現實需要。劉向、劉歆父子着手先秦典籍的整理工作,在經學思維下分派先秦諸子,將他們分門別類、對號入座。他們的思想集中保留在《漢書·藝文志》關於"九流十家"的表述之中。班固同樣認可向、歆父子之言,他將儒家視爲恒常之道的代表,諸子則爲常道的映射,是六經的"支與流裔",爲六經之輔弼。諸子在此語境下以國家意識形態重要補充的角色存在。漢人對子學元典的整理和詮釋便是在這種立意或意圖下進行的。漢人的觀念重新改造了先秦思想,而且,這種改造以文本的形式傳到了後世,結果令後世之人錯認他鄉是故鄉,誤將漢人改造後的先秦諸子當做先秦諸子本身,犯了倒果爲因的錯誤③。

---

① 熊鐵基《漢代學術的歷史地位》,《華中師範大學學報(人文社會科學版)》2003 年第 5 期。
② 劉澤華《中國傳統政治思維·前言》,吉林教育出版社 1991 年版,第 3 頁。
③ 李振宏《當代史學平議》,社會科學文獻出版社 2015 年版,第 473 頁。

有鑒於此,我們應該如何認識帝制時代出現的子學典籍及其衍生詮釋作品呢?漢人整體地概括和整理先秦學術的立意頗具啓發意義,這爲我們形成研究帝制時代子學衍生詮釋文本提供思路。《子藏》的編修者們明確地説明了他們從事文獻整理的範圍:《子藏》的"主體部分將搜輯影印海内外所存全部先秦漢魏六朝諸子白文本及民國以前歷代諸子相關的注釋本、校覆本、節選本、稿抄本、批校本及相關研究著述,共計三千餘種"①。《子藏》"竭澤而漁"式地彙編諸子文獻,極大地方便我們從帝制時代圍繞經學意識形態梳理出一條子學詮釋作品的認識路徑。

單就子學文本的研究而言,極易陷入"只見樹木不見森林"的研究窘境,孤立地看待子學文本,很難顧及整體性思維角度下子學文本的歷史性與時代性。但是,如果我們運用經學思維反映的皇權主義意識形態作爲邏輯思維鏈條,將分散在不同子學詮釋文本中的思維片段邏輯地進行排列組合,所形成的認識圖景不但會超越各自從經學或子學入手認識中國傳統文化的單一路徑,更能從經學與子學相互作用的二元認識結構中產生多元一體的認識邏輯。有關子學詮釋文本的整體性的認識,也會因爲二者的相互摩蕩而得以生成。

直至東漢章帝時代才最終生成經學思想體系,作爲帝制時代長期奉行不違的意識形態,貫徹帝制時代始終②。它塑造了我們整個民族的主體思維邏輯,刻印在我們民族的文化内核之中。歷代的子學詮釋文本的思維底色,或是以經學批判者的角色出現而挺立學林;或是直接匍匐於經學腳下,成爲經學的另類附庸。這些子學詮釋文本不可避免地沾染了經學思維意識,儘管有些子學詮釋文本的立意並不在經學,但在國家意識形態的籠罩之下,誰又能自外於社會主流意識之外呢?

所以,我們看待《子藏》收録的大量帝制時代的子學詮釋文本,如果不選擇一個能够高度濃縮帝制時代思維底色的指示物,那將如何統合、分類那些具備時代特徵的子學詮釋作品呢?難道還要繼續陷入孤立的子學史或單個的"子"的研究的泥淖而不能抬頭看天?因爲《子藏》的出現,整體地考察子學或者就此研究"子藏學"也就有了物質載體,大範圍的、縱横古今的子學研究也有了騰挪的巨大空間,這無疑是會令學者感到飫足的。

二、整體性思維下《子藏》的作者群體

藉助思維認知層面的突破,我們可以整體地看待《子藏》收録子學元典及其衍生詮釋文本的時代性、歷史性、相對性及它們内在的共同性。當然,也會有人質疑這種共性條件下個性的喪失或消解。實際上,我們提出整體性思維的觀點是有鑒於子學研究趨於碎片化的問題。子

---

① 方勇《方山子文集》第1册《子藏紀事總叙》,第4頁。
② 李振宏《漢代儒學的經學化進程》,《中國史研究》2013年第1期。

學元典及其詮釋文本因爲具備豐富的文化内涵和智慧啓迪作用,常被學者用於細密的研究,以便進行優劣高下的價值判斷。當然,諸子文獻藴含的思想史價值毋庸贅言,但長期以來的細密化研究也暴露出不少問題。如果將子學文本的作家群體作爲考察對象,審視個體思想背後的整體性問題,或能有助於深入進行子藏學方面的研究。

(一) 整體看待子學文本背後作者群的思想底色

如果賡續漢人給我們設置的先秦諸子分家分派的知識圖景,遵循《漢書・藝文志》給予後世"九流十家"及"諸子出於王官"的種種説法,那麽我們在思維上就已先驗地被舊的觀念框架所束縛,難以尋得先秦學術的歷史實際。子學文本創生時期的諸子作者的形象應該是整體的、複雜的、特殊的、多元交織的。這實際與漢人設定的、站在分家分派立場上的、被限制思想邊界的諸子形象大異其趣。而且,作爲思想家的諸子,他們豐富跌宕的人生經歷背後有着複雜矛盾、立體多變,甚至顛倒錯亂的思想情形,豈是平面化的文字描述所能限制?先秦諸子被漢人劃歸某個派别的思想陣營,鮮活的思想變得板滯,諸子思想原本的歷史性無疑會被忽視,其結果就可能導致學人因襲舊的分析模式看待諸子思想和子學文本,得出的結論不免會讓人有隔靴之歎。諸子思想表現出的豐富性、歷史性,一旦被研究者當做確定不移的思維主體進行看待,那他的基本思想傾向就有可能被誤讀,甚至會產生另一種情況,就是我們在分析某一歷史人物的思想屬性時,如果繼續沿着分家分派的思維定式進行分析,那麽到最後,研究對象會消解在某家某派的思想之中,從而喪失自己的思想和獨立性,就如同洋葱剥到最後一無所有的情形一樣,站在分家分派立場上的研究必然會忽略研究對象複雜的、豐富多彩的、現實的人生和思想。

正如前文提到諸子關於"治道"的趨同思維,在分家分派的思維模式下難以體現到具體的子學研究當中。諸子的思想共識或諸子共有的思想資源被忽略,其結果自然影響我們對諸子實際思想的把握,方枘圓鑿之感在所難免。那麽,如何看待諸子思想中的"共識性"内容呢?我們首先清楚,任何思想或理論都有其時代的局限性,思想家的創造並非向壁虛造,而是有其深刻的歷史與時代的原因。面對變化了的社會現實,敏鋭的思想家不可能無動於衷,他們的理想主義信念堅定,有着強烈的現實關懷,在禮崩樂壞的秩序混亂時代,諸子蜂起的目的在於更造新世,提出一套使社會復歸於正常秩序的思想方案。任何思想的創發都無法割裂與時代和歷史的關聯,子學文本固然爲我們提供了有關思想家的基本思想資料,但單純地研究子學文本就足以讓我們瞭解那個時代的諸子思想了嗎?諸子思想史研究過程中的歧義情況,究其原因就在於僅僅抓住了問題或矛盾的一個方面,忽視了思想的整體表現。《子藏》確實爲學界提供了豐富的文獻資料,但如果説僅僅依靠這些資料就足以進行子學的思想史研究,只能説研究者低估了諸子思想資料的複雜性和矛盾性,也輕忽了歷史的過去性之於掩蓋思想家整體思想狀況方面的能力。

限於上述情況,難道我們就不能瞭解思想家的實際情況了嗎?實際上,我們還是有辦法接近思想家的思想狀況的。子學文獻無論是元典還是後期詮釋的文本，都是那個時代的產物，沾染了那個時代的價值觀念，並能在一般意義上反映當時的文化共識。對待子學文本背後的作者群體，不能簡單地突出或放大他們在某些方面的思想，而是應該整體地分析他的思想體系，進行一般性的判斷，以此作爲理解思想家整體思想狀況的切入點。《子藏紀事》言及影印諸子白文本的同時，還着重輯録民國以前歷代諸子相關的注釋本、校覆本、節選本、稿抄本、批校本及相關研究著述。這反映了《子藏》編修者的見識，他們認爲《子藏》本身呈現出了多重的文化意涵，意在通過文獻整理呈現諸子爭鳴的文化原貌，從而奠定當代諸子學及其理論探索的獨立整體形態。他們着眼於整體思維，指出《子藏》是一個系統性工程，不采用現代圖書分類法排列諸子文獻的目的之一，就在於不願意割裂諸子之間豐富的文化聯繫。

那麽，依托《子藏》爲文獻載體的"新子學"理論，從其立論之初就以擺脱現代學科體系的窠臼，將傳統諸子學作爲研究對象，試圖建立相對獨立的現代學術體系。"新子學"如何看待《子藏》所收録的龐大作者群呢？《子藏》是諸子文獻一次空前的結集，是對子學的全面發現，將子學文本以部類和成書早晚的方式結集影印，展現子學文本的發展史和内在演化的生命性。對待《子藏》所録的作者群，"新子學"强調從整體思維進行觀照，子學既以子學文本爲核心，把子學文本視爲内部存在聯繫又不斷變革發展的動態生命體，從事撰寫或詮釋的作者無疑也應從整體角度予以考察。他們具備自我實現的内在自覺，同樣是不斷演化變革的生命體。他們的整體思想狀況決定了子學元典及衍生詮釋文本的思想傾向。他們整個的思想體系是判斷其思想屬性的依歸，至於説思想資料上的歧義與矛盾，如果從其整個思想體系的主體方面入手研究，也就不難判定他真正的思想側重。

（二）整體觀照《子藏》内部不同時代作者的思想發生、發展的歷史綫索

《子藏總序》揆以古例，在序文中梳理了子學自周代以至民國時期的歷史發展脉絡，對不同時代的子學作者的文化業績加以評判，以"入道見志"爲標準，平視數千年來不同時期的子學作者，不以漢人分家分派的舊棄爲依歸而僅做參考。纂輯者此番做法，可謂獨具隻眼。運用歷史性視野觀照不同的子學作者，明顯可以看出帝制時代諸子學與儒學之間"並世而異流"的文化特徵。子學作者與政治、時代好尚相頡頏，亦可從中窺見子學作者思想跌宕起伏的歷史信息。

"周道既微，諸侯放恣，上下失序，九流並作"，一時之間，孔丘、孟軻、老聃、莊周、墨翟、荀況等輩，"先後接踵"，"奮其智慮，騰口舌以競辯，著文章以立説"，成爲中土學術的源頭。隨着專制主義皇權的建立，以苛酷之法爲師爲教的嬴秦，"滅典禁學"而使"百家競唱，頓失聲響"。漢朝懲秦朝之弊，統治手法更趨高明，但諸子之風不讓先秦時代，賈誼、晁錯、陸賈、賈氏等輩子學著作的思想深度不屈於前代。上自皇帝，下自諸侯也推尊諸子之學，"文帝、竇后，推尊黄老，風被草上，士臣效焉"，淮南王劉安聚集門下食客，合力集成"旨近老莊而博采孔、墨、陰陽、申、韓、黄老之學"的《淮南鴻烈》。到了漢武之世，"罷黜百家，獨尊儒術"，諸子之治術不被當

政所推崇,但諸子之學仍然聲價騰躍,元帝、成帝以降至於漢季,揚雄、王充、王符、荀悦等輩"踵武前修,經綸天下,無愧百家"。魏晉衰世,士人"虚慕玄遠",崇尚三玄,何晏、王弼、向秀、郭象等輩,雅尚《莊子》,"凡此皆道家之餘響,俗世之殊韻也"。南北朝世風日替,百家之書也頗多識見非凡的作者,葛洪、梁元帝蕭繹、顔之推等人,"不讓前秀"。隋唐一統,爲收士人之心,廣開科舉作爲晉身之階,《老》《莊》《列》《文》等與六經並駕,士人研治諸子成風,但已是將此作爲"梯進之媒",並非衆人心中所好。宋代帝王如太宗、徽宗"寄心道流",公卿名士也助推諸子復興,老莊之談,闡述者紛然。風氣所及,科舉場屋之學,諸子之論屢禁不止,"固知老、莊、楊、墨、申、韓之迹未替,與儒學並世而異流矣"。明代進入中後期,國家統御社會的能力下降,理學含攝釋道二教,陽明心學勃興,士人張揚個性,其筆底風雲變幻,紛紛以佛老、莊周自照,子學浸盛,有沛然不可御者。傅山力倡"經子不分"的觀點,可謂近代子學的先聲。迨至清朝,清帝嚴於防備,思想控制臻至帝制時代頂峰,士人爲全身保命,耽溺朴學,平視經子畛域,子學與經史相埒,子學地位抬升。清季,新學肇興,東西之學衝擊交融,民智大開,士人自由探討學術,務以張揚國粹,子學得以提振,百家之説洋洋乎大興①。

根據《子藏總序》,我們大致梳理了子學的發展史,或能産生這樣的認識:不同時代都會有出色的子學文本的書寫者和詮釋者,他們代表了那個時代的子學發展水準。子學思維或者説子學意識貫穿了從貴族制社會到官僚制社會的始終,而且每每在新舊時代交替之際大放異彩,成爲啓發人們智慧的重要理論來源。經學時代下,子學的地位隨着晚期帝制時代的到來被置於和經、史並世而存的位置,經子平等、子史平等的説法逐漸傳播於傳統時代的知識界。尤其在面對王朝政治行將就木,且有堅船利炮裹挾着的西學不斷衝擊舊的思想文化領域的時節,子學成爲國人應對社會劇變、文化衝擊的重要知識來源。那麽,我們看到,包括子學文本的書寫者和詮釋者在内的精英群體,在應對外部環境挑戰和異質文明相互争勝的情况時,子學思想資源作爲一個整體而被知識階層隨時調動和靈活詮釋。

沿着這個思路走下去,子學文本作爲思想傳播的載體,承負不同時代知識階層的實際需要,爲他們提供一個思維空間,讓他們在這個思維空間内能夠尋覓有益於當時的思想資源,並産生新的思想内容。這反映到《子藏》之中,就是不同時代的人們關於子學文本的認識存在差異。這種差異緣於思想自産生後,經由傳播而被不斷改造和發展,新的内容被充實進去,思想自身則相較於過往而會産生新的變化。這是思想發展的基本途徑,也是思想和思想者之所以能夠發展變化的原因。那樣的話,我們能夠理解不同時代從事子學文本書寫與詮釋的人的思想産生、發展的歷史路徑,理解他們爲各自思想與行動而作的預判。

需要引起注意的是,相較於不同時代子學所要應對的外部環境,子學文本的書寫者和詮釋者需要把子學内容加以整合,方便其靈活運用。然而,回過頭來,這些思想者的特殊性也需要整體加以關注。前文提及要注意思想者本身的複雜性,不能把他們簡單地劃歸漢人那種分

---

① 方勇《方山子文集》第 1 册《子藏總叙》,第 60 頁。

家分派的學術譜系之中。對思想者進行分家分派的思維模式,會把他們豐富多樣的思想内容強行安置在機械、僵化的模式之中,方枘圓鑿的情形不可避免,我們對歷史上真實的思想家也會產生認識上的誤差。

既然要超越漢人設置的諸子分家分派的思維圖景,那麼需要采取怎樣的方法來認識思想者本人呢? 首先要在認識過程中有意識地超越漢人所設思維圖景的影響。再有,重視思想者本人的實際情况,知人論世,考察思想者是基於怎樣的歷史綫索,産生具有個人風格的子學書寫或子學詮釋的文本。思想者受到所處時空環境帶來的局限,忽略子學文本的時空差異性也會讓人產生錯誤認知,整體看待思想者所處的特殊的社會時空環境就顯得很有必要。而且,思想者本人的成長也需要吸收複雜的各類學術思想。融匯到思想者的頭腦之中的各類知識再經過思維加工,産生出適合時代的思想内容。

上述本應作爲常識而無須贅言,但我們看到許多子學研究成果却有意無意地忽視了這一點。他們把思想者的頭腦進行了簡單化處理,甚至對思想者反映到子學文本中的思考内容作了庸俗化的理解和詮釋,那麼再想得出符合思想者思維實情的内容只能是南轅北轍,相差甚遠。不同時代的思想者都會有一套内在的思維邏輯,他們藉助這套思維邏輯認識世界和改造世界。他們的思想是多變的、矛盾的和複雜的,僅憑藉平面化的子學文本是不足以反映思想者思想的演化和分化歷程的。這同樣需要我們從具體的問題出發,有意識地總結研究方法並加以抽象概括。同樣的道理,我們要對《子藏》、"子藏學"乃至整個諸子學的研究實踐產生的經驗教訓進行理論總結,把切實可行的實踐經驗進行抽象,上升爲一般性的認識,用於指導具體的研究實踐活動。

(三) 從整體性思維角度推動"子藏學"研究實現質的提升

"子藏學"的元問題在陳志平看來,首先應指向"子學叢書的編纂",要求《子藏》的編修者回應"何爲子學"及"子學的範圍是什麼"的問題。《子藏》編修者則強調繪製思想史意義上的子學圖景,選擇義理作爲《子藏》賴以成書的精神指導。觀諸《子藏》主事者在具體操作上的靈活實踐,師古却不泥古,欲以重建符合現代學術理念的諸子學觀,並以此實踐過程引發關於"子藏學"的思考。陳志平還強調從現代學術背景角度,廣義地看待"子藏學","以《子藏》爲基礎,將諸子文獻研究統攝在'子藏學'這一新的概念下,使自發、散亂的諸子文獻整理與研究在自覺、有序的觀念下進行研究,將使諸子學文獻研究不僅有了文獻基礎(《子藏》寶庫),更重要的是有了指導思想和學科意識"[1]。他就"子藏學"的生成問題,提出要將自發、散亂的諸子文獻整理與研究置於自覺、有序的觀念下進行研究,實際表明子學文獻的研究需要從理論和方法角度加以整合,同樣表達出一種整體性的思維意識。

僅僅拘泥於子學文獻的整理與研究並不能滿足我們對"子藏學"義理旨歸的期待。繼續

---

[1] 陳志平《論〈子藏〉與"子藏學"之關係》,《諸子學刊》第22輯,第299頁。

原先的子學文獻整理的研究,不但極易陷入缺乏内外聯繫的孤立的研究狀態,與整體地思考"子藏學"的研究初衷背道而馳,更與那些或明或暗存在於諸子文獻中,具備統領性、共識性、普遍性的核心觀念失之交臂。那樣的話,我們對這些觀念的認識會淹没於具體的文獻資料當中。我們對歷代諸子共同的學術宗旨、引起共鳴的思想觀念乃至構建諸子自身學説内涵的共有文化資源會選擇性地忽略。我們同樣會對體現諸子學研究共性及内在一致性的問題不能全面地加以認知,那就更不用提對諸子思想家本身整個思想體系的把握了。粗略地理解不同時代的文化精神和共同價值取向是容易的,除了子學文獻,也會有其他很多材料可以直接爲我們的認識提供説明。可是,我們如果選擇從子學研究的角度入手且能充分利用《子藏》資源,細緻分析論證時代的文化精神和共同價值取向,或許更能感知那個時代的文化脉搏。

選擇從整體性思維角度看待《子藏》乃至"子藏學"的研究,就有必要升華我們關於子學文本系統的認識及對相關思想者的整體認知。子學文獻有其自身的思想史發展脉絡是爲人所共知的,單個的或者綫性脉絡的子學文本在具體研究方面是易於操作的,可一旦與整個時代進行縱横聯繫,或與文獻作者的整體思想進行關聯,就會受到來自觀念因襲和範式慣性等多重阻礙,體現不出整體思維的指導作用。當然,任何具體研究都會對應一定的研究方法。我們在這裏提倡從整體性思維入手思考,即認爲整體性思維可以將"子藏學"研究提升到更爲廣闊的認識層面,甚至能够改變學界舊有的觀念和認知。

結　　語

綜上所述,"子藏學"研究隨着《子藏》的編修實踐已經日趨深化。回溯"子藏學"這個最初用於回應諸子學文獻整理與研究過程中的各類文獻問題而産生的學術概念,因爲《子藏》編修實踐的日益深入而得以穩定化。但是,依舊停留在圍繞《子藏》進行單個文獻或綫性文獻系統的文本研究、思想研究和理論研究,忽略從更廣闊層面分析"子藏學"本身,不能整體性地看待子學文本和子學思想者,勢必會産生孤立、片面的學術認知。這種情况是人所不願見的,但却長期存在於子學研究實踐之中。如何妥善解决這一問題,籍以展現子學研究更爲遼闊的研究境界,整體性地看待《子藏》、"子藏學"乃至整個諸子學研究或能給出相應的答案。畢竟,思想的研究具備無限的豐富性,那麽我們的研究方法就要具備與之相應的發展性和豐富性。所以,有一些方法論意義的自覺和反思精神,在推動學術研究的發展方面很有必要。

[作者簡介] 李小白(1986—　),河南息縣人。博士後,河南師範大學比干文化與海上絲綢之路研究中心研究員,主要從事諸子學、歷史文獻與元明社會文化史研究,已發表論文20餘篇。

"務爲治"：從文獻整理到家國之思

——《子藏》第六批成果發布會暨"子藏學"學術研討會綜述

袁　朗

内容提要　2021 年 11 月 13 日，《子藏》第六批成果發布會暨"子藏學"學術研討會在上海圓滿結束，來自北京大學、中山大學、北京師範大學、華東師範大學等 14 所高校及國家圖書館出版社的近四十位專家學者和青年學子出席會議。會議上，《子藏》第六批成果——《儒家部》之《論語卷》《孟子卷》正式發布。圍繞《子藏》的研究利用與"子藏學"、"子藏學"的理論創新、"子藏學"的價值訴求等核心問題，與會學者就"子藏學"這一概念展開深入交流。《子藏》、"子藏學"、"新子學"相互聯繫與促進的關係，諸子學的整體觀，"務爲治"的最終價值指向等，可以視爲本次"子藏學"學術研討會的初步成果。

關鍵詞　《子藏》　子藏學　諸子學　務爲治
中圖分類號　B2

2021 年 11 月 13 日，《子藏》第六批成果發布會暨"子藏學"學術研討會在上海圓滿結束。本次會議上，由華東師范大學先秦諸子研究中心主持編纂、國家圖書館出版社出版的大型古籍整理項目《子藏》第六批成果——《儒家部》之《論語卷》《孟子卷》正式發布，標志着《子藏》這一古籍整理的浩大工程又向前推進了一大步。圍繞研究利用、理論創新、價值訴求等核心話題，會議對"子藏學"這一理念進行了深入討論。會議由華東師範大學先秦諸子研究中心兼職研究員劉思禾主持，通過綫上綫下結合的方式，國家圖書館出版社社長魏崇，華東師範大學中文系黨委書記吕志峰、先秦諸子研究中心主任方勇，上海財經大學中文系主任陳成吒致辭講話，來自北京大學、中山大學、北京師範大學、華東師範大學、華南師範大學、東北師範大學、上海師範大學、河南師範大學、暨南大學、揚州大學、黄岡師範學院、泰州學院、蘭州城市學院的近四十位專家學者與青年學子出席會議。

一

吕志峰書記首先代表華東師範大學中文系對各位專家、嘉賓的到來表示熱烈歡迎。他説,《子藏》是華東師範大學於2010年正式啓動的超大型學術項目,從2011年12月首批成果《莊子卷》在北京人民大會堂正式發布,到現在第六批成果順利出版,在方勇教授的帶領下,《子藏》編纂工作已經取得了豐碩成果。方教授培養的學生遍及天下,"子藏學"的影響越來越大,"新子學"的研究也越來越引人矚目,華東師大先秦諸子研究中心已經發展成爲諸子學研究的重鎮,引領着諸子學發展的新風氣和新方向,這是華東師大中文系的幸事,也是諸子學研究的幸事。

魏崇社長回顧和梳理了《子藏》工程的編纂與推進過程。《子藏》是華東師範大學"985"工程重大課題,由華東師大先秦諸子研究中心主任方勇教授任總編纂,中心其他學者和工作人員共同組織實施,海內外衆多高等院校和學術機構參與,國家圖書館出版社出版。截至目前,已經先後出版圖書六批,精裝16開1 016册,收録文獻2 981種。第一批成果《莊子卷》,共162册,收書302種。第二批成果包括《鬻子卷》《關尹子卷》《文子卷》《鶡冠子卷》《子華子卷》《列子卷(附楊朱)》《亢倉子卷》《商君書卷》《慎子卷(附申子)》《韓非子卷》,共116册,收書673種。第三批成果包括《管子卷》《公孫龍子卷(附惠子)》《鄧析子卷》《尹文子卷》《人物志卷》《論衡卷》《抱朴子卷》,共141册,收書414種。第四批成果包括《吕氏春秋卷》《淮南子卷》《老子卷》,共216册,收書664種。第五批成果包括《六韜卷(附司馬法、尉繚子)》《黄石公卷(附武侯書、李衛公問對)》《孫子卷(附吴子)》,共55册,收書388種。第六批成果爲《論語卷》《孟子卷》,共326册,收書540種。十餘年來堅持不懈,擬定體例、精選底本、嚴格編校、高品質印製,正是編輯團隊與學術團隊的密切合作,才打造出《子藏》這樣一部得到學界充分肯定的子學經典。可以説,《子藏》高水準和高頻率的連續出版,在嘉惠學林的同時,也促進了國家圖書館出版社乃至整個古籍出版界的發展,這是參與編纂的各個單位的共贏,也是學界和出版界共同的盛事。

二

2019年的《子藏》第五批成果發布會上,華東師範大學先秦諸子研究中心主任、《子藏》總編纂方勇教授正式提出"子藏學"概念,爲《子藏》工程的理論探索與研究拉開序幕。會議圍繞"子藏學"概念界定、研究範圍、與子學史和"新子學"之關係、現實關懷、價值意義等問題進行了初步探討。國家圖書館館長張志清在大會上指出:"《子藏》目前近於《四庫全書》的體量,真正實現了再造一部大典的壯舉。《子藏》編纂和'子藏學'概念的提出,爲古籍再生性保護和學術化的研究利用提供了良好示範。"本次會議賡續原有理論探討,聚焦《子藏》的研究利用與"子藏學"、"子藏學"的理論創新、"子藏學"的價值訴求等問題展開深入交流。

(一)

《子藏》的研究利用與"子藏學"的發展聯繫密切。《子藏》爲文獻基礎,"子藏學"爲對《子藏》的利用與研究,兩者相輔相成,是"1+1＞2"的關係,這已經是與會者的基本共識。在相互促進的具體路徑上,與會學者及青年學子們各抒己見。

　　黄岡師範學院文學院院長陳志平教授强調《子藏》對"子藏學"的支撑作用,並對"子藏學"的發展充滿期待。他認爲,"子藏學"是在《子藏》編纂、使用和研究過程中形成的概念,目前其内涵與品格更多的是來自《子藏》的編纂實踐。一方面,《子藏》將收子書近4000種,收書的"全"和"精",爲諸子學學科建設奠定了文獻基礎;另一方面,《子藏》的編纂,在體例上藴含着編撰者倡導的"新子學"理念。兩者相輔相成,是促進"子藏學"形成的基礎。《子藏》如同一座寶山,必讓人滿載而歸,而在後續的使用、研究過程中出現的提要撰寫、文獻整理、學術史研究甚至《子藏》數據庫等數字化建設等等,必將形成疊加效應,此正是"子藏學"未來可期的重要原因。

　　泰州學院文學院副教授劉佩德則更關注"子藏學"對於《子藏》研究的指導意義。他説,《子藏》編纂體例本身藴含着豐富的學術思想,如諸子與子部的邊界區分、各子的思想主旨確認與歸類、各子之間的排序(如孔老問題)、各子内部版本排序與學術史的梳理、底本的選擇去取等等,"子藏學"對這些體例、原則和傾向的析取、闡發,對於《子藏》的研究利用有很大幫助。以《子藏》道家文獻研究爲例,劉教授認爲道家的産生與發展不能簡單歸於王官,而是有一個先民原始崇拜→古代宗教信仰→學在官府→王權解體→史官出奔→學在民間→士階層興起→諸侯争霸→百家争鳴的歷史脈絡;道家主旨是清静無爲以自保,其側重點在於完善自身修養進而影響萬事萬物的變化,其文獻包括《鬻子》《老子》《莊子》《列子》《關尹子》《文子》《鶡冠子》《亢倉子》《子華子》《淮南子》《抱朴子》,而排除其他文獻如《漢書·藝文志》所列《管子》等。這些問題在"新子學"中已經有過討論,本身與"子藏學"關係更爲密切,對《子藏》的文獻研究也有直接導向作用。

　　華東師範大學中文系博士後袁朗則指出,《子藏》的出版將帶來子學觀念的巨大變遷。《子藏》之編纂,一是盤清家底。諸子之學源流久遠,尤其自漢代以來,子學的發展一直籠罩於經學陰影之下,諸子的研究或斷或續,若隱若現,除一些較有影響力的主流大家,諸子著作散佚特別嚴重,許多子書只餘隻言片語、一鱗半爪,湮没於繁雜的海量文獻之中。子學文獻的支離破碎,制約着子學研究的發展。《子藏》對現存子學文獻(包括傳世文獻與出土文獻)的全面搜集整理,促使湮没的子學碎片由隱而顯、由亂而整,給了當代子學研究一個真正的文獻起點。二是促進諸子學整體觀的形成。《子藏》並非一堆散亂的材料,而是分部分家,提綱挈領,具有明顯的整體性。這種整體性既表現在同一子的歷史發展脈絡上,也表現在各子之間的邊界與張力上,還表現在不同時代不同諸子的興替上。所有諸子共享一個文化傳統,也天然具有共同的文化立場。三是促進子學研究方法的改變。囿於文獻的缺失,之前的子學研究多是個案的、碎片的,隨着個人掌握資料多少而劃定其基本研究範圍。《子藏》的出版,使子學研究可能更多是體系性的、群體性的、比較性的、窮盡式的研究,尤其數字人文技術支撑下的數據庫建設,更可能顛覆以往以單條資料取勝的研究方式,用數據挖掘揭示文獻内涵。所有這些

《子藏》帶來的子學研究變革,都應當是"子藏學"探討的內容。

綜上可見,與會者普遍認爲,《子藏》的基礎性作用,不論是在文獻層面還是觀念層面,都爲"子藏學"提供了有力支撐。相對來說,"子藏學"對《子藏》的理論闡發,還有較大發掘空間。

(二)

1. "子藏學"的理論建構與創新,是當下"子藏學"發展的核心問題,從宏觀來講,首先是"子藏學"持何種的諸子觀(諸子思想具化爲文獻材料即《子藏》)的基本問題。河南師範大學歷史系李小白副教授和華東師範大學中文系講師方達從不同角度,闡述了其"子藏學"研究的整體觀。

李小白副教授建議持一種整體史觀來對待《子藏》。他説,"子藏學"應視《子藏》爲一整體,以區別子學史性質的孤立研究。從中華文明整體史觀的角度入手來認識《子藏》,那麽《子藏》內部文獻的生成,無論是作爲元典的先秦諸子,還是後世以先秦諸子元典爲依據衍生而來的詮釋作品,都存在或縱或橫的時空經緯圖標。這種諸子文獻縱橫交錯的時空性質與從整體認識事物的歷史觀念合轍,可以推導出整體史觀視野下"子藏學"研究的合理性。當然,整體史觀下認識"子藏學"還需要解決一個問題,那就是不僅要將整體化了的《子藏》從中華文明體系當中剝離出來以做具體研究,還要將其納入中華文明體系之中作融合式的觀照,考察其在分合之際的具體表現,在此分合交互情形下確立關於"子藏學"文化價值的合理判斷。

方達老師同意李小白副教授的諸子學整體觀念,並突破諸子學僅爲具體各子各家研究總合這一認識,強調在與經學的對照和互動中理解諸子學的整體之思。他認爲,以儒、道兩家基本思想模型在現實社會制度中的作用爲標準,諸子學的歷史分期可劃分爲漢武帝之前的第一期、以《漢志》到《隋志》爲代表的第二期、《隋志》到明末的第三期、以《四庫》爲代表的自明末至五四以來的第四期以及中國哲學學科確立至今的第五期五個階段,且具有內在的基本脈絡和邏輯系統。在經學的不斷建構下,諸子學不再以文明之思的形態彰顯其重要作用,而在"制度經學"的思想架構下不斷下降,最終形成經、史、子、集的四種價值判斷與相應的圖書分類,《子藏》所代表的諸子文獻也就是在這一過程中被不斷調整、化歸而形成。當絕大部分先秦諸子思想中絕於歷史之時,晚明至五四這一階段諸子研究思潮的整體特徵,是當下諸子學整體之思的唯一參考,而清人對先秦諸子相關文獻內容的全面整理、校勘、輯佚,對《子藏》這一諸子文獻集成的形成也具有基礎性作用。從這個意義上講,"子藏學"之研究,晚明以來諸子研究文獻應當是重點。

2. 對於"子藏學"與《子藏》、"新子學"之關係,與會者普遍肯定三者之間正向的關聯性與促進作用。

方勇教授認爲,以橫向視野來看,在《子藏》基礎上孕生的"子藏學""中國諸子學通史""新子學",分別承擔了子學研究中的文獻研究、思想研究和理論創發三個層面的任務,共同構建起子學研究的立體大廈。陳成吒主任也説,《子藏》、"子藏學"、"中國諸子學通史"、"新子學"

應該是一個有機體,彼此相互依存、相互提升。《子藏》工程是一個重要基礎,正是在其基礎上孕育出了"子藏學""中國諸子學通史""新子學",後三者則從不同方面與層面提升了《子藏》的形而上厚度。對於"子藏學"的建構而言,《子藏》工程是其文獻集成基礎,而"新子學"則是其內核精神靈魂,這些都使得"子藏學"別具一格。

3. 在"子藏學"的具體建設路徑上,不同學者也給出了不同建議。

陳主任將"子藏學"與"四庫學""敦煌學"作了比較。他指出,"子藏學"之獨特性,一在於其以"新子學"爲統攝的研究理念。"新子學"的相關理念爲"子藏學"的建構帶來了資源,也造就了其根基與獨特性,包括新的修編原則、思路,以及後續的獨特研究。例如經子的關係問題,從《七略》《漢志》以來的經尊子卑,到以胡適爲代表的國故整理派的經子平等,"新子學"對此有自己的審視,並在此基礎上做了更大的推進,同時也以此來理解和定位《子藏》在相關方面的革新。二是對子學文本的高度重視。《子藏》作爲子學源頭"諸子百家"文本的大集成,並非一次簡單的文獻整理,而是對子學的全面發現,使其徹底而完全地呈現在今後的文化進程裏。它把握了子學的核心——子學文本。子學文本既是子學發展的結果,也是子學發展的產房,它呈現着子學本身,子學文本的全面、原生態、系統的呈現,讓我們看清過往歷史,又將新世界展現在我們面前。《子藏》之後,子學已自覺爲以子學文本爲核心,內部互有聯繫,又有變革、發展的生命體,其實質是以無數子學流派爲呈現,不斷變革、演化的人實現人的進程。我們所要做的是以子學文本研究爲手段,在自覺的狀態下,結合傳統考據訓詁方法和現代文本分析理念,區分文本初義、歷史發展義和當下演化義,理清它們的關係,從而使子學文本自我循序漸進地進化起來。強調文本的演變,這種更加歷史性的、辯證的、發展的處理方式,也自然會帶出對子學的歷史及其當下、未來的新洞見。三是史的研究。"四庫學"是在經學思維主導下的一門學問,其研究範疇包括多個方面,如目錄學、版本學,以及文獻整理、點校、訓詁、義理等,同時通過對《四庫》收錄圖書版本的流變、刪改、禁毀等情況的考察,探析清朝文化觀念與政策變遷等問題。"敦煌學"則是近代以來產生的一門學術,以科學主義爲主導,近於國故派的國學研究,它除了在研究體系與方法論層面有別於傳統外,在材料方面也獨具一格。"子藏學"在材料方面不具優勢,但可以在研究方法、路徑上充分吸收"四庫學"的研究成果。除此之外,諸子之學肇始於中國文化的濫觴時期,時間上僅次於五經,歷史極其悠遠,思想豐富深遂,共同構成中國文化的思想源頭,又在歷史發展中不斷有新子出現,常歷常新。從涵蓋面講,諸子學史的研究既有各子之史,又可以有學派之史、諸子學整體之史;從切入角度講,可以有學術史、思想史、傳播史、接受史、出版史、方法史。《中國諸子學通史》就爲"子藏學"史的研究開了一個好頭。這是"子藏學"相對於"四庫學""敦煌學"可以獨步之處。

李小白副教授強調將整體史觀貫穿於整個"子藏學"研究。他提出,在文獻方面,要整體考察《子藏》所收子學文獻的生成與後世衍生詮釋作品的時代內涵,一是具體考察子學元典文獻生成期的歷史格局與時代轉折,發掘其內在的豐富生命動能;二是研究帝制時代子學衍生詮釋文本的整體思路,而經學思維可以成爲理解這一時期子學文本思維底色的標識。在作者群體研究方面,一要整體看待子學文本背後作者群的思想底色,這是辨識與判定其思想屬性的依歸;二是整體觀照《子藏》内部不同時代作者的思想發生、發展的歷史綫索,以思想者所處特殊社會時空環境所帶來思想的豐富性和複雜性超越漢人所設的思維圖景。李教授相信,研究方法的改變必然帶來成果的改變,從整體性思維角度升華關於子學文本系統和相關思想者的整體認知,將推動"子藏學"研究質的提升。

(三)

作爲《子藏》總編纂與"子藏學"理念的首倡者,方勇教授對"子藏學"之意義和價值訴求進行了充分闡述。

方教授對"子藏學"這一概念進行了界定:"子藏學"是以《子藏》爲研究對象的一個學術範疇,其研究目的是通過發掘《子藏》編纂理念來建構子學文獻整理範式,爲今後的文獻整理和子學研究提供基本的理論自覺。具體來説,所謂"藏"指的是經典秘寶,而"寶"則不單單指有文獻集成,更在於有新的精神氣韻與學術文化生長在其中,而它們的影響自然也不局限於某一域。恰如因爲有《四庫全書》,於是有了"四庫學";因爲有敦煌寶庫,於是有了"敦煌學"。以此觀之,《子藏》在這些前輩面前也不遑多讓,當有"子藏學"!因爲有《子藏》,於是有了"子藏學",而有了"子藏學"之後,將使得《子藏》的價值獲得生命性提升,助力《子藏》實現紹古開新的文化使命。他强調,"子藏學"的提出與建設,能够解答很多理論問題,比如進一步明確對《子藏》的認知與使用。《子藏》的意義不僅僅體現在文獻方面,也有精神、觀念、方法論、價值觀等等層面的突破創造。它本身就意味着對子學這一學術文化現象的重新發現與再發展,可以説它重塑了子學的歷史,也帶出了子學新的未來格局——它重新定義了諸子與子學,使得它們跳脱舊的經學體系下的子部藩籬,並對話西方學術,真實實現返本而開新,最終也在此基礎上,孕育出了"新子學"理念。

在最終的價值訴求上,方勇教授認爲"子藏學"和《子藏》、"新子學"一樣,是"務爲治"——關於"治"這個問題的思考。諸子學研究一直存在"體"之離散與"魂"之缺失的問題。"體"之離散一方面是子學文獻的嚴重散佚與湮没,另一方面表現在目録學上"子部"不斷擴容以及内容的雜亂,模糊了子學的邊界。"魂"之缺失,一是《漢志》以九流十家的框架來看待諸子思想,過度關注其基於家派的相異,而忽略其匯通之處和一些不好劃分家派的學者,同時因爲計較各派優劣尊卑而忽視其整體系統性;二是近現代西方學科化分類體系對諸子學的支解,哲學、文學、史學各種學科的研究範式在闡發先秦諸子時側重點各不相同,各種研究路徑之間難有匯通,子學淪爲可以隨意割取的材料而難有整體的自覺。爲重建子學完整的"體",當代學界已做了許多工作,《子藏》以及"子藏學"爲其中的重要内容,相比之前關於某一子書零散的輯佚或闡發,這些努力都體現了明顯的系統性與整體觀,使子學逐漸擺脱了破碎的形態。關於子學之魂,司馬談《論六家要指》對諸子學的概括正可以貫通諸家:"《易大傳》:'天下一致而百慮,同歸而殊塗。'夫陰陽、儒、墨、名、法、道德,此務爲治者也,直所從言之異路,有省不省耳。"

"新子學"鎖定百家之學"務爲治"的理論旨趣,認爲諸子就是關於"治"這一問題的思考者。諸子的治不僅包括社會的穩定,更意味着人們形成共同、恒常的生活方式及價值偏好等關鍵内容,是對文明構建路徑的探討。以"治"爲核心,諸子各家體現了司馬談所説的"一致",其致思路徑又體現出"百慮"的多樣性,而從子學整體性到文化主體性,從子學多樣性到文化包容性,中國之治可以爲全球化提供另一種可能。由體及魂,從文獻整理到家國之思,《子藏》、"子藏學""新子學"展現出了在學術理路與價值訴求上的貫通性和一致性。

蘭州城市學院文史學院副教授劉潔從中華文化的認同角度充分肯定了"子藏學"的價值。她指出,諸子學參與了中華文化的早期構建,歷史上不少思想家、政治家、文學家的思想和著作都明顯受到諸子學熏陶,諸子學在國學發展過程中佔據重要位置,是世界經典的重要組成部分,中華文化認同的重要來源。劉教授用兩個例證來説明子學在中國文化中的重要地位,一是從中華文化自身角度來看,胡適、梁啓超曾爲民衆所開列《實在的最低限度的書目》和《最低限度之必讀書目》,諸子著作都是最低限度必讀書目的重點推薦對象;二是在西方文化視野下來看,據對亞馬遜網上書店(佔據美國電子圖書銷售市場總額 65%的巨頭)中國典籍英譯本的銷售星級統計,截至 2020 年 6 月 30 日,銷售星級排名從高到低的分別是《孫子兵法》(7 763)、《道德經》(740)、《周易》(338)、《論語》(266),諸子佔據重要位置。這説明諸子經典不但可以在漫長的中國歷史文化中歷久彌新,還可以超越文化差異,成爲世界視域下中華文化經典之代表。結合《子藏·海外編》的啓動,劉教授認爲,諸子經典的文化認同及其在世界的傳播,可以成爲"子藏學"研究的一個熱點,這也是諸子經典主體性價值的充分體現。

華東師範大學中文系博士生王澤宇認爲"子藏學"概念的提出,對於《漢書·藝文志》和《隋書·經籍志》有超越之處。一是"子藏學"對於"諸子平等"思想的發聲。無論"子"之大小,位之高低,《子藏》均按照全、精之標準予以收録,如之前不受重視的"雜家""名家"等派别,使之前埋藏於各部、各書之間的子家文本重新獲得了聚合。同時對《漢》《隋》二志未曾收録的書目,也進行了最大限度的輯録,爲學者的檢索與研究提供了極大便利。二是"子藏學"對諸子流派的重新歸類,如《淮南子》歸入道家而非雜家,《晏子春秋》歸入雜家而非儒家或墨家,對諸子思想主旨把握更爲准確。三是"子藏學"於個人對諸子好惡的摒除,例如"經尊子卑"觀念下對子書的差等排列與部分篇章的節録改寫或摒棄等。四是"離經還子",將《論語》《孟子》納入諸子範疇,回歸其先秦時期的初始面貌。這些創新之處,是"子藏學"超越於《漢志》《隋志》及其他文獻集成類書目最大的優點。

隨着第六批成果的順利發布和項目主體的逐步完成,《子藏》項目的推進已經從以編纂工作爲重心轉向研究利用與理論創新,"子藏學"的産生適逢其會又自然而成。自 2019 年至今,"子藏學"的提出歷時尚短,仍然是一個新生事物,但在"新子學"的引領以及《子藏》編纂實踐和相關研究的推動下,一些基本問題已經逐漸明晰,如《子藏》、"子藏學"、"新子學"相互聯繫與促進的關係,諸子學的整體觀,"務爲治"的最終價值指向等,這已經可以視爲"子藏學"的初步成果。作爲一項浩大的文獻整理工程,《子藏》對子學文獻做了系統整理,爲子學的進一步發展打下了扎實基礎。從《子藏》到"子藏學",對諸子的重新界定和整體觀照,將部分文獻"離經還子"回復其原初面貌,解構固化的經子關係,對孔老關係的重新討論與建構,對子學文本的重新認識,隨着"子藏學"的逐步推進,《子藏》的價值將進一步突顯,既繼承兩千多年以來的文獻整理與學術文化傳統,也强力介入中國文化當下以及未來的發展進程。强烈的天下情懷和家國責任,一直是諸子學的價值訴求和歷史使命,"務爲治",建構出既富有中國特色,又能實現古今匯通、中西對話的世界性學術新範式,積極參與和推動中華文化的重構與發展,這是《子藏》與"子藏學"的一貫宗旨!

會議之後,"諸子學的現代轉型:晚清民國的諸子學研究工作坊"舉行,通過對晚清民國諸子學的重要人物和重要問題的回顧與反思,在先秦、晚清民國和當代之間疏通學理,發掘問題,反省往古,建立新知。

[作者簡介] 袁朗(1983—),女,四川广元人。華東師範大學中文系博士後,主要從事諸子學研究,主持國家社科基金後期資助項目1項,省部級課題1項,已發表諸子學研究論文多篇。

諸子學史視野中的"新子學"研究

——兼論現代韓學史建構的四個維度

馬世年

內容提要 "新子學"是當前諸子學研究當中一個非常重要的命題。歷史地看,"新子學"的概念儘管提出較晚,但其研究的觀念與理路却是很早的,這個源頭可以追溯到晚清、民國以來諸子學的現代轉型當中。這一時期的子學研究,已在各個層面呈現出不同於傳統諸子研究的面相來。因此,"新子學"既是傳統"四部之學"現代轉型的必然,也是現代諸子學研究不斷推進的結果。回顧20世紀以來的諸子學研究,其中諸子學史的成績尤爲突出。對於"新子學"的理論建構與具體實踐,諸子學史本身就是一個特別重要的觀察坐標與考量視角。以現代韓學史的建構爲例,可以從文獻史、思想史、文學史、接受史四個維度進行考察,這也可以作爲整個諸子學史建構的基本維度。從本質上說,"新子學"是傳統子學的發展與改造,也是現代學術視野下對中國傳統學術的反思與重構。在今天的學術語境中,"新子學"無疑也是構建中國"學科體系、學術體系、話語體系"的具體實踐,因而有着特別的意義。

關鍵詞 新子學 四部之學 諸子學史 韓學研究

中圖分類號 B2

一、傳統"四部之學"的現代轉型與"新子學"的提出

"新子學"是當前諸子學研究當中一個非常重要的命題,也是一個嶄新的學術增長點。特別是近年來,在方勇先生的大力倡導與積極推動之下,"新子學"從概念到内涵的探索都不斷趨於深入,湧現出一批重要的研究成果,從而爲學界所關注。

從時間來看,"新子學"概念的提出是比較晚的。2012年10月22日,方勇在《光明日報》上發表《"新子學"構想》一文,率先提出了"新子學"的學術概念,此後連續發表《再論"新子

---

* 本文爲國家社科基金重大項目"韓學文獻整理與研究"(18ZDA250)階段性成果。

學"》等系列文章①,討論"新子學"作爲一門新的"學科"或新的"學術門類"所應有的内涵與外延、問題與方法、目標與價值等問題。2021年10月23日,在"第九届新子學國際學術研討會"上,方勇進一步提出,"新子學"不僅僅是一個學術理念,更是一種文化立場,由突出"學術理念"到强調"文化立場",也顯示出思考與認識的不斷深入。

　　相對於傳統的諸子學研究,"新子學"的提出無疑是有着標志性意義的。與此相應,學術界也給予積極的回應,國内如陳鼓應、傅璇琮、卿希泰、許抗生、張雙棣、陸永品、譚家健、楊國榮、李炳海、湯漳平、姜廣輝、韓星、李若暉、張涅,以及臺灣地區的王俊彦、殷培善,澳門地區的鄧國光,國外如日本的山田俊、韓國的金白鉉等學者,都專門撰文予以討論。除此之外,《"新子學"論集》已出版了三輯;"新子學國際學術研討會"也已舉辦了九届,可謂是"彬彬之盛,大備於時"。近期,何愛國出版《九流並美:新文化運動與新子學話語體系的生成》一書,以新文化運動的發生爲視角切入,考察諸子學的現代轉型過程,並嘗試探索其間形成的"近代新子學思潮"與"新子學話語體系"②。楊立華也刊發《新子學時代》一文,從當代中國哲學建設的視角,在馮友蘭"子學時代"的基礎上,進一步提出"新子學時代"的命題,認爲"'新子學時代'既是對當代中國思想處境的理解,也是對未來中國哲學的可能形態的期許","將是懷疑精神下中國哲學發展的一種局面"③。其理論思辨性更强,視野也更爲開闊。

　　歷史地看,"新子學"的概念儘管提出較晚,但其研究的觀念與理路却是很早的,這個源頭可以追溯到晚清、民國以來諸子學的現代轉型當中。這一時期的子學研究,已在各個層面呈現出不同於傳統諸子研究的樣相來——這也是傳統"四部之學"現代轉型的必然結果。

　　中國古代學術體系中的經、史、子、集四部之學,無論是在學術思想、精神理念、價值立場上,還是在學術思路、研究方法、學術觀點上,都面臨着現代化進程中自身的内涵突破與發展轉型問題。與此相應,"新經學""新史學"以及新的"集部之學"等,都相繼被提出並成爲重要的學術理念。

　　關於"新經學",早至晚清、民國時期,傳統經學的變趨就已經開始。章太炎在章學誠"六經皆史"的基礎上,進一步提出"古史皆經也"④,又説"經外並没有史,經就是古人的史,史就是後世的經"⑤,章氏此論並非簡單地將"經"降格爲"史"(或如胡適、周予同所鋪衍的"史料"),而是將"經"的範圍擴大化,並灌注"經學"以歷史理性的因素,後世學者也在這一層義涵上將章

---

① 方勇《"新子學"構想》,《光明日報》2012年10月22日;《再論"新子學"》,《光明日報》2013年9月9日;《三論"新子學"》,《光明日報》2016年3月28日;《四論"新子學"》,《光明日報》2018年10月13日;《五論"新子學"》,《光明日報》2020年4月25日;《"新子學"申論》,《探索與争鳴》2013年第7期;《"新子學":目標、問題與方法——兼答陸建華教授》,《光明日報》2018年4月7日。
② 何愛國《九流並美:新文化運動與新子學話語體系的生成》,吉林大學出版社2021年版。
③ 楊立華《新子學時代》,《船山學刊》2021年第6期。
④ 章太炎《章太炎全集》(三),上海人民出版社1984年版,第154頁。
⑤ 章太炎《章太炎演講録》,上海人民出版社2011年版,第71頁。

太炎的經學观稱爲"新經學"①。民國以來經學發展史的實質,大體而言,是轉向"學"的層面,即"經學研究",其與傳統經學的區別就在於是否尊崇和信奉"六經"爲聖王政教之不刊大法②。20世紀30年代,馬一浮提出"六藝統攝一切學術",包括諸子之學、四部之學與西學③,後人總結其爲"消弭古今漢宋、納西入中的新經學"④。熊十力將六經視爲"立國立人的特殊精神"⑤,旨在"回應以西方爲主導,以民族國家爲主要形式的現代性問題"⑥。牟宗三等新儒家群體則逐漸將經學消融於哲學。這些都顯示出新時代的思想家在重建經學的時代價值問題上大大超越此前經學研究的宏闊氣度與現代視野。1988年,黨躍武刊發《新經學淺論》一文,首次明確提出"新經學"的概念,認爲"新經學"應擺脱"舊經學"的束縛,以辯證唯物主義與歷史唯物主義作爲指導思想,並劃定"新經學"的研究內容包含"對經學文獻的整理工作""對經學歷史的研究""對舊經學觀的否定""對經學文獻的價值辨析"四個方面⑦。2001年11月1日,饒宗頤在北京大學百年紀念論壇上發表《新經學的提出——預期的文藝復興工作》講話,後又撰爲專文《儒學與新經學及文藝復興》,呼籲重新認識經學之於中華民族的巨大價值,倡導"重新塑造新經學"⑧。近年來,在國家大力倡揚傳統文化復興的時代感召下,建設新經學的呼聲越發高漲,彭林發表《重建中國特色的經學學科》,在當代民族自信與文化自信的語境中討論"經學"作爲一門傳統學術門類的重建問題。姜廣輝出版《新經學演講錄》,論者更是稱其爲"新經學的奠基之作"⑨。此外,鄧秉元主編的《新經學》,從2017年起,目前已出版至第八輯⑩。這些都是當代學人對於"新經學"探索與建設的努力。

"新史學"方面,梁啓超最早於1902年完成《中國史叙論》與《新史學》兩篇文章,呼籲"新史學",標志着近代史學界的第一次革命⑪。他指出,"新史學"的根本特徵是"叙述人群進化之

---

① 參陳壁生《經學的瓦解》第二章《章太炎的"新經學"》,華東師範大學出版社2014年版。
② 陳少明繼馮友蘭將自董仲舒至康有爲的"經學時代"之後的思想時代稱爲"後經學時代",並總結此一時代經學發展的兩層意義:"其一,在社會政治層次上,經學失却其合法性依據的地位,中國社會形式上走向法理化的時代;其二,在學術文化的層次上,對經的研究不必站在宗經的立場上。"見陳少明《漢宋學術與現代思想》,廣東人民出版社1995年版,第128頁。
③ 馬一浮著,虞萬里點校《馬一浮集》(第1册),浙江古籍出版社、浙江教育出版社1996年版,第12～18頁。
④ 袁新國《馬一浮學術思想新探——消弭古今漢宋、納西入中的新經學》,《國學學刊》2011年第3期。
⑤ 熊十力《論六經·中國歷史講話》,中國人民大學出版社2006年版,第10頁。
⑥ 劉增光《能否走進"新經學時代"?》,《原道》2016年第4輯。
⑦ 黨躍武《新經學淺論》,《江西圖書館學刊》1988年第2期。
⑧ 饒宗頤《儒學與新經學及文藝復興》,《光明日報》2009年8月31日。
⑨ 劉艷《新經學的奠基之作:姜廣輝〈新經學講演錄〉出版》,光明網2020年10月15日。
⑩ 鄧秉元主編《新經學》(第八輯),上海人民出版社2021年版。
⑪ 《新史學》總結"舊史學"之四弊爲"知有朝廷而不知有國家,知有個人而不知有群體,知有陳迹而不知有今務,知有事實而不知有理想"。二病爲"能鋪叙而不能別裁,能因襲而不能創作"。三難爲"難讀,難別擇,無感觸"。

現象,而求得其公理公例",而其使命在於"以過去的進化,導未來之進化"①。梁氏"新史學"對於現代史學最大的貢獻是重新釐定了"什麽是歷史"②。鄧實隨後著《史學通論》,明言受到"新史氏"(梁啓超)的影響,又提出"史之精神",構想"學術史""種族史""教育史""風俗史""技藝史""財業史""外交史"等專門史範疇,豐富了"新史學"的内涵。胡適又著《白話文學史》《中國哲學史大綱》,在梁氏的基礎上進一步開拓專門史,尤其以"科學的方法"對古史材料的大膽處理,直接導致了傅斯年、顧頡剛等古史辨派的興起。古史辨史學回答了現代史學"如何研究歷史"的問題③,促成現代史學的第二次革命。此一時期中國考古學勃然興起,最著名者有羅、王、郭、董"甲骨四堂"。羅振玉著《殷墟書契》《殷墟書契菁華》《三代吉金文存》等,王國維著《殷卜辭中所見先公先王考》《殷周制度論》《古史新證》等,郭沫若著《中國古代社會研究》《兩周金文辭大系圖錄考釋》,董作賓著《殷曆譜》《甲骨文斷代研究例》等,以及李濟、夏鼐等人以考古釋古,現代史學之古史研究領域由此呈現出前所未有的新氣象。陳寅恪的史學研究在史識、史觀、史料運用、研究方法、治史意趣、史著文體等方面都迥異時賢,被稱爲是"最具現代性和最有發明意義的中國現代史學的重鎮"④。陳垣開創"史源學"一門,在宗教史、民族史研究領域建樹豐碩。"二陳"的史學研究整體體現出現代史學以尋求民族文化傳承、文化托命爲精神内蘊的"文化史學"路向。隨後錢穆著《國史大綱》集文化史學之大成。現代史學的第三次革命是馬克思主義史學興起,郭沫若、范文瀾、翦伯贊、吕振羽、侯外廬號稱"馬列主義新史學五名家",范文瀾編著《中國通史簡編》《中國近代史》等,翦伯贊著《歷史哲學教程》《中國史綱》,吕振羽著《簡明中國通史》《中國民族簡史》《史前期中國社會研究》等,侯外廬編著《中國思想通史》《中國古代社會史論》等,由此歷史唯物主義成爲中國現代史學發展的指導思想。從梁啓超"新史學"的初步倡議開始,新史學發展百年至今,在現代學術中"最見實績"⑤,一代代史學家取得了令人矚目的成績。

　　同時,"集部之學"也進入新的階段。逯欽立從20世紀40年代起耗費二十四年之力,網羅放佚,删汰繁蕪,編成百卷巨製《先秦漢魏晉南北朝詩》,該書具"取材廣博""資料詳實""異文齊備""考訂精審""編排得宜"五項顯著的特點⑥,是現代學術史上集部文獻大型整理事業的開山之作。2010年,趙逵夫先生主持國家社科基金重大項目"《全先秦漢魏晉南北朝文》編纂整理與研究",耗時十年,在對清人嚴可均《全文》糾舛訂訛後,又做了大量的蒐録剔抉工作,所輯文獻在嚴氏《全文》基礎上增補一半以上,集隋前集部文獻之大成,成果目前已經進入出版

---

① 梁啓超《中國史叙論》,《飲冰室合集》文集之九,中華書局1989年版,第11頁。
② 王汎森《中國近代思想與學術的譜系(增訂版)》,上海三聯書店2018年版,第217頁。
③ 同上。
④ 劉夢溪《中國現代學術要略(修訂版)》,生活・讀書・新知三聯書店2018年,第115頁。
⑤ 同上。
⑥ 逯欽立《先秦漢魏晉南北朝詩・出版説明》,中華書局1983年版,第2~3頁。

階段。2013年,劉躍進先生主持的國家社科基金重大項目"漢魏六朝集部文獻集成",已推出重要成果《漢魏六朝集部珍本叢刊》(全100册),"是迄今爲止收録漢魏六朝集部文獻最爲系統、最爲豐贍的大型叢書"①。此外,唐以後宋、金、元、明、清歷代詩、文、詞、曲等斷代總集都陸續有相應的大型整理成果刊布,如周勛初、傅璇琮等主編《全唐五代詩》(2014年),傅璇琮主編《全宋詩》(1991年),陳述輯校《全遼文》(1982年),薛瑞兆、郭志明編纂《全金詩》(1995年),王季思主編《全元戲曲》(1999年),唐圭璋編《全金元詞》《全宋詞》(2000年、2009年),李修生編《全元文》(2004年),楊鐮主編《全元詩》(2013年),章培恒先生主編《全明詩》(1990年),凌景埏、謝伯陽編《全清散曲》(2006年),王水照主編《歷代文話》(2007年)等等。這些都從文獻整理的實績上體現出對舊的"集部之學"的全面突破,文獻整理事業的完成必將孵化出新的"集部之學","新集學"將走向何方,已成爲當代學者所思考關注的問題②。

總之,在傳統四部之學的現代轉型中,經、史、集已開其"新"路。與此相應,"新子學"的提出也就成爲合乎中國學術發展規律的必然之事,是傳統學術現代轉型的題中之義。

二、"新子學"與諸子學内部的新進展

20世紀以來,在諸子學内部,各家、各派的學術傳承與研究也都面臨改造與創"新"的問題,"新儒家""新道家""新法家""新墨家(學)"等,就是對傳統子學的突破與超越。

"新儒家"的概念始自馮友蘭爲方便西方漢學界理解中國哲學,用以指稱宋明時期的"道學"或"理學"所用的名稱。20世紀70年代以來,臺灣與海外學者又用"新儒家"一名來指稱"五四新文化運動"前後旨在復興儒家精神與儒學的思潮以及其間的代表學者。現在一般所稱的"新儒家"概念即本此。關於近代以來"新儒家"的群體建構與演變,劉述先在《現代新儒學之省察論集》中提出"三代四群"説③;牟宗三則將先秦孔孟稱爲儒家第一期,宋明程朱陸王爲第二期,現代"新儒家"爲第三期。郭齊勇《當代新儒學思潮概覽》一文説:"當代新儒學思潮反思現代性,反思唯科學主義,重視人類與中華民族的人文精神與價值理性……當代新儒學致力於發掘中華傳統文化的價值之源,闡釋道德理想主義,肯定道德主體性。"④對於現代新儒家究竟如何定義,學術界仁者見仁,智者見智。但是,一個顯見的事實是,現代新儒家無不以

---

① 劉躍進《漢魏六朝集部文獻的集成之作》,《東吴學術》2019年第6期。
② 如李成晴《承守"集部之學"的固有傳統》(《中國社會科學報》2021年1月25日)提出,承守"集部之學"的固有傳統以致力於古代文學的研究,應從"重視'大經大典'""稔知文獻原貌""辨明義例流别""激活傳統著述體式"等幾個方面關注。
③ 劉述先《現代新儒學之省察論集·自序》,"中央研究院"中國文哲研究所2004年版,第1~5頁。
④ 郭齊勇《當代新儒家思潮概覽》,《人民日報》2016年9月11日。

儒學研究爲基礎，以自覺的民族文化傳承爲使命意識，積極參與現代中國思想與中國哲學的建構。歷史地看，儒學經與魏晉玄學、隋唐佛學碰撞交融後開出宋明理學的新路，近代以來又與西方哲學正面相迎，催生出"新儒學"形態，儒學已具備相當完善的自我調節機制，百年以來發展至今，塑成其"新"，新儒家（學）可説是諸子學在中國現代學術發展與中國當代思想建設最具活力與潛力的傳統文化因子之一。

關於"新道家"，最初爲馮友蘭、熊鐵基等人用以指稱秦漢黄老道家與魏晉玄學家的專用名稱。1991年，中國科學院自然科學史研究所董光璧正式提出"當代新道家"的概念，在其隨後出版的《當代新道家》一書中，他將英國科學史家李約瑟、日本物理學家湯川秀樹、美國物理學家卡普拉爲代表的一批科學人文主義者，稱爲"當代新道家"，原因是"他們揭示出正在興起的新科學觀向道家思想歸復的某些特徵，並且提倡東西方文化融合以建造一個科學文化和人文文化平衡的新的世界文化模式"①。近年來，更多倡導"當代新道家"的學者則傾向於直接從先秦道家思想中尋求契合當代社會思想文化發展的有益因素，返本開新，嘗試建構"當代新道家"的思想理論與體系，突出道家思想的當代價值。如陳鼓應先生在《道家思想在當代》文章中，呼籲"新道家，必須要建立自己的理論體系，或者在思想觀念上有突破、有創新的見解"②。孔令宏《新道家哲學論綱》基於道家、道教哲學的本源論與本體論的建構與落實，以"通"作爲融貫道家、道教哲學的形式與內容的範疇，形成新道家一個"略具體系性的理論論綱"③。陸建華《建立新道家之嘗試——從老子出發》一書提出建立新道家的兩種路徑：一爲立足傳統道家，吸收道家以外的思想文化；二是只從傳統道家内部資源出發，開出新的方向④。許抗生《當代新道家》則圍繞當代新道家思想的建構，從"道論""德論""人性論""倫理價值觀念""修養論""人生境界論""管理學説""理想社會"等多維度闡述當代新道家的理論基礎、人性論、倫理關係、社會管理學説等方面的問題，其出發點是嘗試以道家思想文化應對20世紀以來工業文明發展對人類生存造成的種種危機⑤。"新道家"或"當代新道家"的提法雖晚，但其探索嘗試與發展路徑却最爲豐富多義，這固然與道家思想本身的包容性有關，同時也展現出諸子學進入現代社會與思想文化場域時其本身發展延伸的多種路向可能。

"新法家"的名稱源自20世紀30年代至40年代抗日戰争期間。以常燕生、陳啓天等爲代表的政治家學者以救亡圖强爲目的，熱切呼籲先秦法家復興於世，號召學界潛心研究法家著作，發明法家思想，拔高歷史上的法家人物，明確發出"新法家"宣言，標志着"新法家"作爲一個近代思想群體正式誕生。常燕生於1935年發表《法家思想的復興與中國的起死回生之

---

① 董光璧《當代新道家》，華夏出版社1991年版，第2頁。
② 陳鼓應《道家思想在當代》，《道家文化研究》第二十輯，生活・讀書・新知三聯書店2003年版，第3頁。
③ 孔令宏《新道家哲學論綱》，《杭州師範學院學報》2003年第3期。
④ 陸建華《建立新道家之嘗試——從老子出發》，安徽大學出版社2011年版，第12～15頁。
⑤ 許抗生《當代新道家》，社會科學文獻出版社2013年版，第159～162頁。

道》，將民國當時的社會局勢與周末戰國時代相比照，提出"新戰國時代"的命題，極力呼籲先秦法家思想應該復興於世："中國現在正處在要從一個民族社會踏入國族社會的階段，在這個過渡階段，需要一種積極的，進取的，實證主義的理論來幫助社會的自然進化，在這個前提之下，法家思想必然要復活起來。"①常氏此文可視爲"新法家"的開宗宣言，在當時思想界引起極大震動。1936年，陳啓天著成《中國法家概論》，蕩除舊儒對法家的偏見，發掘法家的歷史意義與現代價值，並在常燕生的基礎上進一步闡明了法家復興的時代必要②。也有學者將"新法家"的起源上溯至更早，如王汎森將章太炎的社會政治思想中"名法之治"與"綜核名實"的一方面歸稱爲"新法家"③，此後程燎原又將晚清最後十餘年間梁啓超、劉師培、沈家本、湯學智、麥孟華等法政諸家以及有法政文論的學者也歸入"新法家"群體④。近有學者繼續溯而廣之，提出早在19世紀上半葉，魏源、龔自珍已開重估法家價值的先河，到了晚清，"章太炎、梁啓超對先秦法家思想的高度宣揚，掀起了法家復興的第一波思潮"⑤。法家復興的思潮與晚近以來中國社會日益嚴峻的民族危機之間有着深刻的關聯。由於歷史的原因，民國時期的"新法家"未能發揚開來，但由其肇始的法家學術研究却一直是現代法學界、史學界、思想界、包括文學研究界經久不衰的熱題。2019年11月，"中國法家研究會"正式成立，數年來，學會致力於廣納不同專業背景的專家學者力量，展開法家思想學術討論與研究，既可以視作對百年前"新法家"學術事業的繼承發揚，也體現出"法家"思想恒久的魅力與價值。

關於"新墨家(學)"，20世紀以來也取得極大進展。梁啓超、胡適開其端，章太炎、馮友蘭、錢穆、嚴靈峰、伍非百、吳毓江、張純一、欒調甫、任繼愈、費孝通、譚家健、王贊源、孫中原、鄭傑文、李廣星、李紹昆、韋政通等學者先後投身其中，做出了重要貢獻。其中任繼愈等主編《墨子大全》⑥，囊括古今墨學研究著作100册；嚴靈峰主編《墨子集成》46册⑦；張知寒主編《墨學與當今世界叢書》⑧，收錄10種現代墨學研究著作；鄭傑文著《中國墨學通史》⑨，系統勾勒墨學歷史。這些都是代表性成果。當然，"新墨家(學)"名稱的提出則晚至1990年代末，張斌峰與張曉芒《新墨學如何可能》一文，對照"新儒學"與"新道家"的發展情況，提出"新墨學"⑩，此文

---

① 常燕生等《生物史觀研究》，上海大光書局1936年版，第238頁。
② 陳啓天《中國法家概論》，上海中華書局1992年版。
③ 王汎森《章太炎的思想(1968—1919)及其對儒家傳統的冲擊》，臺灣時報文化出版事業有限公司1985年版，第149~155頁。
④ 程燎原《晚清"新法家"的新法治主義》，《中國法學》2008年第5期。
⑤ 喻中《法家的現代性》，法律出版社2018年版，第127頁。
⑥ 任繼愈主編《墨子大全》，北京圖書館出版社2002年版。
⑦ 嚴靈峰主編《墨子集成》，成文出版社1975年版。
⑧ 張知寒主編《墨學與當今世界》，中國書店1997年版。
⑨ 鄭傑文《中國墨學通史》，人民出版社2006年版。
⑩ 張斌峰、張曉芒《新墨學如何可能?》，《哲學動態》1997年第12期。

也被稱爲"現代新墨家"的"宣言書"。2004年,彭永捷撰文稱,"新墨家(學)"作爲一個文化現象或新興"學派","它的出現應該引人注目,但事實上又悄無聲息;足以攪動整個思想界的深潭,然而却並未泛出多少漣漪"①。此外,在"新墨學"概念的理解與建構方面,孫中原借用德國數學家希爾伯特"元數學"的元理論概念,提出"元墨學":"元墨學的理論層次高於墨學,它揭示了墨學的元性質,是新墨學的核心","以現代科學理論爲工具性元理論,將墨學和現代需要相互交織、協調一致、恰切運作,達成新墨學創立的目的、結果、宗旨、動機和理想"②。儘管目前來看,所謂"墨學現代化"或"當代新墨學",其基本的視野參照與研究模式還不出晚清以來以西釋墨或以墨釋西的理路,也尚未能凸顯墨學在現代諸子學乃至整個中國現代學術中的定位,不過,作爲對先秦諸子顯學之一的"墨學"的現代化探索,其意義是十分重大的。

考察"新儒家""新法家""新道家""新墨家"等概念的出現及實際發展演進,不難看出:在諸子學內部,各家、各派都已不斷嘗試各自的創新與突破,"新"説成爲一種趨勢。因此,"新子學"的提出也是必然之事,也更具有兼容並蓄、總覽各家的意味。從這個角度説,"新子學"也將進一步推動諸子各家的研究,甚至催生新的分支,從而使得研究更具有理論依據與發展動力。

三、20世紀以來諸子學史的主要成就

我國歷來有"辨章學術、考鏡源流"的學術傳統。20世紀以來,特別是近二十年來,諸子學領域一個非常重要的貢獻就是關於學術史的研究,並且取得了巨大的成績。

就先秦諸子而言,老、莊、孔、墨、荀、韓等,皆有專門的學術史,老學、莊學、孔學、孟學、墨學、荀學、韓學乃至名學等都是成就卓著,成果斐然。

老學方面,熊鐵基、馬良懷、劉韶軍的《中國老學史》是較早的學術史專著③,此後則有劉固盛《道教老學史》等論著④,劉思禾《清代老學史稿》、李程《近代老學研究》等則是老學的斷代史研究⑤。日前,劉固盛主持的國家社科基金重大項目"中國老學通史"也已結項出版⑥。莊學方面,熊鐵基、劉固盛、劉韶軍的《中國莊學史》可謂首開風氣⑦;方勇《莊子學史》更是後出轉

---

① 彭永捷《"現代新墨家"的文化解讀》,《現代哲學》2004年第2期。
② 孫中原《墨學現代化、新墨學和元墨學》,《哲學研究》2006年第2期。
③ 熊鐵基、馬良懷、劉韶軍《中國老學史》,福建人民出版社1995年第一版,2005年第二版。
④ 劉固盛《道教老學史》,華中師範大學出版社2008年版。
⑤ 劉思禾《清代老學史稿》,學苑出版社2017年版;李程《近代老學研究》,武漢大學出版社2008年版。
⑥ 參見劉固盛《中國老學通史研究的"縱"與"横"》,《光明日報》2022年1月24日。
⑦ 熊鐵基、劉固盛、劉韶軍《中國莊學史》,湖南人民出版社2003年版。福建人民出版社、人民出版社2009年、2013年分別再版。

精,是莊學史研究的集成之作①。孔學方面,則有羅安憲《中國孔學史》②、唐明貴《論語學史》等著作③。孟學方面,王其俊主編有《中國孟學史》一書④,首創孟學通史研究,惜其部分内容有失範現象而被學界批評;梁濤主持的國家社科基金重大項目"中國孟學史"⑤,則更多爲學界所關注;李華《周秦兩漢孟子學研究》、李峻岫《漢唐孟子學述論》、劉瑾輝《清代孟子學研究》等分期研究也都值得重視⑥。墨學方面,鄭傑文《中國墨學通史》,系統勾勒歷代墨學研究成績,是本領域的前沿成果。荀學方面,馬積高《荀學源流》⑦,是系統梳理荀學的第一書,强中華《秦漢荀學研究》、田富美《清代荀子學研究》等則是分階段研究的新成果⑧。名學方面,胡適一百年前撰寫的《先秦名學史》⑨,不僅開當時風氣之先,即便今天讀來也依然不落後於潮流;程水金主持的國家社科基金重大項目"先秦名學文獻整理及其思想流别研究"⑩,則更具總結名學的意味。韓學方面,20世紀30年代,陳千鈞即撰有《歷代韓學述評》與《歷代韓學述評續》⑪,已初步勾勒出韓學的歷史綫索。鄭良樹《韓非之著述及思想》與《韓非子知見書目》⑫,對於"韓學"概念的使用更爲明確。而宋洪兵的《韓學源流》⑬,則對韓學的内涵與外延予以理論界定,並對歷史上韓學的發展演變做了系統條述和評析。筆者主持的國家社科基金重大項目"韓學文獻整理與研究",具體分爲五個子課題:1. 歷代韓學文獻叙録;2. 古代韓學文獻匯編;3. 現代韓學文獻萃編;4.《韓非子》匯校集注集評;5. 中國韓學史。這是從文獻、文本、思想三個層面,對歷代韓學文獻及韓學史等相關問題做系統的梳理研究⑭。

這裏還要提到方勇主持的國家社科基金重大項目"中國諸子學通史"⑮,該課題全面梳理從先秦至清末關於先秦諸子的發展、流變、傳播、接受的歷史。以先秦兩漢、魏晉南北朝、隋

---

① 方勇《莊子學史》,人民出版社2008年第一版,2017年增補版。
② 羅安憲《中國孔學史》,人民出版社2008年版。
③ 唐明貴《論語學史》,中國社會科學出版社2009年版。
④ 王其俊主編《中國孟學史》,山東教育出版社2012年版。
⑤ 梁濤:國家社科基金重大項目"中國孟學史"(2011&ZD083)。
⑥ 李華《周秦兩漢孟子學研究》,山東人民出版社2014年版;李峻岫《漢唐孟子學述論》,齊魯書社2010年版;劉瑾輝《清代孟子學研究》,社會科學文獻出版社2007年版。
⑦ 馬積高《荀學源流》,上海古籍出版社2000年版。
⑧ 强中華《秦漢荀學研究》,人民出版社2017年版;田富美《清代荀子學研究》,花木蘭文化出版社2011年版。
⑨ 胡適《先秦名學史》,上海亞東圖書館1922年版。
⑩ 程水金:國家社科基金重大項目"先秦名學文獻整理及其思想流别研究"(2018ZDA243)。
⑪ 陳千鈞《歷代韓學述評》《歷代韓學述評續》,《學術世界》1936年第1卷第11、12期。
⑫ 鄭良樹《韓非之著述及思想》,臺灣學生書局1993年版;《韓非子知見書目》,臺灣商務印書館1993年版。
⑬ 宋洪兵《韓學源流》,法律出版社2017年版。
⑭ 馬世年:國家社科基金重大項目"韓學文獻整理與研究"(2018ZDA250)。
⑮ 方勇:國家社科基金重大項目"中國諸子學通史"(2019ZDA244)。

唐、宋元、明清五個歷史階段的諸子學斷代史爲子課題架構。"以梳理兩千年來諸子學發展演變的過程爲手段,以探索和歸納諸子學發展演變的內在規律爲目的,將先秦至清末學者所取得的各方面諸子學成果加以咀嚼、融通,形成一部能夠反映整個諸子學發展全貌和演變規律的通史"(見其"項目簡介")。對諸子學做通史研究,顯然更具清理家底、爬梳歷史的總括意義,無論是理論構架還是整體規模都是開創性的,其難度與創新也可以想見。

總體來說,20 世紀以來的諸子學研究,呈現出迥異於傳統子學的面貌,在許多方面都取得了重要的成果,而諸子學史的成績尤爲突出。今天討論"新子學"的理論建構與具體實踐,諸子學史就是一個非常重要的觀察視角與考量維度。

四、現代諸子學史建構的四個維度:以韓學爲例

現代諸子學史的建構是一個複雜而又系統的問題,其中既包含研究內部的各個方面,如研究目的、內容、方法、思路等,又涉及學術發展的外部機制與環境變遷,如時代風氣影響下的學術生態、學術生成與評價機制,以及研究者的身份群體、思想理念、情感態度等。對這些問題的把握同樣是一個複雜的工作。不過,就諸子學史的外在形態而言,則主要體現爲文獻史、思想史、文學史、接受史等幾個方面。我們建構現代諸子學史,也主要依據這四個維度。這裏以韓學史爲例來説明現代諸子學史建構的問題。

(一) 文獻史維度

在南宋"乾道本"未被發掘之前,清代學者校讀《韓非子》主要取用趙用賢本、《道藏》本、張鼎文本、《韓子迂評》本、凌瀛初本等刊本,"乾道本"則是清代《韓非子》版本方面的大發現與大貢獻。《韓非子》文本整理校勘,有盧文弨的《韓非子校正》、顧廣圻《韓非子識誤》、王念孫《讀韓非子雜志》,以及晚清俞樾《韓非子平議》、孫詒讓《韓非子札迻》、于鬯《韓非子校書》等札記,皆對《韓非子》文本整理做出重要貢獻。正是在此基礎之上,王先慎的《韓非子集解》得以成爲有清一代《韓非子》校理的集成之作。

民國以來,學者們繼承乾嘉考據學術的精華,繼續展開對《韓非子》文本的整理校釋工作,以劉文典《韓非子簡端記》、陶鴻慶《讀韓非子札記》、高亨《韓非子補箋》、于省吾《雙劍誃韓非子新證》等爲代表的民國札記類校《韓》成績,既有對清人的糾誤補足,也頗多自己的發明獨得。陳啓天的《韓非子校釋》一書,得時代之便,薈集清人與並世學者以及日本學者的校釋成果,體現出當時時代背景下的總匯意義。概括來看,此時期學者們在《韓非子》文本整理方面成績突出,主要得益於前人尤其乾嘉以來《韓非子》校勘整理的豐碩成果,而且,學者們在整理原則和校勘方法上也基本不出乾嘉範式。因爲受疑古思潮的影響,後來的學者們對待《韓非子》文本越發謹慎,體現出更加科學客觀的態度,在一些具體問題的考釋校訂上持續推進。

20世紀50年代至今,《韓非子》的文本整理有更大收穫,其代表之作首推陳奇猷的《韓非子集釋》,該書出版以來一直享譽學林,堪稱現代韓學文獻校勘整理的力作。陳氏後來在《集釋》的基礎上再作修訂,更名爲《韓非子新校注》①,也很爲學界所關注。1960年,梁啓雄的《韓子淺解》一書出版,該書注解精當,按斷審慎,尤以其簡要淺明風行一時②。1982年,周勛初等人的《韓非子校注》出版,這是現代韓學史上的又一部文獻整理要著③,雖爲普及讀本,但從其校勘之謹審,注釋之精詳,於特殊年代,尤見一代《韓非子》文本整理者的學術態度與精神風骨。近年來,張覺先後出版多部《韓非子》校注評譯之作,其代表作當數《韓非子校疏》④,該書引證文獻極爲豐贍,又多能於前人舊說之基礎上獨出己見,《附錄》搜羅、補充韓學研究重要材料,也是有功於學界。至於其書在體例上不專定底本,而欲並存諸善本,則與古籍整理常例不合。

總之,現代韓學發展進程中,《韓非子》的文本整理校釋是取得成果最爲豐碩的領域。顯然,每一次的重新董理都有豐富的前人遺產可以繼承,而因爲整理者所用底本不同,整理思路不同,所以也在不同程度上對前人的成績有所推進。進一步説,整理者本人對韓非思想的理解以及對《韓非子》文本性質的認識各有不同,自然也就將思想研究的内涵與文本屬性的判斷都灌注到文獻整理當中,因此,每一種精良的整理成果必然也體現出各自的特色。這樣看來,以《韓非子》文本爲核心的韓學文獻整理工作由此也就具有了開放性與永恒性,現代韓學史的文獻史維度也由此不斷凸顯。

(二) 思 想 史 維 度

晚清以來的韓學史,最顯見的特徵是對韓學思想的關注、討論和研究不斷突出,這也是韓學從傳統資源轉向現代學術最重要的義涵。具體體現爲以下三個方面:

其一,對韓學思想的批判逐漸深入,視角漸趨多元。歷史地看,從漢代一直至清代,在王權政治語境下對於《韓非子》的思想批判是主調,清代以前鮮有新論。清初遺民思想家王夫之在反思明亡的歷史教訓時,將"申韓"斥爲最末一等的"治法",批評其"損心任氣",提出"申韓"與"佛老"在危害國家社會的原理上互爲因果,此後一直到晚清,主流思想界對韓學思想批判鮮有高出此論者。乾隆時期編著的《四庫全書總目·法家類》小序所謂"聖世所不取"的態度基本可以作爲這一階段韓學思想批評的縮影。晚清西學東介,西方"民主""法治""自由"等觀念傳入中國,又爲韓學思想批評提供了全新的"他者視角",在一派"西學中源"的風氣中,嚴復和沈家本對申、韓之法與西方"法治"予以特别辨析,定性申、韓之學爲"專制之尤",其結論其

---

① 陳奇猷《韓非子集釋》,中華書局1958年版;《韓非子新校注》,上海古籍出版社2000年版。
② 梁啓雄《韓子淺解》,中華書局1960年版。
③ 周勛初等《韓非子校注》,江蘇人民出版社1982年版。
④ 張覺《韓非子校疏》,上海古籍出版社2010年版。

實也是傳統批判論調的重新表述。民國時期,梁啓超因自我法治觀念的不斷革新,對韓學思想由最初的推崇張揚到後來反思其"法不能正本清源"的弊端,又質疑韓學思想中"法"的知情權問題。胡適通過對韓學思想中"功用主義"的解讀,指出其發展至極端的危害。章太炎則從處理國家政俗關係的角度批評韓非思想之弊在於"有見於國,無見於民"。新儒家熊十力針對晚近以來輕率嫁接中國傳統法家思想與西方"法治主義"的錯誤做法予以糾弊,認爲韓學思想全是"極權主義",指韓非爲"侵略主義者"。蕭公權從比較中西政治思想史的角度指出韓非將人主地位高出法上,實爲"君主專制主義理論"。此後學者對韓學思想的批判不斷趨於深入化,批判視角也逐漸多元化,諸如"法治""專制""極權""功利"等現代韓學思想研究中的基本命題已經討論日深,這也是現代韓學建立最重要的標志。

其二,對韓學思想的總體態度漸趨肯定與接受。古代中國的王權政治時代,由於官方意識形態一貫以儒學爲正統,故思想界少有對韓學做出正面評價者。晚清世運丕變,治術焦慮之下,諸子思想中的"經世"因素被發掘出來。此時,雖然大多數學者依舊在根本上否棄法家韓學,但出於時代需求,朱一新、陳澧等人也暗自調和儒、法,逐漸吸收法家,汪世鐸甚至提出申韓"賢於堯舜十倍"的治道理想。魏源、嚴復此時也推韓非的"綜名核實"爲救亡之唯一途徑。藉助晚清救亡圖存的政治語境,韓學思想由此獲得前所未有的價值正當性,如此時的梁啓超即對韓學思想中務求"國家内部統一"與"富國强兵"的動機極爲贊賞,這種態度被其後民國時期"新法家"常燕生、陳啓天所大力發揚。尤其陳啓天極力高張傳統法家與韓學思想中"國家觀念""法治觀念"等内涵。林語堂針對民國時期史治廢弛的政治弊失,提出了著名的"半部《韓非》治天下"。這一時期"救亡"與"圖强"始終是延續不斷的時代主題,對韓學思想的逐步肯定與申張發揚,無不具有强烈的現實針對性。

思想史維度的另外一層,是對韓學思想内涵的不斷挖掘。從漢代一直到晚清以前,中國古代思想世界長期被儒家王道政治思想所主導。自司馬遷將韓非的思想定性爲"刑名法術之學",又説其"歸本於黄老"後,歷代學者對韓學思想的認識與表述幾乎不出此話語套路。晚清文廷式在其論學筆記中强調韓非思想尤其重"術"的特點,而在嚴復、魏源、汪世鐸、曾國藩等人的治道闡述中,"法"又成爲韓非思想的核心,由此開啓了韓非思想體系中"法""術"關係建構的議題。章太炎在合觀韓非思想"法""術"兩層後,從先秦學術思想源流的角度提出韓非"偏重於術"。梁啓超則從"法治主義"的角度解讀韓非思想,胡適繼而發明出韓學思想中"進化的法治主義"與"法治的功用主義"兩層義涵。順着"法治主義"的話題,張陳卿將韓非"法治思想"的根本原理認定爲"賞罰",由此推演出兩種韓學思想的邏輯發生層序:"法—勢—術"與"勢—術—法"。陳烈從政治哲學的角度將韓非"法治"思想義涵概括爲"善惡針對""嚴法""補人治之窮""切用於世"等四個方面,又對韓非"法治"思想(有刑)從老子"無爲"思想(無刑)演進而來的過程有所發明闡述。在陳啓天所建構的韓學政治思想體系中,"集勢""任法""用術"同屬一個層面,即實在的政治效用。至此,韓學思想中"法""術""勢"三者的關係問題,由最初何者占主導的簡單討論,到後來何者爲先何者爲後的邏輯推演,再到最後將三者作爲循環互補、共生共存狀態的體系建構。韓學思想的政治學性質逐漸確立,其中法治思想的内涵也被充分挖掘,現代韓學中思想研究的基本內容與範疇也由此奠定。思想史的維度自然也成韓學史建構的一端。

(三) 文學史維度

作爲先秦諸子的殿軍之作,《韓非子》不僅集法家之大成,代表着法家著述的最高成就,而且在整個先秦子書當中也具有標志性的意義。關於《韓非子》的文學成就,拙著《〈韓非子〉的成書及其文學研究》有專門論述①,這裏不做專門展開。

傳統的文學史在論及先秦諸子時,《韓非子》是特別要提及的内容。不過總體來看,20世紀以來幾部影響很大的文學史,論述却大致相似:不外乎嚴苛犀利的思想、鞭辟入裏的説理、直刺人心的論事、冷峻峭拔的風格以及成就顯著的寓言等,結論也多是陳陳相因。因此,如何認識《韓非子》的文學成就與價值,進而評價其文學史意義,仍然是一個需要不斷探索、不斷深入的問題。這也是我們建構韓學史的一個重要維度。

從文學的角度看,《韓非子》是先秦子書中極富個性與文學特色的,前人對此有着非常精到的認識。司馬遷説韓非"善著書",其實就是講《韓非子》的文學性;劉勰所云"韓非著博喻之富"(《文心雕龍·諸子》),更是就其精要而言。明代以來的意見就更具有代表性了。譬如,門無子評價《韓非子》是"論事入髓,爲文刺心","求之戰國之後,楚漢之先,體裁特異"(《刻韓子迃評跋》);張鼎文謂其爲"三代以下一家之言,絶有氣力光焰"(《校刻韓非子序》);王世貞謂韓子之文是"峭而深,奇而破,的能以戰國終者"(《合刻管子韓非子序》);陳深則云"上下數千年,古今事變,奸臣世主,隱微伏匿,下至委巷窮閭,婦女嬰兒,人情曲折,不啻隔垣而洞五臟"(《韓子迃評序》);茅坤更是説"顧先秦之文,《韓子》其的彀焉……纖者、巨者、謫者、奇者、諧者、俳者、唏嘘者、憤懣者、號呼而泣訴者,皆自其心之所欲爲,而筆之於書,未嘗有所宗祖其何氏何門也。一開帙,而爽然、耉然、赫然、勃然,英精晃蕩,聲中黄宫,耳有聞,目有見"(《韓子迃評後語》);至於趙世楷所説"先秦文,莫如韓子古峭"(《重訂韓子凡例》),則頗具有總結的意味。這些看法也體現出傳統文學評點的趣味。20世紀以來,研究者開始以現代的文學眼光觀照《韓非子》的文學性,一個代表性的意見便是郭沫若在《十批判書·韓非子的批判》中提出的論斷:"孟文的犀利,莊文的恣肆,荀文的渾厚,韓文的峻峭,單拿文章來講,實在是各有千秋。"②將其作爲先秦諸子散文的"四大臺柱"之一,這也成爲一種普遍的看法。此後的文學史著作,基本上都是在這種思路下展開的。當然,在具體問題的認識上則越來越細緻、深入。近年來,研究的領域不斷擴大,文學發生、文本形態、文章文體、話語方式等都成爲研究的新思路與新視角。

從本質上説,諸子是思想著作,其價值更多體現在哲學史、思想史等方面。不過,因爲其

---

① 參看馬世年《〈韓非子〉的成書及其文學研究》,上海古籍出版社2011年版。
② 郭沫若《十批判書》,人民出版社1954年版,第186頁。

高超的文學藝術,諸子歷來又是文學史研究的主要内容。所以,從文學史的維度考察諸子學,本質上也是要凸顯諸子的文學價值,從而回歸中國文學的傳統,在哲學、思想、歷史等覆蓋的領域争得文學的一席之地。

(四) 接受史維度

從接受史的角度看,《韓非子》的接受史總體上可以分爲古代與現代兩個階段。關於此問題,筆者在《〈韩非子〉的成書及其文學研究》中有相關論述①,這裏只論其總體情況。

古代的《韓非子》接受史從秦漢到晚清分四個時期: 第一,秦、漢時期。秦王朝對韓非思想非常重視,甚至將其尊爲"聖人之論""聖人之術"(《史記·李斯列傳》)。漢初研究韓非思想的人也較多,以至於武帝時期將韓非的言論列爲罷黜的對象,也從另一個角度反映了韓非思想的影響。司馬遷《史記·老子韓非列傳》是首次對韓非生平、思想、著述的簡要總結。東漢時期對韓非思想的關注,如王充《論衡·非韓》、王符《潛夫論·賢難》《釋難》以及劉陶《反韓非》等專文,或是或非,褒貶不一。第二,南北朝至唐。相較於秦漢時期的韓學研究而言,此階段關於韓非及其思想的專門研究較爲薄弱,可以看作是傳統韓學研究的沉寂期,主要集中在對《韓非子》文本的注釋上。第三,宋、元時期。與前代相比,宋人更多對韓非的評論。歐陽修有《論申韓》,蘇軾、蘇轍分别撰有《韓非論》,晁公武、高似孫、黄震等人也都在其著作中有所議論。注釋方面,宋人謝希深有《韓非子注》,學者們認爲即乾道本、《道藏》本之舊注。另,元末何犿在校訂《韓非子》時,"略加旁注",是其又一注本。第四,明、清時期。這是傳統韓學的興盛期,主要工作集中在文學評點與刊刻校訂兩方面。這一點前面已有論述,兹不贅述。

晚清以後,傳統韓學向現代轉型。20世紀以來的現代接受史也大致可分爲三個階段: 第一,20世紀10年代至40年代。20世紀初,尤其是"五四"以後,受西方學術思想的影響和現代學術精神的推動,韓學研究開始了新的轉型與發展,研究者在現代學術視野下重新認識韓非子的文化地位和思想價值,客觀上實現了傳統韓學的現代轉型。同時,"西學"的引入也提供了諸多新的理論與方法,此時期的韓學研究,一方面承續着傳統的研究模式,另一方面又積極接納新的學術思想與方法,努力變革,體現出新舊學術範式的轉換。此一階段的韓學研究多依附在諸子學和哲學史研究的範疇内,逐漸表現出明顯的綜合研究的趨勢。第二,20世紀50年代至70年代。這是現代《韓非子》接受史的特别期。之所以稱其爲"特别期",是因爲: 一方面,20世紀中期以後,韓學一時成爲顯學,異常繁榮;另一方面,在特定的歷史背景下,受政治環境的影響,大陸的韓學研究偏離了正常的學術軌道,出現了異常的局面。《韓非子》"被經典化",韓非子研究"被中心化",韓學研究受到了很大的干擾。這種"被經典化"與實際中的世俗化、"被中心化"與事實上的邊緣化,恰恰表明了韓非思想中所固有的缺陷——譬如極權、專制、權謀、自利等,以及這些缺陷如何在特定的歷史時代被凸顯乃至放大。第三,20世紀80

---

① 馬世年《〈韓非子〉的成書及其文學研究》。

年代至今。這是現代《韓非子》接受史的深化期。這一時期的韓學研究,在對 20 世紀反思與總結的基礎上,開始了更爲深入的探索,其成就可以總結爲八個字:全面推進、重點突破。無論是在研究領域、關注重點,還是在研究方法、學術理念上,都彰顯着現代學術的精神,體現出鮮明的時代特色。舉凡韓非的生平、思想、價值、歷史地位,《韓非子》的篇目考證、文本整理、文本形態,韓學的文化意藴以及綜合研究等,都取得了極爲豐碩的成果。特别是近二十年來,隨着對法家研究的重新重視,關於韓非子的學術立場、學術理念、研究視野、基本結論等都有着很大的進步,研究工作更爲精深,顯示出新的歷史時期的新突破。

從内容來説,歷代《韓非子》的接受除了文本、思想、文學、文化之外,還涉及政治學、經濟學、法學、社會學等各個方面,其内涵就更爲豐富了。

總之,文獻史、思想史、文學史、接受史四者整體上成爲現代韓學史建構的重要維度。進一步説,這也是現代諸子學史建構的基本維度,一部現代學術視野下有筋有骨、有血有肉的諸子學史,總離不開這幾個方面的歷史考察。

五、諸子學史視野下對"新子學"的再思考

方勇先生將晚清以來的諸子學研究,概括爲兩條綫索:"一條綫索是以'諸子學'的名目,沿襲傳統子學的範疇和問題,梳理建構'諸子學'體系,這是當時'國學'體系的一部分。"這條綫索的研究"其中不少著作囿於成説,還缺乏對諸子學體系基本問題的全方位把握,對於如何與現代意識相融通也尚未能正面處理"。因而他將此稱爲"缺乏現代意涵的諸子學"。而與此相對,"另外一條綫索則是在現代學科體系下的諸子研究,包括中文系的諸子研究、歷史系的諸子研究、哲學系的諸子研究,其中最主要的是從胡適、馮友蘭開始的中國哲學史研究"。這條綫索的研究"可以稱作現代的諸子研究,但其實質並非'諸子學'研究,而是'中國哲學史'研究"[1]。他對這兩個方面無疑都是予以批評的。既然如此,那又如何理解"新子學"呢? 他進一步説:"'新子學'就是在這兩條綫索的基礎上,探索現代學術體系意義上的諸子學研究。因爲繼承傳統諸子學,故而是'諸子'學;因爲要賦予諸子學以現代的學術體系形態,故而是'新'子學。"[2]這樣的説法當然是很有意義的。不過,仔細考量起來,他所説的"新子學",主要局限在近年來的研究上,而與晚清、民國的諸子學傳統有着較大的區别。這是需要進一步討論的。

前已指出,"新子學"概念的提出儘管較晚,但其研究實踐却可以追溯到 20 世紀初。從章太炎的《諸子學略説》(《國粹學報》1906)、《國故論衡》(1910)、孫德謙的《諸子通考》(1910)開

---

[1] 方勇《"新子學":目標、問題與方法——兼答陸建華教授》。
[2] 同上。

始,胡適的《中國哲學史大綱》上卷(1919)、陳鐘凡的《諸子通誼》(1925)、劉汝霖的《周秦諸子考》(1929)、陳柱的《諸子概論》(1930)、高維昌的《周秦諸子概論》(1930)、嵇文甫的《先秦諸子政治社會思想述要》(1932)、馮友蘭的《中國哲學史》(1930)、吕思勉的《先秦學術概論》(1933)、王蘧常的《諸子學派要詮》(1932)、羅根澤的《諸子要略》(1934)、羅焌的《諸子學述》(1935)、錢穆的《先秦諸子繫年》(1935)、胡耐安的《先秦諸子學説》(1936)、李源澄的《諸子概論》(1936)、郭沫若的《十批判書》(1945)、杜國庠《先秦諸子思想》(1947)、蔣伯潛的《諸子通考》(1948)等整個20世紀前半葉的諸子學成果,都是對晚清以前諸子研究的不斷突破。相較於傳統意義的子部之學,民國時期的研究無疑都應是"新"的子學。所以,今天討論"新子學",不能將其與整個20世紀的諸子學割裂開來,相反,它恰恰是對晚清以來諸子學傳統的賡續。換言之,晚清、民國以來的諸子學研究,本身就是"新子學"的開始。

　　從研究範式來説,20世紀初,在"五四"精神的推動下,諸子學研究範式也開始新的轉型,"西學"的引入提供了諸多新的理論與方法,在"民主"與"科學"精神的昭示下,諸子的文化地位和思想價值得到新的認識,諸子學也由長期湮而無聞的異端之學轉化爲具有現代意義的新學術,湧現出章太炎、梁啓超、胡適、馮友蘭、陳柱、張爾田、孫德謙、羅焌、劉咸炘等一批學術大家,尤其以章太炎《諸子學略説》、胡適《中國哲學史大綱》、錢穆《先秦諸子繫年》等爲代表。章、胡的著作可以看作近代諸子學的建立與轉型,而錢穆則是對整個諸子生平、時代、著述的通盤考證。這些都是劃時代、革命性的,不僅改變以往對諸子各流派的總體評價,實現了對諸子學價值的重估,而且進一步深入到具體研究中,開闢了諸子研究的新思路。由於義理之學的凸顯,同時經學地位一落千丈,民國諸子學徹底擺脱了經學附庸的地位,也摒棄了"以子證經"的傳統,從傳統的經史之學中獲得了獨立。當然,這一時期的研究也不可避免地帶有時代的局限:一方面,因爲疑古思潮的影響,關於諸子年代及子書真僞的判定多有武斷,從而產生許多盲目否定的結論;另一方面,西學的影響也使得對先秦諸子的解讀過多帶上了西化的理論色彩,以西學比附子學的現象較爲顯著。

　　20世紀50年代至70年代的諸子學研究,總體上處於一個過渡時期,既體現出對馬克思主義的吸納和接受,也保留着一些傳統研究的思路和方法。不過,此後近20年,由於特殊的歷史原因,嚴肅的諸子學研究幾近停止,直到20世紀80年代以後才逐漸恢復正常。

　　新時期以來的諸子研究,是在對20世紀前期研究反思的基礎之上展開的。首先,針對疑古思潮,學者們更加注重"走出疑古時代",而大量出土文獻的面世,使得"如何走出"也有了更多文獻的證據。鄭良樹的《諸子著作年代考》關於諸子著作年代的考辨,便是基於對"辨僞"的再思考,他所説先秦子書是"多次、多人、多時及多地才結集而成",無疑是考察先秦子書構成的重要思路①。其次,針對西學的過度影響,學者們更加注重回歸先秦諸子的實際,回歸中國學術的傳統,楊義主張的"諸子還原",方勇提出的"子藏"整理等,顯然在研究範式上又具有推

---

① 鄭良樹《諸子著作年代考》,北京圖書館出版社2001年版。

進的意義。

　　要之，從本質上説，"新子學"是傳統"子學"的發展與改造，也是現代學術視野下對中國傳統學術的反思與重構。在今天的學術語境看，"新子學"無疑也是構建中國"學科體系、學術體系、話語體系"的具體實踐，因而有着特别的意義。

　　結論非常明確：第一，"新子學"是對晚清以來諸子學傳統的賡續；第二，"新子學"是對諸子學研究範式的不斷推進；第三，"新子學"自身是一個開放、多元的學術系統；第四，"新子學"也終將回歸到諸子學史的傳統中，並成爲其中的一部分。

［作者簡介］馬世年(1975—　)，男，甘肅静寧人。現爲西北師範大學文學院院長、教授、博士生導師，國家社科基金重大項目"韓學文獻整理與研究"首席專家。主要從事先秦兩漢文學、諸子學研究，著有《〈韓非子〉的成書及其文學研究》《新序譯注》《潛夫論譯注》等。

論"新子學"視野下的諸子觀
——以《漢志·諸子略》爲中心進行探討

揣松森

内容提要 對《漢志·諸子略》相關問題進行檢討,是"新子學"研究的起點。"九流十家"出於劉歆建構,以之爲基礎形成的"諸子出於王官"説,具有漢人現實政教關係考量的強烈傾向性,應當得到反思和檢討。劉向子籍校讎中"定著篇目"和"以人命書"兩例最具啓發:"書"初指篇章爲言,子書題名乃其"事主"而非"著者",子書濫觴於包括《尚書》在内的古"言""語"類文獻。所謂"諸子",指思想史中"諸子百家",即入道見志而成一家之言者。諸子一名含三義(人、學、書),研究時須作出區分。由於諸子言説載體具有特殊性,故不能僅認集衆篇者方爲子書,亦不能以自著與否定其書真僞,更不能按子籍成書年代論諸子學之産生。

關鍵詞 新子學 《漢書·藝文志》 九流十家 諸子出於王官 劉向《别録》 子籍校讎

中圖分類號 B2

引　言

春秋戰國時期,諸子勃興,百家爭鳴,學術思想極度繁榮。秦漢以降,至於魏晉南北朝間,流風餘韻猶未消歇,然百家九流已漸轉爲子部之學。其後子學中衰,迨明中葉始有復興之態。清擅樸學,或考訂校勘,或集釋輯佚,子籍董理成績斐然,唯不免存以子證經之見。近代以來,東西交通,舊有經學體制瓦解,諸子學復興。然而,子部之學被肢解爲諸科之學,加以疑古風氣流弊所被,致使諸子學之文本形態、研究内容、問題意識、言説方式等特點無法凸顯,不利於

---

* 本文爲國家社科基金重大項目"出土簡帛文獻與古書形成問題研究"(19ZDA249)、河南省高校人文社會科學研究一般項目"諸子起源與文獻生成研究"(2023-ZDJH-760)、南陽師範學院高層次人才引進專項課題"陸賈經學探微"(2020ZX025)階段性成果。

傳統文化的繼承和創新。因此,方勇教授呼籲"全面復興新子學"①,提出並深化"新子學"理念②,致力於推動當代諸子學發展。

在此之後,學術界不斷反思分科框架和疑古思潮對諸子學研究的影響,呈現出兩大趨勢:一是重新認識諸子成書,將其視爲一個文獻生成的過程,李鋭、徐建委、寧鎮疆等爲其代表③;二是反思諸子研究方法,如曹峰、高華平主張回到諸子本身,對其作綜合研究④。這些新趨向顯示,諸子學研究已經臨近突破期——將諸子學作爲一個獨立整體進行觀照,探究其内涵、特質及發生過程,成爲迫切需要解決的課題。然欲回應此最新課題,則於《漢書·藝文志·諸子略》不能避而不談;相反地,其中所涉及的諸子學起源、諸子家派劃分、子籍形態與年代等問題,都須首先得到批判檢討。以往諸子學研究之所以未能取得根本性突破,除對諸子内涵未作明確辨析外,主要還受到《漢志·諸子略》"九流十家"説、"諸子出於王官"説的定勢影響,且於先秦子籍形態未能深考所致也。蓋"諸子"之名含三義焉:一指諸子其人,二指各子學術,三指子籍文本。三者密切相關,但又非彼此對等,故在具體問題尤其諸子學起源和諸子家派劃分研究中,若非明確所指而論述之,則勢必互相交涉而繳繞不清。在這種狀況下,今人研究諸子學往往難逃"九流十家"和"諸子出於王官"舊説籠罩,講論先秦子籍又多以今推古之臆測,所以不能對諸子現象作整體觀照而探究其根本特質,亦無法形成一種古今通貫的諸子觀。兹以《漢志·諸子略》爲中心,圍繞"'九流十家'説檢討""'諸子出於王官'辨疑""劉向子籍校讎要例"三個問題略申鄙意,以拋磚引玉云耳。

一、"九流十家"説檢討

《漢志·諸子略》之論述,其影響後世深遠者乃"九流十家"説。按班固《叙傳下》謂"劉向

---

① 2012年4月13日,華東師範大學先秦諸子研究中心主辦"先秦諸子暨《子藏》學術研討會",方勇教授在會上提出"全面復興諸子學"的口號。
② 2012年10月,方勇教授發表《"新子學"構想》(《光明日報》2012年10月22日第14版),正式提出"新子學"理念。其後,相繼作《"新子學"申論》(《探索與爭鳴》2013年第7期)、《再論"新子學"》(《光明日報》2013年9月9日第15版)、《三論"新子學"》(《光明日報》2016年3月28日第16版)、《四論"新子學"》(《光明日報》2018年10月13日第11版)、《五論"新子學"》(《光明日報》2020年4月25日第11版),從不同面向進行深入闡述。
③ 可參李鋭《戰國秦漢時期的學派問題研究》(北京師範大學出版社2011年版)、《人物、文本、年代:出土文獻與先秦古書年代學探索》(中國人民大學出版社2017年版)、徐建委《〈説苑〉研究:以戰國秦漢之間的文獻累積與學術史爲中心》(北京大學出版社2011年版)、《文本革命:劉向、〈漢書·藝文志〉與早期文本研究》(中國社會科學出版社2017年版)、寧鎮疆《〈孔子家語〉新證》(中西書局2017年版)等。
④ 詳見曹峰《回到諸子:無法之法》(《史學月刊》2014年第10期)、高華平《綜合研究是先秦諸子研究創新之路》(《光明日報》2017年1月4日第11版)。

司籍,九流以別"①,似劉向校讎經籍時已有明確劃分;然稽之《別録》《七略》佚文,參以《漢志》"歆於是總群書而奏其《七略》……今删其要,以備篇籍"②云云,則九流十家之説實昉自劉歆《七略》。唯劉歆所論亦前有所承,並非完全出於自造。

夫評騭諸子學術,其來遠矣。自戰國迄秦已有數家,諸如《莊子·天下》《尸子·廣澤》《荀子·非十二子》《解蔽》《吕氏春秋·不二》《韓非子·顯學》皆是也。這些論説具有兩個顯著特點:一是就人論學,即於各種學術舉其代表人物進行評價;二是尚未顯示出明確的學派概念。雖然各篇不乏歸類和分組,如《天下》篇將宋鈃與尹文合論,《非十二子》篇將所品題者分作六組,但其歸類標準並不清晰,組合關係亦不固定,往往各就其部分相似點而合論之,很難説都是具有師承關係的學派。唯《顯學》篇指出儒墨創始人與後學分裂,認識到其爲具有先後傳承和發展變化的學派,開以"派"論"學"先河。逮西漢前期司馬談著《論六家要指》,論列陰陽、儒、墨、名、法、道德六家,被後人視爲真正的諸子家派劃分之作。劉歆"九流十家"説便承此而來,只在六家基礎上新增縱橫家、雜家、農家、小説家而已。不過,二者差異也相當明顯:首先,與司馬談以道德家爲指歸不同,劉歆認爲儒家"於道最爲高"③。其次,司馬談雖陳設六家概念而實近乎學術種類,並未以諸子其人或著作與之一一對應;劉歆則於各家不僅叙其源流,而且類别子籍加以坐實。前者涉及論者立場,彼此不同本無足怪,上舉《莊》《荀》《吕》《韓》亦各有其傾向。後者論述學派問題,司馬談側重學術類别而作理論探討,劉歆則試圖將其落實爲現實的學派劃分。然而,一旦牽涉到諸子起源、學術師承、子籍文本這些問題,就難免出現矛盾之處。先秦學術傳承方式和子籍成書過程往往情況複雜,"諸子"所含之人、學、書三者並非同步對應,故劉歆坐實十家劃分勢必難以彌合其中潛在的矛盾。

劉歆"九流十家"説被班固《漢書·藝文志》所繼承,故其深層矛盾亦存於《諸子略》中。楊新賓指出:"《諸子略》的十分法,確實是雜糅了以學派劃分爲核心的學術標準和以圖籍歸類爲核心的實用目的。雖然按照性質劃分也是圖書分類的一種方法,但兩種標準畢竟無法完全相契無間,其中的出入也是造成《諸子略》內在衝突的根本原因。"④他已看到劉歆兼顧學術派别與圖書分類的用心,以及兩者之間不可避免的內在張力。但還應看到,這背後亦有劉歆學術圖景建構和現實政教關係的考量。他一方面尊經卑子,以經學統攝諸子及其他學術;另一方

---

① 王先謙《漢書補注》,中華書局1983年版,第1740頁。按最初部類之分主要緣於校書分職,故兵書、數術、方技之書各由專家職掌校讎,其餘則並爲劉向負責,迨劉歆種别群書爲六略,遂而追述乃父所校者爲六藝、諸子、詩賦也。
② 王先謙《漢書補注》,第866頁。
③ 同上,第881頁。
④ 楊新賓《〈漢書·藝文志〉與漢代學術形態》,燕山大學出版社2018年版,第135頁。

面試圖將古今學術納入現實政治制度架構之中①。當這種模式成爲典範叙事後,歷代對劉氏"九流十家"説彌縫其闕者多而檢討其弊者少矣②。

近代學術格局發生重大變化,諸子學作爲獨立部分而被深入研究,連帶着以往諸子學舊説包括"六家""九流十家"等開始面臨反思。胡適先生明確反對使用"六家""九流"概念來描述先秦思想,著重提出:

> 我這本書的特别立場是抓住每一位哲人或每一個學派的"名學方法"(邏輯方法,即是知識思考的方法),認爲這是哲學史的中心問題。……所以我這本哲學史在這個基本立場上,在當時頗有開山的作用。可惜後來寫中國哲學史的人,很少能够充分瞭解這個看法。
>
> 這個看法根本就不承認司馬談把古代思想分作"六家"的辦法。我不承認古代有什麽"道家""名家""法家"的名稱。……至於劉向、劉歆父子分的"九流",我當然更不承認了。
>
> 這樣推翻"六家""九流"的舊説,而直接回到可靠的史料,依據史料重新尋出古代思想的淵源流變:這是我四十年前的一個目標。我的成績也許没有做到我的期望,但這個治思想史的方法是在今天還值得學人的考慮的。③

胡適《中國哲學史大綱》開風氣之先,其研究方法和諸多論斷都具有典範意義。他反對在思想史中使用"六家""九流"等概念,蓋一者不認爲司馬談與劉歆所立名目完全切合歷史實際;二者乃是出於盡可能避免前人框架遮蔽,從而更好地建立現代思想史研究範式的考量。這種看法極具眼光和魄力,對於當代諸子學研究亦多所啓發。方勇教授提倡"新子學",很大程度上

---

① 鄧駿捷認爲:"《七略》的核心學術觀念當爲'學術出於王官',而'諸子出於王官'只不過是其中一個分支理論而已。因此,《七略》實際上是藉助六略圖籍的整理和分類,全面接續宗周王官的'百科之學',並且意圖重建漢朝的學術譜系。"所論極有見地,詳參《劉向校書考論》,人民出版社 2012 年版,第 340 頁。他如,劉松來、李會康《"諸子出於王官"學術源流考辨——亦談"諸子出於王官"説與漢家學術話語》(《中國人民大學學報》2019 年第 1 期)亦有類似觀點。

② 清末時,梁啓超曾批評説:"《藝文志》亦非能知學派之真相者也,既列儒家於九流,則不應别著《六藝略》;既崇儒於《六藝》,何復夷其子孫以儕十家? 其疵一也。縱橫家毫無哲理,小説家不過文辭,雜家既謂之雜矣,豈復有家法之可言,而以之與儒、道、名、法、墨等比類齊觀,不合論理。其疵二也。農家固一家言也,但其位置與兵、商、醫諸家相等,農而可列於九流也,則如孫、吴之兵,計然、白圭之商,扁鵲之醫,亦不可不爲一流。今有《兵家略》、《方伎略》在《諸子略》之外,於義不完。其疵三也。《諸子略》之陰陽家,與《術數略》界限不甚分明。其疵四也。故吾於班、劉之言,亦所不取。"見《論中國學術思想變遷之大勢》,《梁啓超全集》第三集,中國人民大學出版社 2018 年版,第 29 頁。

③ 胡適《〈中國古代哲學史〉臺北版自記》,《中國古代哲學史》,上海古籍出版社 2014 年版,第 3 頁。

便是繼承胡先生的這一思想和方法。

　　胡先生之後，關於"六家""九流十家"是歷史描述還是人爲建構，學界不斷進行争鳴。馮友蘭發表《論"六家"》①一文，論證司馬談和劉歆"六家""十家"的家派劃分有其根據。任繼愈則持反對意見，明確地提出"先秦哲學無'六家'"②。其他，如蘇德愷、陳啓雲、史華慈、葛瑞漢、魯惟一等③，都傾向認爲"六家"概念係司馬談回溯性的創造。這些説法有其道理，但回溯性歸類並不意味必然違法④。李鋭則考察了古今中外學派劃分情况，指出：

　　　　在先秦時期，表示思想團體的"家"至少有兩種意涵：一種是針對有學術師承、學術淵源的學派而言的；一種是針對有相近的學術宗旨、學術興趣、學術問題的學者群而言的，有可能有直接的師弟子關係，也可能没有師承淵源，或者是私淑弟子，也可能是同倡某一學説者。⑤

前者是較爲嚴格意義上的學派或家派，《漢志·六藝略》所列者庶幾近之；後者則相對鬆散，《諸子略》所論諸家多屬此類。這兩種情况實可進一步通約，那麽可以推知："家"乃是指稱能成一家之言者。故無論傳習經傳，抑或入道見志，其能成一家之言者便足名"家"，即合"諸子"之義。此經傳與諸子之相通處，從《六藝略》所載傳記説解者多具子書性質，可得明證⑥。余嘉錫曰："向、歆、班固條别諸子，分爲九流十家。而其間一人之書，又自爲一家。合若干家之書，

---

① 馮友蘭《論"六家"》，《哲學研究》1959 年第 11～12 合期。
② 任繼愈《先秦哲學無"六家"——讀司馬談〈論六家要指〉》，《文匯報》1963 年 5 月 21 日。
③ 參見［美］蘇德愷《司馬談所創造的"六家"概念》，劉夢溪《中國文化》第七期，生活·讀書·新知三聯書店 1993 年版，第 134～135 頁；陳啓雲《"儒家""道家"在中國古代思想文化史中的地位》，《古代思想文化的歷史論析》，北京大學出版社 2001 年版，第 107～125 頁；［美］史華慈《古代中國的思想世界》，江蘇人民出版社 2004 年版，第 180～181、195～196、336 頁；［英］魯惟一《漢代的信仰、神話和理性》，北京大學出版社 2009 年版，第 9 頁。
④ 徐剛從分類學角度研究諸子學派，有助於全面理解這一問題。詳參《論先秦諸子的分派問題》，《北京大學學報（哲學社會科學版）》2015 年第 5 期。
⑤ 李鋭《戰國秦漢時期的學派問題研究》，第 12 頁。李零指出，"漢代習慣，一人可以叫一家，一書可以叫一家，《漢志》有這種用法"（李零《我們的中國》第四編，生活·讀書·新知三聯書店 2016 年版，第 79 頁），亦可參考。
⑥ 王葆玹爲西漢經學辯護，從具體經學形式討論時亦涉及此點。他認爲："西漢經學的形式主要有傳、説、記、章句四種，其中的前三種都是以獨立著書的形式來解説經學通義，比注重於文字訓詁的章句形式和箋注形式要自由得多。西漢官方對待先秦諸子學的態度，是將他們的著作都包括在傳記的範圍之内，因而傳、記的思想内容比後世經學要開放得多。"詳見王葆玹《西漢經學源流》，臺北東大圖書股份有限公司 2008 年版，第 8 頁。

而爲某家者流,明乎其所謂家者,不必是一人之著述也。父傳之子,師傳之弟,則謂之家法。六藝諸子皆同,故學有家法,稱述師說者,即附之一家之中。如《公》《穀》傳中,有後師之説是也。其學雖出於前人,而更張義例別有發明者,則自名爲一家之學。如《儒林傳》中某以某經授某,某又授某,繇是有某某之學是也。"①所論不無見地,然此特就具有明確師承關係的家法而言,是用經學家法推比諸子學派,不覺與劉歆以經攝子立場下之家派劃分同失。以子觀經,還是用經攝子,背後所含立場根本不同,由之而來的研究方法和結論亦判然有別。

要之,"九流十家"説雖有一定的學術認知支撐點和現實政教關係建構之考量,且其歷史影響和便學之功不容一筆抹殺,但作爲一種回溯性的建構,本身存在内在缺陷並對先秦學術産生嚴重遮蔽。當代諸子學研究欲進一步突破,就不得不首先擺脱其束縛,然後方能整體觀照諸子學,進而形成一種古今通貫的觀念。在這一點上,對"諸子出於王官"説亦當作如是觀。

二、"諸子出於王官"辨疑

《漢志·諸子略》主張中立場性最强且影響後世最爲深遠者,當屬"諸子出於王官"説。此亦出自《七略》。劉歆校理子籍而辨章學術,一方面劃分派別而成爲"九流十家",另一方面爲各家配置所從出之王官,主張"諸子出於王官"。此説被《漢志》所繼承,成爲歷代關於諸子起源的主流叙事,而鮮有懷疑者。如章太炎猶曰:"古之學者,多出王官世卿用事之時,百姓當家,則農商畜牧,無所謂學問也。其欲學者,不得不給事官府爲之胥徒,或乃供灑掃爲僕役焉。"②又曰:"是故九流皆出王官,及其發舒,王官所不能與。官人守要,而九流究宣其義,是以滋長。"③即以古代學術掌於王官,九流從此而出並加以發闡。

近代公開向劉歆、班固舊説發難且影響較大者是胡適,他於1917年發表《諸子不出於王官論》,指出"劉歆以前之論周末諸子學派者皆無此説","九流無出於王官之理","《藝文志》所分九流乃漢儒陋説,未得諸家學派之實","章太炎先生之説亦不能成立"④。胡適識見卓絶,發前人所未發,撥開千年迷障,其功偉矣;然細節之處不無可商者,所涉諸多問題至今仍有待深入探討。

胡先生第一條講《天下》《非十二子》《論六家要指》《要略》並無九流出於王官之言,認爲《要略》所云"學術之興皆本於世變之所急,其説最近理",其諸子學起源觀於此揭出。按劉歆雖分諸子爲十家並各溯其源於某一王官,但對諸子産生之現實背景却非全無認識,如《漢志》

---

① 余嘉錫《四庫提要辨證·管子》,雲南人民出版社2004年版,第514頁。
② 章太炎《諸子學略説》,廣西師範大學出版社2010年版,第3頁。
③ 章太炎《國故論衡》,北京商務印書館2010年版,第145頁。
④ 胡適《諸子不出於王官論》,《太平洋(上海)》1917年第7卷第1期。除特別標注,下文所引均出此篇。

所謂"諸子十家,其可觀者九家而已,皆起於王道既微,諸侯力政,時君世主,好惡殊方"①是也。可見胡適批評得並不全面,故黄麗麗指出"把《漢志》的《諸子略》看作一個有機的整體,若把'出於某官'這幾句話單獨割裂開來,是違背了劉、班的原意"②。至於胡適所主時勢説,尚須回應以下疑問:(1)時勢特催生諸子學之外部因素,是否足以完全解釋其起源?(2)諸子如《要略》所舉者,是一家學術還是一子學術?若爲前者,是否意味着要重回"九流十家"等派别劃分?如是後者,則太公以前的時勢有無催生其他諸子?(3)討論諸子起源當以其人、其學、其書中何者爲定準,抑或三者一時並生?對於這些問題,在當代諸子學研究中仍然不容迴避。

第二條講諸子無出於王官之理,如司徒掌邦教與儒家以六經爲教不同,清廟小官不足產生儀態萬方之墨學,行人爲官守而縱横爲政術,不足相爲淵源;《周禮》職官數百並未一一孕生諸子學術,且僞書不足信。他將"王官説"攀附《周禮》,有待商榷。按《諸子略》所舉王官,除司徒、史官、行人相對明確外,其他如羲和之官、理官、清廟之守、議官、農稷之官、稗官都十分含糊,又多不見於《周禮》,故劉歆所説"王官"當非根於《周禮》。事實上,真正將之與《周禮》建立直接聯繫者,乃是《隋書·經籍志》。楊新賓指出:"《隋志》對《周禮》的依賴,實際是東漢至魏晉南北朝時期周禮學發展的邏輯結果。"③至晚清亦然,當《周禮》僞書説被今文經學家所宣揚,"諸子出於王官"説也受到質疑,從而"爲'諸子不出於王官論'的面世準備了觀念的前提"④。可見,胡適所論是受今文經學影響,他以此闢劉歆之説實未中肯綮。故柳翼謀批評説:

> 諸子之學發源甚遠,非專出於周代之官,章氏專以周代之官釋之。……胡氏以據《周禮》以相訾謷。……按《七略》原文,正未專指《周禮》。如羲和、理官、農稷之官之類,皆虞夏之官。但據《周禮》尚不足以證其發源之遠,而《周官》之僞撰與否,更不足論。⑤

此涉及"王官"所指問題。柳翼謀意謂包括三代職官而不限於周代,沈文倬認爲係周王之官⑥。但不論指何代職官,僅從職守本身來説明諸子起源,並不具有充分的解釋力。王官説追溯各家起源於某一王官,而所列王官却非同時並存,這就等於仍未回答"諸子"起源問題。更爲重要的是,此説實際上已將"諸子"中之"人"消解掉,於理未洽。如《漢志·諸子略》稱道家出於史官,然所列伊尹、太公、鬻子皆無與史職;辛甲、老子雖傳爲史官,而時代已届西周至春秋間,

---

① 王先謙《漢書補注》,第890頁。
② 黄麗麗《試論〈漢書·藝文志〉"諸子出於王官"説(上)》,《中國歷史文物》1999年第1期。
③ 楊新賓《〈漢書·藝文志〉與漢代學術形態》,第157頁。
④ 劉巍《"諸子不出於王官論"的建立、影響與意義——胡適"但開風氣不爲師"的範式創新一例》,《近代史研究》2003年第1期。
⑤ 柳翼謀《論近人講諸子之學者之失》,《史地學報》1921年第1卷第1期。
⑥ 沈文倬《略論宗周王官之學(上)》,王元化主編《學術集林》卷十,上海遠東出版社1997年版,第113頁。

上距史官初設不啻千年,緣何溯源於此? 又緣何尹佚同掌史職而竟以墨道傳? 周代行人夥矣,獨至戰國蘇秦然後成名而列爲縱橫家之首? 蓋諸子之學來源多端,欲探究其起源則須綜合考察主體意識、言説方式、成書年代等因素,還應特别觀照"諸子"内涵與特質。然"王官説"於此皆混雜不分,拘拘以九流十家爲限,難以成立明矣。故張舜徽曰:"如謂王官之學衰而諸子興,猶可也;必謂諸子之學一一出於王官,則不可也。"①

第三條論《漢志》所分九流未得諸家派别之實,説極精闢。胡適初見名家之目不能成立,遂推及九流十家。此點意義重大,蓋不明"六家""九流十家"出於漢人建構,則不但無以見"諸子出於王官"之謬,而且探討諸子起源亦將受其遮蔽。關於諸子學起源,最初多從外部作考察,其後逐漸深入到對思想淵源的探討,但基本没有擺脱漢人所作派别劃分的束縛。從外部考察者,如王官説、六經説、史官説、道家説、孔門説、禮教説②,都是以時代先後爲因果源流;職業説③則認各家開創者身份爲起源;至於綜合説④,往往力求全面而寬泛不切,無以反映諸子學起源的獨特因素。從思想淵源探究者,比如陳來、余敦康、黄開國、鄭開、吾淳等⑤,常有意無意地按派别各溯其源,未能擺脱家派的影響;同時,都試圖對"前諸子"時代文化特質進行描述

---

① 張舜徽《諸子與王官》,周國林編《張舜徽學術文化隨筆》,中國青年出版社 2001 年版,第 101 頁。

② 主六經説者,《莊子·天下》已含此意,《漢書·藝文志》稱"六經之支與流裔",後劉勰《文心雕龍》、章學誠《文史通義》、張爾田《史微》、馬一浮《泰和會語》並有是説。主史官説者,如龔自珍《古史鈎沉》、鄧實《國學微論》、劉師培《古學出於史官論》、許兆昌《周代史官文化:前軸心期核心文化形態研究》等。主道家説者,以江瑔《讀子巵言》、劉光龍《先秦諸子皆出於老子説》爲代表。主孔門説者,有廖平《諸子出於四科論》、錢穆《國學概論》。主禮教説者,詳陳鐘凡《諸子通誼》。

③ 按此説首見傅斯年《戰國子家叙論》(上海三聯書店 2017 年版,第 7~15 頁),後馮友蘭《先秦諸子之起源》(《女師學院期刊》1936 年第 4 卷第 1~2 期)有所發展。

④ 如柳翼謀《論近人講諸子之學者之失》(《史地學報》1921 年第 1 卷第 1 期)、呂思勉《先秦學術概論》(《中國文化思想史九種》,上海古籍出版社 2009 年版,第 469~471 頁)折衷王官説、時勢説,柳分其爲主副二因,呂認其作因與緣。其他,如吴博《諸子學説淵源述》(《南開雙周》1930 年第 6 卷第 5 期)從政治、宗教、經濟探源;張人駿《論諸子淵源》(《國專月刊》1935 年第 1 期)謂出於王官爲導源,馳説取合爲流變,而地域、時俗、民族遺傳性爲其流變的影響因素。唯蔣伯潛從周秦之間封建制度崩潰進行分析,認爲"周秦之際底政治、社會、經濟、教育各方面的劇變,以及當時黑暗的政治、紛亂的社會、連綿的戰争、凋敝的民生,都只是諸子學勃興的'緣'。我國自古至周,逐漸發達的文化,以及由史官保存遺留下來的書籍,方是諸子學發生的'因'"(《諸子學纂要》,正中書局 1947 年版,第 23 頁),稍爲近之,但仍未觸及諸子學發生的主體意識、言説方式等深層動因。

⑤ 分别見陳來《古代宗教與倫理:儒家思想的根源》《古代思想文化的世界:春秋時代的宗教、倫理與社會思想》,余敦康《春秋思想史》《夏商周三代宗教:中國哲學思想發生的源頭》《先秦諸子哲學對宗教傳統的繼承和轉化》,黄開國《諸子百家興起的前奏:春秋時期的思想文化》,鄭開《德禮之間:前諸子時期的思想史》,吾淳《中國哲學的起源:前諸子時期觀念、概念、思想的發生發展與成型的歷史》。

並以之爲諸子淵源,其實與王官説、史官説等同失。劉緒義見及此層,主張"回到先秦,重新出發"①,認爲"最成問題的就是從漢代以來形成的一種'學術傳統',即以學派家數爲諸子分門别類地定性命名的思維習慣或認知定式"②。與此同時,他還提出"'先秦諸子'首先是一個人的概念,其次是一個時間概念,再次是一個著述概念,而不是作爲學派的概念"③。破除家派觀念,對"諸子"内涵作出具體區分,是重新認識先秦諸子的前提。在此基礎上,劉緒義稱不對諸子作静態起源研究,而是視其爲一個發生過程,亦極有見地。但他未能從諸子特質角度進一步開掘,而是著重探究春秋時代如何對三代文化進行展開和爲諸子發生準備條件,結果過於强調諸子思想一致性,甚至認爲諸子皆儒,則又回到從思想淵源探究諸子學起源的老路。

第四條辨章太炎之説不能成立。章太炎認爲,古者學在王官,故諸子學源出於此。這裏的問題是,若王官指某個文化時段,是誤以先後爲源流;若指職位或職掌,則無以回答"諸子"起源問題,且將諸子其"人"消解不存,是不知能成一家之言者乃爲諸子也。故胡適辨之曰"古者學在王官是一事,諸子之學是否出於王官,又是一事",可謂一語中的。但是,他攀援《周禮》僞書説爲據,不認王官具有學術,比附中世紀教會以爲王官必不容諸子,缺乏堅實證據,論證亦不嚴謹,則不免惹人批評。

胡適提出"諸子不出於王官論",非徒辯駁劉歆、班固舊説而已,其意乃在重新認識先秦思想史。他重視諸子學,將經學從屬於子學,將子學講成哲學並以之爲哲學史源頭。爲此,在學理上必須破除劉、班之説,故其 1917 年 4 月 11 日留學日記云"以九流爲出於王官,則不能明周末學術思想變遷之迹"④。然王官説根於九流十家的劃分,故又須首先破除家派觀念。這兩點是胡適嘗試建立先秦思想史詮釋模式的前提,亦爲現今"新子學"研究的起點。只不過,我們還須考慮早期子籍形態及其年代這個因素。

三、劉向子籍校讎要例

諸子一名,包含諸子其人、其學、其書三層内涵。今人研究諸子學,所依托者主要在於子籍,而研究諸子書籍,核心問題乃是子書形態及其年代。這些問題若得不到釐清並加以正確

---

① 劉緒義《天人視界:先秦諸子發生學研究》,人民出版社 2009 年版,第 4 頁。
② 林存光《轉换視角,重讀諸子——評劉緒義〈天人視界:先秦諸子發生學研究〉》,《中國圖書評論》2009 年第 9 期。
③ 劉緒義《天人視界:先秦諸子發生學研究》,第 22 頁。這種區分非常必要,但未及"學術"層面,是其疏漏不足之處。
④ 轉引自劉巍《"諸子不出於王官論"的建立、影響與意義——胡適"但開風氣不爲師"的範式創新一例》,第 78 頁。

認識,那麽探討何爲諸子、諸子學起源、諸子特質時勢必膠轕不清。然欲研究此問題,《漢志·諸子略》是較爲理想的參照坐標,可由此推見劉向校讎細節,進而窺探早期子書形態和年代。徐建委認爲,公元前1世紀劉向等進行典籍整理,使中國上古文獻文本發生革命性劇變,對在此前後的典籍文本不能等而視之①。這個看法頗有見地,可惜諸子學研究者多未予重視。

　　就認識子書形態而言,劉向校書過程中"定著篇目"和"以人命書"兩例最值得關注。前者涉及早期子書流傳形態,後者則關乎"著者"問題。蓋劉向校書約分三步:首先收集衆本,與中書相校;其次條其篇目,命爲定本;最後撰寫叙録,進呈皇帝。劉向所集"衆本"非皆成書,而多是數量不同的篇章叢集。稽之《叙録》,或有成書如《説苑雜事》,劉向除去與《新序》重複者,析出淺薄不中義理者爲《百家》,其餘以類相從而更造新事,更名"新苑";或本無其書,如中書《國策》《國事》《短長》《事語》《長書》《脩書》篇卷錯雜,略以時次,除複重得三十三篇,命曰"戰國策"②。按《管子叙録》中書三百八十九篇、太中大夫卜圭書二十七篇、臣富參書四十一篇、射聲校尉立書十一篇、太史書九十六篇,定著八十六篇;《孫卿叙録》中書三百二十二篇,除複重二百九十篇,定著三十二篇,則衆本乃篇章叢雜物什,否則不致重複如此其多也。不難想見,臣民獻書多寡不同,至官家校理則以類相從、删重校異,或改舊稱,或立別名,然後乃成書而有定本矣。蓋"書"初指篇章,至於輯衆篇而題某書者,乃後世所爲③。《漢志》猶多單篇之書,如諸子略《甯越》《王孫子》《公孫固》《董子》《侯子》《虞丘説》《王狄子》《鄭長者》《鶡冠子》《游棣子》《尹文子》《惠子》《我子》《關子》《秦零陵令信》《徐樂》《莊安》《伯象先生》《吳子》《公孫尼》《博士臣賢對》《雜家言》《蔡癸》《待詔臣安成未央術》皆是也。章學誠未見及此,遂以《孔子三朝記》《弟子職》別載《大戴禮記》《管子》中,而謂劉歆從後者別裁而出④。故余嘉錫《古書通例》指摘章氏"不免顛倒事實矣"⑤,而特爲標示古書單篇別行之例,以糾其所不逮。其後,鄭良樹進一步指出"在討論古籍的真僞時,筆者認爲不但應該以個別篇章爲單位,而且往往也應該以段落爲對象,不可以偏概全,抹煞其他段落或篇章"⑥,直指以往諸子辨僞之弊在討論單位過

---

① 説詳《文本革命:劉向、〈漢書·藝文志〉與早期文本研究》相關章節的論述。
② 鄧駿捷指出,劉向在定著新書過程中形成"校定傳本""新編別本""勒成新書"三種模式(《劉向校書考論》,第229~248頁),其實就是針對不同形態的文獻材料而來。
③ 李零對此亦有所認識,曾經指出:"早期的古書多由'斷片'(即零章碎句)而構成,隨時所作,即以行世,常常缺乏統一的結構,因此排列組合的可能性很大,添油加醋的改造也很多,分合無定,存佚無常。作者的自由度比較大,讀者的自由度也比較大。這使它的年代構成變得非常複雜。我的印象,戰國秦漢的古書好像氣體,種類和篇卷構成同後世差距很大;隋唐古書好像液體,雖然還不太穩定,但種類和構成漸趨統一;宋以來的古書則是固體,一切定型,變化多屬謄寫或翻刻之誤。"見李零《簡帛古書與學術源流(修訂本)》,生活·讀書·新知三聯書店2020年版,第193~194頁。
④ 王重民《校讎通義通解》,上海古籍出版社2009年版,第23~24頁。
⑤ 余嘉錫《目録學發微　古書通例》,北京商務印書館2011年版,第269頁。
⑥ 鄭良樹《諸子著作年代考》,北京圖書館出版社2001年版,第189頁。

大。徐建委則從書—篇—章三個層次進行細緻區分，認爲"書"多有西漢建構特徵，"篇"往往存在流動性，"章"是年代屬性相對單一的最小單元，三種單位文獻材料的適用限度不同①。經過數代學者探索，古書流傳形態以篇章爲基本單位日漸明晰，這應當成爲諸子學研究者的基本認識。

劉向校理子籍，常以人命書。其或稱子，或稱名者，蓋沿篇中所有也。觀儒家《臣彭》，道家《臣君子》，雜家《博士臣賢對》《臣説》，小説家《待詔臣饒心術》《待詔臣安成未央術》《臣壽周紀》之名，當出於書中自稱，最爲明證。觀先秦子書往往言事並載，知當時所謂某子之書者，乃是就嘉言懿行之"事主"而言，初與撰著者無甚關係，且此亦非傳書之所重也。例如，晏子爲齊名相，其遺言軼事播在人口，筆之於簡即命曰《晏子》。換言之，《晏子》爲記載晏子言行之書，而非晏子所筆載之著作也②。後世不明劉向子籍校讎"以人命書"之例，遂認"事主"爲"著者"，因而造成真僞問題聚訟紛紜。故劉咸炘言：

> 今世之考論戰國諸子者多矣。欲明其旨，必治其書；欲治其書，必知其書之所由成。顧昔之論者大氐渾舉全書，唯恃考檢年代，而根本之誤則在認爲皆出自作；以是考辨益密而糾紛益多，竟至無書不僞。③

按"古書不皆手著"現象在清代已被嚴可均、孫星衍、孫詒讓等體察到④，後經吕思勉、劉咸炘、余嘉錫等陸續申説⑤，至今已經成爲常識。但是，僅僅知道現象顯然不夠，還須明白問題關鍵在於要將"事主"與"著者"區別開來。其實，《漢志》"依托"之説，亦爲"事主"而發，故唯淺薄迂誕而語似後世、時代抵牾之顯然者，方纔標示爲"依托"，其他即視作真當時之言語行事。

須知，"以人命書"例最具啓發價值者，在名爲某子之書，乃就嘉言懿行之"事主"而言，而非以撰著著者而論。這對理解何爲諸子及處理諸子其人與其書的年代落差問題，具有重要意義。如墨家《尹佚》二篇，班固注云"周臣，在成康時也"⑥，其書未必尹佚自著竹帛，然言與事乃其所有，至春秋戰國尚廣爲世人稱引，則不妨命爲其書。猶如傳言黄帝戰阪泉卜得此兆，故後世見之者即命曰"遇黄帝戰於阪泉之兆"⑦；古傳帝堯命官分職、選賢任能以及禮樂教化之事，

---

① 詳徐建委《文本革命：劉向、〈漢書·藝文志〉與早期文本研究》，第83~87頁。
② 他如《管子》亦然，可參耿振東《〈管子〉學史》，北京商務印書館2018年版，第22~29頁。
③ 劉咸炘《校讎述林·子書原論》，《推十書》，成都古籍書店1996年版，第1649頁。
④ 見嚴可均《鐵橋漫稿》卷五《鶡子序》、卷八《書管子後》，孫星衍《問字堂集》卷三《晏子春秋序》、平津館刻《燕丹子》卷首，孫詒讓《墨子閒詁》後附《墨子傳略》。
⑤ 參閱吕思勉《經子解題》、劉咸炘《子書原論》、余嘉錫《古書通例》。
⑥ 王先謙《漢書補注》，第886頁。
⑦ 見《左傳·僖公二十五年》所載晉文公事。

後人録其言行爲書而稱《堯典》。故如此類者，不當以自著與否定其眞僞，而當考辨材料來源以及可靠性來推斷其信否與信度；不當僅以集衆篇者爲諸子之書，而亦應承認單篇零章乃至斷章碎句亦等同子書價值①。

按諸子略著録《儒家言》十八篇、《道家言》二篇、《法家言》二篇、《雜家言》一篇，李鋭推測"爲校書之餘，或數十篇，或一二篇，綴爲一書"②，用小説家最末《百家》百三十九卷例之，其説有理。今據各家多殿以記言之篇，而小説家附於九流之末，足見諸子是以"言""説"爲其特質。兹考諸子文體早期多爲箴言、語録或論辯體，尤爲顯證。故可以説，言與事尤其是言，乃諸子成立的關鍵因素。在這個意義上，不難看出諸子書與春秋及其以前之"言""語"類文獻具有淵源關係。劉咸炘嘗有見於此，故論子書源流云：

> 發源於傳記之記言，初述古訓而後成一家之言（由重言而立言），初由徒裔記輯而後爲自作。其文體則初簡渾而後詳析，初短促而後暢遂，初零碎而後條貫。至於漢世則一家之書變爲一人之作，於是支爲別傳而衍變爲別集焉。③

可謂有倫有脊，別有見地。要而言之，劉向"以人命書"是就"事主"而非"著者"爲言，而諸子以言説爲其特質，子書濫觴於春秋以前的"言""語"類（包括《尚書》④在內）文獻。

羅根澤深韙章學誠"古人不著書，古人未嘗離事而言理"⑤之言，故認爲《漢志·諸子略》中題名黃帝以至春秋時人的離事言理之書皆屬僞托，從而提出"戰國前無私家著作説"⑥。據前所論，知是其不明子籍"以人命書"之義，用成書爲論而不及其人，從"著者"爲説而否定"事主"，故對題名者早於戰國之書皆不信其眞。此説頗有影響，引起學者們的討論。寧鎮疆教授對其進行歸納，指出"'戰國前無私家著作'説有一個立論前提，那就是諸子之學出於王官"，而"這個前提存在兩方面的問題：一是對'王官之學'的認識，二是把'私

---

① 李零認識到先秦諸子有以德行、政事等著名而身後因無書流傳而反暗晦不顯的情況，因此特別强調"從故事研究諸子的重要性"，認爲"古人治史是從人入手。他們尊師重道，首先看重的是人。他們從老師學，首先是學老師的爲人。老師教學生，身教重於言傳，言傳重於書本。這是古人的天真淳厚之處"（李零《我們的中國》第四卷，第102～103頁）。立足點雖與本文不同，然結論可謂殊途同歸。
② 李鋭《戰國秦漢時期的學派問題研究》，第223頁。
③ 劉咸炘《校讎述林·子書原論》，《推十書》，第1655頁。
④ 按《漢書·藝文志》曰："左史記言，右史記事。事爲《春秋》，言爲《尚書》，帝王靡不同之。"所載左右史之職掌，雖與《禮記·玉藻》"動則左史書之，言則右史書之"有所出入，然據約成篇於戰國中晚期的郭店簡《性自命出》云"《書》，有爲言之也"，這裏指出《尚書》記言性質，則較爲可信。關於《尚書》性質及其與諸子學之關係問題，余別有專文探討，兹不贅言。
⑤ 章學誠《文史通義·易教上》，上海古籍出版社2008年版，第1頁。
⑥ 羅根澤《諸子考索》，人民出版社1958年版，第13～62頁。

學'等同於'私家'"①;認爲王官之學雖以官事爲中心,但還包括履行職守所需的"一整套關於操行修爲、人格養成的規訓和學問",故不能説彼時没有學術;同時,也不可將"官學""私學"對立,蓋官學體制下亦有燕私空間與個人色彩。所論固然有理,但不够直截了當。按"諸子出於王官"前有辯駁,已知所謂諸子特在其能成一家之言也,初不以"官學""私學"身份爲進退。寧教授還指出,"'私家著作'問題另一關鍵詞是'著作'",認爲"包括《老子》在内的很多諸子書都不大可能是'專著',而倒更可能是'纂輯'",並舉古書中每每稱引仲虺、史佚、叔向、子産之言爲例,對羅根澤之説進行檢討,可謂精闢入裏。所以説,若不明劉向子籍校讎之要例,但以自著與否定古籍真僞則"秦、漢以上無完書"②,唯按子書年代論百家則戰國以前無諸子矣。

方教授籌劃《子藏》時,對其範圍曾作界定:"以爲《子藏》之'子',當取思想史'諸子百家'之'子',而非因襲目録學'經、史、子、集'之'子'也。"③他所提"新子學"理念,以及本文所論説者,亦大體仍襲此意。蓋入道見志而能成一家之言者,即可謂之"諸子"。諸子一名包含其人、其學、其書三層内涵,涉及主體意識、言説方式、子籍形態、成書年代等要素,在具體研究中須作出區分而不應混爲一談。當代諸子學欲取得突破,除使用"諸子"概念時要明確所指外,還應排除劉歆"九流十家""諸子出於王官"舊説的定勢束縛,並對早期子書形態及其年代作具體考察。劉向子籍校讎中"定著篇目"和"以人命書"兩種義例最具啓發:"書"初指篇章爲言;子書題名乃其"事主"而非"著者",子書淵源於包括《尚書》在内的古"言""語"類文獻。春秋以前私人著書雖尚不普遍,但周代言論制度早已催生出具有强烈主體意識的言説群體,他們的名言妙論往往結集成書,實際上成爲子書濫觴④。由於諸子言論載體具有特殊性,故我們既不能僅認集衆篇者方爲子書,又不能以自著與否定其書真僞,更不能按子籍成書年代而論百家產生。這些也應當成爲現今諸子學研究者的基本認識。

[作者簡介]揣松森(1986—),男,河南南陽人。文學博士,現爲南陽師範學院講師、碩士研究生導師,上海大學中國史博士後。主要研究中國古代小説、先秦兩漢諸子學和思想史,出版有《漢書藝文志及兩漢書補志著録小説資料集》(全四册),發表學術論文10餘篇。

---

① 寧鎮疆《先秦學術史上的"私家著作"問題》,《光明日報》2021年2月22日第13版。除特别標注之處,下文所引均出此篇。
② 余嘉錫《目録學發微 古書通例》,第291頁。
③ 方勇《〈子藏〉總序》,《臺北大學中文學報》2011年第10期。
④ 限於篇幅,本文特就《漢志·諸子略》所涉三個主要問題略陳鄙見,以爲"新子學"研究確立基礎。至於更重要的問題如諸子内涵、特質及其言説方式等,已别撰《諸子原論》詳加闡述。

目錄學譜系中的"諸子"與"新子學"

韓高年　王素潔

內容提要　從《漢書·藝文志》以來的目錄學譜系來看,"諸子"學的内涵與外延經歷了各代的"建構",是一個開放兼容的系統。"新子學"是對傳統"諸子學"的豐富和進一步發展,繼承了其與現實的互動性傳統,因而具有自我更新和自我調適的特點,可以將主體性與多元性統一在中華文化復興的偉大實踐之中而逐步展開。

關鍵詞　諸子學　新子學　中華文化復興

中圖分類號　B2

近來對"新子學"內涵、外延及其可行性等核心問題的討論頗爲熱烈！在中華文化復興的大背景下,"新子學"主張在堅守中華文明"主體性"的同時,堅持"多元性"。有的學者就此提出看法認爲,"主體性"與"多元性"很難同時兼容在同一理論框架之下。大部分學者則對此不以爲然,並從多個面向提出"新子學"在理論上的自足性①。筆者認爲,"新子學"是對傳統"諸子學"的豐富和進一步發展,繼承了其與現實的互動性傳統,因而具有自我更新和自我調適的特點,可以將主體性與多元性統一在中華文化復興的偉大實踐之中而逐步展開。也就是説,"新子學"不僅是一種通過論證而得出的學術理論系統,更是形成了對當下各種社會思潮的超越,並由此確立了"新子學主義"的實踐方向。當然,一種新的學術理論範疇的建構本身是一個歷史的過程,從不同的面向出發對其內涵和外延進行討論不僅是必要的,也是必然的。基於此,本文將從"諸子"的語義建構、"諸子"在中國傳統學術譜系中之升降等幾個方面入手,探討"諸子"基於回應現實的"日新",即"自我調適"的理論自足與實踐品格,並由此證明"新子學"以"主體性"涵納"多元性"的學理建構的可能性。

---

① 方勇、方達《"新子學"與"新子學主義":由學術體系到實踐方向》,《暨南學報(哲學社會科學版)》2018年第4期。

一、從"諸子"之範疇建構看"新子學"

從語義層面來看,"諸子"一詞含義豐富,經歷了由指稱學人("子家")到指稱某種思想學説和處世觀念("子學""子學精神"),再到文本、典籍和經典("子書")的建構過程。

羅焌嘗考"諸子"之含義曰:"子者,男子之通稱也(義見《論語·學而》馬融注、《孟子》趙岐題辭)。古人著述,常以某子自稱。巷伯作詩,自稱孟子(《詩·小雅·巷伯》,毛傳序云:"《巷伯》,刺幽王也。"案巷伯,奄官,宫内門巷之長)。子輿撰經,自稱曾子(《孝經》爲曾子所撰,見《史記·仲尼弟子列傳》及《孝經鈎命訣》),其明徵矣。子又爲稱所尊敬之詞(義見《詩·大車》篇鄭箋)。故古者門弟子稱其師曰子(《論語·學而》皇疏云:"子是有德之稱,古者稱師爲子也。"),亦曰夫子(汪中《述學》云:"夫者,人所指名也。以夫配子,取足成詞耳。"此説可通。至引《左傳正義》,謂身爲大夫乃稱夫子。疑未是。古者子稱父,妻稱夫,亦曰夫子,不必盡爲大夫也)。或表其氏曰某子,或加子於氏上曰子某子。……先秦以前,作者百家,不皆親自撰述,多由門人後學録其言行,綴輯成書。故其書中,稱子、稱夫子、稱某子、稱子某子,或稱氏,或稱名,或稱字,參見錯出,而書名則多稱曰某子也。諸者,非一之詞。兹稱諸子,對於群經、諸史而言,非《周禮·地官》之所謂諸子,亦非《夏官》之所謂諸子也。諸子之一名詞,蓋行於漢初大收篇籍之時,諸子書之名稱,多定自劉向之叙録。"① 羅氏所述,已涉及"諸子"這一範疇的基本内涵。從"子學"初創看,羅氏以有德有識之"師"輩解釋"子"是不錯的,然而如果從"子學"的展開看,則以"士"釋"子"似更確切一些。"士"爲私學興起所造就的新階層,他們從等級和血緣關係中暫時地游離出來,加入師生關係和學人集團之中,擁有了知識和技能,人格獨立,思想自由,以道義爲己任,重視現實的功業②。一旦有合適的機會,他們還會選擇入仕,重新進入先前脱離的等級社會中去,以求實現自己的理想。著名史家許倬雲從社會階層的流動角度詳細分析了卿大夫階層的衰落和"士"這個新階層的興起及其動因:

各學派的教導能給予有大志者獲得必需的教育,以實現他們的抱負。因此,這對社會流動産生了明顯的影響。

孔子樹立的榜樣被其他許多大師仿效,墨子是第一個。……

絶大多數的改革家、戰略家和職業外交家,爲他們的職業生涯準備了長時間的學習,他們中的許多人最終達到了政府的最高職位。吴起曾學於曾子;申不害用他治理國家的本領打動了韓王;商鞅在入秦前肯定對治國之術有過認真的學習,他的

---

① 羅焌《諸子學述》,華東師範大學出版社2008年版,第3~4頁。
② 參劉澤華《先秦士人與社會》,天津人民出版社2012年版,第13~33頁。

理論説服了秦王,並在以後付諸實施。蘇秦、甘茂、虞卿、陳軫、公孫衍、樂毅、范雎和蔡澤這些本文已經出現過的名字,都出身寒微,但他們在列國争雄時期,通過學習對君主有用的知識,都躋身於社會的最高層。①

正是因爲有了私學的興起和各學派的諸多"大師",才使出身寒微的"士"具備了躋身上層社會的知識。從這個意義上説,"諸子"也可説是"士"群體。

"諸子"範疇的第二層意義是指"子書"。蔣伯潛曾云:"我國周秦之際,學者輩出,各著書立説,欲以改制救世。學者不只一人,其書亦不只一種,故以'諸子'稱之。以'諸子'爲某種古書部類之名稱,自《七略》始。"②蔣氏以爲"諸子"人非一人,書亦非一種,故稱"諸子"。這個解説對"諸子"範疇第二層意義的建構有些簡單化。從先秦諸子興起、展開、總結的過程來看,其間經歷了官學下移私學興起、學術思想多元化的歷史進程。在最初階段,由孔子的"述而不作"來看,著書立説並非其主旨,其目的在於通過"造士"而救世之弊。至於後學記先師之遺説,積而成書,則是戰國時代後起之事。《文心雕龍·諸子》云:

> 諸子者,入道見志之書。太上立德,其次立言。百姓之群居,苦紛雜而莫顯;君子之處世,疾名德之不章。唯英才特達,則炳曜垂文,騰其姓氏,懸諸日月焉。昔風后力牧伊尹,咸其流也。篇述者,蓋上古遺語,而戰代所記者也。至鬻熊知道,而文王諮詢,餘文遺事,録爲《鬻子》。子自肇始,莫先於兹。及伯陽識禮,而仲尼訪問,爰序《道德》,以冠百氏。然則鬻惟文友,李實孔師,聖賢並世,而經子異流矣。
>
> 逮及七國力政,俊乂蜂起。孟軻膺儒以磬折,莊周述道以翱翔,墨翟執儉确之教,尹文課名實之符……承流而枝附者,不可勝算,並飛辯以馳術,饜禄而餘榮矣。暨於暴秦烈火,勢炎昆岡,而烟燎之毒,不及諸子。逮漢成留思,子政讎校,於是《七略》芬菲,九流鱗萃,殺青所編,百有八十餘家矣。③

創始諸家,皆以講説談論傳道授業,如孔子即是典型。隨着以學派爲標志的"諸子"思想的傳播和實踐,才出現了門弟子記録師説的文本,"諸子"才成爲各學派經典文獻的指稱。劉勰是從文類的角度定義並梳理"諸子"之形成過程,其説大體符合實際。《諸子》篇總結説"博明萬事爲子,述辯一理爲論",有的文學史和相關論著將先秦諸子歸爲"議論文",是有偏差的。

"諸子"範疇的第三層意義是"諸子精神"或者"子學精神"。"諸子"最初是諸多的"弘道

---

① 許倬雲《中國古代社會史論——春秋戰國時期的社會流動》,廣西師範大學出版社 2006 年版,第 123～124 頁。
② 蔣伯潛《諸子通考·緒論》,浙江古籍出版社 1985 年版,第 1 頁。
③ 范文瀾《文心雕龍注》,人民文學出版社 2006 年版,第 307～308 頁。

者",他們有着高度的文化自覺,以"覺世者"自命,以天下爲己任;隨着他們的社會實踐,"諸子"又成爲諸種具體思想和意欲覺世覺人的文化精神的代名詞,代表了春秋戰國之交中國人在思想文化創造方面的最高水平。用唐君毅之表述,即是"孔子以後,諸子百家學術之分流,同依於士人人格尊嚴之自覺,六藝之教之散於民間,諸子百家之派别雖多,然吾人以文化觀點而論其偏重,則皆不外承孔子所承之傳統文化之一偏,六藝之教之一偏,或天道觀念之一偏而形成。唯因其源出一本,故學術文化之分流,終嚮往於天下之一統"①。這就是"子學精神"的本質所在。從各家的論述來看,"諸子"範疇的以上三個語義層面的完足,最終是由劉向父子《七略》完成的。

不難看出,"諸子"範疇的語義建構過程,貫穿着一個内在的"救世之弊"的主綫,即"子學精神"。亦即《淮南子·要略》所言:"作爲書論者,所以紀綱道德,經緯人事,上考之天,下揆之地,中通諸理。"②關於此點,胡適曾評論説:"《淮南要略》(自"文王之時,紂爲天子"以下)專論諸家學説所自出,以爲諸子之學皆起於救世之弊應時而興,故有殷周之争,而太公之陰謀生;有周公之遺風,而儒者之學興;有儒學之敝,禮文之煩擾,而後墨者之教起;齊國之地勢,桓公之霸業,而後管子之書作;有戰國之兵禍,而後縱横修短之術出;有韓國之法令'新故相反,前後相繆',而後申子刑名之書生;有秦孝公之圖治,而後商鞅之法興焉。此所論列,雖間有考之未精,然其大旨以爲學術之興皆本於世變之所急,其説最近理。"③説諸子均是應世之變而興起,是充分肯定諸子的"理論自覺"的。在這方面,孟子可以説是最傑出的代表,他以"先覺"自居,極力主張發揚人性之善,欲以仁心"格君心之非",從而推行仁政,使天下幼有所長,老有所養。爲此他説:"天下有道,以道殉身,天下無道,以身殉道:未聞以道殉乎人者也。"(《孟子·盡心上》)這是以天下爲己任的高度責任感和使命感。

"諸子"三層語義中,屬於學者或師者的層面和思想觀念的層面最早被建構,屬於"典籍"的一層語義最後形成,但它是前二者的載體。當典籍層面的"諸子"被寫定,被經典化,就在被歷代學者的闡釋中形成了一個有生命力的、動態的和開放的語義場。"新子學"從整理研究"諸子"文獻入手,試圖回應中華傳統文化復興的時代命題,顯然具有"以舊開新"的特點,也是對"諸子"之"子學精神"的繼承和實踐。

二、目録學譜系中"子學"之升降與"新子學"

"諸子學"範疇語義項的建構雖完成於向歆父子,然而其觀念體系並未就此完結,而是隨

---

① 唐君毅《中國文化之精神價值》,廣西師範大學出版社 2005 年版,第 46 頁。
② 引文據馬慶洲《淮南子今注》,鳳凰出版社 2013 年版,第 438 頁。
③ 胡適《諸子不出王官論》,收録於《中國哲學史大綱》,東方出版社 1996 年重印本,第 353~360 頁。

着歷史的進程從整體和內部各家在接受歷代政治文化的選擇的同時依次展開，成爲一個開放的系統。換句話説，"子學"應是一個歷時性的概念範疇，其内涵和外延的確定需藉助特定歷史時期的時空坐標。

從"諸子"之學在中國古代不同時期目録譜系中的位置及其歷代之升降變化，可知諸子之學本具有"日新"之義，爲一開放之體系；並且可以看出，諸子之學具有根據時代政治文化及學術之需而改變自身的革命性和自我調適性。

西漢建立後不久，出於政治上需要，先是以黄老之學統攝其他各家學説。司馬談《論六家要指》曰："道家使人精神專一，動合無形，贍足萬物。其爲術也，因陰陽之大順，采儒墨之善，撮名法之要，與時遷移，應物變化，立俗施事，無所不宜，指約而易操，事少而功多。"(《史記·太史公自序》)極力推崇道家，以道家思想統攝他家，實與漢初休養生息的國策有關。

至漢武帝時，國家臻於盛世，轉而"罷黜百家，獨尊儒術"。自此，中國古代學術思想之基本格局基本形成。當然，所謂"罷黜"，並非滅絕，而只是處於從屬或次要的位置而已。在這種背景下，整理學術譜系，就不僅僅是學術問題，而是以建構學術譜系的方式回應時代的需求，即所謂"因時而興"。劉向、劉歆完成於漢哀帝建平元年(公元前6年)之《七略》之中，儒家上升爲"經"，而"諸子"居"六藝"之後，即是回應"儒學獨尊"。班固《漢書·藝文志》承向歆父子之説，也體現了東漢時代重視儒學的時代風氣。《諸子略》儒家序言："儒家者流，蓋出於司徒之官，助人君順陰陽明教化者也。遊文於六經之中，留意於仁義之際，祖述堯舜，憲章文武，宗師仲尼，以重其言，於道爲最高。"班固以爲儒家"於道爲最高"，與司馬談之"先黄老而後六經"一樣，都是"子學"基於時代需求的一種自我調適。

至魏晉時代，亂離的政治對"諸子"在學術譜系中的地位與其自身都產生了重要的影響。西晉荀勖因曹魏時代鄭默之《中經》作晉《中經新簿》，總括群書，分爲甲、乙、丙、丁四部。甲部列六藝及小學。將"諸子"列於乙部。其中"有古諸子家、近世子家、兵書、兵家、術數"①。丙部有史記、舊事、皇覽簿、雜事。丁部有詩賦、圖讚、汲冢書。可以看出，此時四部之中以乙部("諸子")最爲開放，凡有承載新的知識和思想的典籍，一併納入，故"近世子家"也進入其中。尤其是"術數"也與之並列，使"諸子"的内容變得相當駁雜。

著名文獻學家王欣夫指出：《中經新簿》中，"乙部則合《漢志》的諸子、兵書、數術、方技爲一部，爲後世子部的創始。考《漢志》的諸子十家，著録書名的，只有儒、道、陰陽三家有西漢末年人的著作。其餘如縱横、雜家到武帝時爲止，農家到成帝時爲止，小説家到宣帝時爲止。而名、墨二家，只有六國人書。可見西漢時的諸子之學，已在若存若亡之間了。經過漢、晉的多次變亂，存在的當然更少。《中經新簿》原著書名雖不可考，但它合併《漢志》四略爲一部的原因大體可以推知"②。

---

① 王欣夫認爲"四部的創始當屬荀勖"，其説可據。詳參其《文獻學講義》，上海古籍出版社2005年版，第19頁。
② 同上。

如此看來,晉《中經新簿》不僅可以"納新",且具"續舊存舊"之功,實爲"諸子"功臣。究其原因,與魏晉時代子學的復興有關。今人王琳研究指出:"魏晉子書撰述在東漢以來子書勢頭回升的基礎上繼續發展,形成了春秋戰國以來又一次頗爲活躍的局面。這種情況在書目著作中就有所體現。西晉荀勗《中經新簿》乙部著錄有古諸子書、近世諸子書,齊王儉《七志》二曰諸子志,著錄今古諸子書,可見魏晉諸子著述頗爲繁榮,在目錄學家心目中,已經可與以周代子家爲主的古諸子書相提並論進而分庭抗禮了。魏晉子書之興盛,主要表現在大量自著子書的產生。"①《中經新簿》後還附佛典目錄,體現了佛教傳入中土對中國固有學術譜系的影響。東晉南渡後,李充作《晉元帝四部書目》,以五經爲甲部,史記爲乙部,降諸子爲丙部,列詩賦爲丁部。體現了玄學和清談風氣下,"諸子"之學的式微。

劉宋時代的王儉編修《宋元徽四年四部目錄》,又撰《七志》,"諸子志"仍居第二。梁阮孝緒編《七錄》,取出王儉《七志》"經典志"中的史記雜傳,別設一類爲"記傳錄",列於第二,又將班固"兵書略"中的兵書及軍志附於諸子之後,立"子兵錄",列於第三。《七錄序》曰:

> 王儉《七志》改《六藝》爲《經典》,次《諸子》,次《詩賦》爲《文翰》,次《兵書》爲《軍書》,次《數術》爲《陰陽》,次《方技》爲《術藝》。以向、歆雖云《七略》,實有六條,故別立《圖譜》一志,以全七限。其外又條《七略》及二《漢·藝文志》、《中經簿》所闕之書並方外之經,佛經、道經,各爲一錄,雖繼《七志》之後,而不在其數。
>
> 今所撰《七錄》,斟酌王、劉。……《諸子》之稱,劉、王並同。又劉有《兵書略》,王以"兵"字淺薄,"軍"言深廣,故改"兵"爲"軍"。竊謂古有兵革兵戎治兵用兵之言,斯則武事之總名也,所以還改"軍"從"兵"。兵書既少,不足別錄,今附於子末,總以"子兵"爲稱,故序《子兵錄》爲內篇第三。……釋氏之教,實被中土,講說諷味,方軌孔籍,王氏雖載於篇而不在志限,即理求事,未是所安,故序《佛法錄》爲外篇第一。仙道之書,由來尚矣。劉氏神仙陳於《方伎》之末,王氏道經書於《七志》之外,今合序《仙道錄》爲外篇第二。王則先道後佛,今則先佛而後道,蓋所宗有不同,亦由其教育深淺也。凡內外兩篇,合爲《七錄》。②

在此體系中,不僅諸子的地位下降,而且因其所收典籍之變化使其內涵也有變化。由於佛、道二家思想的興起,已與儒爲代表的子學傳統形成鼎足而三的局面,阮孝緒《七錄》不得不從"内外""左右"等角度重新劃定"諸子"在學術和知識譜系中的位置。諸子爲"內",佛道爲"外";經術爲"左","諸子"爲右。自是時勢使然。此期中土文人學士多以儒道術語解讀佛經,或援佛

---

① 王琳《魏晉子書研究》,商務印書館2019年版,第13頁。
② 見張舜徽《文獻學論著輯要》,中國人民大學出版社2011年版,第22～23頁。

入道入儒,則表現出四部之學中"諸子"在融會佛教這種"西學"方面的積極態勢和文化主體性①。著名學者許理和有"佛教征服中國"之説②,而事實上則恰好相反,誠如葛兆光等中國學者研究,當是在中國思想文化形成的傳統的框架内,外來的"佛教融匯於中國"而"中國化"③。在此進程當中,"諸子"之學盡顯其體系的開放性與包容性。

劉孝標等撰《梁文德殿四部目録》,於四部之外,恢復班固《藝文志》之法,重新另列"術數類",收入數學、醫學、天文等類著述,由精通數學的祖暅編撰④。"數術類"由此前之入"諸子",至此時獨立,體現了魏晉南北朝科學技術進步對學術譜系的影響。從另一方面來説,也體現出"諸子"學體系的一種自我調整。

在此前目録學的基礎上,《隋書·經籍志》分典籍爲經、史、子、集四部。《舊唐書·經籍志》《新唐書·藝文志》沿襲《隋志》,列諸子爲第三。各部之類目爲經部10類、史部13類、子部14類、集部3類,從數量來看,子部仍是大宗。自此而後,諸子在經籍目録中之部次皆列第三,而所收篇籍類型和數目却代有增加和變化,這説明一個事實,即無論在古代目録學體系中的地位如何升降,"諸子"爲一開放、包容和動態的學術體系的特性並未有變化。

南宋的目録學家高似孫撰《子略》,意欲"商榷千古,鈐括百家",梳理南宋以前"諸子"之學術脉絡。其《序》中説:

> 六經後,以士才藝自聲於戰國秦漢間,往往騁辭立言,成一家法。觀其跌宕古今

---

① 方立天指出:東漢時代佛教是道術的附庸。當時我國流行黄老之學,佛教也被看作學道成仙的方術。佛教在東漢是在與道術方士思想相結合的過程中發展起來的。魏晉玄學興起,當時佛教重要領袖道安、慧遠等人就是以王弼、何晏一派的"貴無"思想來解釋般若學,以爲般若學的要義是"以無爲本",故稱之爲"本無宗"。見其《魏晉南北朝佛教論叢》,中華書局1982年版,第281頁。

② 許理和認爲佛教通過皇族爲代表的上層社會而"征服"中國,其具體表現在:"皇族與僧人之間存在如下幾種聯繫:(1)儒雅的交談、争論和辯駁,清談聚會和文學活動;(2)在皇宫内傾聽法師講經説法(主要是《般若經》);(3)與僧尼書信往來;(4)賜贈錢幣佛像,建造佛塔寺院;(5)受戒皈依佛法,參拜廟宇寺庵;(6)如遇疾病凶兆,諮詢僧人。"見[荷蘭]許理和著,李四龍、裴勇譯《佛教征服中國》,江蘇人民出版社2017年版,第205頁。

③ 葛兆光指出:"在中國,所有宗教行爲却都會被納入中國思想世界所已經確立的、社會優先於個人的道德與倫理規範中,因此個人的解脱和宗教的救贖,從來就不是個人面對宗教的事情,而是每一個人面對家庭、家族、社會、國家的思想與行爲,至於宗教的權力,則主要是宗教對這種思想與行爲是否認同與允諾,並給予相應的回報。值得注意的是,無論在題記上、在造像上,還是在願文中,我們都可以看到一個關鍵,即要得到宗教許諾以實現願望,就要遵循'善'而避免'惡',而'善惡'在中國常常是有關社會的道德倫理範疇,這樣,佛教在這種對信仰者的許諾中就已經脱離了信仰的純粹個人性,而參與了社會秩序的整頓、社會道德的維護、倫理規範的重建。"見《中國思想史》,復旦大學出版社2001年版,第388~389頁。

④ 王錦民《古典目録與國學源流》,中華書局2012年版,第104~105頁。

之變,發揮事物之機,智力足以盡其神,思致足以殫其用。其指心運志,固不能盡宗於經,而經緯表裏,亦有不能盡忘乎經者。使之純乎道,昌乎世,豈不可馳騁規畫,鏗鏘事功,而與《典》、《謨》、《風》、《雅》並傳乎。所逢如此,所施又如此,終亦六六與群言如一,百氏同流,可不嗟且惜哉。①

高氏言"諸子"雖在"六經"之後,然皆是當時之"士"宗於"六經""經世"之旨,針對時用而所發之議論。如其學說可獲用於時,其與《詩》《書》可等同視之。這是對諸子之學務求"事功"的高度肯定。不僅南宋之前如此,這也是南宋以後諸子之學的一大特點。

章太炎先生嘗言:"明心見性之儒,首推子思孟子。唐有李習之(翱),作《復性書》,大旨一依《中庸》。……其實陰襲釋家之旨。……張橫渠(載)《正蒙》之意,近於回教。……其云'民吾同胞、物吾與也',則似景教。人謂《正蒙》之旨,與墨子兼愛相同。墨子本與基督教相近也。然橫渠頗重禮教,在鄉擬興井田,雖雜景教、回教意味,仍不失修己治人一派之旨。"②不僅儒家如此,"諸子"關注現實的精神內涵歷代如一,而其外延則極具延展性,是四部之學中最有包容性和適應力的體系。"新子學"主張"多元性",恰與傳統"諸子"相吻合,"諸子"學史的回顧可以證明其合理性。

三、由"諸子"之"一體多元"看"新子學"

中國傳統文化有着超穩定的結構,表現在以《七略》爲標志的歷代目錄學體系方面,以"諸子"爲例,可以看出,這種以先秦"諸子"爲核心的知識體系一旦被構建起來,就成爲一種被因襲的傳統,影響和決定着之後各時代知識的再生產模式。

拋開漢代以來各代政治文化的因素,僅從古代目錄學體系看,"諸子"雖爲"六經"之亞,但却是古代學術體系之核心,這與其自身具有"一體多元"之特點不無關係。前已言及,"諸子"範疇之構建,始於戰國中葉,成於漢代劉向劉歆父子。觀劉氏所定《七略》,有《輯略》,有《六藝略》《諸子略》《詩賦略》《兵書略》《術數略》《方技略》。除《輯略》外,其餘"六略"之中,《六藝略》多屬儒家,詩賦除《詩》外皆後起之學,《兵書略》《術數略》《方技略》此後目錄家或歸於"諸子"。因此,如拋開時代因素,似可以說,劉氏父子"七略"之中,"諸子"之學實爲其核心。至如魏晉以後並"七略"爲"四部",其"史部"諸作,如《春秋》《左氏》《國語》等,雖主記事,亦多議論。觀《左傳》《國語》等史著中人物辭令及言論,尤其近於"諸子"。余嘉錫曾言:"古之諸子即後世之

---

① 高似孫《子略》,遼寧教育出版社1998年版,第1頁。
② 章太炎《國學講演錄》,華東師範大學出版社1995年版,第181頁。

文集。"①則諸子可兼有集部之證。因此，以"四部"之中而論，似仍可說"諸子"爲經、史、集之統帥。

就"諸子"自身的體系來觀察，它的形成過程具有"一體多元"的特徵，即《莊子·天下》所謂"道術爲天下所裂"後，由"一"變爲"多"。從先秦諸子各派來看，其中各家本來就具有很明顯的"地域性"特徵，但他們都是爲解決實際的社會問題而發爲議論，因而又有着共同的現實指向性②。故可以這樣說，"諸子"本身便具有"多元一體"的特徵。

先秦"諸子"以儒、墨、道、法爲顯學，分析各家體系之形成，本身呈現出"一體多元"的特徵。這方面以章太炎先生對儒、道、墨、法、名等家體系形成及歷代演變的論述爲最詳③。分而述之，就儒家而言，傅斯年指出："儒爲諸子之前驅，亦爲諸子之後殿。""儒爲諸子中之最前者，孔子時代尚未至於百家並鳴，可於《論語》《左傳》《國語》各書得之。"④意謂儒家本開"諸子"之風氣，爲諸子之先導。《淮南子·要略》："墨子學儒者之業，受孔子之術，以爲其禮煩擾而不說，厚葬靡財而貧民，(久)服傷生而害事，故背周道而用夏政。"可見墨學本出自儒家，後自立門户。道家的莊子，童書業認爲"莊子的學派固然出於楊朱、老子，但似乎也和儒家有關。《莊子·天下》至少是接近莊子的人寫的，可以相當代表莊子的言論，在篇中就很推崇儒術，把它和'古之道術'聯繫起來，並不另立爲一家，這就表示儒家是'古之道術'的正傳"，"莊子可能本是儒家顏淵的後學，後來才學習楊朱、老子的學說，自成爲一家"⑤。故可以說，自儒家出，當時思想遂由"一體"而漸趨"多元"。而儒家經與墨、黄老、陰陽等各種思想之論辯與碰撞之後，又在吸收各種思想合理成分的基礎上"挫其銳，解其紛，和其光，同其塵"(《老子》第四章)，完成了其學說體系由"多元"向"一體"的建構。

從中國古代目錄學的演進來看"諸子"學史的展開，秦漢以前是"六藝""諸子"和史傳多元並列，體現了"一體多元"的特徵，秦漢以後，則是"多元一體"。從《莊子·天下》《荀子·非十二子》等呈現的先秦學術譜系來看，統攝"多元"的"一"是現實社會的需求，這被《天下》篇的作者想象爲所謂"道術"。到了司馬談《論六家要指》和《淮南子·要略》，再到《七略》《隋書·經籍志》《四庫全書總目》等，則分別是以道家和經學統攝諸子。漢武帝以後，"一"是經學，或者說是漸被制度化了的儒學。張豈之先生曾指出："東漢時期儒學以兩個途徑吸取了早期儒學即'人學'的優秀理論思維：一個是融合百家之學的精神，另一條途徑就是自然科學的發展。"⑥其實這種傾向是貫穿於其後各代的。

---

① 余嘉錫《古書通例》，上海古籍出版社1985年版，第93頁。
② 參韓高年《先秦時期文化多樣性觀念的自覺之路》，《西北民族研究》2016年第1期。
③ 參章太炎《國學講演録》之"諸子略說"，第166～234頁。
④ 傅斯年《"戰國子家"與〈史記〉講義》，天津古籍出版社2007年版，第22頁。
⑤ 童書業《先秦七子思想研究》，齊魯書社1982年版，第139～140頁。
⑥ 張豈之《儒學思想的歷史演變及其作用》，《西北大學學報(哲學社會科學版)》1988年第1期。

典籍類別的歸納劃分是對知識譜系的系統總結，而目錄學所代表的知識系統和模式，又會影響到知識的生産。從《七略》到《四庫總目提要》，"諸子"類的具體内容發生了重要的變化，並表現出特殊的趨勢。王餘光指出：

> 《四庫全書總目》的史部在《七略》中找不到相應的類目，可見兩千年間，史學的發展是很快的。……《四庫全書總目》子部相當於《七略》中的諸子、兵書、數術、方技四略。《七略》這四略24類中，有相當一部分圖書是自然科學方面的，子部14類中，藝術、類書、釋家爲《七略》之後新發展的類目，其餘11類中有部分類目屬自然科學方面的。比較這四略與子部，可以看出近兩千年間，中國文獻中自然科學方面的部類没有增多，反而減少了，反映了這方面圖書的變化情況。根據以上三方面的比較，不難得出這樣一個簡單的結論：近兩千間，中國圖書知識内容、結構和類别的變化是史學的飛速發展和自然科學的萎縮。①

由此可知，兩千多年來知識生産的總體趨勢是逐漸豐富，從"諸子"來説也呈現出立足"先秦諸子"，兼收各代及釋道，並綜合"社會人文"與"自然科學"的趨勢。與西方近代以來自然科學迅猛發展的狀況不同的是，中國兩千多年的知識生産因爲"經學""史學"的發達②，而輕忽了自然科學的發展。故而出現了《四庫全書總目》中"子部"中自然科學方面的部類反而較之前的時代變少的狀況。這當中，以目錄學譜系爲標志的知識生産模式起了決定性的作用。

然而從中國學術思想的"近代化"和"現代"轉型的經驗看，單純引進"西學"並不能從根本上解決問題。清代諸子學的復興，"五四"新文化運動中對先秦諸子學的研究和實踐等學術上"以古開新"現象告訴我們，新知識的産生只能基於現有的知識體系③。德國哲學家卡爾·雅斯貝爾斯指出：

> 人類精神生活至今回涉軸心時代。在中國、在印度與在西方有自覺的回歸、復興。可能又産生新的偉大的精神傑作，但通過關於在軸心時代所獲内容的知識而激發。④

當遭遇現實問題時習慣於從歷史中尋找答案成爲一種傳統時，産生於"軸心時代"的"先秦諸

---

① 王餘光《中國文獻史》第一卷，武漢大學出版社1993年版，第37頁。
② 以《隋書·經籍志》著録典籍4 800餘種來看，其中差不多半數是史書。説明魏晉以後史學的獨立和發展漸趨鼎盛。
③ 參羅檢秋《近代諸子學與文化思潮》，中國社會科學出版社1998年版。
④ ［德］卡爾·雅斯貝斯《哲學導論》，卡爾·雅斯貝斯著、朱更生譯《卡爾·雅斯貝斯文集》，青海人民出版社2003年版，第69頁。

子"成爲不斷被回望的"風景","諸子"也就自然成爲一個可以不斷回應不同時代需要而產生新知識的體系。

綜上所述,傳統的"諸子"範疇,無論從"子家"還是從"子學""子學精神",抑或是從"子書"的角度,本身都是具有開放性、包容性、實踐性的,是"主體性"與"多元性"相統一的,它既是一種知識的生産系統,同時也是"思想—社會"互動的實踐系統,體現了中國傳統文化的智慧,具有很强的適應性和自我調適功能。

"新子學"的興起,始於"子藏"的編纂和整理。也就是説,"新子學"的立足點,仍在傳統的"諸子學"。"新子學"遵從的主要研究方法和理念仍是以整理文本和解説經典爲主的傳統學術方法。因此,"新子學"本身繼承了"諸子"學的"一體多元",因而其在"主體性"和"多元性"上具備了統一的理論潛質。

[作者簡介] 韓高年(1971—),男,甘肅金昌人。現爲西北師範大學文學院教授、博士導師、中國語言文學一級學科帶頭人,兼任中國詩經學會副會長、甘肅省古代文學研究會會長、絲綢之路與華夏文明協同創新中心主任。主要從事先秦兩漢文學與文化研究,出版有《禮俗儀式與先秦詩歌演變》、《先秦文學編年史》(合著)、《禮樂制度變遷與春秋文體演變研究》等著作,在《文學評論》《文學遺産》等刊物發表學術論文 150 餘篇。

王素潔(1986—),女,青海人。現爲青海師範大學新聞學院教師、西北師範大學文學院博士生。

"新子學"的意義可能

——基於百年來學術與文化思潮發展的認識

張 涅

內容提要 近十年來,"新子學"理念在學術界產生了較大影響。它認爲目前應該通過復興諸子學來引領國學主潮,並參與到新文化的建設中去,而重點尤在於擺脱百年來的西學模式,從當下的問題出發,重視會通和社會科學的研究方法。這個認識顯然在指示諸子學研究的轉向,與"新文化"運動、"古史辨"討論一脈相承。"新文化"運動通過語言革命,以白話文及新文學傳播新思想,批判專制政治和舊道德文化,提倡個性解放。"古史辨"學派則指出舊道德思想體系及其偶像都是"層累地造成的",摧毀了專制政治賴以存在的基礎。隨後現代諸子學企圖重建中國思想的體系,"新子學"在加以繼承的同時又指出要揚棄其中的西學路徑,倡導新的範式。表面上看,這是由語言文學到歷史、再到哲學的學術範疇的轉移;而實質上,是從針對現實問題,到揭示歷史根源,再到重建思想系統的一步步深化,是中國文化思想在西學衝擊下的不斷自覺和發展。由此可知"新子學"的意義所在。

關鍵詞 新子學 學術流派 文化思潮 新文化 古史辨

中圖分類號 B2

近十年來,方勇提出的"新子學"理念在學術界產生了比較大的影響①。他認爲現時代應該倡導"新子學"以引領國學主潮,並且吸納諸子智慧思考當下問題,參與到新文化的建設中去。這無疑是基於客觀又兼有批判性和前瞻性的,故而引發了深入的討論。筆者也參與其中,本文想闡述的是,"新子學"的意義和價值還應該從百年來學術與文化思潮的發展脉絡上去認識。

---

① "新子學"理念是方勇提出來的。2012 年 4 月,在華東師範大學先秦諸子研究中心舉辦的"先秦諸子暨《子藏》學術研討會"上,方勇認爲現代應該"全面復興諸子學"。同年 10 月 22 日,他又在《光明日報》上發表了《"新子學"構想》一文,明確提出了"新子學"理念。後來又有系列論述,論文收録在《方山子文集》第 1 册(學苑出版社 2020 年版)。

一、學術流派與文化思潮

"新子學"理念的展開需要通過一個學派的理論建設和實踐活動,故而這其實是在倡導建立一個諸子研究的新學派。其意圖是,引導諸子學的研究向"新"的方向轉進,建立與傳統樸學和現代引進的西學都不同的研究範式,而且能成爲現時代文化建設的核心元素和推動力量。由此看,"新子學"在學術的範疇內,又在文化思想的層面上。其意義需要放在學術與文化思潮的關係中去認識。這裏涉及"學術流派"與"文化思潮"兩個概念,我們先來討論其內涵及相互關係。

學界周知,學術流派指在某個學術領域內形成的方向和範式相近、成果和影響叠補的研究隊伍組合。它可能是某一個(或若干個)學術領袖自覺的追求,有組織機構和研究團隊,甚至有具體的章程及定期開會的規定等。也可能是後來被追認的:相關學術成果產生影響後,後人疏述其相關領袖及追隨者,認定爲一個學派。例如"永嘉學派",葉適有個人的思想創造,但是本無建立學派的規劃;後人出於現代認識的需要,把這個區域內的、有"事功"傾向的學人歸爲以葉適爲開創者的一派[①]。作爲學派,一般都具有以下的特徵:(1) 有公認的學術領袖;(2) 有代表性的著作;(3) 開創了新研究領域或建立了新範式;(4) 有多位著名的研究者、傳播者;(5) 學派成員的主要著述與整個學派的內容方向一致;(6) 成果被充分重視,影響了該領域及相關方面的研究進程;(7) 學派內有傳承,形成了傳統;(8) 有約定俗成的學派名稱。

對於這種學術流派的認識,在戰國後期已經比較普遍。《韓非子》的"世之顯學,儒、墨也"[②],《荀子》的"非十二子"[③],《莊子》"道術將爲天下裂"[④]的"方術"等即是。至《漢書·藝文志》提出"諸子十家,其可觀者九家而已"[⑤],則完成了對於先秦思想流派的系統認識。現代以來,學派更是表示學術發展的形態,是學術研究的對象,有關這方面的認識更加自覺和嚴謹。

文化思潮則是與某一思想觀點相關的社會普遍認識和行爲。關於文化含義的不同界定,據日本學者名和太郎的統計多達260種[⑥]。其主要的特徵是包容性和功效性。馬林諾夫斯基說:"文化是指那一羣傳統的器物、貨品、技術、思想、習慣及價值而言的,這概念實包容着及調節着一切社會科學。"[⑦]即強調了這兩點。當它被大多數人所認同和奉行,形成一種潮流時,自

[①] 參見周夢江《葉適與永嘉學派》,浙江古籍出版社1992年版。
[②] 王先愼《韓非子集解》,中華書局1998年版,第456頁。
[③] 王先謙《荀子集解》,中華書局1988年版,第89頁。
[④] 郭慶藩《莊子集釋》,中華書局1961年版,第1069頁。
[⑤] 班固《漢書》,中華書局1962年版,第1746頁。
[⑥] 參見名和太郎著,高增傑等譯《經濟與文化》,中國經濟出版社1987年版,第41頁。
[⑦] 馬林諾夫斯基著,費孝通譯《文化論》,中國民間文藝出版社1987年版,第2頁。標點據現通行習慣有改動。

然又是時代要求的表現。因此可以認爲,文化思潮指某一特定時期產生的、對當時社會有廣泛影響的價值觀念和行爲方式。

寬泛地説,在古代就出現過各種文化思潮。戰國時期的諸子百家,從文化的層面上講,可謂各種思潮的起伏衝突。漢代的古文經學、魏晉的名士玄學、明末的東林黨等,也都造成了一定的社會影響,形成了思潮。當然,因爲專制政體和交通、信息等條件的限制,在古代並不發達,影響也不普遍。到了近代以後,因爲城市社會的形成,又處於歷史的大轉折期,受到西方文化的衝擊,思潮的產生成爲普遍形態。高瑞泉説:"思潮頻繁發生,已經成爲 20 世紀中國現象的一個重要特點。或者説,中國的現代性的一個突出特徵就是社會思潮的多樣性、複雜性和易變性。"①確實如此。

一般情況下,形成的文化思潮雖然是綜合了諸多因素,豐富而且複雜,但是在開始時總有個觸發點,即往往由某一個(或幾個)問題帶動起來。從近現代以來,不外三種情形:(1) 由文化討論引起;(2) 由政治要求觸發;(3) 基於學術問題而拓展開來。由文化討論引起的,例如"東西文化之爭""科玄論戰"(又稱"人生觀論戰")帶動"五四"新文化運動。這些熱烈的論戰,使西方文化迅速地進入中國人的視野,促進對傳統文化的反省,意義自然不可低估。但是,它們不是從中國問題的客觀狀態出發的,不能深入到中國文化的本質。正如汪暉説的,"'五四'啓蒙運動所推崇和宣揚的各種新思想主要是從西方搬來,而不是來自對中國社會結構和歷史過程的獨特性的分析,因此許多深刻的思想命題是'懸浮'在人們所處的實際生活狀態之上的,它們可能引起人們的震驚,却難以成爲全社會持續關注的問題"②。由政治要求觸發的,例如"巴黎和會"上的外交失敗引起反帝反封建大遊行,成爲"五四"運動的導火索。因爲政治是社會的核心問題,其自然最可能衝垮舊政治的堤岸,直接推進歷史的進步。但是,政治又是現實實踐性的,當那段歷史過去以後,那個與政治直接關聯的文化運動的價值也就留在歷史之中了。與上述兩者不同,基於學術問題而拓展開來的文化思潮是因爲某一學派的倡導而形成的,因爲學術的超時代性而往往使文化思潮產生更長遠的影響。例如漢代的古文經學派引發的與今文經學派的爭鬥,不只在當時的學術政治領域有影響,作爲學術研究的路徑之一,一直在中國學術史和思想史上占有地位。當然,學術問題如果只是限於少數學者圈子內,没有影響到社會生活,就只是學術史意義的,不能稱爲文化思潮③。

---

① 高瑞泉《思潮研究百年反思:歷史、理論與方法》,高瑞泉主編《中國思潮評論》第一輯《思潮研究百年反思》,上海古籍出版社 2009 年版,第 4 頁。
② 汪暉《中國現代歷史中的"五四"啓蒙運動》,許紀霖編《二十世紀中國思想史論》上卷,東方出版中心 2000 年版,第 34 頁。
③ 例如梁思成的中國營造學社,也受到近代西方史學思想和方法論的影響,成就顯赫,但是其旨在建構中國古代建築史的系統,貢獻只在於中國建築史領域,没有產生廣泛的社會影響。參見朱濤《梁思成與他的時代》,廣西師範大學出版社 2014 年版。

這種由某一學派的倡導而形成的文化思潮,從開啓者的自覺程度看,又有兩種情形。一種是歷史實在性的,即開啓者當時就站在歷史的高點,旨在推進歷史文化的發展,學術領域内的研究活動和成果只是作爲藉助而已。另一種是追認性的,即原本只是在某學術領域的貢獻,後人從時代需要出發,發現其中的思想史意義而加以闡述。但是無論哪一種情形,相關學術研究都具有三方面的特徵:(1) 不只是應用層面的知識,而深入到這些知識產生的社會歷史根基。應用層面的,只是與具體實踐相關聯,影響是局部的、表面的,不會造成普遍性的社會思潮。只有認識到這些應用何以如此的問題才能看到根基所在,而這個根基也是應用層面的其他問題的關鍵,因此其意義和影響能夠由本領域拓展到廣大範圍。(2) 不只是一個單綫發展的學科,而能指引整個文化層面的方向。就是説,它是一個學科範疇内的研究,但是在那個時代,這個學科能夠回答社會迫切需要解決的核心問題,從而帶動、引導其他學科的發展。(3) 不只是時代性的,還作爲歷史脉絡的節點。梁啓超曾説:"凡'思'非皆能成'潮',能成'潮'者,則其'思'必有相當之價值,而又適合於其時代之要求者也。"①即這個思潮必然反映了時代的要求,既是對前一個階段的總結批判,又開啓下一個新的階段。因此或承上啓下,或轉折突進,爲歷史的鈕結。

現代以來,傳統學術依然被繼承光大,由西方引入的哲學、政治學、倫理學、經濟學、教育學等領域的不同流派的觀點更是風起雲湧。但是,在學術與文化之間構成互動、從而形成基於學術的文化思潮的,只有"新文化"運動和"古史辨"學派。

二、語言革命與"新文化"運動

我們先來看"新文化"運動。關於這方面的認識,一般總是强調其在政治和思想史上的意義,這没有問題。但是稍微深入地分析,會發現其是建立在語言革命的基礎上的,波瀾壯闊的文化思潮與語言學領域的研究相關聯。

一般都認爲,"新文化"運動的開始,是以1915年陳獨秀在上海創辦《新青年》雜志爲標志。其思想内容可概括爲:(1) 提倡民主,反對專制;(2) 提倡科學,反對迷信;(3) 提倡新道德,反對舊道德;(4) 提倡新文學,反對舊文學。這包括政治、科技、倫理、文學等領域,涉及文化的各個方面,無疑是一次廣闊的、深刻的文化運動。其過程大略分爲兩段:(1) 1915—1919,批判舊道德文化,提倡民主與科學的思想,宣傳民權、平等、進化論等觀點。(2) 1919—1923,重點轉移至宣傳十月革命,宣傳社會主義,使馬克思主義的傳播成爲主流。後階段政治意義的巨大,對於中國現代史發展的重要性,是如何評價都不過分的。因爲本文討論學術文

---

① 梁啓超《清代學術概論》,上海古籍出版社1998年版,第1頁。

化思想，故這裏只討論前一階段的貢獻①。無疑，前一階段的最大貢獻是文化啓蒙，其引進的民主與科學思想，即"德先生"和"賽先生"，成爲中國文化復興的基本方向。從此以後，中國人逐漸從舊道德文化的束縛下挣脱出來，追求個人的自由權利。中國歷史開始淘汰專制政治，新時代的大門被打開了。

這個啓蒙工作的具體實施，則主要通過白話文、拼音文字和國語統一運動。何九盈説："這三大語文運動，是三項偉大而又艱巨的語言文字工程。人們之所以把這三項語言文字工程稱爲'運動'，是因爲這種變革具有廣泛的群衆性，已經成爲時代潮流、社會風氣。"②這些原本都是語言學範疇内的學術研究，可謂一個新的語言學派的工作；但是在啓蒙思想的指導下，就又成爲文化思潮的基本内容。衆所周知，發展至清末的文言文已經與民衆日常生活中的口語相脱離，不能勝任唤起民衆的啓蒙工作，故而必須建立與日常口語相統一的新語言。趙元任説："口語和書面語的差別在所有的語言裏都有、也應該有，不過這二者不應該被截然分開。"③就指出了這一點。因此要完成文化啓蒙的事業，首先得進行語言的革命。以學術的方式改制語文，並以此造成社會影響，形成文化思潮，是一條必由之路。

這場語言革命，以白話文運動最爲成功。對於白話文的提倡，在清末已經興起。1876 年 3 月 30 日，上海申報館出版的《民報》即由文言向白話過渡。1898 年 5 月，裘廷梁、裘毓芬創辦《無錫白話報》。隨後各地的白話報刊漸成風氣，形成潮流④。當然，這些只是認爲白話文能夠更通俗地介紹知識，交際交流，並没有否定文言文的價值地位。到了新文化運動興起後，才明確提出要以白話文取代文言文。他們認爲，文言文難學、難以普及，已經不能適應時代社會的需要。例如胡適説："中國的古文古字是不配做教育民衆的利器的。"⑤還提出"八不主義"的主張："一曰，須言之有物。二曰，不摹仿古人。三曰，須講求文法。四曰，不作無病之呻吟。

---

① 學界對於這段文化思潮有不同的認識。如張灝説："'五四'是由幾個思想内容不盡相同的運動所組成：1915 年由陳獨秀創辦的《新青年》（原名《青年》，1916 年改稱《新青年》）所發起的思想文化改造運動；1917 年由胡適與陳獨秀所倡導的新文學運動；1919 年 5 月 4 日由學生示威遊行所引發的民族主義運動。"（《重訪五四——論"五四"思想的兩歧性》，許紀霖《二十世紀中國思想史論》上卷，第 3 頁。）許紀霖認爲，是"從五四的文明自覺到 1930 年代的文化自覺"（《兩種啓蒙：文明自覺，還是文化自覺》，許紀霖、劉擎編《中國啓蒙的自覺與焦慮——新文化運動百年省思》，上海人民出版社 2015 年版，第 29 頁）。
② 何九盈《中國現代語言學史》，廣東教育出版社 2005 年版，第 13 頁。
③ 趙元任《中國語言的問題》，孟曉編《趙元任文存》，江蘇人民出版社 2015 年版，第 80 頁。
④ 例如：1901 年，有《蘇州白話報》《杭州白話報》。1903 年，有《智群白話報》《寧波白話報》《中國白話報》《新白話報》。1904 年，有《安徽俗話報》《江蘇白話報》《福建白話報》《揚子江白話報》。1905 年，有《直隸白話報》、保定的《地方白話報》。1906 年，有貴州《白話報》、濟南《白話報》。1907 年，有《廣東白話報》。1908 年，有《嶺南白話報》。1910 年，有《伊犁白話報》等。
⑤ 胡適《建設理論集・導言》，胡適編《中國新文學大系・建設理論集》，上海文藝出版社 2003 年版，第 6 頁。

五曰,務去濫調套語。六曰,不用典。七曰,不講對仗。八曰,不避俗字俗語。"①於是,從1918年1月出版的《新青年》第四卷第一號改用白話文、采用新式標點符號後,進步刊物紛紛改用白話文,原來用文言文的報紙也開始出現白話文副刊,隨後短評、通迅、社論也采用白話文和新式標點②。所有這些改革使新文化思想的傳播獲得廣泛的效果,故而蔡元培説:"主張以白話代文言,而高揭文學革命的旗幟,這是從《新青年》時代開始的。""我們的復興,以白話文爲文學革命的條件。"③

與提倡白話文同時,另有漢字拼音化的主張。他們認爲,要徹底推翻舊道德和專制政治文化,還應該消滅傳統方塊漢字,向拉丁文學習,制定通行的拼音漢字。這個主張是期望從根本上鏟除傳統影響,顯然過於激進,不符合文化發展的規律,故而這方面的貢獻只是留下一套輔助認字的中文拼音方案。另外的國語統一運動,在當時政治割據的形勢下,當然更沒有實現的可能④。但是,兩者無疑也是新文化思潮的基礎,起到了推波助瀾的作用。

顯然,提倡白話文和漢字拼音化等都是語言學領域的工作,可謂是語言學界一個新派別的學術研究。它的革命性,從學術的角度講,是研究路徑的轉折和範式的突破。但是,其意義需要放到該時代的文化思潮中去認識。即使後來被普遍否定的漢字拼音化主張,也應該落實在那個時代環境中評價其價值。何九盈就指出,這些是"偉大而又艱巨的語言文字工程","不僅在宏觀上爲現代語言學的發展開闢了道路,提出了許多新鮮課題,而且對整個中國的社會發展、文化發展,也有重要意義"⑤。確實,新舊文化的轉折需要文字表達形式的轉型。後者在促進前者的同時,也是學科專業方向的躍進。提倡白話文和漢字拼音化這些學術性工作,是新文化運動的基本內容;而新文化思潮也藉助於白話文和漢字拼音化而開展起來。

---

① 胡適《文學改良芻議》,胡適編《中國新文學大系·建設理論集》,第34頁。
② 例如北京的《每周評論》《新潮》《少年中國》《曙光》《新社會》,天津的《天津學生聯合會報》《覺悟》,上海的《星期評論》《建設》《民國日報》副刊《覺悟》,湖南的《湘江評論》,四川的《星期日》,湖北的《武漢星期評論》,浙江的《浙江新潮》等。
③ 蔡元培《中國新文學大系總序》,胡適編《建設理論集》,第10頁。
④ 在晚清就有標音文字運動。1913年2月,中華民國教育部在北京召開了"讀音統一會",審定以"京音爲主,兼顧南北"的6 500多個漢字的"國音"(即"老國音"),並通過"注音字母"。1916年,北京教育界人士組織"國語研究會"。1919年4月21日,北洋政府教育部成立"國語統一籌備會",1919年9月編輯出版《國音字典》,確定了以北方官話(京音)爲基礎的標準語音和國音符號。另外,民國後還有國語統一運動。1916年,蔡元培、黎錦熙等發起成立國語研究會,主張"言文一致""國語統一"。1917年,全國教育會聯合會向北洋政府教育部提交"請定國語標準並推行注音字母以期語言統一案"。1918年12月,教育部公布"國語統一籌備會規程"。標音文字和國語統一運動都對教育普及起了推動作用。參見胡適《建設理論集·導言》,胡適編《中國新文學大系·建設理論集》,第6~13頁;何九盈《中國現代語言學史》,第29~60頁。
⑤ 何九盈《中國現代語言學史》,第13~14頁。

後人關於新文化運動成果的認識，一般總是強調新文學創作的成就，這當然是合理的。但是，我們具體分析，也可知這也正是基於語言革命的成效。新文學中人物形象的塑造、人物命運的揭示，對於傳統的反叛和個性解放的追求，都是通過白話的形式來實現的。白話爲新文學提供了閱讀普及的可能性，同時又藉助新文學的被接受而改造成功。因此木山英雄說："因爲'普通話'只是對語言的一種規範，它的內涵仍需由具體的某些作品來實現，就這一問題而言，它是與文學相始終的。"① 史華茲也說："'五四'時代最顯著和常常被提及的變革之一，當然是'語言革命'。"②

對於語言革命與新文學的關係，胡適在發起這場運動時就闡述得清楚："國語的標準是偉大的文學家定出來的，決不是教育部的公文定得出來的。國語有了文學價值，自然受文人學士的欣賞使用，然後可以用來做教育的工具，然後可以用來做統一全國語言的工具。所以我主張，不要管標準的有無，先從白話文學下手，先用白話來努力創造有價值有生命的文學。"③ 無疑，新文學創作促進了新文化運動的發展，而它也正是新的語言革命的成就。我們在認識新文化運動時，不能忽略語言學研究所作出的巨大貢獻。一方面，是時代的要求催生了語言革命；另一方面，也是語言革命促成了新文學的興起以及新思想的傳播。

三、"古史辨"學派的反封建性④

現代以來，另一個基於學術的文化思潮是"古史辨"學派造成的。"古史辨"學派又稱現代疑古派，是以顧頡剛等爲代表的、主要對中國上古歷史作疑古辨僞研究的學術流派。自1923年顧頡剛發表《與錢玄同論古史書》，到1926年《古史辨》第一冊問世，該學派走上了現代學術文化的主舞臺。它提倡疑古精神和歷史演進的觀念，主張吸收西方近代社會學、考古學等研究方法，再討論中國古代歷史和典籍中的問題⑤。與後人大多重視"新文化"運動的思想意義而忽略其學術研究的內容不同，對於"古史辨"學派，不少學者肯定其在歷史研究中的創造性見解，但是忽略甚至否定它在推進新文化思想發展方面的貢獻。其實，它與"新文化"運動一

---

① 木山英雄著，毛林廣譯《從文言到口語——中國文學的一個斷面》，趙京華編《文學復古與文學革命——木山英雄中國現代文學思想論集》，北京大學出版社2004年版，第113～114頁。
② 史華茲著，高力克譯《〈"五四"運動的反省〉導言》，許紀霖、宋宏編《史華茲論中國》，新星出版社2006年版，第89頁。
③ 胡適《建設理論集·導言》，胡適編《中國新文學大系·建設理論集》，第22頁。
④ 現在學界普遍認爲，中國秦漢至清代都是帝王專制的，不是封建社會。這裏依然用"反封建性"，是遵循以前的習慣表達，也是出於引用方便的考慮。
⑤ 其成果主要彙集在《古史辨》七冊中，有350篇文章，約325萬字。

樣,基於學術並促成了思潮,影響了中國的思想現代化進程。

"古史辨"學派最主要的、影響深遠的觀點,是認爲現在形成的中國古史説爲"層累地造成的"。1923年,顧頡剛在給錢玄同的信中就明確説道:"很想做一篇《層累地造成的中國古史》,把傳説中的古史的經歷詳細一説。"①並且指出三個要點:(1)"時代愈後,傳説中的古史期愈長";(2)"時代愈後,傳説中的中心人物愈放愈大";(3)"即不能知道某一件事的真確的狀況,但可以知道某一件事在傳説中的最早的狀況"②。在《答劉胡兩先生書》中,還具體指出要打破"民族出於一元""地域向來統一""古史人化""古代爲黄金世界"③等觀念。

另外,"古史辨"派還討論了"六經"的問題。顧頡剛認爲:"'六經皆周公之舊典'一句話,已經給'今文家'推翻;'六經皆孔子之作品'一個觀念,現在也可駁倒了。"④對於經今古文學、《今文尚書》的《堯典》《禹貢》《盤庚》《金縢》等篇的時代及其真僞,以及《詩經》和《毛詩序》中的問題,也有深入的討論。

無可置疑,"層累説"是一把解讀先秦典籍的鑰匙,"古史辨"學派是關於中國上古史領域的學術研究派別。這一點,學界公認。在其提出來的時候,傅斯年就説:"這一個題目,乃是一切經傳子家的總鑰匙,一部中國古代方術思想史的真綫索,一個周漢思想的攝鏡,一個古史學的新大成。"⑤後來余英時也説:"顧先生的'累層構成説'的確建立了庫恩(Thomas S. Kuhn)所謂的新'典範',也開啓了無數'解決難題'的新法門,因此才引發了一場影響深遠的史學革命。"⑥但是,古史辨派的貢獻顯然不只在中國上古史研究領域。如廖名春説的,"考辨古籍、考證人物的真僞並非古史辨運動的真諦,它只是手段"⑦。其落實在歷史領域(主要是上古史)的研究中,但是意義指向着文化思想領域;是一個歷史學派的研究活動,同時在推進時代的思想發展。因此,其影響更在於對專制政治的文化思想基礎的摧毀。

這樣的意義指向當然是歷史文化發展的要求,也是顧頡剛個人經歷和認識的結果。與所有歷史形式所呈現的一樣,時代造就了人物,人物又撰寫了歷史。那一個歷史階段,戊戌變法、辛亥革命、"新文化"運動大潮奔湧,這些政治改良和思想啓蒙運動爲"古史辨"學派的產生開闢了道路。顧頡剛也正是在這樣的歷史場景下進行上古史的再認識。他在少年求學時就接觸到戊戌維新思潮,並翻閱到《萬國史記》《泰西新史攬要》等書籍,瞭解到一些世界史。武

---

① 顧頡剛《與錢玄同先生論古史書》,《顧頡剛全集》第1册,中華書局2010年版,第181頁。
② 同上。
③ 顧頡剛《答劉胡兩先生書》,《顧頡剛全集》第1册,第202~203頁。
④ 顧頡剛《致錢玄同:論孔子删述六經説及戰國著作僞書書》,《顧頡剛全集》第7册,中華書局2010年版,第259~260頁。
⑤ 傅斯年《談兩件〈努力周報〉上的物事(摘)》,顧潮編《顧頡剛學記》,三聯書店2002年版,第10頁。
⑥ 余英時《顧頡剛、洪業與中國現代史學》,顧潮編《顧頡剛學記》,第38頁。
⑦ 廖名春《試論古史辨運動興起的思想來源》,陳明主編《原道》第四輯,學林出版社1998年版,第117頁。

昌起義爆發，文化領域匯成一股激進的革新思潮，也使他的思想受到了洗禮。1916 年至 1920 年，發源於北京大學的"新文化"運動蓬勃興起，他就在北京大學本科學習，並參加了北大學生組織的宣傳新文化的"新潮社"，在《新潮》雜志上作文抨擊舊道德文化，介紹新思想觀念。隨着"新文化"運動的發展，又受到胡適倡導的"整理國故"思想的影響，思考的領域也轉到對於專制政治賴以存在的文化基礎的批判，即開始"古史辨"的進程①。所以許冠三説："它的孕育與成長，實歸功於民初革命風氣的感染，新文化運動的鼓舞。"②顯然，"古史辨"學派從誕生之日起，就由學術研究深入到傳統文化的内核。而其本旨，在於摧毀兩千年專制政治的文化思想基礎。

例如關於《周易》的研究。1929 年，顧頡剛在《燕京學報》發表《周易卦爻辭中的故事》一文，對《易經》的成書年代及《易傳》中涉及上古史的部分材料進行了考辨。隨着錢玄同、胡適、李鏡池等參與探討，形成了一股易學研究熱潮。1931 年，16 篇相關的討論文章編入《古史辨》第三册中。在該册的"自序"中，顧頡剛就特别指出：辨明《十翼》與《易》、諸家詩説與《詩三百》等並不相合，否定聖經中的伏羲、神農地位，目的即是要打破漢以來成爲傳統的經説。可見，這些考證辨别針對着傳統易學，也針對傳統易學所支撐的專制政統思想。學界周知，自《漢書·藝文志》認爲"《易》道深矣，人更三聖，世歷三古"③以後，《周易》的"經""傳"是伏羲、文王、孔子三位聖人的述作成了定論。其在經學及傳統思想中占據了核心地位，受到歷代經學家和統治階級的尊崇和維護。"古史辨"學派對此作了徹底的批判，這就剥奪了傳統賦予"三聖"的《周易》著作權，表明歷代經學家依據卦爻辭所發揮的微言大義都是無稽之談。這等於宣布：兩千多年來，不但"以傳解經"的研究模式誤入了歧途，而且以其作爲大一統思想基礎的認識也是虚僞不實的④。

由此可知，"古史辨"學派的目的根本上在於徹底否定舊文化傳統。胡適就指出："這是中國史學界一部革命的書，又是一部討論史學方法的書。此書可以解放人的思想，可以指示做學問的途徑，可以提倡那'深澈猛烈的真實'的精神。"⑤半個世紀後，曾持異議的楊向奎也總結道："他們抨擊了自古相傳的古史系統，而這個古史系統不僅是歷史問題，也是道德倫理問題，因爲古代帝王被説成是道統所係，因而《古史辨》辯論的對象不僅是中國古代史，也是這個道德學及倫理學史。這是中國封建社會整個上層建築中的核心問題，對這些問題發生懷疑，也就是懷疑整個封建社會的道德學説與價值觀念，從這個角度看，他們的工作是和'五四'時代

---

① 參見顧頡剛《〈古史辨〉第一册自序》，《顧頡剛全集》第 1 册，第 5~49 頁。
② 許冠三《顧頡剛：始於疑終於信》，顧潮編《顧頡剛學記》，第 92 頁。
③ 班固《漢書》，第 1704 頁。
④ 參見楊慶中《20 世紀中國易學史》，人民出版社 2000 年版。
⑤ 胡適《介紹幾部新出的史學書》，顧潮編《顧頡剛學記》，第 1 頁。

反封建的偉大潮流一致的。"①這些無疑是客觀的評價。在現在看來,"古史辨"學派對於一些具體問題的懷疑確實過甚了,但是這不影響其所建立的學術範式的意義,以及據此引導起來的文化思潮對於現代中國發展的貢獻。

四、"新子學"的意義指向

"古史辨"學派否定傳統文化思想的經典性、權威性,這就爲新文化思想的建設開啓了大門。郭湛波曾説:"中國思想經了這次大革命——反孔與疑古,而籠罩二千多年孔子思想一敗塗地,因之諸子思想應時而起。"②這已經指出這段思想史發展的過程。

諸子學的興起當然經過了相當一段歷史時期。在明末清初,傅山就已經充分闡述了諸子學的價值。隨後諸子能"經世致用"且"經子平等"的觀念逐漸普及,清代學者還做了許多文本整理工作。至清末民初,因爲受西方學術思想的影響,對於諸子思想的意義更加重視,嚴復、章太炎、梁啓超、王國維、劉師培、胡適等都有比較深入的闡述,使諸子學走進了現代領域③。這其中的代表人物應該是胡適,因爲他不但繼承傳統的子部研究,而且直接接受了西方的學術思想和方式方法,事實上把諸子學納入了西方哲學思想體系。他説:"我們今日的學術思想,有這兩個源頭:一方面是漢學家傳給我們的古書;一方面是西洋的新舊學説。這兩大潮流匯合以後,中國若不能産生一種中國的新哲學,那真是辜負了這個好機會了。"④他的諸子學研究正是這樣承前啓後的工作,所以可謂開啓了現代諸子學研究的風氣。他在1917年所著的《先秦名學史》中説:"中國哲學的未來,似乎大有賴於那些偉大的哲學學派的恢復。"⑤1919年2月,又出版了指示研究方向的《中國哲學史大綱》。這以後,現代諸子學就與傳統的子部研究分道揚鑣了。

這裏有一點得注意,我們不能以爲章太炎等關於諸子的闡述及《中國哲學史大綱》出版在《古史辨》前,就判定現代諸子學的興起在疑古思潮之前。歷史的客觀內容總是複雜多元、此起彼伏的,在高漲階段的思潮,其出發點往往出現在前一個甚至更早的時期。例如白話的書寫及簡化字,在敦煌變文中也已見到。觸發顧頡剛疑古思想的也是清代的姚际恒《古今僞書考》等。相關的思想史認識當然要説明思想的出發點,但總是根據思潮形成的階段而分前後

---

① 楊向奎《論"古史辨派"》,顧潮編《顧頡剛學記》,第77頁。
② 郭湛波《近五十年中國思想史》,上海古籍出版社2010年版,第206頁。
③ 參見羅檢秋《近代諸子學與文化思潮》,中國社會科學出版社1998年版;劉仲華《清代諸子學研究》,中國人民大學出版社2004年版。
④ 胡適《中國哲學史大綱》,上海古籍出版社1997年版,第6~7頁。
⑤ 胡適《先秦名學史》,學林出版社1983年版,第9頁。

的。所謂思想史的邏輯進程正是基於這樣的認識。據此看,現代的諸子研究接着"古史辨"而展開是無疑的。據筆者的不完全統計,1930—1949 年,諸子研究專著有近 200 部,涉及諸子各家;重點介紹其觀點的思想史、政治史著作也有 20 多部①。而且更主要的,是那個階段形成的現代新儒家、新道家、新法家等學派思想直接促進了現代中國的政治文化建設,產生了一個基於學術的文化思潮對於社會歷史的影響力。這些顯然不是 20 世紀 20 年代及以前的諸子研究可比擬的。故而可以説,在"古史辨"討論展開後,興起了諸子學研究熱潮,現代諸子學研究的展開是在疑古思想風起雲湧以後。

傳統的子部研究基本上套用注經的方法,屬於樸學的路徑。如許維遹説的,"清儒治經,首以諟正文字爲事,旁及諸子,亦循此術"②。而現代的諸子研究更多地運用西方學術研究的方式,從概念出發,提煉中心觀點,作系統結構論證,可謂西學的路徑。胡適就説道:"我所用的比較參證的材料,便是西洋的哲學。"③兩者的區别主要有四點:(1) 是否把《論語》《孟子》包括在諸子之中;(2) 有無作系統邏輯的整理,如陳寅恪評價馮友蘭《中國哲學史》時説的"聯貫綜合之搜集,及統系條理之整理"④;(3) 有無轉於西學的思想闡釋,從而揭示其現代性意義;(4) 有無建立中國傳統思想的形而上體系的企圖。假如把《論語》《孟子》歸入進來,對諸子作系統的理論闡述,並有形而上建構的企圖,那麼就屬於現代諸子學的研究。

毫無疑義,傳統的子部研究和胡適等開啓的現代諸子學研究都有巨大的成就。傳統樸學路徑所做的整理、注釋、評點等工作解決了諸子文本的許多問題,而且也有不少精闢的見解。現代以來闡釋諸子思想内容,重視其中宏觀的、時代性的以及形而上的意義,更極大地促進了中國文化思想的現代化進程。民國時期就形成、20 世紀 80 年代以來又復興的各學派研究也都成果豐碩。但是,回顧其研究歷程,分析所得和所失,遺憾也是不免的。前者缺乏邏輯系統性不論,即使後者,因爲比較多地套用西學的模式,不是從諸子文本的原本意義出發,不是以諸子爲思想源頭作現代性的疏述,因此嚴格地説並非基於中國文化的客觀認識。

正是針對這樣的現狀,方勇提出了"新子學"的理念。"新子學"接着現代諸子學的研究又作了轉向。一方面,也是重視學術層面的研究,強調諸子文本及思想内容的特殊性。其認爲諸子思想針對着當時的人生和社會政治問題,而且各有具體的、特定的場景,因此所有客觀性的闡釋都需要進入到其語境中,所有現代性的認識由此展開才有内在的邏輯依據。因爲現代的概念基本上都是從西學那裏引進過來的,直接從概念出發,就不免落入西學的套路。如方勇所説的,"以西學爲普世規範和價值,按照西方思維、邏輯和知識體系來闡釋諸子。……結

---

① 參見張涅《略述民國時期的新子學研究》,《諸子學刊》第九輯,上海古籍出版社 2013 年版。
② 許維遹《吕氏春秋集釋·自序》,中華書局 2016 年版,第 7 頁。
③ 胡適《中國哲學史大綱》,第 22 頁。
④ 陳寅恪《馮友蘭〈中國哲學史〉審查報告》,陳美延編《陳寅恪集》,三聯書店 2001 年版,第 285 頁。

果是使子學漸漸失去理論自覺,淪爲西學理念或依其理念構建的思想史、哲學史的'附庸'"①。因此,"新子學"要"回到中國文明的源頭,把握其基本形態,以比較視域來進行綜合性、還原性的思想研究,形成相對獨立的學術體系"②。即要擺脱西學的模式,倡導諸子學研究的新範式、新方法。

另一方面,又從文化層面提示"新子學"的現代性意義。衆所周知,先秦諸子對於社會和人生問題作了深刻思考,諸子學的形成表明後人對於所處時代的思想參與,故而"新子學"必然有現代性的指向,對於當下的生活世界有意義。針對當前中國思想史研究存在的問題,"新子學"還特别强調:"將儒學視爲中國思想的主流與正統,不免失於偏狹。"③主張以《春秋》《周易》《論語》《老子》爲基礎,再加上《孟子》《荀子》《莊子》《墨子》和《韓非子》等經典,形成新的經典系統,作爲現時代文化思想建設的資源。顯然,"新子學"在思想史的範疇内。思想史的研究需要沙裏淘金,回答時代的問題,故而"新子學"理念强調要從中國歷史的客觀事實和社會的現有問題出發,在對事實和問題歸納分析的基礎上提煉概念,再系統分析,獲得合乎時代需要的新認識。

由此可知,"新子學"也旨在於通過諸子學的再興起而開啓一個文化思潮。這一點,方勇闡述得明白,他説:"'新子學'正是基於這一認識,試圖努力尋求中華民族文化發展的大方向。"④不少學者也注意到了這一點。如許抗生説:"建立當代'新子學'是當前時代的召唤與需要。"⑤郝雨説:"可以預見,'新子學'作爲一面新的文化旗幟,必將在整個文化學界更大規模地激越起復興民族傳統文化的時代潮流。"⑥

五、學術與文化思潮的邏輯進程

顯然,在現代以來的學術與文化思潮中,"新文化"運動與"古史辨"學派影響巨大。接踵而來的現代諸子學研究也旨在以學術促進文化思潮,"新子學"承之,企圖作根本性的轉折,指示了新方向,倡導新的範式。這些如大潮起伏,前後相繼,對此加以梳理,能發現有一條内在發展的脉絡。

---

① 方勇《"新子學"構想》。
② 方勇《四論"新子學"》,《光明日報》2018年10月13日。
③ 方勇《三論"新子學"》,《光明日報》2016年3月28日。
④ 方勇《"新子學":目標、問題與方法——兼答陸建華教授》,《光明日報》2018年4月7日。
⑤ 許抗生《談談關於建立當代"新子學"的幾點想法》,葉蓓卿編《"新子學"論集》,學苑出版社2014年版,第137頁。
⑥ 郝雨《"新子學"對現代文化的意義》,《文匯報》2012年12月17日。

無疑，所謂學術與文化思潮，是歷史的現象和過程，也是思想史認識的結果。歷史在其正在進行時，肯定是散漫的、不規則的，充滿着偶然性。但是我們在面對已完成狀態時，總是給予合理性、規律性的梳理。這一般又有兩個向度：一是面的鋪開，二是綫的延伸。兩者都是從一個現象到另一個現象，但是前者多爲量的增加，後者則可能有質的深入。即前者一般是把這一個領域獲得的認識投向了另外的領域，那些另外領域的認識再證明了原認識的準確性、有效性；而後者則可能把認識推進了一步，要求從更本質的關係上把握對象。

　　對於學術與文化思潮的認識，即有這兩種路向。假如重視一個歷史階段內的社會現象，那麼自然注意多方向的展開，關注意義的普遍性。假如落實於一段歷史的過程，那麼應該理清發展的綫索。本文概述從"新文化"運動到"古史辨"學派的形成，再到現代諸子學研究的興起及"新子學"理念的提出，梳理百年來學術與文化思潮的進程，自然依據其內在的思想發展邏輯。

　　"新文化"運動是新的社會經濟和國際形勢促進的。當時在反帝反封建的旗幟下，一方面是現代國家意義的自覺，另一方面則針對着舊道德束縛個性發展的問題。後者的解決路徑，得藉助"新文化"在全社會的傳播，於是從語言這個載體入手，提倡白話文就是必然之舉，作爲學術的語言研究就成了"新文化"運動的基礎。而從宣傳普及的效果講，文學的形式又是首選的，故而基於白話文的新文學創作就成爲"新文化"運動的主要表達形式。語言和文學的革命性成果促成了這個思想文化運動的巨大成功。

　　新文學創作落實在現實的人生和社會問題上，着力於批判和吶喊，抒發的是那個時代的精神情懷。其中深刻者如魯迅先生，已經揭示舊道德制度的罪惡。由此進一步的認識，則是探索歷史的原因，進入歷史學的範疇了。"古史辨"學派指出專制政治的道德文化基礎是"層累地造成的"，闡釋"新文化"運動摧毀舊價值體系的合理性和必然性，即是在此基礎上的深入。這是由現實的認識進而探索問題的根源，無疑是思想認識的邏輯發展。故而郭湛波說："中國思想經了這次大的革命，孔子思想學說起了根本動搖。思想的偶像既經破壞，思想的廟宇也因之崩潰，經傳的尊嚴，古史的威信，一一的都揭去了假的面具，失掉了固有的威嚴，這就是疑古思想產生的原因。"[1]這樣，"古史辨"學派證明——以新道德文化代替舊道德文化，是歷史的必然要求。

　　一個民族還必須要有自己的文化思想。摧毀了專制政治賴以存在的歷史文化基礎，則必然要求有合乎時代需要的文化思想替代進來。當然，這會有多方向的考慮，有多元的選擇。傅斯年在當時就想通過重新考述歷史的路徑。屈萬里曾說："自從顧頡剛等豎起懷疑古史的旗幟，天下風起雲湧，但他們只有破壞，沒有建設。而歷史語言研究所，則運用科學的可信的材料，從事本國史的建設，史語所替中國文史界開了一條大路。"[2]後來"釋古"觀點的提出，"二

――――――――
[1] 郭湛波《近五十年中國思想史》，第206頁。
[2] 屈萬里《敬悼傅孟真先生》，《自由中國》第四卷第一期。

重證據法"的倡導,正是從重建歷史文化的角度出發的。李學勤要"走出疑古時代"①,也是朝這個方向努力。十教授《中國本位的文化建設宣言》説"根據中國本位,采取批評態度,應用科學方法來檢討過去,把握現在,創造未來"②,則是企圖基於傳統而改良。而胡適等則是進入諸子學的領域,另外從諸子學入手的思考。這些路徑中,有關歷史的重建更多是對於"古史辨"學派的修補,"中國本位"的企圖尚是籠統的認識,兩者都有學術史上的價值,但是沒有把握中國文化進程的問題癥結。而胡適從倡導白話文到疑古先導,再成爲現代諸子研究的開風氣者,是一步步的深入思考。但是如前所述,他開啓的現代諸子研究依賴於西學路徑,並非是從諸子文本和思想的客觀狀態出發的,所以尚不能稱爲真正的中國文化的自覺,不能建立起新的中國思想體系。

　　正是承接於此,"新子學"理念應運而生。方勇説:"'新子學'是子學自身發展的必然產物,也是我們在把握其發展規律與時機後,對其做的進一步開掘。"③誠如此,"新子學"在繼承現代諸子學研究的同時作了轉向,既批判西學路徑,倡導新的研究方法和範式,又基於當下,回答時代的問題,以期促進新的文化思潮的形成。由此可知,從"新文化"運動到"古史辨"討論,再到現代諸子學的興起及"新子學"理念的提出,是從語言文學拓展到歷史學和哲學,是認識領域的擴大;而更内在的,是對於傳統文化思想的反省探索的一步步深化,是由批判到重建的認識進程。

　　現代的文化思潮是基於百年前的政治巨變而開啓的。周策縱曾説:"那個時期興起的潮流依然左右着形勢;那個時期提出的深刻問題依然有待思考和解决。"④確實,當下的認識也接着"五四"運動而來。中國文化在自覺地批判、建設的道路上前行,"新子學"能否成爲新的標志,當是可以期待的!

[作者簡介] 張涅(1963—　　),男,本名張嵎,浙江省岱山縣人。現爲浙江科技學院中文系教授。著有《莊子解讀——流變開放的思想形式》《先秦諸子思想論集》《中國文化的基質:先秦諸子的世界》等,點校《論語後案》《意林校注》,與詹亞園教授合編《黄式三黄以周合集》。在《國學研究》《文獻》《學術月刊》《哲學與文化》《哲學研究》等刊物發表學術論文80餘篇。

---

① 參見李學勤《走出疑古時代》,遼寧大學出版社1995年版。
② 王新命等《中國本位的文化建設宣言》,《文化建設》第一卷第四期。
③ 方勇《"新子學"構想》。
④ 周策縱著,周子平等譯《五四運動:現代中國的思想革命》,江蘇人民出版社1999年版,第371頁。

"新子學"與中華文化認同

劉 潔

内容提要 諸子學參與了中華文化的早期構建,中國歷史上不少思想家、政治家、文學家的思想和著作受到諸子學的熏陶,諸子學在國學發展過程中佔據重要位置,是國内外國學經典的重要構成,是中華文化認同的重要來源。多元性是諸子學的特徵之一,表現爲存於"異"和求於"異",即對多元化發展的認同和從其他文化中吸取優勢從而發展自身。戰國是當今世界文化多樣化環境的雛形,諸子學的多元性是中華文化的優點,是中華文化被認同的價值所在。反省是中華文化自我更新的動力,與多元性一起構成中華文化的優勢。諸子各家的最終目的是以"治"爲要,推動社會的整體進步和人民的安居樂業,以"治"爲要亦是中華文化主體性的特點之一,也能爲世界其他文化類型提供一種參考價值。

關鍵詞 新子學 中華文化認同 多元性 主體性

中圖分類號 B2

2019年9月18日,著名諸子學研究專家方勇教授在新加坡國立大學的演講中提及了"'新子學'與中華文化認同"的話題。什麽是文化認同?方教授對其概念進行了界定,認爲"文化認同是某類人對某類文化的歸屬感,這種歸屬感包括感情上的親切、思想上的認可、社群組織上的依賴等諸多方面"[①]。進一步講,文化認同的核心是文化本身,而中華文化認同則是指中華民族的文化認同,中華民族歷史悠久,人口分布於兩岸四地,包括海外華人群體,所以中華文化認同的"基點在於把文化看作是一個民族和國家區別於其他民族和國家的基本特質和身份象徵,從而把文化認同看作是個體對所屬文化的歸屬感,包括風俗習慣、社會價值規範、語言、宗教信仰和藝術認同等"[②]。這些內容離不開中國幾千年的歷史積澱,因此中國傳統

---

* 本文爲蘭州城市學院博士科研啓動基金(LZCU-BS2019-55)資助項目階段性成果。
① 方勇《"新子學"與中華文化認同——在新加坡國立大學的講演》,《管子學刊》2020年第1期。
② 邢媛《文化認同的哲學論綱》,人民出版社2018年版,第45頁。

文化是形成中華文化認同的重要根基與來源。

諸子學是中華民族傳統文化的必要組成部分，方勇教授從復興與重構中華文化的角度出發，提出了"新子學"的理念，從新的角度給予諸子學整體觀照。"新子學"的概念讓諸子學煥發了新的精氣神，諸子學的價值取向有了新的可能性。諸子學在當下最重要的價值並不僅僅是提供一些經典性文本，引領我們理解一種曾經的輝煌歷史，而是讓諸子學中蘊含的精髓和特質能夠適用於當今時代，找尋到一種當前與諸子時代對話的可能性，幫助我們借鑒諸子學的理念去理解、解決一些當下的實際問題。在此背景下，我們接着方勇教授在新加坡的演講話題，繼續將"新子學"與中華文化認同放在一起討論。這是將"新子學"理念與當下實際問題相聯繫的又一次實踐。

一、諸子學是中華文化認同的重要來源

中華文化認同的主要對象涵蓋中國文學、歷史、語言、民俗等多方面，而這種借鑒西方學術理念的分類辦法並不完全符合中國文化的實際情況。中國文化中有一些內容，富有中國特色，具有混融的性質，並不能嚴格被劃分爲文學或歷史等類型，但它們又是中國文化的重要構成。譬如諸子學，其內容豐富多彩，影響深遠，在中國文化的歷史中始終扮演着較爲重要的角色，也是中國文化認同中必不可少的重要內容。

（一）諸子學參與了中華文化的早期構建

中華文化在三代時，積累了不少的寶貴資源，譬如文字的運用、國家秩序的建立、系統的禮儀與儀式、《詩經》等文化典籍的出現等。到了春秋戰國時期，周天子勢力逐漸衰微，曾經被王室壟斷的文化資源隨着王官的失守和士階層的流動，進入諸侯國，遂形成各具特點的思想派別，即諸子各家。這一局面被莊子稱爲"道術將爲天下裂"，這不僅不是悲哀的結局，反而是一個輝煌的開端[1]。雅思貝爾斯提出的"軸心時代"概念裏包括我國戰國前後的這段時間。這是一個步入較高理性思維的時代，雅思貝爾斯提及中國哲學的全部流派都產生於此，談及孔子、老子、墨子、莊子等諸子各家，並將他們與印度佛陀、巴勒斯坦的以利亞先知、希臘柏拉圖和阿基米德等人相提並論，將中國的諸子百家時代和彼時印度、西方取得的進步描述爲"巨大"[2]。不僅西方學者持此種觀點，國內的哲學史、思想史、文學史類著作，在敘寫其專業史時，也必定會將諸子百家時代當作中國早期階段的重點進行探討[3]。可見，諸子百家時代確實稱

---

[1] 參見葛兆光《中國思想史》第一卷，復旦大學出版社 2016 年版，第 66 頁。
[2] 卡爾·雅斯貝爾斯著、柯錦華、范進譯《智慧之路》，中國國際廣播出版社 1988 年版，第 69～70 頁。
[3] 參見張涅《論方勇的"新子學"理念——讀〈方山子文集〉札記》，《管子學刊》2021 年第 4 期。

得上中國早期哲學的第一個高峰,處於中國早期文化中引人注目的位置。

　　一種觀點認爲,儒家是參與中華文化構建的主要力量,是中國傳統文化的根基,與之相較,諸子學並不能擔此大任。然而事實並非如此,從歷史看,當我們回到戰國時期諸子時代的原點,儒家本就是諸子中的一員,二者是被包含與包含的關係,儒家從屬於諸子學,六經是先秦諸子共享的資源。而後在所謂的以儒學爲核心的歷史發展過程中,始終都有其他諸子的存在,所以儒家並不是唯一推動中國早期文明前行的力量,中華文明的進步是由諸子各家協同合作,共同助力完成的。

　　表面看,漢代以倡導儒家思想爲主,但實際漢代正是諸子學參與中華文明演進的一個橫切面。漢初,面對戰後的民不聊生、經濟凋敝,統治者對秦的滅亡做了反思,認爲秦朝運用法家思想過於極端,但以法家思想爲中心的秦朝制度本身却有可借鑒處,故漢初用一種新方式即"明倡黄老,輔以儒教,暗用法家"①來恢復經濟與秩序。事實證明,道家思想的無爲而治與小國寡民觀念適時彌合了法家過渡干預遺留的傷害。《史記·曹相國世家》載,漢初倡導黄老之術的曹參死後,百姓爲其歌曰"蕭何爲法,講若畫一;曹參代之,守而勿失。載其清靖,民以寧一"②。由此窺見,漢初黄老之術的施行對社會的影響可見一斑。其後,黄老之術在漢代盛行有五十餘年,使得賦税豐收,國力日漸強盛③。黄老思想的淵源是道家,雖二者不完全等同,但漢初黄老思想的盛行某種程度而言正是道家思想在漢初的運用。

　　及至武帝,面對地方分封勢力對中央集權制的威脅,統治階級開啓重用儒生的政策傾向,而董仲舒倡導"天人合一",藉助《公羊傳》構建大一統的政治理念,迎合了西漢統治者要加強中央集權的政治需要,漢武帝由此開啓了"罷黜百家,獨尊儒術"之路。司馬光在點評武帝對儒家學説的看重時説:"武帝雖好儒,好其名而不知其實,慕其華而廢其質。"④這對武帝推崇儒家學説的真相做了犀利的揭露,武帝看重的是儒家學説中的禮儀制度帶來的對綱常秩序的維護,以及德政理念帶來的民心與實惠。在真正的政治實踐中,若單純采用儒家學説,是無法解決所有問題的,因此,武帝是"明倡儒學,實際兼采百家,形成了雜用王、霸的治國之術"⑤。

　　其後的漢代統治者越來越推崇儒學,將其作爲政治生活的綱領,甚至在詔書中也引用五經,以此增加權威性。但在隱蔽處,漢代統治者並不只看重儒家,在其政治實踐中,其他諸子各派的學説與主張仍然爲其所用。《漢書·元帝紀》載:

　　　　孝元皇帝,宣帝太子也。……年二歲,宣帝即位。八歲,立爲太子。壯大,柔仁

---

① 劉澤華《中國政治思想史(秦漢魏晉南北朝卷)》,浙江人民出版社 2020 年版,第 9 頁。
② 班固撰,顏師古注《漢書》,中華書局 1962 年版,第 2021 頁。
③ 參見陶希聖《中國政治思想史》上册,中國大百科全書出版社 2011 年版,第 258~259 頁。
④ 司馬光著,李之亮箋注《司馬溫公集編年箋注》,巴蜀書社 2009 年版,第 381 頁。
⑤ 劉澤華《中國政治思想史(秦漢魏晉南北朝卷)》,第 108~109 頁。

好儒。見宣帝所用多文法吏，以刑名繩下，大臣楊惲、〔蓋〕寬饒等坐刺譏辭語爲罪而誅，嘗侍燕從容言："陛下持刑太深，宜用儒生。"宣帝作色曰："漢家自有制度，本以霸王道雜之，奈何純〔任〕德教，用周政乎！且俗儒不達時宜，好是古非今，使人眩於名實，不知所守，何足委任！"乃歎曰："亂我家者，太子也！"繇是疏太子而愛淮陽王，曰："淮陽王明察好法，宜爲吾子。"①

這裏對漢宣帝本人的政治觀念作了展示，他對倡導儒家思想的太子進行批駁，進而疏遠，而對好用法家思想的淮陽王流露出喜愛，對當時的儒家之俗儒作了批判，認爲他們崇尚古代，非議當下，玩弄概念，讓人眩暈，没有實際應用價值。可以説，"漢家自有制度，本以霸王道雜之"正是對漢代以來統治思想本質的揭示，説明儒法並重是漢代執政的大體真實情況。漢代以後，中華文化基本沿着漢代奠定的方向進行發展，大體以儒學爲顯性主體，以諸子各家爲隱形支撑，齊頭並進地推動了歷史的蜕變。

夏商西周時代是中華文化的早期積累階段，戰國時代是中華文化孕育出多元化發展基因的關鍵時期，而漢代則是形成中華文化發展方向的奠基階段，它們屬於中華文化早期的發展階段。在早期階段中，諸子學從戰國時期起步，是戰國時期文化的主要類型，又在漢代參與了中華文化的構建和進一步發展，並在其後的兩千多年間支撑着中華文化的進一步壯大和演變。因此，我們認爲諸子學是構建早期中華文化的主要力量。

（二）諸子學對中華文化的涵養作用

中華文化的發展離不開諸多思想家、政治家、文學家，他們的思想、著作是燦爛的中華文化不可或缺的支點，而歷代很有成就的學者們大都受到諸子學的熏陶，故諸子學對中華文化的發展具有某種程度的涵養作用。

漢代是儒學大行其道的時代，是奠定儒學爲尊的起點，但漢代的學者們却大都尊奉兼采百家、博學諸子的思路。漢代文學家賈誼，其治學兼重儒、法，文學創作上騷體賦影響較大，《吊屈原賦》《鵩鳥賦》爲代表作。賈誼本人是儒生，但《鵩鳥賦》中却以老莊思想爲底色，表現出福禍相依、生死齊等的觀念。董仲舒是推動漢代儒學興起的關鍵人物，但他也並非純粹的儒生，他所謂的儒學中已吸收借鑒了陰陽家的五行學説，所以"漢代，陰陽以儒術見重於世，是附儒術而傳，地位僅次於儒、道兩家"②。爲漢武帝加强中央集權做出貢獻的主父偃，曾"學長短從横術，晚乃學《易》、《春秋》、百家之言"③。司馬遷的父親司馬談擅長黄老之學，司馬遷受

---

① 班固撰，顏師古注《漢書》，第 277 頁。
② 李零《蘭臺萬卷——讀〈漢書·藝文志〉》，三聯書店 2013 年版，第 98 頁。
③ 班固撰，顏師古注《漢書》，第 2798 頁。

父親影響，也習黃老之學，《太史公自序》説"太史公學天官於唐都，受《易》於楊何，習道論於黄子"①。班固談及司馬遷的著述時，認爲司馬遷"論大道則先黃老而後六經"②。可見，司馬遷的思想中，的確存在道家成分。爲經學發展做出貢獻的劉向也吸收了道家思想，其所著的《説苑》《新序》均被列入儒家類，但《説苑》引用了不少《老子》的觀點，譬如《敬慎》《談叢》等章節。班固是儒學世家出身，但他也受到了其他諸子思想的影響，譬如《漢書·刑法志》，全篇既談到刑，也談到法，將二者放在一起進行論説。從其中的論述看，班固本人並不是純粹貫徹儒家思想的，他也贊同且主張用法家思想治理國家。當然，這種運用並非一成不變的照搬，而是建立在反思之上的運用。

　　漢代以後的學者也依然受到諸子學的浸潤，魏晉時期，何晏、王弼、嵇康、向秀、郭象等人喜愛《老》《莊》，甚而圍繞老、莊進行著述，如何晏"好老莊言，作《道德論》及諸文賦著述凡數十篇"③，向秀"雅好老莊之學。莊周著内外數十篇"④，郭象所作的《莊子注》更是成爲莊學研究的重要書目⑤。唐代詩人李白的詩歌創作中充盈着老莊的旨趣，杜甫的詩歌創作則深受儒家思想影響⑥。北宋政治家、文學家王安石感興趣儒、道兩家，著《論語解》《孟子解》《老子注》，南宋理學家朱熹等人則充分繼承和發揚了儒家學説。

　　由上可見，諸子思想不僅是官方政治思想的源頭，也是學者們治學的常見内容，更是諸多學者形成個人理論創見的思路源頭和理論依據，還爲文學創作提供了豐富的靈感源泉。從這一層面而言，諸子學對中華文化的影響，不僅貫穿於官方意識形態，更烙印於具體的文化個體和文化作品，影響之細化非同一般。

（三）諸子學著作是中華文化經典的重要構成

　　國内流傳的中華文化經典主要以國學經典爲代表。"國學"一詞較早出現在《周禮·春官·樂師》："樂師掌國學之政，以教國子小舞。"⑦《禮記·學記》云："古之教者，家有塾，黨有庠，術有序，國有學。"⑧可見，最早的"國學"概念指國家開辦的貴族學校，並不指代文化。而作爲一種文化概稱的"國學"概念則始自近代，誕生於中國搖搖欲墜之時，西方文化大量湧入國内的背景之下。因此，"國學"與"西學"相對，屬於"中學"。1897年，屠仁守發表《孝感屠梅君

---

① 司馬遷撰，裴駰集解，司馬貞索隱，張守節正義《史記》，中華書局1982年版，第3288頁。
② 班固撰，顔師古注《漢書》，第2738頁。
③ 陳壽撰，裴松之注《三國志》，中華書局1982年版，第292頁。
④ 房玄齡等《晉書》，中華書局1974年版，第1374頁。
⑤ 參見蕭公權《中國政治思想史》上册，商務印書館2011年版，第358~359頁。
⑥ 參見葛景春《李杜與唐代南北文化交流》，《杜甫研究學刊》2009年第3期。
⑦ 鄭玄注，賈公彥疏《周禮注疏》，阮元校刻《十三經注疏》，中華書局2009年版，第1713頁。
⑧ 鄭玄注，孔穎達疏《禮記正義》，阮元校刻《十三經注疏》，中華書局2009年版，第3297頁。

侍御辨辟韓書》一文，最早提出了文化意義上的"國學"一詞①。"國學"的具體內涵充滿爭議②。就中華文化經典而言，我們所談"國學"主要指中國傳統學術文化。

　　從中國傳統學術的發展歷程看，"'六經'是中國文化學術的最早源頭，它深刻影響着中華民族的基本精神。孔子以'六經'爲基礎創立了儒家學説，經西漢定爲一尊後，在政治文化等方面獲得了壟斷性地位，成了'國學'的主導力量，後經歷代統治者的追捧和提倡，漸成我國傳統學術文化的主流。"③雖六經和儒學在國學中被視作主流，但實際上，在國學發展過程中，諸子學也一直存在，並且是一股不容忽視的力量。劉向作《別録》，劉歆在此基礎上修改出《七略》，班固的《漢志》又沿着《七略》變化而來。在《漢志》這樣一部重要的目録學經典中，各典籍部類的排列順序爲《六藝略》《諸子略》《詩賦略》《兵書略》《數術略》《方技略》。《諸子略》僅次於《六藝略》，排第二位，包含儒家、道家、陰陽家、法家、名家、墨家、縱横家、雜家、農家、小説家共十家的著述。可見，諸子類著述在漢代學術史上的位置是相當重要的。《漢志》之後，《隋書·經籍志》確立了"經部""史部""子部""集部""道經""佛經"的分類方式，其中"子部"包含諸子類著作。其後，四部分類法基本成型，《舊唐書·經籍志》《新唐書·藝文志》《宋史·藝文志》等大都吸收繼承了《漢志》《隋書·經籍志》的分類方法，直到《四庫全書》時書目分類才有了較大變化。所謂變化也並不指分類框架，而是對書籍的歸類作了很大調整，其中子部調整較大④。可見，在中國傳統學術史上，諸子學著作的地位不容小覷，始終佔據着一席之地。

　　近代國學概念興起後，早期國學的倡導者逐漸出現派別之分，如國粹派和國故派。其中，國故派眼中中國傳統學術文化存在糟粕，故主張借鑒西方的科學和先進理念來整理中國傳統學術，以期帶來新的氣象和文明。譬如運用西方學術分類體系下的文學、歷史、政治、哲學、心理、天文、宗教、美術等分類方式，來取代中國傳統學術中的"經""史""子""集"分類法。

　　與之相反，國粹派主張立足於中國傳統學術，展開自救與自我革新，故而其倡導的國學内容便涵蓋了諸子學。譬如鄧實在《國學講習記》中提出既有國，則必有一國之經學、史學、子學、理學、掌故學、文學，認爲這些方面都屬於國學⑤。鄧實在闡釋國學的内容構成時，諸子學被列入第三位。1906年8月，國學講習會成立，章太炎任主講人。章太炎以《論語言文字之學》《論文學》《論諸子學》爲題完成了講座，諸子學被單獨列出，成爲與文學、語言文字學並列

---

① 參見田正平、李成軍《近代"國學"概念出處考》，《華南師範大學學報（社會科學版）》2009年第2期。
② 參見陳成吒《論國學觀念的歷史與重築——以中西學術話語權之爭及其得失爲中心》，《思想與文化》2018年第2期。
③ 方勇《再論"新子學"》，《光明日報》2013年9月9日。
④ 參見方勇《走出〈漢志〉束縛　實現整體觀照——在"諸子學研究反思與'新子學'建構展望高端論壇"上的講演》，《諸子學刊》第二十一輯，上海古籍出版社2020年版，第275頁。
⑤ 鄧實《國學講習記》，《國粹學報》1906年第7號。

的三大講座内容之一。再如馬一浮曾説:"今先楷定國學名義,舉此一名,該攝諸學,唯六藝足以當之。……何以言六藝該攝一切學術? 約爲二門: 一、六藝統諸子;二、六藝統四部(諸子依《漢志》,四部依《隋志》)。"①馬一浮談及六藝統攝一切學術時,首當其衝地將諸子學作爲第一位的統攝對象,將四部作爲第二統攝對象,無疑也説明了諸子學在其國學體系中的獨特位置。

若從近代以來國學的發展進程看,國故派和國粹派均有其歷史局限性②。若抛開這一點,單論諸子學在近代國學中的地位,國粹派在宣傳中國傳統學術文化時,不論是將諸子學單獨列出進行宣揚,還是以"六經"統攝諸子,將諸子變成經學下的諸子,其實都從不同側面反映出,中國傳統學術結構中諸子學是無法割裂的組成部分。

相較國學倡導者們在探討國學的範圍時籠統地提及諸子學著作,另有不少學者在談及國學經典書目時,將諸子學相關的著作列入了必讀書目。

胡適於 1923 年在《讀書雜志》發表了《一個最低限度的國學書目》,其中第一類爲工具之部,第二類爲思想史之部,第二類排第一的是《中國哲學史大綱》,第二位的便是"二十二子",包含《老子》《莊子》等。其後《清華周刊》記者來書反映所開書目並不符合"最低限度"的特點,胡適便又開列《實在的最低限度的書目》,即在原來的《一個最低限度的國學書目》上加圈以示區别,加圈後的書目共有 39 種,在第二類中,胡適選取的書籍依序爲《中國哲學史大綱》《老子》《四書》《墨子閒詁》《荀子集注》《韓非子》《淮南鴻烈集釋》等,排名前七的書目中,諸子類共有 6 種(《四書》包含《論語》《孟子》等,故計入諸子大類)③。

梁啓超也曾開列《最低限度之必讀書目》,排序最前的依次爲《四書》《易經》《書經》《詩經》《禮記》《左傳》《老子》《墨子》《莊子》《荀子》《韓非子》等④,依然是將諸子類著作作爲最低限度必讀書目的重中之重進行推薦。

值得注意的是,胡適和梁啓超開列的國學經典書目中的諸子並不僅限於儒家,而是包含了其他諸子,這較爲真實地反映了先秦諸子多元化發展的實際情况,也折射出在胡適和梁啓超的眼中,諸子學是一個思想内容豐富的整體,儒家並不能代表諸子學的全貌。

近年來,學者們立足於國内文化的發展實際,嘗試提出新的中華文化經典。譬如饒宗頤先生建議儒家和道家互補,主張將《老子》《莊子》也列入經書體系,和儒家經典一起構成"新經

---

① 馬一浮《泰和會語》,《馬一浮集》第一册,浙江古籍出版社、浙江教育出版社 1996 年版,第 11~12 頁。
② 陳成吒《論國學觀念的歷史與重築——以中西學術話語權之争及其得失爲中心》一文,分析了國故派和國粹派二者各自的歷史局限性。該文認爲國粹派對中國傳統學術存有曲解和異化,反映了一種傳統經學的思維模式,其所倡導的國學處於經學和儒學的統攝下。而國故派對傳統學術則存在一種抹殺行爲,屬於徹底的西化派。
③ 參見民國叢書編輯委員會《胡適文存二集》,上海書店出版社 1989 年版,第 165~190 頁。
④ 同上,第 222~223 頁。

學"。而李零先生則提出一套在現代人眼中最能代表中國古典智慧的經典書目：《論語》《老子》《孫子》《周易》。他推薦的理由有三：一是它們都是中國古典學術的代表作；二是年代最早，但篇幅最小；三是在歐洲譯本最多，更能代表中國文化，更易融入世界文化①。2016年3月，方勇先生在《光明日報》上發表了《三論"新子學"》一文，提出塑造新典範和元文化經典的構想。他"主張以《春秋》《周易》《論語》《老子》爲基礎，這可能是激發創造的新典範；再旁及《孟子》《荀子》《墨子》和《韓非子》等其他經典，形成元文化經典的新構造"②。以上幾位學者在中華文化經典文本的構建方面都做出了不同的探索。雖各自學術背景存有差異，均從所倡導所關注的學術角度出發，却不約而同地將目光投向了諸子，用多元化的標準選出了《論語》《老子》二書，並各自關注到了其他諸子學著作。這種經得起檢驗的多元化嘗試雖得出了各自不同的結果，但却共同證實了一個結論：儒道兩家在中華文化經典中佔據着不可動摇的地位，整個諸子類著作又以類別勝出。換句話説，諸子學著作是中華文化經典的主體構成。

　　上文中李零先生給出的第三個原因啓發我們關注西方文化視野下的中華文化經典。亞馬遜網站是國外圖書銷售的重要平臺，可謂"獨佔鰲頭。在美國，當前電子書佔據了圖書銷售總額的30%左右，亞馬遜佔據了電子圖書銷售總額的65%，剩餘的大部分被蘋果和巴諾書店瓜分"③。有學者在對亞馬遜網上書店中國典籍英譯本的銷售星級④進行統計後發現，截至2020年6月30日，銷售星級排名從高到低的分別是《孫子兵法》(7 763)、《道德經》(740)、《周易》(338)、《論語》(266)⑤。這一結果與李零先生2008年發表的《重歸古典——兼説馮、胡異同》一文中的結果基本相同，也就是説歷經12餘年，海外最暢銷的四種中華文化經典並没有改變，唯一的變化是現在的排序和李零先生的略有差異。可以發現，在海外長期暢銷的中國文化典籍的前四位中，有三本都是諸子類著作。這三本典籍與胡適、梁啓超、饒宗頤、方勇、李零諸位學者所列的經典書目有很大部分的重合。這説明真正的中華文化經典可以穿越文化差異，歷經時間考驗，成爲世界範圍内的文化經典，而諸子學著作正是中華文化經典中的主力軍。

　　以上從三個方面闡述了諸子學在中華文化中的重要性和不可替代性，文化認同的對象是文化本身，諸子學既然參與了中華文明的早期構建，又對中國歷代的學者及其理論與文學作品起到涵養作用，並且是中華文化經典的主力軍，那麽諸子學自然是中華文化認同的重要對

---

① 參見李零《重歸古典——兼説馮、胡異同》，《讀書》2008年第3期。
② 方勇《三論"新子學"》，《光明日報》2016年3月28日。
③ 顧春江《中國典籍英譯本海外傳播研究》，《文教資料》2020年第31期。
④ 《中國典籍英譯本海外傳播研究》一文中解釋，之所以選擇銷售星級，是因爲"亞馬遜網站一般不顯示商品銷售量，顯示商品Review評論星級。……亞馬遜Review星級計算公式非常複雜，目的是防止店家刷分，提高商品實際評論準確度及商品銷售資料準確度，星級越高，該商品受歡迎程度及銷售量就越高。"
⑤ 顧春江《中國典籍英譯本海外傳播研究》。

象之一。可以説諸子學爲中華文化認同提供了内容上的支撐。但以上論述只是選取了歷史上諸子學在中華文化中的部分片段做了浮光掠影式的介紹,而諸子學的靈魂和精髓並不僅僅在幾部經典性著作和曾經的一些高光時刻,它對中華文化認同的價值遠不止上述方面。

二、子學的多元性:中華文化被認同的價值所在

文化認同從來不是個人之事,它往往與文化的演變息息相關。處於今日,談及個體的文化認同,雖關係到個體的價值觀念與個人選擇,但你有選擇的權利,却很難直接決定你所選擇的文化認同對象本身所具有的特點。從這個角度看,個體在文化面前是弱小的。反過來看,世界上的文化種類豐富多樣,但文化本身又以人爲主體,在文化認同的領域,文化自身也有其弱小之處,在個體面前,它只能客觀展示自身優勢,試圖去影響受衆,但最終個體會選擇哪種文化進行認同,這一選擇權仍也在個體手中。有了上述思考,談及文化認同,那麽必定會牽涉一個事實,那就是個體認同的文化本身是否具有被認同的價值。進一步説,中華文化值得被認同麽?

答案是肯定的。中華文化不僅歷史悠久,而且是立足於現實的文化,是具有自我造血功能的文化,更是適應當前世界形勢的文化,而諸子學中的多元性正是形成中華文化這些特點的重要原因之一。

前文已言,諸子學是中華文化的主體之一,"新子學"强調先從整體性角度關注諸子學,然後再進一步關注其多元結構,並將"多元性"視作諸子學的精神特徵。子學現象的"生命力,主要表現爲學者崇尚人格獨立、精神自由,學派之間平等對話、互相争鳴。各家論説雖然不同,但都能直面現實以深究學理,不尚一統而貴多元共生,是謂'子學精神'"①。所謂"多元性",主要是指子學内部諸家各持其説,學説和觀點具有多元風格。《吕氏春秋·不二》云:"老聃貴柔,孔子貴仁,墨翟貴廉,關尹貴清,子列子貴虚,陳駢貴齊,陽生貴己,孫臏貴勢,王廖貴先,兒良貴後。"②多元性特點從諸子學誕生之時既已具有,這也注定了諸子學不會是僵化死板、不合時宜的老古董。"新子學"關注並提煉出子學的多元性特點,而子學的多元性也是中華文化的特點,更是中華文化值得被認同的價值所在。

"多元性"的概念是基於同和異提出的,多元並不意味着没有"同"的存在,但其多元的特點主要由"異"來決定,並以"異"爲表現。"新子學"視野下的子學中充分存在着"異"的成分,並呈現出兩種特點,即存於"異"與求於"異",這兩點都與中華文化認同關係緊密。

---

① 方勇《再論"新子學"》。
② 許維遹《吕氏春秋集釋》,中華書局2009年版,第467頁。

1. 存於"異"

諸子學產生於多元思想碰撞的戰國時代,它的誕生伴隨的是一個充滿着"異"思想和觀點的環境。戰國是王綱解紐的巨變時代,諸子百家誕生於此,屬於時代的産物,也是中華文化自身發展的結果。諸子各家對戰國的動蕩環境表現出認可,進而參與到與各種"異"的衝突之中,隨之確立自身,並不斷提升、完善了自我學説。"譬如作爲個體的孟軻,正是在與楊朱、墨子等人的思想交鋒過程中,才確立爲子學的孟子;而作爲個體的荀况,也是在與'十二子'的思想對話中才確立爲子學的荀子;甚至連老子創立道家學説,孔子創立儒家學説,墨子創立墨家學説等,也莫不是在面對異己者的基礎上方才確立體系化的自家學説。"① 可以説,諸子學不僅誕生於"異",也賴於"異"而存在。

清末以來西方文化大量湧入中國,"異"文化與中國本土文化截然不同,外來力量打破了中國人天朝上國的自大之夢,衝擊了經學獨尊的文化結構,由此帶來的經濟、軍事、文化等各方面的刺激、碰撞與交鋒,是中華文明面臨的又一次動蕩與巨變。這一背景下,諸子學應時代之需,迎來新的發展機遇。面對西方文化的席捲,中國社會面臨的選擇大體有兩種——接受或拒絶。單純的保守主義者采取拒絶的態度,批駁外來文明,接受者則全盤西化,從器物到制度全然照搬,也有人藉助"中學爲體,西學爲用",來消解吸收外來文化的尷尬。但後來人們逐漸意識到單純的拒絶行不通,而接受也非一蹴而就之事,其路徑很難把握。要做到真正接受,還需在中國文化中尋找資源,以便對西方文明作詮釋,進而達到理解、運用之程度。反觀之後,人們發現,儒家和經學學説並不是完全合適的理解西方文明的基礎,而諸子學却是適合的對象之一。諸子學由此成爲溝通中西文化的媒介,正如鄧實所言:"夫以諸子之學而與西來之學,其相因緣而並興者,是蓋有故焉。一則諸子之書,其所含之義理,於西人心理、倫理、名學、社會、歷史、政法,一切聲、光、化、電之學,無所不包,任舉其一端,而皆有冥合之處,互觀參考,而所得良多。故治西學者,無不兼治諸子之學。"② 通過互相參考,藉助於諸子學,中國人理解了中國文明並不是世界上的唯一文明,西方文明中有很多東西是值得借鑒、學習的。在此過程中,諸子學起到三方面的作用:一是用作想像新知的方法;二是緩解震撼的良藥;三是引導人們關注現實,追求偏向實用的知識③。由此,諸子學參與到清末以來的社會變革之中,成爲中國文化轉型的重要力量,爲中學接受西學增加了更多可能性。

當今世界處於全球化發展的浪潮之中,處於風起雲湧的大發展大變革階段,隨着不同國家間實力的此消彼長,各個國家都面臨着前所未有的挑戰與機遇。保護主義、單邊主義、霸權主義、恐怖主義仍然存在,世界並非完全處於和平穩定的狀態,局部仍有戰亂,國家間的貿易摩擦時有發生。"動蕩"仍然是對當今世界的準確描述。同時,隨着通訊手段和交通技術的發

---

① 方勇《再論"新子學"》。
② 鄧實《古學復興論》,《國粹學報》1905 年第 9 號。
③ 參見葛兆光《中國思想史》第二卷,第 438~446 頁。

展,世界各國在政治、經濟、文化等方面的聯繫更爲緊密,全球互動性提升,各個國家、民族的文化也日漸提升了傳播廣度和深度,伴隨而來的,則是"異"文化的不斷衝擊。不同的文化類型根植於不同的土壤之中,彼此間的價值觀念存在很多"異"的成分。那麽中華文化如何在當今世界多種多樣的文化環境中自處?

諸子學是存於"異"的文化現象,所以我們主張諸子學仍然是中華傳統文化中存在的,能够應對當前世界文化多元化格局的重要資源。從戰國諸子時代到晚清至近代,再到當今世界,這三個時代的共同點是動蕩與"異"文化的多樣化存在。戰國時代,隨着諸侯國的崛起,諸侯國之間戰爭頻繁,存在土地的爭奪、諸侯國的存亡、人民的去留、經濟的强弱、文化資源的爭奪等一系列問題。而晚清至近代,中國也曾面臨西方列强的入侵,有着戰爭的傷害、百姓的生存危機、以鴉片貿易爲代表的經濟發展困局、中西文化的價值衝突等問題。當今世界的複雜局勢上文已言,此不贅述。而諸子學在前兩次複雜局面中,都曾以關注現實爲己任,參與到社會變革之中,並展現出一定的實力,解決了不少的問題,這説明諸子學能够在複雜多元的環境中生存並贏得發展機遇。在面對複雜境遇時,其立身與解決問題的關鍵是對待"異"的價值取向,它認同"異"的存在,並能在"異"中找到自身發展的契機。我們從諸子學的發展歷程和理念之中,或可找到應對當前世界文化認同問題的策略。

2. 求於"異"

存於"異"强調的是一種直面多元化文化的態度,而求於"異"則是藉助"異"文化來發展自身的路徑。諸子學誕生和發展於多元性的環境之中,它認同"異",但並不拒絶"同",反而擅長在"異"中找"同",壯大自身。换句話説,雖然諸子百家是相互争鳴的,但當時諸子各家並不是涇渭分明,諸子的多元性中已經展現出了彼此借鑒的融合性。

例如道家,《史記·太史公自序》云:"道家使人精神專一,動合無形,贍足萬物。其爲術也,因陰陽之大順,采儒墨之善,撮名法之要,與時遷移,應物變化,立俗施事,無所不宜,指約而易操,事少而功多"①。司馬談指出,道家吸收了陰陽家、儒家、墨家、名家、法家的思想。例如雜家,《漢書·藝文志》説:"雜家者流,蓋出於議官。兼儒、墨,合名、法,知國體之有此,見王治之無不貫,此其所長也"②。説明雜家已經融合了儒家、墨家、名家、法家的思想。再如陰陽家和兵家,《漢志》説:"陰陽家者流,蓋出於羲和之官,敬順昊天,曆象日月星辰,敬授民時,此其所長也。及拘者爲之,則牽於禁忌,泥於小數,舍人事而任鬼神。"③陰陽家的特點是觀天象,選擇時機,並且運用鬼神之説,而這一點也被兵家所吸收。《漢志》記載,兵家中的"陰陽者,順時而發,推刑德,隨斗擊,因五勝,假鬼神而爲助者也"④。一般認爲,儒家倡導仁義之説,與兵

---

① 司馬遷撰,裴駰集解,司馬貞索隱,張守節正義《史記》,第 3289 頁。
② 班固撰,顔師古注《漢書》,第 1742 頁。
③ 同上,第 1734～1735 頁。
④ 同上,第 1760 頁。

戎之事相距甚遠,但儒家與兵家之間並非毫無關聯。《漢志·兵書略》中列有"《孟子》一篇"。對此,李零先生認爲:"《孟子》,學者多謂此書即下《數術略》五行類的《猛子閭昭》。我懷疑,此書也有可能是《孟子》中的論兵之作。因爲孟子對戰争多有討論,特别是他講'天時不如地利,地利不如人和'一段(《孟子·公孫丑下》),更是專門討論天時地利與用兵之關係,正合此類。班固有省重例,但不是全省,目中多重出之書。"①這裏李零給出的兩個理由很有道理,結合起來看,《兵書略》中的《孟子》極有可能就是儒家《孟子》中的一部分,儒家思想並非全是仁義之説,也針對當時戰亂頻繁的現實給與了戰争上的指導。例如農家,《漢書·藝文志》在農家之下所列的只有九家,實際上很多重農人物並非農家,而是源自其他學派。譬如法家的李悝、商君是重農學説的倡導者,《商君書·農戰》中强調了重農的重要性——"國之所以興者,農戰也"②,分析了關注農業和百姓治理之間的關係——"歸心於農,則民樸而可正也"③。面對"貴詐力而賤仁誼,先富有而後禮讓"④的現實,"李悝爲魏文侯作盡地力之教"⑤,主張"善爲國者,使民無傷而農益勸"⑥,詳細介紹了恢復農業,調整農税的政策。此外,一些諸子著作内部,本就是各家各派的綜合産物,比如《管子》《淮南子》。

　　諸子學善於在"異"中找"同",找"同"是基於自身觀點,找到和自己契合的"同",是一個動態過程中的求同。諸子各家在肯定大多元環境的前提下,進一步促進了自己内部的小多元化,從而發展自身。這種求於"異"的思路不僅是諸子學發展至今的關鍵,也是中華文明數千年來生生不息的不二法則。中國歷史上,也曾經歷過儒學的獨尊,但一家獨大的思路給其帶來僵化和死板的不良影響。清代學者方苞説:"儒之途通而其道亡。"⑦漢代"儒術被置於獨尊之位,同時也被禁錮了,失去了學術文化的獨立性與超越性。……社會歷史的自然發展一下子變成了儒家經典與原則的翼卵物。於是理論高於實踐,原則高於生活,儒家教條主義彌漫於全社會。"⑧儒家的發展經歷向我們展示了排斥"異"思想和違反多元性的後果,好在中華文化善於反省,譬如晚清之際藉助諸子學等其他傳統文化資源,調整策略後重回多元化發展的路徑之中。

　　從戰國、清末、近代直至今日,從存於"異"到求於"異",諸子學爲我們展示了一個如何在多元化環境中生存並發展的樣板。諸子學在戰國時期形成的多元化發展空間,某種程度而言

---

① 李零《蘭臺萬卷——讀〈漢書·藝文志〉》,第161頁。
② 蔣禮鴻《商君書錐指》,中華書局1986年版,第20頁。
③ 同上,第25頁。
④ 同上,第1124頁。
⑤ 同上。
⑥ 同上,第1125頁。
⑦ 徐世昌等編纂《清儒學案》,中華書局2008年版,第2037頁。
⑧ 劉澤華《中國政治思想史(秦漢魏晉南北朝卷)》,第133頁。

正是當今世界文化多樣性環境的一個雛形。諸子學是中華傳統文化中的重要組成部分,通過對諸子學發展脈絡的梳理,對其在多元化環境中發展經驗的揭示,證明了中華文化是一種先進的文化類型,其中藴含的豐富資源在今天風起雲湧的世界環境中仍具參考價值。就文化認同而言,諸子學的多元性特點也同樣適用。文化認同的對象不限於本民族的文化,我們需要承認不同種類的文化都各有優勢,才能做到在"異"中求"同",吸收異質文化的優勢,轉化爲中華文化的優勢。就個體的文化認同而言,我們不能只認同本民族的文化,也要不斷吸收異質文化中的精粹,進而逐漸提升自我。這一過程中體現出的求"異"理念即是中華文化的優點所在,也是中華文化值得被認同的價值所在。

三、主體性:中華文化認同的前提

"對於人類而言,任何時代、任何國家、任何民族的文化認同,毫無例外地都是多重的,而不是單一的。單一的認同敘述形式只是神話,以便使自己與'他者'區分開來,透過這種神話敘述的外觀,我們很容易發現其中包含着不同文化複雜的相互滲透和相互生成的過程。……當然多重的文化認同並不意味着失去文化立場。"①這裏的文化立場即文化主體性的保持,不可否認,當前的文化認同的確已處於一個多元化的世界文化環境中,文化認同的個體也面臨着在衆多文化類型的衝擊和挑戰下進行文化認同的問題。而這種含有不同種類文化的環境機制,在我國先秦諸子時代已經存在。諸子時代,"没有哪一'子'能夠真正統攝或主宰所有'子',也没有哪一'子'試圖依附或歸併於其他'子'。諸子個體的獨特性正是構成子學時代整體多元性的首要前提"②。可見,諸子各家對各自主體性的保持才是形成多元性的前提。"新子學"關注到諸子學中的文化主體性問題,並將其視作諸子學的特徵之一。具體來説,"新子學"認爲諸子學具有的主體性特點大體包含兩個方面:一方面是對既有學術傳統的繼承與發揚,如各家各派都有各自傳承的精神特質。這是諸子各家内部的主體性保持,是形成諸子學多元化的基礎;另一方面是關注現實的熱情。如方勇教授認爲:"子學自産生以來,憑藉其開放性、生命力與進化勢頭,形成了不斷詮釋舊子學原典、吸收經學文本精華和創造新子學原典的傳統,並在歷史進程中,始終保持着學術與社會現實的良性互動,進而促成其自身的不斷發展。"③這一點則是諸子學整體的主體性特徵,是諸子學能夠從戰國發展到今天的原因之一。以諸子學對於主體性的重視爲依據,以下我們探討中華文化認同中的主體性問題。

---

① 韓震《全球化時代的文化認同與國家認同》,北京師範大學出版社 2013 年版,第 38 頁。
② 方勇《再論"新子學"》。
③ 方勇《"新子學"構想》。

(一) 中華文化的優勢是保持其主體性的基礎

前文中我們論及文化認同的對象是否值得被認同的問題。文化能夠被認同的基礎是,該文化有區别其他文化的顯著特徵,有其内在優勢,並能保持其主體性,在文化交流與碰撞過程中,不會讓其他文化侵蝕或改變其主要精神和特點。簡言之,保持主體性是文化認同能夠存在的前提,而文化的内在優勢則是保持其主體性的根基。如果文化本身没有優秀的内容構成,那麽單純靠武力和一意孤行將很難在全球化的大背景下保持主體性不被改變,文化認同更難以維繫。對於中華文化認同而言,其主體性保持的根基就在於中華文化自身的優勢。

除前文提及的多元性特點外,中華文化的優勢還在於其反省意識,即從以往的文明成果中反省自身,從而自我更新。縱觀四大文明古國,只有中國文明依然存在,這與中華文化本身的反省精神是分不開的。"如史華慈教授所觀察到的,在幾個主要的早期文明中,只有中國具有從以往的文明成果中反省當世的視角,這是軸心時代中國獨有的文化取向,值得認真思考。"①這種反省當世的意識是自我更新的前提,只有先反省,通過借鑒以往文明,對當下文明進行反思後才能自我更新。這種反思精神不僅體現在戰國時期的諸子文化上,在以後的中國文化發展過程中始終存在。比如漢初統治者在對秦朝滅亡進行反省後,開啓了黄老之治。再如十九世紀後期,面對西方思想文化、科學技術的强勢襲來,中國陷入了前所未有的困境,這是一場觀念的衝擊與生存的考驗,從上而下人們都不知所措。有志之士們努力搜尋途徑,試圖求亡圖存,找到新的契機。有人試圖全盤西化,學習西方的制度、技術等方方面面,但甲午戰争摧毁了這種幻想,因爲畢竟西方的文化並不完全適應中國的土地。解決困境的方法在儒家經典中搜尋無果後,人們將目光轉移到了中國以往的文明中,試圖從中反省當下的困局,並找尋到解決問題的途徑②。再如新文化運動通過對中國傳統文化的反省,進一步提出了創造新文化和新文明的主張。可見,以諸子學爲代表,中華文化是一種具有兼容性和自我造血能力的文化類型,不是故步自封,一家獨大的狹隘文化。它有充分的資源來自我更新,是一個獨立自足的整體,有了這種意識便可以坦然地面對西方文化,將它作爲重要的參考對象,而不是亦步亦趨的標準範本,克服之前在中外文化交流中常見的歷史虚無主義。在文化認同的問題上,有了這種反省精神和豐富的傳統資源,再加上對多元性觀念的認同,中華文化的優勢得到了加强,其主體性的根基變得穩定,進而在文化交流的背景下,其值得被認同的價值亦能得到凸顯和保障。

(二) 以"治"爲要:中華文化主體性的特點之一

上面我們從中華文化内部的優勢角度談及了中華文化的主體性和認同問題,但討論文化

---

① 方勇《"新子學":目標、問題與方法——兼答陸建華教授》,《光明日報》2018 年 4 月 7 日。
② 參見葛兆光《中國思想史》第二卷,第 438~446 頁。

认同的话题,就还需要考虑将其置於世界文化的场域中,在多样化的文化类型中思考,中华文化的主体性中存在哪些特点? 中华文化的主体性特点对世界其他文化类型而言又有何价值?

我们认爲以"治"爲要是中华文化主体性的特点之一。司马谈在《论六家要指》中说:"《易大传》:'天下一致而百虑,同归而殊塗。'夫阴阳、儒、墨、名、法、道德,此务爲治者也,直所从言之异路,有省不省耳。"①认爲诸子各家提出的学说都是爲了寻求治世的方法,不过各自的主张和手段相异而已,最终想要达成的目标是相同的。梁启超也说诸子"果著书专爲救时之敝,然则诸书之出,略同一时代,则亦同一敝而已。而流派各异"②。可见,救时之弊是诸子各家的出发点,而治世则是最终的共同目的。这一点也与上文提及的"新子学"主体性的第二个方面相呼应,即关注现实的热情。诸子学之所以能够从战国时期长久地发展至现在,除却多元性的价值观念外,其对现实的关注,对"治"的追求也是另一个重要原因。正因爲诸子各家都寻求治,各家都在自己的学说之上提出了一套治理国家的系统理论,所以诸子学才能在後世被歷代统治者所运用,或被立爲官学,或被用於理政。这种对"治"的追求是诸子学保持生命热情的关键所在,也是其多元性之上的共同点。以"治"爲要,诸子各家或追求经济稳定,或促进文化繁荣,或规范社会伦理,但它们的共同目的是推动当时社会的整体进步和人民的安居乐业。就中华文化而言,它的进步与文明离不开诸子学的助力,儒、墨、道、法等诸子各家在中华文化的发展过程中扮演着重要角色,以诸子学所追求的"治"爲目标,中华文化也始终在寻求一种平衡,进而达成对国家、社会的稳定治理。在对"治"的追求背景下,中华文化显示出包容与不断修正的特点,当一种发展思路流露出弊端後,通过对中华文化内部其他文化资源的运用,整体的发展思路很快地就被拉入正轨,进而继续保持稳定的发展态势。这种对"治"的追求,也使得中华文化崇尚和平与稳定的发展环境,追求人民的安居乐业。就中华文化认同而言,以"治"爲要是中华文化的主体性特点之一,也是中华民族的文化传统之一,更是中华文化认同能够得以长期存在的原因之一。

诸子追求"治"的目标在今日之世界仍具可行性,人类社会的共同进步和世界人民的安居乐业仍是当今世界的共同主题。因此,中华文化主体性的特点之一——以"治"爲要,也许能爲世界其他文化类型的发展提供一些参考。诸子学的以"治"爲要已经过了歷史的检验,中华文化的发展过程也能爲世界其他文化提供一种思考样式。歷史证明,追求以"治"爲要的文化类型,其所追求的稳定繁荣,不仅有利於本民族的发展,也有利於大环境下不同民族间的相处。如果考虑将"治"作爲文化的特点之一,那麼"治"所涉及的范围可扩大至国与国间的交往、本国内社会秩序的维护、人与自然关系的处理、人与疾病间的鬥争等诸多论域,进而助力於追求和保障人类社会的共同进步和发展繁荣。反观,战争、动乱等现象正是"治"的反面,与世界发展的需求亦相违背。"治"是中华文化的主体性特点之一,"治"的思路是基於中华文化

---

① 司马迁撰,裴駰集解,司马贞索隐,张守节正义《史记》,第3288～3289页。
② 梁启超《清代学术概论》,东方出版社1996年版,第155页。

幾千年的歷史總結,希望"治"也能爲世界上其他文化的發展提供一種新思路,以期早日構建一個和平、穩定、繁榮的國際秩序,最終實現人類的整體進步。

結　　語

"新子學"是近年來在新視野下對諸子學研究的一種探索,以期在中華文化的重構等方面發現諸子學的意義,並已形成一整套較爲完備的理論體系。"新子學"關注諸子學與當前社會的緊密聯繫,倡導子學當代價值的再發現。"新子學"提煉出的子學的多元性和主體性特徵,與當今世界的文化發展趨勢相呼應。以"新子學"提供的思路爲視角,我們將諸子學和中華文化認同的論題相聯繫,印證了諸子學是中華傳統文化中的寶貴資源,發現其在世界文化發展和解決文化衝突方面具有不少指導意義。相信在"新子學"理論的進一步發展過程中,子學的當代價值還可做進一步發掘,子學在中華文明中的推動力還可有更大的進步空間,子學與世界文明的關係上或可有新的發現。

[作者簡介] 劉潔(1988—　),女,甘肅蘭州人。華東師範大學文學博士後,蘭州城市學院文學院副教授,主要從事先秦兩漢文學與文化研究、諸子學研究,在《甘肅社會科學》《晉陽學刊》《中國社會科學報》等刊物發表論文近10篇。

當代子學研究的新進展

——"第九屆'新子學'國際學術研討會"綜述

刁生虎　弓少瀟

内容提要　2021年10月23日,第九屆"新子學"國際學術研討會在中國臺北順利召開。共有來自中國大陸、港澳臺等地區以及日本、韓國等國家38所大學的51位專家學者參加此次大會,議題涉及"新子學"研究、"子藏學"研究、諸子思想及學術的專題研究等方面,充分體現了子學研究的豐富性和多樣性。"新子學"由學術理念向文化立場轉化以及"子藏學"研究等新觀點和新議題代表了當代子學研究的新進展,必將對子學主體地位的提升、子學研究方法的拓展產生積極作用。

關鍵詞　第九屆"新子學"國際學術研討會　"新子學"　"子藏學"　諸子學
中圖分類號　B2

2021年10月23日,由中國臺灣地區中國文化大學文學院主辦、華東師範大學先秦諸子研究中心協辦的"第九屆'新子學'國際學術研討會"在中國臺北順利召開。來自中國大陸、港澳臺等地區以及日本、韓國等國家38所大學的51位諸子學專家學者與會。臺灣中國文化大學副校長王淑音教授、臺灣中國文化大學文學院院長王俊彥教授、臺灣政治大學中文系陳逢源教授、臺灣淡江大學中文系高柏園教授、臺灣師範大學國文系副主任鄭燦山教授、華東師範大學先秦諸子研究中心主任方勇教授、西北師範大學文學院院長馬世年教授、日本熊本縣立大學文學部山田俊教授、韓國成均館大學校東ACIA學術院曹玟煥教授等專家出席了本次會議。

在大會開幕式上,作爲主持人的臺灣中國文化大學文學院院長王俊彥教授首先致辭,他回顧了中國文化大學文學院與華東師範大學先秦諸子研究中心基於對傳統子學的繼承與子學回應現代化課題的需求以及共同學術興趣所開展的密切學術交流與合作,表示此次會議旨在推進兩岸以及日本、韓國等國的"新子學"發展,擴展"新子學"的國際視野,並強調此次會議特別開設了博士生專場,以培養諸子學和"新子學"研究的後備力量,使子學文化薪火相傳。

臺灣中國文化大學副校長王淑音教授在致辭中表示當今現代化已成爲全球思潮主流,對孔、孟、老、莊等傳統子部之學的解釋自然應賦予新的時代意義,而"新子學"作爲思想界新的學術風潮,引起了諸多關注與回響。她指出,方勇教授團隊啓動的《子藏》編纂工程,收錄各種諸子學著作近4 000種,接近《四庫全書》的體量,這將成爲"新子學"的有力支撑。最後她强調此次會議是中國文化大學第二次舉辦"新子學"會議,這對推進兩岸學術交流有重大意義。

華東師範大學先秦諸子研究中心主任方勇教授在致辭中首先回顧了"新子學"理念近十年的發展歷程,接着指出"新子學"不僅是一個學術理念,更是一種文化立場,要開創多條路徑,爲子學發展開創新局面,並表示華東師範大學先秦諸子研究中心主持的子學文獻集成《子藏》已接近尾聲,第六批成果發布會也即將舉行,期望"子藏學"理念的提出和《子藏》的出版能帶動子學研究在理念和方法層面的創新。最後他也表達了宏大的願景:在《子藏》項目結束後,將馬上啓動《子藏·海外編》,對海外子學文獻進行全面的搜集與調查,希望能與與會學者共同實現復興子學的理想!

論文發表階段,與會學者圍繞"新子學"研究、"子藏學"研究、諸子思想及學術的專題研究等議題闡述了各自的觀點。

一、"新子學"研究

在本次會議中,與會學者對"新子學"内涵、精神、研究方法、發展路向以及當代價值等問題進行了深入的探討,取得了頗爲豐碩的成果。

(一) 反思子學研究困境

華東師範大學先秦諸子研究中心主任方勇教授早就對諸子學的研究困境多有關注,如他在《"新子學"構想》一文中指出盲目照搬西學模式,使"諸子學研究在很大程度上失去了理論自由,並導致了闡釋指向的扭曲";而在《再論"新子學"》中强調在"舊國學"的體系下,經學和儒學占據壟斷地位,成爲"其他學術確立自我和價值的依據與標準",形成一種"單向封閉的金字塔結構"。而在本次會議上,方勇教授《"務爲治":"新子學"的學術理念與價值訴求》一文更是認爲當前諸子學研究存在"體"之離散與"魂"之缺失的問題。他指出"體"之離散指諸子學研究在形態上的零碎,一方面表現爲缺乏對"諸子學"整體樣貌的瞭解,未能把諸子各派當作一個整體來看待;另一方面表現爲目錄學上"子部"本身的不斷擴容以及内容的雜亂,導致諸子學在子部中核心地位的淹没以及兩者之間邊界的模糊。而"魂"之缺失則指諸子學研究在理論上缺乏自覺,諸家共存的諸子系統被破壞,一方面表現在《漢志》九流十家的框架使人們過度關注各派的差異性而忽視了子部的系統性;另一方面表現在近現代西方學科化分類體系的支解使得文、史、哲各學科的研究路徑難以匯通以及該體系下子學文獻淪爲服務於各學科而可隨意分割的材料。因而方勇教授指出"諸子學""體"與"魂"的破碎,導致"諸子學"先後淪爲"經學"與"西學"的附庸,並最終造成理論上的失聲。

圍繞子學研究困境這一問題，其他與會學者也進行了深刻反思。上海財經大學中文系主任陳成吒副教授《"新子學"視域下的"〈子藏〉學"構建與人文學術反思》一文也強調在《子藏》之前，歷史上在整理、研究子學文本時總是處於孤立、割裂、零碎的狀態，以至於將子學視爲經學的附庸，遵循着"因經而有子""以子而通經"的觀念。

揚州大學文學院講師曾建華《古今學問事 十年"新子學"：從學術構想到文化引領》一文反思了中國傳統"經學思維"所造成的學術的圈層分化和學者的代際割裂。他指出圈層分化是指不同學科以及同一學科的不同方向，由於問題導向與視野差異而產生的學術分化與話語阻隔，從而使各領域的學術研究呈現碎片化、繁瑣化和項目化傾向。代際割裂是指學者從事學術工作的方法、思維與問題，由於時代變革而出現的代際性錯位出現了主觀、僵化、封閉與悖謬。這都導致古典學術出現日益内卷的傾向，不利於新思想的産生。

（二）檢討傳統諸子學體系

對以《漢書・藝文志》爲代表的傳統諸子學體系進行檢討，是"新子學"研究的起點。早在2018年10月，方勇教授在《四論"新子學"》一文中就對《漢志》"尊經卑子，重儒而斥百家"的觀念進行批駁，他強調應"打破《漢志》舊局，以通觀諸子時代思想，此即所謂'新子學'"。針對《漢書・藝文志》這一體系，與會學者從不同角度對其予以研究與反思。

南陽師範學院揣松森副教授《論"新子學"視野下的諸子觀——以〈漢志・諸子略〉爲中心進行探討》一文批判檢討了《漢志・諸子略》中諸子學派劃分、諸子起源、子籍形態及年代等問題。他指出"九流十家"說以及在此基礎上所形成的"諸子出於王官"說，是漢人基於現實政教關係的考量而形成的一種回溯性建構，對先秦學術造成了嚴重遮蔽，當代諸子學研究必須擺脱其束縛。而針對劉向校書過程中"定著篇目"和"以人命書"的體例，他強調當代諸子研究者應對子書的形態、成書年代等問題多加注意，並界定"述道見志"和"成一家之言"爲諸子的根本特質，從而形成一種古今通貫的諸子觀。

華東師範大學中文系博士生王澤宇《四論、五論"新子學"的再探討——兼論"〈子藏〉學"對於〈漢〉〈隋〉二志的超越》一文認爲諸子思想與《周禮》中職官的關係並不密切。根據《周禮》中所藴含的諸子思想，可以推斷《周禮》是漢代時期廣泛吸收諸子學説而形成的著作，可見是諸子思想催生出《周禮》，而非《周禮》衍生出諸子，由此他認爲《漢》《隋》二志之説本末倒置，頗有疑點，因而"諸子出於王官"說以及"經尊子卑"的觀點也失去了理論支撐。

（三）探討子學精神

早在2013年9月，方勇教授在《再論"新子學"》一文中就曾對"子學精神"有所概括："'新子學'是對'子學現象'的正視，更是對'子學精神'的提煉……學者崇尚人格獨立、精神自由，學派之間平等對話、相互争鳴。各家論説雖然不同，但都能直面現實以深究學理，不尚一統而貴多元共生，是謂'子學精神'。"並在文中多次強調"子學精神"的"多元"特質。在本次會議上,與會學者對"子學精神"的内涵也進行了深入探討與挖掘。

福建師範大學文學院歐明俊教授《論"子學精神"及其對"新子學"的啓示意義》在其 2016 年所發表的《論"子學思維"與"子學精神"》一文的基礎上,進一步將"子學精神"闡發爲獨立精神、樂觀精神、執着精神、理性精神、仁愛精神、平等精神、經世濟民精神、弘道殉道精神、超越精神,並强調"新子學"要提煉、闡發"子學精神",並將其發揚光大,這是"新子學"的學術使命。

臺灣淡江大學中文系殷善培副教授《"儒門淡泊"與"三教合一"——子學視域下的儒家困境》一文回顧了歷代"儒門淡泊"的表現以及儒、釋、道三教論衡與合一的發展過程,指出儒家在發展過程中不斷受到各方的挑戰,"儒門淡泊"的焦慮會一直存在,因而他強調在當今文化多元的形勢下,應對"儒門淡泊"的方法是"毋患多歧,各有所施"的融通精神,這也正是"新子學"的精神所在。

中國社會科學院哲學所博士後王小虎《作爲一種學術思潮的"新子學"如何可能》一文指出"新子學"何以可能的普遍必然性在於子學精神的内在驅動和時代精神的外在需求。他強調從兼顧先王之道的傳承和起於"救世之弊"之因由的角度出發,"子學精神"的最根本處應是"堯舜德治下的家國天下的情懷的自然舒展和自覺"。而建構代表當代時代精神的文化精神,必須以"子學精神"爲内核和根本基礎。由此他強調"子學精神"應於時代精神的"更新再始"就是"新子學"。

(四) 探究"新子學"研究方法

針對"新子學"的研究方法,方勇教授在《再論"新子學"》一文中曾提倡"'新子學'要以返歸自身的方式來處理學術研究中世界性與中國性的張力",在《三論"新子學"》中將其表述爲"回歸原點",這對"新子學"的研究方法具有指向性意義。在本次會議中,"新子學"的研究方法也是與會學者探討的重點。

揚州大學文學院賈學鴻教授《關於新子學研究視角與方法的思考——以陳鼓應普及版〈老子〉注爲例》一文以陳鼓應先生《老子今注今譯》普及版作爲切入點,分析了其結構和内容,認爲其結構上嚴整,將哲學理解化整爲零,融入全書;建構各部分之間的邏輯關係以加強全書的系統性;用問題牽引,爲讀者提供了拓展空間。内容上則有濃重的現實指向,表現在人格修養、社會政治、當代反思三個方面,體現了陳先生的人文使命感。由此她強調,"新子學"發展的基礎是綜合傳統訓詁方法和西方哲學思想對諸子元典内涵進行歷史性的闡釋,而當下"新子學"應發揮對現實世界的引導作用,要選擇適合大眾的接受方式來進行傳播。

韓國成均館大學儒教文化研究所責任研究員朴榮雨教授《從"隱喻投射"概念論〈莊子〉"卮言"文本的行爲邏輯》一文運用"隱喻投射""概念圖式"以及"個別主義"等西方現代語言哲學和認知語言學的理論成果梳理《莊子》文本的行爲邏輯,指出"卮言"活動中具有"個別主義"的哲學傾向,且"卮言"在《莊子》文本中以"遊""化""忘"三種話語體例呈現,並在"道境"與"物境"間不斷遊移。此外他強調藉助"隱喻投射"等概念詮釋《莊子》文本,有利於發掘《莊子》文本的現代意義,並推動"新子學"運動思維模式以及研究方法的創新。

華東師範大學中文系博士後袁朗《"新子學"視域下從"內容史"到"方法史"的老學史再構》一文指出當前學界老學史的書寫方式都是對老學著作思想內容的梳理,這種老學的"內容史"在研究方法上缺乏專門性的研究,因此提出建立老學"方法史"的途徑,即在對原有方法系統梳理的基礎上,對其有效性進行多方面的檢討,並對其中有效的方法加以確認。而老學"方法史"的再構不僅是對老學研究傳統的接續,而且將推動"新子學"與西方的對話,同時對"新子學"新方法的建立也具有積極意義。

福建師範大學文學院博士生莊秀婷《論"新子學"的"辭章之學"研究——以陸遊詩歌對莊子接受爲中心》一文分析了陸遊詩歌對《莊子》的全方位接受:思想上呈現道教化和莊釋通融的特徵;詩學觀上以天真、自然爲内核;藝術手法上,融通並創新《莊子》典故;美學風格上,借鑒了《莊子》奇氣飄逸的特質,足見《莊子》在文學史上的重大影響。由此她強調,"新子學"研究應加強學科交流,既要融會不同學術路徑,又要突破現代學科分類的限制,並進一步加强子部與集部、哲學與文學的互動,重視"辭章之學"。

(五) 對"新子學"的再思考

在本次會議中,與會學者對"新子學"的定位及其未來發展路向等問題也進行了再思考。

方勇教授《"務爲治":"新子學"的學術理念與價值訴求》一文指出"新子學"要把握諸子學"務爲治"的旨趣,從而以"治"或文明的角度重現諸子學的整體性。這主要表現在"治"這一問題將各派思想相繫聯,有利於學者以整體性意識研究各派思想;諸子爭鳴所圍繞的焦點在深層上構建了諸子學形成的框架;以"治"爲中心,諸子便可與農、醫、巫、卜區分,而兵家也可納入諸子中來,這樣子學的邊界將更加明確。方勇教授還指出在諸子學"一致而百慮"這種"一體多元"特徵的觀照下,諸子學的整體性和多樣性可以承擔中華文化的主體性和包容性,從而"新子學"便由一種學術理念轉化爲一種文化立場。就整體性與主體性的關係來說,從"新子學"由學術而至文化的理論演進路徑來看,以諸子學"治"的特徵作爲切入點理解中華文明,可以發現中華文化內部的統一性和歷史發展的延續性,從而確立中華文化的主體性。而從文化反觀學術的角度思考,文化主體性則有助於我們在傳統及現代的學術體系中給子學定位,即在經子關係上兩者是一種相輔相成的關係;在子學與西學的關係上,子學應以坦然的姿態面對西學。多樣性與包容性的關係則爲"新子學"視野下子學的多樣性使"新子學"能深刻理解中國傳統文化的包容性,這表現在中國傳統文化對内部任何文化元素不輕易極端推尊,對外來文化也不輕易排斥,從而保持自身的多樣性發展。在這一關係下,"新子學"形成對諸子學自身學術的定位,即"新子學"與經學、儒學不對立,子學與西學也不對立。

西北師範大學文學院院長馬世年教授《諸子學史視野下的新子學研究——以韓學研究爲個案的考察》一文回顧了"新子學"理念的提出與發展以及20世紀諸子學史研究的成就,在此基礎上,他以韓學研究爲例,從文獻史、思想史、文學史、研究史四個維度闡述了韓學史構建的過程,最後他指出"新子學"不僅賡續了晚清以來的諸子學傳統,更是推動了當今諸子學研究範式的發展與突破,同時在新的歷史時期,"新子學"是構建中國"學科體系、學術體系、話語體系"的具體實踐,而在今後的發展中,"新子學"也必將回歸到諸子學史的傳統中,成爲一個開放、多元的學術系統。

揚州大學文學院講師曾建華《古今學問事 十年"新子學":從學術構想到文化引領》一文提出"新子學"應以觀念—方法—話語—知識譜系作爲其發展路徑,建構一個以觀念系統爲中心、以數字人文爲方法、以當代關懷爲取向的新知識譜系——"新古典學",從而使"新子學"擔負起文化引領的使命。

中國社會科學院哲學所博士後王小虎《作爲一種學術思潮的"新子學"如何可能》一文將"新子學"與唐代古文運動、五四新文化運動進行比較,指出"新子學"雖與後兩者有相似性,但發展的階段性不同,因此他認爲"新子學"作爲一種學術思潮,正處於孔子所論"富之""教之"的社會發展階段,應以構建與踐行"人類命運共同體"作爲其思想目標。

(六) 子學當代價值的再發現

早在 2016 年 3 月,方勇教授曾在《三論"新子學"》中指出:"從根本上講,'新子學'所關心的正是傳統文化研究如何創新的問題",並提出"喚醒價值"的概念,即"在傳統價值中找到適應當代的形式,並與現代價值做有效溝通"。方勇教授還強調:"'新子學'認爲,具有現實指向的價值重建,能夠使傳統文明在國家制度、政策以及個人生活中真正落實其價值,對當代社會產生應有的貢獻。"這就要求"新子學"與當下現實社會相結合,並予以理論與實踐層面的指導。而在本次會議上,方勇教授《"務爲治":"新子學"的學術理念與價值訴求》一文進一步指出,在諸子學"一體多元"特徵的觀照下,"新子學"也提供了另一種全球化的可能,即以"中國之治"的格局看待世界影響下的中國和未來中國參與下的世界。他指出中國文明之所以能保存文化的延續性,是由於一方面諸子學的"一體"特徵讓人們保有對共同歷史源頭的承續,另一方面諸子學"多元"的理論進路讓中國文化更包容、靈活地應對外來文化。而就如何解決世界文明衝突這一問題,方勇教授強調當前人類面臨的根本問題是自然與人類的邊界問題,而不是不同文明之間價值準則的優劣問題,如果不同文明能認識到這一點,那麼不同文明就能像諸子學一樣找到一個共同的現實價值源頭,這也是解決文明衝突的關鍵所在。

蘭州城市學院文史學院劉潔副教授《"新子學"與中華文化認同》一文深入探討了"新子學"與中華文化認同的關係,這是將"新子學"理念與當下現實問題相對接的又一次實踐。她主張子學是中華文化認同的重要來源,其存於"異"又求於"異"的多元性特徵是中華文化被認同的價值所在,而諸子各家對自身文化主體性的保持是中華文化認同的前提。其中諸子以"治"爲要的最終目的可以作爲衡量文化是否值得被認同的價值尺規。在此基礎上,她指出諸子學在解決文化衝突和促進世界文化發展層面具有指導意義,這是子學當代價值的再發現。

寧波大學人文與傳媒學院講師張耀《諸子學:直面危機的"逆行者"——論"新子學"如何

延續諸子學在危機應對上的優勢與智慧》一文也强調了諸子學"務爲治"的特點,並認爲正是由於該特性,諸子各派在歷代時代危機中,能通過群治的恰當路徑,削弱危機所帶來的社會動蕩。因此他主張"新子學"有必要繼承諸子學"務爲治"的旨趣以及"同歸殊途"的治學特色,並承襲諸子學在危機決策、危機溝通以及危機解決方面的智慧,做好面對新危機的準備,以實現其在應對時代危機中的價值。

臺灣大學哲研所博士生梁齡《東、西方的修辭間距:論亞里士多德與鬼谷子的説服者品格》一文運用余蓮"間距"方法論將亞里士多德的《修辭術》與《鬼谷子》相連接,認爲亞里士多德所提出的説服者品格所包含的三個要素——"實踐智慧""德行"與"善意",《鬼谷子》中也有體現。此外他強調在現代化工業結構的"科層化組織"中,《鬼谷子》所特有的向上説服技巧能夠發揮巨大的作用,這也正是《鬼谷子》的當代價值。由此他進一步指出在"新子學"意義下,《鬼谷子》思想兼具"對接性""現實需求性""互補性"三種子學"當代價值"的思路類型。

此外,闡發方勇教授的"新子學"理念也是本次會議所探討的内容,如浙江科技學院張嵎教授《論方勇的"新子學"理念——讀〈方山子文集〉札記》一文從"新子學"的意義指向、現代性、研究範式以及其與"新儒學"的關係四個角度歸納總結了方勇教授的"新子學"理念,並作進一步闡發。在意義指向上,"新子學"的"新"體現在研究範圍、研究立場、研究方法、研究目標四方面,該意義界定用以區别傳統的以及受西學影響的諸子學;"新子學"的現代性主要體現在文本處理上批判"尊經卑子",諸子精神上強調自由、平等、獨立;"新子學"的研究範式則提倡"現代性"和"中國性",要求從傳統訓詁等方法中拓展出來,並擺脱西學模式;在"新子學"與"新儒學"的關係上,則提出傳統儒家思想難以適應社會發展需要,而"新子學"更有價值。

與會學者在"新子學"視域下對子學經典進行了整理與研究,如江蘇泰州學院人文學院劉佩德副教授《"新子學"視域下道家四子文獻整理與研究》一文通過整理道家著述《鶡子》《列子》《子華子》《亢倉子》的歷代傳本、注本,梳理了其傳承脉絡和思想,認爲《鶡子》之道主要是人君南面之術,《列子》強調"虚",《子華子》以"全生"爲基礎,要求達到一種無欲無求的狀態,《亢倉子》主張通過全形保生來達到人生修養的目的,四者都體現了道家以虚静爲主的主旨,是道家思想不可分割的組成部分。

與會學者還對諸子學的基本問題進行了重新梳理。早在 2018 年 4 月,方勇教授就在《"新子學":目標、問題與方法》一文中強調:學術史研究也是"新子學"的重點之一。諸子的學派關係,諸子間的相互影響,諸子思潮流變的軌跡,歷代的諸子學演變,這些都需要精研深究,以"形成一個更爲成熟的諸子學研究範式,進而構建起諸子學基本理念下的多方位全面研究"。而在本次會議上,華東師範大學先秦諸子研究中心助理研究員方達《"諸子學"的整體之思》一文相對於經學,就"諸子學"提出一整體之思,包括"諸子學"的整體特徵、整體歷史分期與義理轉向以及内部的整體概念邏輯系統諸方面。他指出諸子學的整體特徵就是一種"教化"倫理爲"制度"設計奠基的運思模式,以此爲前提,儒、道兩家思想取向的分歧,即儒家所肯定的以周文爲代表的"宗主"模式與道家所肯定的以殷商所代表的"共主"模式衍生出了"諸子學"的邏輯系統。而根據儒、道兩家基本思想模型在現實社會制度中的作用,"諸子學"的歷史分期被分爲五個階段。同時他還强調當今"諸子學"應重視"制度經學"的歷史合法性與"教化經學"的理論包容性。

對於"新子"之學的基本問題,本次會議也有所討論。如上海師範大學外國語學院講師歐夢越《論"新子學"的"新子"之學——以嚴復爲例》一文肯定了嚴復的學術思想成就,認爲他用西方理念重構中國思想體系,開一代風氣,在學術上會通衆學,具有前瞻性,此外還極具現實人文關懷,是近代"新子"的典範,並强調研究嚴復是"新子學"的重要課題。她主張"新子"之學是"新子學"的重要組成部分,應從廣義上理解"新子"之學,在時段上包括近現代以及當代"新子"所獨創的學術思想;在内容上包括"新子"學術思想本身以及對"新子"學術思想的研究。

二、"子藏學"研究

隨着近年"子藏學"理念的提出和《子藏》編纂工作的行將結束,"子藏學"成爲本次會議的關鍵議題。早在 2019 年 11 月,方勇教授在《子藏》第五批成果發布會上正式提出了"子藏學"概念,由此拉開了《子藏》工程理論建構和研究探索的帷幕。國家圖書館副館長張志清也在該發布會上對"子藏學"寄予了厚望,他表示:"《子藏》近於《四庫全書》的體量,真正實現了'再造一部大典'的壯舉,《子藏》的編纂和'子藏學'概念的提出,爲古籍再生性保護和學術化的研究利用提供了良好示範,期待這一部大典在未來的學術研究和文化再構中發揮出其應有的作用。"

在本次會議上,上海財經大學中文系主任陳成吒副教授《"新子學"視域下的"〈子藏〉學"構建與人文學術反思》一文主張"新子學"與"子藏學"的關係類似於"新子學"與《子藏》的關係,都是基礎與進一步深化創新的關係,"子藏學"在"新子學"理念的觀照下才得以建構和獲得意義闡發。他强調"新子學"理念造就了"子藏學"的獨特性,即《子藏》並非是對子學文本進行簡單的文獻整理,而是對子學的全面發現,《子藏》改變了傳統上對子學文本研究孤立、割裂的狀態,使子學自覺發展爲以子學文本爲核心,内部互有聯繫,又不斷變革的生命體。此外他從"物"的角度,將"子藏學"與傳統"《四庫》學""敦煌學"相對照,認爲"子藏學"憑藉新的研究理念超越了後兩者,而在與新興"人文數據學"的比較中,又强調"子藏學"要警惕研究主體和對象的改變,要從事真人的人文研究,而不是末人的緣木求魚式研究。

華東師範大學中文系博士生王澤宇《四論、五論"新子學"的再探討——兼論"〈子藏〉學"對於〈漢〉〈隋〉二志的超越》一文認爲"子藏學"對《漢》《隋》二志的缺陷進行了較好的彌補,在主觀情感上,摒棄了個人對諸子的好惡色彩;在流派分類上,將諸子流派按照實際情況重新歸類;在觀念上,破除了傳統的"尊經卑子"之説,將《論語》《孟子》兩部文獻"離經還子",藴含着

"諸子平等"的思想,保證了諸子學體系的完整。

華東師範大學中文系博士生何雪利《以〈子藏〉爲木鐸,開"新子學"之範式》一文作爲首屆"子藏學"研討會議綜述,從"子藏學"的概念界定、研究範圍、現實關懷、價值意義以及其與子學史和"新子學"的關係等方面總結了與會學者的觀點,這必將爲"子藏學"研究工作的開展奠定堅實的基礎。

三、諸子思想及學術的專題研究

本次會議還探討了諸子學研究中的諸多問題,並旁涉當代文明思潮下的諸子學研究、多學科互融的諸子學研究、諸子學的基本原理與現代應用、子學與傳統學術轉型等多個領域。

臺灣中國文化大學文學院院長王俊彥教授《隋蕭吉〈五行大義〉的氣論》一文以《五行大義》爲主探討了蕭吉對五行之體性,萬物由無而有,天干與地支,五行四時四方相雜,五行同時而起、托義相生,八卦、五行托義於五藏五常,氣性與人品等論題的理解,指出蕭吉在總結秦漢至隋的陰陽五行學説的同時,也提出了五行"終從氣解"等觀點,闡釋並重構了氣化宇宙論。

日本熊本縣立大學文學部山田俊教授《中國近世思想史上的司馬光、〈法言〉與〈道德經〉——以性、質、學、諸子爲核心》一文參照司馬光《法言注》更深入剖析了司馬光《道德真經論》的思想。

臺灣輔仁大學中文系許朝陽教授《夢説〈齊物〉——章太炎〈齊物論釋〉的唯識解莊及對"夢喻"的處理》一文論述了章太炎《齊物論釋》中運用佛學唯識之理詮釋《莊子》的基本理路及其對《齊物論》寓言所含夢喻的處理。

臺灣師範大學國文系鄭燦山教授《唐代道教〈坐忘論〉的思想史意義——宋朝士大夫的觀點》一文采取思想史的研究途徑,梳理了宋代士大夫對司馬承禎《坐忘論》的討論與回應。

韓國成均館大學校東 ASIA 學術院曹玟焕教授《關於栗谷李珥道教認識的研究——以自然災害的認識及克服方案爲中心》一文圍繞栗谷李珥拒絕撰寫青詞的行爲,剖析了其對道教較爲消極的態度。

暨南大學(廣州)哲學研究所高華平教授《先秦名家對諸子百家的學術批評》一文梳理了先秦名家思想尤其是在學術批評方面從鄧析到惠施、尹文再到公孫龍的發展脉絡。

臺灣中國文化大學中文系陳錫勇教授《〈老子〉非〈道德經〉辯證》一文從成書年代、篇章編次先後以及内文文字三個角度論證了《老子》非《道德經》,並指出《道德經》是東漢張道陵在删改《老子》的基礎上形成的。

臺灣"中央大學"哲研所中文系楊祖漢教授《道家的無相原則、審美判斷及超越的合目性原則——牟宗三先生對康德審美判斷的批評與重構》一文指出,牟宗三先生批運用道家哲學中的無相原則以及基於此的無向判斷對康德審美判斷的種種特性加以合理説明,從而實現了對審美判斷以及所據原則的重構。

山東師範大學齊魯文化研究院李華教授《陰陽五行與思孟淵源再探——從〈漢書·藝文志〉中的"兵陰陽"〈孟子〉談起》一文根據《漢書·藝文志》"互著""別裁"的著錄特點討論了兵陰陽《孟子》與儒家《孟子》的關係，並推斷早期《孟子》文獻存在式法因素。

臺北大學人文學院東西哲學與詮釋學研究中心主任賴賢宗教授《方東美生命哲學的上下雙回向與易論本體詮釋學的展開》一文闡釋了方東美關於上下雙回向以及生生之德的本體詮釋，並建構從方東美到成中英一脈相承的"易學的本體詮釋"。

北京師範大學歷史學院李銳教授《〈莊子·天下〉篇成文時間新探》一文指出論墨翟、禽滑釐一節是判定《莊子·天下》成文時間的關鍵，并判定其當成文於戰國中晚期。

臺灣中國文化大學中文系許端容教授《〈莊子〉物理時空詩學互文書寫》一文以互文書寫的角度，從道之本體性、道之物理性兩個層面論述了《莊子》外、雜篇各處異文對《莊子》內篇物理時空詩學思想的承續、復寫、閃爍、反仿、拆解、移位、漫衍、溢散及拓展。

東北師範大學文學院劉思禾副教授《以〈墨〉解〈莊〉五例》一文從"大小"與"化"、"形影"之"待"、"天均"與"天倪"、"至人之用心若鏡"、"辯也者，有不見也"五個角度分析了《莊子》對《墨子》思想的繼承與超越。

貴州大學哲學系鄧國宏副教授《理學傳統下荀子思想學術形象的更新——以桐城派方苞、姚鼐和劉開師徒爲中心的考察》一文歸納了乾嘉時期桐城派理學家方苞、姚鼐及劉開的荀學論述，指出三人雖有不同的論述傾向與側重，但在整體上觀點一致，給予了荀子更爲客觀、全面的評價，反映了乾嘉時期理學家對於荀子的新認識。

暨南大學哲學所黃燕強副教授《身觀與心證：〈莊子〉"忠恕之道"發微》一文對章太炎的"忠恕之道"新解進行了闡發：一方面，忠恕之道被章氏界定爲歸納與演繹的邏輯方法；另一方面，章氏認爲莊子的忠恕之道包含德性之知與聞見之知的雙重義諦。

臺灣中國文化大學中文系陳惠美副教授《洪頤煊子部輯本輯佚成果述評》一文以清代學者洪頤煊《經典集林》爲研究對象，總結了其子部輯本的輯佚成果，認爲其徵引資料詳備，編排合理，而且對所采佚文詳加考辨，嚴謹校理，由此亦可說明清代學者輯補子書對後世的深遠影響。

臺灣中國文化大學中文系賴昇宏副教授《論〈白虎通〉"性情說"與"禮教觀"的思想特色與意義》一文分析了《白虎通》"性情說"與"禮教觀"的思想基礎（陰陽五行以及天人相應），并指出"五性六情"作爲"性情說"的主要內涵，體現了漢代中期的人性論特色，"禮教觀"方面則認爲禮樂之道可感發五性之德，強調了禮樂之道的必要性，爲東漢禮教的權威化傾向奠定了理論基礎。

北京外國語大學歷史學院褚麗娟副教授《晚清傳教士—漢學家對兼愛的英譯研究》一文從來華傳教士艾約瑟和理雅各對墨家"兼愛"思想的翻譯分歧出發分析兩位譯者"兼愛"思想的分歧，并指出他們對"兼愛"的理解是一種突破性的"近代化重構"。

臺灣師範大學國文學系助理教授曾暐傑《"民性"非"人性"——韓非的去人性化之政治人叙事系統》一文否定了歷史上對韓非極端性惡論的批判，認爲韓非所構建的"民性"是指政治場域下政治人所形成的思維與行爲方式，且其"民性"論述具有去規範多元性和去道德主觀性的特徵，以期達到超穩定的政治結構和齊一性的政治規範。

臺灣中國文化大學中國文學系兼任助理教授孔令宜《〈莊子·人間世〉安"義"若"命"的化解》一文指出人生兩大"戒"在"命"與"義"，《莊子》中提倡安"義"若"命"的義命觀，並強調莊子的終極消解之道在於以"齋"化"戒"，即用"心齋"的修養功夫來化解不可解於心的"命"與無所逃於天地間的"義"。

臺灣元智大學中語系助理教授黃智明《莫伯驥〈五十萬卷樓群書跋文〉對〈四庫全書總目〉之舉正探析——以子部提要爲考察中心》一文，從莫伯驥《五十萬卷樓群書跋文》入手，從中勾稽有關《四庫全書總目》舉正方面的內容，對其成果做出了客觀公允的評價。

廣州美術學院講師宋德剛《老莊"自"類語詞的哲學意藴》一文分析了老莊"自"類語詞的指向、價值傾向和呈現方式，認爲"自X"主要關涉存在者如何自存，接着通過"自然"與"自化"兩個具有高度統攝性的語詞，進而歸納了老莊的相關基本主張。

臺灣耕莘健康管理專科學校兼任講師王國忠《試析〈洞玄靈寶自然九天生神章經〉中氣化落實人身之過程》一文論述了道教經典《洞玄靈寶自然九天生神章經》中人懷胎受生的過程，在氣的作用下，人從胞、胎、魂、魄、臟腑、靈府、元府、華府、神府進而誕生爲人，體現了氣化思想，其在唐代有相當的影響。

中山大學政治與公共事務管理學院博士後徐翔《聖王執規與秩序的起源——以黄老學"道生法"的思想爲中心》一文指出黄老學運用數術化天道觀的核心要素"規矩權衡"來闡釋"道生法"的思維模式，並通過"聖王制作"的理論架構實現"道生法"的轉化。認爲在黄老學中，"規矩權衡"不僅關係着秩序起源的正當性，而且也影響着統治事業的興亡。

清華大學哲學系博士後章含舟《關懷倫理該如何對話儒家倫理？》一文回顧了過去三十餘年學界對於儒家之"仁"和西方關懷倫理學之"關懷"的概念辨析，指出斯洛特的美德理論所界定的"關懷"比諾丁斯的關係理論所界定的"關懷"更適合解釋"規則例外"與"愛有差等"兩個現象，也更適合與儒家之"仁"相容。

中山大學(珠海)中文系博士後孫廣《"孟子升格"以後：論明代〈孟子〉定位的變遷》一文論述了明代《孟子》定位的變遷過程：從宋代"兼經"的地位，到明代前中期學者對《孟子》多有批判却不能影響《孟子》憑藉"四書"的經典架構而獲得的定位，再到晚明心學的盛行和《十三經注疏》的匯刊使得《孟子》升格爲"正經"，以及同時《孟子》開始向子書的定位回歸，并爲清末《孟子》徹底回歸爲子學著作奠定了基礎。

臺灣中國文化大學中國文學系博士生許隆演《〈周易〉與儒家"氣論"思想》一文指出爲挽救禮樂制度日益崩壞的危機，以孔子爲代表的儒家建立了以仁爲價值核心的儒學，在實踐層面強調以仁爲體，以禮爲用，並在此基礎上以易道設教，見利思義、見危授命的儒家宗旨以及重祭祀使民以遜從的觀念等都與《易》相一致。但他也指出孔子之《論語》與弟子之《易傳》在思想上不盡相同。

華東師範大學中文系博士生吳劍修《有秦焚書不及諸子：論"百家語"的敘事性質》一文指出"百家語"作爲前代外家傳記的一部分，具有敘事性質，與以言理爲主的諸子書界限分明，由此可證諸子書未被焚於秦火。同時他認爲"百家語"被劉向父子分散在《六藝略》與《諸子略》中，而後世的"雜史"類和"小説家"類書籍亦可追溯至"百家語"，這必將爲後世的目錄分部提供借鑒。

在大會閉幕式上，王俊彦教授與方勇教授分別作總結發言。王俊彦教授對這次會議的成功舉辦表示肯定。他指出此次會議所探討的主題十分多元，突破了以往以儒、道兩家爲主的研究範圍，湧現出了有關荀子、韓非子乃至陰陽家、名家的諸多議題，這必將進一步推進"新子學"的發展。方勇教授表示"新子學"一直存在概念難以界定的問題，但學界對"新子學"理念總體上是持肯定態度的，各學者對其内涵及外延的不同理解，正表明"新子學"有較大的發展空間。此外他表示"新子學"研究要進一步拓寬研究領域、突破學科限制，正如此次他發表的論文《"務爲治"："新子學"的學術理念與價值訴求》，不同於以往多將諸子各家作爲獨立的個體去尋求其差異性，這篇論文主要尋求諸子百家的共性，且與西方理念交融，深入到了中國文化與西方文化對撞的内在肌理，由此他強調在"新子學"研究的過程中，要加強文史哲、各學科、國内外以及諸子百家之間的互動。

綜上，本屆研討會圍繞"新子學"研究、"子藏學"研究、諸子思想及學術的專題研究等諸多議題進行了深入的探討，還旁涉當代文明思潮下的諸子學研究、多學科互融的諸子學研究、諸子學的基本原理與現代應用、子學與傳統學術轉型等多個領域，體現了子學研究的豐富性和多樣性。在本次會議中，與會學者提出衆多有關"新子學"的重要觀點，如方勇教授提出"新子學"由學術理念轉化爲文化立場；馬世年教授指出"新子學"是構建中國"學科體系、學術體系、話語體系"的具體實踐；殷善培副教授指出"新子學"的精神正是"毋患多歧，各有所施"的融通精神；王小虎博士後指出"新子學"作爲一種學術思潮，正處於孔子所論"富之""教之"的社會發展階段，應以構建與踐行"人類命運共同體"作爲其思想目標等等。而隨着近年"子藏學"理念的提出和《子藏》編纂工程的行將結束，"子藏學"也成爲本次會議的關鍵議題。以上衆多新觀點與新議題的提出，標志着當代子學研究取得了新進展，必將對子學主體地位的提升、子學研究方法的拓展產生積極作用。

［作者簡介］刁生虎（1975— ），男，河南鎮平人。文學博士，現爲中國傳媒大學人文學院教授、博士生導師。主要從事先秦兩漢魏晉南北朝文學、易學與儒道文化、古代文論與美學研究，已出版《莊子文學新探——生命哲思與詩意言説》等專著6部，發表學術論文180餘篇。

弓少瀟（1999— ），女，山西太原人。現爲中國傳媒大學人文學院碩士研究生，主要從事先秦兩漢魏晉南北朝文學研究。

圖書在版編目(CIP)數據

諸子學刊. 第二十四輯 /《諸子學刊》編委會編；方勇主編. —上海：上海古籍出版社，2022.8
ISBN 978-7-5732-0399-1

Ⅰ.①諸… Ⅱ.①諸… ②方… Ⅲ.①先秦哲學—研究—叢刊 Ⅳ.①B220.5-55

中國版本圖書館CIP數據核字(2022)第139242號

諸子學刊(第二十四輯)
《諸子學刊》編委會　編
方　勇　主編
華東師範大學先秦諸子研究中心　主辦
上海古籍出版社出版發行
(上海市閔行區號景路159弄1-5號A座5F　郵政編碼201101)
(1)網址：www.guji.com.cn
(2)E-mail：guji1@guji.com.cn
(3)易文網網址：www.ewen.co
啓東市人民印刷有限公司印刷
開本787×1092　1/16　印張27　插頁2　字數573,000
2022年8月第1版　2022年8月第1次印刷
ISBN 978-7-5732-0399-1
B·1274　定價：118.00元
如有質量問題，請與承印公司聯繫